DURAMAZWI

DURAMAZWI

A BASIC SHONA-ENGLISH DICTIONARY

D. DALE S.J.

MAMBO PRESS
Published in association with Literature Bureau

MAMBO PRESS
Gweru, P.O. Box 779
Harare, P.O. Box UA 320
Gokomere, P. Bag 9213, Masvingo

First Edition 1981
Reprinted 1983, 1989, 2005

Duramazwi

ISBN: 1-90485-536-9

DEDICATION

To my parents: Edna Florence and Thomas Flenry who have gone to their reward. May they rest in peace.

Introduction

The aim of this dictionary has been to provide a basic Shona vocabulary. This objective implied the combined needs of Shona children and European users of every kind. A word count of some 6 000 main entries has been achieved and inset entries of derived or related words account for an additional 700 words. Borrowed words from other languages account for one entry in twelve. Most of these are borrowed from English. The language of origin has always been given.

Shona entries are all explained in Shona; and its verbs, conjunctions and adverbs are all illustrated in use by a simple example — sometimes by two. This feature should be of great profit to the European.

Another profitable feature in this dictionary is the provision of antonyms (words of opposite meaning: big — small; climb — descend; white — black etc), and they are indicated by small capital letters in the text.

In Shona there are many extended forms of the verb, derived from a simple root. Some of these extended forms are more common than others. In general, I have preferred to list and illustrate only those forms which are somewhat irregular in form or have an English rendering so different from that suggested by the simple root, that the English speaker would not normally be able to intuit the connexion (like *-tenga*: buy; *-tengesa*: sell). Where extended forms are perfecty regular, with predictable English equivalents (like *-bika*: cook; *-bikira*: cook for) I have not bothered to make mention of them.

In Shona, as in English, verbs may be used transitively (with an object) or intransitively (without an object) or in either manner indifferently. Shona sometimes behaves similarly, but at other times it confuses the learner by using an extended form of the verb (most often causative form) for the transitive use; and the primitive, or unextended, form for the intransitive use. Here are some examples:

-chena i = be clean	*-chenesa* t = clean (Causative Form)
-pera i = be finished	*-pedza* t = finish, complete (Causative Form)

-shanya i = visit *-shanyira* t = visit (Applied Form)

Although all known extended forms of the verb have not been included in this dictionary those that could eliminate confusion, or resolve cases of doubt, have been listed. The Shona speaker normally has no difficulty in recognizing the verbal relationship. The English speaker does have some difficulty, and it is for such users that the extended forms have chiefly been added.

Deverbative nouns (e.g. *mubiki* from *-bika*) normally do not have the verb of origin suggested. This is because to the Shona speaker the relationship is very obvious; and the European will find the structural changes so easy to learn that, with a little application, he can quickly master the rules.

Chiziviso

Nyangwe mamwe maduramazwi aripo, hakuna bhuku rakadai rakagadzirirwa kuda kworuzhinji rwavaShona. Duramazwi iri rakasarudza nokutsanangura chete mazwi anonyatsozivikanwa navanhu mumagariro avo amazuva ose, nyangwe hazvo mamwe akabva kuchiRungu kana kumimwewo mitauro yavanhu. Mutauro wose unowanzosevenzesa mazwi akabva kumwe pano kutangisa mazwi chaiwo omutauro iwoyo. Ndizvo zvinoita chiRungu; ndizvowo zvachichiri kuita nanhasi. Fungai mazwi okuti *sadza* ne*guti*, kana kuti *mombe*. Mazwi aya akabva mumutauro wedu wechiShona. Ndosaka muduramazwi iri muna mazwi mazhinji akabva kune mimwe mitauro, asi anonyatsozivikanwa munyaya dzamazuva ose. Mazwi okuti *bhazi*, *mari*, *hembe*, *chikoro*, *fodya*, *kugeza* namamwewo akawanda, akabva kune mimwe mitauro. Ndizvo zvinoita vanhu vedu; ndizvowo zvinoitwa kwose kwose.

Mutauri wose wechiShona wamazuva ano anoziva chiRungu zvakafanira nokukwanisa kuchinzwawo zvakafanira somunhu anotaura mutauro usiri wake. Zviito (*verbs*) zvakadhindwa muduramazwi iri zvakatsanangurwa mumutsetse mupfupi wakapindurwazve mumutsetse wechiRungu. Magadziriro aya haana kumboreruka bodo. Vanhu vanoramba zvavo vachiita zvikanganiso zvavangakwanise kunzvenga nenzira yorubatsiro rweduramazwi iri. Nyangwe pfungwa iyi iri yechokwadi, chinangwa chikuru cheduramazwi iri kutaura nokunyatsonzwa mutauro wako pachako. Mushure menguva mamwewo maduramazwi achagadzirwa okubatsira vanhu vechiShona. Asi iri rinogadzirira mamwewo maduramazwi makuru nokubatsirazve vamwewo zvavo vasingatauri chiShona sorurimi rwavo pachavo.

Acknowledgements

There are more contributors to thank for this publication than I had for my English-Shona Dictionary, yet I wish to renew here my general indebtedness to those I named before. I do not think that this volume could have seen the light of day without the help of Mr. Tobias Chawatama, who helped with the first draft; or of Mr. Christopher Matonhodze, who helped me closely at every stage thereafter, and produced finally a very fine typescript, remarkable for its accuracy and close attention to detail. Christopher must have found me a difficult task-master, but he endured the work-process with rare patience and equanimity. Unhappily, he is not now in my employ, though this event was only in the better interests of his own advancement.

This publication has many more illustrations than I selected for the English-Shona Dictionary. Many of those illustrations are here repeated. Acknowledgement too must be repeated. Occasionally, it did happen, as I searched through newspapers and published material for suitable illustrations, that details of the publisher were forgotten, lost or overlooked. If there are any copyright owners, whose permission I have not asked, I beg their indulgence. I hope they will share my belief and desire that a popular dictionary of this kind, with its number and variety of illustrations, will provide a wide Zimbabwean public with an educational service not so far adequately met. And I hope they will overlook, on this account, my inadvertant omission.

I am grateful to the Rhodesian Printing and Publishing Company for an illustration of Vic McKenzie that appeared in *The Rhodesia Herald*, and to the College Press, Salisbury, to reproduce a few illustrations from their publication, *Encyclopaedia Rhodesia*. This was in 1978.

I am indebted, in particular, to Mr. Graeme Arnott for his permission to use more illustrations from the publication, *Birds Afield*, by Peter Ginn, published by Longman Rhodesia. To the same publisher I am grateful for the page of G. Arnott's silhouette illustrations of Wankie birds, and for their kind permission to copy the illustrations of G. Arnott and Russell Williams in their Bundu Series publications.

I am also grateful to the Anglo American Corporation (Central Africa) Limited, Lusaka, for their permission to use the illustrations of Ian D. Loe in their educational publications: *A Guide to the Insects of Zambia* and *A Guide to the National Parks of Zambia*. Some very fine and valuable illustrations have been gained.

Mambo Press must, of course, be thanked for their patience in coping with the endless demand for illustrations, for dealing with so much correspondence, and for meeting so many of the demands that this dictionary made on them.

HOW TO USE THIS DICTIONARY

Tone values, which are important in Shona for indicating correct pronunciation, are conveyed by the symbols H for high tone syllables and L for low tone syllables. Verbs, whose behaviour patterns are standard, are signified by one H or one L.

Antonyms are printed in small capitals and extended forms of the verb are rendered in simple bold lettering.

Numerical references to Shona proverbs refer to the excellent collection of M.A. Hamutyinei and A.B. Plangger: *Tsumo—Shumo*, published by Mambo Press; and references to birds refer to Roberts' *Birds of South Africa*, which has gone through many editions, but retained the same numeration.

REQUEST TO DICTIONARY USERS

If this dictionary is to attain any improvement, it will be necessary for its faults or omissions to be revealed. If you have noticed any imperfections, please write to the author at P.O. Box 6M, Mabelreign. Your suggestions will be gladly received and carefully considered.

ABBREVIATIONS

abs pron	absolute pronoun	Loc	locative
adj	adjective	M	Manyika dialect
adv	adverb	m	male
Afrik	Afrikaans	n	noun
B Bk	Bundu Book	neg	negative
cc	concord	p	page
cf	confer	partic	participle
colloq	colloquial – commonly used to denote words derived from other languanges	PC	possessive concord
		plur	plural
		PP	past participle
		prep	preposition
conj	conjunction	pron	pronoun
cop	copulative verb (It is)	prov	proverb
cp	compare	PT	past tense
dem	demonstrative	qv	which see; refer to
Eng	English	rec past	recent past
esp	especially	reflex	reflexive form of the verb with object cc *-zvi-*
etc	etcetera, and so forth		
f	female	rel	relative
fut	future	sing	singular
i	intransitive verb	sp	species
ideo	ideophone	subj	subjunctive mood
infin	infinitive	suff	suffix
inter	interjection	t	transitive verb
interrog	interrogative	usu	usually
K	Karanga dialect	var	variety
Ko	Korekore dialect	vb	verb
Lat	Latin	veg	vegetable
lit	literally	Z	Zezuru dialect

aini

aizi

amburenzi

amburera

apuro

ADHIRESI 9 (HLLL); kero 9 cf Eng n *address*
AINI 9 (HLL) Chokuchisisa mbatya chinowanzodziyiswa negetsi. n *iron*
AIWA (HLL) **1.** Izwi rokuramba. inter *No;* HONGU; **2.** Izwi rinoshandiswa pakukwazisana. Aiwa tiripo. (*no English equivalent*)
AIZI 9 (HLL); chando 7. Mvura yakagwamba nechando. cf Eng n *ice*
AKAUNZI 9 (LHLL) Chikwereti chokutora zvinhu muchitoro, mubhadharo uchibvisVwa pamwedzi woga woga. cf Eng n *account*
AMAI 2b (LHL); vanamai 2a. **1.** Izwi rinodaidzwa mubereki wechikadzi. n *mother;* BABA; **2.** Izwi rokukudza mudzimai wose wose. n *madam;* CHANGAMIRE
AMAIGURU la (LHLHH), vanamaiguru 2a; maiguru la. **1.** Mukoma wamai. n *aunt;* BABAMUKURU; **2.** Mukadzi akaroorwa nababa kutangira amai. n *mother (father's first wife);* **3.** Mudzimai womukoma. n *sister-in-law;* **4.** Mukoma womudzimai. n *elder sister (of woman), elder sister of my wife;* TEZVARA
AMAININI la (LHLHL), vanamainini 2a. **1.** Munin'ina wamai. n *aunt, mother's younger sister;* BABAMUDIKI; **2.** Mukadzi akaroorwa nababa mushure mamai. n *mother (father's subsequent wife);* **3.** Mudzimai womunin'ina. n *younger brother's wife, sister-in-law;* **4.** Munin'ina womudzimai. n *younger sister of my wife;* TEZVARA
-AMBUKA i & t (L); -yambuka i & t; -vambuka i & t; -bira i & t M. Kuenda mhiri kworwizi. [Ndakaambuka rwizi zuva radoka. *I crossed the river at sunset.*] vb *ford, cross over;* **-ambutsa** t; -yambutsa t [Anoita basa rokuambutsa vanhu negwa. *His work is to ferry people across.*] vb *help across a stream or river*
AMBURENZI 9 (HLLL) Motokari, kazhinji chena, inotakura varwere. cf Eng n *ambulance*
AMBURERA 5, maa-6, 9 (LLHL); samburera 5; sumburera 5. Chokutakura chinodzivirira mvura kana zuva. cf Eng n *umbrella or parasol*
AMBUYA 2b (LHL), vanambuya 2a; mbuya la. **1.** Amai vababa kana vamai; zita rokuremekedza mudzimai wose wose anenge akwegura. n *grandmother;* SEKURU; **2.** Mudzimai wehanzvadzi yamai. n *aunt (maternal a. by marriage);* SEKURU
AMBUYA la (HLL), vanaambuya 2a. **1.** Amai vomudzimai. n *mother-in-law;* TEZVARA; **2.** Mudzimai wehanzvadzi yomudzimai. n *sister-in-law, wife of a man's brother-in-law;* TEZVARA
AMBUYAMUDERERE 2b (LHLLLLH) pl va-, vana-, mbuyamuderere 9; kachemberebande 12. Kapuka kana makumbo marefu nokubhururuka nokudyawo tumwe tupuka. n *praying mantis, p. mantid*
-AMWA i M (H); -yamwa i; -mwa i. Kusvisvina kana kusveta mukaka uri muzamu ramai sezvinoita mucheche, mhuru etc. [Mwana akaamwa, amai vachimenya nzungu. *The baby sucked while the mother shelled nuts.*] vb suck (at breast or from bottle)
ANGERE la (HLH), pl: vana-; ngirozi 9 cf Eng n *angel;* DHIYABHORI
ANI? la (LH); vanaani? 2a. Mubvunzo wokuda kuziva munhu. [Ndiani? *Who is it?* Washevedza ani? *Whom did you call?*] n *who? whom?;* **ani nani** n *anyone at all*
-ANIKA t M (H); -yanika t; -nanika t; -nika t. Kuturika mbatya pamutariro kana kuisa zvinhu muzuva kuti zviome. [Anika magumbeze. *Hang out the blankets (to air or to dry).*] vb *spread out to dry in the sun (on a line or display on the grass), hang out;* -NYOROVESA, -TOTESA
APA 16 (LL); apo 16 *cf demonstrative prons*
APO 16 (LL); zva-. Izwi rinoreva nguva yakaitika chinhu. [Apo ndakasimuka, munhu wose akaombera. *When I stood up, everybody clapped their hands.*] adv *when*
APURO 5, maa-6 (HLL); aporo 5. Muchero unodyiwa unorimwawo muno munyika. cf Eng n *apple*
ASI (LH); kasi; bva K. conj *but;* **asika** [Ndakaenda kumusha; asika ndairwara. *I went home; however I was ill.*] conj *certainly, but certainly, however*

ATARE 9 (LHL) Tebhuru inopirirwa muteuro kuna Mwari; tafura yeKomuniyoni. cf Eng n *altar*

AWA 9 (HL) Nguva inokwana maminitsi makumi matanhatu. cf Eng n *hour*

B

chisharo/seduro
bhero
handuru
matigati
keriya
bhururaiti
mabhurek
habha
peduro
magangari
matayi

BHASIKORO

The Shona implosive B (without *H*) has no English equivalent. The English B is written as BH in Shona and is described as explosive.

-BA Izwi rinoreva kurambisisa. [Handimuziviba! *I certainly do not know him!*] *a suffix which expresses a strong negative.* [Ndinozvidaba. *I do not want it.*] (Chitoko *dialect*, Mtoko).

-BA i & t (H) Kutora chinhu chomumwe muchivande, zvisiri pamurau. [Makunguo anoba mazai. *Crows steal eggs.*] vb *steal, rob, pinch;* **-bira** t [Akabira mai vake mari. *He stole money from his mother.*] vb *steal from;* **-biwa:** *passive form*

BABA la (LH), vanababa 2a. **1.** Mubereki wechirume, murume wamai. n *father;* AMAI; **2.** Murume wamai vomukadzi wangu, tezvara. n *father-in-law;* AMBUYA; **3.** Hanzvadzi yomudzimai wangu. n *brother-in-law;* AMBUYA; **babamudiki** la (LHLHL) **1.** Munin'ina wababa. n *younger paternal uncle;* **2.** Murume womunin'ina wamai. n *uncle;* **3.** Murume womunin'ina womudzimai. n *brother-in-law;* **babamukuru** la (LHLHH) **1.** Mukoma wababa. *n uncle, elder paternal uncle;* AMAIGURU; **2.** Murume womukoma wamai. n *uncle;* AMAIGURU; **3.** Murume womukoma womudzimai wangu. n *brother-in-law*

-BADARIKA i (L) Kutadza kugara zvakanaka pamusana pokurwadziwa kana kunetseka mupfungwa. [Akabadarika paakanzwa zvorufu rweshamwari yake. *He showed great emotion when he heard of his friend's death.*] vb *be emotionally upset, disturbed, in physical pain*

BADO 5, mab-6 (LL); bheura 5. Demo risina musikisa, rine buri rokupfekera mupinyi. n *axe (European)*

BADZA 5, map-6 (LH); Rinogadzirwa noutare rinoshandiswa pakusakura kana kuchera; kazhinji rino mupinyi wakavezwa. [Badza guru kupa murimi/kuripa nyope inovata naro. *A big hoe should be given to an (industrious) peasant; if you give it to a lazy one, he will sleep with it. prov* 887 *i.e. Give responsibility to those who have ability.*] n *hoe*

-BAKA i (L); -bvira i. Zvinoita uswa nehuni nezvimwe zvakadaro kana zvatungidzwa nomoto. [Akaisa moto, uswa hukabaka. *He applied fire and the grass caught alight.*] vb *be alight;* -DZIMA

BAKATWA 5, map-6 (HHH) Zibanga guru rinocheka nekwese; kazhinji rinogara mumahara. n *broad, heavy, sheathed knife; panga, large weapon sharpened on both edges, sword*

BAKAYAVA 5, mab-6 (LLHL) Hove yakaomeswa, ino munyu wakawanda kwazvo. n *dried fish*

BAKO 5, map-6 (LL) Mukana uri pakati pamabwe. n *cave*

BAKWA 5, map-6 (HL) **1.** Huni dzakaunganidzwa pamwe chete pamba. n *stacked pile of cut firewood, woodpile;* **2.** Nzvimbo inogadzirwa mumba, inoiswa midziyo yomumba. n *solid shelf inside house*

-BAMBA t (H) Kutora zvinhu zvomumwe namasimba, kubvutira mumwe. [MaNdevere aibamba zvinhu zvavaShona. *The Matebele used to loot the things of the Shona people.*] cf Nguni vb *seize, snatch away from another, take possession of*

BAMBO la, pl: vana- KM (LL) cf baba la n *father*

BAMBOMUKUNDA la, pl: vana-KM (LLLHL); tete la. Hanzvadzi yababa. n *paternal aunt*

ambuya

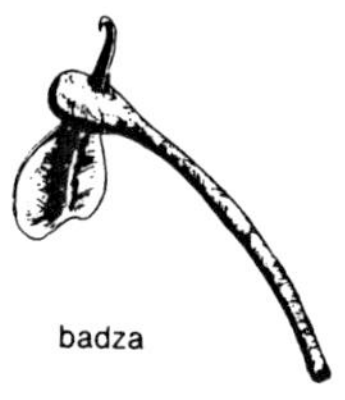

badza

-banha

banya

banga

mapara/mabara

BAMHI 5, map-6 (LH) cf -fara [banga bamhi = *broad knife*] adj *broad, wide*

BANDA 5, map-6 (LL); musimboti 3; mbiru 9. Bango rinodzimikirwa pakati pemba kuti risimbise denga pakuturika. n *pole from ground which supports a roof*

-BANDA t (L); -tetena t. Kupwanya chinhu chichiva tsengwarengwa. [Chigayo chinobanda chibage. *The mill crushes the maize.*] vb *crush grain into fragments; throb of a wound or pain;* **-bandika** i [Tinopa huku dzedu chibage chakabandika. *We give our fowls partly-crushed mealies.*] vb *be only partly-crushed*

BANDAKADZI 5, map-6 (LLLL); murandakadzi 1. Musevenzi kana kuti muranda wechikadzi. n *female slave or servant*

BANDAMBA 5, map-6 (HHH); musorobandamba 3. Musoro mukuru. n *big head*

-BANDANA i (L) Kubandika kunoita zvinhu kana zvakwizirana. [Simbi dzikabandana dzinopera. *Bits of metal that rub against one another wear out.*] vb *wear away by rubbing, wear down by friction*

BANDAOKO 5, map-6 (HHHL); bandauko 5. Gumbo rapamberi remhuka. n *foreleg*

BANDE 5, map-6 (LH) Chinhu, senyimo kana nyemba yakatsemurwa napakati. n *a divided segment of a single seed. e.g. half a bean or pea.*

BANDIKO 5, map-6 (LLL) Mugove wenyama yemombe kana mhuka unopiwa munhu kana yaurayiwa. n *person's due share of meat after a slaughter*

BANDWE 1a (LH) Mwedzi wechishanu mugore. n *May*

BANGA 5, map-6 (HH); mhesva 9; mesa 9. Mudziyo wokuchekesa. n *knife, dagger, pocket-knife*

-BANGANUKA i (L); -pengenuka i. Kupatika wava pamwe kana kuti waita chinhu chausingazivi kuti waita sei. [Akabanganuka zuva radoka. *He recovered consciousness came to at sunset.*] vb *come to one's senses, recover from unconsciousness;* **-banganutsa** t [Dhokotera akamubanganutsa mushure menguva ndefu. *The doctor brought him back to consciousness after a long delay.*] vb *bring round to one's senses.*

BANGANWA 5, map-6 (LHL); bangano 5. cf -pangana t. Zano kana kuti chinhu chawiriranwa kuitwa. n *plot, scheme*

BANGARA 5, mab-6 (LLL); nyovhi 9. Muriwo unomera muminda. n *wild spinach*

BANGO 5, map-6 (LL) Muti unoshandiswa kuita chidziro chemba kana danga nezvimwe zvakadaro. n *pole e.g. fence-pole*

-BANHA i & t (L); -kava i & t. Kurova negumbo. [Akabanha bhora negumbo roruboshwe. *He kicked the ball with his left leg.*] vb *kick, strike intentionally with the foot*

BANI 5, map-6 (HL); bomho 5 M. Nzvimbo ina majahwi emvura. n *vlei, open depression*

BANYA 5, map-6 (HL); mhanya 9. Rudzi rwembeva huru. n maShona *gerbille, edible field-rat*

BANZU 5, map-6 (LH) cf -banzura t. Rumuti runenge rwatsemurwa. n *splinter*

-BANZUKA i (L) Kutsemuka kunoita muti kana danda etc. [Ukashandisa demo guru danda iri richabanzuka. *If you use a large axe this log will split down the middle.*] vb *split lengthwise;* -DIMBUKA; **-banzura** t [Varuki vetswanda vanobanzura maruka. *Basket-weavers split fibrous roots down the middle.*] vb *split wood lengthwise;* -DIMBURA

BAPATYURO 5, map-6 (HHHL) Rimwe zita reshumba rinoreva kuti ine simba. n *fearsome lion*

BAPIRO 5, map-6 (LLL) Nhengo yomuviri weshiri kana wotumbuvu, inosakisa kuti zvigone kubhururuka. n *wing*

BAPU 5, map-6 (LH) Nhengo yomuviri ine basa rokutora mweya mutsva pakufema kunoita munhu kana mhuka. n *lung*

BARA 5, map-6 (LH) cf Portuguese: bala; mbumburu 9. Chinhu chakaurungana, chinoiswa mupfuti kuti ibaye kana yaridzwa. n *bullet, round of ammunition*

-BARA i & t (H); -zvara i & t; -bereka i & t. Kuita mwana. [Ndakabarwa munyika muno. *I was born in this country.*] vb *bear offspring, bring to birth*

BARADZANWA 5, map-6 (LLHL) cf -paradzana i. Kutsaukana kwenzira dzinobva mumugwagwa mumwe chete. n *junction, meeting point of paths*

-BARARADZA i (H) Kuchema kunoita hwai. [Mwana akabararadza arumwa nego. *The child bleated cried pitifully when stung by a hornet.*] vb *bleat like a sheep (applied to humans)*

BARARAMHANYA 5 n pl (LLLHL); chimwandamwanda 7. Kumhanya kumativi ose kunoita vanhu kana vavhundutswa; uyu kwake, uyu kwake. n *sudden scattering in alarm*

BARAVARA 5, map-6 (HHHHL) Mu-

soro wakabviswa vhudzi rose. n *shaven head*
BARIKA 5, map-6 (HHL) Mhuri yomurume ana vakadzi vanopfuura mumwe chete. n *polygamous union*
-BARIKA i (H) 1. -parika Kuroora vakadzi vaviri kana vanopfuura vaviri. [Baba vangu vakabarika. *My father has several wives.*] vb *live in a polygamous union with two or more wives (men)*; 2. Kudauka kunoita moto pfarivari dzichidonhera kwakadaro. [Pakabarika moto mwana akasuduruka. *When the fire sent out sparks, the child withdrew.*] vb *emit sparks, spark*
BARWE 5, mab-6 K (HL); chibage 7; gwere 5; chibahwe 7. Mbeu inogayiwa kuita upfu hwokubikisa sadza romuguza. n *maize*
BASA 5, mab-6 (LL) Zvinoitwa nomunhu kana achishanda. [Handina basa nazvo. *I don't care about it. / It doesn't bother me.*] n *work, duty, responsibility, employment;* ZORORO
BASI M (HL); bedzi, chete conj *only*
-BATA i & t (H) 1. [Bata maoko ake. *Get hold of his hands.*] vb *seize, catch, catch up, hold, handle, capture, touch; Related ideo:* dzvi, ndi, ndu, hachu, hatu, hetu, kwati, mba, kwicho, chachu, chakati, bvu-u, nzvi. -REGERA; 2. [Akabatwa namapurisa. *He was taken into custody by police.*] vb *arrest;* -SUNUNGURA, 3. **-b. basa** -sevenza i [Ndinobata basa mangwanani ose. *I am at work all morning.*] vb *work;* -ZORORA; 4. **-b. maoko** t [Ndinoda kundobata maoko kumusha. *I want to go and offer my condolences at home.*] vb *commiserate in bereavement, shake hands in condolence;* 5. **-b. chibharo** -bhinya t vb *rape;* 6. **-b. kumeso** [Akandibata kumeso ndikamupa mari. *He flattered me and I gave him the money.*] vb *deceive by flattery, flatter;* 7. **-b. -bata** [Handidi mwana anobata-bata. *I don't like a child with light fingers / who steals.*] vb *feel with hands or fingers, grope with outstretched hands in the dark, be a petty thief, fidget with, fiddle with;* 8. **-b. zvakanaka** vb *treat well, look after;* 9. [Miti iyi yakabata here? *Have these trees taken root?*] vb *establish roots, take root;* 10. **-zvibata** i [Kana paina vaenzi, anozvibata. *When there are visitors, he behaves himself.*] reflex vb *exercise self control or self mastery, behave oneself;* **-batana** i [Zviwitsi izvi zvakabatana. *These sweets are stuck together.*] vb *be close, adjacent, adjoining, touch one another, be stuck together, in union, united; Related ideo:* ndwi, kwati. -SIYANA; **-batanidza** t [Akabatanidza tambo mbiri. *He joined two pieces of string.*] vb *connect, unite, join together;* -SIYANISA; **-batika** t [Mhepo haibatiki. *The wind cannot be grasped.*] vb *be tangible;* **-batisisa** t [Batisisa huku irege kupoya. *Hold the fowl firmly lest it escapes.*] vb *hold on tight;* **-batwa nehwahwa** vb *get drunk, be intoxicated;* **-batwa nehope** vb *be sleepy, fall asleep;* **-b. nebuka** vb *have convulsions;* **-b. netsviyo** vb *have a fit;* **-b. neshungu** vb *have strong desire;* **-b. nedzungu** vb *become dizzy, giddy;* **-b. negetsi** vb *be electrically shocked;* **-b. nezemo** vb *lust for, lust after;* **-b. nenzara** vb *be hungry*
BATAPATA 5, mab-6 (LLLL) Kuitwa kwezvinhu zvakasiyana nokukurumidza. n *bustle, furious activity, ado*
-BATIDZA t (H); -tungidza t. 1. Kuisa moto pauswa kuti ubvire, kana parambi, mwenje, etc. [Tanga watsvaga huni usati wabatidza moto. *First gather firewood before lighting the fire.*] vb *light, set alight;* **-b getsi vb** *switch on light/ electricity;* 2. -batsira i & t qv
-BATIKANA i (H); -manikidzika i. Kuva mubishi mukushanda. [Amai vakabatikana nokugadzira chokudya. *Mother is busy preparing food.*] vb *be preoccupied, hard at work*
BATO 5, map-6 (LL); boka 5. Chikamu chavanhu kana dumbu ravanhu vari pamwe chete. n *party, section of people*
-BATSIRA i & t (H); -yamura i & t; -betsera i & t K; -batidza t. Kuitira mumwe chinhu kana kumupa chinhu kuti abudirire pane zvaanoda. [Ndibatsireiwo kutakura zvinhu izvi. *Please help me to carry these things.*] vb *help, assist, be useful*
-BAYA i & t (L) 1. Kushandisa banga kana chimwe chinhu chakapinza; kukuvadza. [Ndakabayiwa namatsotsi. *I was stabbed by thugs.* Ndezvowabaya; kuti chiropa hachisevesi sadza. *It is for the slaughterer to say that the liver cannot be used as relish.* prov 1133 *i.e. One endowed with plenty can ignore a titbit.*] vb *stab (also used for a stabbing pain, e.g. pneumonia), pierce, prick; gore, slaughter; Related ideo:* bayei; 2. **-b. mwoyo** i & t vb *distress, worry;* 3. **-b. nhomba** *vb vaccinate;* 4. Kupfura nepfuti. [Akabayiwa nepfuti. *He was struck by a bullet.*] vb *shoot;* *passive form:* **-bayiwa**
BAZI 5, map-6 (HL); nhavani 9 M;

-bata

-batwa nehope

-batanidza

bhagedhi

bhazi

bhara

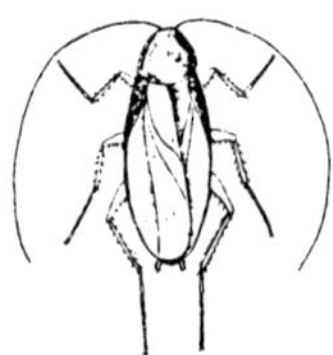

bete

besu

bhambu

davi 5, K. Nhengo yomuti inotunga naparutivi pomuti iwoyo. n *branch*
-BEDURA t (H); -mepfura t. Kumedura chingwa kana mbambaira etc. [Akabedura bhanzi ndokuridya. *He divided the bun and ate it.*] vb *break off with the hands*
BEDZI (HL); chete; basi adv *only*
BEFU 5 npl (LH) Mweya unofemwa nomunhu aneta. n *sigh;* -tura **befu**/mafemo vb *heave a sigh; rest*
BEMBENENE 5, map-6 (LLLL); cf Shaveshave 5; bemba 5, K n *butterfly or moth*
BENDEKETE 5, map-6 (HHLH); Bvupa riri panosangana ruoko nomuviri. n *collar-bone*
BENYU 5, map-6 (LH) [gudo benyu = *live baboon*] adj *alive, living, whole*
BENZI 5, map-6 (HH) Munhu anopenga. [Benzi kunge riri rako; kudzana kwaro unopururudza. *When your (family's) fool dances, you applaud (him). prov* 126 *i.e. Blood is thicker than water.*] n *lunatic, idiot, fool, madman*
-BEREKA i & t (L) **1.** -bebura t; -bhebhura t. Kutakura mwana kumusana. [Vaazimai vavatema vanobereka vana vavo kumusana. *African mothers carry their children on their backs.*] vb *carry on the back (baby); Related ideo:* bebu, bhabhu. -BURUTSA; **2.** -zvara i & t; -bara i & t [Mbudzi dzinobereka vana vaviri. *Goats bear two young.* Wabereka sekera munyasi medengu. *Once you have born a child, laugh while under a big basket. prov* 858 *i.e. Don't be scandalized by other children's behaviour; yours may be equally troublesome.*] vb *bear offspring, bear young, produce, bear fruit, yield;* **-berekerwa** i [Ndakaberekerwa muHarare. *I was born in Salisbury.*] vb *be born at/in*
BEREPESWA 5, map-6 (HHLH); berepeshwa 5 n *butterfly, moth*
BEREVERE 5, mab-6 (HHLH); berere 5; biravira 5. Hwangwaridzo yemba. n *verandah, roof overhang round a house*
BESA 5, mab-6 (LL); dzihwa 5. Zvichena zvinobuda mumhuno. n *mucus, fluid from the nose*
BESANWA 5, map-6 (LHL) Mhomho yavanhu vanofamba vachienda kwakasiyana. n *large crowd of free-moving bodies*
BESU 5, map-6 (LH) Muswe weshiri kana hove kana ndege. n *tail (of bird or fish or aircraft)*
BETE 5, map-6 (LH) **1.** Rudzi rwakapuka kanofamba usiku mumba mokubikira kachitsvaga zvokudya. n *cockroach;* **2.** Munhu mbwende. n *coward*
BETEPESU 5, mab-6 (HHLH) cf bembenene 5; shaveshave 5 n *butterfly, moth*
BETO 5 npl M (HH); dova 5. Mvura inofuma iri pauswa kana pamashizha mangwanani. n *dew*
BETO 5, map-6 (LL) cf mutero 3 n *tax*
-BETSERA i & t K (H) cf -batsira i & t vb *help, assist*
BEU 5, mab-6 (LH) Musoro usina kupedza kubviswa vhudzi. n *partly-shaven head*
BEYA 5, mab-6 (HL) Kusagara zvakanaka kunoitwa nomunhukadzi, achionesa zvomukati. n *cheap and unseemly sitting posture of a woman*

BH **represents the explosive** *B*, **familiar to English speakers (as in baby). The Shona implosive** *B* **is spelt without** *H*.

-BHABHAMA i (L) Kutambanudza mapapiro kunoita shiri; kurovanisa mapapiro kunoita jongwe kana roda kukukuridza. [Shiri huru dzinotanga kubhabhama dzisati dzabhururuka. *Large birds flap their wings before taking off.*] vb *flap the wings*
BHABHARASI 5 npl (LHLL) Kurukutika kunofuma kwakaita munhu kana arara akanyanya kudhakwa nohwahwa. cf Nguni n *hang-over, uncomfortable after-effects of drinking too much alcohol*
BHACHI 5, mabh-6 (HL); bhatye 5. Hanzu inopfekwa pamusoro pehembe kana juzi. Kazhinji bhachi rinopfekwa kudzivirira chando. cf Afrik n *coat, jacket*
-BHADHARA i & t (L) Kubvisa mari yomutengo wechinhu kana yokuti ubvumidzwe kuita chinhu. [Wakabhadhara marii? *How much money did you pay?*] cf Afrik vb *pay, pay back, return*
BHAGEDHE 5, mabh-6 (HLL); bhagidhi 5; bhakiti 5. Mudziyo unochereswa mvura kana kutakurirwa zvinhu. cf Eng n *bucket, pail*
BHAIBHERI 5, mabh-6 (HLLL) Bhuku rakanyorwa zvinoera rinotsanangura zvaMwari nezvavanhu; mune Chitenderano Chitsva neChakare. cf Eng n *Bible*
BHAIRA 5, mabh-6 (HLL) Munoiswa mvura kuti ivire. cf Eng n *boiler*
BHAISKOPO 5, mabh-6 (HLLL) **1.** cf Eng n *cinema, bioscope;* **2.** Zvinhu zvinosekesa. n *laughable affair*
BHAKITI 5, mabh-6 (HLL) Mudziyo une chokubata unochereswa mvura. cf Eng n *bucket*

BHAMBU 5, mabh-6 (HL) **1.** cf Eng n *bomb; hand-grenade etc.* **2.** Nzvimbo yakatunhumara, inokonzera motokari kugujurwa. n *bump in the road*
BHANANA 5, mabh-6 (LHL) Muchero womubhanana unodyiwa. cf Eng n *banana*
BHANAN'ANA 5, mabh-6 (LLLL); mheni 9. Kutinhira kunonzwika kana kuchinaya. n *rumble or clap of thunder*
BHANDE 5, mabh-6 (HL) bhandi 5. Bhanire rokusunga bhurukwa kana rokwe muchiuno. cf Afrik n *belt, girdle*
BHANDITI 5, mabh-6 (LHH); musungwa 1. Munhu ari kupika jeri, anoshanda pasina mubayiro waanowana. cf Eng n *bandit; convict, jail-prisoner*
BHANGI 5, mabh-6 (HL) ban'a 5. Imba inochengeterwa mari cf Eng n *bank*
BHANGU 5, mabh-6 (LH) Munhu ane musoro mukuru. n *big-headed person*
BHANZI 5, mabh-6 (HL) cf Eng n *bun*
-BHAPATIDZA t (H) Kugashira munhu muchiKristu nokumuombeka. [Ndakabhapatidzwa ndiri muhospitari. *I was baptised in hospital.*] cf Eng vb *christen, baptize*
BHAPATIDZO 9 (HHHL); rubhapatidzo 11; ruombeko 11 cf Eng n *baptism*
BHARA 5, mabh-6 (HL) Chokutakurira zvinhu, chine vhiri rimwe chete namakumbo maviri, chinosandidzirwa kana kudhonzwa nomunhu mumwe chete. cf Eng n *wheelbarrow, barrow*
-BHARA i & t (H); -nyora i & t. Kushandisa penzura kuisa mazwi papepa kana pachimwe chinhu. cf Nguni vb *write*
BHARASI 5, mabh-6 (LHL); bharasa 5; yadhi 9. Urefu hwetsoka nhatu. n *yard, pace*
BHASERA 5, mabh-6 (LHL); mbasera 9. Chipo chinopiwa kumunhu anenge aita basa, kana kuti anenge atenga zvinhu zvemari zhinji muchitoro. cf Nguni n *present, gift*
BHASIKORO 5, mabh-6 (HLLL); bhizautare 5; runainai 11 cf Eng n *bicycle*
BHATA 5, npl (HL) cf Eng n *butter*
BHATANI 5, mabh-6 (HLL) cf Eng n *button*
BHATIRI 5, mabh-6 (HLL) Mudziyo unobata nokufambisa getsi parinodiwa. n *battery*
BHATYE 5, mabh-6 (HL) cf bhachi 5 n *coat*
BHAUTI 5, mabh-6 (HLL) bhaudhi 5. Simbi inomonererwa kusungisa zvimwe. cf Eng n *bolt or nut*

BHAVHU 5, mabh-6 (HL); bhafu 5 **1.** Dishi guru rokugezera muviri. cf Eng n *bath;* **2.** Imba yokugezera muviri. n *bathroom*
BHAWA 5, mabh-6 (HL) Imba inotengeserwa nokunwirwa hwahwa. cf Eng n *bar*
BHAZI 5, mabh-6 (HL) Motokari ine zvigaro inotakura vanhu vazhinji vari parwendo. cf Eng n *bus*
BHEBHI 9 (LH) Izwi rinoshandiswa mazuva ano kureva musikana ava pazera rokunyengwa. *(slang)* n *girl-friend, sweetheart*
-BHEDHENURA t (L); -bhabhanura t vb *turn over pages, unfold, open out*
BHEGI 5, mabh-6 (HL) Homwe yakagadzirirwa kutakurisa mari kana mbatya. cf Eng n *bag*
-BHEJA i & t (L) Kuisa mari kana chimwe chinhu kuonesa kuti zvinoitika sokufunga kwomuridzi wemari. [Akabheja nemari zhinji. *He outlayed a lot of money on betting.*] cf Eng vb *bet, wager, place a bet*
BHEJI 5, mabh-6 (HL) Chikwangwani. cf Eng *badge*
BHEKA 5, mabh-6 (HL) Chitoro chinotengeserwa chingwa, shuga, masamba, etc. cf Eng n *bakery, general grocery store*
-BHEMA i & t (L); -svuta t. Kuputa fodya. [Anobhema nguva dzose. *He smokes all the time.*] cf Nguni vb *smoke tobacco*
BHEMBA 5, mabh-6 (HL); bheneti 5. Zibanga guru rinoshandiswa kucheka zvinhu zvikuru. n *crudely-made large knife sharpened on one side, grass-slasher*
-BHENDA i (H); -kombama i [Bango iri rakabhenda. *This pole is crooked.*] cf Eng vb *be bent, crooked*
BHENETI 5, mabh-6 (HLL) cf bhemba 5 n *bayonet*
BHENJI 5, mabh-6 (HL) Chigaro chinogara vanhu vazhinji, chinowanzosevenzeswa muzvikoro. cf Eng n *bench*
-BHEUKA i (L) **1.** Kupidiguka kunoita motokari. [Motokari yake yakabheuka; vose vakafa. *His motor car overturned and all of them died.*] vb *overturn (of a vehicle);* **2.** Kuzaruka kwomusuo. vb *be wide open e.g. a door;* -ZARIKA; **3.** Kushamiswa nechimwe chinhu. vb *marvel at;* **-bheura** t [Munguva dzechimurenga vamwe vanobheura motokari dzavamwe. *In time of riot some people overturn motor cars.*] vb *physically turn over*
BHERO 5, mabh-6 (HL) cf dare 5; bhera 5 cf Eng n *bell, hooter*
BHEURA 5, mabh-6 (HHL); bado

bhavha

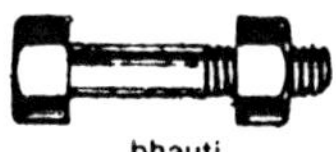
bhatye

bhauti

mabhegi

bhero

bhatiri

bhobhojani

bhora

bhishopi

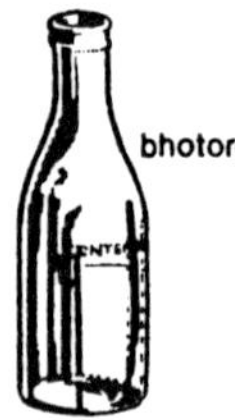
bhotoro

bhuku

bhuracho

5. Demo risina musikisa. n *large axe (European)*
-BHEURA t (L) cf -bheuka i vb *physically turn over*
BHI (L) Kudonha kwechinhu chinorema. Kurira kunonzwika pakugumana kwezvinhu zvinorema, kana kuti kurovana kunoita vatambi vetsiva. [Ndinoda kuziva chati bhi. *I want to know what fell to the ground with a thud.*] *ideo of thudding, heavy contacting or bumping*
BHIDHIRI (LLL) Kukunguruka kwezvinhu zvinorema. *ideo of rolling*
BHIFI 5, mabh-6 (HL) Nyama inotengeswa iri mutugaba. cf Eng n *beef, tinned meat of any kind*
BHIGIRI 5, mabh-6 (HLH); bhikiri 5. Komichi huru. n *large drinking-mug*
BHII 5, mabh-6 (HL) Rimwe ramavara okuti A, B, C, etc. n *letter of the alphabet;* **bhii guru** 5 n *capital letter*
BHINI 5, mabh-6 (HL) Mudziyo unoiswa marara kazhinji omukicheni. cf Eng n *bin*
BHINYA 5, mabh-6 (LL); gandanga 5; nyamusenga 1a. Munhu anoita zvokupamba kana kukuvadza vamwe. n *person who is violent, unkempt, foolish, etc.*
-BHINYA t (L) Kutora chinhu nezvamasimba, pasina mvumo. [Magandanga anobhinya vanhu. *Robbers take people's possessions.*] vb *take by force; rape, ravish, violate, steal by force*
BHINZI 5, mabh-6, 9 (HL) Mbeu inoitwa mutakura kana kudyiswa nesadza cf Eng n *bean (plant, pod or seed)*
BHIRIDHA 1a, pl: vana- (HLL); muvaki 1. Munhu anovaka dzimba nezvitinha. cf Eng n *builder*
BHIRIJI 5, mabh-6 (LHL) Zambuko riri pamusoro pemvura rakavakwa rakachinjika rwizi, rokuyambukisa. cf Eng n *bridge*
-BHISA i & t (L); -bisa i & t cf -bvisa i & t. vb *take away, remove, extract, move away*
BHISHOPI 1a (HLL) cf mubhishopi cf Eng n *bishop*
BHITIRUTI 9 (HLLL) Mbeu ine mudzi mutsvuku yomugadheni yakafanana nekarotsi. cf Eng n *beetroot*
BHIYA 5, mabh-6 (HL) Hwahwa hwechiRungu. cf Eng n *beer*
BHIZA 5, mabh-6 (LH); hachi 5. Mhuka ina makumbo mana, nezenze guru, nomuswe une pfunha ndefu. Inotasvwa nokumhanyiswa pamijahwo. n *horse*
BHIZAUTARE 5, mabh-6 (LHLHL) cf bhasikoro 5. n *bicycle*
BHIZIMISI 5, mabh-6 (HLLL) Chitoro, hotera, bhawa, kana imwe nzira inopinza mari kumuridzi wacho. cf Eng n *business*
BHOBHOJANI 9 (LLHL) Chipanera chinofambiswa kuti chishame zvakaenzana napaunoda kubata. n *monkey wrench*
BHODHO 5, mabh-6 (LL) Poto huru yesimbi ina makumbo matatu. n *large three-legged metal pot*
BHODYERA 5, mabh-6 (HLL); bhodhoro 5; bhotoro 5. cf Nguni n *bottle*
BHOKISI 5, mabh-6 (HLL) cf Eng n *box, container made of cardboard or wood, coffin*
-BHONDA t (L); -guma t. Kurovera pane chimwe. [Akabhonda muti mukutiza kwake. *He crashed into the bush in his flight.*] vb *bump into, thud against;* **-bhonderana** i; -gumana i [Motokari idzi dzakabhonderana. *These motor cars were in head-on collision.*] vb *collide, come into collision*
BHONI 5 & 9 (HL) Mboni yetochi. n *torch bulb*
BHORA 5, mabh-6 (HL); nhabvu 9. cf Eng n *ball, football game*
BHOSVO 5, mabh-6 (LL) Chinhu chinofuridzwa kuti chirire. n *brass musical instrument, esp bugle*
BHOTORO 5, mabh-6 (HLL) cf bhodyera 5. cf Eng n *bottle*
BHUCHA 5, mabh-6 (HL) Imba inotengeserwa nyama. n *butcher's shop, butchery*
BHUDHI 1a, pl: vana- (LH) Hanzvadzikomana kana shamwari yechirume yomunhukadzi. cf Afrik n *brother*
-BHUGUJA i (L); -tiva i. Kurova mvura namakumbo namaoko pakushambira. [Vadiki vanofarira kubhuguja. *Little ones take delight in thrashing about in the water.*] vb *thrash water with all fours, swim*
BHUKU 5, mabh-6 (HL) cf Eng *n book*
BHUNU 5, maBh-6 (LH); Dharikomu 5. MuRungu wechizvarwa chokuSouth Africa, chakabva kuHolland. n *Afrikaaner, Afrikaans-speaking European*
-BHURA t (H); -pura t. Kurova zvakanyanya. [Ticha akabhura mukomana akaba mari yake. *The teacher gave a severe beating to the boy who stole his money.*] vb *flog, beat severely*
BHURACHO 5, mabh-6 (LHL) Mudziyo wokupendesa imba kana wokukamisa vhudzi kana wokubvisisa tsvina pambatya. cf Eng n *brush e.g. paint-brush, hair-brush, clothes-brush, nail-brush*
BHURADHA 1a, pl: vana-, mabh-6

(LLL) Munhu womurume akapikira, asiri mupristi, anogara achinamata nokuita mabasa okubatsira. cf Eng n *Brother, male member of religious order*

BHURAUZI 5, mabh-6 (LHLL) Hembe yechikadzi inogumira muchiuno, inopfekwa nesiketi. cf Eng n *blouse*

BHUREKE 5, mabh-6 (LHL) Mudziyo mudiki pane mugomo, une hwidibo. n *tin pail with a cover*

BHUREKI 5, mabh-6 (LHL) Chokumisisa motokari kana bhazi kana bhasikoro etc; chokukonzera kumhanya kwemotokari etc kuve kushoma. cf Eng n *brake, apparatus for slowing speed of a vehicle*

BHURU 5, mabh-6 (HL); handira 9; ngunzi 9; mukono 3. Mombe nzombe isina kuchekwa. cf Eng n *bull*

BHURUKWA 5, mabh-6 (LHL); mudhebhe 3; kabudura 12. Chipfeko chinosungwa nebhandi; china makumbo marefu kana mapfupi. cf Afrik n *trousers (long or short);* [bhurukwa romukati = *underpants, panties*]

BHURURE 5, mabh-6 (LHL) Nzvimbo kana kuti fekitari inobikirwa hwahwa. cf Eng n *brewery*

BHURURU 1a, pl: vana-; mabh-6 (LHL) Shamwari kana mumwe worudzi rwako. cf Afrik n *friend*

-BHURURUKA i (L) Kuenda mudenga kunoita shiri kana ndege. [Njiva yakabhururuka napamusoro pedu. *The dove swept past above our heads.* Chinobhururuka chinozoguma nokumhara pasi. *That which flies ends up by alighting on the ground.* prov 604 *i.e. Sooner or later those who brag will be brought low.*] vb *fly, sail through the air on wings;* **-bhururutsa** t [Mwana akabhururutsa shiri yakanga iri mudendere. *The child released the bird from the cage.*] vb *make to fly or pass through the air*

-BHURUVARA i (L); -sauka i. Kupera kwemari kana mbiri kana unyanzvi hwomunhu. [Zvinhu zvose zvinobhuruvara. *All things decline in quality.*] vb *deteriorate, fade, decline*

BHUTSU 9 (HL); shangu 9. Chipfeko chomutsoka, chinogadzirwa neganda, kana mupira, kana dehwe. n *footwear of any kind (shoes, boots, sandals etc)*

-BHUYA i & t (L); -kurukurirana i. Kutaurirana kana kudya nyaya. [Ini nehanzvadzi yangu tine zvizhinji zvokubhuya. *My sister and I have a lot to talk about.*] vb *chat, exchange views, talk matters over, discuss*

BIBIBI 5, mab-6 (LLL) Munhu asingagoni kunyatsotaura, anondandama. n *person who stutters, stammerer*

-BIBIRITSA t (L); -kungurutsa t. [Vana vanofarira kubibiritsa matombo kumawere. *Children like rolling stones down a slope.*] vb *roll over once or many times, roll along, turn over, overturn (heavy object)*

-BIDZA t (H) cf -bira i. vb *help across a river or stream*

-BIKA t (L) Kuisa zvinhu mumvura inopisa kuti zviibve. [Ndinoziva zvokubika tii chete. *I only know how to brew tea.*] vb *cook (a general term for all kinds of cooking: brewing, stewing, boiling)*

BIMHA 5, map-6 (LL): mhimha 9. Mhuka yomusango inorema 65 kg. n *reedbuck*

BINA 5, map-6 (LH); mharuparu 9. Bango rinoshandiswa kumisa denga pakuturika imba. n *principal roof-pole (removed after construction)*

BINDEPINDE 5, map-6 (HLHL); jambara 5. Tambo yamakavi. n *bark-fibre rope, very strong cord*

BINDU 5, map-6 (LH); tseu 9; jeke 5; gadhe 5. Nzvimbo inorimwa muriwo nehanyanyisi namapuno namaruva etc. n *irrigated garden*

-BINDUKA i (H) Kunetseka nokutsvaga chinhu kana kuita basa nesimba. [Amai vakabinduka kutsvaga mwana wavo. *The woman searched frantically for her child.*] vb *be frantically active, search for frantically;* **-bindutsa** t; -bindudza t [Kudzvova kweshumba kwakavabindutsa nokumhanya. *The roar of a lion set them off helter-skelter at a run.*] vb *set into excited activity*

BINGA 5, map-6 (LH or HL) Sango rine miti mizhinji yakabatana. n *forest with undergrowth*

BINGEPINGE 5, mab-6 (HLHL) cf bindepinde 5

-BINHA t (L) Kurova nechibhakera. [Akabinha mbavha ikadzadzarika. *He struck the thief a heavy blow and the thief lost balance.*] vb *beat, clout, punch*

BINYUMUPINYU 5, mab-6 (LHHLH) Danda rakatsigirwa nechapakati panotamba vana vaviri kana kupfuura. n *seesaw*

BIRA 5, mab-6 (HL) Hwahwa hwokupira midzimu, kana kuti hwokuti mudzimu utaure nomusvikiro. n *ritual feast, beer dance*

-BIRA t (H) cf -ba i & t. vb *steal from*

-BIRA i & t (H); -yambuka i & t; -ambuka i & t. Kuenda mhiri kworwizi; kudarika rwizi napazambuko kana napabhiriji. [Kune nzira zhinji

bimha

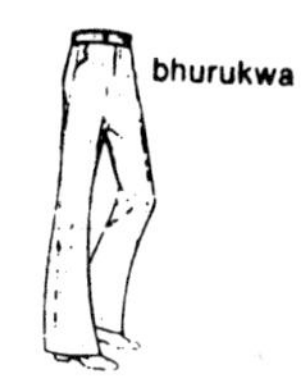
bhurukwa

bhurukwa romukati

-bhururuka

bhutsu

bonga

bonganyuchi

bopoma

boka

dzokubira rwizi nadzo. *There are many ways of crossing a river.*] vb *ford, cross to the other side;* **-bidza** t. Kuyambutsa munhu rwizi. [Ndakabidzwa rwizi ndiri mugwa. *I was carried across the river in a boat.*] vb *make to cross to the other side, help across a stream or river*
BIRIPITI 5, map-6 K (LLLL); gwirikwiti 5. Chirwere chinopedzisira munhu ava nemhezi muviri wose. Hosha iyi inozadzanwa nokuuraya vacheche vazhinji. n *measles*
BISAIMBA 5, map-6 (HHLH) Mhando vouswa. n *rough, light, inflammable grass*
-BISA t (L) cf -bvisa t. vb *take away, remove, extract, move away*
BISE 5 npl (HL); ruombe 11; ruumbi 11; chikauswa 7. Sora rinokonzera kuti mbeu dzitsve. n *witchweed*
BISHI 5 npl (LH) Kuita zvinhu nechimbichimbi. [Vari mubishi. *They are busy.*] n *furious or hurried activity*
BISIRO 5, map-6 (HHL) Chakavakwa chokupisira hari kana zvitinha. n *kiln for pottery, furnace for smelting, brick kiln*
BITI 5 npl (LL); bumhe 5 npl. Hwahwa hunotapira, husingadhakisi. n *sweet-beer*
BODO (LL); aiwa, kwete. Izwi rokuramba. inter *No;* HONGU
BOFU 5, map-6 (LL) Munhu asingaoni kana mhuka isingaoni. [Bofu kuti uya tirwe; hunge rakatsika pfuti. *When a blind man is challenging you, it is because he is standing on a gun. prov* 308 *i.e. Be careful: a timid person who makes a threat has some backing.*] n *blind person or beast*
-BOIRA i (H); -bwaira i. Kutsinzinya maziso nokusvinura pakarepo. [Akaboira maziso achinyara kwazvo. *She blinked her eyes shyly.*] vb *blink, flicker (eyes only)*
BOKA 5, map-6 (LL); bato 5; chikwata 7. n *party, group or crowd of people; flock, drove*
BOMHO 5, map-6 M (HH); bani 5. Nzvimbo ina majahwi. n *vlei, stretch of open, damp land*
BONDA 5, map-6 (LL) Muchero womubonda. n *fruit of the* mubonda *tree*
BONDE 5, map-6 M (LH); rukukwe 11. Tsanga dzakatsemurwa dzakabatanidzwa nemikosi, pokurara. n *reed sleeping-mat*
BONDO 5, mab-6 (HH); bhonzo 5 cf bvupa 5. n *big bone*
-BONDOKOTA i (L) Kugara pasi wakapeta makumbo. vb *sit cross-legged on the ground*
BONDOKOTO (LLLL) [Kasikana kakati bondokoto kugara pasi. *The little girl sat down with legs crossed.*] *ideo of sitting cross-legged*
BONGA 5, map-6 M (LL); nhiriri 9. Katsi yomusango (mutupo wavokwaMadziwa). n *wild cat*
BONGANYUCHI 5, mab-6 (LLHH); shezhu 9; gamanyuchi 5; fukarusheshe 9. Shiri inodya nyuchi. n *bee-eater*
BONGOZOZO 5 npl (LLLL); mheremhere 9; zhowezhowe 5. n *noise, din, racket, disturbance*
BONZA 5, map-6 (LL) Rumuti rukobvu runoshandiswa kurova kana kuponda chinhu. n *thick stick used as weapon*
-BOOKA i (L) **1.** Kuva neburi. vb *be punctured (of containers);* **2.** Kusadhura kana kuwanika nyore kwechinhu. vb *be cheap, easily obtainable, inexpensive, commonplace, tattered;* -KOSHA. **-boora** t **1.** -urura t. Kubaya kana kucheka chinhu kuti chive neburi. vb *pierce, bore, drill a hole; Related ideo:* bhovo, bo-o, dhodyo: **2.** Kuwana chinhu nyore nyore. vb *acquire something easily and cheaply*
-BOPA t (H) **1.** Kushandisa mabhureki pakumisa bhasikoro, motokari etc. cf Nguni vb *brake, arrest speed;* **2.** Kusunga mombe pajoki. vb *inspan;* -KUMURA; **3.** Kusunga bhauti nechipanera. vb *tighten;* -KUMURA
BOPOMA 5, map-6 (LLL) Muerero unoita mvura ichibva pakatunhumara ichienda pakadzikira. n *cascade of falling water, waterfall*
-BOPOMA i (L) [Zvinonakidza kuona mvura ichibopoma. *It is fascinating to see cascading water.*] vb *cascade, describes the heavy tumble of water*
BOPOTO 5, mab-6 (HHL); zhowezha 5; ruzha 11. Nharo kana mazwi okutukana anotaurwa navanhu vashatirisana. n *loud quarrelling, angry dramatic argument or disagreement, uproar*
BORI 5, mab-6 (LH); ranga 5. Zvinhu zvichena zvinofuma zviri mumaziso kana munhu omuka mangwanani. n *marks of sleep on the face before washing*
BORIMHORI 5, map-6 (LLHH) Hwiza isina mapapiro isingadyiwi. n *wingless grasshopper*
BOSHE 5, mab-6 (LH); ruboshwe 11; runzere 11 M n *left hand;* RUDYI
BOTA 5, npl (HH); parichi 9. Upfu hunokurungwa mumvura kusvikira zvakwata. n *thin mealie meal porridge*
BOTSO 5, mab-6 (LL) Hasha dzomubereki akafa dzinouya kumwana akamunyagadzira achiri mupenyu.

(Mwana anotoripa kuti agare zvakanaka). n *anger of offended dead parent; resentment expressed by the spirit of a deceased person over some impiety by a living child; punishment*

-BOWA i (H); -guwa i; -zhamba i; **1.** Kudaidzira nezwi guru. [Akabowa paakarwiswa namatsotsi. *He shouted (for help) when attacked by* tsotsis.] vb *shout;* **2.** Kukuma kunoita mombe. vb *low, bellow*

-BOZA t M (H); cf -nonga t; -bozha t K. vb *find by chance*

-BUBUNA t (H); -bubunya t. Kutetena chokudya chakaoma. vb *crunch, grind brittle food with teeth*

-BUDA i (H) Kubva mukati mechimwe chinhu sokubva mumba, mumvura, muvhu kana mumatambudziko. [Chibuda muno! *Now get out of here!*] vb *come or go out, leave, emerge; rise (of the sun); Related ideo:* bwa-a. **-buda dikita** vb *sweat, perspire;* **-buda dzihwa** vb *discharge mucus;* **-buda mazamu** vb *denoting formation of breasts of a girl in puberty;* **-buda mhuka** vb *bleed at the nose;* **-buda ropa** vb *bleed, lose blood;* **-buda urwa** vb *discharge puss;* **-budirira** i **1.** Kugona kuita zvaunenge waronga kuita. vb *succeed;* -KUNDIKANA; **2.** Kuenderera mberi muupenyu. vb *advance culturally, succeed;* **-budisa** t; -buritsa t. Kukonzera chinhu kubuda. [Akabudisa mari yakaita madhora gumi. *He took out ten dollars.*] vb *take out, expel, make to go out;* -PINZA

BUDZI 5, map-6 (LH) Rudzi rwamanhanga. Budzi rinodyiwa richiri dete, kana rakora rinoitwa mukombe kana dende. n *African squash*

BUFU (HL) Kutaura kana izwi rimwe chete zvaro rokupikisa munhu anenge ati nyarara. [Iti bufu ndikurove. *If you dare to speak I will strike you.*] *ideo of making an utterance, of daring to speak*

-BUKA i (L) Kukwidibira kunoita riva kana paine chapinda murivamo. [Riva rinobuka kana paine chapinda mariri. *A falling-stone trap falls when something ventures beneath.*] vb *fall (of a stone trap);* **-butsa** t [Mhembwe yakabutsa dhibhu ikabatwa. *The duiker set off the whip-snare and was caught.*] vb *release, trigger off (as in a trap);* -TEYA

BUKA 5 npl (LH); berevere 5. Hana isina kusimba inovhunduka nhando. n *fear and alarm; convulsions*

BUKUTA 5 npl (LLH); huruva 9; guruva 5 npl. Ivhu rakatsetseka kwazvo rakapupurutswa nemhepo. n *dust*

BUMHA 5, map-6 (HL) Zvinhu zvakaita dumbu pamwe chete, senyuchi, mabhanana etc. n *bunch, cluster, round mass of anything e.g. clustered swarm of bees*

BUMHARUTSVA 5 npl (LLLH); gukurahundi 5 npl. Mvura inotanga kunaya mushure mechirimo uswa hwava kupiswa. n *early rains*

BUMHE 5 npl (LH) Chokunwa chakabikwa, chinotapira, chisingadhakisi chinogadzirwa nezviyo n *sweet beer*

BUMHI 5, map-6 (LH); mhumhi 9. Mhuka yomusango yakafanana nembwa, inogara mumapoka. n *gregarious wild dog, Cape hunting dog*

BUNDO 5, map-6 (LL) Uswa hukuru hunowanzomera mumapani, hunodiwa nemombe. n *succulent green grass for grazing*

BUNDU 5, map-6 (HH) **1.** Chikofa chinowanikwa pamiti. n *knot in wood;* **2.** Nzvimbo inozvimba kana munhu akuvara kana kungobudawo zvacho. n *swelling, lump, pimple*

BUNE 5, mab-6 (LL); mbune 9.Muchero womubune. n *monkey plum*

BUNGU 5, map-6 M (LH) cf guri 5 n *maize cob*

BUNO 5, map-6 (LL) cf domasi 5 n *tomato*

BUNUMUNU 5, map-6 (LLLL or HHHH); mushwi 1. Munhu asina kupfeka kana chii zvacho. n *completely naked person*

BUPIRA 5, mab-6 (LHL) Munhu anotaurisa, anoda kuti vamwe vateerere iye achingotaura. n *chatterbox, talkative person*

BUPU 5, map-6 M (LL); dutu 5. Mhepo ine simba inouya nemvura hobvu. n *windy storm, gale*

BURA 5, mab-6 K (LH); dima 5 M cf mbambaira 9 n *sweet potato*

-BURA t (L) **1.** Kubvisa chinhu pamoto. vb *remove from or off fire;* **2.** -mora t. Kutora uchi mumukoko. vb *remove honey from hive*

BURI 5, mab-6 (HL) Mwena unoboorwa pachinhu. n *hole, perforation, aperture, opening*

-BURIKIRA i (H) **1.** Kupeukira munhu kana chimwe chinhu. vb *stand aside, get out of way;* **2.** -burikidza i. Kubaya nokubuda norumwe rutivi rwechinhu chabayiwa. vb *pierce through, go right through*

BURIRO 5, map-6 (HHL); mhuriro 9; cf -pura t. Nzvimbo inopurirwa zviyo, mhunga etc. n *threshing floor*

-BURITSA t (H) **1.** Kuisa kunze. vb *take or drive out;* -PINZA; **2.** Kuisa pachena. vb *reveal;* -VANZA; **3.** Ku-

bunumunu

bumhi

buno

bura

bvembe

bveni

bvukutiwa/ bvikitiwa

dzinga pabasa kana muchikoro. vb *discharge from work or expel from school;* **-b. dikita** vb *perspire, discharge perspiration;* **-b. masiriri/ rute** vb *dribble;* **-b. misodzi** vb *shed tears;* **-b. ropa** vb *shed blood*

-BURUKA i (L); -dzika i. Kuenda pasi uchibva mumuti, kana mumotokari, kana pabhiza. vb *descend, come or go down; disembark, dismount;* -KWIRA; **-burutsa** t. Kudzikisa chinhu pasi. vb *take down, cause to alight, set down, let down, put down baby from the back;* -KWIDZA

BURUURU 5, mab-6 (LLHH); zunguzurwa 5. Mwana wedafi kana achiri mudiki, aino musoro mukuru nomuswe. n *tadpole*

BUTE 5 npl (LH) cf mhute 9 n *mist, haze*

BUTI 5, map-6 (HL) Chibage chakakangwa ndokuputika. n *popcorn*

-BUTSA t (L) cf -buka i vb *trigger off without catching as in a trap;* -TEYA

BUTU 5 Z (LL) Rudzi rwenove rungasvike 0,3 m. n *Zambezi parrotfish*

BUTWA 5, map-6 (LL) Zvinhu zvakaputirwa mujira. n *belongings wrapped in cloth for carrying*

-BVA + *rec past partic, Compound predicate; A consecutive device to describe an event that immediately follows another — past or future.* [Akapfura garwe, rikabva ramuregera. *He shot the crocodile and it immediately released him.* Imbwa yakatsikwa nemotokari, ikabva yafa. *The dog was run over by a car and died instantly.*] **2. -bva** i (L) Kusiya imwe nzvimbo uchienda kune imwe. [Ndinobva kwaMutare asi iwe unobva kuHarare. *I come from Umtali, but you come from Salisbury.* Ronda iri rakatanga sei? Rakabva pasi. *How did this wound begin? It began on its own (without a known cause).*] vb *come from, move from, leave, depart, withdraw, retrace steps, originate; Related ideo:* ibvei; **-bvisa** t [Bvisa zvinhu izvi. *Take these things away.*] vb *take away or out or off, remove, undress, deprive;* **-bvisa nhumbu** vb *produce or bring about abortion;* **-bviwa** i [Pane hwahwa hapabviwi. *There is no getting away from a place where there is beer.*] vb *passive form*

BVA K (L) cf asi; conj *but*

-BVAJUKA i (H) Kutumburika kunoita matumbu, etc. [Akasairira saga rizere chibage, rikabvajuka. *He knocked over the sack of maize and it burst.*] vb *gush out; deliver contents by bursting;* **-bvajura** t. Kutumbura matumbu. vb *remove the bowels, intestines or guts*

-BVAKACHA i (H) Kushanyira munhu kana nzvimbo. [Musi woMugovera ndinobvakachira mukoma wangu. *On Saturday I visit my elder brother.*] vb *go visiting, take a walk*

-BVANYANGURA t (H); -bvonga t; -vanganyura t Kupishanisa nokukanganisa zvinhu zvakanyatsorongwa. [Akabvanyangura mbatya dzake achitsvaga chitupa. *He disarranged his belongings searching for his registration certificate.*] vb *disarrange, cause disorder or untidiness, mess up;* -RONGA

-BVARUKA i (H); -bharuka i; -mweseka i M. Kutsemuka kunoita jira, pepa etc. [Bhurukwa rangu rabvaruka. *My trousers are torn.*] vb *be torn;* **-bvarura** t; -bharura t; -mwesa t M. [Akabvarura hembe yangu. *He tore my shirt.*] vb *tear fabric, rip, rend*

BVE-E 5, mabv-6 (HH) Muchero womubve-e, mukobvu, wakareba. n *fruit of* mubve-e *tree (sausage tree)*

BVEMBE 5, mabv-6 (HL); nwiwa 5; cf visi 5. n *water-melon*

BVENI 5, map-6 (LL); diro 5 M; dede 5; mutiro 3 M; cf gudo [Bveni kuipa zvaro; haridyi chafa choga. *The baboon may be ugly but it does not eat anything that died on its own.* prov 1522 *i.e. Even rascals have something in their favour.*] n *baboon*

BVI 5, mabv-6 (K (H) cf ibvi 5. n *knee*

-BVIKINYIDZA t (H) Kumanikidza kupinda napamukana padikidiki. [Akabvikinyidza kupinda pakanga pazere vanhu achida kuona mutambi. *He forced his way through the crowd to see the dancer.*] vb *force a physical entrance; force way through*

BVIKITIWA 5, mabv-6 K (HHLH); bvukutiwa 5; gukutiwa 5. Njiva huru ina maziso matsvuku; ine vara dema pamutsipa. Inowanzoda kudya mbesa nemhodzi. n *red-eyed turtle dove*

-BVININA i (L); -sinina i. Kubuda kunoita mvura napatuburi tudikidiki. [Mvura yakatanga kubvinina paakanga achera. *The water began to ooze into the place he was digging.*] vb *ooze, discharge liquid slightly*

-BVINZA i (L); -donha i; -duza i. Kubuda kwemvura kana kwoupfu etc, zvichibva muchinhu napakaburi. [Mvura iri kubvinza mubhagedhi. *Water is leaking from the bucket.*] vb *leak from a container*

-BVIRA i (L) 1. -pfuta i. Zvinoita moto kana watungidzwa pachinhu. [Moto uchabvira zvino zvino. *In a moment the fire will be ablaze.*] vb *burn with a flame; be aflame; be inflammable;* -DZIMA; 2. Kugoneka kuitwa; kugona kuitika. [Hazvibviri. *It is not possible / It is impossible.*] vb *be possible, be capable of achievement;* 3. -bvira i K [Handibviri iwe. *I don't mean you.*] vb *mean, talk about;* 4. Kutangira panzvimbo kana panguva yakati. [Munhu wose akabvuma kubvira kuvakuru kusvikira kuvaduku. *Everyone agreed from the most senior to the most junior.*] vb *begin from (in space or time)*

-BVISA t (L) cf -bva. vb *take away, remove, extract, move away, get rid of;* **-bvisika** i [Mitemo yaMwari haibvisiki. *The laws of God cannot be overruled.*] vb *be revocable, capable of repeal*

-BVOCHA i (L); -bvotomoka i. Kutaura zvisina musoro kana kuti zvisingawirirani nenyaya iri mudare. [Dai asina kubvocha kutaura, angadai aregererwa. *If he had not talked off the point, he would have been acquitted.*] vb *speak off the point*

BVOKOCHO 5, mabv-6 (LLL); bvokochera 5. Nzvimbo ine miti nouswa uzhinji, isingapindiki. n *thicket, thick impenetrable growth*

-BVONGA t (H) cf -bvanyangura t. vb *disturb or upset the order;* -RONGA

-BVONYEDZA t (H); -bvonyera t. Kurondera zvinhu musaga kana muchimwe chinhu. [Akabvonyedza mbatya musutukezi. *He crammed his clothes into the suit-case.*] vb *stuff, cram full, fill to capacity*

-BVORONGA t (H); -bvonyongedza t. Kukanganisa zvinhu zvinenge zvakanaka; kuita zvinhu nomutoo usina kunaka. [Iwe, wakabvoronga svutu yangu. *You have spoiled the appearance of my suit.*] vb *disarrange, jumble up, mess up;* -RONGA

-BVOTOMOKA i (H); -bvocha i. Kutaura zvisina musoro. [Anobvotomoka nezvechitendero chedu. *He talks nonsense about our religion.*] vb *speak irrelevantly, talk nonsense, speak foolishly (suggesting lack of understanding)*

BVUDZI 5 npl (LL); vhudzi 5 K. Mvere dzinomera mumusoro momunhu. n *hair of human head*

-BVUKA i & t M (H); -fembera i & t. Kutaura zvinhu zvichaitika. [Hapana angabvuke kuti nyika ichaguma rini. *No one can foretell when the end of the world will come.*] vb *guess or foretell*

BVUKUTIWA 5, mabv-6 (HHLH); cf bvikitiwa 5; gukutiwa 5. n *red-eyed turtle dove*

-BVUMA i & t (L); -tenda i & t. Kuwirirana nezvinenge zvataurwa. [Vose vakabvuma. *Everyone agreed.*] vb *agree, assent, acknowledge; yield, indicate agreement, own up, speak out, submit;* -RAMBA; **-bvumira** t; -bvumidza t [Ndakabvumirwa kuenda. *I was given permission to go.*] vb *allow, permit, give permission;* -RAMBIDZA

BVUMBA 5, mabv-6 K M (LL); rinda 5; bwiro 5; guva 5. Gomba rinovigwa munhu akafa. n *grave*

-BVUMBA t (L) Kutsvaga kwaenda mhuka kunoita imbwa pakuvhima. [Imbwa dzinobvumba mbeva mubani. *Dogs pick up the scent of mice in the vlei.*] vb *follow scent of prey, pick up scent and follow prey*

-BVUMBATA t (H); -pfumbata t. Kubata chinhu nesimba. [Akabvumbatira mari achitya kutorerwa. *She clutched the money fearing that it would be snatched away.*] vb *clutch, enclose in or fasten onto with the hand*

BVUMBI 9 (LH); mvumbi 9. Nyoka yakasvibarara, yakafanana nechiva, ino uturu hune ngozi. n *night adder, very poisonous snake*

BVUMBU 5, mapf-6 (LH) [rokwe bvumbu = *blue frock*] adj *grey, mauve, purple, blue*

-BVUMBURUKA i (H) Kuumburuka kana kutamba muhuruva. [Amai havadi kuti vana vabvumburuke mujecha. *Mother does not like the children to tumble about in the sand.*] vb *roll about, tumble about in the dust;* **-bvumburudza** t [Mwana abvumburudza hembe yake mumhukuta achitamba. *The child covered his shirt with dust while playing.*] vb *cover with dust (while playing)*

-BVUMIRA t (L) cf -bvuma i. vb *allow, permit*

-BVUNDA i (H); -dedera i & t; -ngwenda i K; -kweta i M. [Akabvunda sorutsanga. *He trembled like a reed.*] vb *quiver, tremble, shake, shiver, (with fear or cold);* **-bvundisa** i & t; -dederesa i & t [Kupenya kwemheni kwakamubvundisa. *The flash of lightning made her tremble.*] vb *cause to tremble*

BVUNDO 5, mapf-6 (HH) cf pfundo 5. n *knot, joint*

-BVUNDUKA i (L) Kukonzerwa kusachena kwemvura kana ikakodzongwa yosangana namadhaka etc. [Mvura yomurukova yakabvunduka. *The water in the stream is muddy.*] vb *be turbid, disturbed, discoloured, muddy;* -GADZANA; **-bvundura** t [Uka-

bve-e

bvundo

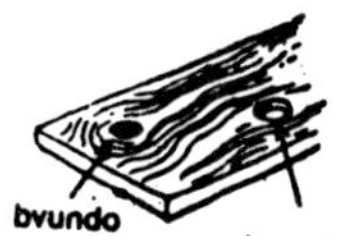

bvundo

bvundo

kanda ibwe mumvura rinoibvundura. *If you throw a stone into water it is disturbed.*] vb *stir, disturb the content of water or other liquid.*

-BVUNDUNUKA i (L) Kuiswa pachena kwechange chakavandika. [Zvabvundunuka nhasi zvakanga zvakavanzwa kare. *What is disclosed today was previously hidden.*] vb *become apparent.* **-bvundunura** t [Zvaakasvika kukamba akabvundunura zvose. *When he reached the police camp he revealed everything.*] vb *reveal or disclose what was concealed*

-BVUNDURA t (L) cf -bvunduka i. vb *stir, disturb the contents of water*

-BVUNYAIDZA t (H); -mbunyikidza t. Kukanganisa munhu kuti arege kutaura chokwadi. [Pakasvika mapurisa John akandibvunyaidza kuti ndisataure zvakaitika. *When the police arrived John interrupted each time to stop me telling what hapened.*] vb *trick into not telling the truth because the truth is unwelcome*

bwambo

-BVUNZA t (L); -vhunza t K. Kutsvaga ruzivo nezvechinhu. [Akandibvunza kwandaienda. *He asked me where I was going.*] vb *ask, inquire, question;* -PINDURA; **-bvunzisisa** t [Bvunzisisa kuti ndiani? *Question closely who he is?*] vb *ask searching questions, make diligent inquiry;* **-bvunzira** t [Hanzvadzi yake yakabvunzirwa. *His sister had the first lobola payment made for her.*] vb *pay first payment of lobola*

BVUNZO 9 K (LL) cf -bvunza t. n *examination, test*

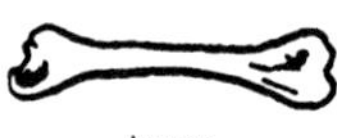
bvupa

BVUPA 5, mapf-6 (HH); godo 5 K M; bondo 5. Chinosara kana nyama yabviswa. [Bvupa jena rakabva munyama. *A white bone stems from meat. prov* 1039 *i.e. What is today, will not be tomorrow.*] n *bone*

-BVURA t (H) Kuvavaidza chinhu nomoto. [Tsuro inobvurwa; haivhiyiwi. *A hare has the outer hair singed; it is not skinned.*] vb *singe, burn hair or feathers by fire*

-BVURUDZA t (L); -vhurudza t. Kuzunza huruva kubva pambatya kana machira. [Bvurudza mbatya dzaiswa huruva nechamupupuri. *Shake out the clothes which have been covered with dust by the whirlwind.*] vb *shake the dust off*

-BVURUVARA i (L) cf -bhuruvara t. vb *deteriorate*

-BVUTA t (L) Kutorera mumwe chinhu pasina zvokumbotaurirana. [Mbavha yakabvuta bhegi rake. *The thief snatched her hand-bag.*] vb *snatch, grab*

BVUTE 5 npl (LL); mumvuri 3. Rima rinokonzerwa nokudzikatirwa kwezuva kana mwenje. n *shadow, shade*

-BVUVA t (L) 1. Kusakura nzvimbo inonyorovera isina sora zhinji. Kusakura kechipiri. [Svondo ramangwana tichabvuva chibage. *Next week we shall weed the maize for the second time.*] vb *weed (for the second time);* 2. t M; -kukuzva t K Z. Kubata hove nousvasvi. [Vazhinji vanoda kubvuva pano kuraura. *Many prefer to use a net for fishing than use rod and line.*] vb *catch fish with a net*

-BWADAGURA t (H); -bwadagudza t. Kupunza kana kurovera chinhu pasi. [Akabwadagura hari noruoko. *He struck the pot a shattering blow with his hand.*] vb *smash, shatter (often in bad temper)*

-BWAIRA i (H); -boira t; -hwaira i K. Kutsinzinya nokusvinura maziso nokuchimbidza. [Mwana anonyara anobwaira kana aona mudzidzisi. *A child who is bashful blinks when he (she) sees the teacher.*] vb *blink. Related ideo:* bwai bwai, boi boi.

BWAMANGA 14 (LLL) Rudzi rwomuriwo unowanzowanikwa makarimwa, mumagadheni nomuminda. n *wild spinach, pigweed*

BWAMBO 14 (LL); hwambo 14; bwazvo 14. Chinoshandiswa kukwezva chimwe, sehonye inokwezvera hove kuchirauro. n *bait*

BWE 5, mabwe 6 K (L); dombo 5. n *stone, boulder, rock*

-BWENDA i & t (H) Kuzeza kana kutya kurwa. [Akabwenda kurwa neni aona shamwari yangu. *He was afraid to fight me when he noticed my friend.*] vb *show fear*

-BWEREBWETA i (H); -bwodoka i. Kutaura zvisina basa. [Akabwerebweta zvimwewo panzvimbo pokupindura mubvunzo. *He talked about things off the point instead of replying to the question.*] vb *babble, talk nonsense, talk incessantly*

-BWEZA i & t (L) slang: -kutya i & t [Ndakabweza kufamba murima ndoga. *I was scared to walk in the dark alone.*] vb *be afraid*

-BWINYA i (L); -bwibwinya i; -penya i; n'aima i. Kuvaima kunoita chinhu. [Akapukuta zvipunu zvikabwinya. *She polished the spoons and they gleamed.*] vb *shine, be bright, gleam, glitter, dazzle*

-BWIRA t (H); -hwira t. Kudya upfu, shuga etc. [Vana vadiki vanofarira kubwira shuga. *Little children like feeding on sugar.*] vb *feed fine and powdery foodstuffs into the mouth*

BWITITI 3, mabw-6 (LLL) 1. Dzvetetsvete rehuruva, utsi kana mhute

etc. n *cloud of dust or smoke;* **2.** dzenga 5. Munhu asina hanyn'a nezvaanoita kana zvaanopfeka. n *untidy, sloven or stupid person*
-BWODOKA i (H) cf -bwerebweta i. Kutaura zvinhu zvisina musoro kana kuti kupwapwadika. [Murwere ari kubwodoka pakudavira. *The patient is confused in his reply.*] vb *talk nonsense*

C

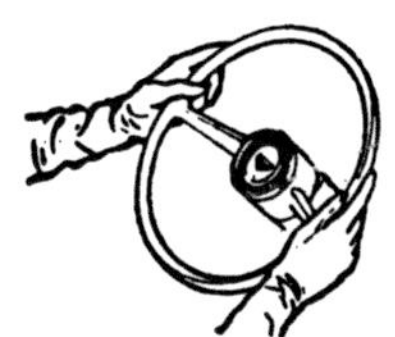

-chaira

chamupupuri

chamhembe

-CHABUDZA i (L) Kufamba makumbo achitsika mvura ichibva yatsatika. [Mombe dzinochabudza mvura kana dzasvika parwizi. *The cattle splash up the water when they get to the river.*] vb *paddle and splash in shallow water*
-CHACHUKA i (L) Kutorwa kwezviri muhari iri pamoto. [Moto wawandisa nyama haichachuki. *The fire is too hot for the meat to be sampled by hand.*] vb *be able to be snatched up (usu from fire);* **-chachura** t [Varume havabvumidzwi kuchachura zvokudya. *Men are not permitted to help themselves from the pot.*] vb *eat morsels from hot container, snatch quickly from fire*
CHAENGA 7 (LHL); chainga 7; rwainga 11; rwenga 11. Zenga rehari yakapunzika rinosevenzeswa kukangira zvinhu. n *potsherd, broken piece of earthenware (used for roasting grain)*
CHAI 7 (LH); munyu 3; sauti 9. Chinoshandiswa kurunga muriwo kana kuiswa panyama kana pahove kuti zvirege kuora. cf Nguni n *salt*
-CHAIRA i & t (L); -tyaira i & t. **1.** Kukuza mombe kuti dzifambise kana dzakabopw.a pajoki. [Bata gejo ini ndityaire mombe. *Take hold of the plough and I will drive the oxen.*] vb *drive team of oxen;* **2.** Kufambisa motokari. [Chaira motokari zvine hanyn'a. *Drive the motor car carefully.*] vb *drive motor car;* **3.** shambira t. vb *swim*
CHAIZVO (LHL) cf kwazvo. adv *absolutely, very much*
CHAKATA 9 (LLL); hacha 9. Muchero une tsongorwi imwe chete unotsvuka kana waibva. n *fruit of the* muchakata *or* muhacha *tree*
-CHAKWAIRA i (H) Kufamba napane mvura. [Kuchakwaira mumvura hakuna kunaka pamusana pechipfunga. *Wading in the water is ill-advised on account of bilharzia.*] vb *walk and splash through water;* **-chakwaidza** t [Murume akachakwaidza mombe nomurukova. *The man walked his cattle through the river.*] vb *cause to splash through water*
CHAKWINDI 7 (LHH); chakuvhuvhu 7; chakuvhe 7; chemina 7 Ko; chimwe 7 M; Zvinoonekwa pachingwa kana chimwewo chinenge choora. n *mould, mildew, growth of minute fungi*
-CHAMA i (L); -chamira i. Kuita chinhu nomwoyo wose. Kuisa pfungwa dzako dzose pachinhu chauri kuita. [Kana uchida kubudirira muchikoro, unofanira kuchama kuverenga. *If you want to succeed in school, you must pay great attention to reading.*] vb *apply oneself, work hard, pay great attention to, concentrate, toil; be zealous, earnest*
CHAMHEMBE 7 (LHH) Ruzhinji rwavanhu runoti kumusoro kwenyika. n *North (Sometimes used with absolutely opposite meaning i.e. South);* MAODZANYEMBA
CHAMUDZUNGURURU 7 (HHHLLL) Kutenderera kunoita pwere dzichitamba kuti dzive nedzungu. n *turning round and round resulting in dizziness*
CHAMUNYURUDUDU 7 (HHHHHH); nhupe 9 M. Kutuhwina muviri wose uri mumvura, zvose nomusoro. n *submerged swimming underwater*
CHAMUPUPURI 7 (HLHHH); chamungwe 7. Mhepo inovhuvhuta nokutenderera nesimba; kazhinji mumwedzi yaSeptember naOctober. n *whirlwind*
CHAMUPWITITI 7 (HHHLL) Kumbumuka kunoita huruva. n *cloud of dust raised by activity*
CHANA 7 (LH) Maitiro okuyema. n *childishness*

chari

chanza

change

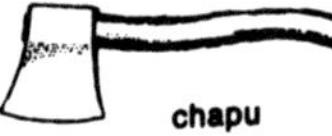
chapu

chapungu

chechi

CHANDO 7 (LL) Kutonhora kunoita kunze. n *cold, frost, ice, cold season, winter (June, July & August)*
CHANDURU 7 (LHH); nduru 9. Kahomwe kari pachiropa kane mvura inovava kwazvo inobatsira zvokudya kuvaka muviri. n *gall-bladder*
CHANGAMIRE 1a, pl: vana- (LLLL); mhanduwe 1a. Izwi rokuremekedza munhurume. n *Sir*
CHANGE 7 (LL); dhumukwa 5. Mhuka huru iri mubato rebimha nemharapara. Inogara muboka padyo nemvura nokurema 200 kg. n *waterbuck*
-CHANGO- [Motokari yakasvika, achangopedza kutaura. *As soon as he had finished talking, the motor car arrived.*] infix vb (adv) *immediately after, no sooner than*
-CHANJAMARA i (H) Kubuda kunze kwebazi romuti kana kwamazino etc. [Ana mazino akachanjamara. *She has protruding teeth.*] vb *protrude, project, stick out, jut out;* **-chanjamadza** t [Achanjamadza mapango ari mumotokari nokuti akarebesa. *He made the poles jut out from the vehicle because they were so long.*] vb *cause to project, stick out*
CHANZA 7 (LL); chanja 7. Mukati moruoko kubvira pachiningoningo kusvikira panotangira minwe. n *palm of hand*
CHANZI 7 (HL) Nguva inowanikwa nomunhu yokuita zvaanoda; mhanza kana rombo rakanaka. cf Eng n *chance, opportunity*
CHAOO 7 (LHL); chaso 7. Nzvimbo yomusoro kubvira panogumira dama. n *temple of head*
CHAPFUDU 7 (LHH) Chomukati mezai chakatsvukirira. n *yolk of egg*
CHAPU 9 (HL) Demo risina musikisa. cf Eng n *chopper, small axe*
CHAPUNGU 7 (LHH); chipungu 7. Shiri huru inenge gondo, inodya nyoka notumwe tupuka. n *bateleur eagle*
CHAPUPU 7 (LHL); mboo 9; mufakazi 1. Munhu anopupura zvinotaurwa nomumwe kana kuti anotsinhira kuti zvataurwa nomumwe ndizvo zvakaitika. n *person who gives evidence; person who saw an event take place*
CHARA 7 (LH) Nzara yechigunwe. [Chara chimwe chete hachitswanyi inda. *A single thumb-nail does not crush a louse. prov.* 917 *i.e. Many hands make light work*] n *thumb-nail/toe-nail*
CHARADZA 7 (LHL) Kuenda kundovhima vanhu vachirara musango kwamazuva. n *hunting expedition of some duration*
CHARI 9 (LH) Jira rinoshandiswa nomunhukadzi kufukidza mapendekete kana kuberekesa mwana kumusana. n *shawl*
CHASO 7 (LL) cf chaoo 7. n *temple of the head*
-CHATA i (L) Kubatanidzwa muchechi kuva mukadzi nomurume. [Handisati ndachata./Ndigere kuchata. *I am not married yet.*] cf Nguni vb *marry according to civil or church law*
CHAVAKURU 7 (LHHH) Chinoputira mwana achiri munhumbu maamai vake. n *placenta, afterbirth following birth of a baby*
-CHAYA t (L); -rova t; (slang) vb *strike, hit*
-CHAYIRA t (L) cf -chaira. vb *drive*
-CHAYISA i & t (HHH) -pedza basa (slang) vb *knock off, finish work*
-CHECHENEDZA t (H); -chechetedza t. Kucheka chinhu uchitenderedza. [Akachechenedza nhanga nebanga. *He cut a round hole in the pumpkin.*] vb *cut a round hole in a spherical object, trim (e.g. hedge)*
CHECHENI 9 (HHL) Muchero womuchecheni. n *fruit of* muchecheni *tree*
-CHECHENYA i & t (H); -chochonya t; -tsotsodza t; -sosodza t. Kuzaruka kunoita zai kana hukwana yoda kubuda. [Mazai angu ose akachechenya. *All of my eggs have hatched.*] vb *hatch, emerge from egg*
-CHECHENYEDZA t (H) cf -chechenedza t
CHECHETE 9 (LLH) Muchero unodyiwa wakafanana neshumha. n *edible fruit of* muchechete *tree*
CHECHETERE (LLLL) *ideo of* **1.** [Chibage chakati chechetere mumunda. *The mealies in the garden are of equal size.*] *being uniform in size;* **2.** [Enzanisa apa pati chechetere. *Level this place off so that it be even.*] *being flat or level;* **3.** [Vana vakati chechetere kugara pasi pakupedza kuimba. *The children all sat down together at the end of singing.*] *sitting (many people at the same time)*
CHECHI 9 (HL); kirike 9; sangano 5. Imba yokunamatira Mwari kana bato ravatenderi. cf Eng n *church (moral body of men or physical structure)*
-CHECHUKA i (L); -tondera i & t; yeuka i & t. Kuziva chinhu chaitika. [Vana vaifamba vachitamba vakachechuka vasvika pamba. *Distracted by playing on the way the children arrived home before they realized where they were.*] vb *become conscious or aware*

-CHEKA t (H) Kudimbura chinhu nebanga. [Ndazvicheka munwe nebanga. *I cut my finger with a knife.*] vb *cut, sever, cut off;* **-chekerera** t [Chekerera hanyanyisi munyama. *Chop up the onions (for putting) in the meat.*] vb *cut into little bits*

-CHEMA i & t (H) Kuburitsa misodzi kana kuridza mhere. [Svondo rakapera takachema hanzvadzi yake. *Last week we mourned for his sister.* Ndizvo zvandiri kuchema nazvo. *That is what I am asking for.*] vb *cry, weep, lament, mourn, cry for, weep for; request, ask; Related ideo.* n'e-e *(baby)*, ho ho ho, hi-ihi; **-chemedza** t [Rega kuchemedza mwana! *Don't make the baby cry!*] vb *cause to cry, cause alarm and tears*

CHEMA 9 (HL) Chipo chinobviswa pakuchema mufi. n *offering made to living relatives at burial of the dead*

-CHEMBERA i (L) Kukurisa kana kukwegura, kazhinji kwomunhukadzi. [Ambuya vake vachembera. *His grandmother is very old.*] vb *grow old, age;* **-chembedza** t [Kuita basa rakarema kudai zvinochembedza. *Doing such hard work ages one.*] vb *cause to grow old, make old*

CHEMBERE 9 (LLL) Munhukadzi akwegura, achena musoro. n *old woman;* HARAHWA

-CHEMEDZA t (H) cf -chema i. vb *cause to cry, cause alarm and tears*

-CHENA i (L) Kushambidzika kana kuva nechiedza. [Mumba make makachena. *Her house is very clean.*] vb *be clear, bright, bare, neat, well dressed; Related ideo:* benemene, chenei, mbe, mbe-e, ngwerewere, ngwe-e; **-chenesa** t [Sipo iyi inochenesa mbatya. *This soap makes clothing bright.*] vb *clean, make clean*

CHENA 9 & 10 (LL) [shiri chena = *white bird*] adj *white*

-CHENAMA i (H) Kupopota kana watadzirwa. [Mukadzi uyu anochenama. *This woman is quarrelsome.*] vb *show or feel indignation (humans), threaten, bare the teeth (dogs)*

-CHENERUKA i (L); -chenuruka i. Kusanduka kworuvara rwejira etc. [Bhatye rake rakacheneruka nezuva. *His jacket is bleached by the sun.*] vb *fade, bleach (from exposure to the sun), be somewhat white in colour, be whitish, a pale colour*

CHENGA 7 (LH) cf chainga 7. n *potsherd, piece of broken earthenware pot*

-CHENGA t (L) Kunyatsochengeta chinhu. [Chenga ose manhanga; hapana risina mhodzi. *Preserve all pumpkins; every one of them has seeds.* prov 1447 *i.e. People have equal dignity whoever they are.*] vb *keep, preserve*

-CHENGEDZA t (H); -nyengedza t. Kunyepera mumwe achibva azoshaya ruvimbo newe zvakare. [Usachengedze vanyamukuta kuzvara uchada. *Don't cheat the mid-wife while you are young enough to bear children.* prov 1219 *i.e. Don't kill the goose that lays the golden egg.*] vb *deceive, cheat*

-CHENGETA t (L) Kutarisa chinhu kuti chirege kukanganisika. [Kuchikoro takafundiswa kuchengeta nguruve. *At school we learnt to keep pigs.*] vb *keep, preserve, observe (regulations), look after, reserve, keep back for;* **-chengetedza** t [Tinofanira kuchengetedza upenyu hwavana vedu. *We must preserve the life of our children.*] vb *look after, take care of, conserve;* **-chengeteka** i [Iyi ndiyo nzvimbo yakachengeteka. *This is a safe place.*] vb *be safe, secure, free from harm;* **-chengetesa** t [Akandichengetesa mari yake. *He gave his money to me for safe-keeping.*] vb *entrust to someone for care*

CHENGO 7 (LH) Chidziro chemba. n *wall of building*

CHENGU 9 (LH); ndunguza 9. Mhuka yomusango inorema 230 kg. Inofamba nedzimwe dzorudzi rwayo nokuwanikwa padyo nemvura. n *roan antelope*

CHENI 9 (HL) 1. Chinosakisa kuti mavhiri ebhasikoro afambe pakuchovha. cf Eng n *chain;* 2. sheni 9; muvanga 3 K. Hove ina mazino anokuvadza; inogara muhova huru. n *tiger fish*

-CHENJERA i (H); -ngwara i; -svinura i. [Famba wakachenjera. *Walk with care.*] vb *be cautious, clever;* **-chenjedza** t [Handichamubatsiri nokuti akandichenjedza. *I shall not help him because he (let me down and) put me on my guard.*] vb *put on guard;* **-chenjerera** t [Chenjerera imbwa. *Beware of the dog.*] vb *look out for, beware of, watch out for, be cautious, careful of*

CHENURA 9 (LLL) Hwahwa hwokuchenura munhu afa. n *funeral ceremony (between actual burial and* kurova guva)

-CHENURA t (L) 1. Kutaurira munhu kuti haana mhosva yaanga achifungirwa. [Akachenurwa mudare. *He was acquitted/declared innocent by the court.*] vb *deliver someone from blame;* 2. -gadzira t. Kurova guva; kuti mweya womunhu akafa uve mudzimu nokuti usvitswe kuna vadzitateguru. vb *cleanse, purify (ritually in* kurova guva *ceremony), acquit*

-chema

-chechenya

chengu

cheni

chenI

chembere

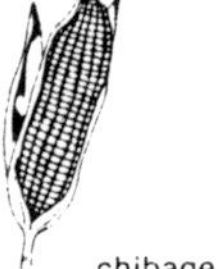
chibage

chibanzuro

chibato

chibakobwerabwera

chezero

chibhakera

chidembo

-CHENURUKA i (L) cf -cheneruka i. vb *be bleached, whitish*
-CHENYERA t (H); -chenyn'era t. Kutswinyira munhu ziso. [Akandichenyera achinyemwerera. *He winked at me while smiling.*] vb *wink*
CHEPFU 9 (HL); muchetura 3. Mushonga unouraya. n *poison*
-CHERA t (H); -teka t. Kutora nomukombe, kapu etc mvura nohwahwa. [Tinochera mvura mutsime. *We draw water at the well.*] vb *draw (water, beer etc), scoop, draw liquid by scooping with container*
-CHERA t (L) **1.** Kutimba uchibvisa ivhu. [Gomba iri rakacherwa nemhuka. *This hole has been dug by a wild animal.*] vb *dig; dig up (as road repairers do);* **2.** Kutaurira mumwe zvanyangadzwa nomunhu. [Vana vanocherana pachikoro. *Children tell tales on one another at school.*] vb *inform on, relate misdoings*
CHERE (LL), chero + *Particip* [Ndinokupa mari chero/chere uchizodzosa kupera kwemwedzi. *I shall give you the money provided you return it at the end of the month.*] conj *provided that, on condition that, so long as*
-CHERECHEDZA i & t (H) **1.** Kunyatsoongorora chinhu. [Cherechedza zvandiri kuita. *Pay close attention to what I am doing.*] vb *observe carefully, examine critically;* **2.** Kuisa mucherechedzo wokuzoziva chinhu nawo. [Bhuku rakacherechedzwa nezita rake. *The book was signed with his name.*] vb *mark (for later identification), put a sign on*
CHERO (LL) **1.** cf chere; **2.** [Ndinoda chero yehembe mbiri idzi. *I want either of these two shirts.* Unoda kofi kana tii? Chero. *Do you want coffee or tea? Either.*] *either, anyone will do, it matters not which*
CHETE (HL); bedzi; basi [Ndine mwana mumwe chete. *I have only one child.*] adv *only*
-CHETUKA i (H); -gwashuka i; -dambuka i. Kudimbuka kwechachekwa nebanga etc. [Ndacheka tambo napakati ikachetuka. *I cut the string in the middle and it snapped in two.*] vb *spring apart under tension;* **-chetura** t; -gwashura t; -dimbura t. [Akachetura waya nepinjisi. *He snipped the wire with the pincers.*] vb *cut with short movement, snip (e.g. with scissors, knife or razor blade)*
-CHEUKA i (H) Kutarisa mumasure. [Aifamba achicheuka. *He walked (away) casting backward glances.*] vb *look back, look around*
CHEZERO 9 (HLL); chiziro 9. Mudziyo wokugadzirisa mapuranga. cf Eng n *chisel*
CHIBAGE 7 (LLH); chibahwe 7; chibarwe 7 K; chibere 7 Ko; gwere 5 M. n *maize*
CHIBAKO 7 (LHH); nhekwe 9. Mudziyo unochengeterwa fodya yomumhuno n *snuff-box*
CHIBAKOBWERABWERA 7 (LHH-LHHL); chimbuyavagore 7; mvurayejuro 9 M. Shiri inogona kumira ichibhabhama iri panzvimbo imwe chete mudenga. n *flappet lark, clapper lark* R 468
CHIBANZURO 7 (LLLL) Simbi kana chimwewo chinoshandiswa pakubanzura muti. n *wedge*
CHIBATO 7 (LHH); mubato 3. Chinobatwa pakusimudza midziyo sokuti kapu, bhureke, etc. n *handle (e.g. door or furniture)*
CHIBAYIRO 7 (LLLL) Nzvimbo inourayirwa mombe. n *slaughterhouse, abattoir*
CHIBAYO 7 (LLL) Chirwere chinokonzera kuruma-ruma kwamapapu. n *pneumonia, pleurisy, sharp lung pain*
CHIBEREKO 7 (LLLL) Munogara mwana asati azvarwa. n *womb, ovary*
CHIBHABHABHA 7 (LLHL) Kurova nezvibhakera nokukurumidza. n *repetition of blows*
CHIBHAKERA 7 (LLLL) Kupfumbatwa kweminwe. n *fist*
CHIBHAMU 7 (LLL) Musikana akanaka, ano muviri. n *attractive, well-proportioned girl*
CHIBHARO 7 (LHH) **1.** Basa rinomanikidzwa vanhu kuita, vasingabhadharwi, kana kubhadharwa mari shoma. n *community service (labour);* **2.** Mari inobviswa nomurume wose pagore, inopiwa hurumende. n *tax;* **-bata chibharo** vb *commit rape*
CHIBHENDE 7 (LLL) Mutauriro wokureva munhu iye aripo, asingazivi zviri kutaurwa. n *double-talk, veiled language, obscure allusion*
CHIBHOKISI 7 (LHLL) Chirwere chemadzukira chinozadzanwa. cf Eng n *chicken-pox*
CHIBHUBHUBHU 7 (LLLL); chibububu 7 M. Chirwere chehuku. n *Newcastle disease (of poultry)*
CHIBHUNU 7 (LLH) Mutauro kana maitiro amaBhunu okuSouth Africa. n *Afrikaans, language of the Afrikaner people or h African Dutch*
CHIBIBI 7 (LLL); chirema 7.

Munhu akaremara makumbo. n *cripple, person permanently lamed*
CHIBOMBO 7 (LLL) cf chitota 7. n *small wingless grasshopper*
CHIBONDOKOTO 7 (LLLLL); chisero 7. Kugara kwokupfunya makumbo. n *cross-legged sitting*
CHIBOORESO 7 (LLLLL) Mudziyo unoshandiswa kubooresa. n *drill or boring instrument, gimlet;* chiboori 7 (LLLL) Simbi inogadzirirwa pakubooresa. n *bit (for brace or drill)*
CHIBOZWA 7 (LLH) Chidzvo chinopiwa pamitambo yebhora etc. n *score against (in a game)*
CHIBVIRIRO 7 (LLHH) Chibviriro chamarimwezuro handisati ndadya ndichiguta. *Since the day before yesterday I have not had enough to eat.* vb *length of time (since)*
CHIBVUMIRANO 7 (LLLLL); chitenderano 7. Chinhu chinenge chabvumiranwa. n *solemn agreement, covenant*
CHICHEMO 7 (LHH) Nhunha dzomunhu kuti chimwe chinhu chiitwe. n *earnest petition or request*
CHIDAO 7 (LHL) n *praise-name, sub-clan name (e.g. the clan with the* mutupo Mhofu *has a sub-clan with* chidao: Mufakose)
CHIDEMBO 7 (LLL); dembo 5. Chimhuka chinenge katsi chino mweya unonhuhwa chaizvo. Pane zvimhuka zviviri zvine zita rimwe chete. Zvine mitsetse mitema nemichena pamusana. Kana zvavhundutswa zvinokwanisa kuita mweya unonhuhwa chaizvo. [Dembo harivhiyiwi paruzhinji. *A polecat is not skinned in public.* prov 131 *i.e. Secrets are not revealed where there are many people.*] *The name covers two distinct species: Striped polecat (length 0,7 m and mass 1,3 kg) and African striped weasel (length 0,5 m and mass 0,3 kg)* n *striped polecat, African skunk, zorilla*
CHIDHAKWA 7 (LLH) Munhu anodhakwa nohwahwa nguva zhinji. n *drunkard*
CHIDHAMBAKURA 7 (LLLHH); chikorovondyo 7 K; chiguyakuya 7; chigumukumu 7. Chidzvinyu chinowanikwa pamabwe munzvimbo zhinji munyika muno. Chirume nechikadzi zvino ruvara rwakasiyana. Asi panguva yokuita vana zvose zvine misoro yebhuruu. Zvino urefu hwe-150 mm. n *rock lizard, agama*
CHIDHANANA 7 (LLLL) Rudzi rwedzvinyu diki rinowanzogara mumba nokudya tupuka, umhutu etc. n *gecko, small sp of lizard*
CHIDHINA 7 (LHL); chidhinha 7; chitinha 7. Ivhu rinoumbwa neforoma ropiswa, kwava kuzovakiswa dzimba etc. n *brick*
CHIDHINDIRI 7 K (LLHH) Shiri diki ine mitsetse michena nemitema pamusoro; inodya mhodzi. n *golden-breasted bunting*
CHIDHINDO 7 (LLL) Mabhii anonyorwa pamupira kana pamwewo. n *stamp (rubber or metal), brand, stamped mark*
CHIDHIRAIVHO 7 (LLLLL) cf gango 5; gazvo 5 K. n *steering wheel*
CHIDHOKWANI 7 (LLHH) Chimhuka chomuroyi chinotumwa kundouraya munhu. n *wild animal in the service of a witch, creature associated with a witch*
CHIDHOMA 7 (LLL) cf chidhokwani 7
CHIDHONGI 7 (LLH) **1.** chibayamahure 7. n *starbur (sp of weed);* **2.** Mutambo wokubanhana unoitwa notukomana. n *small boys' game which simulates the kicking of a donkey*
CHIDHORI 7 (LLH) cf mudhori 3. cf Eng n *doll*
CHIDIMBU 7 (LHL); chidimu 7. n *part, piece, section, portion*
CHIDIMBURISO 7 (LHHHL) Chigero chikuru chokudimburisa tumapazi kana maruva kana waya etc. n *secateurs*
CHIDIRISO 7 (LLLL) Mudziyo wokudirisa. n *funnel*
CHIDO 7 (LH) Kuda kunoita munhu chimwe chinhu. n *desire, longing, will, wish, charity, purpose, need*
CHIDODOMA 7 (LLLL) cf chitsitsinho 7. n *heel, hind part of foot*
CHIDOKOHORI 7 (LHHLH) Nzungu dzakatswiwa muduri. n *groundnuts stamped in* duri
CHIDWAIDWAI 7 (LHLHL); chitaitai 7; chin'ain'ai 7. Kapuka kanenge nhunzi kanobhururuka usiku kachinyechuka somoto. Izitawo regonye rinonyechukawo usiku. n *firefly, glow-worm*
CHIDYA 7(LL) Nhengo yomuviri kubvira pabvi kusvikira muchiuno. n *thigh (human), hind leg of any creature*
CHIDYAMADARI 7 (LHHLH) Rudzi rweshiri inomhara pamhuka ichichobora zvikwekwe n *ox-pecker, sp of bird*
CHIDYARO 7 (LHH); chipakirwa 7. Mutambo wokupfumbatira chinhu mumwe ofembera kuti chiri muruoko rupi. n *hunt-the-thimble (guessing game)*
CHIDYIRO 7 (LHH) Nzvimbo inodyirwa kana kuti mudziyo unoiswa zvokudya zvezvipfuyo. n *eating receptacle for farm animals, manger*

chibooreso

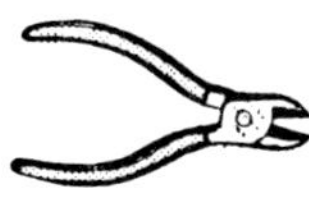
zviboori

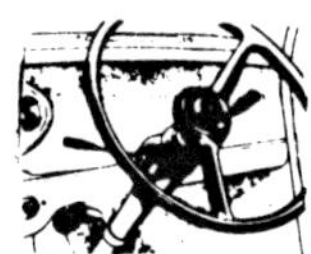
chidimburiso

chidhiraivho

chidhambakura

chidhina

chidzimikiro

chidzvoro

chidzvururu

chiereso

chidzivo

chifafaidzo

chigumukumu

chiguyakuya

CHIDYO 7 (LH) chokudya 7 n *food, something to eat*

CHIDZA 7 (LL) 1. Chinhu chakatanga panzvimbo. n *original, initial, object or person;* 2. chikuvauro 7; chirovero 7. Chimuti chakavezwa, chokuroveresa mumba. n *floor-beater, wooden tool for beating clay floor into place*

CHIDZERE 7 (LLL); churu 7. Murwi wevhu unovakwa norudzi rwomuchenje. n *ant-heap (built by termites)*

CHIDZIDZO 7 (LHL); chifundo 7. Chinodzidzwa. n *lesson*

CHIDZIKINURO 7 (LLLLL) Pfuma inobviswa somuripo kuti munhu asunungurwe. n *ransom, payment made to secure release*

CHIDZIMAMURIRO 7 (LHHHLL); chitaitai 7; chin'ain'ai 7; cf chidwaidwai 7. n *glow-worm or firefly*

CHIDZIMIKIRO 7 (LLLLL) Chinhu chose chinodzimikirwa. n *anything arranged in an upright position (e.g. candle-stick)*

CHIDZIMU 7 (LHH) Ronda rinoita pamuromo, rinokonzerwa nokurwara. n *sore lip, lip ulcer*

CHIDZIRO 7 (LLL) Madziro emba isina kupfirirwa. n *wall of building*

CHIDZIVO 7 (LLL); chivharo 7. Chokuvharisa. n *stopper, cork, plug*

CHIDZOTSA 7 M (LHL); jokochwa 5 Z; jokocho 5 K. Chisango chemiti n *thick growth of trees*

CHIDZVO 7 (LH) cf chibozwa 7. n *score (against)*

CHIDZVORORO 7 (LLLL) Kamhuka kanogara mumagwenzi akanyanya munyasi moturukova nenzizi nomumateve etc. Kano urefu hwe-0,7 m nouremu hwe-2,5 kg. Kanodya magakandye nehove etc. Hakawanzoonekwi nokuti kanofamba usiku. n *water mongoose*

CHIDZVURURU 7 (LLHL) Shiri yeyero yakaenzana nomutoweguru. n *African golden oriole* R520

CHIEDZA 7 (LHL) Kuchena kunokonzerwa nezuva kana namagetsi kana nomwenje. n *light, first light of dawn;* RIMA

CHIEDZO 7 (LLL) Zvinoitwa kumunhu etc zvokuda kuona kuti anoita sei. n *trial, temptation*

CHIERESO 7 (LLLL) Mudziyo wokueresa nawo. n *measuring device*

CHIERO 7 (LLL); mwero 3; chipimo 7. Uremi kana uwandi hwechinhu n *measure, size, quantity, degree*

CHIFAFAIDZO 7 (LHHHL) Mudziyo unoshandiswa kumwaya mvura mugadheni. n *sprinkler*

CHIFANANIDZO 7 (LHHLL) cf mufananidzo 3. n *picture, statue*

CHIFEFE 7 (LLL) Rudzi rwepfuti. n *shotgun*

CHIFETYA 7 (LLL) Mhando yegonye. n *sp of caterpillar*

CHIFIFA 7 (LHL); chitsope 7 M; chivhuru 7 K. Chidzunzwa chevhu chinogadzirwa nomujuru. n *small ant-heap in vlei*

CHIFIFIRO 7 (LHHL); kafifiro 12; chinhukururu 7 M. n *crop, anterior stomach of fowl or bird*

CHIFO 7 (LH) [Kurava usinganyatsonzwi chifo chokupedza nguva nokuti hapana chaunowana. *To read without understanding is almost a waste of time because you do not gain anything.* Chifo akaberekwa haasati aona shumba. *He has not seen a lion since he was born.*] *almost, nearly, approximately, since*

CHIFUFURO 7 (LLLL); fufuro 9 K; rutsikidzo 11 M. Mari kana zvimwewo zvinopiwa kumunhu kuti aite zvaasingafaniri kuita. n *bribe*

CHIFUNDI 7 (LLH); dikita 5; chifundira 7. Mvura inobuda pamuviri kana munhu anyanya kupiswa. n *sweat*

CHIFUNDO 7 K (LHH) cf chipfundo 7. n *small knot*

CHIFUNDO 7 (LHH) cf chidzidzo 7. n *lesson*

CHIFURIRA 7 (LHHL) Chidzvombi chinowanzogara mumadziro emba. n *gecko, small lizard frequently seen on the interior walls of houses*

CHIFUVA 7 K (LHH) cf chipfuva 7. n *chest, cold on the chest*

CHIGA 7 (LL) Mucherechedzo. n *mark, sign, brand mark*

CHIGADZAMAPFIHWA 7 (LLLLHL) Mukadzi anopiwa kumurume anenge afirwa nomudzimai wake. n *substitute wife, female relative of wife to replace deceased wife*

CHIGADZO 7 (LLL); chigadziko 7. Panogadzikwa hari. n *hollow pressed into new floor or into earth for earthenware pot to stop it tilting*

CHIGAKATA 7 (LLLH); dhandaruma 5; rumanegotsi 5. Chinenge ndere, chitema chinoruma negotsi. n *click beetle*

CHIGAMA 7 (LLL) Munhu anopindira nyaya dzavamwe asina kusumwa. n *person who butts into conversation of others*

CHIGAMBA 7 (LLL); chiremo 7. Chichira chinosonerwa panenge pabvaruka, kana kuti mupira unonamwa paponji yechubhu. n *patch, small piece of material or rubber to cover a hole*

CHIGAMIRAPADENGA 7 (LLLL-

LHL) cf chigama 7. n *person who butts into the conversation of others*
CHIGARAMINHENGA 7 (LLLL-LH); chigaramanhenga 7. Besu rehuku kana shiri; chinyama chinomera minhenga yebesu. n *fleshy tail of chicken or bird*
CHIGARAMUMBA 7 (LLLLH) Munhu asingadi kubuda mumba. n *one who keeps indoors, stay-at-home*
CHIGARAMUPUMBURU 7 (LL-LLLLL) Chitunzi chikuru chakasvipirira. n *bluebottle (fly)*
CHIGARIRO 7 (LLHH); chinguri 7. Nguva inopfuura chinhu chisati chaitika kana kuonekwa zvakare etc. n *past time up to the present, time hitherto*
CHIGARO 7 (LLL) Chinhu chokugara, chingave chitanda chakavezwa kana cheya. n *chair, stool, seat, armchair or sofa*
CHIGAYO 7 (LHH/LLL) Muchina unokuya chibage nedzimwe mbeswa; muchina wokugaya mukaka etc. n *grinding mill, milk churn or similar machine*
CHIGEEN'A 7 (LLHL); chigeven'a 7. Bhinyaromunhu. n *rough, brutal, violent, lawless person*
CHIGERO 7 (LLL) Chokugeresa vhudzi kana kuchekesa machira. n *scissors, pruning shears, grass clippers*
CHIGODO 7 (LHL) Chidimbu chinenge chadimburwa e.g. pamuguri wechibage. n *any piece broken off or cut from a whole e.g. bar of soap*
CHIGOGODZA 7 (LHHL) cf hohodza 9. n *woodpecker*
CHIGOMBE 7 (LLL) Musungo unoteyiwa kubata shiri. n *whipsnare for birds*
CHIGON'A 7 (LHL) Mudziyo usingapinzi. n *blunt instrument e.g. axe*
CHIGUBHU 7 (LHL) Mudziyo wokutakurira hwahwa. n *calabash for carrying, container for liquids, plastic bottle or container*
CHIGUBUBU 7 (LHHH); mhupupu 9. Shiri ino muromo murefu, ine zhumu guru rakapararira. Inokandira mugomba riri muvhu kana muzvuru. n *African hoopoe*
CHIGUDU 7 (LHL) cf chigodo 7. n *any piece broken off a whole e.g. portion of maize cob*
CHIGUMBU 7 (LLH); chigumburo 7. Zvinoshatirisa munhu. n *grievance, scandal, stumbling-block*
CHIGUMI 7 (LHH) Chinoteverwa nechechipfumbamwe. [nezuva rechigumi = *on the tenth day*] adj *tenth*
CHIGUMISIRWA 7 (LHHLH) Chokupedzisira pane zvimwe. [Murume uyu ndiye chigumisirwa mukutambira mubayiro wake. *This man is the last to receive his wages.*] n *last (of a series)*
CHIGUMUKUMU 7 (LHHHL) Mhando yedzvombi. Rinowanikwa pamabwe munzvimbo zhinji munyika muno. Rinenge rino musoro weyero igono; gadzi rino musoro webhuruu. Madzvinyu aya anodya masvosve. n *agama lizard (blue-headed)*
CHIGUNWE 7 (LLL); Mutezo woruoko kana wetsoka. n *toe (sometimes finger)* [gunwe 5 = *big toe, thumb*]
CHIGURAURA 7 (LHHHL) Gonye rinogara mumvura isingafambi. n *floating water larva*
CHIGURAWASAKURA 7 (LHH HHHL) Njiva ine vara dema muhuro. n *sp of dove (with black collar)*
CHIGURUNHANDO 7 (LLHLH) Muti una mashizha anobikiswa derere. Unowanzomera muvhu rina mabwe munguva dzezhizha. n *herb (leaves cooked as* derere*)*
CHIGUTSA 7 (LLH) Chidzitsi cho muti chinosara kana muti watemwa. n *stump, protruding tree root*
CHIGUVARE 7 (LLLL); chikumbaridzo 7. Chimuti kana puranga rinoiswa pamusoro pegonhi. n *horizontal bar above the door; top, cross member of door frame*
CHIGUYAKUYA 7 (LLLHH) cf chidhambakura 7. n *sp of agama lizard, rock lizard*
CHIGWAGWAGWA 7 (LLLL) Pfuti inoramba ichiburitsa mabara. n *machine-gun*
CHIGWAUKWAU 7 (LHLHL) cf chidhambakura 7 n *sp of agama lizard, rock lizard*
CHIGWENHURE 7 (LLHL); gweture 5; gwenhure 5; mugweture 3 M. Shiri ina maziso matema. n *black-eyed bulbul, toppie* R545
CHIGWERU 7 (LHL) Chokudya chakaoma; kazhinji nyama yakaoma. n *piece of dehydrated food, any kind of dry food*
CHIGWIMBU 7 (LHL) cf chidimbu 7. n *piece cut off, portion*
CHIGWINDIRI 7 (LHHH) Munhu akasimba, kazhinji mucheche ano muviri wakasimba. n *robust, hardy person, healthy child*
CHIGWIRI 7 (LLL); gwiri 5; njonda 9; huzu 9. Munhu ane mari zhinji; mupfumi. n *rich or wealthy person;* MUROMBO
CHIHESVURO 7 (LLLL) Mvumo yokuti munhu arege kutera. n *exemption from paying tax.*
CHIHOMBIRO 7 (LLHL) Rudzi rwehohwa. n *sp of mushroom*

zvigero

chigunwe

chigutsa

chigwenhure

chihombiro

chihuta

chihwehwe

chikenya

chikero

chikirimbani

CHIHURI 7 (LHL) Chinoiswa pagonhi kuti rirege kuzaruka. n *door-fastener, latch*
CHIHURUDUDU 7 (LLLLL) Kunarara nokusuwa. n *sadness, dejection*
CHIHURURU 7 (LLLL); chikanganwahama 7. Chinenge chihomwe chinogara zvinenge zvichangodyiwa nehuku kana shiri. n *gizzard of fowl or bird*
CHIHUTA 7 (LLL) Chishiri chinowanzoonekwa mumapani, chisingabhururuki zvizhinji. n *quail, small kind of game-bird*
CHIHUYANE 7 (LLLL) Kuita chinhu zvinyoronyoro. [Sahomwe anoita basa rake nechihuyane. *The treasurer does his work efficiently.*] n *job easily and well done*
CHIHWEHWE 7 (LLH); chihwenga 7; nyandora 9 M. Chishiri chino muromo wapamusoro wakakombama. Chinobhururuka nokuchimbidza chichirira. Chinodya michero nedzimwewo mhodzi nokukandira mumhango dzemiti. n *parrot, social bird with hooked top beak*
CHIHWIRIRI 7 (LHHH); chihwerure 7; chihoriro 7 K. n *whirligig, (spinning toy revolved by loops of string)*
CHIISWA 7 (LLH) Chikamu chokutanga chezwi e.g. **mu**-nhu. *affix, prefix in African languages*
CHIITIRWA 7 (LLHL) n *object (grammatical, in sentence)*
CHIITO 7 (LLL) n *verb (grammatical)*
CHIJANA 7 (LLL); dzoro 5. Nguva yokuti mumwe aitewo zvinoravanwa kuitwa. [Takaita zvechijana mukuchera gomba mangwanani ose. *We spent the morning taking turns at digging the trench.*] n *turn*
CHIJONGA 7 (LLH) Rudzi rwederere rinowanzorimwa. Midzi yaro inokuyiwa yobikwa. Vana varo vakatenderera vane tuminzwa twakakombama. n *one of the plants used to make* derere, *a relish*
CHIJONGWE 7 (LLH) Shiri nzombe sokuti: gunguwo, hoto etc n *any male bird (roughly the size of a crow)*
CHIKADZI 7 (LHH) Maitiro avakadzi. n *womanly way of acting, speaking etc, object customarily used by women e.g.* [bhegi rechikadzi = *woman's handbag*]
CHIKAMU 7 (LHL); chidimbu 7 n *fraction of anything solid, part, portion*
CHIKANDIRA 7 (LLLH) Rudzi rweduo rokubatisa hove. n *baited fish-trap made of reeds thrown into water and drawn out after an interval*
CHIKANDWA 7 (LLH); chipotswa 7; chitsinga 7. Mushonga wokukuvadza mumwe. n *harmful medicine or magic to injure another*
CHIKANGANISO 7 (LHHHL) Chakaipa chinoitwa nomunhu iye asingazivi kuti chakaipa. n *error, mistake, slip*
CHIKANGANWAHAMA 7 (LHHLHH) cf chihururu 7. n *gizzard, edible second stomach*
CHIKANGIRI 7 (LHHL) Chirwere chinokonzera imbwa kupenga. n *rabies, contagious disease of dogs producing madness*
CHIKARA 7 (LLL) Mhuka ine ngozi; mhuka seshumba, ingwe, hovo, etc. n *wild beast of prey*
CHIKARANGA 7 (LHHH) Rurimi kana tsika dzavaKaranga. n *dialect, customs, manner of life of the* vaKaranga *people*
CHIKATSI 7 (LLH) cf dendere 5. n *bird's nest*
CHIKATYAMADZO 7 (LHHHL); chishamiso 7. Chinhu kana chiitiko chinoshamisa. n *tragic and unexpected event that causes alarm*
CHIKEI 7 (LHL) Chakavezwa chinoiswa muburi rejoko. n *yoke-pin*
CHIKENYA 7 (LHL); nyamufuro 9 M. Shiri ina mavara matsvuku namatema. Inowanzowanikwa padyo nemvura. Iri murudzi rwejesa; inodya mbesa. n *red bishop bird*
CHIKEPE 7 (LHL) Chikavakwa namapuranga, chinofamba pamusoro pemvura. n *boat*
CHIKEPISI 7 (LHLL) Rudzi rwenguwani. cf Afrik n *cap*
CHIKEREMA 7 (LHLL) Chinhu kana munhu anoita zvakaipa. n *dangerous thing or person*
CHIKERO 7 (LHL) Chokupimisa uremu. cf Eng n *scale*
-CHIKIDIRA t (H) Kuzora mafuta akanyanya kana kuisa mafuta akanyanya pachimwe chinhu. [Musikana akachikidira mafuta kumeso achienda kumuchato. *Before going to the marriage ceremony, the girl put on too much ointment.*] vb *liberally apply oil, anoint with a heavy hand*
CHIKIRIMBANI 7 (LLHLL), chirimbani 7 K. Chinoshandiswa kuteya mbeva, makonzo etc. n *spring trap, mouse-trap*
CHIKO M (HL); chingo; chinguri. Izwi rinoreva kuti kubvira nguva yakati. [Chiko chandakaberekwa handisati ndakwira ndege. *I have not been in an aeroplane from the time of my birth.*] conj *since, ever since*
CHIKOCHIKARI 7 (LHLLL) Ngoro ina mavhiri maviri. cf Eng n *scotch-cart (with two wheels)*

CHIKODOBORO 7 (LHHHL) Nyanzvi yokutaura. *n eloquent speaker*

CHIKODOGA 7 (LHHL) Rudzi rweshiri inenge chikweguru. Inodya tupuka nemichero. Inozvichotorera pokukandira mazai mumiti. Yakapararira nokuwanikwa mumasango emiti. n *crested barbet* R439

CHIKODZERO 7 (LLLL) Zvinofanira kuitwa kumunhu. [Kutambira vaenzi zvakanaka chikodzero. *It is right to give visitors a warm welcome.*] n *action that is right, fitting, worthy or appropriate*

CHIKOFORO 7 (LHLL); karuvheti 9. Chinodhonzwa nemombe chinoshandiswa kusakura mumunda. cf Afrik n *cultivator (agricultural implement)*

CHIKOHWIRO 7 (LLHL) Kurira kunoitika kana wafuridza zvanza zviviri zvakabatanidzwa. n *hollow whistling sound (through joined hands)*

CHIKOKOONO 7 (LLLLL); chikokovo 7; ngovo 9. Muti kana chimwe chinhu chokungovesa. n *stick or other instrument with crook or hook at end (used for picking fruit)*

CHIKOMBA 7 (LLL) **1.** Mukomana womusikana. *n suitor of unmarried girl;* **2.** Mukomana kana murume anodanana nomukadzi akaroorwa. n *lover of married woman*

CHIKOMBORERO 7 (LHHHL) Chipo chakanaka chinopiwa munhu kana kuti chinoitika kumunhu. n *favourable event, blessing, favour received*

CHIKOMO 7 (LLL) Gomo risina kunyanya kukura. n *hillock, small hill, outcrop, kopje (e.g. Salisbury kopje)*

CHIKONDEKONDE 7 (LLLLL) Muti unokumwa urimbo. Unowanzowanikwa muzvikomo zvokudunhu reChipinga. Wakapararirawo kumaodzanyemba eMatopos. Une tuminzwa nomukaka pose pose. n *euphorbia tree whose latex is used for bird-lime*

CHIKONDOMASVINYU 7 (LLHHHH); nyamudzura 9 Z. Chikondo chinopona nokudya madzvinyu. *n lizard buzzard or other kinds of b.*

CHIKON'A 7 (LHL) **1.** kon'a 1a M; buve 5 Z *n trap-door spider;* **2.** chinyaride 7 K; rize 5 Z n *scorpion*

CHIKONONO 7 (LLLL) Chinono chinoitwa nomunhu asingadi kuita zvaanzi aite. n *slowness suggesting disinclination to co-operate, dragging of feet*

CHIKONYE 7 (LLL) Gonye rinowanzowanikwa mumusoro mehwai kana mumhuno memombe. n *small worm (e.g. nasal worm in cattle)*

CHIKONZERO 7 (LHHL) Chinosakisa kuti chinhu chiitike. n *cause, reason, excuse*

CHIKOPFA 7 (LHL); chikofa 7. Chinzvimbo chinenge chakomba panhanga nezvimwe zvakadaro. n *small growth in flesh of pumpkin etc, causing blemish*

CHIKORE 7 M (LLL); chimhiko 7 K; chisumbu 7 Z. Chitumbu chemichero; sechitumbu chamabhanana. n *bunch or cluster of fruit*

CHIKOREKORE 7 (LLLLL) Rurimi kana tsika dzamaKorekore. n *dialect, customs and manner of life of the* vaKorekore *people*

CHIKORERA 7 (LLHH) korera 1a M; chisemaura 7; nyamatunge 9 M. Shiri ino utsinye; inobayirira manyn'ana edzimwe shiri notupuka paminzwa. Inozivikanwa kwose. n *butcher bird, fiscal shrike*

CHIKORO 7 (LHL) Nzvimbo yokudzidzira. cf Eng n *school*

CHIKORORODZI 7 (LHHHL); chikudyu 7; chikokororo 7; chikokorodzi 7. Chipuka chitema chakafanana negurwe; chinowanikwa pane mvura. n *black cricket*

CHIKOSORO 7 (LHHL) Chirwere chokukosora. *n cough, illness causing a person to cough;* **ch. chorurindi; ch. chebefu** Chikosoro chinokonzera munhu kuzarirwa. n *asthma, wheezy coughing condition;* ch. **chorutakatira** n *pulmonary tuberculosis (T.B.) (same word for whooping cough).* [Munhu ane chikosoro chorurindi = *consumptive*]; ch. **chechibayo** n *pneumonia, pleurisy*

CHIKOTAMO 7 (LLLL); chidimbati 7. Nzvimbo yemba nechepanze yakanangana nomusuo panokotamwa pakupinda pamusuo wemba. n *overhanging edge of roof or thatch causing one to stoop before entering*

CHIKOTSIKOTSI 7 (LLLLL) Nzvimbo iri pazasi pedehenya nechapamusoro pomutsipa n *top part of the neck immediately below the skull*

CHIKRISTU 7 (LHL) Maitiro nechitendero zvomuKristu. n *Christianity*

CHIKUKU 7 (LHH) cf chibhokisi 7. n *chicken-pox*

CHIKUKUMBE 7 (LHHL); chikukuvere 7. Chirwere chinobatwa nenzungu nenyimo etc. n *blight affecting legumes*

CHIKUKWA 7 (LLL) Gonye rinogara mumashizha omutukutu. n *caterpillar with stinging hairs harboured by the* mutukutu *tree*

CHIKUMBARIDZO 7 (LLLLL); chiguvare 7. Chipuranga kana chi-

chikondekonde

chikwama

chikunguobaya

chikuruu

chikwekwe

chikwangwani

chikweguru

chikwepa

mwewo chinovakwa pamusoro kana pasi pegonhi. n *horizontal member of door-frame (top or bottom)*

CHIKUMBIRO 7 (LHHL) Chichemo chomunhu. n *request, petition*

CHIKUMEGUMBU 7 (LLHLL); chikweguru 7 cf chikodoga 7. Rudzi rweshiri. n *black-collared barbet* R431

CHIKUMI 7 (LHH) Mwedzi wechitanhatu mugore. n *June*

CHIKUMO 7 (LLL) cf Chipfukuto 7. n *wood or seed-borer, weevil*

CHIKUNDU 7 (LLH); rukundu 7; gwembe 5. Chirwere chinobatwa nembwa. n *mange in dogs causing hair to fall out*

CHIKUNGUOBAYA 7 (LHHLLH) Gunguo dema risina vara jena muhuro. n *black crow* R523

CHIKUNGURU 1a (LHHH) Mwedzi wechinomwe mugore. n *July*

CHIKUNGURUBWE 7 (LHHHL) Ibwe rakaurungana, rinotsvedzerera. n *round polished stone*

CHIKURUKUTA 7 (LHHHL) Chirwere chehonye chinobatwa nemombe. n *ring-worm infection in cattle*

CHIKURUNGADOVI 7 (LHHHLH); gurukuru 5. Mhando yeshiri ina mavara anoyevedza iri mubato rimwe chete nekuwe. Inodya michero nokugara mumasango ari padyo nenzizi. n *purple-crested lourie* R337

CHIKURURAMABHACHI 7 (LHHHLHL); chikumura 7. Hari yedoro inonwiwa vanhu vasati vatanga basa. n *pot of beer given to people before they have started a communal undertaking*

CHIKURUU 7 (LLHL) Kasimbi kanoshandiswa mukubatanidza mapuranga zvakasimba, kanopinzwa mukati nokutenderedza. cf Eng n *screw*

CHIKUSHAMARI 7 (LHHLH) Munhu anotambisa mari. n *spendthrift, unthrifty person*

CHIKUTUMENO 7 (LHHHH); chigurameno 7. Kubuda kunoita urwa kana ropa mumatadza kuchikonzera kudonha kwamazino. n *suppuration in the sockets of the teeth, pyorrhoea*

CHIKUUNISO 7 (LLLLL) cf chigumbutso 7. n *scandal*

CHIKUVA 7 (LHH) Nzvimbo inoiswa hari mumba. n *raised platform for placing earthenware pots (inside house)*

CHIKUVAURO 7 (LHHHL); chirovero 7. Muti wakavezwa wokuroveresa uriri hwemba. n *wooden tool for beating mud of newly-laid floor*

CHIKUVHU 7 (LHH) cf rukuvhute 11. n *umbilical cord*

CHIKUWE 7 (LHL); chikwe-e 7. Kuseka kunoita vasikana pamwe chete vachidaidzira. n *shrill laughter, by many women or girls together (not commonplace among Europeans)*

CHIKWADOMBO (LHLH) cf chidhambakura 7. n *rock lizard, agama*

CHIKWAIRE 7 (LHLH) cf njonda 9. n *rich, wealthy, opulent person;* MUROMBO

CHIKWAMA 7 (LHL) Kahomwe kanochengeterwa mari. n *purse or wallet*

CHIKWAMBO 7 (LHL) Mhuka (segudo) inotumwa kundotora zvinhu zvinenge zvichirambirwa nazvo nomunhu. n *Mythical animal (baboon or hare) sent to recover a debt*

CHIKWANDE 7 (LLH) cf gwati 5. n *piece of dry bark*

CHIKWANGWANI 7 (LHLL) Chirata chakanyorwa chiziviso; kana kuti bheji rinopfekwa. n *metal badge, sign-post*

CHIKWARIMBA 7 (LHHH) Rudzi rwefodya yomumhuno. n *snuff-tobacco*

CHIKWASVO 7 (LLL); mukwasva 3. Chimuti chokufambisa igwa mumvura. n *paddle, fashioned implement for propelling a boat, oar*

CHIKWATA 7 (LLL) Chikamu chavanhu kana chenzvimbo. n *group of people or ward of district*

CHIKWE-E 7 (LHL) cf chikuwe 7. n *shrill laughter by many women or girls together*

CHIKWEGURU 7 (LHLL); mutowegodo 3. Shiri ino musoro mutsvuku nomuhuro mutema. Inodya zvitota nemichero. Chirume nechikadzi zvinowanzorira zviri zviviri. n *black-collared barbet* R431

CHIKWEKWE 7 (LLH) Chirwere chinowanzoita pambudzi. n *ring-worm infection in goats*

CHIKWEKWE 7 (LLL); chishambwe 7; gwekwe 5. Kapuka kanonamatira pamhuka, kanonwa ropa. n *tick, insect parasite on various animals (dog, sheep, cattle etc)*

CHIKWEMBE 7 (LHL) Kunhuwa kwomuviri usati wagezwa. n *body odour*

CHIKWENGO 7 (LHH); gwengo 5; hwengo 9. Chirata chinoshandiswa pakukwenga hari kuti ibve makoko. Mudziyo wokubvisa pendi. n *scraper for cleaning pots, tool for scraping paint*

CHIKWEPA 7 (LLL) Chokusvutisa fodya. n *pipe used for smoking tobacco*

CHIKWERETI 7 (LHLL); mungava 3. Mari kana chimwewo chinopiwa munhu achizodzosera anenge amupa. n *debt or loan which must be repaid*

CHIKWESHE 7 (LLL); renikoti 9. Bhachi risingapindi mvura. cf Nguni n *raincoat*

CHIKWINDI 7 (LHL); ukwindi 14 M. Zvinomera pamatombo manyoro. n *moss, damp green growth*

CHIKWIZO 7 (LLL) Chokukwizisa nacho. n *rasp, grater*

CHIMAI 7 (LHL) Munopinzwa kiyi pakukiyinura.n *lock, locking device that receives the key*

CHIMAMATA 7 (LLLL); chimata 7; mukakamiri 1. Munhu anondandama. n *stutterer, person who stutters*

CHIMANDIONEREPI 7 (LLHLL-LH) Munhu mupfupipfupi. n *very short person, undersized person, dwarf, Bushman*

CHIMANIKIDZO 7 (LHHHL) Chinotadzisa kuita zvinofanira kuitwa. n *compulsion, constraint*

CHIMANO 7 (LHH) Mudziyo unomanidzira chimwe. n *tongs, pincers, pliers, vice, any tool that grips*

CHIMANYIKA 7 (LLHL) Rurimi kana tsika dzavaManyika. n *dialect, customs, manner of life of the* vaManyika *people*

CHIMANZI 7 (LLH) cf chindarumebwe 7. n *sp of snake*

CHIMARANGA 7 (LLLL) n *white eye, yellow white eye, sp of small yellow gregarious bird which eats fruit*

CHIMATA 7 (LLL) n *stutter, defective speech; stutterer*

CHIMBI 7 (LH) Chindori chinobaya, chinokura pagumbo rehuku kana horwe. n *spur, hard projection on male bird's leg (e.g. cock or francolin)*

CHIMBICHIMBI 9 (HHHL) Kuita zvokukurumidza. n *bustle, frenzied activity, haste;* CHINONO

-CHIMBIDZA i (H); -kasika i. Kukurumidza kuita chinhu. [Chimbidza kuenda. *Go quickly.*] vb *hurry, be quick, make haste;* -NONOKA; **-chimbidzo-** [Ai**chimbidzo**muka mangwanani ose. *He used to wake up early every morning.*] infix vb *quickly, early*

CHIMBORI 7 K (LLH); kazizimbori 12. Mhando yezizi. n *Scops owl* R363

CHIMBUZI 7 (LLL) chimbudzi 7. n *latrine, lavatory*

CHIMBUKUNYA 7 (LHHL) cf chipfukuto 7. n *wood or seed-borer, weevil*

CHIMBUYAVAGORE 7 (LHHHLH) Shiri inogona kubhabhama iri panzvimbo imwe chete mudenga. n *flappet lark* R468; *clapper lark*

CHIMEDU 7 (LHL); chidimbu 7. n *fraction, fragment, portion, piece, slice*

CHIMERA 7 (LLL); mamera 6. Zviyo zvakanyikwa zvikagotanga kumera zviri musaga. n *sprouted grain used to ferment beer; leaven, yeast*

CHIMHINGAMUPINYI 7 (LHH-LHH); chipingamupinyi 7; chipingidzo 7. n *obstacle;* RUBATSIRO

CHIMHONZO 7 K (LHH) Rudzi rwehove. n *genus of fish*

CHIMHUSHU 7 (LHL) Chose chose chakapfupikiswa. n *something shortened*

CHIMINI 9 (HLL) Chakavakirwa kuburitsa utsi mumba. cf Eng n *chimney*

CHIMIRO 7 (LHH) **1.** mumhu 3. Kutaridzika kwomuviri. n *build of body, physical appearance (humans);* **2.** Tsika dzomunhu. n *deportment, behaviour, dignity, nature, innate character*

CHIMOKOTO 7 (LLLL) Shiri inofamba iri muboka rine dzimwe zhinji nokuita madendere pamwe chete. Inodya mbesa zvakanyanyisa nokuwanikwa kwose. Iri mubato ramajesa. n *red-billed quelea, very gregarious seed-eating bird in grain-producing areas considered a pest*

CHIMUKO 7 (LLL); chipundutso 7. Ruyamuro runoitika mushure mokuita basa etc. n *profit, gain, advantage, result, outcome*

CHIMUKOMBWIRO 7 (LLLHL) cf gwenhure 5. n *black-eyed bulbul* R545

CHIMUKUYU 7 (LLHL) Nyama yakaoma. n *biltong, uncooked sun-dried meat*

CHIMUMUMU 7 (LHHH) Munhu asingagoni kutaura. n *dumb person*

CHIMURENGA 7 (LLLL); bongozozo 5. n *rebellion, revolution, riot, revolt, civil war*

CHIMUTOWATSVA 7 (LLLHL) Rudzi rweshiri inodya mhodzi notupuka nezvimwewo. Inowanzowanikwa kunzvimbo dziri kumabvazuva nokuVictoria Province. n *francolin*

CHIMUTSAMAPFIHWA 7 (LLLL-HL) cf chigadzamapfihwa 7. n *substitute wife given to widower (usu sister of the deceased)*

CHIMVIRIRI 7 (LHHL) cf chihwiriri 7. n *whirligig (toy)*

CHIMVURAMABWE 7 (LHHHL); chimvuramahwe 7. Mvura hobvu inonaya pamwe chete notubwe twemvura yakagwamba. n *hail, rain with hail*

CHIMWANDAMWANDA 7 (LH-LHL); bararamhanya 5. Kubva kunoita vanhu panzvimbo vachienda kwakasiyana-siyana. n *scattering of*

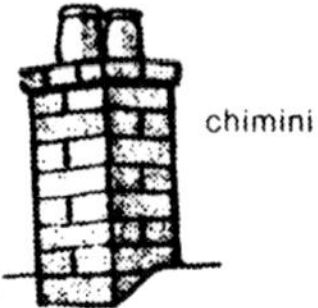

chimaranga

chimbuzi

chimedu

chingoro

zvingwa

chindarumebwe

chinhanga

chinhemhe chebvi

people or animals, stampede, sudden alarm

CHINA 7 (LL) Zuva rechina muvhiki. n *Thursday;* [mugore rechina = *in the fourth year*]

CHINAMATO 7 (LLLL); chikumbiro 7; munyengetero 3. n *prayer, prayer book*

CHINANA 7 (LHH); chinongo 7. Radukuduku pakaipa pachinhu chakanaka. n *blemish, flaw, defect*

CHINANANA 7 (LLLL) Kapuka kanonanaira. n *any creeping or crawling insect*

CHINANAZI 7 (LHLH); dhorofiyo 5. Muchero womunanazi. n *prickly pear*

CHINANGANURI 7 (LHHHL) n *enumerative (grammatical) i.e.* mumwe

CHINANGWA 7 (LHL); vavariro 9. Chinovavarirwa pakuita chinhu. n *aim, purpose, ambition, aspiration*

CHINANZVIRWA 7 (LHLH) Dovi rino munyu rinodyiwa rakadaro, risina kuiswa pachinhu. n *peanut butter eaten by itself*

CHINDA 9 K (LL) cf shinda 9. n *thread*

CHINDARUMANEGOTSI 7 (LLHHLHL) cf chigakata 7. n *click beetle*

CHINDARUMEBWE 7 (LLHLL); chindarumabwe 7; chimanzi 7 M. Rudzi rwenyoka. n *snouted night adder, sp of snake*

CHINDERERA 7 (LHHL); kanyururahove 12. Shiri inonyurura nokudya hove, ine mitsetse michena nemitema. n *striped kingfisher*

CHINDINGOVENI 7 (LHLHH); chindini 7. Kuda kurumbidzwa iwe woga. n *self-centredness, selfishness, self-esteem*

CHINDUNDUMA 7 (LLLL); chimurenga 7. Kupanduka kwavanhu vachiita zvehondo. n *rebellion, revolution, riot*

CHINENEDZERO 7 (LHHHL) Munhu anonenedzerwa mhosva yaasina kuita. n *victim of blame, scapegoat*

CHIN'AI 7 (LLL) Kusvipa kunoita uswa etc mumba pamusana poutsi. n *soot*

CHIN'AIN'AI 7 (LLLLL) cf chidwaidwai 7; chitaitai 7. n *fire-fly, glow-worm*

CHIN'ANGE 7 (LLH); majenya 6. Kusevenzesa dzimwe nzira dzokuda kuziva zvokuita; sokukanda mari mudenga muchida kuzoona rutivi rwemari runotarisa mudenga kana yadonha. n *decision by casting lots or by toss of a coin*

-CHINGAMIDZA t (H) cf -kwazisa t. vb *greet (usu by shaking hands)*

CHINGEZI 7 (LLL); chiRungu 7; chiRumbi 7 K. Mutauro namaitiro avaRungu. n *English language, custom, manner etc.*

-CHINGIDZIKA i (H) Kugashirika kunoita mvura iri kudururwa kubva muhari etc. [Ita kuti mvura yauri kudurura ichingidzike. *Make it possible that the water you are pouring out can be caught.*] vb *be capable of being caught (of flowing liquids);* **-chingidzira** t [Chingidzira mukaka nekomichi. *Catch the milk in the cup.*] vb *catch a flowing liquid pouring from above, hold out hands hollow to catch liquid*

CHINGO (LH) cf chiko conj *since*

CHINGORO 7 (LLH) Chokutakurira china mavhiri chinokweviwa netirakita etc. n *trailer*

-CHINGURA t (H) Kugamuchira munhu ari kubva kumwe. Kuenda kundosangana naye e.g. pachiteshi. [Tinochingura baba kuchiteshi. *We go to meet father at the station.*] vb go to meet someone arriving

CHINGURI (LHL); chingo cf chiko conj *since*

CHINGUVA 7 (LHH); chinguvana 7. n *short time*

CHINGWA 7 (LL) Kudya kwamarudzi mazhinji kunobikwa nefurau, kazhinji kunozorwa majarina nejamu. n *bread*

CHINHAMBO 7 (LLL); chinhambwe 7. Kamufambo kana kuti nguva pfupi. n *short distance or short space of time*

CHINHANGA 7 (LLL); mariro 9 M. Rudzi rweshiri. Ndeyorudzi rwechikorera. Ino muromo wakakombama, inodya tupuka, nokuwanzowanikwa munzvimbo dzine miti ine minzwa. n *boubou shrike*

CHINHAVIRA 7 K (LLHL); gwe-e 5. Kapuka kanofamba usiku. Kanorema 0,15 kg kana kupfuura. Kane simba rokusvetuka chaizvo nokuwanzogara mumuti. Kanowanzodya michero notupuka; dzimwe nguva kanodyawo shiri namazai adzo. n *night-ape*

CHINHEMHE CHEBVI 7 (LLH HL); mbiya 9 MZ. Panogumira chidya pachitangira mupimbira. n *knee cap*

CHINHU 7 (LL); chiro 7. Chose chose. [Zvinhu zviedzwa, chembere yakabika mabwe. *Things must be tried; an old woman tried to boil stones. prov* 1187 i.e. *Do not easily abandon hope; give everything a fair trial.*] n *thing, material object (usually lifeless)*

CHINHUNZVI 7 (LLL); chitunzvi 7. Shiri hadzi (kana mhuka ndiki) sokuti: gunguo, hoto etc. n *female*

bird (roughly size of crow) or female small antelope
-CHINJA i & t (L) Kupindura kana kusandura mamiriro echinhu. [Haana kuchinja magariro ake. *He didn't change his way of living.*] cf Eng vb *change, alter, change clothes;* **-chinjana** t [Takachinjana mabhasikoro. *We exchanged bicycles.*] vb *exchange, take turns*
-CHINJIKA i (L); -chinja i. Kukwanisika kusandura. [Chingave chishamiso kana mvura ikachinjika ichiva ropa. *It would be a wonder if water could be turned into blood.*] vb *be able to be changed*
CHINJI (HL) Mari inochinjwa kana watenga zvinhu. cf Eng n *change of money*
-CHINJIKA i & t (H); -tandarika t. Kutandika. [Akachinjika bango pamusuo wedanga. *He placed a pole across the kraal entrance.*] vb *lie or place across*
CHINOKORO 7 (LLLL) 1. Chinoshandiswa kucheresa upfu pakubika. n *scoop for meal;* 2. Muchina wokuchera nokusimudza nokutakura ivhu. n *earth-moving vehicle with mechanical shovel*
CHINOMWE 7 (LLH) Chinorehwa mushure mechitanhatu. [nguva yechinomwe = *the seventh time*] *seventh*
CHINONGEDZERO 7 (LHHHL); Chinoratidza kana kunongedza kune kana pane chimwe chinhu. n *hint, indication*
CHINONGO 7 (LLH) cf chinana 7. n *blemish, flaw, physical or moral defect*
CHINONO 7 (LLH) Kunonoka pakuita. [Chinono chine ingwe; bere rinodya richifamba. *The leopard is cautiously slow (but) the hyena eats while walking.* prov 48 *i.e. He who hesitates is lost. Do not be too fussy.*] n *slowness of action; lack of haste;* CHIMBICHIMBI
CHINU 7 (LH) Chitende chinochengeterwa mafuta. n *tiny calabash, oil container*
CHINWIRO 7 (LHH), chimwiro 7. Munonwirwa mvura, mukaka etc. n *drinking vessel*
CHINYA 7 (LL); hasha 10. Kushatirwa nokukurumidza. n *quick temper, irascibility, impatience, malice, spitefulness;* UNYORO
CHINYAKARE 7 (LLLL) Zvaiitwa kare, vaRungu vasati vawanda munyika muno. n *long ago, time long past*
CHINYAMABHURURU 7 (LLLL-LL) cf chibakobwerabwera 7. n *flap-pet lark, rufous-naped lark*
CHINYAMADARI 7 (LHHHH); chinyamunhari 7. Kapuka kanosveta ropa remhuka. n *tick*
CHINYAMUDZUNGE 7 (LLLHL) Chingoko china mavara matema. Chinodya maruva emirozi neemimwewo miti. Chinoita mazai akawanda. n *black and yellow blister beetle*
CHINYAMUDZURA 7 K (LLLLL); dorambudzi 5. Zigondo guru rinouraya dzimwe shiri nemhuka ndiki. n *martial eagle* R142
CHINYAMUKOHWOHWO 7 (LLL-HHH); ndumaruma 9 M. Svosve diki rinofamba rakamisa kushure. Rinowanikwa mumakwati akaoma emiti. n *cocktail-ant*
CHINYAMUKUKUTU 7 (LLL-HHH) Shiri nhema yomumvura. n *African crake, black water-bird*
CHINYAMUNHARI 7 (LLHLH) 1. chiveve 7. Kubaya-baya kunoita muviri pakusimuka kana munhu ambenge agere kwenguva ndefu. n *pins and needles; cramp, painful tightening of the muscles;* 2. cf chinyamadori 7. n *tick*
CHINYAMUNJORORO 7 (LLL-HHH); ndororo 9. Kapuka kanodyiwa, gurwe rume. Kanowanzoonekwa nguva yezhizha mumatoro kana makanyorovera. n *male mole cricket*
CHINYAMUPONDERA 7 (LLL-LLL) Shiri diki yorudzi rwejesa inogara mumapani. Jongwe racho idema rine vara reyero pamusana. n *yellow-rumped widow bird* R810
CHINYAMUPUPURI 7 (LLL-HHH); chamupupuri 7. Mhepo inovhuvhuta zvine simba ichitendereratenderera. n *whirlwind*
CHINYAMUTSAVAVA 7 (LL-HHH); gurwe gadzi. n *female mole cricket*
CHINYARARIRE (LHHLH) Kuita zvisina mheremhere. adv *silently, secretly, quietly;* ZVINE MHEREMHERE
CHINYARIDE 7 K (LLHL); rize 5. Kapuka kana makumbo matanhatu nomuswe unondurira; kanowanzogara pasi pamabwe. n *scorpion*
CHINYENYE 7 (LLL) Chiri muboka ramandere, chinobhururuka usiku. n *edible, night-flying beetle*
CHINYORESO 7 (LHHL) Chose chinosevenzeswa pakunyora. n *any writing instrument e.g. pencil, pen, ball-point*
CHIODZAMWOYO 7 (LLLLL) 1. Chinoitika chinotsamwisa vanhu. n *displeasing event;* 2. Chirwere chemombe chinokuvadza mapapu. n *lung-sickness (cattle)*
CHIONESO 7 (LHHL); chiratidzo 7. Chinoonesa kana kuratidza zvakasiyana. n *sign, symbol, gesture*

chinyamudzura

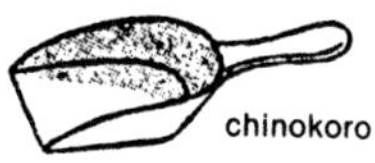
chinokoro

chinokoro

chinyamadari

zvinyoreso

chinyamabhururu

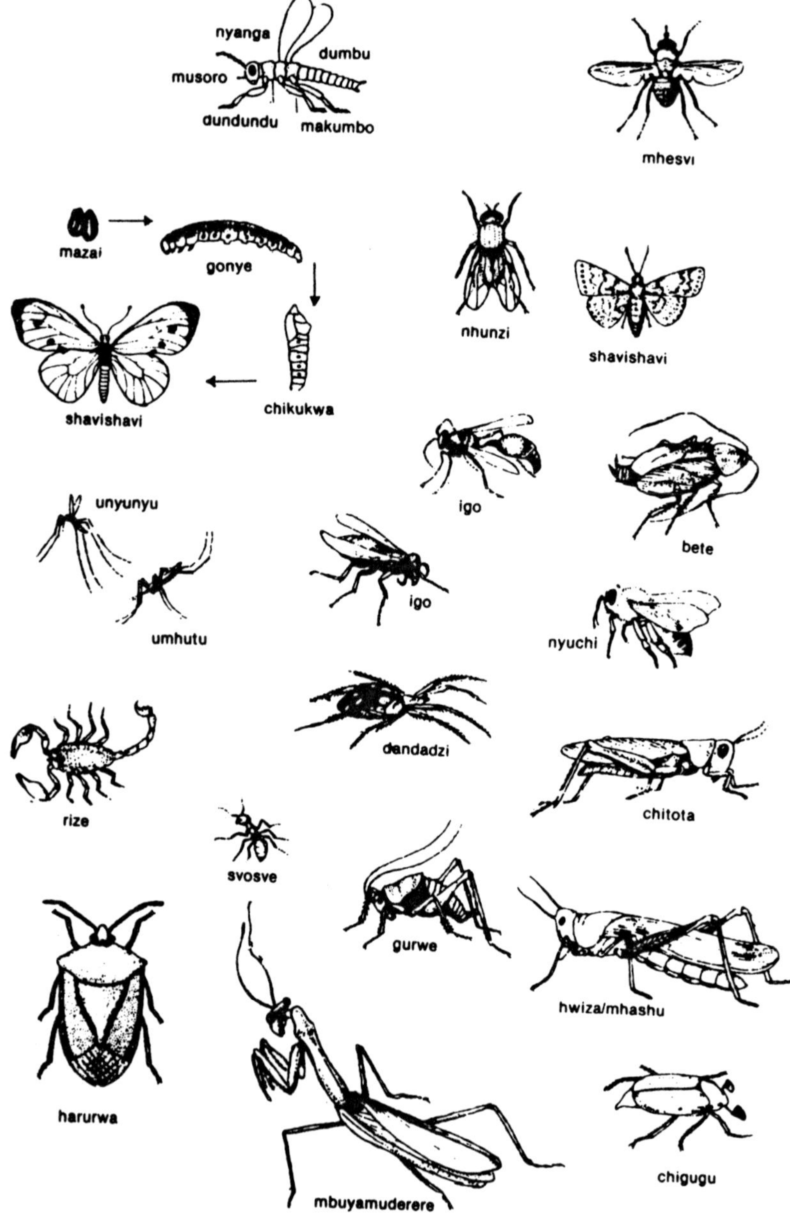
nyanga
dumbu
musoro
dundundu
makumbo
mhesvi
mazai
gonye
nhunzi
shavishavi
shavishavi
chikukwa
igo
bete
unyunyu
igo
umhutu
nyuchi
dandadzi
rize
chitota
svosve
gurwe
harurwa
hwiza/mhashu
chigugu
mbuyamuderere

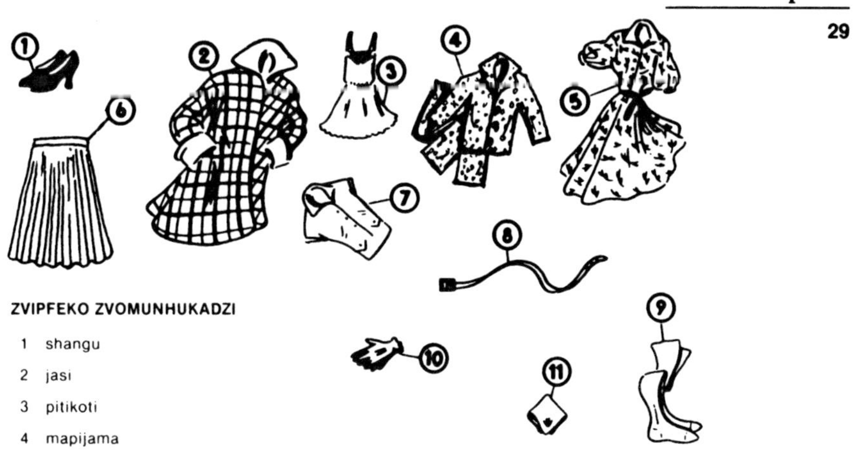

ZVIPFEKO ZVOMUNHUKADZI

1 shangu
2 jasi
3 pitikoti
4 mapijama
5 rokwe
6 siketi
7 bhurauzi
8 bhandi
9 masitokinzi
10 magirovhisi
11 hengechepfu

ZVIPFEKO ZVOMUNHURUME

1 shangu
2 jasi
3 sutu
4 mudhebhe
5 bhachi
6 juzi
7 mapijama
8 hembe
9 kabudura
10 masokisi
11 chipika
12 makurisibhandi
13 tai
14 hengechepfu

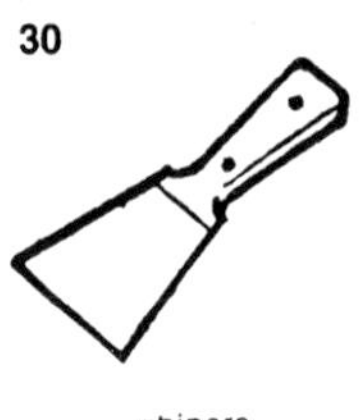

chiparo

zvipanera

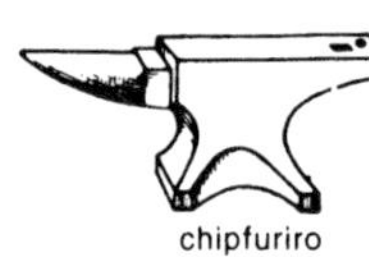

chipfuriro

chipfuva

chipeneti

chipikiri

CHIONIONI 7 (LHLHL); chiringiro 7; girazi 5. Pokuzviona kana uchipfeka etc. n *looking-glass, mirror*

CHIORORO 7 (LLLL); chitanduro 7. Chinopingudza kana kudzora munhu anoti handinzwi. n *corrective influence (implying strict discipline)*

-CHIPA i (L) Kutengeswa nomutengo wakaderera. [Pasero zvinhu zvizhinji zvinochipa. *At a sale many things are reduced in price.*] cf Eng vb *have a low price, be sold at a low price, be cheap, inexpensive;* -DHURA

CHIPAKIRWA 7 (LHLH) cf chidyaro 7. n *hunt-the-thimble (game)*

CHIPANDA 7 (LLL); doro 5; hwahwa 14. Hwahwa hwamasese. n *African beer*

CHIPANERA 7 (LHLL) Simbi inoshandiswa kubopa kana kukumura mabhaudhi. cf Eng n *spanner*

CHIPANI 7 (LHL) Mombe dzokurimisa, kazhinji mombe ina. cf Eng n *span of oxen*

CHIPANJI 7 (LHL); chishambo 7. Chokugezesa muviri. cf Eng n *sponge*

CHIPAPATA 7 (LLLH) Chokudya chakaoma. n *any dry food*

CHIPARI 7 (LHL) **1.** chirahwe 7; chirabwe 7 K. Mutambo wokubvunza chirevo, vamwe vodudzira. n *riddle;* **2.** barika 5. Mhuri yomurume ana vakadzi vazhinji. n *polygamous union*

CHIPARO 7 (LHH) Rubanzu kana mudziyo wokuparisa. n *any scraping instrument*

CHIPATAPATA 7 (LLLLL) Kuita zvokukurumidza, kana kutsvaga chinhu pose pose. n *hurried search (suggesting turning things up-side down)*

CHIPATARA 7 (LLLL); hospitari 9. Imba yokurapira vanorwara. n *hospital, clinic*

CHIPAURO 7 (LHHL) n *adjective (grammatical)*

CHIPEMBENENE 7 (LLLLL) Kambuyu kanobhururuka. n *any flying insect*

CHIPEMBERE 7 (LLLL); nhema 9. Mhuka inotyisa ine nyanga mbiri pamhanza. Inorema 1 200 kg. Inodya mashizha nenhungira dzemiti. n *black rhinoceros (brousing species)*

CHIPEMBWE 7 (LLL) Chikosoro chorutakatira. n *whooping cough (sometimes T.B.)*

CHIPENDANI 7 (LHLL) Muti wokuridza unokombamiswa, woiswa musungo. n *mouth bow (musical instrument), monochord*

CHIPENETI 7 (LHLL); chipereti 7. Pini inoshandiswa zvikuru pakubatanidza mitambo yavacheche. n *safety-pin*

CHIPENGA 7 (LLL) Chichira chinobvarurwa kubva pajira guru. n *small piece of cloth, offcut*

CHIPFEKO 7 (LLL) Chose chose chinopfekwa. n *any article of clothing*

CHIPFUDZISO 7 (LHHL); dhasta 5. Mudziyo wokudzima nawo. cf Eng n *blackboard duster*

CHIPFUKUTO 7 (LLLL) cf chikumo 7. n *wood or seed-borer, weevil*

CHIPFUPISWA 7 (LHLH) n abbreviation (grammatical)

CHIPFUMBAMWE 7 (LLLL) Chinotevera mushure mechisere. (zuva rechipfumbamwe = *the ninth day*) adj *ninth*

CHIPFURIRO 7 (LHHL) Simbi yokupfurira zvakasiyana-siyana n *anvil*

CHIPFUVA 7 (LHH); **1.** dundundu 5. n *chest;* **2.** chikosoro 7. n *cold in the chest*

CHIPFUWO 7 (LHH); chipfuyo 7. Mhuka inodyiwa, inochengetwa (e.g. mombe, hwai, mbudzi etc.) n *any domesticated animal*

CHIPI 9 (HL) Zvinhu zvinotengeswa nomutengo wakaderera. n *sale*

CHIPIKA 7 (LLL) Muhuro mehembe. n *collar of shirt*

CHIPIKIRI 7 (LHHH) Chinorovera pamapuranga kuti abatane. n *nail*

CHIPIMO 7 (LLL); chiero 7. Chokuera nacho. n *measuring instrument*

CHIPINGAMUPINYI 7 (LHH-LHH); mhingamupinyi 9; mhingidzo 9. Chinokanganisa kana kutadzisa chimwe chinhu kuitika. n *hindrance, obstacle; impediment;* RUBATSIRO

CHIPIRI 7 (LLH) Zuva rechipiri muvhiki n *Tuesday* [svondo rechipiri = *the second week*]

CHIPIRWA 7 (LHL) Mhuka inopirwa pamuteuro kuvadzimu. n *victim, something offered to family spirits in ritual offering — usually an animal*

CHIPISIRO 7 (LHHL) Nzvimbo inopisirwa zvinhu. n *incinerator*

CHIPITIPITI 7 (LLLLL) Kumhanyidzana kupinda; sokupinda mumba kunoita vanhu vazhinji pamwe chete. n *crowded and disorderly entry*

CHIPIYANISO 7 (LHHHL); muchinjiko 3. Mhanda mbiri dzakapiyaniswa e.g. pakaroverwa Kristu. n *cross, crucifix*

CHIPO 7 (LH) Chinhu chinopiwa

kuno mumwe pasina mubhadharo. n *gift, donation, present*

CHIPOKO 7 (LHL) Mweya womunhu akafa, unonzi unofamba usiku nomoto. cf Afrik n *ghost*

CHIPONJI 7 (LHL) cf chipanji 7. n *sponge*

CHIPONDAMWOYO 7 (LLLLL) Chipapata chinotapira kwazvo sekeke. n *cake*

CHIPOSHI 7 (LLH); Muvhuro 3. Zuva rokutanga muvhiki. n *Monday* [chikonzero chechiposhi = *the first reason*]

CHIPOTSWA 7 (LLH) cf chikandwa 7. n *harmful medicine to injure another*

CHIPUDZI 7 (LLH) Derere rinorimwa panguva yezhizha, rinodyiwa riri nyoro kana kuti raoma. n *lady's fingers (a veg.)*

CHIPUKUPUKU 7 (LLLLL); rema 5. Munhu akapusa, asina njere dzakawanda. n *stupid person;* MUCHENJERI

CHIPUNDUTSO 7 (LLLL) cf chimuko 7. n *advantage, gain, profit, outcome, result*

CHIPUNU 7 (LHL) Mudziyo unoshandiswa kuisa shuga mutii, kudyisa bota etc. cf Eng n *spoon*

CHIPUTUKEZI 7 (LLLLL); chiZungu 7. n *Portuguese ways, customs, language, etc*

CHIPWEMBWE 7 (LLL) cf chipembwe 7. n *whooping cough*

-CHIRA i & t Ko (H); -pona i & t; -zvara i & t; -sununguka i & t. vb *give birth*

CHIRADZA 7 (LLL) cf chidhakwa 7. n *drunkard*

CHIRAHA 7 (LHL); bhucha 5. Imba inotengeserwa nyama. n *butchery*

CHIRAHWE 7 (LHL) cf chipari 7. n *riddle*

CHIRAIRO 7 K (LHHL); chirariro 7. Kudya kwamanheru. n *supper, evening meal*

CHIRAMBAKUSAKARA 7 (LLLLLLL) [hembe chirambakusakara = *longlasting shirt*] adj *durable, lasting long*

CHIRAMUKUKUTA 7 (LLLLLL) cf chinyamukukutu 7. Mhando yeshiri yomumvura. n *African crake*

CHIRAMWA 7 (LLH) Kuramba pamusana pokushatirwa. n *irritable inclination to decline or refuse what is offered*

CHIRANGANO 7 (LLLL); bvumirano 9. Kuwirirana kwavanhu mune chimwe chinhu. n *agreement, arrangement*

CHIRANGO 7 (LLL) 1. Kudya zvishomanana kana kuita chimwe chinhu zvokungoratidza rukudzo. n *gesture performed to show respect;* 2. *punishment, penance given after confessing sins;* MUBAYIRO

CHIRARAMHENE 7 (LHHLH) Uswa hunomera kazhinji mumapani. n *variety of vlei grass*

CHIRARIRO 7 (LHHL) cf chirairo 7 K. n *supper, evening meal*

CHIRASIRO 7 (LHHL); durunhuru 5. Gomba kana nzvimbo yokurasira madota, tsvina etc. n *rubbish pit; place for depositing rubbish*

CHIRATIDZO 7 (LLLL) cf chioneso 7 n *sign, symbol, gesture, signal indicator*

CHIRAURO 7 (LHHL); chiredzo 7 K; chivedzo 7. Waya yakakombamiswa, yokubatisa hove. n *fish-hook (but term can be applied widely to any kind of fishing tackle: rod, sinker, float, line etc.)*

CHIRAYIRANHAKA 7 K (LLLLLL) Rudzi rwebuwebuwe. n *baboon spider*

CHIREBVU 7 (LLL) Panomera ndebvu. n *chin*

CHIREDHI 7 (LHL) Chifendefa chokunyorera chinogadzirwa nebwe dema. cf Eng n *slate*

CHIREDZO 7 (LHH) cf chirauro 7. n *fish-hook*

CHIREI 7 (LHL) Muti wakatemwa une mhandi mbiri notumiti twakatandarikwa unoshandiswa kutakura zvinhu, uchikweviwa nemombe. cf Eng n *sledge*

CHIREMA 7 (LHH) 1. Munhu akaremara. n *cripple; maimed, lame or deformed person;* 2. Mudzimai ana pamuviri. n *pregnant woman*

CHIREMBA 1a, pl: vana- (LLH) Munhu anorapa vanorwara. n *doctor*

CHIREMERA 7 (LLLL) Mutsigo womunhu anoteererwa navamwe. n *dignity*

CHIREMO 7 (LLL) cf chigamba 7. n *patch, fabric for a repair*

CHIRESHE 7 (LLL) Munhu anotaura zvisina musoro. n *person who is uncouth and immodest*

CHIREVAUWANDI 7 (LHHHLH) n *quantitative (grammatical)*

CHIREVO 7 (LHH); murao 3. 1. Mutemo unodzikwa. n *law, decree, command;* 2. n *grammatical sentence;* 3. Zvinotaurwa zvinoreva zvakadzama. n *traditional wise saying*

-CHIRIDZA t (H) Kubatsira kusvetuka waya, ibwe, gomba etc. [Chiridza mwana pane minzwa. *Assist the child over the thorny place.*] vb *help over, make to jump over*

CHIRIKADZI 9 (LLHL); shirikadzi 9. Mudzimai akafirwa nomurume. n *widow;* TSVIMBORUME

CHIRIMI 7 (LHH) Kutadza kudu-

chipfudziso

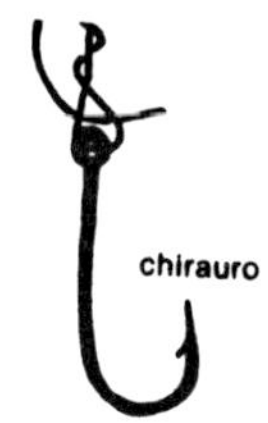

chirauro

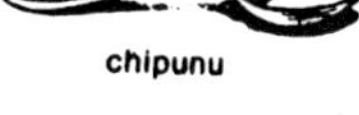

chipunu

chipendani

chipfukuto

chipiyaniso

cara
hwana
mhumhi
nzunza
jachacha
mbiti
berę
dindingwe
ingwe
shumba

nguruve
dhongi
hwai
hwayana
bhiza
katsi
imbwa
mhou
mbudzi
mukono
dhadha
jongwe
hanzi
huku
harukuni

chitinha

chirumiko

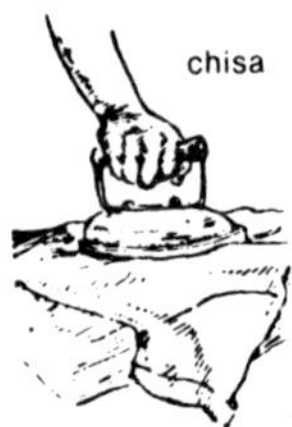
chisa

chisamaura

chirongo

chishambwe

dza mazwi zvakanaka. n *lisp, speech defect*
CHIRIMO 7 (LLL) Nguva yamadziya. n *warm part of the dry season*
CHIRIMWA 7 (LLH) Mbeu kana chose chose chinorimwa n *crop*
CHIRINDO 7 (LLL); dumba 5. Kamba kanovakwa kumunda, kanoshandiswa navanorindira makudo, tsoko nezvimwe zvinodya mbeswa. n *watchman's temporary hut or shelter built alongside agricultural lands*
CHIRINGA 7 (LHL) Mutoo wokutarisa kwose kwose. n *preoccupied curiosity by staring*
CHIRINGIRIRO 7 (LHHHL) cf chionioni 7. n *looking glass, mirror*
CHIRIPIRO 7 (LLLL) Zvinoitwa kuratidza kuti munhu apfidza zvaakanganisa. n *satisfaction for wrong done, reparation, atonement*
CHIRIPORIPOCHO (LHHHLH); pakarepo [Paaona nyoka, chiriporipocho adududza. *He shrunk back immediately on seeing the snake.*] adv *immediately*
CHIRO 7 (LL) cf chinhu 7. n *thing*
CHIRO 7 (LH); chirau 7 M. Nzvimbo inogara makudo. n *sleeping place of baboons*
CHIRODZO 7 (LLL); chirodzeso 7; chirodzero 7. Chinorodzerwa zvinhu. n *instrument for sharpening, file, stone*
CHIROMBO 7 (LLH) Mhuka huru. n *big, powerful or fearsome creature*
CHIROMBOWE (LLHL) Izwi rinoshandiswa kuremekedza munhurume kana munhukadzi. *inter honorific greeting*
CHIRONDA 7 (LLL); ronda 5. Nzvimbo inenge yakuvadzwa; sepanenge pachekwa kana panenge pagumburwa negutsa. n *wound, sore*
CHIRONGO 7 (LLH) Hari inoshandiswa kucheresa mvura kutsime. n *earthenware water-pot*
CHIRONGWA 7 (LLH) Chose chose chingarongwe kuzoitwa kana kuteverwa. n *anything arranged, proposal*
CHIROPA 7 (LLL); chitaka 7. Nhengo iri mukati momuviri munogadzira nduru nokunatsa ropa romuviri. n *liver*
CHIROOROO 7 (LHHHL); chiraparapa 7; fanikaroo 9. Mutauro unoshandiswa kana muRungu asingazivi chiShona achitaura nomutema asingazivi chiRungu. n *chilapalapa, kitchen kaffir; unauthorized language borrowing from other African languages (e.g. Zulu)*
CHIROTO 7 (LHH); hope 10. Zvinoona munhu kana kuti zvaànoita kana achirota. n *dream;* CHOKWADI
CHIRUGU 7 (LLH); chirugwi 7. Danga rembudzi, kana rehwai, kana remhuru. n *pen for sheep, goats or calves; animal enclosure (usually uncovered)*
-CHIRUKA i (H); -chirika i. Kusvetuka mudenga sezvinoita mbudzana dzichitamba. [Hwayana dzinochiruka mudenga. *Lambs frolic (by jumping) in the air.*] vb *leap in a frolicsome manner, joyfully jump up, gambol*
CHIRUMBI 7 (LLL) cf chiRungu 7. n *European ways etc*
CHIRUME 7 (LHH) Maitiro avarume; kuita chinhu somurume. n *male behaviour;* CHIKADZI
CHIRUMIKO 7 (LHHL); murumiko 3. Nyanga kana chimwewo chinoshandiswa kurumika anorwara. n *cupping horn*
CHIRUNGU 7 (LLL); chiRumbi 7 n *European (esp English) ways, customs, language*
CHIRUNGURIRA 7 (LLLLL) Kusvotwa sezvinoitika kana munhu anyanya kudya mbambaira. n *heartburn, indigestion*
CHIRUVI 7 (LLL); chisuvi 7; chiruvu 7 K. Uswa hwakagadzirwa hunoiswa pamusoro pemba yapera kupfirirwa. n *grass cap of rondavel roof*
CHIRWADZO 7 (LHH); ubando 14. n *pain, discomfort*
CHIRWERE 7 (LHH) Hosha inokonzera munhu kurwara. n *sickness, disease, illness;* UKUKUTU
CHIRWIRANGWE 7 (LLLL) Kubatsirana kuita basa. n *united effort*
-CHISA t (H) Kutsikirira hembe neaini kuti dziswatuke. [Hembe yangu haina kuchiswa zvakanaka. *My shirt is badly ironed.*] cf Nguni vb *iron washed clothes*
CHISAKISO 7 (LLLL); chikonzero 7. Chinokonzera kuti zvinoitika zviitike. n *cause*
CHISAMAURA 7 (LHHHL) cf chikorera 7. n *fiscal shrike, butcher bird*
CHISASA 7 (LLH/LLL) Chirwere chinokonzera kufunuka kweganda. n *ringworm infection causing circular patches on skin*
CHISERE 7 (LHH) Chinotevera mushure mechinomwe. [nguva yechisere = *the eighth time*] adj *eighth*
CHISERO 7 (LLL) 1. Kugara wakapfunya makumbo. n *cross-legged sitting;* 2. Karusero. n *small winnowing basket*
CHISHAMBWE 7 (LLL) cf chikwekwe 7. n *tick, blood-sucking parasite*
CHISHAMISO 7 (LHHL); hatyamadzo 9; chikatyamadzo 7. Chiitiko chinoshamisa. [Chishamiso; bere kutamba nembwa. *It is astonishing if*

a hyena plays with a dog. prov 401 i.e. The friendship of rivals causes suspicion.] n *miracle, wonder, remarkable or surprising event*
CHISHANU 7 (LHL) Zuva rechishanu musvondo. n *Friday, fifth day of the week;* [bhuku rechishanu = *the fifth book*]
CHISHAVA 7 (LHH) Mombe inobayiwa pakusungira mukadzi. n *one head of cattle due to parents of wife usu given before birth of first baby*
CHISHONGO 7 (LLL) Chose chose chinopfekerwa kushonga. n *ornament, adornment (usually worn by women)*
CHISHWE 7 (LL) Kusunga zvisingabvi nhando. n *back-spliced loop, slip-knot in string, noose*
CHISI 7 (LH) Musi usingabvumidzwi vanhu kurima muminda. n *day on which piety to the spirits forbids work in the lands*
CHISIKWA 7 (LLH) Chose chakasikwa, chiri panyika. n *creature;* MUSIKI
CHISIMBISO 7 (LLLL) Sakramende rokutambira Mweya Mutsvene rinozoitwa mushure mokubhapatidzwa; rinoita kuti munhu ave mukuru pamweya. n *sacrament of Confirmation*
CHISIMIRO 7 (LHHL); chipfeko 7. Mbatya kana chimwewo chinosimirwa. n *any article of clothing*
CHISINDIMBEVA 7 (LHHHL); chisimbwindi 7 KM; chisindireva 7. Kapuka kari mubato rembeva kanogara mutupako. Kano muswe une mvere dzakawanda. n *Mashona rock dormouse*
CHISIPITI 7 (LHHH); chitubu 7. Nzvimbo inobuda mvura ichibva pasi. n *spring of water*
CHISO 7 (LH); usu 14 M; uso 14. Kumeso kwomunhu. n *face*
CHISUMBU 7 (LHH) cf bumbu 5. n *bunch*
CHISUNGO 7 (LHH) Zvinowiriranwa kuti ndizvo zvinozoitwa. n *resolution, constitution, decree*
CHISUVI 7 (LLL) cf chiruvi 7. n *cap of a grass roof*
CHISUWA 7 (LHL); chitsuwa 7. Nzvimbo yakatenderedzwa nemvura. n *island*
CHISUWO 7 (LLL) Pfungwa dzokuda kudzokera kune imwe nzvimbo kana kuda kuona mumwe munhu. n *longing, yearning*
CHISVINO 7 (LLL); tsunguro 9 M; chisusuniso 7 K; chisuso 7 Z. Chinoshandiswa kusvinisa hwahwa etc. n *beer strainer, strainer*
CHISVO 7 (LH); reza 9. n *blade of knife; razor blade*
CHISVUSVURO 7 (LHHL) Kudya kwamangwanani. n *breakfast*
CHISWA 7 (LH) mwanda 3. Uswa hwakachekwa hukasungwa pamwe chete. n *bundle of grass*
CHITA 7 (LH); kirabhu 9; nzanga 9. Boka ravanhu vane zvavakamirira. n *association, society, club*
CHITAITAI 7 (LLLLL) cf chin'ain'ai 7. n *glow-worm or firefly*
CHITAKA 7 (LLL) cf chiropa 7. n *liver*
CHITAMBI 7 (LHL); sitambi 9; sitembi 9. Kapepa kanonamirwa pahamvuropu kana munhu achida kuposta tsamba. cf Eng n *postage stamp*
CHITANGARA 7 (LLLL) Pokuyanikira ndiro kana dzagezwa. n *pole structure (like a table) on which washed utensils are put to dry*
CHITANHATU 7 (LHLH); Mugovera 3. Zuva rechitanhatu pavhiki. n *Saturday;* [nhengo yechitanhatu = *the sixth member*]
CHITARISIRO 7 (LLLLL); tarisiro 9. Zvinotarisirwa nomunhu. n *hope, expectation;* KURASA MWOYO
CHITATA 7 (LLL) cf chirugu 7. n *covered pen for sheep etc., fowl-house*
CHITATU 7 (LLH) Zuva ratatu pavhiki. n *Wednesday;* [mwedzi wechitatu = *the third month*]
CHITEMA 7 (LLH); rutadzo 11; chivi 7; chitadzo 7. Kuita kana kutaura kwakaipa, kusingawirirani netsika dzounhu. n *sin;* URURAMI
CHITENDERANO 7 (LLLLL); cf chibvumirano 7. n *solemn agreement, covenant*
CHITENDERO 7 (LLLL) Kutendera muna Mwari. n *faith, religious belief, religion*
CHITESHI 7 (LHL) Panomirira chitima kana bhazi vanhu vachikwira kana kudzika. cf Eng n *station, bus terminus*
CHITEVERAVADZIMBA 7 (LLLLLLL); shavishavi 9. Shiri chena ina mavara matema. Shiri dzorudzi urwu dzinofamba dziri nomwe kana kupfuura; dzinodya tupuka. n *white helmet shrike* R727
CHITEYO 7 (LHH) Waya kana tambo ine chishwe; inoteyiwa kubata mhuka. n *noose-trap*
CHITIKINYANI 7 (LLHLL) Gwaro rinopiwa vakomana vasati vasvika pazera rokupiwa zvitupa. n *juvenile registration certificate*
CHITIMA 7 (LHL) Ngoro inofambiswa namarasha nemvura kana nedhiziri yokufambisa vanhu kana zvimwewo. cf Eng n *railway engine (steamer), train*
CHITINHA 7 (LHL) Dhaka rakaumbwa rikapiswa rokuvaka naro. cf Afrik n *brick*

chitambi

chitangara

chiso

chishwe

chisuwa

chiteyo

chisvo

chitofu

chituru

chivedzo

chiuno

CHITIVHIRI 7 (LHLH) Chisimbi chinotsikwa negumbo pakuchovha bhasikoro. n *pedal of bicycle*
CHITIYO 7 (LHL); nhiyo 9; hukwana 9. Mwana wehuku. n *chick, young of fowl*
CHITOFU 7 (LHL) Chinokuhwidzwa moto kana kudziyiswa negetsi nokubikirwa. cf Eng n *stove*
CHITOKISI 7 (LHLL) Imba inopfigirwa musungwa kana achangobatwa, achimirira kutongwa. n *lock-up cell, jail-cell*
CHITORO 7 (LHL) Imba inotengeserwa zvinhu. cf Eng n *store, shop*
CHITOTA 7 (LHL); chibombo 7 M. Hwiza ndiki, isina mapapiro, isingadyiwi. n *small wingless grasshopper*
CHITSA 7 (LH); chigutsa 7; chigutswa 7. Chidzitsi chinosara muvhu kana muti watemwa. n *tree stump*
CHITSAKI 7 M (LHL); chitsaka 7 M; dendere 5. Nzvimbo inovakwa neshiri; pokukandirira mazai. n *bird's nest*
CHITSAMA 7 (LLL) Dumbu ravanhu kana zvinhu. n *group (people or things)*
CHITSAUKO 7 (LHHL); ganhuro 5. Chikamu chebhuku. n *chapter of book*
CHITSERE 7 (LLL); chisere 7 K; tsere 9. Kamhuka kano musana muchena nomuhumbu mutema; kanozivikanwa kuti kanodya uchi; kano urefu hwe-0,8 m nouremu hwe-9 kg. n *honey badger, ratel*
CHITSIDZO 7 (LLL) Mhiko yokuvimbisa chimwe chinhu. n *promise, pledge, vow*
CHITSIGA 7 (LHL); tsiga 5. Chidimbu chehuni yambotsva. n *piece of firewood (half burnt; generally no longer burning)*
CHITSIGIRO 7 (LHHL) Chose chinotsigira. n *support, prop (to maintain upright position)*
CHITSINGA 7 (LHH) Mushonga unoshandiswa kukuvadza mumwe munhu. n *medicine deliberately used by another to bring about physical disorder*
CHITSINHA 7 (LLL); chinzvi 7 K. Chinotadzisa kuti murume aroore kana kuti mukadzi aroorwe. n *disposition opposed to marrying, disinclination to marry*
CHITSITSINHO 7 (LHHL) chidodoma 7. Shure kwetsoka kunotanga kutsika pasi kana munhu ava kufamba. n *heel*
CHITSIVIDZO 7 (LLLL) Kudzorera kunoitwa nomunhu kurwadziswa kwaakamboitwa kuno mumwe munhu. n *revenge, retaliation*
CHITSUWA 7 (LHL) cf chisuwa 7. n *island*
CHITSVARE 7 (LLH); chisvehu 7. Mutambo wokuti munhu anonzvenzvera mumwe noruoko obva atiza. Anenge anzvenzverwa anomhanyirawo mumwe. n *game of "tag"*
CHITUBA 7 (LHL); nheme 9. Chisinganyuri mumvura, chinoiswa pashinda yechirauro. Chinonyura kana hove yadyira. n *float (on fishing line)*
CHITUBU 7 (LLH); chisipiti 7. Panosinira mvura, kazhinji muzhizha, kana mvura yanaya zvakanyanya. n *spring of water*
CHITUNHA 7 (LLH) Muviri womunhu akafa. n *human corpse or dead body*
CHITUNZI 7 (LHH); gunura 5 M. Nhunzi huru inowanzouya panenge paurayiwa mombe. n *blue-bottle fly*
CHITUNZVI 7 (LHH) cf chinhunzvi n *female bird (roughly size of crow) or female small antelope*
CHITUPA 7 (LLL) Gwaro rinopiwa munhu rinonyorwa zvose zvomuridzi waro: musha, sabhuku, zita rake, ishe wake etc. cf Nguni n *registration certificate*
CHITUPATUPA 7 (LHHHL) Muti une mudzi unoshandiswa kuuraya hove. n *plant whose bulbous root is used for fish poison*
CHITURU 7 (LHL) cf chigaro 7. cf Eng n *stool*
CHITUSO 7 (LLL); mubayiro 9. Chinopiwa munhu kana kuti zvinoitika kumunhu pamusana pezvaanenge aita. n *reward, present, wage;* CHIRANGO
CHITUTA 7 (LLL) Munhu akapusa, asina pfungwa dzakakwana. cf Nguni n *person of low intelligence, ignorant person*
CHITYARO 7 (LLL); seduru 9. Panogara munhu kana akatasva bhasikoro kana bhiza. cf Afrik n *saddle*
CHITYU 7 (LH) Nyama yapadundundu. n *meat from chest of animal*
CHIUCHIRO 7 (LHHL) Mari inobviswa kuuchira tezvara, ambuya kana ishe. n *token gift given in gesture of respect*
CHIUMBWA 7 (LHL) Chose chinogadzirwa nomunhu kana kuti chinoumbwa nomunhu. n *artefact moulded from clay*
CHIUNDUDZI 7 (LLLL) Chikonye chine mvere, chinowanikwa munyama yeganda yagarisa yakaoma. n *hide beetle*
CHIUNO 7 (LHH); chiunu 7. Panosungirwa bhandi pamusoro pehudyu. n *waist*
CHIURU 7 (LLL); churu 7. Zana

rakapetwa kagumi. Gumi ramazana. n *thousand, 1 000*

CHIURURWI 7 (LHLH) Mhando yegurwe isingadyiwi. n *sp of cricket which is not edible*

CHIVA 7 (LL) Nyoka hobvu, pfupi yakapamhama ino urefu hunosvika 1 m; ino uturu hunouraya chainenge yaruma. n *adder, gen term but usu applying to the puff adder*

-CHIVA i & t (H) Kudisisa chomumwe kuti dai chiri chako — sokuda mukadzi kana motokari yomumwe. [Ndinochiva mbatya dzake. *I wish his clothes were mine.*] vb *covet, desire eagerly, lust after;* -SHORA

CHIVABVU 1a & 7 (LHL) Mwedzi wechishanu pagore. n *May*

CHIVAKO 7 (LHH) Mari yokuvakisa chikoro. n *building fund (for a school)*

CHIVANDE 7 (LHL) Kuitwa kwechinhu pasina mumwe anoziva — sokubiwa. n *secretive behaviour*

CHIVANZE 7 (LHL); ruvanze 11. Nhandare yakatenderedza imba. n *yard, clean area around a house, courtyard*

CHIVARA 7 (LLL); dare 5. Nzvimbo inogara varume vachitandara kana kutonga nyaya. n *meeting-place of men*

CHIVEDZO 7 (LHH); chiredzo 7 cf chirauro 7. n *fish-hook*

CHIVEREVERE 7 (LLLLL) cf chivande 7. n *secretive behaviour*

CHIVEVE 7 (LLL) Kubaya-baya kunonzwika nomunhu pakusimuka kana ambenge agere kwenguva huru panzvimbo imwe chete. n *pins and needles, tingling caused by return of blood circulation*

CHIVHARO 7 (LLL); cf chidzivo 7. n *plug, cork, stopper*

CHIVHIMBO 7 (LLL) Chimuti kana chimwewo chinhu panomonererwa shinda. cf Nguni n *cotton reel*

CHIVHURO 7 (LLL); chivhuriso 7. Chokudziurisa mabhodhoro kana magaba. n *bottle or tin-opener, instrument for opening*

CHIVHURUMUKIRA 7 (LHHHHH) Kutaura usina kumbofunga, kuita chinhu chausina kuronga. n *hasty, precipitate action devoid of caution; impetuosity*

CHIVI 7 (LH) cf chitema 7; rutadzo 11. n *sin, transgression;* URURAMI

CHIVIMBISO 7 (LLLL) Zvavimbiswa kuti zvinozoitwa. n *promise; guarantee, security*

CHIVIMBO 7 (LLL); chitendeseko 7; chivimbisiko 7; ruvimbo 11. Kuva nechitarisiro chokuti zvichaitika ndezvakati. n *confidence, trust;* RUPOKANO

CHIWANZAMHURI 7 (LLLLL); njikenjike 9. Rudzi rweshiri diki ina mavara anovevedza. n *orange-breasted waxbill* R838

CHIWAWA 7 (LHL); chibhamu 7. Munhukadzi ane chimiro chakanaka. n *attractive young lady*

CHIWAYA 7 (LLL) Chibage chakakangwa. n *popcorn*

CHIWEDZERWO 7 (LLLL) n *adjunct, grammatical amplification*

CHIWEPU 7 (LHL); tyava 9. Ganda redehwe rakaedzengwa, kana rwodzi rwakarukwa rwokuchaira narwo mombe. n *whip*

CHIWI 7 (LH); chitsuwa 7. Chinzvimbo chiri pakati perwizi, gungwa kana nyanza. n *island surrounded by water*

CHIWITSI 7 (LHL) cf siwiti 9. n *sweet*

CHIWOCHAWOCHA 7 (LLLLL); zhwezhwezhwe 5. Chishiri chino muromo mutsvuku nomuviri mutema. n *red-billed wood-hoopoe*

CHIWOWODZA 7 (LHHL) cf hohodza 9. n *woodpecker*

CHIYAMBWE 7 (LLL) Rudzi rwehwohwa hunodyiwa. n *variety of edible mushroom*

CHIYEUCHIDZO 7 (LLLLL); chiyeudzo 7; rutondedzo 11. Chinoyeuchidza munhu. n *reminder, memorial*

CHIYOVHOVHO 7 (HLLL) cf shirapopo 9. n *mousebird*

CHIZARIRA 7 (LLHL) Chokuteya nacho mhuka huru. Mhuka ikapindamo haizogoni kubuda. n *cage trap, trap for large game*

CHIZEZURU 7 (LLHL) Mutauro kana tsika dzavaZezuru. n *language, customs, ways etc of the vaZezuru*

CHIZI 9 (HL) Chokudya chakagadzirwa kubva mumukaka. n *cheese*

CHIZIRO 9 (HLL) cf chezero 9. cf Eng n *chisel*

CHIZISO 7 (LHH) Chipfupa chiri pamusoro pechitsitsinho kana chanza. n *ankle (lit eye of the foot), wrist*

CHIZIVISO 7 (LHHL) Zvakanyorwa kana zvinotaurwa zvokuzivisa vanhu. n *announcement, notice, sign*

CHIZIZIMUTONDO 7 (LLLLLL) Mhando yezizi diki rine nzeve ndefu; rinowanzodya tupuka. n *small owl*

CHIZORWA 7 (LLH) Kuzorwa kunoitwa mafuta. n *anointing*

CHIZUNGU 7 (LLL); chiPutukezi 7 n *Portuguese language, customs, ways etc*

CHIZUVAGURU 7 ((LHHLL); chivangazuva 7. Shiri ine huma yakatsvukuruka. Inogadzira dendere mumapazi akaoma emiti. n *yellow-fronted tinker barbet* R437

chiva

zviwitsi

chiyovhovho

chivharo

chivhimbo

chivhuro

choto

chokunwa

choko

-chochonya

-chovha

CHIZVARO 7 (LHH) cf chibereko 7. n *womb*
CHIZVARWA 7 (LHL) Vanhu vezera rimwe chete. Vanhu vedzinza rimwe chete. n *generation of people of same age*
-CHOBORA t (H); -choona t. Kudya kana kurwisa kunoita huku kana shiri. vb *peck, feeding or defensive action of fowl or bird.*
-CHOCHOMARA i (H); -chonjomara i; -tonona i. Kugara pazvitsitsinho, zvigunwe zvakatsika pasi. [Vanhu vanochochomara pamoto kana uri mushoma. *People squat around a fire when it is feeble.*] vb *squat, crouch;* -MIRA **-chochomadza** t [Chochomadza mwana umugeze kumeso. *Get the child to sit on his haunches and wash his face.*] vb *cause to crouch;* -MISA
-CHOCHONYA t (H); -tsutsuta t; -tsotsodza t; -chechenya t. Kubuda muzai kunoita hukwana kana manyn'ana. [Mazai edu anochochonya mangwana. *Our eggs will hatch tomorrow.*] vb *hatch, emerge from egg*
-CHOCHORA t (L) cf -chiva t. vb *covet, desire some belonging of another*
CHOKO 9 (HL) Chinoshandiswa kunyora pabhodhi kuchikoro etc. cf Eng n *chalk*
CHOKUDYA 7 (HLH) Chose chinodyiwa. n *food, something to eat* (*cp* chokunwa *something to drink and* chokuverenga *something to read*)
CHOKWADI 7 (HHH); idi 5. Zvazviri chaizvo, kusiri kunyepa. n *truth, reality; certainty;* MANYEPO; (*Frequently used as interjection: Truly!* NHEMA!) [Chokwadi, handisi kunyepa. *Truly, I'm not lying.*] adv *indeed, really*
CHOMBE la; pl: vana- (HL); mutengesi 1. Munhu anochera vamwe, zvikuru munyaya dzezvamatongerwo enyika. n *one who betrays others, sell-out, political traitor*
CHOMBO 7 (LL) Pfumo kana uta nemiseve kana pfuti zvinoshandiswa pakurwa. n *weapon (spear, battle-axe, shield, knobkerrie, gun, grenade etc.)*
CHOMWENE 7 (HLH) Chisazita chomwene n *possessive pronoun (grammatical term e.g.* shamwari **yangu**)
-CHONA i (L) **1.** -rova i. Kuenda kune imwe nyika kana nzvimbo zvachose; kurega kudzokera kumusha zvakare. [Akachonera kuJubheki. *He went to Johannesburg and never came back.*] vb *lose contact with relatives;* **2.** Kushaya mari yose. vb *be destitute;* -PFUMA
-CHONYA i & t (H) cf -chenyera t. vb *convery a message by winking*
-CHOONA t (H); -chobora t; -jobora t vb *peck, pick up by pecking*
CHOSE K (HH); kwazvo [Ndakaregererwa chose. *I was completely forgiven.*] adv *altogether, completely, entirely*
CHOTO 7 (LH) Nzvimbo inokuhwidzirwa moto. n *fireplace, hearth*
CHOVHA 9 (LH); chovhamubayiwa 9. Motokari yenhandonhando, inofa nguva nenguva. n *jaloppy, dilapidated motor-car, old crock, rattletrap*
-CHOVHA t (L) **1.** Kutsika chitivhiri kuti bhasikoro rifambe. [Akachovhesa. *He pedalled vigorously.*] vb *pedal a bicycle;* **2.** Kutamba makasi. [Haachachovhi njuga. *He takes no part in gambling card-games.*] vb *shuffle cards;* **3.** -sunda t [Ngatichovhe motokari yake. *Let us push his car.*] vb *push;* -KWEVA
CHUBHU 9 (HL) Chinoiswa mutaya rebhasikoro etc chozadzwa mweya. cf Eng n *inner-tube of tyre*
-CHUCHA i & t (L); -chururuka i. Kubuda kunoita mvura zhinji kana ichibvinza mumudziyo. [Peturu iri kuchucha. *The petrol is leaking out.*] vb *leak very much, squirt in a stream*
-CHUKUCHA t (H) Kugeza mukanwa nemvura. Kugeza mukati mebhotoro nemvura. [Adya akachukucha mukanwa. *He rinsed out his mouth after eating.*] vb *rinse closed container with water then empty out (e.g. mouth or bottle)*
CHUMA 7 (LH) **1.** Tutsanga tuna maburi tuna mavara akasiyana-siyana twokushongedza. n *bead (normally a collective noun);* **2.** pfuma n *gold or wealth*
CHURA 7 (LH) cf dafi 5. n *frog*
CHURI (LH) Kurira kunonzwika kana chinhu chapinda mumvura. [Akakanda ibwe rikati churi murwizi. *He threw a stone and it splashed into the river.*] *ideo of dipping or falling into water with a splash*
CHURU 7 (LL) **1.** cf chidzere 7. n *ant-heap;* **2.** Gumi ramazana, 1 000. n *thousand*
-CHURURUKA i (H); -chucha i. Kubvinza napaburi diki. [Mvura yaichururuka napakaburi. *The water leaked out through a tiny hole.*] vb *flow thinly, stream out;* **-chururudza** t [Vakare vaichururudza mutuvi uchisara mukaka chete muhari. *People of long ago used to pour off the whey leaving the curds only in the pot.*] vb *decant, pour off by gradual inclination of vessel without disturbing sediment*

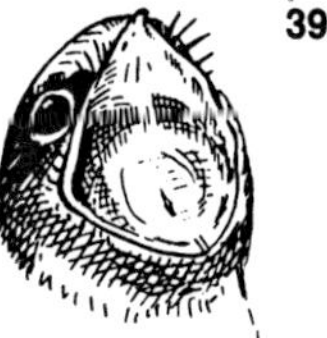

D

The Shona implosive *D* (without *H*) has no English equivalent. The English *D* is written as *DH* in Shona and is described as explosive.

-DA i & t (H) Kuva nomwoyo unofarira chinhu kana munhu. [Chaikuda kana chokuramba; zvinenge zvine chakwenyera. *If what used to love you begins to hate you, it seems something prompts it to do so.* Prov 459 *i.e. Usually a third party is behind a broken friendship.*] vb *love, want, need, desire, like, favour, prefer;* -SEMA; **-disa** t vb *want strongly, desire very much;* **-diwa** [Ndinodiwa nababa vangu. *I am loved by my father.*] vb *be loved, liked;* **-dikanwa** [Panodikanwa mari zhinji kuvaka imba. *Much money is needed to build a house.*] vb *be required, needed, necessary*

DABWA 5, mat-6 K (LH); dahwa 5. Shiri inobhururuka usiku, ichiswera yakakotsira pasi masikati. Inodya tupuka tunobhururuka mumhepo saka ino muromo mukuru. n *night-jar*

DABWADABWA 5 (LLLL) Chinhu chose chose chine mvura, sebota kana dhaka. n *anything slushy e.g. thin porridge or mud*

DACHA 5, mat-6 K (HL); datya 5; dafi 5; chura 7. Chipuka chinogara mumvura, china makumbo anenge edhadha. Kana chichiri chidiki chino muswe nomusoro mukuru. n *frog*

-DADA i (L) Kuzvitutumadza kana kuzvikudza. [Anodada noruzivo rwake. *He is proud of his intelligence.* Baba vanodada neni. *Father is proud of me.*] vb *be proud, vain;* -ZVIDUKUPISA; **-dadira** t [Ndakadadira mumwe. *I gave cheek to another.*] vb *give cheek to;* **-dadisa** i & t [Vana vakachenjera vanodadisa. *Bright children give reason for pride.*] vb *give reason for pride or satisfaction*

-DADAMIRA i M (L); -dadama i; -susumhira i. Kumira nezvigumwe kuti usvikire chinhu chiri pamusoro. [Dadamira utore kiyi mumadziro. *Stand on tiptoe and get the key off the wall.*] vb *stand on tiptoe, try to reach*

DAFI 5, mat-6 (HL) cf dacha 5; datya 5 n *frog*

DAHWA 5, mat-6 (LH) cf dabwa 5. n *night-jar*

DAI (LH); deno K; dano K [Dai ndakaziva haabatsiri. *Had I known I would not have done it.* prov 103 *Listen to advice before it is too late.* Dai zviri zvangu. *If only they were mine.*] conj *if, if only (followed by partic)*

-DAI i & t (HL); -dano i & t K; -deno i & t K [Ita kudai. *Do (it) like this (accompanied by a gesture or action).*] vb *do or say like this;* [Basa iri harinzai. *This work is not done in this way.*] *Auxiliary verb + partic. In consequences of conditional clauses of unlikely fulfilment.* [Dai zviri zvangu ndingadai ndichifara kwazvo. *If only they were mine I would be very happy.*]

-DAIDZA i & t (H); -dana t K; -davidza t; -shevedza i & t. Kutaura zita romunhu nezwi riri pamusoro kuti wacho anzwe kana ari kure. [Daidza mukomana uyo. *Call that boy over there.*] vb *call, summon, beckon;* -DZINGA; **-daidzira** i & t [Daidzira kuti anzwe. *Call out for him to hear.*] vb shout out after; **-daira** i & t; -davira i & t [Haana kudaira. *She didn't answer.*] vb *answer when called, give reply to a question;* **-davira** i & t K [Akadavira mubvunzo wangu. *She replied to my question.* Hongu, ndinodavira kudaro. *Yes, I think so/I reply like that.*] vb *give reply to a question; Related ideo:* dai, davi, pindu.

DAKA 5, mat-6 (LL); mafi 6. Chido chokutsividza munhu anenge akutadzira. [Ane daka neni. *She has a grudge against me.* Mukomana anondiitira daka. *The boy has a grudge against me.*] n *grudge;* MWOYOCHENA

DAKARA (H) cf dzamara; dzimara. partic + conj *until*

-DAKUKA i (H) Kusvetuka mudenga nokukasika kumhara pasi. [Tsuro yakamutswa nembwa ikadakuka. *The hare was put up by the dog and leapt into the air.*] vb *leap, spring, jump*

DAKUNANZVA 5, mad-6 (LHLL); dapuraunanzva 5. Chinhu chinota-

dabwa/dahwa

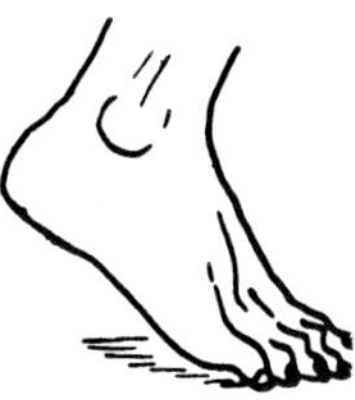

-dadamira

dacha/dafi

dambiramurove

danga

dandemutande

danda

danhiko

pira samare. n *anything sweet and delicious e.g. nectar in flowers*

DAMA 5, mat-6 (HH) **1.** Rutivi rwokumeso kubvira mumaziso kusvika kuchirebvu. n *cheek;* **2.** Mazwi kana nyaya. n *news, message*

DAMBA 5, mat-6 (LH) Zita romuchero womuti unonzi mutamba. Matamba anoibva muchirimo. Ndudzi dzamatamba ndidzo idzi: zhumwi 5, zhumu 5, n'ono 5, dambausiku 5; nedamba romuwakwaedza 5. n *klapper apple, also loosely called "orange"*

DAMBIRAMUROVE 5, mad-6 (HHHHLH); shuramurove 5. Shiri dzinoonekwa munyika muno kana mvura yoda kunaya. Inodya hwiza namakonye notupuka. n *stork*

DAMBUDZIKO 5, mat-6 (LLLL) cf -tambudzika i. Nhamo inowira munhu; ingave nhamo huru sorufu, kana kuti duku. n *calamity, disaster, misfortune, difficulty, tribulation;* CHIKOMBORERO

DAMBUDZO 5, mad-6 (LLL) Chinokonzera kugumbuka kana kutambudzika. n *suffering, nuisance, annoyance;* NYARADZO

-DAMBUKA i (H) Kudanzuka kunoita gavi, tambo etc mushure mokukakatwa. [Ukadhonzesa gavi, rinodambuka. *If you pull hard on barkfibre, it will snap.*] vb *break, snap as a consequence of stretching or bending, come apart, rip or tear off;* -BATANA; **-dambura** t; -dimbura t [Akadambura musungo. *He cut off the string.*] vb *sever, cut off, amputate; Related ideo:* dambu-BATANIDZA

-DANA t K (H) **1.** cf -daidza i & t. vb *call, summon, beckon;* -TANDA; **2.** Kuva norudo pakati pavaviri etc. vb *love one another;* -VENGANA

DANDA 5, mat-6 (HH) Huni hobvu inoshandiswa kana pachidiwa moto mukuru. n *log of firewood;* TSOTSO

DANDADZI 5, mad-6 (LLL); dandemutande 5. Chinogadzirwa nebuwebuwe chokuteyesa nhunzi etc. Dzimwe nguva rinogadzirwa nebuwebuwe pakudzika. n *spider's web or thread*

DANDARA 5, mad-6 (LLL); dofo 5; rema 5. Munhu akazingaira; asingazivi. n *mentally retarded person;* MUGONI

-DANDAURA t (H) **1.** Kurova ngoma kuti iririse. [Akadandaura ngoma pabira. *He played the drum vigorously at the feast.*] vb *sound a drum vigorously;* **2.** Kugomera. vb *groan with pain;* **-dandauka** i [Ngoma yakaswerodandauka pamuchato nezuro. *The drum spent the whole day throbbing at the marriage yesterday.*] vb *resound*

DANDEMUTANDE 5, mad-6 (LLLLL) **1.** nyarutanda 1a M; buwe 5 M. Kapuka kana makumbo masere, kanovaka imba inenge mambure inobata tumbuyu tunomhara pairi. n *spider;* Ndudzi dzotupuka utwu ndidzo idzi: **2. buwe** 5 n *baboon spider;* **3. dzvatsvatsva** 5 n *hunting spider;* **4. dandemutande** 5 n *tree-nesting spider;* **5.** Chinogadzirwa nedzvatsvatsva chinenge shinda. n *web*

DANGA 5, mat-6 (LH) **1.** Nzvimbo inovakwa kazhinji namapango, inogara mombe, mbudzi kana hwai. n *kraal, enclosure for cattle, goats, sheep etc;* **2.** Boka rezvipfuyo kana mhuka. n *flock or herd of four-legged creatures (wild or tame)*

DANGARUSWA 5, mad-6 (LLLH) Uswa hunokura setsanga, hunowanzomera mubani. Uswa uhu hunopfiririswawo dzimba. n *reed grass also used for thatching*

DANGWE 5, mat-6 (HL) Mwana anotanga kuzvarwa mumhuri. n *first born of a mother;* GOTWE

-DANHA i (L) **1.** -danhira i. Kusvetuka uchibva padombo uchienda pane rimwe etc. [Akadanhira pabwe guru. *He jumped onto a large rock.*] vb *step from one stone to another, pick way over stones etc;* **2.** Kusvetuka kunoita tsoko kana zvimhavira mumiti. vb *leap, bound, spring*

DANHAZVURU 5, mat-6 (LLLL) Dapi kana kuti mbeva huru inogara mubani. n *vlei otomys, vlei rat*

DANHIKO 5 mat-6 (LLL); nera 5 M; utao 14. Miti yakagadzirirwa kukwirisa panzvimbo iri pamusoro, sapadenga remba. n *ladder*

DANHO 5, mat-6 (LL) **1.** Manera akagadzirwa nemiti miviri mirefu kana simbi mbiri ndefu pozoita mimwe miti mipfupi kana simbi pfupi zvakaroverwa zvakachinjika. n *ladder;* **2.** Nhanho yokutanga mukubudirira kana mukuenderera mberi. n *stage, point or period in development*

DANO 5, mat-6 (HL) [jaya dano = *fit, young man*] adj *healthy, strong*

-DANZUKA i (H); -dadzuka i. Kudimbuka kunoita chakakatwa. [Rekeni yadanzuka ikandikuvadza. *The rubber on my catapult snapped and hurt me.*] vb *snap as a consequence of stretching;* **-danzura** t; -dadzura t [Akadanzura nyama namazino. *He pulled off a piece of meat with his teeth.*] vb *snap by stretching e.g. strip of meat or elastic*

DAPI 5, mat-6 (LH) cf danhazvuru 5. n *vlei otomys, vlei rat*

DAPIRI 5, mat-6 (HLL); mbatatisi 9. Mbambaira yechiRungu isingatapiri. n *common potato from South America*
DARA 5, mat-6 (HH) **1.** Imba inoiswa chibage kuti chiome kana chakohwiwa. n *temporary grain bin;* **2.** Chitangara 7; Chakagadzirwa namapango panoyanikirwa ndiro etc. n *platform on poles for drying dishes etc*
DARANGANWA 5, mat-6 (HHLH) Kushomeka kwezvinhu setsanga dzechibage pamuguri une tsanga shoma dziri kure nokure. n *something incomplete, imperfect, or deficient e.g. cob of maize with few grains or row of teeth with evident gaps*
DARE 5, mat-6 (LL) **1.** Nzvimbo inotongerwa nyaya. n *court;* **2.** Nzvimbo inogara varume panze, vakadzi vari mumba. n *meeting-place*
DARE 5, mat-6 (HL) Simbi inoridzwa kuzivisa vanhu kuti nguva yasvika yokupinda muchechi, kana muchikoro etc. n *bell, gong, iron*
DARI 5, mad-6 (LH) chinyamadari 7. Kapuka kanenge tsikidzi kanonwa ropa rembwa, kanobva muuswa. n *bont-legged tick*
-DARIKA i & t (H) **1.** Kusvetuka chimwe chinhu. [Ndakadarika minzwa yaiva panzira. *I jumped over the thorns in the path.*] vb *jump over;* **2.** Kupfuura napanzvimbo, sokuti kupfuura nomumusha kana napadhibhi. [Darika mugwagwa pano apa. *Cross the road right here.*] vb *cross through, pass through, go through;* **3.** Kukunda kana kupfuura mukunaka, kana kukura etc. [Akandidarika kureba. *He is taller than I am.*] vb *be more than, surpass;* Related ideo: pfu-u; **4. -darika mutemo** Kuita zvisingabvumirwi nomutemo. vb *violate, break the law;* -CHENGETA
-DARIKIDZA i & t (H); -pfuuridza i & t; -pfurikidza i & t. Kuita nomwero usiri iwo. Kunyanyisa kuita. [Akadarikidza kutamba. *He went too far in joking.*] vb *do to excess, exceed reasonable limits*
DARIRO 5, mat-6 (HHL) Dendere-dzwa ravanhu, zvikuru vanhu vanenge vachiona mutambo. n *circle of spectators; boxing ring*
-DARO i & t (HL); -dero i & t K. Kutaura kana kuita chinhu nomutoo unenge warehwa. [Rega kudaro. *Dont' do that./Don't do it like that.*] deficient vb *say or do like that;* **-nzarwo** (HL) [Hazvinzarwo! *That isn't done!/That is not the way to carry on!*] passive form
DASVEMUTASVE 5, mad-6 (LLLLL) Kamuti kanomonera pano mumwe muti. n *creeper (gen name)*
DATANANA 5, mad-6 (LLLL); datawindi 5; duutuu 5; duzurwa 5. Munhu asina njere, akapusa kana kuti akazingaira. n *idiot, simpleton, half-wit;* MUNGWARU
DATAWINDI 5, mad-6 (LLHH) cf datanana 5. n *idiot, simpleton;* MUCHENJERI
DATI 5, mat-6 (LL); date 5. Muti unokombamiswa, woshandiswa nomusungo kukanda museve. n *bow*
DATIRA 5, mad-6 (LLH) Runda riri seri kweibvi kana rakabatana nechitsitsinho. n *hamstring, tendon at the back of the knee*
DATYA 5, mat-6 (HL); dafi 5; cf dacha 5. n *frog*
-DAUKA i (H) **1.** Kuenda mudenga sezvinoita bhora kana raroverwa pasi. [Bhora rakadauka pamusoro pemba. *The ball bounced on the roof of the house.*] vb *bounce up rebound; Related ideo:* dau **2.** Kudambuka kunoita musono. [Musono wakadauka. *The stitching came undone.*] vb *get detached, come undone*
DAUNHA 5, mat-6 (LLL) Nhehwe dzakasiyana-siyana dzemhuka dzakabatanidzwa; chokufuga. n *kaross, patch-work of cured animal skins to use as a bed-cover*
DAVI 5, mat-6 K (LL); bazi 5. Nhengo yomuti inokura kubva pahunde. n *branch, limb of a tree*
-DAVIDZA t (H) **1.** cf -daidza t; -shevedza t; -sheedza t Z; -deedza t Z. Kutaura zita romunhu nezwi riri pamusoro kuti auye. Kushandisa dzimwe nzira sokuti kusimudza ruoko, kuti munhu auye kwauri. vb *call, summon, beckon;* -DZINGA; **2. in K.** Kupindura mubvunzo. vb *answer, reply;* -BVUNZA
DAVIDZO 9 K (HHL); mhinduro 9. Mazwi okupindura zvinenge zvabvunzwa. n *answer, reply;* MUBVUNZO
-DAVIRA i & t (H); -deera i & t. Kupindura kana munhu adaidzwa. [Ndinodavira kuti achauya. *I believe that he will come.* Ndinodavira kudaro. *I would say so.*] vb *answer when called, reply, believe; Related ideo:* dai, davi, pindu
DAZU 5 mat-6 K (HL); bazi 5. cf davi 5. n *branch, limb of a tree*
-DEBUKA i (H); -tepuka i; -depuka i. Kuzeya kunoita miti nouswa kana mhepo ichivhuvhuta. [Gudo rakadanhira pamuti ukadebuka. *The baboon jumped into the tree and the tree swayed.*] vb *sway in breeze or wind or under weight;* **-debudza** t [Gondo rakadebudza bazi parakamharapo. *The eagle made the branch give under its weight as it*

datya

matare

dati

dendera

dehenya

matemo

dende

dendere

dendere

alighted.] vb *cause to sag or sway*

DEDE 5, mat-6 (LH); gudo 5; diro 5, bveni 5; mutiro 3. Mhuka yomusango yakafanana netsoko. Ino kuuso kuna mahobi; inofamba mumapoka. n *baboon*

-DEDENYA t (H) Kupunza mazai kana magirazi okunwira mvura etc. vb *chip or fracture fragile object*

-DEDERA i & t (L); -bvunda i & t; -huta i & t. Kutamba-tamba kunoita maoko, makumbo kana muviri wose pamusana pokutya kana kutonhorwa. [Akadedera paakaona shumba. *He trembled when he saw the lion.*] vb *shake, tremble, shiver, quiver;* **-dederesa** i & t [Kuputika kwebhambu kunodederesa. *The explosion of a bomb makes one tremble.*] *vb cause trembling (e.g. cold or fear)*

DEHENYA 5, mat-6 (HLH); dehenyn'a 5; ruteme 11. Bvupa romusoro rakatenderedza uropi. n *skull*

DEKA 5, mat-6 (LL) Nzvimbo ino majahwi, munorimwa mupunga kana tsenza. n *low-lying damp area (suitable for growing rice)*

-DEKADZA i & t (H); -tandadza t; -fadza i & t. Kukonzera kuti munhu afare. [Anotaura zvinodekadza. *He speaks entertainingly.*] vb *entertain, please;* -SEMBURA

DEKAMUTEKA 5, npl (HHLHL) Kutakurwa kunoitwa munhu kana chinhu navanhu vazhinji. [Vakamuita dekamuteka. *They all carried him together.*] n *way of carrying a burden by several people*

-DEKARA i (H) Kuva norugare. Kugara pasina zvinonetsa mumwoyo kana muhana. [Vakadekara. *They have no problems.*] vb *be happy, safe, have nothing to worry about, be at ease*

DEKESHE 5, mad-6 (LLL); dekeshera 5. Izwi iri rinoreva mhuka zhinji kana vanhu vakawanda. [Ndaona dekeshe remombe muhani. *I saw a large number of cattle in the vlei.*] n *very large number*

-DEKETERA i & t (H); -teketera t. Kududza mazwi orukudzo nezwi sokunge uri kuimba. [Akadeketera kuti abvumidzwe kupinda. *He reeled off a string of praise-names in order to be allowed entry.*] vb *recite a litany of praises (in the semi-formal African way)*

DEKO 5, mat-6 (HH) Ganda renzungu kana nyimo. n *groundnut shell*

DEMA 5 npl (LH) Ivhu rakasvipa. n *black soil*

DEMA 5, mat-6 (LH) [svosve dema = *black ant*] adj *black, dark*

-DEMA t (H) Kuburitsa mudariro kana kuti musiko sezvinoita nyimo pakusika. [Nyimo yake yakademwa neyangu. *His counter was displaced by mine.*] vb *knock out of playing space or board, defeat in a game*

DEMASHANGA 5, mad-6 (HHHL); dematsanga 5. Chipuka chorudzi rwomupurwa namadzvinyu chinogara musango. n *large forest-lizard; Mozambique rough-scaled sand lizard*

-DEMBA i & t (HL); -kungura t; -gungudzikira t Mwoyo wokuda kuva nomunhu kana nhumbi dzawakaparadzana nadzo kana kuramba. [Mukomana akademba mari yaakaparadza nohwahwa. *The young man longed to have the money he had wasted on beer.*] vb *long for, miss*

-DEMBERA i (L); -rezuka i; -ndembenda i. Kuratidzika kudonhera kana kuwira pasi kwamapazi emiti etc. [Kana mutararo une zvinhu zvizhinji unodembera. *When the washing-line has many things on it, it sags.*] vb *droop, sag, be slack;* **-dembedza** t]Dutu radembedza denga remba yangu. *The wind caused the roof of my house to subside.*] vb *cause to sag or give in*

DEMBO 5, mad-6 (LL) cf chidembo 7. n *striped polecat, African skunk*

DEMHE 5, mat-6 (LH) Chimedu chedende kana mukombe. n *piece of broken gourd*

DEMO 5, mat-6 (HH); dimuro 5. Simbi yokutemesa yakagadzirirwazvo, inoiswa mumupinyi. n *axe*

DENDA 5, mat-6 (HL); chirwere 7; ukosha 14; hosha 9; urwere 14. n *sickness, fever, sick condition of the human body with temperature higher than normal*

DENDE 5, mat-6 (HH); mudende 3 Z. Mudziyo wokucheresa mvura kana kuchengetera upfu wakaberekwa nechidyarwa chomumunda chinenge munhanga. n *calabash, gourd*

DENDEJAVA 5, mad-6 (HLHH); dindijava 5. Rudzi rwehwohwa. n *edible mushroom*

DENDEMARO 5, mad-6 (HHHL) Nzvimbo youmambo. n *throne*

DENDERA 5, mat-6 (HHL) Shiri huru isingawanzobhururuka; inhema, ino musoro mutsvuku; inodya hwiza etc. Inorira nezwi guru rungwana-ngwana. n *ground hornbill* R430, *a large ground bird characterized by its deep booming call at dawn*

DENDERE 5, mat-6 (LLL) **1.** Imba inovakwa neshiri nouswa kana netsotso kazhinji mumuti. n *nest;* **2.** Chinogadzirwa navanhu chokuchengetera kana kutakurisa shiri kana huku. n *bird-cage, cage for fowls*

DENDEREDZI 5, mat-6 (HHLH) Kutenderera kwakaita mwedzi, zuva etc. n *anything circular (e.g. letter O)*

DENDEREDZWA 5, mat-6 (HHLH) Mutsetse wakatenderera (e.g. wavanhu). n *circle, perfectly round outline*

DENGA 5, mat-6 (HL) **1.** Uswa kana marata pamwe nenhungo panova ndipo pazvakapfirira zviri pamusoro pemba. n *roof;* URIRI; **2.** Kwose kwose kunooneka makore ne ndege etc. n *sky;* PASI; **3.** Kunzvimbo kunoenda mweya yavakarurama. n *heaven;* MOTO MUZHINJI, GEHENA

-DENGAIRA i (H) Kuita kana kufamba nomutoo wokudada nenzira dzakasiyana. [Musikana akafamba achidengaira nerokwe idzva. *The girl walked proudly in her new dress.*] vb *show pride, show off, show contempt;* -ZVIDUKUPISA; **-dengaidza** t [Chigaro chake choushe chinomudengaidza. *His seat of authority gives him airs.*] vb *cause affectation or showing off*

-DENGENDEKA i (L) Kuzunguzika kwapasi kana kwechimwe chinhu chikuru. [Pasi pakadengendeka zvakarira bhambu. *The ground trembled at the explosion of the bomb.*] vb *shudder physically (by tremor, earth-quake or explosion);* **-dengendedza** t [Bhambu rakadengendedza pasi zvarakaputika. *The bomb caused the ground to shudder when it exploded.*] vb *cause shuddering*

-DENGEZERA t (H) Kutakura mutoro pamusoro usina kuubatirira namaoko. [Vakadzi vanodengezera zvirongo. *Women carry water pots on their heads.*] vb *balance and carry on head*

DENGU 5, mat-6 (LH) Tswanda huru inowanzoshandiswa kutakurisa zviyo etc kuruware pakukohwa. n *large harvesting basket*

-DENHA i & t (L) Kuitira mumwe zvisingamufadzi, zvozoguma nokutukana kana kurwa. [Akamudenha paakapwanya windo rake. *By breaking her window he roused her to fury.*] vb *provoke, challenge, defy, vex, pick on, tease; be provocative, aggressive*

DENHE 5, mat-6 (HH) Hari kana dende guru etc munochengeterwa upfu. n *bin for storing meal or flour (earthenware, calabash or tin)*

-DENHEKA i (L) Kukonzera kufamba, kuzungunuka etc. [Gudo rakasunda ibwe rikadenheka kumawere. *The baboon put its weight on the stone and it slid down the slope.*] vb *set in motion, start to move;* **-denhedza** t [Gonzo rakadenhedza riva rikatswanyiwa. *The rat released the falling-stone trap and got crushed.*] vb *set going, start up, trigger off*

-DENHUDZA t (L); -denhura t. Kukonzera kukunguruka kumateru. [Vana vanofarira kudenhudza mabwe. *Children get enjoyment from rolling stones down a slope.*] vb *let down a slope, roll down*

DENO K (HL); dano M; dai Z. [Deno wakauya nezuro, ungadai wakamuona. *If you had come yesterday, you would have seen her.*] conj *if (used in conditional clauses of unlikely occurrence)*

-DEPA i (H); -tepa i. Kutetepa nokutepuka kunoita chinhu. [Muswewadepa ino muswe wakadepa. *The widow bird has a tail which is flexible.*] vb *be pliable, flexible*

DERA 5, mat-6 (LH) Mwana anotora nguva ndefu kuti atangise kufamba. n *weakling (physical or moral); retarded child*

-DERERA i (L); -dzikira i. Kuva nechapazasi. [Akatenga bhachi nomutengo wakaderera. *He bought the jacket for a cheap price.*] vb *incline downwards, be low; deteriorate;* -KWIRIRA; **-deredza** t [Akaderedza mitengo kuti zvinhu zvipere kutengwa muchitoro. *He reduced the prices in order to clear the stock.*] vb *cause to descend, lower, bring down, let down, allow to incline, cause to be less;* -KWIDZA

DERERE 5 npl (LLH); Muriwo unobikwa nehundi, unorembuka kana waibva. Kune ndudzi zhinji dzederere. n *sp of herb, kind of side-dish stew made from vegetables, lady's fingers okra*

-DERO i & t K (HL); cf -daro i & t. vb *say or do like that*

DETE 5, mad-6 (HL) Nzvimbo ine miti inonzi mutete kana nzvimbo izere tsanga. n *clump of* mutete *trees or bank of reeds*

DETE 5, mat-6 (LL) [Gumbeze dete = *thin blanket*] adj *thin, narrow*

-DETEMBA t (H) Kutaura mutupo, chidau nezvimwe zvokurumbidza munhu. [Mazuva ano vechidiki havagoni kudetemba. *These days young people have lost the art of using praise-names.*] vb *recite a list of* mutupo *and* chidao *names and attributes — a formal way of addressing someone*

DETEMBO 5, mad-6 (HHL) Muteketerwo unoitwa chidau chomunhu. n *formal or ritual praise greeting, poem*

denderedzwa

dengezera

dembo

dhamu

-dhaivha

dhadha

dharakishoni

dhesiki

-DEUKA i (H); -teuka i. Kurasika kunoita mvura ichibva mumudziyo. [Mvura yadeuka haiorerwi. *Spilt water cannot be recovered.*] vb *spill pour out, shed, flow over;* -ZARA; **2.** -doka i; -vira i [Zuva rava kudeuka. *The sun is about to set.*] vb *set (like sun);* -BUDA; **-deura** t (H) **1.** -teura t. Kurasa mvura etc ichibva mumudziyo. [Akadeura mvura avhunduka. *She upset the water when she was startled.*] vb *let flow out, upset a liquid, spill; Related ideo:* deu, tenu, teu; -ZADZA

DEVE 5, mat-6 (LL); doro 5. Nzvimbo ina majahwi. n *swamp, marsh, bog, vlei*

DH **represents the explosive** *D,* **familiar to English speakers** *(as in daddy).* **The Shona implosive** *D* **is rendered without** *H.*

DHACHI 5, madh-6 (HL); Bhunu 5. MuRungu wokuSouth Africa anotaura mutauro wechiBhunu. n *Afrikaaner, person of Dutch descent*

DHADHA 5, madh-6 (LL) Shiri yomumvura, vakakura sehuku. n *duck, water-fowl (domestic)*

-DHADHAMUKA i (L); -tatamuka i. Kukakatika kunoita chinhu (serekeni) chichikura kupfuura zvachiri. [Rekeni ikanyanya kudhadhamuka inodambuka. *A strip of rubber, if pulled too tight, will snap.*] vb *stretch beyond the normal length;* **-dhadhamura** t; -tatamura t [Shiri yakabhururuka paakadhadhamura rekeni. *The bird flew off as he stretched the catapult.*] vb *stretch beyond the normal length*

-DHADHARIKA i (L); -dzadzarika i; -dzedzereka i. Kutadza kufamba zvakanaka pamusana pokudhakwa kana pokurwara. [Akafamba achidhadharika nohwahwa. *He walked unsteadily because of the beer.*] vb *stagger, stumble, reel, totter; Related ideo:* dhadhari; **-dhadharidza** t [Mutoro wadhadharidza harahwa. *The load caused the old man to stumble.*] vb *cause to stagger, sway; be unsteady*

DHAFU 5, madh-6 (HL) Kazhinji izwi iri rinoreva munhukadzi akafuta. n *stout person (usu a woman or large bus (cp DAF)*

-DHAIVHA i (H) Kupinda mumvura nomusoro maoko akatambanuka. cf Eng vb *dive*

DHAKA 5, madh-6 (LL) Ivhu rakakanyiwa kana kuti rine mvura. n *mud, earth, mortar for building*

-DHAKA i & t (L) Kukora kunosakisa kusazvidzora mukufunga nomukuita; kutadzisa kuona zvinhu sezvazviri chaizvo. [Akadhakwa nohwahwa. *He is intoxicated with beer.* Hwahwa hunodhaka/hunodhakisa. *Beer intoxicates.*] vb *intoxicate, make drunk*

-DHAMBA i (L) Kuruza kunoita chinhu kana chagarisa. [Bhandi rake radhamba. *His belt is loose through wear.*] vb *sag (string once tight), be soft (leather once stiff)*

DHAMBAKURA 5, madh-6 (LLHH); chidhanana 7. n *gecko, small lizard*

DHAMU 5, madh-6 (HL) Dziva guruguru rinovakwa navanhu pakudzivirirwa kunoitwa kuerera kwemvura yorukova kana rwizi. cf Eng n *dam*

DHANANGA 5, madh-6 (LLH); dondoro 5; dananga 5. Miti mirefu ine pokutsika inoshandiswa navana vachifambisa samakumbo. n *stilt*

DHANDARUMA 5, madh-6 (LLHL); gakata 5. Chipuka chinenge ndere chinoruma nokugotsi. n *click beetle, kind of beetle which when fallen on its back has a clicking mechanism, which causes its characteristic noise, causing the beetle to sommersault*

DHARAKISHONI 9 (LLHLL) Mutsetse unosara mumusoro vhudzi rapeturirwa kumativi. n *parting of the hair*

DHARAMETI 5, madh-6 (LLHL) Chinoputika, chinoshandiswa navanhu kuisa muburi pakupunza matombo. cf Eng n *dynamite*

DHESIKI 5, madh-6 (HLL) Mudziyo unoshandiswa kunyorera. cf Eng n *desk*

DHEZIBHOMU 5, madh-6 (HLLL) Danda rengoro, rinoiswa joki remombe. cf Afrik n *disselboom*

DHIBHA 5, madh-6 (HL); dhibhi 5. Nzvimbo inotiviswa mombe. Mvura inotiviwa nemombe. n *dip-tank or fluid*

-DHIBHISA t (H) Kutinha mombe kuti dzipinde mudhibhi. [Tinodhibhisa mombe kuti dzirege kuva nezvikwekwe. *We dip cattle to stop them having ticks.*] vb *dip cattle, drive cattle through dip-tank*

DHIBHU 5, madh-6 (HL); dhibhura 5. Muti uno musungo wokubatisa mhuka musango. n *whip-snare*

-DHIDHA i (L); -tuhwina i; -shambira i; -sambira i. Kurova mutyaira mumvura. [Vanhu vanofarira kudhidha kwapisa. *People like swimming when it is hot.*] vb *swim;* -NYURA

DHIDHO 5, madh-6 (LL); duhwino 5; dhigidho 5. Dihwino rinotuhwinwa. n *swimming-pool*

DHIMBA 9 (LH) cf timba 9. Kashiri kadiki kanodya tupuka nokuwanzogara mumapani nomuuswa padyo nemvura. n *grass warbler*

DHIMU 5 (HL) Kudzimirwa mupfungwa. Kusaziva zvokuita kana kusaona zvakanaka. cf Eng n *mental or visual confusion (dim)*

-DHINDA t (L) Kunyora netapureta kana mimwe michina. Kunyora zita etc nechidhindo. [Mambo akadhinda zita rake patsamba. *The chief stamped his name on the letter.*] vb *press, stamp, print*

-DHINHA i & t (L); -finha i & t. Kunetesa nokuita, kana kunzwa, kana kudya chimwe chetecho. [Tadhinhiwa nokudya muriwo mazuva ose. *We are tired of eating vegetable relish every day.*] vb *tire, be tired of, bored with;* -NAKIDZA

DHIPIFIRIZI 9 (HLHHL) Mudziyo unoita kuti zvokudya zvigwambe nechando. cf Eng n *deep freezer unit*

DHIRAMU 5, madh-6 (LHL) Mudziyo mukuru une maburi maviri, guru nediki, ane zvivharo. Unochengeterwa mvura, mafuta etc. cf Eng n *drum*

DHIRAU 5, madh-6 (LHL) Mukosi wedonje, wakagadzirwa mumafekitari. cf Afrik n *white, manufactured string*

DHIREZI 5, madh-6 (LHL); rokwe 5; mujivha 3. Hembe yechikadzi inobvira kumusoro ichisvika kumakumbo. n *full-length dress*

-DHIRIMA i (L); -dhuruma i. Kutinhira kunoita motokari, ndege, chigayo, etc. [Takanzwa kudhirima motokari ichiri kure. *We heard the rumble of a motor car while still far off.*] vb *rumble (like an engine or thunder), growl (like a dog)*

DHIROO 5, madh-6 (LHL) **1.** Nhengo yefenicha munochengeterwa zvinhu. cf Eng n *draw, drawer;* **2.** Mangange 6. Kupedza mutambo makaenzana. *n draw, equal score*

DHISHI 5, madh-6 (HL) Mudziyo wokugezera (maoko kana ndiro etc). n *dish, wash-basin*

DHIYABHORA 1a, pl: vana- (HLLL); dhiyabhorisi 1a; Satani 1a. Mweya wakaipa uzere noutsinye nouipi. n *devil, Satan;* -NGIROZI

DHODHI 5, madh-6 (LH) Tsvina yomunhu. Marara ose ose. n *filth, dirt (euphemism for: excrement)*

-DHOGODHEKA i (L) cf -rombera i; -bodana i M. vb *be overcooked;* -FURUKA; **-dhogodhedza** t [Musikana adhogodhedza manhanga. *The girl over-cooked the pumpkins.*] vb *overcook, cook too much;* -FURUDZA

DHOKONONO 5, madh-6 (LHLL); dosi 5 KoM. Tsvina yeshiri. n *dung of bird, droppings*

DHOKOTERA 1a, pl: vana- (LL-LL); murapi 1; chiremba 7 Munhu anorapa vanorwara. cf Eng *doctor of medicine;* **dhokotera wamazino:** *dentist;* **dhokotera wamaziso:** *occulist*

DHONGI 5, madh-6 (LH); mbongoro 9; mubhemhe 3. Chipfuyo chakafanana nebhiza, chichinge ndiki, chinotakuriswa masaga echibage pamusana. cf Eng n *donkey, ass*

-DHONORA i & t (H) Kurova zvine simba. [Vakomana vakadhonora tsotsi. *The boys severely punched the ruffian.*] cf Afrik vb *punish with punches, pummel*

DHONZA 5, madh-6 (LL); jon'osi 5; gwaimana 5. Mombe nzombe inobopwa pajoki pakurima namamwe mabasa akasiyana. cf Nguni n *ox used as beast of burden*

-DHONZA t (L); -kweva t; -zvuva t. Kukakata chinhu chinorema, semombe dzakabopwa. [Mombe ina dzinodhonza gejo nyore nyore. *Four oxen draw a plough easily.*] cf Nguni vb *pull (heavy object), draw, drag;* -SUNDA

DHORA 5, madh-6 (HL) Mari inokwana zana ramasenzi. n *dollar, unit of money, 100 cents*

DHOROBHA 5, madh-6 (LHL); dhorobheni 5; tawindi 5 & 9. Musha mukuru une chiteshi, migwagwa mikuru, zvikoro nedzimba zhinji nezvitoro nezvimwewo zvakasiyana (.e.g Marandellas). n *small town, dorp*

DHOROFIYA 5, madh-6 (LLHL); chinanazi 7; dhoro 5 K. Muchero une minzwa. n *prickly pear*

DHUKU 5, madh-6 (HL); mucheka 3 K. Jira rinosungwa mumusoro navakadzi. cf Afrik n *doek, headkerchief*

-DHUMA t (L); -bhonda t. Kuguma kunoita munhu kana motokari pakurova munhu kana muti kana chimwewo. [Motokari mbiri idzi dzakadhumana. *These two motor cars collided.*] vb *strike against knock into, bump or smash into*

-DHUMA i (L) (Slang); -enda i. Kubva pane imwe nzvimbo nokunanga kumwe. [Tichambodhuma. *We are off/on our way.*] vb *go; Related ideo:* dhuma, dhu, bho.

DHUMBE 5, madh-6 (HL) Mbesanwa yakafanana nembambaira, inorimwa mubani. n *cultivated coco yam*

DHUMUKWA 5, madh-6, 9 (LHL); dhumuka 5. Mhuka yomusango yakafanana nendunguza, inorema 200 kg. Inofamba nedzimwe dzorudzi rwayo dzingasvike makumi

madhonza

dhipifirizi

madhishi

dhuku

dhumukwa

dhongi

-dira

-diridza

dombwa

maviri. Inowanzowanikwa munzvimbo dziri padyo nemvura. n *waterbuck*

DHUNDURU 5, madh-6 (LLL) Mugero unocherwa kudzivirira mvura inoverera nomumunda ichikukura ivhu romumunda nokuita makomba. Unorasira mvura kunze kwomunda. n *contour ridge*

DHUNDUVERE 5, madh-6 (HLLL) Chose chose chikuru kana kuti chino mumhu mukuru. n *any large object*

-DHURA i (H) Kuva nomutengo wakakwirira. [Peturu inodhura mazuva ano. *Petrol is expensive these days.*] vb *be expensive, costly, dear;* -CHIPA; **-dhurisa** t [Anodhurisa zvinhu zvake. *He charges too much for his things.*] vb *charge too much;* -CHIPISA

-DHURUMA i (L) cf -dhirima i. vb *rumble like an engine or thunder; can be used of the growl of a leopard*

-DHUVA i & t (L) -netsa i & t; -tambudza i & t. Kushungurudza mwoyo. Kushayisa munhu zano rokuita. [Vana vadiki vanodhuva. *Little children are tiresome.*] cf Nguni vb *trouble, bother;* -NYARADZA

DHUVE 5, madh-6 (HL) cf mbizi 9. Mhuka iri mumhando yedhongi kana haehi ine mitsetse mitema nemichena. Izwi rinosevenzeswa somutupo wamaNdevere. n *zebra*

-DHUVHURA t (H) Kubaya saga rizere chibage etc. [Akadhuvhura saga resemende. *He perforated the bag of cement.*] vb *gore, jab, butt, pierce*

-DIDIDZA i (H) Kufamba nokukurumidza nenhano ndiki somwana mudiki. [Mwana akadididza achienda kumutserendende. *The child toddled over to the slide.*] vb *toddle (quickly), scamper in tiny steps*

-DII (HL) + *Infinitive* [Madii kumutaurira? *Why don't you tell him?* Madii kuzviisa pasi? *Why don't you put the things on the ground?*]; **2.** -dii? Kubvunza upenyu. [Makadii?/ Makadini? *How are you?* vb *ask the question, "How are you?"*]; **3. -dii?** = itei? [Uri kudii? = Uri kuitei? *What are you doing?* Ndodiiko? = Ndoiteiko? *What am I to do?* Zvino kudii ikoko? = Zvino kuitei ikoko? *Now what are you doing over there?/ Now what is happening over there?*]

-DIKI (HL); -duku; -doko. Izwi rinoreva kuti chinhu hachisi chikuru. [Shangu idzi idiki; handidzikwani. *These shoes are small; I can't get into them.*] adj *small, minute, tiny (sometimes reduplicated:* mwana mudikidiki); -KURU

DIKITA 5 npl (LLH); chipfundi 7 M; ziya 5 npl. Mvura inobuda mumuviri kana munhu aneta kana kupiswa. n *perspiration, sweat*

-DIKITIRA i (H); -tikitira i. Kubuda dikita. vb *sweat, perspire*

DIKO M (HH); chokwadi; idi. Izwi rinoshandiswa nomunhu anoda kuzivisa vamwe kuti haasi kunyepa. inter *truly! honest! honestly!;* NHEMA!

-DIKURA i (H) Zvinoita munhu kana abatwa nomunhikwi. [Mupe mvura arege kudikura. *Give her some water to stop her hiccupping.*] vb *hiccup*

DIMA 5, mad-6 M (LL); mbambaira 9. Mbesanwa inorimwa pamatuto yakafanana nembatatisi. n *sweet potato*

DIMA 5 npl (HL); rima 5; mhindo 9. Kushayikwa kworuvheneko. Munhu haagoni kunyatsoona mudima. n *darkness;* CHIEDZA

-DIMBIDZIRA i (H); -gurira i. Kuenda napanoita kuti ukurumidze kusvika. [Ngatidimbidzire nomumunda make. *Let us make a short-cut through his garden.*] vb *take a short cut*

-DIMBUKA i (H) cf -dambuka i. vb *break, snap as a consequence of stretching or bending, come apart, rip or tear off;* **-dimbura** t; -dambura t; -dimura t. **1.** [Gumbo rake rairwadza rikadimburwa. *His leg was causing pain and was amputated.*] vb *snap (string), amputate, break, cut in half, sever;* -BATANIDZA; **2.** Kuenda nenzira yokudimbudzira. Kupfuura napanzvimbo. [Akadimbura nomubani. *He passed through the vlei.*] vb *cross, pass through, cut across*

-DIMBURA t (L); -tumba t. Kuona munhu ari pakati pokuita chimwe chinhu; kazhinji chinhu chakaipa. Kuwana chinhu changa chisiri mupfungwa. [Ndakamudimbura achiba. *I caught him redhanded in the act of stealing.*] vb *catch in the act, happen on, catch by chance, surprise*

DIMBWA 5, mat-6 (LL); doro 5. Munda unorimwa mupunga kana tsenza. n *rice-field*

DIMIKIRA 5, mad-6 (LLLL) Chirevo kana ngano inoshandiswa pakutsanangura chakasiyana nedudziro yamazwi. e.g. Kufanovaka danga usina mombe. *To build castles in the air.* n *allegory, parable, metaphor*

-DIMURA t (H) cf -dimbura t. vb *cut off, amputate, sever, chop, cut up with an axe, abbreviate; cross,* *go across, pass; fracture, break;* -BATANIDZA; Related ideo: dimu.

DIMURO 5, mat-6 (HHL); demo 5. Simbi yokutemesa miti nezvimwe zvakadaro. Inoiswa pamupinyi. n *metal blade of Shona axe; sometimes loosely used for axe, chopper, hatchet*

DINDINGWE 5, mad-6 (LLL) Mhuka yakafanana nembada, inomhanya kukunda dzimwe dzose. Inorema 55 kg nokudya nyama yemhuka diki. n *cheetah*

DINHA 5, mad-6 (LH) Nzvimbo huru kana diki yakaderera. n *valley, depression, hollow;* GOMO

DINHIDZA 5, mad-6 (LLL) Shiri yorudzi rwamazizi inodya hove. Inogara mune miti yakawanda chaizvo munzvimbo dzomuhova. n *fishing owl* R370

-DIRA t (L) Kuisa mvura mumudziyo kana kuidururira pamwewo. [Akadira mvura muhwahwa kuti huwande. *She poured water into the beer to make more.*] vb *pour in or on;* -DURURA

-DIRIDZA t (L) Kudira mvura mumuriwo kana mumaruva etc kuti zvikure. vb *water, irrigate*

DIRAMHAMBA 5, mad-6 (LLLL) **1.** Chipfuyo chinoteketerwa kuvadzimu. n *dedicated beast;* **2.** Munhu akapiwa zita rasekuru kana raambuya vakafa. n *person given name of deceased grandparent*

DIRO 5, mat-6 (LL) cf dede 5. n *baboon*

DITI 5, mad-6 (LL); dundundu 5. Chipfuva chomunhu kana mhuka. n *chest*

DITIMANGA 5, mad-6 (LLLL); dindimanga 5. Rudzi rwenhanga rusinganaki. n *sp of insipid pumpkin*

DIVI 5, mat-6 (LL); rutivi 11. n *side, one of two surfaces, area, section*

DIVINHO 5, mat-6 (LLL) Dziva rokutiva. n *swimming pool*

DIVISI 5, mad-6 (HHL) Mushonga unotenderwa navamwe vanhu kuti unowanziridza mbeu muminda, kana kutora mbeu dzavamwe. n *charm (to cause abundance or crop failure)*

DIYABHORI 1a, pl: vana- (HLLL); diyabhorosi 1a; Satani 1a. Mweya wakaipa uzere noutsinye nouipi. n *devil, Satan;* NGIROZI

DIZIRO 5, mat-6 (HHL) Nzvimbo yakachengeteka yokuponera panguva yamatambudziko. Pokutizira. n *refuge*

-DODYORA t (H); -bvovora t. Kuurura kana kuboora buri. [Akatora pfumo ndokudodyora saga raiva noupfu. *He took up the spear and pierced the sack with flour in it.*] vb *pierce, bore (with drill)*

DOFO 5, mad-6 (LH) **1.** Munhu asingazivi, asingagoni e g muchiliororo. n *fool, simpleton, dull person;* MUGONI; **2.** Bani rinorimwa mupunga kana tsenza. Nzvimbo ina majahwi. n *soft, fertile vlei soil*

DOHWE 5, mat-6 (HL) Muchero unoibva muchirimo; kazhinji une mbai ina; unorembuka pakuudya. n *quarters, snot apple (fruit)*

-DOKA i (H); -vira i. Kunyura kunoita zuva. [Anorega kusevenza kana zuva radoka. *He stops working when the sun goes down.*] vb *go down, set (of the sun);* -BUDA

DOKORIRO 5, mad-6 (LLLL) Mutezo unobva izwi romunhu neremhuka, uri pamusoro pegurokuro. n *larynx*

-DOMA t (H) **1.** Kutaura mazita kana kudaidzira zvakanyorwa. [Doma mazita avakoma navanin'ina vako. *Call out your brothers' names.*] vb *call a list of names etc; name, mention by name;* **2.** Kutanga kudya vamwe vozodyawo. [Vakuru domai kudya, tafa nenzara! *Grown-ups, start eating, we are terribly hungry!*] vb *start eating before others do, begin eating*

DOMASI 5, mad-6 (LHL); buno 5. Muchero unorimwa mugadheni; unotsvuka kana waibva, unochekerwa mumuriwo kuti muriwo unake. n *tomato; a vegetable/fruit originating from South America*

DOMBO 5, mat-6 (LH); ibwe 5; ihwe 5. n *stone (usu large), rock, boulder*

DOMBWA 5, mad-6 (LL) Rudzi rweshiri inoruka dendere nouswa nokuzivikanwa kwose. n *masked weaver* R803

DONDO 5, mat-6 (LL); sango 5. Nzvimbo ine miti nouswa; isingagarwi navanhu. n *woodland*

DONDORE 5, mat-6 (LHL) Muto mukobvu wamazhanje. n *sauce or ketchup made from wild loquats*

DONGANYUCHI 5, mad-6 (LLHH) Mukono wenyuchi usingasiyani nezimai renyuchi. n *drone bee*

DONGO 5, mat-6 (LL) Musha wakatamwa. Nzvimbo yaimbogarwa kare. n *former village site, deserted village*

DONGO 5, mat-6 M (LH) rondo 5. Ivhu rinoumbiswa hari etc. Gomba rinobva ivhu rokuumbisa hari. n *clay used for pottery, clay pit*

DONGONDA 5, mad-6 (LLL) Mhuka yomusango yakangofanana netsoko; yakareba kusvika 1,2 m nokurema 6 kg. Inogara muma-

dimuro

dindingwe

madomasi

divinho

dombo

madonhwe

duri

dorambudzi

sango okumabvazuva chete. n *somango monkey*

-DONGORERA i & t (L); -sonza i. Kutarisa mukati kana kunze kwenguva pfupi. [Akadongorera mumba akawana musina munhu. *He glanced into the house and found no one in it.*] vb *peep, take a quick look, glance around*

-DONHA i (L) Kupunzikira pasi. [Mari yangu yadonha. *My money has fallen out.*] vb *drop, fall, leak; Related ideo:* do, dhi-i, bhidhiri, churi, kwatara, kwata, gwajata, pa, pu, pfugada, rapata. **-donhedza** t [Akarohwa akadonhedza zvaakanga ainazvo. *He was struck and let fall what he was holding.*] vb *drop, let fall;* **-donhera** i & t [Akadonhera mumvura. *He fell into the water.*] vb *fall (into)*

DONHWE 5, mad-t (LH); dobwe 5. K. Chipundu chimwe chemvura inonaya kana inodonha zvishomanana. n *drop*

DONJE 5, mat-6 (LL) Shinda kana ichangobva mumunda isati yagadzirwa. n *unprocessed cotton, cotton-wool*

-DONONGORA i & t (H); -rondedzera t. Kutaura zvose, pasina kana chinosara. [Peter akadonongorera shamwari yake zvakanga zvaitika. *Peter related to his friend all that had happened.*] vb *tell fully, tell everything, detail; Related ideo:* donongo

-DONZVA i (H) Kubatsiridza kufamba nomubhadha sechembere pamusana pokukwegura kana kuti pamusana pegumbo rinorwadza. [Munhu akwegura anodonzva. *An old person walks with a stick.*] vb *walk leaning on or tapping with stick*

DOPE 5, mat-6 (LL) Dhaka detedete. Mvura inojenga. n *thin (watery) mud*

DORA 5, mad-6 (LL) Gonye rinodyiwa. Madora anogara mumiunze nomumitara nomuminhondo nomumisasa etc. Zvinonzi anodzama pasi ozova zvimwe zvipuka. n *edible caterpillar*

DORAMBUDZI 5, mat-6 (HHHH); cf chinyamudzura 7. Zigondo guru. n *martial eagle, (gen name for large eagle)* R142

DORE 5, mat-6 (LL) Mombe yachembera. n *old cow or ox*

DORO 5 npl (LL); mhamba 9 M; hwahwa 14; ngwengwe 9, ngoto 9 n *beer (usu African beer prepared from mealie-meal and malted finger millet)*

DORO 5, mat-6 (LH) Munorimwa mupunga kana tsenza. n *rice-field; damp, fertile soil*

DOSI 5, mat-6 (HL) cf dhokonono 7. n *birds' droppings*

DOTA 5, mad-6 (LL); rota 5. Zvinosara, kazhinji zvichena, kana chinhu chatsva. n *ash*

DOVA 5 npl (LH); veto 5 K; beto 5 M. Kunyorova kunofuma kwakaita uswa mangwanani, kusina kumbonaya usiku hwakapfuura. n *dew;* [dova rechando = *hoarfrost*]

DOVI 5, mad-6 (LH) Nzungu dzakakuyiwa. n *peanut butter*

DUBWANI 5, mad-6 (LLL); duhwani 5. Bundu rinoita panenge patsva. n *blister (resulting from a burn)*

-DUDUDZA i (H) Kufamba namadududu. Kudzokera shure. [Akaona nyoka akadududza. *He saw the snake and withdrew.*] vb *walk backwards*

-DUDZA i & t (L) **1.** Kutaura zvanga zvakavandika. [Akadudza munhu akaba mari. *He revealed the name of the man who stole the money.*] vb *reveal;* -VANZA; **2.** Kutsanangura nomazvo. vb *explain;* **3.** Kutaura zvinonyatsonzwika. vb *pronounce distinctly;* **-dudzira** t; -turikira t [MuRungu aitaura mudzidzisi achidudzira neShona. *The European spoke and the teacher explained it in Shona.*] vb *give an explanation, interpret*

DUDZIRA CHIITO (LLL LLL) *adverb (grammatical term)*

DUFU 5, mat-6 (LL) Muchero unoibva muzhizha, unowanikwa pamutufu. n *fruit of species of wild medlar*

-DUKU (HL) cf -diki. [mwana muduku = *little child*] adj *little, small, young*

-DUKUPA i (H) Kuva chidiki; kusava noukuru. vb *be small;* -KURA; **-dukupisa** t **1.** Kupfupikisa. vb *shorten;* -REBESA; **2.** vb *humiliate, humble*

DUKUTUKU 5, mad-6 (LLLL) Murwi wezvinhu. n *big heap, pile*

DUMBA 5, mat-6 (LL) Kamba kokuhwanda mvura, kanowanzovakwa kumunda. n *temporary shelter in lands*

DUMBO 5, mat-6 (LL); dumbu 5. Tsono yokusonesa saga. n *sacking needle*

DUMBU 5, mat-6 (LL); nhumbu 9. Chikamu chomuviri chinogamuchira nokuseredza zvokudya. n *stomach, belly*

DUMBUZENENE 5, mat-6 (LLHHH); wishuwishu 9; tutwa 1a; tagutapadare 1a. Chipuka chine dumbu guru; chine pakati pomusana nomusoro pakaomarara chaizvo. Chinowanzowanikwa muuswa hwakaoma nguva dzezhizha. n *large, inedible soft-bellied cricket*

DUMWA 5, mat-6 (HL); zango 5; chitumwa 7. Mushonga unosungirirwa paruoko kana mumutsipa uri mubvundo rejira. n *charm worn on arm or neck*

DUNDIRA 5, mad-6 (LHL) Chipuka chitema, chakafanana negurwe chinowanzoonekwa muzhizha. n *bombardier beetle*

DUNDIRA 5, mad-6 (LLL) Mutezo uri mudumbu romunhu kana mhuka munoungana mvura yashandiswa nomuviri isisina basa yangosara kubuda. n *bladder*

DUNDUNDU 5, mat-6 (HHH); chipfuva 7. Mutezo womuviri wakatenderedzwa nembvabvu. n *chest; breast, upper part of body surrounded by ribs*

DUNDURU 5. mat-6 (LHL) Muchero womutunduru unoibva muzhizha. n *wild plum*

DUNE 5, mad-6 (LH); mudhende 3; mudune 3; mutune 3. Kambeva kadikidiki kane mhuno refu. Kanosiyana nembeva pakudya tupuka namakonye etc. Hakawanzodyiwa nezvikara pamusana pokunhuwa kwako. Pakutiza kanosvetuka senhire. n *elephant shrew*

DUNGAMBIZI 5 (HHLH) Mhando youswa. n *runner grass*

DUNGIRWA 5, mat-6 (HLH); dungira 5; nhungira 9; nhungirwa 9 n *shoot, off-shoot or sucker, sprout*

DUNHU 5, mat-6 (HH) Ruwa, chikamu chenyika; nzvimbo yomunyika. n *district, region, territory*

-DUNHURA t (H) Kutema tumuti sotwuri mumunda. [Mukuwasha akadunhura munda watezvara. *The son-in-law cleared his father-in-law's garden of trees.*] vb *cut down small trees; clear up an area so as to grow crops*

DUNZI 5, mat-6 (HH) Nhunzi huruhuru inooneka kana paurayiwa mombe etc. n *blow fly; metallic large green fly (often attracted to decaying meat)*

-DUNZURA t (H); -danzura t. Kukakata chinhu chichibva chadimbuka. [Dunzura nyama ugovere vana. *Pull the meat apart and share it among the children.*] vb *snap by stretching, tear meat (usu cooked) into pieces; bite off mouthfuls of meat*

DURA 5, mat-6 (HL) **1.** Mupanda uri muhozi wembeu dzakasiyana. n *granary compartment;* **2.** Murongerwo wamavhiri achishandirana namazino etc, achifambisa simba reinjini kwarinodiwa nokuiyamura. n *gear-box*

-DURA i & t (L) cf -dudza t. vb *reveal, explain, confess, speak out, own up, profess;* -VANZA

DURAMAZWI 5, mad-6 (LLLH) Bhuku rinotsanangura zvinoreva mazwi. n *dictionary, word book*

DURI 5, mat-6 (LH) Muti unovezwa, wocherwa gomba, munotswirwa zviyo, mupunga, etc. n *mortar for pounding grain*

DURUNHURU 5, mat-6 (LLLL); chirasiro 7. Nzvimbo inorasirwa madota namarara omumba. n *rubbish pit*

DURURA 5, mad-6 (LLL) n *red hot poker found in swampy ground* B. Bk 1,53

-DURURA t (L) Kubvisa mvura etc mumudziyo uchiiisa pamwe. [Durura mvura iri muchirongo. *Pour out the water from the water pot.*] vb *pour out, empty out (liquid or grain);* -ZADZA; -DIRA

-DUTIRA i & t (H) Kudya kana kunwa zvakawanda. Varume vatatu vakadutira hari ina dzohwahwa dzikapera. *The three men consumed four pots of beer to the last drop.*] vb *eat or drink excessively*

DUTU 5, mad-6 (LL) **1.** Murwi wezvinhu. n *heap;* **2.** duto 5. Ivhu riri pamusoro pomwena wembeva etc. n *soil excavated from a burrow*

DUTU 5, mad-6 (HH) Mhepo zhinji. n *gale, storm*

DUU 5, mad-6 (LL); duo 5. Chinogadzirwa netsanga, chokubatisa hove. Hove ikapindamo haizogoni kubuda. n *fish trap*

DUUTUU 5, mad-6 (LLLL); datanana 5; datawindi 5. Munhu akazingaira. n *idiot;* MUNGWARI

DUVINO 5, mad-6 (LLL); duhwinho 5; dhidho 5; dhigidho 5. Nzvimbo kana dziva rinotuhwinwa navanhu. n *swimming-pool*

-DUZA i -M (L) cf -bvinza i. vb *leak*

DUZURA 5, mat-6 (LLL) Benzi kana kuti fuza romunhu. n *fool;* MUCHENJERI

The digraph *DY* is used to render a variety of dialect pronunciations. In chiZezuru it is pronounced *DJG*; in chiKaranga and in chiManyika it is pronounced *DHL* (like the Welsh *LL* or the Zulu *HL*).

-DYA i & t (H) **1.** Kumedza chokudya pamusana penzara kana pokunakirwa. [Tinodya kuti tirarame. *We eat to survive.* Kudya chomuzvere: bata mwana wake. *(If you want) to eat in the house of a woman who has given birth, cuddle her child.* prov 419 *i.e. A kindness*

dundira

dutu

dundundu

dune

duvino

-dya

-dzamba

shown to one in need is well received. Vaenzi vanowanzodya nyaya kwavanokokwa. *Visitors usually chat where they are invited.* Amai vadya marasha nazvo. *Mother was furious about it. colloquial uses*] vb *eat; Related ideo:* idyei; **2.** Kukunda vamwe mumutambo wokukwikwidzana. vb *defeat an opponent;* **-dyika** i [Hwohwa uhwu hunodyika. *This is a tasty mushroom.*] neuter passive vb *be pleasant to eat, tasty, edible;* **-dyiririra** i [Kumuchato takadyiririra. *At the marriage feast we ate a lot of dainties.*] vb *eat delicacies;* **-dyisa** i & t [Ndadyisa mazhanje. *I had a good feed of wild loquats.*] vb *gorge, over-eat;* **-dyiwa** i [Chibage chadyiwa nemombe. *The maize was eaten by the cattle.*] vb *be eaten*

-DYARA t (H); -kavira t; -dzvara t K. Kuisa mhodzi muvhu kuti igomera. [Tinodyara mbeu kana mvura yanaya. *We plant crops when the rain has come.*] vb *plant, put in the earth to grow, sow;* -KOHWA

-DYORA t (L); -hora t; -unganidza t; -jorera t. Kunonga zvinhu zvizhinji panguva imwe chete. [Musikana akadyorera zviyo mutswanda. *The girl collected an arm-ful of finger millet in the basket.*] vb *collect, gather together several things; pick up and take away;* -PARADZIRA

-DYUNGA i & t (H) **1.** Kubaya nomunzwa etc. [Munzwa wakandidyunga mutsoka. *The thorn pierced my foot.*] vb *prick, pierce;* **2.** Kubaya usingakonzeri kukuvara. [Mudyunge kuti amuke. *Prod him to wake him up.*] vb *goad, urge on, prod, nudge*

DYWEDYWE 5, madyw-6 (HL); jese 5; zhogozhogo 5. Mhando yeshiri inofambirana nedzimwe dzayo nokutsvaga tupuka pasi mumashizha. Ino urefu hwe-25 cm. n *Jardine's babbler* R533

-DZADZARIKA i (L); -dhadharika i; -dzedzereka i; -tatarika i. Kufamba somunhu adhakwa. [Akanwa chipfuko chohwahwa akaenda kumba odzadzarika. *He drank a pot of beer and went home staggering.*] vb *stagger, stumble, walk unsteadily;* **-dzadzaridza** t; -dhadharidza t [Chibhakera chimwe chete chamudzadzaridza. *A single blow of the fist sent him staggering.*] vb *cause to stagger, sway, walk unsteadily*

-DZADZUKA i (L) Kusimudzika nyore. [Chirongo chake chinodzadzuka. *Her pot is easy to lift.*] vb *be easy to lift;* **-dzadzura** t [Gondo rakadzadzura huku. *The hawk snatched up the fowl.*] vb *snatch up, lift easily;* -PUNYUTSA

-DZAKA i M (L) **1.** cf -dzika i. vb *go down;* -KWIRA; **2.** vb *be deep*

-DZAMA i (L); -dzika i [Anotaura chiZezuru chakadzama. *He speaks a subtle chiZezuru.*] vb *be deep, abstruse, profound, significant*

DZAMARA (HHH); kusvikira conj + Participial or Subjunctive [Ramba uchisevenza dzamara zuva ravira/rivire. *Work until the sun goes down.* Ndimirire dzamara ndauya/ndiuye. *Wait for me until I come.*] *until*

-DZAMBA i & t (H) **1.** -zamba i; -zambira i. Kugara panosvika zuva. Kuda kudziyirwa nezuva. [Dzvinyu kudzamba zuva huona bako. *The lizard basks in the sun within eye-shot of a cave-refuge. prov* 9 *i.e. Risks are taken when the danger is reckoned.*] vb *bask in the sun;* **2.** Kuhwanda mvura. [Tadzamba mvura mumba make. *We sheltered from the rain in her house.*] vb *take shelter from rain*

DZAMBIRINGWA 9 (LHLL); dzambiringa 9; nzambara 9; mbambara 9. Muchero wamudzambiringwa, wakada kuenzana nehute. n *fruit of the mudzambiringwa creeper*

-DZAMURA t (L) Kutora zvakawanda senzungu, chibage etc. [Mbavha yakadzamura mbatya dzangu ndichitenga tikiti pabhazi. *The thief gathered up all my belongings while I was buying a ticket for the bus.*] vb *take a lot, snatch up and take away, take a handful of foodstuff*

DZANGARADZIMU 5, madz-6 (LLLHH); dzimudzangara 5. Zinhu ziguru risina matsanangururiro, rinoonekwa usiku mudondo. n *ghost, frightening spirit*

DZARU 5, mat-6 (HL); tsaru [Banga dzaru = *worn-out knife*] adj *old, worn out*

DZATSATSA 5, madz-6 (HHH) Ura hwemhuka dzinoti mhembwe, tsuro, mhene etc. n *bowel, intestine (of smallish animal)*

-DZATUKA i (H); -dzutuka i. Kudambuka pamusana pokurumwa namazino. [Gumbo rake rakadzatuka pakubatwa negarwe. *His leg was mauled on being seized by the crocodile.*] vb *tear (with teeth or claws), lacerate, rend, rip, sever, wound;* **-dzatura** t; -danzura t [Murume akaedza kudzatura nyama yapachidya chehuku. *The man tried to bite off a mouthful from the chicken drumstick.*] vb *tear off meat with the teeth or beak*

-DZEDZEREKA i (L) cf -dzadzarika i. vb *stagger*

-DZEKENYEDZA i & t (H) Kumanikidza kupinda pazere, pasina mukana wokupinda nawo. [Akadzekenyedza kupinda achida kuona bhora. *He forced his way through to see the football game.*] vb *squeeze in*

DZEMBE 9 (LH); nzembe 9. Mhando yenjiva ndikindiki; ine besu rakareba. Chirume chine kumeso kutema. n *small, long-tailed Namaqua dove*

DZENGA 5, madz-6 (LL) Munhu asina hanyn'a nezvaanoita zvisina musoro. n *unrefined and crude person*

-DZENGERERA i (H) Kutenderera panzvimbo imwe chete. [Akadzengerera achitsvaga mari yake. *He walked in a circle searching for his money.*] vb *circle, move in a circle*

DZETSE 5, madz-6 (LL) Dafi guru, rakafuta rino kukororodza kukuru. n *bull-frog*

-DZIDZA i & t (H); -dzidzira i & t; -funda i & t. Kutsvaga ruzivo mune zvakasiyana. [Anosevenza masikati achidzidza manheru. *He works at mid-day and studies at night.*] vb *learn by formal instruction;* -KANGANWA; **-dzidzisa** i & t [Baba vako vachakudzidzisa kugadzira bhasikoro. *Your father will teach you how to repair the bicycle.*] vb *teach, instruct, enlighten, inform*

-DZIDZANA i (L); -jijana i. Kutswa kunoita vanhu vaviri muduri rimwe chetero panguva imwe chete. [Kana vachidzidzana, mupunga haunetsi kuota. *Pounding in unison is the easy way to polish rice.*] vb *pound grain one after the other, in time*

-DZIDZIMUKA i (L); -dzidziuka i. Kumuka kunoita munhu ambenge asisazivi zvaari. [Akadzidzimuka adirwa mvura. *He came to when he had water poured over him.*] vb *wake up and recover from unconsciousness;* **-dzidzimura** t; -dzidziutsa t vb *bring someone round, revive*

DZIDZO 9 (HL) cf -dzidza. Ruzivo runowanikwa kana munhu adzidza. n *schooling, education, learning*

DZIHWA 5, madz-6 (LH) **1.** Chirwere chokuburitsa nomumhuno zvinenge mvura nokukosora. [Dunhu redu rine dzihwa. *There is an outbreak of colds in our area.* Ndakabatwa nedzihwa nezuro. *I caught a cold yesterday.*] n *a cold, running at the nose and coughing;* **2.** Zvinobuda mumhuno. n *mucus of the nose*

-DZIKA i (L) **1.** Kuenda pasi. [Akadzika padanhiko. *He climbed down the ladder.*] vb *go down, descend, come down;* -KWIRA; **2.** -vamba t; -tanga t [*Robert Baden-Powell* akadzika ma*Boy Scout* muna 1908. *Robert Baden-Powell founded the Boy Scouts in 1908.*] vb *found, establish;* **3.** dzama i [Tsime iri rakadzika. *This well is deep.*] vb *abstruse, be profound, deep;* **-dzikisa** t [Akadzikisa madendere ehuku aiva pabhazi. *He brought down the crates of fowls which were on top of the bus.*] vb *lower, let down;* -KWIDZA

-DZIKAMA i (L) Kugadzikana kwehana. [Hana yake yakadzikama. *He is unruffled.*] vb *be calm, steady; self-possessed; Related ideo:* dzika dzika, tera, tonho.

DZIKANA (H); cf dzamara [Akamuchengeta dzikana apedza/apedze chikoro. *She looked after him until he had finished school.*] conj + *participial or subjunctive = until*

-DZIKATIRA t (H); -dzitira t. Kutadzisa kuona. [Misha yedu yakadzikatirwa negomo. *Our villages are concealed from sight by the hill.*] vb *cut off vision of, block the view, obscure, overshadow*

-DZIKINURA t (L); -tsikinura t. Kubvisa chimwe chinhu kuti udzorerwe zvawakambotorerwa. [Akadzikinura bhatye rake nemari. *He recovered his jacket by a payment of money.*] vb *recover pawned item by payment, redeem, pay price for recovery*

-DZIKINYIDZA t (H) **1.** cf -dzekenyedza t. vb *squeeze in;* **2.** Kurambidza kutaura chokwadi. [Dhokotera akadzikinyidza manesi kutaurira varwere chirwere chavo. *The doctor forbade the nurses to tell the patients of their illness.*] vb *check, forbid, prohibit*

-DZIKISA t (L) cf -dzika i. vb *lower, let down*

-DZIMA t (H) **1.** Kubvisa zvanga zvanyorwa. [Dzima zvawanyora. *Rub out what you have written.*] vb *rub out, erase;* **2.** i & t. Kuti moto kana mwenje urege kubvira. [Dzima rambi. *Turn the light out.* Moto wadzima. *The fire has gone out.*] vb *extinguish, put out light, go out; Related ideo:* mho, nho, rototo; -TUNGIDZA **-dzimika** i; -pfudzika i [Rudo rwangu newe harudzimiki. *My love for you cannot be extinguished.*] vb *be extinguishable, be erasable*

-DZIMAIDZA t (H) Kukanganisa pfungwa. [Akadzimaidzwa akashaya zvokutaura. *He was muddled and didn't know what to say.*] vb *confuse, distract, draw away attention*

DZIMARA i (HHH); dakara i; cf dzamara. conj *until, till*

dzembe

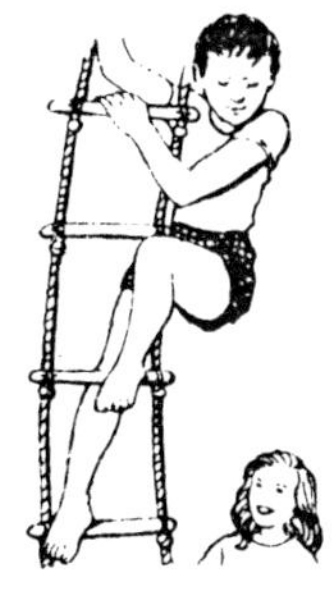

-dzika

dzimba

-dzivirira

-dziya

DZIMBA 5, mat-6 (LL) Mucherechedzo wetsoka unosara patsikwa nemhuka. n *footprint, spoor, track*

DZIMBA 10 (LH) cf imba 9. n *houses*

-DZIMBA i & t (L) Kuguma pane ronda rosimudzira kurwadza. [Ndakamudzimba ibvi tichitamba. *I knocked his tender knee while playing.*] vb *knock a bruised or injured area;* **-dzimba** i & t Ko; -rwadza i & t vb *be painful, give pain*

DZIMBO 10 (LH) cf rumbo 11. n *songs*

-DZIMIRA i (H) Kutadza kuziva pauri. Ndakadzimirwa ndiri mutaundi. *I lost my bearings in town.*] vb *lose sense of direction*

-DZIMURA t (H) Kudzima moto unenge wobvira pasingafaniri kutsva. [Vana vechikoro vakadzimura sora. *The school children put out the veld fire.*] vb *extinguish, put out a large fire*

-DZIMWAIRA i (H); -kotsira i. Kubatwa nehope wakagara, musoro uchigutsurira. [Pwere dzinodzimwaira nehope kana dzatandarisa. *Children nod with sleep when they stay up too late.*] vb *nod with sleep*

-DZINGA t (H); -tanda t. Kutanda chinhu kana munhu, kuti chibve. [Akadzinga mombe mumunda. *He drove out the cattle from the field.*] vb *drive away, expel, frighten off, chase away; dismiss, exile; run after; copulate, mate (animals)*

DZINGIDZI 5, madz-6 (LHL) Chipuka chikuru chiri mubato renyuchi, chitema chine vara jena muhuro; chinogara choga kana zviri zviviri. n *carpenter bee*

DZINGISO 9 (HHL) Mutoo wavaJudha wakaitirwa Jesu Kristu mazuva masere mushure mokuberekwa kwake. n *circumcision*

DZINZA 5, madz-6 (LL) Rudzi rwomunhu. n *clan, tribe*

-DZIPA i & t (H) Kuvhara huro kuti munhu arege kufema. [Benzi raida kudzipa mukomana; akapona nokutiza. *The lunatic wanted to throttle the boy, but he got away.*] vb *throttle, strangle, obstruct the air passage, choke*

-DZIPUKA i (L) Kudzurika kunoita chakamera sokuti uswa namaruva etc. [Kana pasi pari panyoro sora rinodzipuka nyore. *When the ground is damp a weed is easy to uproot.*] vb *able to be uprooted;* **-dzipura** t; -dzura t [Vana vechikoro vakadzura sora mumunda. *The school children pulled out the weeds in the garden.*] vb *pull out by the roots, uproot;* -SIMA

DZIRA 5, madz-6 (LH) Chinenge rwodzi chinowanikwa munyama, mumbambaira nomumuriwo. n *fibre in meat, and vegetable matter e.g. in sweet potatoes*

-DZIRA t (H); -dzura t. Kunama ndove kana ivhu mumba kuti murege kuva nehuruva. [Vasikana vanodzira imba dzavabereki. *Girls smear cow-dung on the floor of the house of their parents.*] vb *smear floor (usu with cow-dung)*

-DZITIRA t (H); -dzikatira t. Kutadzisa kuona. [Muzhanje wakadzitirwa negomo. *The muzhanje tree was hidden from sight by the hill.*] vb *block the vision of, cut off from view, obscure*

DZIVA 5, madz-6 (LL) Nzvimbo ine mvura isingavereri kana kuti nzvimbo yerwizi yakadzika. [Dziva rine ngwena idivakamwe. *In a pool with crocodiles, you swim (only) once.* prov 1384 *i.e. Do not venture where angels fear to tread.*] n *pool, pond*

-DZIVA i & t (L) Kurambidza chinhu kusvika pamwe. [Mukomana akadziva zvibhakera zvaikandwa negororo. *They boy warded off the blows struck by the robber.*] vb *parry; ward off blow, rain etc*

-DZIVIRA t (L) Kuvhara mudziyo. Kuisa chidzivo pabhotoro etc. [Tinodzivira mabhotoro kuti mhepo irege kupinda. *We seal up bottles to prevent air getting in.* Pombi inorasa mvura yadzivira. *The waste-pipe is blocked.*] vb *cork, stop up, block up;* -DZIVURA

-DZIVIRIRA i & t (L); -pipira t. Kuchengeta chinhu kuti parege kuwana chinochikuvadza. [Baba vanodzivirira mhuri yavo. *A father protects his family from harm.*] vb *protect from (harm or danger or dirt), take care of, defend, prevent, guard, restrain, halt movement*

-DZIVISA t (L) Kurambidza kana kutadzisa munhu kuita pamadiro ake. [Hapana amudzivisa kuuya. *No one stopped him from coming.*] vb *forbid, prevent;* -BVUMIRA

DZIVO 5, madz-6 (LL) Kurwa pakati pavanhu vaviri kana vazhinji. n *dispute, fight, conflict;* WIRIRANO

-DZIVURA t (L); -vhura t. vb *uncork, remove cork or stopper;* -DZIVIRA

-DZIYA i & t (HL) Kugara padyo nomoto kana pazuva kuti muviri upindwe nokupisa kwacho. Kupisirira kwakanaka kunoita moto kana zuva etc. [Muchando tinoda kudziya moto kana zuva. *In winter we like to warm ourselves by the fire or in the sun.*] vb *be warm, lukewarm, warm oneself at;* **-dziya/-zamba zuva** vb *bask in sun;* **-dziyirira** i; -pisirira i [Nhasi kuri kudziyirira. *Today it is rather warm.*] vb *be warmish, hottish;* **-dziyisa** t. vb *warm up, heat up;* -PODZA, -PORESA

-DZOIRA i (H) **1.** Kupinda kunoita nheme mumvura kana hove dzichidya chiri pachirauro. [Nheme yakadzoira kaviri ndokunyura yose. *The float bobbed twice and then submerged.*] vb *bob, move in short jerks;* **2.** -boira i; Kubwaira kweziso. vb *blink*

-DZOKA i (L) **1.** Kuuya zvakare kwawambobva. [Ndadzoka kutaundi. *I have come back./I am back from town.*] vb *return, come back; Related ideo:* dzokei, fukusu, rudzu. -ENDA; **2.** Kuva duku kunoita hembe etc kana yagezwa kokutanga. [Juzi rakadzoka ragezwa. *The jersey shrunk when washed.*] vb *become smaller, shrink (applies to clothes);* **-dzokera** i + *locative (real or implied)* [Dzokera pano. *Come back here.* Ndichadzokera kutaundi. *I shall return to town.*] vb *return to, go back to;* **-dzokesa** t; -dzorera t; -dzora t; -dzosa t [Akadzokesa mari yangu yose. *He repaid all my money.*] vb *give back, repay, return;* -TORA

DZOKE K (LH) + *Indic;* kudaro; ndosaka; saka [Akabatwa namapurisa dzoke odzosera bhasikoro rangu. *He was caught by the police and so he gave up my bicycle.*] conj *consequently, besides*

-DZOKERERA i & t (L) cf -dzokorora i & t. *repeat, do a second time*

DZOKONO (LLL) [Akanditi ndinobudirira; dzokono ndokundikana. *He told me I would succeed; on the contrary I failed.*] conj *on the contrary*

-DZOKORORA i & t (L); -dzokerera i & t; -pamhidza t. Kuita zvakare. [Akadzokorora kurava bhuku kuti anzwisise. *He read the book a second time to understand it properly.*] vb *repeat, do a second time*

-DZOKORODZA t (L); -pamhidza t; cf -dzokorora. [Wadzokorodza pendi pagonhi here? *Have you given the door a second coat of paint?*] vb *do second time, repeat*

DZOMA 5, madz-6 M (LH); tsoma 9 Z; soma 9 K. Mhuka huru kune mhembwe nemhene. Inorema 50 kg nokufura mashizha. Inogara muna magwenzi akawanda padyo norwizi. n *bushbuck, species of antelope (weight about 50 kg)*

-DZORA t (L) **1.** cf -dzokesa. vb *give back;* -TORA; **2.** Kugarira mombe etc dzinenge dzaenda kusingadiwi. [Akadzora mbudzi dzaida kupinda mumunda. *He turned back the goats which were making for the garden.*] vb *cause to come back, turn back;* **3.** Kuita kuti chipfeko chive chidiki etc. vb *alter to make smaller, make tighter, tuck in by enlarging hem*

DZORAN'OMBE 5, madz-6 (LL-LL); kafudzamombe 12; fudzamombe 5. Shiri chena inodya zvidari zviri pamombe nezvitototo. n *cattle egret* R61

-DZORERA t (L); -dzosera t cf -dzokesa. vb *restore, give back, return, pay back, take back (home), repay, replace, win back;* -TORA

DZORO 5, madz-6 (LL); janha 5; jana 5; zoro 5. Nguva yokuti mumwe achiitawo basa rinoravanwa; sokufudza mombe. n *turn, work or occupation done by rotation, shift.*

-DZOSA t (L); -dzotsa t vb *give, send, turn back; return;* -TORA; **-dzosera** t. vb *restore, give back*

DZOTO 5, mat-6 (HH); mvemve 5; rengenya 5. Jira rakabvarukabvaruka. Chichira chisina basa. n *rag, torn piece of woven material*

-DZUMBURUDZA t (L); -sukurudza t. Kuisa mvura yakachena yokubvisa tutsvina tunenge twasara pambatya kana mudziyo. [Dzumburudza mbatya uyanike. *Rinse out the clothes and hang them up.*] vb *rinse;* -SVIPISA

DZUNGU 5 (HL) Kutenderera nokudzimaidzwa kunoita pfungwa, zvose zvenge zviri kupidiguka. [Ndabatwa nedzungu. *I feel giddy.*] n *dizziness, vertigo, giddiness*

-DZUNGUDZA t (H); -kunun'udza t. Kuzunza musoro; chioneso chokuramba zvataurwa etc. [Akanditarisa akadzungudza musoro. *He looked at me and shook his head.*] vb *shake head in refusal, denial or disapproval;* -GUTSURA

DZUNZWA 5, madz-6 (LL) Uswa uzhinji huri pachivhinga; uswa hwakamera pamwe chete. n *big tuft of grass (attached or detached to the ground)*

-DZURA t (L); -dzipura t. Kusimudza uswa kana muti zvakamera nemidzi yazvo. [Nzou inokwanisa kudzura miti. *An elephant can uproot trees.*] vb *pull out by the roots, uproot;* -SIMA

-DZURA t (H) cf -dzira t. vb *smear the floor*

DZURAMOMBE 5, madz-6 (LLLL); shuradanda 9 K. Tsuro huru. n *large hare*

-DZURURA t (H); -dzudzura t; -dzurudzuta t; -dzura t. Kunama (namaoko kana nebhuracho) madziro nendove, ivhu kana nependi. [Akadzu-

dzoran'ombe

dzoma

dzuramombe

dzvinyu/dzvombi

-dzvokora

dzvororo

-dzvura

rura imba yake nependi chena. *He applied white paint to his house.*] vb *smear wall, whitewash, paint*
-DZUTUKA i (H) cf -dzatuka i. vb *deform by biting off with teeth;* **-dzutura** t cf -dzatura t. vb *tear off with the teeth or beak*
-DZVA i (H) Kukanganisa murau womutambo. [Kana mumwe adzva ndinoda kutambawo naasara. *When one has lost I want to take on the winner.*] vb *lose a game*
DZVADZVANA 5, madzv-6 (LLH) **1.** cf nzvenzvana 9. KZ. Nyoka ichangobva mukuvhunura. n *snake that has shed its skin;* **2.** Mwana wenyoka kana dzvinyu kana wezvimwewo zvakadaro. n *young reptile*
-DZVAMUKA i (L) Kubhururuka kunoita shiri zhinji panguva imwe chete. [Ndapotsera ibwe shiri dzose dzikadzvamuka. *I threw a stone and all the birds flew away.*] vb *disperse, take to flight (birds), seek safety in flight;* -MHARA; **-dzvamura** t [Kakomana kakadzvamura shiri dzaidya zviyo. *The little boy set the birds to flight which were eating the millet.*] vb *chase away by putting to flight*
DZVANGA 5, madzv-6 (LL); vanga 5; dzvadzi 5. Ronda rakapora. Nzvimbo yakambokuvara yakasiyana neganda romuviri. n *burn mark, scar*
-DZVARA t K (H); -dyara t. Kuisa mhodzi muvhu kuti dzigomera. [Akadzvara nzungu nechibage mumunda mumwe chete. *He planted groundnuts and maize in the same field.*] vb *sow;* -KOHWA
DZVATSVATSVA 5, madzv-6 (HHH); baravara 5. Dandemutande guru, rinowanikwa pasi musango. n *hunting spider*
DZVENE 5, matsv-6 (LH); tsvene 9. Kusava netsvina. [Zvitsvene. *Fine. Very well.*] adj *clean, pure, holy*
DZVI (L) Izwi rinoreva kubata nesimba. [Mbavha yakanzi dzvi namapurisa. *The thief was taken by surprise and captured by the police.*] *ideo of catching*
DZVIBA 5, matsv-6 (LH) dzvipa 5 [juzu dzviba = *black jersey.*] adj *black, very black*
-DZVIKINYIDZA t (H); -dzekenyedza t cf -dzikinyidza t. Kumanikidza kupinda pasina nzvimbo kana kuti pane kamukana kadiki. vb *squeeze in or through, crowd in*
-DZVINYA t (L) Kubata nesimba. [Akadzvinya gonzo pahuro rikafa. *He took a firm hold of the rat by the throat and it died.*] vb *press, squeeze vigorously*
-DZVINYIRIRA t (L); -shusha t. Kubata nokuomesera vamwe. [MaDzviti aidzvinyirira maShona. *The Matebele used to tyrannize the maShona.*] vb *oppress, persecute*
DZVINYU 5, madzv-6 (LH); dzvombi 5; mukotyo 3 M; mushori 3 M. Kapuka kanowanzotenderera namadziro emba. [Dzvinyu kuzambe zuva huona bako. *A lizard suns itself within the reach of its hiding place (hole). prov 9 i.e. Risks are taken when the danger is reckoned.*] n *common house skink*
DZVITI 5, madzv-6 (HH) MuNdevere; vanhu vaitapa vaShona kare, vachivatorera zvinhu zvavo pamwe navakadzi. n *a Ndebele person (abusive term)*
-DZVOKORA t (L) Kutarisa namaziso matsvuku. [Mai vakadzvokora pwere yakabva yarega kutamba. *The woman glared at the child and he immediately stopped playing.*] vb *glare at, gaze, stare at (with curiosity or disapproval), look at angrily*
DZVOMBI 5, madzv-6 (LH) cf dzvinyu 5. n *common house skink*
-DZVONGAMA i (H); -kombama i. Kusatwasuka kwomuti etc. [Atema bango rakadzvongama. *He cut a crooked pole.*] vb *be crooked;* -SWATUKA; **-dzvongamisa** t vb *bend, make bent;* -SWATUDZA
DZVORORO 5, madzv-6 (LLL) Kamhuka kane muswe murefu, kanenge hovo; kanorema 2 kg; kane mitsetse michena yakachinjika musana wako. Kanofamba masikati notumwe tworudzi rwako twakawanda. Kanowanzogara munzvimbo dzina maguru makanohwanda. n *banded mongoose*
DZVOTI 5, madzv-6 (LH); tsvoti 9. Mhando yenyoka inouraya makonzo nokuamonerera. n *house snake*
DZVOTSVOMA 5 (LLL); dzvotsvotsvo 5. Mvura hobvu inonaya kwenguva ndefu. n *continuous heavy rain*
-DZVOVA i (L) Kuburitsa mweya nomukanwa. [Adzvova aguta. *The one who belched has had enough already.*] vb *bring up wind into the mouth and send out air, belch (humans), growl, roar (animals: lions, dogs, bulls)*
DZVUKU 5, matsv-6 (LH) [ruva dzvuku =*red flower*] adj *red*
-DZVURA i & t (H); -tswa i & t. Kupwanya mbesa muduri nomutswi. [Vanhu vanowanzodzvura zviyo nomupunga. *People customarily pound millet and rice.*] vb *pound, stamp in mortar*
DZVURURU 5, madzv-6 (LLL) Chidzvombi chinogara pamaware, chinenge chigwashadombo. n *rock lizard*
-DZVUTA t (L); -svuta t. Kunwa zvi-

shomanana; sokunwa tii iri kunyanya kupisa. [Akadzvuta mushonga akafinyama kumeso. *He sipped the medicine and pulled a face.*] vb *sip*
DZWITSWITSWI 5, madzw-6 (HHH) Kamhuka kanenge mudune kana mutswiri. Kanogona kusvetuka zvakareba nokudya tupuka. n *insect-eating dwarf shrew capable of moving by large hops*

dzwitswitswi

EE (LL); hongu; ehunde; eho; hengu; hongo. Izwi rokubvuma. inter *of agreement: yes;* AIWA
-EDZA i & t (L); -idza i & t K. [Akaedza kumhanya akapunzika. *He attempted to run and fell down.*] vb *try, test, endeavour; tempt*
-EDZA i (H) Kuchena kunoita kunze kana zuva roda kubuda. [Madendera anorira kana kwaedza. *Ground-hornbills utter a booming call at the first light of day.*] vb *dawn, be daylight;* -svipa
-EDZESERA t (L); -tevedzera t; -edzerera t. Kuita maitiro omumwe. [Hazvina kunaka kuedzesera chirema. *It's not nice to imitate a cripple.*] vb *imitate, copy mannerism or behaviour, mimic, ridicule by imitating*
EKA 9 (HL); hakiri 9. cf Eng n *acre, measure of land (about 4 000 square metres)*
-EMA i (L); -yema i. Kuita zvokungonetsa pasina chikonzero. Kazhinji gotwe ndiro rinonzi rinoema. [Mwana anoema anorohwa nomudzidzisi. *A childish student is punished by the teacher.*] vb *be childish, act like a baby*
-EMBERA i & t (L); -ombera i & t; -uchira i & t. Kurova maoko pakukwazisana. Tsika yakanaka pakutambira chaunopiwa. [Apedza kutaura vanhu vakaembera. *When he had finished speaking, the people applauded.*] vb *clap hands in greeting, applaud with hands*
EMVUROPU 9 (HLLL) cf Eng n *envelope, paper wrapper or covering (usu of a letter)*
-ENDA i (L); -inda i K. Kufamba wakananga kumwe. [Enda undoona murwere. *Go and look at the one who is ill.*] vb *go, go away, depart, leave; Related ideo:* endei, toro, hutu. -UYA; **-enderana** i; -fambirana i [Dhuku rangu nerokwe rangu zvinoenderana. *My headkerchief and dress go well together.* Chingwa chinoenderana nebhata. *Bread goes with butter.*] vb *go with, be suitable with, appropriate with;* **-enderera** i [Ndichaenderera mberi. *I shall continue.*] vb *resume, continue, go ahead, make progress;* -MIRA; Hortative mood: [Handei. *Let's go.* (Hatiendei.)]
-ENZANA i (L) Kukura kana kuwanda zvakafanana. [Vakapiwa mari yakaenzana. *They were given the same amount of money.*] vb *be equal; same in number, size, value, etc.;* -SIYANA; **-enzanisa** t. vb *halve, divide into halves, make equal; level, make level;* -SIYANISA

vakaenzana

-ENZERA i Ko (L); -rara i; -kotsira i. Kubatwa nehope nokupinda mumagumbeze. [Vana vadiki vanokurumidza kuenzera. *Small children retire early.*] vb *sleep, lie down; go to bed;* -PEPUKA
-ERA i (L) 1. Kuremekedza mhuka yomutupo womunhu. [Ndinoera mbizi. *I belong to the mbizi clan.*] vb *abstain from* (mutupo), *hold certain things as sacred;* 2. Kutsanangura munhu mutsvene kana tsika tsvene. [Mweya unoera/mutsvene. *Holy Spirit.*] vb *be holy, sacred*

-era

-ERA t (L); -yera t; -pima t. Kuita zvinokuzivisa urefu kana uwandi kana upamhi etc. hwechinhu. [Era chibage mumasaga. *Measure the maize by sack-fulls.*] vb *measure: weigh, (size, quantity, degree etc);* **-ereka** i; -pimika i. [Mvura mugungwa haiereki. *The water in the sea is immeasurable.*] vb *be measurable, calculable*

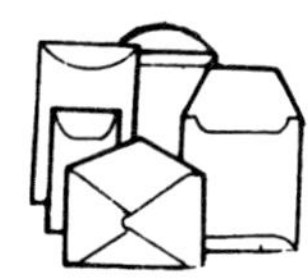
emvuropu

-EREDZA t (L) cf -erera i. vb *wash away, carry away (in water)*
-EREKA i & t (L); -tonda t; -tondeka t. Kunanga nepfuti etc. [Vavhimi vanoereka musoro wenzou. *Hunters aim at the head of an elephant.*] vb *aim (e.g. a gun), point in a direction*
-EREKANA i (L) + *participial* -kanuka i. Kubengenuka zvaitika. [Ndakaerekana ndapunzikira mugomba. *Before I realized it, I fell into a ditch.*] vb *happen to, chance to*
-ERERA i (L) Kuenda nemvura. Kufamba kunoita mvura. [Hembe yake yakaerera achigeza parukova. *His shirt moved away in the current as he washed in the river.*] vb *flow, move with current;* **-eredza** t [Mvura yakaeredza zviyo. *Water washed away the millet.*] vb *wash away, carry away (in water)*

-ERERANA I (L) Kuva parutivi pamapitse savamhanyi. [Ambuya nomukuwasha havafambi vakaererana. *Mother-in-law and her son-in-law do not by custom walk abreast.*] vb *be level with, abreast*

EVHANGERIO 9 (HLHLL) cf Greek; vhangeri 5. Bhuku rakanyorwa mashoko ezvechitendero chouKristo. n *Gospel*

EVO (LH); evonyi M. Izwi rokubvumira. inter *Yes*

EZVO! (LL) cf hezvo! Izwi rokuratidza kushamiswa. inter *of surprise,* cp *Good heavens! Gosh!*

-fafadza

-FA i (H) **1.** -shaya i. Kuguma kwoupenyu hwapasi pano. [Murume wake akafa gore rakapera. Her husband died last year.] vb *die, perish, come to the end of life; Related ideo:* didinya, didin'a, kunguma, kungunya, tasa; **-fa nenyota** vb *die of thirst;* **-fa nokutya** vb *die of fear;* **-fa nenzara** vb *starve, be famished;* **2.** Kupera basa kwechinoshandiswa. [Motokari yake yakafa asati asvika kutaundi. *His motor car broke down before he got to town.*] vb *peter out, give out, come to an end, be mechanically faulty or inoperative;* **-fiwa** i *passive form* [Gore romukondombera kwakafiwa navanhu vazhinji. *In the year of influenza many people died.*] **-firirira** i [Vaifiririra kuverenga, saka vakapasa vose. *They applied themselves to study; that is why they all passed.*] vb *strive hard for/after;* **Compound predicate -fa** + *Participial* [Usafa wakandidaro zvakare/ Usambondidaro zvakare. *Never speak to me like that again.*] *never*
-FACHUKA i (H); -pfachuka i; -fashuka i. Kurasika kunoita mvura ichibuda napamusoro pomudziyo wainenge iri, pamusana pokuzarisa. [Akaguma mugomo mvura ikafashukira pasi. *He knocked the pail and and the water slopped over to the ground.*] vb *overflow, slop over;* **-fachura** t [Warega huku ichifachura chibage change chiri mutswanda. *You let the hen scatter out the mealies in the basket.*] vb *spill out, disperse, strew*
-FADZA i & t (H) **1.** Kukonzera kuti munhu afare. [Tsamba yaiva namashoko anofadza. *The letter had some pleasing news.*] vb *make glad, please, amuse, cause smiles or laughter, delight, charm, interest, make happy;* -GUMBURA; **-fadzwa** t. [Akafadzwa nezvawakamupa. *He was pleased with what you gave him.*] passive vb *be pleased.* **2. -fadza** Kupamhidzira upamhi. [Murume akatora badza akafadza gomba ramarara. *The man took up the hoe and enlarged the rubbish pit.*] vb *widen, broaden*
FAERA 9 (HLL); faira 9. Mudziyo wokurodzesa matemo, mapanga etc. cf Eng n *file, blacksmith's tool*

faera

-FAFADZA t (H); -fafaidza t. Kumwaya tumvura. [Musikana akafafadza uriri nemvura asati atsvaira. *The girl sprinkled the floor-space with water before she swept.*] vb *sprinkle, spray, scatter water*

FAFITERA 5, maf-6 (HLLL); windo 5; hwindo 5. Buri guru rinosiyiwa pakuvaka imba rinoiswa magirazi anopinza ruvheneko. Hwindo rinopinza mhepo. cf Afrik n *window*

-FAKAZA i (L); -pupura i. Kupa uchapupu panyaya. [Kasikana kakatya kufakaza panyaya yokupondwa kwomurume. *The little girl was afraid to give evidence in the case of the murdered man.*] cf Nguni vb *bear witness, give evidence*

FAKAZI 9 (LLL); mboo 9; chapupu 7; mufakazi 1. Munhu anopa uchapupu. cf Nguni n *witness*

-FAMBA i & t (H) Kuenda kune imwe nzvimbo. [Vakare vaifamba nzendo ndefu netsoka. *People of long ago used to walk long journeys on foot.*] vb *walk, travel, journey, move;* -MHANYA; **-famba-famba** i vb *roam, wander about, walk about, stroll; Related ideo:* dhi (*rendered in pairs or triplets*), chakwa, chowa, di, dzaka, fambei, gi, gidi, gidhi, gweda, gwedere, gwedzede, kabada, kakama, kanganya, kobodo, kongonya, kumbushu, kwaba, kweya, ngava, rengwende, ringinya, tatanya, tekeshe, teku, teya, tseya, washu, wata. **-fambisa** t [Mazuva ano vakadzi vazhinji vanogona kufambisa motokari. *These days many women are able to drive motor cars.*] vb *drive, cause to move;* **-fambisa** i [Vana vakafambisa kuti varege kunayiwa nemvura. *The children hurried lest they be caught by the rain.*] vb *hurry, walk in haste, walk quickly; spread (e.g. news);* **-fambidzana** i [Baba vaTom vanofambidzana nababa vangu. *Tom's father is friendly with mine.*] vb *be on good terms, have friendly relations with;* -VENGANA; **-fambika** i [Basa rinofambika kana vanhu vasingataurisi. *Work progresses well when people do not chatter.* Mugwagwa uyu haufambiki. *This road is not passable.*] vb *progress smoothly, make good progress, be passable,* **-fambira mberi** i [Kudzidza kunosakisa kuti rudzi rufambire mberi. *Education causes a race to make progress.*] vb *advance culturally, progress, succeed;* **-fambirana** i cf -enderana i vb *go with, be suitable with, appropriate with*

-FANA t (H); -todza t; -fanana nai. Kutarisika somumwe kana sechimwe chinhu. [Musikana uyu akafana mai vake. *This girl is the image of her mother.*] vb *resemble, be of like appearance;* -SIYANA

-FANA (H); -fano-; -sano- [**Fano**verenga/Fana kuverenga bhuku; ini ndichipedzisa zvandiri kuita. *Read a book in the meantime while I finish off what I am doing.*] infix vb *beforehand, meanwhile, in the meantime*

-FANANA i (H) cf -fana t. [Chipo naFarirai vakafanana. *Chipo and Farirai are alike.*] vb *be similar or same, resemble each other;* -SIYANA

FANI (HL); chaizvo. Izwi rinoreva kuti zvakanyanya. [Gumbo rangu riri kurwadza fani. *My leg is very/exceedingly painful.*] adv *very much, a lot;* ZVISHOMA

-FANANIDZA i & t (H) Kuenzanisa zviviri kana zvizhinji. [Haungafananidzi chipenyu nechakafa. *You should not compare a living thing with a dead one.*] vb *compare, liken*

-FANIRA i & t (H) Kusungirwa kuita kana kuva. [Vabereki vanofanira kuremekedzwa. *Parents ought to be respected.*] vb *ought, should, must; be suitable, adequate, appropriate, proper (not showy or ostentatious);* **-fanirwa** i; -sungirwa i vb *bound, be bound to, obliged to*

-FANO- cf -fana *infix vb meanwhile, beforehand*

-FANZA i (H) Kurira kunoita mvura inenge ichivira pamoto. [Ndishevedze kana mvura yafanza. *Call me when the water begins to boil.*] vb *boil, effervesce;* -TONHORA

-FARA i (H) Kunakidzwa mumwoyo pamusana pokuitirwa kana kunzwa zvakanaka. [Ndinofara kukuzivai. *I am very happy to meet you.*] vb *be happy, merry, glad; rejoice, delight;* -SUWA; **-farira** t [Mhandara dzinofarira kutamba navacheche. *Teenage girls like playing with babies.*] vb *be pleased with, delighted with, happy about, fond of*

-FARA i (H) Kupamhama kwechinhu. [Zambara romusha wedu rakafara. *The gate to our village is wide.*] vb *be wide, extensive or broad; Related ideo:* faranu; **-fadza** t [Fadza zambara, motokari ikwane kupinda. *Widen the gate for the motor car to get through.*] vb *widen, make wider.*

-FARANUKA i (H) Kusungunuka mumwoyo. [Kana akafaranuka, anotaurisa. *When he is content he speaks a good deal.*] vb *be happy, content, cheerful;* -SURUVARA; **-faranudza** t [Kusvika kwaamai kwafaranudza pwere. *The arrival of their mother delighted the children.*] vb *make happy, please;* -SURUVADZA

-FARARIKA i (L) Kutekeshera

fafitera

-famba

-fara

fasikoto

fasikoto

fasitera

fenicha

fenzi

kwose kwose. [Muchirimo mombe dzinofararika mumapani muno uswa unyoro. *In the dry season the cattle cover the vleis where there is green grass.*] vb *spread over, scatter, disperse (of many living things);* **-fararidza** t [Mufudzi afararidza hwai dzake murwizi. *The shepherd spread out his sheep along the water course.*] vb *disperse*

FARARIRA 5, maf-6 (LLLL) Zvinhu zvakawanda; semombe kana mbudzi zhinji. n *countless number of living things scattering*

-FARARIRA i (L) cf -fararika i. vb *spread over*

-FARIRA t (H) cf -fara i. vb *be pleased, delighted with, fond of, get enjoyment from*

FASHAFASHA 5, maf-6 (LLLL) Kuwanda kwemvura, hwahwa etc. n *great abundance, plenty (esp liquids)*

-FASHAMA i (L) Kuzarisa kunoita mvura murwizi kana mumudziyo. [Mvura yakafashama napamusoro pebhiriji. *Water rose above the bridge.*] vb *overflow*

-FASHANUKA i (H) Kubuda pamwe chete kwezvipuka kana vanhu etc zvakawanda. [Ishwa dzinofashanuka kana mvura yanaya. *Flying ants emerge in numbers after rain.*] vb *come out together; Related ideo:* fashanu, fashu, wadzu; **-fashanudza** t [Afashanudza mombe mudanga oenda kumafuro nadzo. *He released the cattle from the pen and accompanied them to the grazing area.*] *vb cause to come out, release*

-FASHANURA t (H) Kuburitsa zvizhinji panguva imwe chete. [Musikana akafashanura zvinhu zvose ndokukorobha mumba. *The girl cleared everything out and then scrubbed the floor of the house.*] vb *remove all contents; empty out;* -ZADZA

-FASHUKA i (H) cf -fashanuka i; -fachuka i. vb *overflow, slop over*

-FASHURA t (H) cf -fashanura t. vb *remove all contents at the same time; pour out; empty out;* -ZADZA

FASIKOTO 9 (HLLL) Jira rinosungiririrwa muchiuno, rinofukidza mberi kudzivirira tsvina kana munhu achishanda. cf Afrik n *apron, pinafore*

FASITERA 5, maf-6 (HLLL) cf Afrik; windo 5; hwindo 5 cf fafitera 5. n *window*

FATA 1a, pl: vana-, ma- (LL); baba 1a. Mupristi wechechi anoteurira vanhu mupiro kuna Mwari. n *priest, Reverend father*

-FEIRA i (H); -fera t; -foira i. Kukundikana muzvidzidzo. [Kana muchinyatsoteerera hapana anofeira kupera kwegore. *If you pay attention properly no one will fail at the end of the year.*] cf Eng vb *fail;* -BUDIRIRA

FEKITARI 9 (HLLL) Nzvimbo ine michina mikuru yokugadzirisa zvipfeko nezvokudya nezvokurimisa nemichina etc. cf Eng n *factory, place where things are manufactured*

-FEMA i & t (L) Kuisa mweya mumapapu, nokuuburitsa zvakare. [Dhokotera akabata murwere paditi akanzwa achiri kufema. *The doctor put his hand on the chest of the patient and noticed he was still breathing.*] vb *breathe, draw in and expel air from the lungs;* **-femereka** i [Mushure mokumhanya mukomana akatadza kutaura nokufemereka. *After running the boy failed to speak because he was out of breath.*] vb *breathe quickly or gasp, pant, be out of breath*

-FEMBA i & t (H) Kukwevera mweya mumhuno. Kusvuta fodya yomumhuno. [Ambuya vake vanofemba fodya vasati varara. *His grandmother takes a pinch of snuff before sleeping.*] vb *inhale a pinch of snuff, get scent of*

-FEMBERA i & t (H) Kutaura zvakaitika iwe usipo, kana kutaura zvichazoitika. Kuziva chausina kuona. [Chaminuka akafembera kuuya kwavaRungu. Chaminuka *foretold the coming of the Europeans.*] vb *guess, prophesy, foretell, predict*

-FEMEREKA i (L) cf -fema i & t. vb *breathe quickly or gasp, pant*

-FENDA i (H) Kuita sokumbofa mukurwara nomukurohwa kana pakunzwa mashoko akaipa. [Mudzimai akafenda anzwa zvokufa kwomwana. *The woman fainted when she heard of the death of the child.*] cf Eng vb *faint, pass out, lapse into unconsciousness, lose consciousness*

FENDEFA 5, maf-6 (HHL) Ibwe rakati sandara, risina kuurungana. n *flat stone, slab*

FENICHA 9 (HLL) Chakagadzirwa nomuti kana nesimbi chinoshandiswa mumba. cf Eng n *furniture*

FENZI 9 (HL); waya 9 cf Eng n *fence*

FERE 5, maf-6 (LL); shamba 5. Chinenge nwiwa, chinoitwa nhopi. n *cattle melon*

-FEREFETA i & t (H); -feya i & t. Kubvunza mibvunzo yokuda kuziva zvakavandika. [Mapurisa akaferefeta vanhu vomusha achida kuziva kwaakanga ari. *The police questioned the occupants of the village wanting to know his whereabouts.*] vb *ferret out information (by questions)*

-FEREREDZA t (H) Kuridza pito. [Ticha akafereredza pito vadzidzi vakamira mumutsetse. *The teacher blew a whistle and the pupils stood in a line.*] vb *blow a whistle*

-FESA i M (L); -pfunha i. Kunaya kunoita mvura nhete, isingatadzisi vanhu basa. [Kana kuchifesa vanhu vanodyara mbambaira. *When it rains very lightly people do the planting of sweet potatoes.*] vb *rain lightly*

FESO 5, maf-6 (LL); seso 5 KM. Mwana womufeso unomera mumakura. Feso rine minzwa miviri. n *devil's thorn plant*

FETIRAIZA 9 (HHHLL) Manyowa anogadzirwa mufekitari. cf Eng n *agricultural fertilizer, chemicals to add to the soil for greater fertility*

-FEYA t (H) Kubvunza muchivande. [Mupurisa akafeya mudzimai zvokubiwa kwembatya. *The policeman questioned the woman about the theft of the clothes.*] vb *investigate, question, spy out*

-FIKURA i (H); -pfikura i. Kuchema kusiri kwokuzhambarara. [Mudzimai akafikura paakanzwa tsaona iyi. *The woman sobbed when she heard of this accident.*] vb *sob*

FIMBI 9 (HH); pfimbi 9. Gomba rokuisa michero isina kuibva, kuti iibve. n *hole in ground to hasten the ripening of unripe fruits*

-FINHA i & t (H) Kunetesa. Kunyanyisa kunokonzera kushaya chido. [Matauriro omukadzi wake andifinha. *His wife's conversation bores me.*] vb *bore, lose interest in; weary by tedious talk;* -NAKIDZA; **-finhwa** i [Ndafinhwa nokudya mbambaira. *I am tired of eating sweet-potatoes.*] vb *be fed-up with, grow tired of, lose interest in;* -NAKIRWA

-FINYAMA i (H); -finyinya i M. Zvinoita munhu pameso kana achiona chinosemesa kana kuti chaasingadi. [Musikana akafinyamira vakomana. *The girl pulled an ugly face at the boys.*] vb *frown, scowl, distort face, pull ugly faces (suggesting wrinkles)*

-FINYANA i (L); -unyana i. [Kana mbatya dzisati dzachiswa dzakafinyana. *Before clothing is ironed it is full of wrinkles.*] vb *be wrinkled, crumpled;* -SWATUKA; **-finyanidza** t; -unyanidza t; [Ndiani afinyanidza pepa rangu? *Who has crumpled my paper?*] vb *crumple, crinkle;* -SWATUDZA

-FINYINYA i (H) Kubvira zvishomanana. Kubuda zvishomanana kunoita mvura. [Moto waingofinyinya. *The fire just gave out a lot of smoke.*] vb *exude smoke or liquid, burn slightly, ooze*

FIRIJI 9 (HLL) Mudziyo unotonhora kana kuti une chando mukati mawo unochengeterwa zvokudya kuti zvirege kushata. cf Eng n *refrigerator*

FIRIMU 9 (HLL) Panoenda mufananidzo wechinhu chinotorwa pikicha. cf Eng n *film for camera or cinema picture*

-FIRIRIRA i (H) cf -fa. vb *strive hard for/after*

FITIBHORA 5, maf-6 (HLLL); nhabvu 9 cf Eng n *football*

FIVHA 9 (HL); mhepo 9. Chirwere chinokonzera muviri kupisa. cf Eng n *fever, condition of the human body with temperature higher than normal*

-FIWA i (H) cf -fa. *passive form*

-FOBHA i & t (H); -rova i & t. Kuranga nezvibhakera. [Akafobha mbavha. *He dealt the thief a hard blow.*] vb *hit, strike with fist*

FODYA 9 (HL) Chinoputwa chiri mudzanga kana kuti chiri muchikwepa etc. [Fodya haina shura sedoro. *(Snuff) tobacco is not begrudged as beer is. prov.* 1541 *i.e. Refusal of tobacco causes less offence than refusal of beer.*] cf Port n *snuff, tobacco*

FOFO 9 (HL); machisi 6. Chikoko chenziswa dzemachisi. cf Port n *match box*

-FOIRA t (H) cf -feira t. vb *fail*

FOMBWE 9 (LL) Chose chine dinha pakati, sendiro kana mbiya. n *concave surface*

-FOMOKA i (L) Kuvhomoka kubva mukati kana muzvizhinji. [Mhepo yakavhuvhuta, uswa hukafomoka padenga. *The wind blew and the grass freed itself from the roof.*] vb *separate, part from;* **-fomora** t [Akafomora uswa pamba. *He plucked some thatch from the house.*] vb *pull out*

-FONDODZA t (L); -fondora t. Kurova chinhu chichibva chaputanaputana. [Ndiani afondodza komichi yangu? *Who has dented my cup?*] vb *dent*

-FONDOKA i (L); -fonyoka i. Kuputana kunoita chinenge charohwa. [Takaona motokari yakafondoka. *We saw a crumpled motor car.*] vb *be squashed or beaten flat, disfigured, out-of-shape*

-FONDORA t (L) cf -fondodza t. vb *dent*

FONI 9 (HL); runhare 11. Mudziyo unotakura mazwi nesimba regetsi, unoshandiswa pakutaura nomumwe ari kure. cf Eng n *telephone*

-FONON'ONA t (H) Kutuka munhu uchibva wadudza zvose zvakaipa zvaanoita. [Akafonon'ona shamwari yake nokuti yainge yamunyengedza. *He scolded his friend*

fitibhora

fere

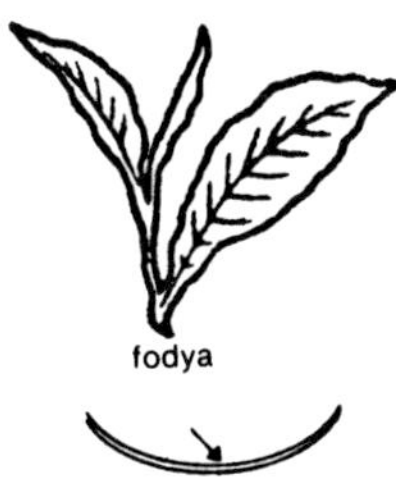

fodya

fombwe

foni

firiji

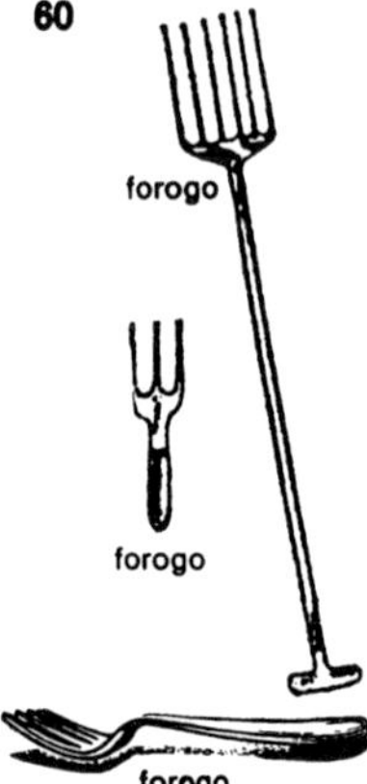

forogo

forogo

forogo

fudzamombe

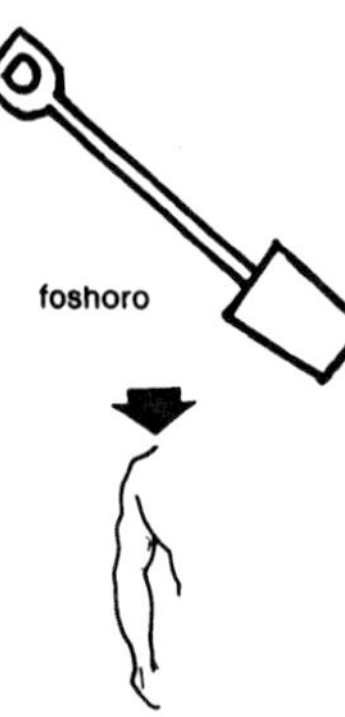

foshoro

fudzi

angrily because he had deceived him.] vb *scold very forcefully, upbraid, reproach*
-FONYEDZA t (L) Kurovera mukati. [Akafonyedza bhokisi rangu zvaakarikanda pasi. *He dented my box in when he threw it to the ground.*] vb *dent, bash in, smash in*
-FONYOKA i (L) cf -fondoka i. vb *become bent, squashed*
-FORA i (H); macha i. Kufamba mumutsetse samasoja kana mapurisa etc. [Vana vechikoro vanofora. *School children march in order.*] vb *march;* -MIRA
FORO 9 (HL); muforo 3. Mutsetse unocherwa negejo pakurima. cf Eng n *furrow*
FOROGO 9 (HLL) Mudziyo unoshandiswa nebanga nechipunu pakudya. Mudziyo womugadhe. cf Eng n *fork*
kana kuumbiswa zvidhina; chinogadzirwa namapuranga. n *brick mould;* **2.** Jira rinosonerwa mukati mebhatye. n *lining of garment esp jackets*
-FOROMA i (L) **1.** Kugadzira zvidhina nedhaka. [Zvidhina izvi zvakaforomwa zvakaipa. *These bricks have been badly moulded.*] vb *mould (bricks);* **2.** Kupikita kana kuchengeta vanhu vari kuita basa; kuti vaite zvakanaka. [Akapiwa basa rokuforoma vashandi vomumugwagwa. *He was given the job of supervising the workmen on the road.*] vb *act as boss or foreman, supervise*
FOROMANI 1a, pl: vana- (LHLL) Munhu anopikita vamwe pabasa. n *foreman*
-FOSHORA t (H) Kushandisa foshoro kubvisa ivhu etc panzvimbo uchiriisa pamwe. [Foshora ivhu rose riri murori. *Shovel out all the soil in the lorry.*] cf Nguni vb *shovel out;* -FOSHORERA
FOSHORO 9 (HLL) Chokufoshoresa chine mubato murefu. n *shovel, spade*
-FOTA i & t (H); -pikicha i & t. Kutora mufananidzo. [Ndifotewo. *Please take a picture of me.*] vb *take a photograph of*
FOTO 9 (HL); pikicha 9. Mufananidzo 3. n *photograph*
FOTOTO (LLL) Kuserera kunoita manga muzere mweya. [Vhiri remotokari yake rakabayiwa nechipikiri rikati fototo. *The wheel of his car was punctured by a nail and went down.*] ideo *of collapsing inwards (like punctured tube)*
-FOTOTOKA i (L) Kupera mweya kunoita change chakafutunuka. [Bhora ravana rafototoka apo rabayiwa nomunzwa. *The children's ball lost pressure on being punctured by a thorn.*] vb *go down due to loss of air;* -FUTUNUKA; **-fototodza** t [Munzwa wakafototodza vhiri. *The thorn punctured the wheel.*] vb *collapse or deflate;* -FUTUNUDZA
-FOYA i (L); -reva nhema i cf -nyepa i vb *lie*
-FUCHIRA t M (L); -futsira t; -fusira t; -fushira t. Kuzadza gomba nevhu kana kufukidza nevhu. [Pombi yakafuchirwa mumugero. *The pipe was covered over in the trench.*] vb *fill up (hole), cover over (with soil);* -FUKUNURA
-FUDUGUKA i (H) Kushama kunoita chinokwidibika. [Inga hari yakafuduguka. *Gosh, the pot is uncovered.*] vb *be without lid;* -KWIDIBIKA; **-fudugura** t; -pfudugura t; -kudubura t. [Akafudugura mvura kuti aone kana yavira. *She uncovered the water to see if it was boiling.*] vb *uncover, remove lid or cover;* -KWIDIBIRA
-FUDZA t (L) Kuchengeta zvipfuyo kumafuro, zvinoitwa mombe etc muzhizha. [Vadiki ndivo vanofudza mombe. *Children are entrusted with the task of herding cattle.*] vb *herd, control grazing animals, pasture cattle*
FUDZAMOMBE 5, maf-6 (LLLL) cf kafudzamombe 12. n *cattle egret*
FUDZI 5, maf-6 (HL); pfudzi 5. Nzvimbo iri pakati pehuro napanovambira maoko. n *shoulder*
-FUFUDZIKA i (H); -pfukudzika i; -tadza t; -svodza i. Kuzvara mwana akafa. [Nguva dzose kana aenda kuchipatara anofufudzika. *Each time she has been to the hospital she has miscarried.*] vb *miscarry, deliver stillborn child*
-FUGA t (H); -fuka t. Kuzvimoneredza negumbeze, jira etc. Kupinda mumagumbeze pakurara. [Pakadzimwa mwenje akafuga gumbeze. *As the light was turned out he pulled up the blanket.*] vb *cover self with blanket;* -FUGURA
-FUGURA t (H); -fukura t. Kubvisa zvakafukidza muviri. [Akafugura magumbeze nokuti kwaipisa. *He took off the blankets because it was hot.*] vb *remove bed covering;* -FUKIDZA
-FUKA t (H) cf -fuga t. [Mudzimai akafuka chari. *The woman covered herself with a shawl.*] vb *apply covering to the body;* **-fukidza** t [Fukidza mwana arege kutonhorwa. *Cover the child lest he gets cold.*] Chakafukidza dzimba matenga. *What covers the huts are roofs. prov* 259 *i.e. Domestic troubles are encountered everywhere.*] vb *cover over*

with blanket or cloth; -FUGURA

-FUKATIRA t (H); -furatira t. Kupa munhu gotsi; kurega kutarisana nomunhu etc. [Paandiona anzwa zvandakaita andifukatira. *She turned her back on me when she heard what I had done.*] vb *turn away from; turn one's back on;* -TENDEUKIRA

-FUKIDZA t (H) cf -fuka i. vb *cover over*

FUKO 9 (HH) **1.** Gumbeze rinopiwa amai vomudzimai. n *blanket given to mother-in-law;* **2.** Jira rinoputirwa chitunha chomunhu. n *garment for dead person; shroud*

-FUKUNURA t (L); -fukunyura t. Kubvisa ivhu mugomba; kuchera chiri muvhu. [Akafukunura mari yakanga yakavigwa. *He dug up some buried money.*] vb *dig up, unearth, remove loose soil, take out loose soil from hole, dig out;* -FUSIRA

-FUMA i (H) **1.** Kumuka mangwanani-ngwanani. [Akafuma kuenda kubasa. *He rose early to go to work.*] vb *rise early, do early in the day;* **2.** Kuva noupfumi. [Kubvira paakatenga bhazi akafuma chaizvo. *He has been very wealthy from the time he bought the bus.*] vb *become rich*

FUMBAMUROMO 9 K (LLLLL); pfumbamuromo 9. Mari kana zvimwewo zvinopiwa munhu kuti arege kuisa pachena zvinenge zvaitwa nomuridzi wemari. n *bribe to silence*

-FUMBATA i & t (L) cf -pfumbata i & t. vb *clench fist, grasp, grip, clutch*

-FUMO- (H) [Baba vaka**fumo**mukira kubasa. *Father got up early for work.*] infix vb *on rising, early in the day*

-FUMUKA i (H) Kuzivikanwa maitiro namagariro kazhinji akaipa nani wose. [Akafumuka haafari pana vamwe. *Someone who is discredited is not at ease in the company of others.*] vb *be put to shame having lost good reputation, be less good, deteriorate (fame or renown);* **-fumura** i & t(H) Kuisa pachena zvakavandika kuti zvizivikanwe navazhinji. [Hapana anoda kufumura mhuri yake. *There is no one who likes bringing discredit on his family.*] vb *put to shame by revealing damaging truth;* -RUMBIDZA

-FUNA i (L) **1.** -nyinura i. Kuisa mazino pachena sezvinoita imbwa. Kuseka mazino ari pachena. [Vana vakatanga kufuna mudzidzisi abuda panze. *The children began to smile mischievously when the teacher went out.*] vb *show teeth, bare teeth, sneer, smile derisively;* **2.** Kubvisa dehwe remhuka pakuvhiya. [Mbudzi hainetsi kufuna. *Skinning a goat is not difficult.*] vb *skin an animal*

-FUNDA i & t (H); -dzidza i & t. Kutsvaga ruzivo nezvimwewo. Kuenda kuchikoro kundotsvaga ruzivo. [Thomas ari kufunda kutyaira motokari. *Thomas is learning to drive a car.*] cf Nguni vb *learn;* -KANGANWA; **-fundisa** t [Baba vangu vanofundisa chiRungu. *My father teaches English.*] vb *teach, instruct;* -FUNDA

FUNDO 9 (HH); dzidzo 9. Ruzivo nokukura kwezvipo zvose zvounhu. n *schooling, education, learning*

-FUNGA i & t (L) Kushandisa uropi kana kuti kusevenzesa pfungwa. [Ndinofunga kudaro. *I think so.* Mufunge! *(Just) think of it!*] *Related ideo:* kutu kutu, kunun'unu, dhu-u; vb *think, think of, think about, reckon, consider, suppose, conceive, ponder, reason;* **-fungika** i. [Uwandu hwemari yomubhangi hahufungiki. *The amount of money in the bank is beyond imagination.*] vb *be imaginable, conceivable;* **-fungira** t [Rega kufungira vamwe; ndinoziva munhu akakubira mari yako. *Don't suspect others; I know who stole your money.*] vb *suspect;* -ZIVA; **-fungisa** i & t [Rumbo urwu runondifungisa kwaMutare. *This song reminds me of Umtali.*] vb *make to think of, recall to mind, remind;* [sokufunga kwangu: *in my opinion, as far as I know*] **-fungidzira** i [Handina kumbofungidzira kuti nhasi kunganaye. *I did not anticipate that it would rain today.*] vb *suppose as likely, think likely, guess, imagine, suspect*

-fuga

FUNGIDZIRO 9 (LLLL) Kuva nepfungwa yokuti munhu aita kana chinhu chaitika sokufunga kwako asi usina chokwadi kana ruzivo. n *suspicion*

-FUNGIRA t (L) cf -funga i. vb *suspect*

-FUNGISA t (L) cf -funga t. vb *remind*

fungu

FUNGU 5, maf-6 (LH); saisai 5; sairira 5; sandaira 5. Kutunhumara kunoita mvura kana paine chakandwa mudziva (sedombo kana muti). n *wave, ripple in disturbed water*

-FUNIDZA t (H); -femedza t. Kunhuhwidza kuda kunzwa hwema kana munhuwi. [Imbwa yakafunidza mugwenzi ikapinimidza muswe. *The dog sniffed under the bush and wagged its tail.*] vb *sniff with interest (like a dog), perceive smell of; detect the presence of by smell*

-funidza

FUNU 5, maf-6 (LH); funurwa 5 (LHL) Ganda rinofunurwa. n *peel (removed from veg or fruit)*

funye

fupa

fura

-FUNUKA i (L) Kukwatuka kunoita pendi, kana ganda kubva pamuviri. [Muviri unofunuka kana gwirikwiti ropera. *The body loses its scabs when measles is over.*] vb *peel, flake off (of scab, skin or paint), lose scabs;* **-funura** t [Aifunura mbatatisi achidziisa mudhishi rine mvura. *She was peeling potatoes and putting them into a dish of water.*] vb *peel*

-FUNYANA i (L); -finyana i; -unyana i. Kupetena sepepa kana rapfumbatwa muruoko. [Chembere iyi ine uso hwakafunyana. *This old lady has a wrinkled face.*] vb *become crumpled, wrinkled, shrivelled up or creased;* -SWATUKA i; **-funyanidza** t; -unyanidza t; cf -finyanidza t; -SWATUDZA

FUNYE 9 K (HL); kuwe 9; guwe 5; mukuwe 3. Shiri iri mubato rechikurungadovi, pfumbu ine zhumu. Inodya tupuka nemichero; inowanzowanikwa munzvimbo dzakaoma pamwe nedzimwe dzayo. n *grey lourie* R339

-FUNZI 5, maf-6 (HH) Zvinobuda munzeve zvinenge namo kana mondo. n *ear-wax, wax discharged from ear*

-FUNZIKA (H); -fukudzika i; cf -fufudzika i. vb *miscarry*

FUPA 5, maf-6 (HH) cf bvupa 5. n *bone*

-FUPA t (H); -pfupa t. Kupa kana kuitira munhu chimwe kuti akanganwe zvaakatadzirwa. [Vakamufupa nemombe mbiri. *They won him over with a gift of two cattle.*] vb *win over, make to forget offence, appease offended person*

-FUPIKA i K (H) cf -pfupika i. [Anosusumhira kuti atore bhotoro, nokuti akafupika. *He stands on tiptoe to reach for the bottle because he is short in stature.*] vb *be short, low in stature;* -REBA

-FURA (H) **1.** vb *blow gently;* **-fura dzihwa** vb *blow the nose; Related ideo:* fu, mbe-e. **2.** vb *take out of the eye;* **-furwa nemhepo** vb *get some fresh air*

-FURA t (H) cf -pfura t. [Ndakafurwa nepfuti. *I was shot by a rifle.*] vb *strike with bullet, shoot*

-FURA i & t (L) Kudya uswa zvinoita mhuka. [Mhembwe dzinofura uswa asi nhoro dzinofura mashizha. *Duikers feed on grass but kudus browse i.e. eat leaves.*] vb *graze, browse*

FURA 9 (HL) Mhuka yomusango inorema kubvira pa-1 600 kg kusvika pa-2 200 kg. Inofura uswa chete. n *white rhino, square-lipped rhino*

FURAIMACHINA 9 (LHLLHL); ndege 9. Muchina unofamba nomudenga, unoshandiswa kutakura vanhu etc. n *aeroplane, aircraft,* cf Eng *flying machine*

FURAMERA 5, maf-6 (LLLL) Chipuka chakafanana nengoko. n *blue blister-beetle*

FURANONDO 9 (LLLL) cf furamera 5.

-FURATIRA t (H) cf -fukatira t. vb *turn back on, turn or walk away from;* -TENDEUKIRA

FUREZA 9 (LHL); furuwenza 9; dembo 5 K. Chirwere chomukondombera. n *influenza (commonly called flu)*

-FURIDZA t (H) Kuburitsa mweya nomumuromo zvine simba pakukuhwidza moto kana kudzima rambi etc. [Akafuridza nhindi yenyama kuti ipore. *He blew on the morsel of meat so that it might cool.*] vb *blow on (e.g. fire), blow up (e.g. balloon), blow out (e.g. candle), blow at (e.g. ant). Related ideo:* fu.

FURIDZO 5, maf-6 (HHL) cf dundira 5. n *bladder*

-FURIRA i & t (H); -runya t; -runzira i & t M. Kukonzera mumwe kuita zvakaipa. [Ukaita ushamwari nembavha unofurirwa kuba. *If you keep company with a thief, you will be tempted to steal.*] vb *lead astray or into bad ways; tempt to do wrong;* **2.** -svipira t; -pfirira t; vb *spit (as cat or snake)*

FURO 5, maf-6 (HH); furu 5 K. Kututuma kunoita sipo mumvura, kana kututuma kwemvura yoga ichiburitsa zvichena. n *foam, froth, lather, scum*

-FURUKA i (H) Kusanyatsoibva pamusana pomoto unodzima zviri kubikwa zvisati zvaibva. [Kuchidzira moto chibage chirege kufuruka. *Stir up the fire to get the green mealies cooked.*] vb *be half-cooked, underdone;* -ROMBEKA; **-furudza** t [Wafurudza chibage; bika zvakare. *You have under-cooked the mealies; cook them some more.*] vb *under-cook;* -ROMBEDZA

-FURURA t (L) Kubvisa mashizha pamuguri wechibage. [Muna *May* vanhu vanofurura chibage. *In the month of May people strip the sheath from cobs of maize.*] vb *remove leaves around maize*

-FURUSA i & t (H); -furutsa i & t; -pfuvisa i & t. Kukanganisa munhu pane zvaari kuita. [Sora rinofurusa chibage kukura zvakanaka. *Weeds stop maize growing properly.*] vb *hinder progress, restrain, prevent, hold back, stand in the way*

FURUSTOPI 9 (HLLL); kandi 9.

Chivabwa kana kuti kapundu kanoiswa panogumira chirevo kana kuti mutsetse wamazwi akanyorwa cf Eng n *full stop*

FURUTU 5, maf-6 (LHL); muchero 3 n *fruit, sweet or acid-tasting vegetable product used as food*

-FUSHA t (H) Kubika zvakaita somuriwo wamashizha nokuyanika kuti uome, urege kuora uri munyoro. [Vakadzi vazhinji vanofusha munyemba. *Many women prepare the leaf of the cow-pea as a dried vegetable.*] vb *prepare dried vegetable (by first cooking then sun-drying)*

-FUSHUKA i (H); -foshoka i. Kubuda kunoita zvinhu zvizhinji panguva imwe chete. [Dhamu rakazarisa mvura ikafushuka. *The dam was so full that water over-flowed strongly.*] vb *accidentally pour out, burst out, spill out;* **-fushura** t [Ndiani afushura chibahwe ichi? *Who has knocked/spilled out these mealies?*] vb *upset, accidentally spill out*

-FUSHUNUKA i (H) cf -fashanuka i. vb *burst out, pour forth (of grain), emerge (en masse), issue from; Related ideo:* -fushunu; **-fushunura** t [Ndafushunura mupunga wanga uri musaga. *I turned out the rice which was in the sack.*] vb *pour out*

-FUSIRA t (L); -fushira t; -futsira t cf -fuchira t. vb *cover with soil, fill up hole with soil; Related ideo:* fuse; -FUKUNURA

-FUTA i (L) Kukora kunoita chose chose. [Chibage chinotanga kufuta chisati chamera. *Maize swells before it sprouts.*] vb *swell, be stout, fat, corpulent (human beings and creatures)*

-FUTA i & t (H) Kuitira munhu zvaanga asingafungiri kuti ndizvo zvava kuitika. [Akafutwa akazogumisira ava muhospitari. *He was struck unawares and ended up in hospital.*] vb *take unawares, take by surprise, strike without warning*

FUTADA 9 (LHL); mbama 9. Chanza neminwe yakatambanudzwa (pakuda kurova). n *slap with flat of hand*

FUTI (HL); uye; zvakare. Izwi rinoreva kupamhidzira pane zvamborehwa cf Fanagalo; adv *again*

-FUTUNUKA i (L) Kukura kunoita chaiswa mweya, sechubhu yebhasikoro kana yapombwa. [Parachuti haitani kufutunuka nemhepo. *A parachute easily opens out with air.*] vb *swell visibly by means of air;* -FOTOTOKA; **-futunudza** t; -futunura t. Kuiswa mweya muchinhu kuti chifute. [Akafutunudza chubhu nokuifuridza. *He inflated the tube by blowing it up.* Nyoka yakafutunudza pahuro payo. *The snake inflated its throat.*] vb *inflate, make to swell visibly by pumping or blowing, puff up with air, dilate;* -FOTOTODZA

FUZA 5, maf-6 (LL); dutuwende 5; rema 5. Munhu akazungaira, asina njere. n *fool, blockhead, dunce, halfwit, stupid person, simpleton;* MUCHENJERI

-futa

-futunudza

G

magaba

GABA 5, mag-6 (LH) **1.** Mudziyo unenge komichi asi usina mubato. n *receptacle, vessel for drinking (usu beer), cup without a handle (usu metal), large open mug (plastic or metal);* **2.** Mudziyo mukuru une chokubata unoisirwa peturu. n *jerrican, any kind of petrol can*

-GABHA-GABHA i (HLHL) Kudeuka kunoita mvura kana yakatakurwa iri mumugomo kana muchirongo. [Tinoisa mashizha mumugomo kuti mvura irege kugabhagabha. *We put a sprig of leaves into a tin of water to stop the water slopping about.*] vb *slop;* -GADZANA

-GACHIRA t (L); -gashira t; -gamuchira t; -tambira t **1.** Kubata nama-

-gadzira

oko chinhu chokupiwa chichibva kuno mumwe. [Mutema anoratidza rukudzo nokugachira chipo namaoko maviri. *An African shows respect by receiving a gift with two hands.*] vb *receive from someone's hand;* **2.** Kutambira vaenzi. vb *welcome or receive a guest;* -RAMBA; **-gachidza** t; -gashidza t; -gamuchidza t; cf -tambidza t. vb *hand over, deliever into hands of somebody, pass*

-GADHA t (L); -tasva t. Kukwira pahachi kana imwewo mhuka. [Kare majoni aifamba akagadha mabhiza. *Previously policemen travelled on horse-back.*] cf Nguni vb *ride on the back of an animal;* -BURUKA

GADHE 5, mag-6 (HL); bindu 5; gadheni 5. Nzvimbo inorimwa muriwo, kazhinji muchirimo. VaRungu vanowanzorima maruva mugadhe. cf Eng n *garden (flower or vegetable)*

-GADHI 5, mag-6 (HL); mujerigadhi 1. Munhu anochengeta vasungwa vari mujeri. n *prison warder, jail gard;* MUSUNGWA

gaka

GADYAMBU 5, mag-6 (LLH); gambwe 5. Kuseri kweibvi. n *back of the knee, hollow behind knee-joint;* MBIYA

-GADZA t (L) **1.** -gadzika t. Kuisa chinhu pachinogara zvakanaka. [Mai vakagadza hari pamoto. *Mother placed the pot on the fireplace.*] vb *place on a support, put down (bottle, crockery, tin, etc) in a stable position;* -BVISA; **2.** Kupa munhu chimwe chinhanho. [Baba vake vakagadzwa ushe, iye achigadzwa upristi *His father was appointed a chief and he was ordained a priest.*] vb *crown, elevate to a position of dignity;* -BVISA

gakamira

-GADZANA i (L) Kudzikana pasi kunoita madhaka mumvura, masese muhwahwa, etc kana zvambenge zvakabvunduka kwenguva. [Doro ragadzana. *The beer sediment has settled.*] vb *settle (sediment);* -BVUNDUKA

GADZANDA 5, mag-6 (LLH); rakadzi 5. Zai renda. n *nit, egg of a louse or other parasite*

gakandye

GADZIJAVA 5, mag-6 / mak-6 (HHHH) Svosve rinodya nyimo. n *small brown ant that attacks* nyimo

-GADZIKA t (L); -gadza t. Kuisa pasi kana pane imwe nzvimbo. [Gadzika nzungu pachikero. *Put the monkey nuts on the scale.*] vb *put down, set upright; put pot right side up;* -BVISA

gamanyuchi

-GADZIKANA i (L) Kudzikama kwomwoyo; kurega kutambudzika mumwoyo. [Akanyora zamanisheni hana yake yakagadzikana. *He wrote the examinations in a state of calm.*] vb *be calm or at ease or well composed, recover equanimity;* -VHUNDUKA

-GADZIRA i (L) **1.** Kunhadziridza chinenge chisina kuita zvakanaka. [Fekitari inogadzira bhutsu iri muGwelo. *The factory which makes shoes is in Gwelo.*] vb *repair, mend, sew, manufacture;* **2.** -sunura t vb *castrate, make a male animal useless for breeding;* **-gadzirika** i [Wachi yangu inogadzirika / haigadziriki. *My watch is repairable / irrepairable*] vb *be capable of repair, repairable;* **-gadzirira** i & t. Kuita zvinofanira kuitwa pamberi pezvimwe. [VaShona vaigarara vakagadzirira hondo yamaDzviti. *The vaShona dwelt in a state of readiness for the army of the Matebele.*] vb *prepare for, be ready for*

GADZISHAVA 5, mak-6 (HLHH) dumbwi 5. Isvosve rinogara muvhu pasi. Hariwanzoonekwa masikati kana zuva richipenya. Rume roga ndiro rina mapapiro. n *red driver ant*

-GAGADZA t (H) Kutema-tema, sokuveza nembezo. [Guyo rinogagadzwa kuti rirege kutsvedza. *A grindstone (for crushing grain) is roughened to prevent it sliding.*] vb *chip (wood) or tap (stone) repeatedly with a cutting tool*

GAKA 5, mag-6 (HL); gake 5 K; shonja 5 Ko. Muchero une minzwa unomera muminda kana musango. n *wild cucumber (with spines) or garden cucumber*

GAKAMIRA 5, mak-6 Z (LLLL); nyamambudzana 9 K. Ishiri huru inenge hoto. Pamusoro pomuromo waro rine zvinhu rinenge hona. Kuchema kwaro kunozivikanwa chaizvo rungwanangwana namanheru. Rinokandira mazai aro mumhango yomuti. n *trumpeter hornbill*

GAKANDYE 5, mak-6 (LLL) Chinogara mumvura china makumbo gumi; chinofamba namativi ose. n *crab, ten-legged shell-fish in fresh or salt water*

GAKATA 5, mag-6 (LLH) cf dhandaruma 5. Kapuka kanobhururuka kanenge ndere. n *click-beetle*

GAKAVA 5, mak-6 (HHL); **1.** mhanda 10. Nharo dzinoitwa navanhu. n *dispute, argument;* **2.** Nyama isingaibvi nokukurumidza, nyama yedumbu. n *stomach muscle, sinew*

GAMANYUCHI 9 (LLHH); bonganyuchi 5; gamhanyuchi 9. Shiri inodya nyuchi notupuka. Inogara neimwe yorudzi rwayo mumahombe-

kombe enzizi. n *bee-eater*
GAMBA (LH); gambisirwa; gambiswa. Izwi rinodudzira kushamisika. [Ndaiti wakachenjera; gamba uri benzi! *I thought you were clever, but you are a fool!*] inter *of astonishment or remonstrance*
GAMBA 5, mag-6 (LL); murwi 1. Munhu ane simba, ano muviri. n *strong, muscular person, soldier*
GAMBE 5, mak-6 (HL) Hari huru inoshandiswa kubikira zvakawanda, sapamuchato. n *large earthenware cooking pot*
GAMHA 5, mag-6 (LH) Kusazara kwezviri mukati momudziyo n *less than full quantity*
-GAMHA t (L) **1.** Kubata chinenge chapotserwa. Kutsigira nechimwe. [Akagamha bhora namaoko maviri. *He caught the ball with two hands.*] vb *catch with hands, prop in a firm position; Related ideo:* ga, hachu, gacha. **2.** Kukanganisa mumwe mukutaura. [Rega kundigamha! *Don't interrupt me (while talking)*] vb *interrupt (someone speaking)*
-GAMUCHIRA t (L); -gashira t; -tambira t; cf -gachira t. vb *receive, accept in the hands, welcome;* **-gamuchidza** t; -gashidza t cf -tambidza t. vb *deliver into hands of somebody, hand over, pass, hand on, pass on (tradition to others);* **-gamuchirika** i (L); -gashirika i. [Mubayiro webasa rangu unogamuchirika. *The wage for my work is very favourable.*] vb *be acceptable, agreeable.*
GANDA 5, mak-6 (HH) Dehwe remhuka. n *outer covering, skin, piece of hide*
GANDANGA 5, mag-6 (LLL); bhinya 5. Munhu anoita zvisiri zvounhu, anoita zvamasimba pasina kufanira. n *violent bully, terrorist*
GANDARI 5, mag-6 (HHH) Gonye rinodyiwa rakafanana nesinini. n *large edible caterpillar (saturniid larva)*
GANDIWA 5, mak-6 (LHL); dhunduru 5. Kucherwa kunoitwa kwakachinjika munda kuti urege kucherwa nemvura inoerera. n *contour ridge*
GAN'A 5, mak-6 (LL) Nzvimbo isingarimwi, ine ivhu rakasimba inowanzozara nemvura inonaya. n *rich, hard soil (often in plain)*
GANGO 5, mak-6 (HH) **1.** rwenga 11; zenga 5. Rwainga; chimedu chehari chinokangirwa. n *potsherd, broken piece of earthenware used for roasting nuts etc;* **2.** gazvo 5 **K**; chidhiraivho 7. Chinoshandiswa pakutyaira kuti motokari itsauke kana kuti irambe iri mumugwagwa. n *steering wheel*
-GANHIRA i (H) Kuita kana kutaura zvokuvhaira, zvokusvotesa vamwe. [Mwana anoganhira anoshatirisa vabereki. *A child who is indisciplined angers his parents.*] vb *misbehave, be mischievous, provocatively rude*
-GANHURA t (H) Kuisa muganhu unosiyanisa nzvimbo kana zvinhu. [Nzira iyo inoganhura musha wedu nowavo. *That path is the dividing line between our village and theirs.*] vb *mark the confines, demarcate, limit*
GANHURO 5 (HHL), chitsauko 7. Chikamu chebhuku. n *chapter of book*
GANO 5, mak-6 (HH) Katemo kakapamhama **sekaserima**; kanoshandiswa pakuvhima kana pamitambo yamabira. n *ritual, hunting or dancing axe*
GANYIWA 5, mak-6 (LHL) Upfu kana furawa yakanyiwa yokubikisa chingwa etc. n *dough, kneaded flour*
-GANZA i M (H); -vhaira i; -zvikudza i. Kuzvitutumadza kana kuzviita "maningi ndava" pamusana pezvauinazvo. [Muchinda uyu anoganza nefundo yake. *This young man boasts of his education.*] vb *boast, brag;* -ZVIDUKUPISA
GAPU 5, mag-6 (LH); hadyana 9; chikari 7. Hari ndiki yokubikira muriwo. n *pot for cooking side-dish (veg or meat)*
GARA (LL) Kuratidza kushamiswa. [Gara wakati unobva Harare, nhai? *So you said you come from Harare, did you?* Gara zviya, wauya noupfu here? *By the way, did you bring the mealie-meal?*] inter *of interrogation*
-GARA + *Participial;* **Compound predicate** [Gara uchidya mapiritsi. *Always take the pills.*] **-gara** i & t (L) **1.** Kubondokota pasi kana pachigaro. [Gara pasi. *Sit down./Take a seat.*] vb *be seated; Related ideo:* Bendekete, bondokoto, bwerekeshe, dedema, go, go tende, kwindi, pasha, pwasha, pweshe, tanya, tanyarara, tasa, tasharara, tatya, tende, tendekeshe, teshe, tindirikishi, tsveda, tsvega, tsvenda, undundu, zuzuma; -MIRA; **2.** Kuva panzvimbo kana munyika. [Ndinogara kwaMutoko. *I live in the Mtoko district.*] vb *live, dwell, stay at;* -TAMA; **3.** Kupedza nguva huru kwechinhu; sokuti kunonoka kubvaruka kwembatya. [Bhurukwa iri rinodhura, asi rinogara. *These trousers are expensive, but durable.*] vb *be durable, last;* **4.** Kurega kuita zvakafanira. [Mwana agara kuchikoro nhasi. *The child*

gango

gano

-gamuchira

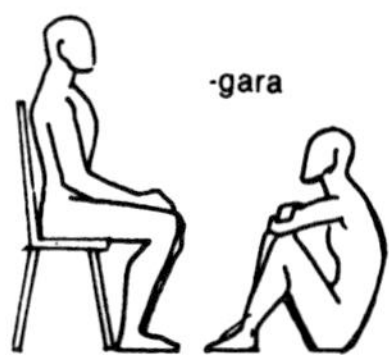
-gara

gava

garikuni

-gasa

gavakava

garwe

stayed away from school today.] vb *stay away from;* **-g. nhaka** [Kare vazhinji vaifarira kugara nhaka vakadzi vehama dzavo. *Formerly many were content to inherit the wives of their relatives.* Kugara nhaka; kuona pane dzavamwe. *Inheritance affairs are learned from others. prov* 1050 *i.e. It is a cardinal mistake to ignore the practices of others.*] vb *inherit;* **-g. upenyu utsva** vb *lead a new life;* **kugara nokugara:** *sooner or later;* **-garika** i. Kuva norugare kana upfumi. [Munhu akagarika anoita zvaanoda. *A sufficiently-rich person does what he wishes.*] vb *live in peace and plenty, be at peace; be prosperous, well off;* -SHAYA; **-garira** t 1. -hwandira t. Kumirira panzira. [Akagarirwa munzira namatsotsi. *He was laid in wait for by thugs along the path.*] vb *lie in wait for, lie in ambush;* **2.** -garirira t. Kudzora mombe, mbudzi etc kuti dzirege kupinda mumunda kana kuenda kumwe. [Vadiki ndivo vanogaririra zvipfuyo. *Children have the job of watching over domestic animals.*] vb *watch over or for, set watch, herd, look after;* **-garisa** i [Mukaka uyu wagarisa pano. *This milk has been here too long.*] vb *remain too long, stay a long time*

GARAFA 5, mag-6 (LHL); bhodyera 5; bhotoro 5; bhodhoro 5. cf Port n *bottle*

GARAHUNDWI 5, mag-6 (LLHL); garahundwe 5; ukombwa 14 Ko. Zvinomera mumvura yakadzikama zvakasvibira zvitetetete zvinenge tushinda. n *green slime (algae)*

GARAHURO 5, mag-6 (LLLL); gurokuro 5 n *wind-pipe, projection of the larynx holding vocal cords, Adam's apple*

GARE GARE (LH LH) Mushure menguva shomashoma. [Achaenda kuchitoro gare gare. *He will shortly be going to the store.*] adv *soon afterwards, before long, presently, soon, by and by*

GARIKUNI 5, mak-6 (LLHH) cf karukuni 1a & 5. n *turkey*

-GARO-; -wanzo- Kuita chinhu nguva nenguva. Infix vb [Mwana ano**garo**chema haakuri zvakanaka. *A child that always cries does not develop well.*] *always, habitually*

GARO 5, mag-6 (LL) Izwi rinoreva kuti nzvimbo inogara pasi kana chinhu chagadzikwa. n *base of a thing; buttock, bottom (polite term)*

GARWE 5, mak-6 (HL); goko 5 M; ngwena 9. Chipuka china man'an'a chinogara mumvura. Urefu hwacho hungasvike 6 m. Chinodya mhuka nehove neshiri dzomumvura neshato etc. n *crocodile, large man-eating reptile*

-GASA i (H); -kasa i M. Kumira kunaya kunoita mvura. [Kana kwagasa ngatichiendai. *If it has stopped raining, let us go.*] vb *cease raining, abate (of rain); Related ideo:* gasu, kase.

-GASHIRA i & t (L); -gamuchira i & t; cf -gachira i & t. vb *accept, receive;* **-gashidza** t; -gamuchidza | t cf -tambidza t vb *deliver into hands of somebody, hand over, pass*

GASHO 5, mak-6 (LL); bindepinde 5. Mukosi mukobvu unoshandiswa setambo. n *riem, strip of leather used as halter or thong*

GASVA 5, mak-6 (LH); gamha 5. Kusazara kwezviri mumudziyo etc. n *less than full quantity, short measure, half full*

GATAHWA 5, mag-6 (LHL); jenjera 5 M. Shiri ino muromo mupamhi nokudya tupuka. Ina mavara anoyevedza kwazvo. n *roller bird*

GATARE 5, mag-6 (LHL); cf gitare 5. n *guitar*

GATE 5, mak-6 (HL); mhirimo 9. Hari huruhuru inoshandiswa pakubika hwahwa. n *large earthenware pot used in beer-making*

GATO 5, mag-6 (LL); rukato 11. Muti une minzwa, unokura wakatanda somunyemba. n *thorny evergreen shrub*

GAUDYA 5, mag-6 (LHL); gaundya 5 cf renge 5. n *korhaan, bustard*

GAVA 5, mak-6 (HH) Mhuka yomusango yakafanana nembwa; ingareme kubva pa-4 kg kusvika pa-10 kg. Haiwanzoonekwa masikati; iri kwose kwose munyika muno; inogara mumaguru ehwiribidi nokudya makonzo nembeva notupuka etc. n *side-striped jackal, black-backed jackal, bat-eared fox*

GAVAKAVA 5, mag-6 (LLLL); chikohwa 7 M; rubvati 11. Chinowanzomera mumakomo chakafanana namaspaiga. n *aloe*

GAVAMWEDZI 5, mag-6 (HHLH) Mwana anozvarwa nguva yokuzvarwa kwake isati yakwana. n *premature baby*

GAVI 5, mak-6 (LH); rwodzi 11. Ganda rinosvuurwa pamuti. [Gavi rakabva kumasvuuriro. *A fibre came from its bark. i.e. a strip of fibre matches the bark from which it was stripped — Like father like son. prov* 820.] n *bark-fibre or bast after removal from green bark*

GAVHU 5, mag-6 (LH) Kaguchu kane mhodzi mukati; kanosungirirwa mumakumbo pakutamba ngoma. n *dried squash used as leg-*

rattle for beating rhythm

-GAYA t (H) Kubanda zvichisara zvatsetseka soupfu. [Chigayo chinogaya zvose: chibage nezviyo. *A mill grinds both maize and millet.*] vb *grind (by machine), mince (by machine), churn milk (by machine);* **-gayiwa** i *Passive form*

-GEDA-GEDA i (HH-HL) Kurira kunoita mazino pamusana pechando etc. [Kwaitonhora zvokuti mazino omwana akageda-geda. *It was so cold that the child's teeth chattered.*] vb *rattle (teeth)*

GEDHI 5, mag-6 (HL) Pokupinda napo munzvimbo yakatenderedzwa newaya. Nzvimbo iri pakati pamapango munopindwa nebhora. cf Eng n *gate, goal-post (for football)*

GEJO 5, mag-6 (LL) Simbi dzakagadzirwa kuva chokurimisa nacho minda. n *plough, instrument for turning over the soil*

GEKENYA 5, mak-6 (HHH); gwande 5; gwati 5. Chimedu chokunze chezai. n *egg-shell; scale of fish*

GENGEZHA 5, mag-6 (LLL) Chimukombe chasakara, kana chimwewo chinhu chapera basa. [Gengezha mukombe: hazvienzani nokunwa nedemhe. *An old drinking cup is better than drinking from a broken gourd. prov* 525 *i.e. An imperfect substitute is better than nothing at all.*] n *old worn-out object (e.g. gourd, door mat etc.)*

-GERA t (L) Kucheka vhudzi nechigero. [Ane bhizimisi rokugera vanhu. *He has a barber's shop.*] vb *cut hair (usu with scissors)*

GETO 5, mak-6 (HH); deko 5. Ganda rinobva pakumenya nzungu. n *rough shell (removed from groundnut)*

GETSI 5, mag-6 (HL) Simba rinofamba nomuwaya rokuvheneka mboni nerokudziyisa nerokufambisa michina etc. n *electric power or light*

-GEZA i & t (L); -shamba i & t. Kubvisa tsvina nesipo nemvura. [Muchando tinozeza kugeza mvura inotonhora. *In winter time we are reluctant to wash in cold water.*] vb *wash clothes or the body; take a bath or bathe; Related ideo:* geze geze. -SVIPISA

GIDI 5, mag-6 (LL) Rudzi rwepfuti. n *muzzle-loader*

GIRAMA 5 & 9 (LHL) Marongerwo nomutoo wamazwi mukutaura kana mukunyora. cf Eng n *grammar*

GIRANDERA 5, mag-6 (LHLL) Muchero womugirandera unodyiwa. cf Eng n *granadilla fruit*

GIRASIYA 5, mag-6 (LHLL) Chikomborero chomwoyochena waMwari chaanopa munhu kuti chimugonese kuva mwana wake nokuita zvinomufadza. cf Eng n *grace (theological)*

GIRAZI 5, mag-6 (LHL) Mudziyo wokunwira mvura etc, unoonesa zviri mukati. cf Eng n *glass, drinking-vessel*

GIREPI 5, mag-6 (LHL) Muchero womugirepi unodyiwa. cf Eng in *grape*

GIREPIFURUTU 5, mag-6 (LHLL-LL) Muchero unenge ranjisi unodyiwa. cf Eng n *grapefruit*

GIRISI 5 (LHL) Mafuta akaomarara anoiswa pamichina kana pangoro kuti zvishande zvakanaka, zvirege kutsviririka cf Eng n *grease*

GIROBHU 5, mag-6 (LHL) Mboni yegetsi. cf Eng n *electric-light bulb*

GIROSA 5, mag-6 (LHL) Chitoro chokutengesera zvokudya. n *grocery store or supermarket*

GITARE 5, mag-6 (LHL); gatare 5. Chakagadzirwa chine waya zhinji dzakasiyana muukobvu, dzinorira zvakasiyanawo. cf Eng n *guitar*

GIWA 5, mak-6 (HL) Muchena kana kuti muRungu. n *white man, European*

GO 5, mag-6 K (L) cf igo 5. n *wasp*

-GO- [Ndiudze kwaari ndigokupa mari. *Tell me where he is and then I will give you the money.*] infix vb *be able to, then, in consequence*

GO GO GO (H H H) [Ndati go go go pagonhi rake asi hapana adavira. *I knocked at her door but no one replied.*] ideo *of knocking on the door*

-GOBOKA i (L) Kubva kunoita muti nemidzi yawo muvhu. [Muti mudiki uri nyore kugoboka. *A small tree is easy to uproot.*] vb *be uprootable;* **-gobora** t Kuchera nokutema muti kana chigutsa nemidzi yacho. vb *stump, remove stump from ground*

GOBVU 5, mak-6 (LH) [Keteni gobvu = *thick curtain*] adj *thick*

-GOCHA t (L) Kuisa nyama etc mumoto kuti iibve. [Vanonwa vanofarira kugocha nyama. *Those who drink like roasting meat on the fire.* Kugocha kunoda kwaamai: kwomwana kunodzima moto. *Mother is satisfied when she does the roasting; when the child does it, it is (accused of) extinguishing the fire. Prov* 860] vb *roast on fire or in oven*

GOCHE 5, mag-6 (LL) Sora rinotambarara somufeso. n *day flower (sp of weed)*

GOCHIHWO 5, mag-6 K (LHL) cf mutoweguru 9. n *black-headed oriole*

GODO 5, mak-6 KM (HH) 1. cf

girazi

gedhi

gitare

girobhu

-geza

gochihwo

godowa

goko

makomo

gondo

gonhi

bvupa 5. n *bone;* **2.** shanje 9 n *jealousy*

-GODOBORA t (H) Kuona chiri kusakisa munhu kurwara. [Chiremba akagodobora chikonzero chokurwara kwomwana. *The doctor diagnosed the cause of the child's illness.*] vb *diagnose, determine from symptoms the nature of disease or illness*

GODOWA 5, mag-6 (LHL); gochihwo 5 K. Shiri inozivikanwa ino musoro mutema nomuviri weyero wakaenzana newenhengure. Kurira kwayo kunoita somuridzo. n *black-headed iriole* R521

-GOFA t (L) Kubaya-baya mumwena nomuti. [Timothy akagofa tsindi mubako ikabuda. *Timothy prodded the squirrel in the cavern and it emerged.*] vb *thrust or prod with a stick, poke*

-GOGODZA t (H); -gugudza t. Kurova gonhi neminwe kuti vari mukati vazarure. [Ndagogodza asi hapana adavira. *I knocked but no one answered.*] vb *knock on door, rap*

-GOGOMA i & t (L); -tya i & t; -bweza i & t. Kuzeza munhu kana chinhu. [Vavhimi vakagogoma kubuda panze shumba zvayakadzvova. *The hunters were afraid to go out after the lion roared.*] vb *be afraid*

-GOKA t (H); -para i M. Kutora moto kumwe (mavhunze kana chitsiga) wokukuhwidzisa wako. [Enda undogoka moto padare pasekuru. *Go and collect some live coals from grandfather's fire-place.*] vb *collect live coals for use elsewhere*

GOKO 5, mag-6 M (HH); ngwena 9; cf garwe 5. n *crocodile*

GOKO 5, mak-6 (HH) Sadza rinosara rakaomera papoto kana munhu apakura. n *crust on inside of cooking-pot, pot scraping*

GOKORA 5, mag-6 (HHL); gonokono 5 KoM. Panokombama kana munhu apeta kana kugonyesa ruoko. n *elbow*

GOKORO 5, mak-6 (HHL) Nzvimbo inonwiwa mvura nokunanzviwa kuvavira kunoita ivhu racho nemombe (kazhinji mubani). n *place where both water and salty soil are sought by animals*

-GOMA i (L); -gomara i; -fondoka i. Kusapinza kwezvinhu zvinocheka kana kutema. [Banga iri rakagoma. *This knife is blunt.*] vb *be blunt;* -PINZA

GOMARARA 5, mag-6 (HHHH); koma 5 M. Kamuti kanomera pano mumwe muti. Kazhinji gomarara rinokura rakatanda nomuti wacho. n *woody parasite growing on trees, mistletoe, parasitic vegetable growth on trees*

GOMBA 5, mak-6 (LH) Mwena unosara panenge pacherwa; munobviswa ivhu. n *hole in ground, ditch, pit*

GOMBA 5, mag-6 (LL); mhombo 9; mhombwe 9. Murume anodanana nomudzimai womuridzi. [Gomba harina mwana. *A male adulterer has no child. i.e. His progeny is the legal property of the mother's husband. Prov* 786] n *adulterer*

GOMBO 5, mak-6 (HH) Munda usati wamborimwa. n *newly cleared agricultural land, virgin field;* GURA

-GOMEDZEKA i (H); -gomara i; -gomezeka i; cf -goma i. vb *be blunt;* -PINZA

-GOMERA i (H); -dzinda i. Kufema kunoita anenge achirwadziwa kana kuti anenge aneta. [Paakabatwa nachiremba akagomera. *When he was touched by the doctor he groaned.*] vb *groan expressing pain or grief*

GOMO 5, mak-6 (LL) Nzvimbo yakakwirira, ine miti namabwe kana maware. Munogara makudo nedzimwe mhuka. n *mountain, hill;* DINHA

GONA 5, mak-6 (LH) Chidende chemishonga. n *calabash or horn filled with medicaments*

-GONA i & t (L); -kwanisa i & t. Kuziva kuita chinhu. [Handigoni kumhanya. *I am unable to run.*] vb *be able, competent, capable, can, have ability;* -TADZA; **-goneka** i [Hazvigoneki. *It is not possible.*] vb *be possible;* **-gonesa** t [Ungwaru hwakamugonesa kubuda munjodzi. *Intelligence enabled him to escape the trouble.*] vb *enable;* -TADZISA; **-gonera** i [Akaedza nepaaigonera. *He tried as hard as he could. / He tried his best.*] vb *have the capacity to*

GONDO 5, mak-6 (LH) Shiri huru inodya tumhuka tudiki kana dzimwe shiri. n *large hawk (gen term), eagle*

GONDOBWE 5, mak-6 (LHL); hondohwe 9. Nzombe yehwai. n *ram, male sheep*

GONDORA 5, mag-6 (LLH); chigondora 7. Chimhuru chemombe chakura, chisisayamwi. n *weaned calf, young bullock*

GONHI 5, mak-6 (HL); sasa 5. Chinopfigiswa musuo wemba etc. n *door*

-GONYA i & t (H); -pfunya t. Kupeta makumbo kana maoko. [Akarara akagonya. *He slept in a curled-up position.*] vb *be curled-up (as a dog);* -TAMBANUDZA; **-gonyesa** t [Gonyesa munwe. *Bend your finger.*] vb *flex (the fingers);* -SWATANUDZA

-GONYANA i (H) Kugurungana se-

zvinoita nyoka. [Mugaba mune nyoka yakagonyana. *There is a curled-up snake in the tin.*] vb *be curled up (as a snake);* -TAMBANUKA
GONYE 5, mak-6 (LL); honye 9. Kapuka kanonanaira; kanodya mashizha, ivhu kana nyama yakaora. n *worm, maggot, caterpillar, grub*
GONYEDANGA 5, mak-6 (LLLH) Gonye rinogara mudanga kana mundove yemombe. n *kraal-worm*
-GONYESA t (H) cf -gonya i & t vb *flex;* -TAMBANUDZA
GONYO 5, mak-6 (LH); goyo 5; mboi 9; mamutindi 1a M. Gudo gadzi. n *female baboon*
GONYORA 5, mak-6 (HHL) Munhu anoita zvisingafarirwi navamwe. n *anti-social person*
GONZO 5, mak-6 (LL); gozho 5 K. Mhando yembeva ina mazino seetsuro; inon'en'ena zvinhu. Gonzo rinogara mudzimba dzavanhu. Rinodya nzungu kazhinji nezvimwe zvokudya zvavanhu. [Gonzo hariiswi mudura rine nzungu. *A rat is never placed into a granary with nuts. Prov 903 i.e. Do not put nature in the way of temptation.*] n *rat (inedible)*
GOPE 5, mak-6 (HH) Chirwere chokukotsira. n *form of sleeping sickness*
GORA 5, mag-6 (HL) Zishiri rinopona nokudya zvakafa zvoga. n *vulture*
GORE 5, mak-6 (LH) **1.** Nguva inokwana mwedzi gumi nemiviri. [Gore masandu. *Every year means a change. prov* 923] n *year;* **2.** Zvinoonekwa mudenga kana mvura yoda kunaya. n *cloud;* [**gore rino:** *this year;* **gore rakapera:** *last year;* **gore rinouya:** *next year*]
GORIDHI 5 & 9 (LHL); gorodhi 5 & 9; goridhe 5 & 9. Ndarama inokosha, inocherwa mumugodhi. cf Eng n *gold*
GORIONDO 5, mag-6 (LHLL) Muchero womuti unonzi mugoriondo. n *fruit of* mugoriondo *tree*
GOROKOTO 5, mak-6 (HHHH) Kurumbidza munhu aita zvakanaka kana kuti abuda mumatambudziko. n *congratulations to someone who has achieved or survived something, expression of sympathetic joy*
GORONGA 5, mak-6 (LHL); goto 5. Mugero unokonzerwa nemvura inoerera. n *water-erosion gully, donga, ditch, trench*
GORONYERA 5, mak-6 (LLLL); koronyera 5. Munhu asingaiti basa kana zvaanotarisirwa kuita namazvo pamusana pounyengedzi hwake. n *scamp, rascal*
GORORO 5, mak-6 (LHL) Mbavha kana munhu anopamba zvavamwe. n *robber, thief, one who steals (violently or otherwise)*
GORORWA 5, mak-6 (HLH) Dzihwa gobvu rinobuda nomukanwa. n *phlegm which is discharged by cough etc*
GOROSVIBA 5, mag-6 (LLLL) Munhu ane ganda rakasviba zvakanyanya. n *person with very black complexion;* MUTSVUKU
GOSHA 1a, pl: vana- (LL) Munhu anonzwisa tsitsi kana kuti munhu anogona kuita chimwe chinhu nomazvo. n *person who is to be pitied or capable person*
GOSORO 5, mak-6 (HHL) Chirwere chokukosora. n *cough*
GOSORWA 5, mak-6 (HLH) Chirwere chechipfuva kana gororwa. n *chest cold or phlegm*
GOTA 5, mak-6 (LH) Imba inorarwa navakomana kana kuti navasati varoora. n *sleeping-quarters of unmarried men, bachelors' house*
-GOTA t (H) Kudziya moto. [Vana vanogota moto muchando. *Children warm themselves by the fire in winter.*] vb *take warmth from fire*
GOTO 5, mak-6 (LH) **1.** cf hoto 9. n *hornbill;* **2.** cf goronga 5.
GOTORA 5, mak-6 (HHL); mbocho 9 M; gotokoto 5. Nzombe yembudzi isina kuchekwa. n *he-goat;* NHUNZVI YEMBUDZI
GOTSI 5, mak-6 (LL) Seri kwomusoro. [Akandipa gotsi. *She snubbed me. She turned her back on me.* Gotsi rutsito. *The back of the head is like a fence. prob 1489 — i.e. It is difficult to know what goes on behind when the barrier is past.*] n *back of head;* USO
GOTWE 5, mag-6 (LH); chigumisirwa 7; rugotwe 11. Mwana wokupedzisira kuzvarwa mumhuri kana waamai mumwe chete. n *last-born child of a mother;* DANGWE
GOTYO 5, mak-6 M (HL); dzvinyu 5. Dzvombi rinopota namadziro emba. n *common house skink, lizard*
-GOVA t (L) Kupa kuna vamwe. [Akapiwa mombe kuti agove kuvanhu. *He was given an ox to share among the people.*] vb *allot, divide, distribute, share out;* **-goverana** i & t [Goveranai zviwitsi izvi. *Share out these sweets among you.*] vb *share with one another.*
-GOWESA t (H) Kunwisa bhora mugedhi. [Paakagowesa vamwe vake vakafara chaizvo. *When he scored the goal his companions were overjoyed.*] vb *score a goal*
-GOZHA i KM (H); -konja i; -oma i [Zvakagozha kusakura kuchinaya. *It is difficult to weed when it is*

gonyo

gonzo

gora

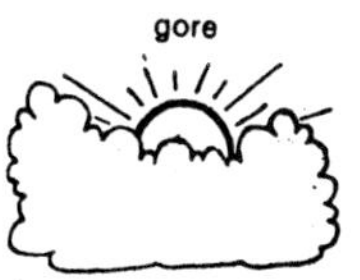
gore

goto

gotsi

guhwe

gudo

gukutiwa

gudza

gumbeze

raining.] vb *do anything immensely hard e.g. study; labour under difficult conditions e.g. in excessive noise or discomfort; be hard-going:* -RERUKA

GUBE 5, mag-6 (LL); ngarara 9; Munhu anoita zvechitsotsi; nhavatava yomunhu. n *confidence trickster, deceitful person full of guile and deception*

GUCHU 5, mag-6 (LH) **1.** dedero 5 M; deteni 5. Dende rakaoma, risati ravhurwa. n *dried gourd (not yet opened);* **2.** gushu 5. Chitende chokuisira zvokudya kana munhu ari parwendo. n *opened calabash used for carrying food on journey*

-GUDUBUDZA t (H); -gudumudza t. Kuguma midziyo ichibva yaita mheremhere. [Akagudubudza hari achitsvaga maakaisa mari. *She disturbed the pots looking for the one in which she had her money.*] vb *cause clatter by movement of hard, hollow objects e.g. pots and utensils*

GUDO 5, mak-6 (LL) cf dede 5. n *baboon*

-GUDUBUKA i (H) cf -kudubuka i. vb *rattle (tins, pots etc);* -KWIDIBIKA; **-gudubura** t; -kudubura t. Kubvisa chakapfidigira. [Makudo anogudubura mabwe achitsvaga marize. *Baboons overturn stones in their search for scorpions.*] vb *uncover; start an object rolling downwards;* -KWIDIBIRA

-GUDUKA i (H) Kudimbuka somuguri wechibage etc. [Akarohwa, mazino maviri akaguduka. *He was struck and two teeth fell out.*] vb *break (.e.g cob); fall out (e.g. teeth);* **-gudura** t. Kudimbura somuguri, kana mbambaira. [Tinogudura chibage pamashanga. *We break off maize cobs from the stalks.*] vb *break in two (e.g. sweet potato, cob)* *Related ideo:* gudu

-GUDUMUDZA t (L) cf -gudubudza t. vb *knock over, upset, overturn creating clatter*

GUDZA 5, mag-6 KM, mak-6 Z (LL) Gumbeze rechinyakare rakagadzirwa nemikosi yamakavi akatswiwa, kana ramazuva ano. n *blanket originally woven from softened bark fibre; term now used for modern blanket*

GUDZURURU 5, mag-6 (LLLL); mhungu 9 M. Nzvimbo iri pasi pehozi kana kuti hwangwaridza inosiyiwa pakuvaka dara etc. n *empty space below raised building (e.g. hozi)*

GUFU 5, mag-6 (HL); fifi 5. Kakanda katete kanobva panzungu, chibage etc. n *outer skin of grain or nut*

-GUGUDZA t (L) cf -gogodza t. vb *knock on door*

GUHWA 5, mak-6 (LL); guwa 5. Kureva mumwe kana nyaya yenhema ingafambiswe zvokusvibisa zita romunhu. n *slander, malicious gossip, calumny, detraction*

GUHWE 5, mak-6 (LL); gubwe 5 K. Tsuro inogara mumakomo. Ihuru kupinda inowanzozivikanwa, itsvuku, inorema 2.25 kg. n *red rock hare*

-GUJURA i & t (H) Kukonzera kusvetuka mudenga sokuti vanhu vari mumotokari iri kufamba nomunzira muna makomba kana matombo. [Motokari inogujura kana iri mumugwagwa wakaipa. *A motor car bumps about when on a bad road.*] vb *toss about, jolt, shudder, vibrate*

-GUKA i (H) **1.** -guruka i. Kudonha kunoita mazino okutanga. [Vana vadiki vanoguka mazino. *Small children lose their teeth.*] vb *lose milk-teeth;* **2.** Kusvotoka kunoita demo kana badza mumupinyi. [Badza rangu raguka. *My hoe has lost its blade.*] vb *displace, lose, come out*

-GUKUCHIRA t (H) Kutakura zvinhu zvakawanda mumaoko. [Akabva kubasa akagukuchira machira mazhinji. *She came from work clutching many cloths together.*] vb *grasp many things together in the arms*

GUKURAHUNDI 5 npl (HH-HHL); hukurahwindi 9 K. Mvura inonaya kana vanhu vapedza kupura. n *early spring rains, rain that comes after threshing*

GUKURAVHU 5 npl (HHLH); guve 5. Kuchereka kunoita pasi pamusana pemvura inoerera. n *soil-erosion;* JENGETAVHU

GUKURWIZI 5, mak-6 (HHLH); hukurwizi 9; nhapata 9 K. Shiri yomumvura. n *water-bird (gen term including crakes, jacana etc)*

GUKUTIWA 5, mag-6 (HHHH) cf bvukutiwa 5; vhukutiwa 5. Rudzi rwenjiva. n *turtle-dove*

GUKUTU 5, mak-6 (HHH) [bango gukutu = *hard, dry log*] adj *dry, strong, healthy, hard-hearted, cruel*

GUMA 5, mak-6 (LL); huma 9. Mhanza yakanyanya kubuda (somusoro wegudo). n *projecting forehead*

-GUMA t (L) **1.** Kuzunguza namaoko kana kurova muti nebwe kuti michero idonhe. [Pwere dzinoguma miti kuti michero idonhe. *Children cause trees to shake to make the fruit fall down.*] vb *knock, bump into, cause to shake;* **2.** Kubvisa huruva pambatya noruoko kana nebhuracho. [Ndigumewo guruva seri kwebhachi rangu. *Please brush off the*

dust from the back of my jacket.] vb *brush off, shake dirt from clothes.* **-gumana** i; -dhumana i vb *butt, knock into, collide*
-GUMA i (H) Kupera kana kuti kusvika kumapedzisiro. [Akaguma apinda mujeri. *He ended up in jail.*] vb *come to an end, finish, terminate, do last;* -TANGA; **-gumisidza** i [Ndiro bhasikoro rokugumisidza kugadzirwa. *This is the last bicycle to be repaired.*] vb *be last, conclude, finish*
-GUMANA i (L); -dhumana i cf -guma t. vb *butt, knock into, collide*
GUMBA 5, mag-6 (LH); guhwa 5. Zvakaipa zvomumwe zvinotaurirwa kuno mumwewo; zvingave chokwadi kana zvokunyepa. n *harmful gossip: calumny (false), detraction (true)*
-GUMBATA t (H) Kupeta maoko. [Amira akagumbata maoko. *He stood with arms folded.*] vb *fold the arms, cross arms;* -TAMBANUDZA
GUMBEZE 5, mag-6 (LHH); jira 5. Chokufuga pakurara. n *blanket*
GUMBO 5, mak-6 (LL) Mutezo womuviri wokufambisa. n *leg, limb for walking*
-GUMBUKA i (L) Kutsamwa pamusana pokunyangadzirwa. [Akagumbuka nezvaakaudzwa. *He was upset by what he was told.*] vb *be offended, become upset, take offence, be disappointed;* -FARANUKA; **-gumbura** t 1. Kukonzera mumwe kusuwa kana kushatirwa. [Hatifaniri kugumbura vamwe. *We should not offend others.*] vb *upset emotionally;* -FADZA; 2. Zvinoita chigutsa kana dombo raroverwa nomunhu asingazivi. [Ndakagumburwa ndikapunzika. *I tripped and fell.*] vb *cause to stumble, trip;* **-gumbukira** t [Akagumbukira mwana wake. *She was angry with her child.*] vb *be angry with, take offence with;* **-gumburisa** i & t [Ndakamugumburisa. *I offended him.*] vb *offend, cause offence;* -FADZA
-GUMHINA i (L); -kamhina i; -kumhina i. Kutadza kunyatsofamba zvakanaka pamusana pegumbo rinorwadza kana kuti rakakuvara. [Tichatengesa mombe iri kugumhina. *We will sell the cow which is limping.*] vb *limp, be lame*
GUMI 5, mak-6 (HH) Nhamba inotevera yechipfumbamwe. Makumbo maviri omunhu ane zvigunwe gumi. n *ten. N.B. occurs as noun in apposition*
GUMIGURU 1a (HHLL) Mwedzi wechigumi mugore. n *October*
-GUMISIDZA i (H); -pedzisa vb *be last, conclude, finish*
GUMISIRO 5 & 9 (HHL); mhedzisiro 9. Mugumo wechinhu. n *end (of action, extent, etc), termination, result;* MAVAMBO
GUNA 5, mak-6 (LL); rukunha 11. Rudzi rwamashamba. n *variety of cattle melon*
GUNDE 5, mag-6 (HL) Dzinde nyoro rechibage kana nzimbe. n *green stalk of maize, sugar-cane*
GUNDU 5, npl (HH) Mweya unonhuwa zvakaipisa, unobuda panotushuka mhezi. n *glandular infection causing offensive odour*
-GUNDURUDZA t (H); -gwenderedza t. Kudenhetsa chinhu kuti chikunguruke. [Akagundurudza dhiramu achienda kundochera mvura. *He rolled the drum along on his way to draw water.*] vb *roll resounding hollow object e.g. empty tin along the ground;* **-gunduruka** i; -gwendereka i. Kunguruka kubva panzvimbo yakatunhumara. [Mhou yakapfura hamiro ikagunduruka, mukaka ukarasikira pasi. *The cow struck the bucket and it toppled over spilling the milk.*] vb *roll on ground (gen hollow object)*
GUNGANO 5, mak-6 (HHL) Vanhu vazhinji vakaungana pamusangano, pamutambo, etc. n *gathering, assembly, council, meeting*
GUNGUO 5, mak-6 (HHL); savara 5. Shiri nhema ino mutsipa muchena, yakakura sechikunguobaya. Inowanzoonekwa pamwe nedzimwe dzorudzi rwayo; inodya tupuka namazai etc. n *pied crow* R522
GUNGWA 5, mak-6 (LL) Nzvimbo huruhuru izere mvura, nyanza. n *sea, ocean*
GUNI 5, mag-6 (HH) Kamuti kanosara kana zani refodya rapururwa, kana kuti panopururwa shizha romuriwo. n *rib of tobacco leaf or cabbage leaf*
GUNJE 5, mag-6 (LH); shanga 5; gonje 5. Dzinde rechibage, mhunga, etc rakaoma. n *dry stalk of maize etc;* GUNDE
GUNYANA 1a (HHH) Mwedzi wechipfumbamwe mugore. n *September*
GUPA 5, mag-6 (HL); furambwa 9. Chikwekwe chinonamatira paganda remhuka, chosveta ropa rayo. n *cattle tick*
GUPURO 5, mag-6 (LLL) Mari kana chimwewo chinopiwa mukadzi anenge arambwa, chokuti andoratidza vabereki vake kuti murume haachamuda. n *token payment that is sent back to the family when a divorced wife is sent home*
GURA 5, mak-6 (LL) Munda wakabvira kare uchirimwa. n *old,*

gumbata

gumbo

gungwa

gunguo

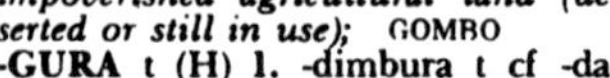

impoverished agricultural land (deserted or still in use); GOMBO

-GURA t (H) **1.** -dimbura t cf -dambura t. vb *cut off or across;* -TSEMURA; **2.** Kubvisa zino. vb *extract an object*

gwate
gwatl
gwande

GURI 5, mag-6 (LL); bungu 5 M; gurinhwa 5. Chinosara kana chibage chatsvokonyorwa. Panogara tsanga dzechibage. n *cob of maize from which grains have been removed;* MUGURI

GUROKURO 5, mag-6 (LLLL) cf garahuro 5. n *trachea, wind-pipe, Adam's apple, projection of the larynx*

GURU 5, mag-6 (LL) Gomba rinocherwa nemhuka sokuti hwiribidi. n *hole or lair in ground dug by burrowing animals (e.g. ant-bear)*

GURU 5, mak-6 (LH) Nzvimbo inoenda zvinenge zvadyiwa nemhuka iri mudumbu. n *third stomach of ruminant animal, tripe*

gutsa

GURU 5, npl (HH); barika 5; chipari 7. Tsika yokuroora vakadzi vazhinji. n *polygamous union (with several wives)*

GURU 5, mak-6 (HH) [gomo guru = *large hill*] adj *big, great*

GURUKOTA 5, mak-6 (HHHH) Jinda ramambo, kana mukuru wedare. Munhu anobatsira mambo mukutonga nyaya namamwe mabasa. n *councillor, adviser, senior administrative official*

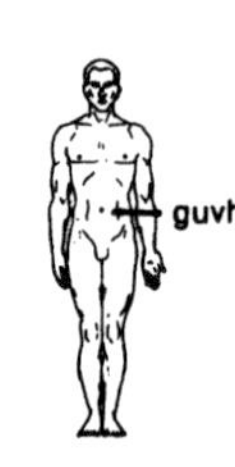

-GURUKUTA i (H) Kutambudzika kwakanyanya. [Nyika yakagurukuta nokufa kwomutungamiri wayo. *The land was disturbed by the death of its leader.*] vb *suffer deeply, be distressed;* -FARA

-GURUNUKA i (H) Kugwejenuka kwechakabopiwa namabhauti kana nezvikuruu. [Gejo ragurunuka pamusana pako. *The plough came apart on your account.*] vb *come to pieces;* **-gurunura** t Kugwejenura mabhaudhi etc. Kubvisa zvakasungwa pamwe chete. [Akagurunura vhiri nokuchimbidza. *He dismantled the wheel quickly.*] vb *take to pieces, dismantle; Related ideo:* gurunu; -GADZIRA

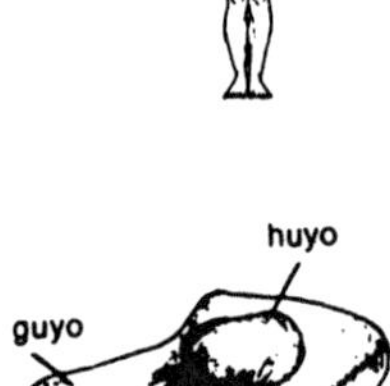

GURUU 5, npl (LHL) Mushonga wokunamatidza mapepa kana mapuranga etc. cf Eng n *glue*

GURUVA 5, npl (HHL); huruva 9; mhukuta 9; pfumbi 9. Ivhu rakatsetseka rinombumuka nemhepo. n *dust*

GURWE 5, mak-6 (HL); gurene 5 Ko. Kambuyu kanogara mumwena, nokufamba nokurira usiku. Gurwe rinokura muzhizha. n *large, edible sand cricket*

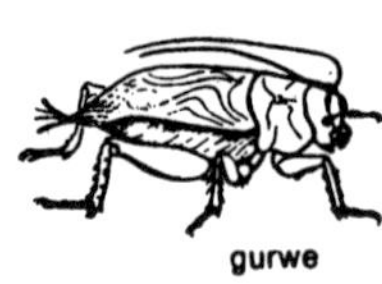

gurwe

-GUSA t (L); -veura t. Kubvisa ndebvu. [Foni yarira achigusa ndebvu. *The 'phone rang while he was shaving.*] vb *shave*

GUSHE 5, mak-6 (HL) Mvere yemhuka. n *body hair of animals*

-GUSVAIRA i (H) cf -dzimwaira i. vb *doze, nod sleepily*

GUSVI 5, mak-6 (HH) Kuuchira kunoitwa nomukuwasha kuna tezvara kana ambuya. n *hollow-handed clapping to salute mother-in-law or father-in-law*

GUTA 5, mag-6 (LL) Musha mukuru kana kuti taundi (e.g. Harare). n *city, town*

-GUTA i & t (H) Kukwana zvokudya. Kudya zvinopedza nzara. [Kana usina kuguta, tora rimwe sadza udye. *If you are not full, take some more sadza and eat it.* Aguta haaoneki. *When satisfied, one does not bid farewell. prov* 166 *i.e. It is taken as bad manners to say goodbye after a beer-drink.*] vb *be satisfied (after a meal), satiated, replete*

GUTE 5, mak-6 (HL) Nzvimbo inomera mikute. n *place where waterberry trees grow (near a river)*

GUTI 5, mak-6 (LL) Mhute zhinji ine tumvura tunopfunha. n *heavy mist, very light rain, slight drizzle;* DZVOTSVOMA

-GUTSA t (H) Kusakisa kuguta. [Muriwo usina sauti haugutsi. *Relish without salt is unsatisfying.*] vb *satisfy an appetite, satisfy, satiate, convince;* **-gutsikana** i[Haana kugutsikana nemhinduro yawamupa. *He was not satisfied with the answer you gave him.*] vb *be satisfied, convinced.*

GUTSA 5, mag-6 (LH) cf chigutsa 7. n *stump*

-GUTSIKANA i (H) cf -gutsa t. vb *be satisfied, convinced*

-GUTSURA i & t (H) Kubvumira nomusoro. [Pandakamubvunza akagutsura musoro. *When I asked him he replied with a nod.*] vb *nod in agreement;* -DZUNGUDZA

GUTUKUTU 5, mag-6 (LLLL); gutuveze 5. Kunhuwa kunosembura. n *any offensive smell;* KUNHUWIRA

GUVA 5, mak-6 (HH); bwiro 5; rinda 5. Gomba rakadzika rinoiswa chitunha chomunhu. n *grave, tomb*

GUVE 5 (LL) cf gukuravhu 5. n *soil-erosion*

GUVI 5, mak-6 (LH) Gomba riri paruware, rinogara riine mvura. n *depression in solid rock in which water collects*

GUVHU 5, mak-6 (HH) Kapundu kari pakati pedumbu. n *navel*

GUYO 5, mak-6 (LL) Dombo rakati sandara pokukuyira zviyo nemhunga etc kuti zvive upfu. n *large, lower grind-stone;* HUYO

GUYU 5, mak-6 (LL); kuyu 9. Rudzi rwehove n *yellow-fish*

GUZUBHERI 5, mag-6 (HLLL) Muchero wakatenderera unodyiwa unogadziriswa jamu. cf Eng n. *gooseberry*

-GWABVURA t (H) Kukwenya zvine simba. [Akavaviwa negonye akagwabvura muviri. *He was irritated by a caterpillar and he scratched his body.*] vb *scratch vigorously*

-GWADAMA i (L); -pfugama i. Kutsika pasi namabvi, kuratidza rukudzo. [Vanasikana vavatema vanogwadama kana vachipa vakuru vavo chokudya. *African girls serve food to their seniors on bended knees.*] vb *kneel*

GWAI 5, mak-6 (LL) cf hwai 9. n *sheep*

GWAMANDA 5, mag-6 (HLH); hwamanda 9; hunda 9 Ko. Bhosvo rinofuridzwa. n *musical horn*

-GWAMBA i (H) Kuoma kunoita mafuta etc. [Mafuta aiva mupani akanga agwamba. *The fat in the pan had set hard.*] vb *set hard, congeal, solidify*

-GWAMBAIRA i (H) cf -kambaira i. vb *crawl on all fours*

GWAMURAMAKWANDE 5, mag-6 (LLLLLH) Rudzi rwegondo. n *banded harrier-hawk* R171

-GWANDA i & t (L) Kusimudza mamwe makasi uchiaisa parutivi, ozoturikidzwa namamwe anenge asara. [Akagwanda makasi akatarisa mari. *He cut the cards with his eyes on the money.*] vb *cut a pack of playing cards*

GWANDE 5, mak-6 (LH); gwati 5. Ganda romuti wakaoma. n *piece of dried bark;* **2.** Mudziyo unoisirwa marara pakundorasa. n *dust-pan*

GWANZA 5, mak-6 (HH); zhira 9 K; cf nzira 9. n *path, foot-path*

GWANZVA 5, mak-6 (HH); dzvadzi 5; vanga 5. Nzvimbo yomuviri yakambokuvara. Ronda rakapora. n *scar*

GWARA 5, mak-6 (LH) Nzira inofamba nemhuka. n *spoor track (of game)*

GWARI 5, mak-6 (LH); hwarikwari 9. Shiri yakafanana nehuku. Inodya mbeu nokukandira mazai pasi pegwenzi. n *partridge, francolin, sp of game bird*

GWARIMUTONDO 5, mak-6 (LHHLL) Shiri inenge horwe inonyanya kuzivikanwa kuMatabeleland. n *Swainson's francolin* R185

GWARIWASHA 5, mag-6 (LLLL) cf gwashadombo

GWARO 5, mag-6 (LL) Pepa rakanyorwa kana rakadhindwa. n *sheet of written matter, printed matter*

GWASHADOMBO 5, mak-6 (HHLH); gwarikwari 5 M; gwariwasha 5. Rudzi rwedzvinyu rino urefu hwe-1,5 m. n *square-nosed monitor (lizard), rock lizard, tree leguaan*

-GWASHUKA i (H) Kudambuka kunoita sokuti tambo yakakatwa. [Akacheka gavi nebanga rikagwashuka. *He cut the bark cord with a knife and it came apart.*] vb *snap, spring apart;* **-gwashura** t; -gwishura t; -dimbura t; -chetura; cf -dambura t. vb *cut off*

GWASVO 5, magw-6 (LL) Muti wakagadzirirwa kufambisa igwa. n *oar*

GWATAKWATA 5, mag-6 (LLLL) Dovi rinoiswa mvura, rokwata, pamoto, ndokuzodyiswa nesadza. n *relish made from peanut butter*

GWATI 5, mak-6 (LH); gwande 5. Chinoisirwa marara anenge atsvairwa mumba. n *dust-pan, piece of dry bark*

-GWAUTA i & t M (H); -hukura i & t. Kuchema kunoita imbwa kana yaona munhu waisingazivi. [Imbwa yararogwauta. *The dog barked all night.*] vb *bark*

GWAVHA 5, mag-6 (HL) **1.** Muchero unoibva mumasutso. cf Eng n *guava;* **2.** Izwi rinoreva kuti musikana akanaka. n *beautiful girl (slang)*

GWAVAVA 5, mag-6 (LLL) cf gwashadombo 5; hukurutombo 9. Rudzi rwedzvinyu. n *large rock or tree leguaan*

GWAYA 5, mag-6 (LH) Mhando yehove. n *bream, tilapia, sp of fish*

-GWAYAWAYA i (H); -enda i; -tamba i; -famba-famba i; -dhuma i; -vhaya i. Izwi rechimanjemanje rinoreva kuti kuenda. [Vakomana vakagwayawaya vaona mupurisa. *The boys walked off when they saw a policeman.*] vb *go (slang: cp. push off)*

-GWAZA t (L) Kupedza basa rinenge ranzi riitwe. [Tagwaza ndima yokusakura. *We completed the portion of weeding assigned.*] vb *complete an agricultural task set*

GWEBWA 5, npl (LH) Muti unokura wakatanda nomumwe muti. n Zimbabwe *creeper, climbing shrub with pink flowers* B.Bk 1,84

-GWEDEBUDZA t (H); -gwedebura t; cf -gudubudza t. vb *rummage, cause clatter by movement of hard, hollow objects*

GWEE 5, mag-6 (HL); chinhavira 7. Mhuka inofamba usiku nokugara mumiti. Kuna marudzi maviri: rumwe rukuru runoita 1,1 kg nourefu hunokwana 0,7 m; rumwewo

guyu

magwasvo

gwavha

gwaya

gwari

gwee

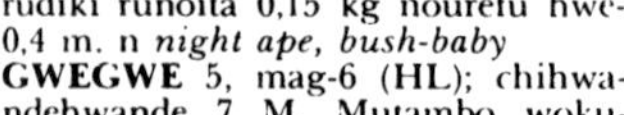

gwiribidi
gweru

rudiki runoita 0,15 kg nourefu hwe-0,4 m. n *night ape, bush-baby*

GWEGWE 5, mag-6 (HL); chihwandehwande 7 M. Mutambo wokuhwanda, vamwe votsvaga vanenge vahwanda. n *hide-and-seek game*

GWEJE GWEJE (LH LH) Mheremhere inoitwa nemotokari tsaru isina kusimba. [Paakanga ochovha bhasikoro rake rakatanga kuti gweje gweje. *When he accelerated his bicycle it began to rattle.*] ideo *of rattling of motor car, bicycle etc*

-GWEJENUKA i (H) cf -gurunuka i. vb *come to pieces;* **-gwejenura** t; cf -gurunura t. vb *take to pieces*

GWEMA 5, npl (LL); gutukutu 5. Kunhuhwa kwakaipa. n *strong smell, stink*

GWEMBE 5, mag-6 (LH) Chirwere chemhuka chinokonzera mhezi. n *mange, scabs caused by skin disease in animals (esp dogs)*

gwenhure

GWENDERE (HHH) Kurira kunoita mudziyo wesimbi kana warovera pakaoma. [Ndiro yakadonhera pauriri ndikabva ndanzwa kuti gwendere. *When the metal plate fell to the ground I immediately heard a clatter.*] ideo *of metal striking metal*

GWENGA 5, mag-6 (HL) Nzvimbo isina mvura. Nyika ine jecha chete. n *arid, waterless region*

GWENGO 5, mag-6 (HH) Chokukwengesa nacho hari ine tsvina kana makoko. n *scraper for scraping out inside of cooking pot*

GWENHURE 5, mag-6 (LHL); chigwenhure 7. n *black-eyed bulbul* R545

gwizo

GWENYA 5, mak-6 (LH) Chokubatidzisa fodya. n *cigarette-lighter, flint*

GWENZI 5, mag-6 (LH) Kamuti kadiki. n *shrub, bush, herb, medicinal plant*

GWERE 5, mag-6 M (HL); chibahwe 7; chibarwe 7; cf chibage 7. n *maize*

GWERU 5, mag-6 (LH); bikita 5; gwiribidi 5; dzimba 5 M. Mhuka inochera mwena pasi nokudya masvosve namajuru. Inorema 60 kg; inofamba usiku yoga. n *antbear*

GWESE 5, mag-6 (LH); gweshe 5. Banga risingapinzi. n *old blunt knife, home-made knife*

-GWESHA i (HL) Kufamba namagaro sezvinoita mwana asati ogona kufamba. Mucheche akagwesha achida kutora zviwitsi. *The baby moved along on its bottom to get at the sweets.*] vb *move along the ground in sitting position*

GWINDIRI (HHH) Izwi rinoreva kuva mutano mumuviri. [Vose kumusha vakati gwindiri. *All at home are well.*] ideo *of being strong and healthy*

-GWINHA t (L) Kudhonza zvine simba sapakusvuura gavi. [Akagwinha tambo kuti mombe dzifambe. *He jerked the reim to start the oxen moving.*] vb *tug vigorously, jerk, give a sudden pull, shock (electrically)*

-GWINYA i (H); -simba i. Kuva nomuviri wakanaka, usina kurukutika. [Ane vana vaviri vakagwinya. *She has two healthy children.*] vb *be strong, energetic, fit, healthy;* -RWARA

GWIRI 5, mag-6 (LL); huzu 9; mbozha 9. Munhu ane mari zhinji; munhu akapfuma. n *rich person;* MUROMBO

GWIRIBIDI 9 (HHHH); hwiribidi 9; gwiba 5, cf gweru. n *antbear*

GWIRIKWITI 5, npl (LLLL) Chirwere chemhezi chinozadzanwa. n *measles*

-GWISHURA t (H) Kudimbura nebanga etc. [Akagwishura pfunha dzejongosi. *He trimmed the tail hairs of the ox.*] vb *cut off (with any cutting instrument)*

GWIZO 5, mak-6 (LL); nhire 9; gwizhu 5; gwete 5 KoM. Mhuka inorema 3 kg; ino urefu hwe-0,7 m. Inogara mumwena yainochera nokuita mwana mumwe nokudya zvinomera. n *springhare*

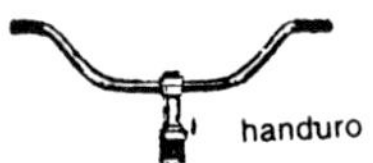

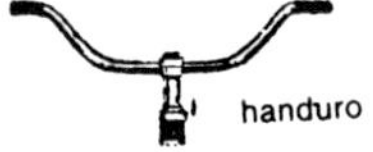

handuro

H

hachi

HABHA 9 (HL) Imwe simbi yevhiri rebhasikoro. cf Eng n *hub of bicycle*

HACHA 9 (LL); chakata 9. Muchero womuhacha. n *fruit of* muhacha *tree*

HACHI 5, mah-6 (HL) cf bhiza 5. n *horse*

HADYAMBU 5, mah-6 (LLH) cf datira 5. n *hamstring, sinew behind knee*

HADYANA 9 (HLH); gapu 5. Chikari chomuriwo. n *cooking-pot for side-dish*
HADZI 9 (HH) Mhuka inoberekeswa mwana. n *female (animal);* HONO
HAFU 9 (HL) Chimwe chezvidimbu zviviri zvakaenzana pakugovewa sokuti hafu ya-10 ndi-5. cf Eng n *half*
-HAIRA i (L) Kutaura kana kuita usati wafunga. [Munhu anohaira haabudiriri. *Someone who speaks without taking thought does not get on.*] vb *blurt out, speak without thinking*
HAKA 9 (HL); harakabvuka 9; harakubva 9. Rudzi rwekamhuka kana makwati; kanodya masvosve namajuru neshwa etc. Kano urefu hwe-1 m nouremu hwe-7 kg. n *pangolin*
HAKATA 9 (HHL) Miti yakavezwa inoshandiswa nen'anga pakukandira. n *wooden divining pieces, diviner's "bones"*
HAKIRI 9 (HLL); eka 9. Ndima yomunda. n *acre, area measure of land (about 4 000 square metres)*
HAMA 9 (HH) Munhu weropa rimwe chete newe. [Hama haipiwi munhu. *A relative cannot be given away to somebody. prov* 809] n *relative, kindred, kinsman, relation;* MUTORWA
HAMA 9 (HL) Nyundo yokuroveresa zvipikiri kana hoko. cf Eng n *hammer*
HAMBA 9 (HH); kamba 9. Chipuka china makwati, chinogara mumvura kana kunze. Dzimwe mhando dzinodya matafi etc; dzimwewo dzinodya zvinomera. n *tortoise, terrapin, turtle*
HAMBAKACHERE 9 (HHHHH), nama 9. Derere rinomera mudimbwa. Rine midzi yakatsvuka kunze kwayo mukati iri michena. Midzi yaro notushizha ndizvo zvinobikwa zvova derere. n *edible wild plant found in rice-fields*
HAMBURAMAKAKA 9 (LLLL-HL); chikakarara 7. Munhu kana chikara chine simba. n *big and strong person or beast;* NDONDA
HAMHENO (LHH); hameno; hapeno. Izwi rinoreva kuti, "Handizivi". defective vb *I do not know*
-HAMIRA t (H) cf -rarira t; -vatira t. vb *sit on, hatch eggs*
HAMIRO 9 (HHL); kamiro 9 K. Mudziyo unokamirwa mukaka. n *milking vessel*
HANA 9 (HH) Kupfura kunoita mwoyo kana munhu achitya. [Pakunzwa rufu akarohwa nehana. *She was emotionally upset at hearing of the death.*] n *pulsation of the heart in times of fear, apprehension, stricken conscience*
HANDA 9 (LL); mbwanana 9; kutu 9. Mwana wembwa. n *puppy*
HANDA 9 (HH); ruhanda 11. Tambo inosungiswa shangu. n *shoelace*
HANDEI (HLH); ngatiendei / hatiendei colloq *Let's go.*
HANDIRA 9 (LLH); ngunzi 9; mukono 3; bhuru 5. Nzombe yemombe isina kuchekwa. n *bull, male of the ox family;* MHOU
HANDITI? (LHL) Kureva kuti, "Handizvo here?" inter *Is that not so?*
HANDURO 9 (HLL); handuru 9. Simbi dzinobatwa namaoko kana munhu akatasva bhasikoro. n *handle-bar, handle*
HAN'A 9 (LH) Mukadzi kana chipuka chikadzi chisingabereki. n *female that cannot bear young*
HANGA 9 (HH) Shiri yakafanana nehuku; inozivikanwa chaizvo. Inofamba nedzimwe dzorudzi rwayo dzakawanda. n *helmeted guinea-fowl* R192
HANGACHEPFU 9 (HLLL); hengechepfu 9. Jira rokufurisa madzihwa. cf Eng n *handkerchief*
HANGAIWA 9 (HHHH); njiva vaRungu 9. Shiri inenge njiva, inopfuyiwa. n *pigeon, domesticated bird like a dove*
HANGANWA 10 (HHH) Kusatondera kwepfungwa. n *forgetfulness*
HANGARA 9 K (LLH) Pane ndudzi mbiri dzenyoka dzine zita iri dzinogara mumvura. Pane yakasvibirira ino urefu hwe-0,75 m kana kupfuura; inotsvaga hove ndiki namatafi masikati. Imwewo itsvuku inoreba kusvika 0,75 m inofamba usiku nokudya matafi. n *water snake*
HANGATONI 9 (HHHH) Shiri yorudzi rwehanga. n *crested guinea-fowl* R193
HANYA 9 (LL); hanyn'a 9. Basa nechido nezvavamwe kana nezvinhu. [Handina hanya nazvo. *I don't care / I am not bothered about it.* Anotyaira asina hanyn'a. *He drives without care/carelessly.*] n *concern, care for, regard for*
HANYANISI 9 (HLLL) Chirimwa chinorungiswa muriwo chinovava chisati chabikwa. n *onion*
HANZI 5, mah-6 (HL) Shiri huru yomumvura, yakafanana nedhadha. Inogara nedzimwe dzorudzi rwayo. Pane rumwe rudzi runopfuyiwa; rumwewo nderwomusango. n *goose*
HANZU 9 (LH); nguo 9; mbatya 9. Hembe dzomunhu. n *clothes, garment (usu collective)*
HANZVADZI 9 (HHL) Izwi rinosha-

handa

haka

hanga

hakata

hangatoni

hanyanisi

haya

hwapwa

hari

harurwa

hembe

heti

ndiswa nomukomana achireva mwanasikana wababa namai vake, kana kuti nomusikana achirevawo mwanakomana wavabereki vake. n *brother (of a girl), sister (of a boy); term also includes children of paternal uncles (of opposite sex to me)*

HAPA 5, mah-6 (LH) Ruva rinomera mudziva rine mvura yakadekara inoerera zvishoma. n *water-lily*

HAPENO (LHH) cf hamheno defective vb *I do not know*

HAPWA 9 (LH); gapwa 5 M. Pazasi pepanosangana ruoko nomuviri. n *armpit*

HARA 5, mah-6 (LH) Munopfekerwa zibanga rinonzi bakatwa. n *sheath, scabbard (for a big knife)*

HARA 9 (HL) Chinoshandiswa kukukura marara kana masora nezvimwewo. Chinosevenzeswa kupwanya mavhinga mumunda unenge uchangorimwa. cf Eng n *rake, harrow*

HARAHWA 9 (LLL); harabwa 9 K. Murume akwegura. [Harahwa mbiri hadzibidzani rwizi. *Two old men cannot help each other crossing a river. prov* 1293 *i.e. The blind cannot help the blind.*] n *old man;* CHEMBERE

HARAHURU 9 (LLHL) Mutambo wavana vadiki wavanoita vachisvetuka-svetuka. n *hopscotch*

HARAKABVUKA 9 (HHHHH); cf haka 9; hambakubvu 9. Mhuka inodya masvosve. n *pangolin, scaly anteater*

HARATI 9 (HHL) Gonye rinodyiwa, rinowanikwa mumukarati. n *edible caterpillar (found in* mukarati *tree)*

HARI 9 (HH) Mudziyo unoumbwa nevhu e.g. chirongo, tsambakonzi, hadyana, mhirimo. n *pot (general name for earthenware pot);* **kakari** 12 (LHH) n *small earthenware pot*

HARURWA 9 (HLH) Chipuka chinowanikwa pamizhanje. n *migratory plant bug found on* muzhanje *trees*

HASHA 10 (HH) Shungu inoita kuti munhu ade kurwa kana kupopota kana ashatirwa. n *anger, temper, fury, rage;* UNYORO

HATA 9 (HH) Uswa, kana chichira chinomonwa choiswa pamusoro panozogadzikwa chinorema chinotakurwa nomunhu. n *pad to protect the head when carrying*

-HATURA t (H) Kubata chiri mudenga noruoko rumwe chete. Kubata nokukurumidza sokubata chiri kuda kutiza. vb *snatch object in the air, catch by hand something trying to escape*

HAVI 9 (LH) Kudisisa kunoita mwoyo. n *craving, great desire (e.g. hunger)*

HAYA 9 (LH); hwaya 9 K. Shiri inowanzouya nokuchema kana mvura yoda kunaya. n *cuckoo (esp rain cuckoo)* R348

-HAYA t (H) Kuwana mvumo yokushandisa mudziyo nokuubhadhara. [Pakutama akahaya motokari. *To move house he hired a motor car.*] cf Eng vb *hire*

HANZVANZI 9 K (HHL) cf hanzvadzi 9. n *brother / sister*

HAZVINEI (LHHH) Zvinotaurwa nomunhu kana achida kuti zvaitika hazvina mhosva. Inter *It does not matter;* ZVINE MHOSVA

HEKANI WARO! (HLH LL) Kuratidza kufarira zvaitika kana zvataurwa. n inter *Good! Thanks very much!*

HEMBE 9 (HL) Nguo inowanzopfekwa pamuviri nomurume. cf Afrik n *shirt (also collective term for clothing)*

HENGECHEPFU 9 (HLLL) cf hangachepfu 9. n *handkerchief*

HERE? (LH) Izwi rinotaurwa kumagumo kwomubvunzo. [Uchiri kundiyeuka here? *Do you still remember me?*] interrog inter

-HESVURA t (L) **1.** Kubvisa zvimwe mune zvakawanda. [Mombe dzedu dzakahesvurwa. *Our cattle have been reduced in number.*] vb *reduce to a limit, lessen, decrease;* **2.** Chipisa; kuita kuti munhu akurisa asapete mutero. [Baba vangu vakahesvurwa. *My father is exempted from tax paying.*] vb *exempt from tax*

-HESVURA t (H) cf -hwengezura t. vb *seize hold of a person or thing*

HETI 9 (HL); nguwani 9. Chishongo chomumusoro chavarume navakadzi. cf Eng n *hat.*

-HETSURA i (H) cf -hotsira i. vb *sneeze*

HEYA? (HL) Zvinoreva kuti, "Ndizvozvo nhai?" inter *Is that so?*

HEZVI (HL) conj [Akabatwa nedzihwa nezuro hezvi avete. *He caught a cold yesterday and that is why he is in bed.*] *thus, for this reason*

HEZVO (HL) conj [Wanonoka, hezvo waburitswa basa. *You were late and so you lost your job.*] *and that is the reason why;* inter [Hezvo, wakapfeka bhatye rangu! *Gosh, you are wearing my jacket!*] *Good heavens! Gosh!*

HINGA K (HL) cf inga inter [Hinga, ndatsika munzwa! *Gee, I have trodden on a thorn!* Hinga, motokari iri kumhanyisa! *Gosh, the motor car is travelling fast!*]

HO-O (H-H) Zvinotaurwa kana munhu ayeuka zvarehwa. inter *of re-*

membering [Ho-o, ndazoziva zvauri kureva. *Oh yes, now I know what you mean.*]

HOBHO 9 (HL); dutu 5. Murwi kana kuwanda kwezvinhu. n *heap, plenty (lots of, heaps of)*

HOBI 5, mah-6 (LH) Panoreba musoro maziso achipinda mukati (somusoro wegudo). n *hollow below projecting eyebrow (e.g. of baboon)*

HOBVU 9 & 10 (LH) [huni hobvu = *thick firewood;* mvura hobvu = *heavy rain*] adj *thick*

HOCHI 9 (LH); nguruve 9; humba 9. Mhuka ine chimuromo chakapwashamara chinotukunyudza pasi ichitsvaga zvokudya. cf Afrik n *pig*

HODZEKO 9 (LLL) Hari inokodzekerwa mukaka. n *vessel in which milk is set to thicken*

HOFISI 9 (HLL) Imba munoshandirwa namabharani kana kuti munoitirwa mabasa okunyora. Vazhinji vanoshandisa izwi iri kureva kwamudzviti. cf Eng n *office (esp District Commissioner's)*

HOFORI 9 (HHH); hofororo 9. Munhu murefu ano muviri. n *stout person;* MUDYAHANDIKORI, MUTETE

HOHODZA 9 (HHL) Shiri ndiki inoita dendere mumhango yomuti wakaoma. Inodya tupuka notukonye tunogara mumakwati nomumapazi emiti. Inowanzova negotsi dzvuku. n *woodpecker (gen name)*

-HOHORA i (H); -vovora i K. Kuchema nezwi riri pamusoro sezvinoitwa pafiwa. [Rume rakarumwa nenyoka pagumbo rikahohora. *The fellow was bitten in the leg by a snake and he let out a yell.*] vb *cry loudly in distress (esp men)*

HOHOSHWA 9 (HHL); hoshwa 9; hurukuru 9. Vana vanovava vekamuti kanenge nyemba kanotambarara nokumonera pane mimwe miti. n *bean of sp of climbing plant (causing irritation of skin on contact)*

HOKA 9 (HL); nhimbe 9. Hwahwa hunonwiwa vanhu vachiita basa romuridzi wohwahwa. n *beer party for work*

HOKO 9 (LH) Chimuti chinoroverwa pasi kana pamwewo panhu. n *projecting wooden peg (in ground or wall etc)*

HOKOYO! (HLL) Kutaurira munhu kuti angwarire pane njodzi, kana kuti apeuke munzira. Chenjera! inter *Beware! Be careful! Watch out!*

HOKOYO 9 (LLH) cf horwe 9. Mhando yeshiri inodyiwa navanhu. n *francolin, "pheasant"*

HOMBARUME la, pl: vana- & 9 (LLLL) Muvhimi chaiye. Zita rinopiwa munhu anenge auraya mhuka yokuvhima. [Hombarume haiiti shura nesango. *A hunter has no mysterious notions about the forest.* prov 1467 *i.e. An expert knows what he is about.*] n *successful hunter*

HOMBE 5 & 9 (LH) Chikuru. [nyoka hombe = *large snake*] adj *big*

HOMBEKOMBE 5, mah-6 (LLLL) Magumo okufara kwedziva kana rwizi kana gungwa. n *edge of pool, river-bank*

HOMBIRO 9 (LHL); horomba 9. Gudo nzombe. n *big male baboon;* MBOI

-HOMURA i & t (H) Kuchema kunoita makudo makuru. [Takanzwa makudo achihomura. *We heard the bark of baboons.*] vb *sound alarm (by baboon);* Related ideo: homu

HOMWE 9 (HH) **1.** Bhegi rejira (furau etc) rinoiswa zvinhu. n *small bag, pocket;* **2.** Svikiro kana kuti munhu anosvikirwa nomudzimu. n *human medium of tutelary spirit*

HONDO 9 (HH) **1.** Kurwisana pakati penyika dzakasiyana kana marudzi akasiyana. n *war, battle;* RUGARE; **2.** Masoja kana vanhu vanorwa muhondo. n *regiment, fighting party, detachment of soldiers*

HONDOHWE 9 (LHL); gondobwe K 5. Nzombe yehwai. n *ram, male sheep*

-HON'A i (L); -honya i. Zvinoita imbwa kana ichida kuhukura. [Imbwa yakahon'a zvayakationa. *The dog growled as it saw us.*] vb *growl*

HONGU (HL); Hon'o K; Ehunde M; Ee; Hengu K; Eho M; Ehe-e. Izwi rokubvumira. inter *Yes;* KWETE

HONO 9 (HH) Mhukarume inoberekesa mwana. n *male (animal);* HADZI

HONYE 9 (LL) cf gonye 5. n *worm, maggot, grub, caterpillar, larva*

HOPE 10 (HH) **1.** kotsiro 9. Chido chokuda kukotsira. [Mucheche abatwa nehope. *The baby is asleep.*] n *sleep, sleepiness;* **2.** chiroto 7. Zvinorotwa nomunhu kana akakotsira. n *dream;* CHOKWADI

HOPU (HL) Kukuza mombe dzakabopwa kana kuti kukuza vanhu pakusimudza chinorema. inter *pull! (to oxen), lift! (to people) — signal for action*

HORA 9 (HL) **1.** Dharamete rinoshandiswa kupunza mabwe etc. n *dynamite;* **2.** Mutauriro unoshatirisa. n *rough, provocative reply*

-HORA t (L) **1.** Kutambira mari pabasa. [Anohora mari pasvondo roga roga. *He gets his pay each week.*] vb *receive wages;* **2.** Kuunganidza

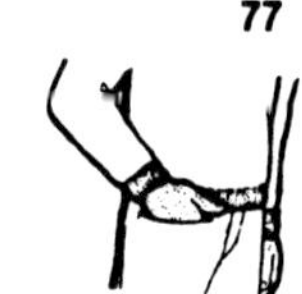
homwe

hofisi

hombiro

hohodza

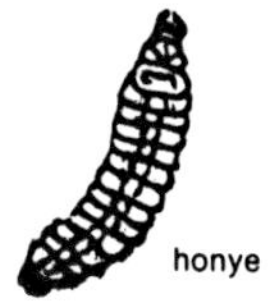
honye

hoko

hozi

hozhwa

hove

horwe

hudyu

huku

hukwana

hoto

marara nokuaisa mugwati etc. [Hora marara ari pachivanze undoarasa. *Gather the rubbish in the yard together and throw it away.*] vb *gather up and dispose of (e.g. rubbish)*

HORE 9 (LH) Gore rakasvibirira rine mvura iri kunaya kana yava pedyo kunaya. n *rain-cloud heavy and dark with water vapour*

HORIKOTYO 9 (LHLL) Mutambo unoitwa navakomana; wokupotsera tsvimbo mudenga, vamwe voedza kuitema nedzavo isati yawira pasi. n *game in which one player throws a stick into the air and the others try to hit it before it lands*

HORIORI 9 (LHLH); muhori 3 M; mborivori 9. Shiri yakareba; ina makumbo marefu nomutsipa murefu. Inodya tupuka nembeu nezvimwewo. Inogara munzvimbo dzine mvura. n *crane (gen term), type of tall bird*

HORO 9 (HL) Imba huru, munosangana vanhu vazhinji pamisangano, konzati, etc. cf Eng n *hall*

HORO 9 (LL); indyo 10; mbayo 10; madyo 6; nhafu 9. Kuda kudya nguva dzose. n *greediness*

HOROMBA 9 (LLH) cf hombiro 9. n *big male baboon;* MBOI

HORWA 9 (HL) Kuvava nokuipa kunoita chaora. n *sourness (from fermentation) — applies to beer or milk*

HORWE 9 (LH); gorwe 5 KM. Shiri yakafanana nehuku inowanzoda kufamba napasi nedzimwe dzorudzi rwayo padyo nenzizi etc. n *francolin, "pheasant"*

HOSHA 9 (LL) Chirwere chokuti hameno munhu akapona. Urwere hunenge hwakura. n *serious sickness, illness, high fever*

HOSHO 9 (LH) Guchu rine mhodzi kana kuti rinoiswa tumabwe mukati, rinoridzwa pamwe chete nembira nengoma. n *rattle (held in hand and shaken in time with drum)*

HOSI 9 (HH); vahosi 1a. Mukadzi akatanga kuroorwa paguru. Ishe womukadzi. n *senior wife (in a polygamous family); queen*

HOSIPAIPI 9 (HHHLL) Pombi yokudiridzisa mugadheni. cf Eng n *hosepipe*

HOSIPITARI 9 (HLLLL); chipatara 7. Imba inogara varwere vachirapwa. cf Eng n *hospital*

HOTERA 9 (LHL) Imba inotengeserwa vaenzi zvakabikwa, vachidya nokuraramo. cf Eng n *hotel*

HOTO 9 (LH); goto 5 M. Shiri yakareba inoda kumhara panhenganhenga pomuti. Ino muromo mukobvu wakakombama nebesu refu. Inodya tupuka. Dzinowanda munzvimbo dzakaoma mune mipani. Inokandira mumhango yomuti. nokugaramo ichipiwa zvokudya napaburi nechijongwe chayo. Iri imomo inounduka manhenga. n *hornbill (gen name)*

HOTORA 9 (HHL); gotora 5, mbocho 9 M. Mbudzi nzombe. n *hegoat*

-HOTSIRA i (H); -hetsura i. Kuburitsa mweya muzhinji nomumhuno nomukanwa kana paine chapinda mumhuno kana wave nedzihwa. [Akapindwa nehuruva mumhuno akahotsira. *Dust entered his nose and he sneezed.*] vb *sneeze*

HOVE 9 (HH); tsomba 9 M. Chisikwa chomumvura china madakashwa. n *fish*

HOVHA 5, mah-6 (LH); figu 5 Ko hobo 5 M; hombo 5 Z. Muchero womubhanana. n *banana (natural home is India and China)*

HOVHA 5, mah-6 (HL) Gunde rechibage risati rasimba, rine muto usati wonaka. n *young maize stalk whose sap is not yet sweet*

HOVO 9 (LL); kovo 1a M; govo 5 K. Kamhuka kanozivikanwa chaizvo. Kanodya mbeva namakonzo neshiri namazai nenyoka etc. n *slender mongoose*

HOZHWA 9 (HL); hozhwe 9. Kapuka kasina makumbo kanofamba zvishomashoma kari mukamba kako. Tumwe hatuna tumba twatwo. n *snail, slug*

HOZI 9 (HL) Imba inovakwa pamusoro pamabwe (kuti muchenje urege kupinda) ine matura anoiswa mbeswa dzakasiyana. n *grain storage house (permanent), granary*

HUDYU 9 (LH) Pachiuno panosangana zvidya nomuviri. n *hip-bone, pelvic bone*

HUKU 9 (HH) Shiri inopfuyiwa pamusana pamazai nenyama yayo. n *domesticated fowl*

HUKURAHUNDI 9 (HHHHL) cf gukurahundi 9. n *early spring rain*

HUKURUTOMBO 9 (HHHHH) cf gwavava 5. n *large rock lizard*

HUKUTU 9 & 10 (HHH) [huku hukutu = *healthy fowls*] adj *hardhearted, cruel; healthy*

HUKWANA 9 (HHH); nhiyo 9. Mwana wehuku. [Hukwana inodya ndeiri pana mai. *The chicken that feeds (best) is the one near the mother.* prov 395 *i.e. The closer you are to your benefactor, the more you are likely to get from him.*] n *chicken*

HUMA 9 (LL); mhanza 9; cf guma 5. n *forehead* cf chiso p

HUMBA 9 (LH) Nguruve yomusango inorema 90 kg. Inofamba usiku ichidya zvirimwa kazhinji chibage, musango inodya midzi nemichero etc. Inogara nedzimwe dzorudzi rwayo nokuwanikwa kwose munyika muno. n *bush-pig, wild pig*

HUMBA 9 (LL); honondo 9 K. Chinenge tsikidzi chinoruma vanhu. n *house-tick, tampan*

HUMWE 14 (HL) cf hoka 9; nhimbe 9. n *beer-party for work*

HUNDE (HL); Ehunde M; Hon'o K; cf Hongu inter *Yes;* AIWA

HUNDE 9 (HL) Muti mukobvu, mukuru uri pazasi pamapazi. n *trunk of tree, bole*

HUNDI 9 (LL) Marara anosara panenge papurwa zviyo. n *chaff of threshed millet and sorghum*

HUNDWA 9 (LH); ndohwa 9; ndobwa 9. Ndove yemombe yakaoma inokuhwidziswa moto. n *dry cattle dung used as fuel*

HUNGA 9 (HH); ngurusi 9; mukunga 3 KM; nyamatsatsi 9 Z. Hove inenge nyoka. n *eel, genus of long, thin fish*

HUNGURUDO 9 (HHHL); hurungudo 9; hungurubwe 9. Kabwe kakaurungana kanotsvedzerera, kanoshandiswa kukwenenzvera hari kana dzichiumbwa. n *small spherical stone (about 60 mm across) used for smoothing clay-pots being fashioned*

HUNGWE 9 (LH) Gondo rinonyurura hove, rino musoro muchena nebesu jena. n *fish-eagle*

HUNI 9 (HH) Muti wakaoma unoshandiswa mumoto. n *firewood (could be one piece of f.)*

HUNZA 9 (HH); huzha 9 K. Danga romuvhu rembudzi nehwai rakatenderedzwa nemabwe mudunhu reInyanga. n *pit lined with stone once used in the Inyanga area as fold for sheep or goats*

HUNZI (HL); hanzi; kwahi; kwanzi; zvanzi; *'It is said'* passive form of vb -ti

HUREKURE 9 (LHLL) Shiri ina makumbo marefu namavara machena namatema inowanzowanikwa pasi mumapani nomuminda yakarimwa. Inodya tupuka etc. n *plover*

HURITI 9 (LHH); nyimbiri 9 M. Shiri yakasvipirira yorudzi rwenjiva, nyangwe iri huru. Inogara nedzimwe dzorudzi rwayo nokudya tsamvi, makuyu nemimwe michero yomusango. n *green pigeon* R323

HURO 9 (LL) Mukana kana kuti mwena unodzika zvokudya zvichienda mudumbu. n *throat, oesophagus, gullet, canal leading food to the stomach*

HURU 9 & 10 (HH) [hova huru = *big rivers*] adj *big, great*

HURUDUDU (HLLL) Izwi rinoreva kusuwa, sezvinoita atirwa. [Amai vakadzokera kumusha vakati hurududu. *Mother returned to the village with a long face.*] ideo *of being sad, gloomy;* FARANU

HURUDZA 9 (LLL) Murimi anogona chaizvo zvokurima. n *gifted and successful farmer*

HURUKURO 9 (HHHL) Zvinokurukurwa, kana kuti nyaya iri mudare. n *discussion, conversion, talk, chat*

HURUNGUDO 9 (HHHL) cf hungurudo 9. n *round stone used for smoothing clay pots*

HURUVA 9 (HHL) cf guruva 5. n *dust*

HUSVU 9 (LH); hwidzikwidzi 9. Shiri ine vara dzvuku padyo nomutsipa wayo inokwidzima. Inofamba nedzimwe dzorudzi rwayo. Inodya tupuka nemichero nokukandira mazai mumhango dzemiti. n *red-shouldered glossy starling* R737

HUTA 9 (HL); bhera 5. Chinoridzwa chemotokari chokuzivisa vanhu. cf Eng n *hooter*

HUTE 9 (HL) Muchero womukute. n *fruit of the* mukute *tree*

HUVA 9 (HH); rukuva 11; chikuva 7. Nzvimbo inogara hari, mberi kwemba. Panopirwa midzimu panguva yebira etc. n *platform for arranging domestic pots*

HUVHE 9 (HL); dare 5 K. Hwohwa hune mudzi murefu, hunodyiwa. n *large, edible mushroom*

HUYO 9 (LL) Kabwe kakapamhama divi rimwe kana mativi maviri kanobatwa mumaoko kana munhu achikuya paguyo. n *upper grindstone (held in hands);* GUYO

HUZU 9 (HL) cf mupfumi 9. n *rich person;* MUROMBO

HWAHWA 14 (LH); doro 5; mhamba 9; ngwengwe 9; bwabwa 14 K. Chokunwa chinodhaka chinonwirwa kufara kana sechivaraidzo. [Hwahwa hahuna ndashanya. *Beer has no regard for a visitor. prov* 292 *i.e. Visitors are discouraged from over-drinking.* Nezuro akabatwa nohwahwa. *Yesterday he had too much to drink.*] n *beer;* [**hwahwa hwechiRungu:** *European beer*]

HWAI 9 (LL); gwai 5. Chipfuyo chakafanana nembudzi chino muviri une mvere zhinji dzinogadzириswa shinda namagumbeze etc. n *sheep*

HWAMANDA 9 (HHH); hunda 9 Ko. Bhosvo, kana nyanga yenhoro, rinoridzwa. n *horn used as kind of bugle*

horiori

hovo

hungwe

hurekure

hwahwa

hwamanda

hwarikwari

hwata

hwerekwere

hwidibiro

hwayana

hwidzikwidzi

hwiza

HWANA 9 K (HH) cf twana 9. n *caracal, African lynx*

-HWANDA i & t (H) **1.** -vanda i & t. Kuva pasingaonekwi nhando. [Tsuro inohwanda mugwenzi kana yanzwa imbwa. *A hare hides under a bush when it has heard a dog.*] vb *hide, conceal, shelter;* -ISA PACHENA; **2.** Kutizira pasinganayi. vb *take shelter from rain;* **-hwandika** i [Ane chikanganiso chakahwandika. *She has a hidden fault.*] vb *be hidden; concealed*

-HWAPURA t (L) cf -bvuta t. vb *snatch*

HWARIKWARI 9 (LHHH) cf gwari 5. n *partridge, francolin, sp of game bird*

HWARO 14 (LL); bwaro 14 K. Uriri hwehozi kana hwetsapi. n *raised floor of granary (resting on large stones)*

HWATA 9 (HL); mukwasi 3 M. Shiri yakareba kwazvo (4 ft) inowanzofamba neimwe ichitsvaga hwiza kana nyoka notupuka. Ine dundundu jena namakumbo marefu ane zvidya zvitema; inomhanya nokubhururuka kwazvo. n *secretary bird* R105

HWATO 14 (LH); bwato 14 K; mwadiya 3 M. Igwa rakagadzirwa nomuti wakacherwa. n *canoe*

HWAVHU-UTETE 14 (LL-LLL) Ganda nebvupa rokumusoro kwomukanwa. n *palate, roof of mouth*

HWAYANA 9 (LLH) Mwana wehwai. n *lamb*

HWEDZA 1a M (HL) Kuswerамangwana; zuva rinotevera mangwana. n *day after tomorrow*

HWEMA 14 (LL); bwema 14 K. Munhuhwi unonzwika nembwa kana dzimwe mhuka. n *scent (as perceived by non-human), smell*

HWENGA 9 (LH) cf chihwehwe 7; chihwenga 7; nyandora 9 M. Shiri ino muromo wakakombama; pakupfuyiwa inotevedzera zvinotaurwa navanhu. n *parrot*

-HWENGEZURA t (H); -hesvura t. Kubata zvakasimba munhu kana mhuka etc. [Akahwengezura mbavha ichangobuda mumba make. *He siezed the thief as soon as he left his house.*] vb *grab, seize roughly, hold on to*

HWENJE 14 (LH); bwenje 14 K. Dziva rakadzika, rinotyisa kutarisa. n *very deep pool of water*

HWENYA 9 (HL); hwena 9 K. Kamuti kanenge hanyanyisi kanodyiwa navanhu, kanofarirwa kwazvo nenguruve. Kanoita mashizha namaruva anonhuwira. n *herb whose bulbous root is eaten raw or cooked*

HWEREKWERE 9 (LLLL); hwarakwara 9 M; hwarikwari 9 K. Mhando yeshiri yakafanana nehuku; inokandira pasi. n *large species of francolin*

HWERU 9 (LH); bikita 5 K; dzimba 5 M; cf hwiribidi 9. n *antbear*

HWEVA 9 (LL); nhanda 9 M. Nyenyedzi inoonekwa mangwanani-ngwanani. n *morning star*

HWI! (H); kweteba! Izwi rokurambisisa. inter *No!;* EE!

HWIBA 9 (HL) cf hweru 9. n *antbear*

HWIDIBIRO 9 (HHHL); hwidibo 9. Chokukwidibirisa. n *lid that lifts off*

HWIDZIKWIDZI 9 (LHLL) cf husvu 9. n *red-shouldered glossy starling*

-HWIHWIDZA i (H) Kuchema somunhu afirwa nehama. [Parufu vanhukadzi vanohwihwidza nguva nenguva. *At a funeral womenfolk sob pitifully.*] vb *cry bitterly on alternating notes; neigh (of horse)*

HWINDO 5, mah-6 (HL); windo 5; fafitera 5; fasitera 5; cf Eng n *window, frame admitting light into room*

-HWIPURA t (L) cf -hwapura t. vb *pull out; spring back to equilibrium (like whip-snare)*

HWIRANONDO 9 (HHHL); nondo shava 9. Mhuka yomusango. Mukono nehadzi zvine nyanga dzakakombamira mukati. Dzinofamba dzakawanda nokufura uswa; dzimwe nguva dzingadyewo mashizha nemimwe michero yomusango. n *Lichtenstein's hartebeest, weight 130 kg*

HWIRIBIDI 9 (HHHH); hweru 9. Mhuka inorema 60 kg, yakareba 1,5 m; inochera mwena nokugaramo. Inodya masvosve namajuru ichifamba usiku. n *ant-bear*

-HWIRIRA i (H); -bwirira i; -benhuka i Ko. Kudzokera kunzvimbo yawambenge uri. [Masikati takahwirira kumunda tawanda. *We returned to the field at midday in number.*] vb *go back, return;* **-hwiridza** t [Haana kuhwiridza mari yaakakwereta. *He did not return the money he borrowed.*] vb *give back, return;* -TORA

HWIRITI 9 (LHH); bandachakata 9 M cf huriti 9 n *green pigeon* R324

HWIRO 5, mah-6 (LL); bwiro 5 K; rinda 5 cf guva 5 n *grave*

HWISHU 9 (HL) Mumwewo mutoo wokutamba. n *manner of dancing*

HWIZA 9 (HL); marumbi 9 M; mhashu 9 K; ndongwe 9 n *locust or grasshopper (gen name)*

HWIZARUKUNI 9 (IILLHH)· mhashurukuni 9 n *stick insect*
HWOHWA 14 (LL); bwohwa 14 K. Chinowanzomera nguva yezhizha mushure mokunaya. Kune mhando dzakasiyana dzohwohwa. Dzimwe dzinodyika; dzimwe dzinouraya. n *mushroom (gen name)*

IBU 5, mabu 6 (LH); bwai 5 M. Nzungu isati yakora. n *immature groundnut (especially those still undersized when mature ones are lifted)*
-IBVA i (H) Kuita zvakanaka kwomuchero kana kwechabikwa etc. [Tii yaibva. *The tea is ready (cooked).*] vb *ripe, be ready to eat or drink; be fully cooked;* MUCHERO MUMBISHI
IBVI 5, mabvi 6 (LH); bvi 5 K. Nzvimbo inoguma mupimbira, panotangira chidya. Panogonyana kana munhu opfugama. n *knee, joint between the upper and lower leg*
IBWE 5, mabwe 6 (LL); dombo 5; bwe 5 KM n *stone, very hard natural mineral matter, rock, boulder*
IDI 5, npl (LH); chokwadi 7. Zvazviri chaizvo, kwete zvokunyepa. n *truth, quality or state of being true;* NHEMA; **Idi!** inter *Truly! Really!*
-IDZA i & t K (L) cf -edza i & t vb *attempt, try, test, endeavour, tempt*
IDZVA 5, matsv-6 (LH) [bhuku idzva = *new book*] adj *new*
IGA 5, maga 6 (LL); chiga 7. Chikwangwani chomucherechedzo. n *brand mark (on cattle)*
-IGIRA t (H); -vigira t; -unzira t. Kutora chinhu nokuenda nacho kundopa mumwe. [Kana uchisvika kuchitoro undiigirewo shuga. *If you are going to the store please bring me some sugar.*] vb *bring for*
IGO 5, mago 6 (LL); go 5 K. Kambuyu kakatetepa chaizvo pakati, kanondurira zvinorwadza nokugara panhundu. Kune mago akasiyana: **igo mombe** 5 (*large black ground-nesting wasp*); **igo mbudzi** 5 (*medium-sized wasp*); **igo ruswa** 5 (*small wasp*) n *wasp, hornet, social flying insect with painful sting*

IGWA 5, magwa 6 (LL); gwa 5 K. Chikepe chinofambiswa mumvura namakwasvo. n *canoe; in Africa a hollowed-out tree trunk, usually of the palm tree*
IHWE 5, mahwe 6 (LL) cf ibwe 5. n *stone*
IMBA 9. pl: dzimba (LH); umba 9 M; mhatso 9. Chivako chinopfirirwa, munogara vanhu. n *house, dwelling, room, hut (thatched or otherwise)*
-IMBA i & t (H) Kushaura mazwi erwiyo. [Nhasi vanhu vaimba zvinofadza chaizvo. *Today the people were singing very pleasantly.*] vb *sing, make continuous musical sounds with the voice;* **-imbisa** t [Mudzidzisi wedu inyanzvi pakuimbisa. *Our teacher is an expert at singing.*] vb *conduct or lead the singing*
IMBI 5, mambi 6 (LH); chimbi 7. Chinzondora chinomera pamupimbira wejongwe. n *spur of bird* cf horwe
-IMBISA t (H) cf -imba i & t. vb *lead the singing*
IMBWA 9 (LH); mbwa 9 K; ingwa 9 Ko. Mhuka inochengetwa navanhu, yokuvhimisa kana kuchengeta pamba. [Imbwa hairumi muridzi wayo. *A dog does not bite its master.* prov 794 *i.e. Other people's reservations are not shared by members of the family.*] n *dog*
IMBWAZUKURU 9 (LHLLL); mbwazukuru 9 K. Mbudzi inopiwa vabereki vomukadzi, yokutenda ambuya vake (vapenyu kana vakafa). n *thank-offering to grandmother (living or dead)*
IMVI 9 (LH); mvi 9 KM. Vhudzi rachena pamusana pokukwegura. n *grey hair*

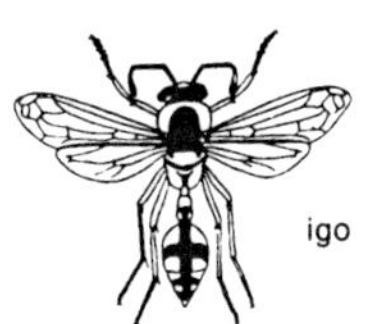

inda

ishwa

ingwe

injini

ingi

INDA 9 (LH) **1.** nda 9 K. Kambuyu kanokonzerwa netsvina, kanogara pamuviri womunhu kana mhuka kachisveta ropa. n *louse, small insect living on the bodies of warm-blooded creatures;* **2.** Kapuka kanowanikwa pamashizha. n *aphid, plant louse;* [**inda yegunguo** = n *ant-lion*]

-INDA i K (L) cf -enda i. vb *go;* -UYA

INDYE 9 (LL); ndye 9 K. Chisingadyiwi pamusana pokuvava kwakanyanya. n *vegetable or fruit with bitter taste*

INDYO 9 (LL); ndyo 9; nhafu 9; makaro 6. Mwoyo wokuda kugarodya twakasiyana. n *voracious appetite for food*

IN'A 5, man'a 6 (LL); n'a 5 K. Kutsemuka kwetsoka kana ganda romuviri. n *chap, skin crack (usu caused by cold weather)*

INGA (HL); inga wani [Inga wani ndakudzorera mari yako! *But I gave you back your money!*] inter *expressing astonishment (often mixed with annoyance)*

INGI 9 (HL); hingi 9. Chokunyoresa chinenge mvura, chino ruvara munonyikwa peni pakunyora. cf Eng n *ink*

INGWE 9 (LL); mbada 9; kamba 1a M; mutupo: Nhewa. Mhuka yomusango ina mavara eyero namatema, iri muboka rekatsi; inomara nenzara kana ichirwisa. n *leopard; large, spotted carnivorous animal; shy and cunning member of the cat-family*

INI (LH) [Ini ndini ndakasakisa kuti ubudirire. *It is I who made you successful.*] *absolute pronoun 1st person singular; emphatic form:* **inini**

INJINI 9 (HLL) Panobva simba romuchina. cf Eng n *engine, machine producing power*

-INZVA t (L); -vimba na-; -temba t; -nyinda i & t. Kutarisira kuno mumwe kuti anokubatsira. [Ndinoinzva iwe pakuvaka imba yangu. *I have confidence in you for building my house.*] vb *rely on, trust*

INZWI 5, manzwi 6 K (LH) cf izwi 5. n *word, voice*

-IPA i (H) Kunyangara kana kushata pakutarisika, mumazwi, muzviito, etc. [Zvakaipa kugaropopotedzana navamwe. *It is not good to always be on bad terms with others.*] vb *be bad, unpleasant, immoral, wicked, wild, furious, ugly;* -NAKA; **-ipisa** t [John akaipisa zita rangu achida kufarirwa iye. *John blackened my name in his desire to curry favour.*] vb *spoil, corrupt, diminish goodness;* -NAKISA; **-ipisisa** t [Zvakaipisisa. *It is very bad.*] vb *be very bad;* -NAKISISA

IPWA 9 (LH); pwa 9 K; mukaruka 3 M; gunde 5 Ko. Chirimwa chinodyiwa chichisvisvinwa muto unotapira. n *sweet sorghum, sweet cane*

-ISA t (L) Kusakisa kuva panzvimbo. [Isa chigaro ichi mumba. *Put this chair in the house.*] vb *set, put; put down, on or in; place; Related ideo:* ririri, mhi, dzi, dzva, kasha, tsve. -BVISA

ISHE 1a, pl: vana- (LH); she 1a K; mambo 1a; changamire 1a. Mutongi wedunhu. n *chief or sub-chief*

ISHWA 9 (LH); shwa 9 K. Dzinenge tsambarafuta, dzinogara mukati mechuru madzinobuda nguva dzezhizha mushure mokunaya. n *flying-termite*

-ISVO- Izwi rinoreva kuti zvakanyanya. [Mukomana uyu anoridza gitare zvinoisvonakidza. *This boy plays the guitar very well (in a way which delights).*] infix vb *exceedingly, exceptionally, very*

-ITA i & t (L) [Ndoita zvingani; kuti mhanza, kuti mavende? *How many misfortunes can I bear; a bald head and toothless gums . . . prov 553 i.e. there is a limit to my tolerance.*] vb *do, act, behave, bring about;* **-itika** i [Hazviitiki. *It is impossible.*] vb *happen, be able to be done;* **-itisa** t [Masaisai anoitisa dzungu. *Waves cause sea-sickness.*] vb *bring about, cause;* **-ita bishi** vb *be busy, active;* **-ita chamunyurududu** vb *swim underwater;* **-ita chigure** vb *yodel;* **-ita chipatapata** vb *bustle, search hurriedly;* **-ita chiramwa** vb *sulk;* **-ita datsi** vb *have blurred vision, see obscurely;* **-ita dope/weti** vb *urinate, pass water;* **-ita dzungu** vb *be dizzy;* **-ita jee** vb *joke;* **-ita makuhwa** vb *tell rumours, backbite, gossip maliciously, slander;* **-ita mapitse / makundano** vb *compete, contest;* **-ita maun'ira / maungira** vb *echo, resound;* **-ita mhidigari** vb *somersault;* **-ita mufananidzo** vb *draw a picture;* **-ita musara / muyembe** vb *joke, perform practical joke, pull someone's leg;* **-ita musikanzwa** vb *be mischievous, misbehave;* **-ita mwana** vb *beget a child, bear a child, give birth to a child;* **-ita mweya** vb *begin to smell or corrupt;* **-ita ngano** vb *relate, tell a story;* **-ita ngonono** vb *snore;* **-ita nharo** vb *argue, be argumentative;* **-ita pamuromo** vb *be talkative, always talking;* **-ita pfini** vb *be spiteful, show spite;* **-ita rundaza** vb *line up, stand in a line;* **-ita ruzha** vb *make noise or din;* **-ita shanje** vb *be jealous;* **-ita tsimba** vb *wrestle,* *grapple;* **-ita tsiye nyoro** vb *be kind to;* **-ita usimbe** vb *be lazy;* **-ita utsinye** vb *be cruel to;* **-ita zevezeve** vb *whisper;* **-ita** + object (*or adjective*) [Kwaita kure. *It is far away.* Shuga yaita shoma. *There is little sugar.*]; **Mazviita.** *Thank you / You have done it.* **-itira** [Munhu wose anofanira kuitira nyika yake. *Every man must serve his country.* Akaitira kuti ndive pano. *He is the reason why I am here.*] vb *bring about (that); serve;* **-itwa** [Ndinoitwa *Bertha. I am called Bertha.* Hazviitwi. *It is not done / You should not do it.*] vb (passive form) *be called, done, made*

ITSVA 9 (LH) Isati yagara kana kuti isati yashandiswa. [hembe itsva = *new shirt*] adj *new*

ITSVO 9 (LH); svo 9 K. Nhengo yomuviri wemhuka kana munhu inotsaura mvura isingashandiswi nomuviri ichiiisa kufuridzo. n *kidney*

IVHU 5, mavhu 6 (LH); vhu 5 K. Munomera mbeswa nezvimwe zvose; pasi. n *soil, earth*

IYA M (HH) Kuratidza kushamiswa. inter *Good gracious! Oh, my goodness! Expresses remonstrance or surprise*

IZVOZVI (HLH); iye zvino; iko zvino; zvino uno; zvino zvino. Nguva yakare ino. [Uya izvozvi. *Come right now.*] adv *right now, this minute*

IZWI 5, mazwi 6 MZ (LH); inzwi 5 K. Zvinonzwikwa kana munhu achitaura, achiimba etc. [Izwi rabuda mumuromo haridzivirirwi. *A word once released from the mouth spreads abroad. prov* 1138] n *voice, sound made when speaking, word*

-ita mufananidzo

itsvo

jachacha

jakarasi

JACHACHA 5, maj-6 (HHH); bvungo 5 M Kamhuka komusango kanenge hovo asi iko kaina mavara machena namatema. Kanorema 15 kg; kano urefu hwe-1,2 m. Kanogara munzvimbo dzine miti yakawanda chaizvo padyo nenzizi noturukova. Kanodya zvizhinji sokuti shiri nemichero notupuka. n *civet cat*

JAGI 5, maj-6 (HL) Mudziyo mukuru pane kapu, uno mubato unoisirwa mukaka nemvura. cf Eng n *jug*

JAHA 5, maj-6 (LH); jaya 5. Mukomana ava pazera rokuroora. [Jaha kutizisa mhandara: kuona danga. *A young man eloping with a girl must have cattle. prov* 297 *i.e. Resources are needed for big undertakings.*] n *young man of marriageable age;* MHANDARA

-JÁHA i (L) Kumhanya kunoita mabhiza pamujaho. [Mabhiza gumi akajaha pamujaho wechipiri. *Ten horses competed in the second race.*] vb *run a race (of horses), gallop*

JAHWI 5, maj-6 (LH) Nzvimbo izere mvura; kazhinji mvura namadhaka. n *waterlogged ground, bog*

-JAIRA i & t (H) Kuzivira kuita kana kuona etc. [Ajaira kufamba nebhazi. *He is used to travelling by bus.*] vb *become accustomed to, be used to;* **-jaidza** t; -zividza t [Akajaidzwa kutaura muna vakuru. *He speaks in the presence of elders because he is spoiled.*] cf Nguni vb *make accustomed, cause familiarity, spoil*

JAJI 1a, pl: vana- (HL); mutongi 1. Munhu anotonga nyaya mudare. cf Eng n *Judge*

JAKARASI 5, maj-6 (LHLL); gava 5. **Mhuka yomusango yakafanana nembwa inorema 10 kg. Inofamba usiku ichidya zvakafa notupuka, mazai eshiri nemichero yomusango. Iri kwose kwose.** n *side-striped jackal*

jagi

-jaha

jamba

jamu

jedye

jarata

jayaguru

JAKWARA 5 (LLL) Hwahwa hwokupura. n *beer brewed for those who take part in threshing*

JAMBA 5, maj-6 (HL) Hembe yekaki ina maoko mapfupi nehomwe mbiri. Hembe yeSafari. n *khaki bush shirt with short sleeves and two front pockets, safari shirt*

JAMBWA 5, npl (LH); munyama 3 Mhanza yakaipa; kushorwa nguva dzose kana paine chakaipa chaitika. Kuwirwa nenhamo nguva nenguva. n *misfortune, bad luck, tendency always to be blamed for whatever happens*

JAMU 5, maj-6 (HL); jamhu 5. Muchero wakabikwa neshuga unozorwa pachingwa etc. cf Eng n *jam*

JANA 5, maj-6 (LL); janha 5; zoro 5; dzoro 5. Nguva yokuti mumwe aitewo basa rinoravanwa kuitwa. n *duty to be done in rotation with others (e.g. herding cattle, shift-work), turn*

JANGANO 5, maj-6 (LLL) Jana rokubatsira mumwe akambokubatsirawo. n *mutual agreement to work together for the advantage of all participants*

-JANHA i & t (L); -churuka i & t Ko. Kusvetuka. [Akayambuka rukova achijanhira pamatombo. *He crossed the stream by leaping from stone to stone.*] vb *jump, move by jumps*

JANHO 5, maj-6 (LL) cf jana 5. n *turn*

JARACHARA 5, maj-6 (LLHH) Hwiza huru inobhururuka kuenda mudenga-denga pamwe nedzimwe dzayo dzakawanda. Dzaiwanzoparadza mbesanwa muno munyika. n *large, edible migratory locust (formerly seen in large swarms)*

JARATA 5, maj-6 (LHL); jaradha 5. Mudhadha wedzimba, sedzimba dzine chidziro chamarata. n *temporary building of corrugated iron (commonly used at construction sites)*

JARI 5, maj-6 (LH); ragi 5. Gumbeze rine shinda dzakamonwa kumipendero yaro. n *tasselled blanket, rug*

JASI 5, maj-6 (HL); jazi 5; mudzimuwarembera 3. Bhachi refu rinosvika kumipimbira. n *greatcoat, overcoat; heavy, long coat*

JAVA 5 (HH) [Jira java = *brownish-yellow cloth*] adj *brownish-yellow*

JAYA 5, maj-6 (LH) cf jaha 5. n *young man, grown up boy;* MHANDARA

JAYAGURU 5, maj-6 (LHLL); jongweguru 5. Shiri diki inodya tupuka. Ine zhumu rebhuruu nebesu dzvuku refu chaizvo. Inowanzoonekwa muzhizha mumagadheni nomumiti padyo nenzizi. n *paradise flycatcher* R682

JECHA 5, maj-6 (HL) Tutombo tudikidiki tunopfupfunyuka pabwe. n *sand, tiny grains of worn rock*

JEDYE 5 M (HL) cf dafi 5. n *frog*

JEE 5, maj-6 (HH); muyembe 3; musara 3. Zvinoitwa nomunhu kuno mumwe zvokutamba. n *playfulness, jocular behaviour*

-JEGA t (H) Kushandisa jega kusimudza motokari (e.g. kana munhu achida kuchinja vhiri). [Jega motokari yangu ndibvise vhiri raponja. *Jack up my motor car for me to take off the punctured wheel.*] cf Eng vb *jack up (e.g. car);* -JEGENURA; **-jegenura t** [Jegenura motokari tiende. *Let down the motor car and let's go.*] vb *release lifting device*

JEKA 5, mach-6 (HH); jekacheka 5. Uswa hunowanzowanikwa mumapani; hunocheka minwe sechisvo. n *sharp-bladed grass*

-JEKA i (L) Kuchena sezvinoita kunze masikati pamusana pezuva kana kusina makore. [Vakamuka kwajeka. *They awoke when it was daylight.*] vb *become bright;* -SVIBA; **-jekesa** t [Jekesa kuti rubatsiroi rwaunoda kupiwa neni. *Specify what sort of help you want me to give you.*] vb *make clear, clarify, light up*

JEKISENI 5, maj-6 (HLLL) Chinetsono chokuisisa mushonga mumuviri. cf Eng n *injection*

JEKO 5, maj-6 / mach-6 (HH) Mudziyo unoshandiswa kucheka uswa. n *sickle*

JEMEDZANWA 5, maj-6 (HHLH) Mheremhere kana kunyunyuta kunoita vanhu vakawanda panguva imwe cheteyo. n *public outcry*

JENA 5, mach-6 (LL) [gonhi jena = *white door*] adj *white, clean*

JENAGURU 5 (LLHH) Mwedzi uzere unonyatsojekesa. n *full moon*

JENAMWA 5 (HHH); janyangwa 5 K. Munhu anoshatirwa nokukurumidza. n *short-tempered person*

-JENGA i (H); -svinga i K. Kumira panzvimbo imwe chete kunoita mvura, isingadziki pasi. [Mupunga unorimwa munzvimbo dzinojenga mvura. *Rice is cultivated in marshy areas.*] vb *collect, gather on surface (water), form puddles of water*

JENGAMAI 5, maj-6 (LLHH) Mwana asingadi kusiyana namai. n *child that keeps close to its mother*

JENGETAVHU 5 (LLLH) Zvose zvinoitirwa kuti ivhu richengeteke, rirege kutorwa nemvura kana kukanganiswa nedzimwe nzira. n *soil-conservation;* GUKURAVHU

JENJERA 9 (LLL) cf gatahwa 5. n *roller bird (gen name)*

JERANDOGA 5, maj-6 (LLHH) Gudo kana mukono wemombe kana chimwewo chadzingwa nomumwewo mukono; dzimwe nguva chinoda kugara choga. n *solitary baboon, bull, etc*

JERENYENJE 5, maj-6 (LLLL); jerenyenze 5. Kapuka kanofamba usiku, kane muswe muchena; kanorema 4 kg. Kanowanzogara koga; dzimwe nguva nakamwe mumagwenzi padyo nenzizi, kachitsvaga shiri namatafi nembeva notupuka. n *white-tailed mongoose*

JERI 5, maj-6 (HL); jere 5; tirongo 9. Imba inochengeterwa vanhu vari kupika pamusana pemhosva dzavakapara. cf Eng n *jail*

JERIMANI 5, maj-6 (HLLL) Jira rakatanga kuzivikanwa zvikuru munyika muno, rina mavara machena namatema. n *dark printed cloth*

JERUSAREMA 5, maj-6 (LHLLL) Mumwewo mutambiro wengoma unoda kuti nyadzisei, unowanzoitwa zvikuru navanhu vanobva nechekwa-Murehwa. n *traditional dance for adults, with voice and drum accompaniment*

JESA 5, maj-6 (HL) Shiri inoruka dendere patsanga kana kwakagumisira bazi romuti. Inodya mhodzi semhunga notupuka etc. n *weaver bird (A general term that seems to include many seed-eating and nest-weaving birds; especially bishop birds and widow birds)*

JESE 5, maj-6 (HH); dywedywe 5; zhogozhogo 5. Shiri inogara nedzimwe zhinji dzorudzi rwayo. Nguva zhinji inenge iri pasi ichipidigura mashizha mukutsvaga tupuka. n *Jardine's babbler, noisy brown bird that spends much of its time on the ground in company with others, turning over dry leaves looking for insects*

JIHO 5, maj-6 M (LL); mhukutu 9. Ivhu dzvuku. n *red soil*

-JIJANA i (L); -dzidzana i. Kutswa kunoita vanhu vaviri kana vatatu muduri rimwe chetero, vachisiyanisa mitswi yavo kupinza muduri. [Vasikana vanonakidzwa nokujijana pakutswa. *Girls get pleasure from stamping grain together.*] vb *stamp grain etc in* duri *alternately (two or three persons), pound grain one after the other in time*

JINDA 5, mach-6 (HL); sadunhu la. Ishe wedunhu, mudiki pana mambo wenyika. n *subchief, headman (district)*

JINDADZI 5, maj-6 (LLL); bvanda 5. Mukosi wejira. n *strip of cloth, rag*

JINGA 5, maj-6 (LH) Muzasi megomo. n *foot of a hill*

JIRA 5, mach-6 (HH) **1.** mucheka 9. Shinda yakarukwa inozoitiswa mbatya etc. n *piece or length of cloth;* **2.** gumbeze 5. Chokufuga kana munhu arere. n *blanket*

JIRI 5, mach-6 (HH) Sango rine mizhanje mizhinji. n *woodland of wild loquat trees*

JITA 5, maj-6 (LH) Munhurume anoda kuzvionesa, anozvitatanyadza. n *ostentatious, vain, conceited person*

-JITIKA i (L); -buruka i. Kudzika pasi; kubva pakakwirira kana pamusana pebhiza, bhasikoro, etc. [Akajitika pambongoro ayambuka rwizi. *He got off the donkey when he crossed the river.*] vb *jump or come down, dismount from an animal;* -KWIRA; **-jitidza** t [Jitidza mwana bhazi zvakanaka. *Get the child carefully off the bus.*] vb *cause to alight;* -KWIDZA

-JOBOKA i (H) Kudyiwa kwembeu, michero nezvimwewo neshiri kana huku. [Manwiwa anojoboka nyore, nokuti akapfava. *Water-melons are easy to peck, because they are soft.*] vb *be easy to peck;* **-jobora** t cf -chochona t vb *peck (aggressive or feeding action of bird)*

-JOGODODZA t (H); -jogoda t; -jokonyedza t. Kubaya nechimuti etc sapakusvosva chinenge chiri mumwena. [Akajogododza ziso rake nomunwe achida kuribvisa marara. *He rubbed his eye with a finger trying to remove a speck of dust.*] vb *rub vigorously (outside), prod (inside)*

-JOHONA i & t (H) Kuchobora sehuku. [Huku dzakajohona nwiwa, rikapera nenguva isipi. *The fowls pecked the water-melon and it was finished in no time.*] vb *peck (aggressive or feeding action of bird)*

-JOJONYA t (H); -chochonya t KM. Kuguma danda kana huni kuti mavhunze adonhe, moto unyatsobvira. [Akajojonya danda kuti moto ubvire. *She tapped the log to kindle the fire.*] vb *tap burning log to dislodge embers or kindle fire*

JOKI 5, maj-6 (HL); joko 5. Danda rinovezwa, roboorwa mokuisa zvikeyi zvina nepokusungira cheni, rokubopesa mombe. n *yoke, fashioned bar of wood placed across the necks of oxen when pulling*

JOKOCHERA 5, maj-6 (LLLL); bvokocho 5; jokochwa 5; jokocho 5. Nzvimbo isingapindiki nouswa nezvigwenzi. n *stretch of impenetrable dense grass and bushes*

jenjera

jerenyenje

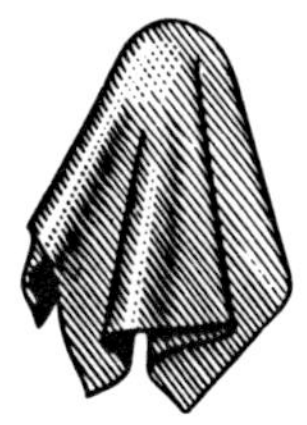
jira

jesa

jesa

joki

jowamuchowa

jon'osi

jongwe

juru

-JOMBA i (H) Kufa kana kutadziswa kushanda kwemotokari, chigayo etc. [Motokari yakajomba tisati tasvika kutaundi. *The car broke down before we reached town.*] cf Nguni vb *become inoperative through mechanical defect or physical obstacle (vehicle, plough, etc), break down.* **-jombesa** t [Kusherekeța kwake kwajombesa chigayo. *His mischief has disabled the mill.*] vb *cause break down to, wreck, ruin;* -GADZIRA

JOMBO 5, & 9, maj-6 (HL); njombo 9. Bhutsu dzinoshandiswa namapurisa etc. n *heavy boot*

JON'OSI 5, maj-6 (HLL) Mombe nzombe inobopwa pajoki. n *trek ox (untrained or in process of being trained);* DHONZA

JONGWE 5, maj-6 / mach-6 (LH) **1.** chongwe 5 Ko. Huku kana imwe shiri nzombe. cf chijongwe nakajongwe. n *cock, male bird or fowl, rooster;* NHUNZVI; **2.** nyakajongwe 5, cf kajongwe 12. n *flame lily*

JONHI 5, maj-6 (LH); mujoni 1. Mupurisa wechiRungu. n *European police officer*

JONI 9 (LH) Guta riri muSouth Africa, rinonyanyozivikanwa pamusana pemigodhi yegoridhi irimo. n *Johannesburg*

JORODHANI 5 (LLHL) Rwizi kana nzvimbo munopinda vanhu muviri wose mumvura vachibhapatidzwa. n *any place where baptism by immersion is carried out*

JORORWI 5, maj-6 (HLH); cf dambiramurove 5; shohwari 5 K; shuramurove 5. n *stork (gen name)*

JOSAKA 5, maj-6 (HLL); tsapo 9; gupo 5. Sagi kana imwewo homwe huru. n *woven bag (larger than nhava)*

JOTI 5, maj-6 (LL); joto 5. Kechemu; simbi dzokusunga maoko. Chokushonga muruoko. n *handcuff, metal bracelet*

JOWAMUCHOWA 5, maj-6 K (LL-LLL) cf hwata 9. n *secretary bird* R105

JUBHEKI 9 (HLL) cf Joni 9. n *Johannesburg*

JUDHO 9 (HL) Mutoo wokurwa nawo pasina kushandisa zvombo. cf *Japanese* n *judo*

-JUJA i & t (L); -chucha i. Kubvinza kwakanyanya. [Akatsika chipikira ropa rikajuja. *He stepped on a nail and blood gushed out.*] vb *leak profusely, gush out*

-JUNGA t (H) cf -dyunga t. vb *prod*

JUNHI 1a (HL); Chikumi 1a. Mwedzi wechitanhatu mugore, cf Eng n *June*

JUNJU 5, maj-6 (LL); njuma 9; nzuma 9 M. Mhuka isina kumera nyanga. n *hornless or polled ox, cow etc*

JURAI 1a (LHL) cf Chikunguru 1a. cf Eng n *July*

JURU 5, maj-6 (LH) Kapuka kanenge svosve, iko kari katsvuku, kanogara muchuru, munogara ishwa. n *soldier termite*

-JURUJA i & t (H) Kuisa nhukwe mumwena wamajuru kuti arume, woburitsa aripo. [Kare vanhu vaijuruja majuru okudya nesadza. *Long ago people used to catch termites and eat them (cooked) with sadza.*] vb *catch termites*

JUZI 5, maj-6 (HL); jezi 5; juzu 5. Chipfeko chinorukwa chinodziya; chinopfekwa kana kunze kuchitonhora. cf Eng n *jersey*

kabati

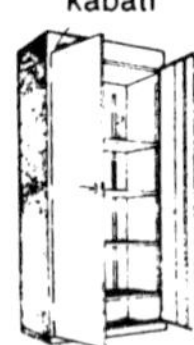

kabudura

K

juzi

-KA *suffixial or enclitic formative which adds emphasis to the simple statement and is often used to draw attention to a fresh point of view* [Inzwaka! *Now listen!* Asika! *But on the other hand!*]

-KABA-KABA i (HH-HL) cf -gbhagabha i. Kudeukira pasi kunoita mvura iri mumudziyo wakatakurwa. vb *slop over*

KABATI i (HLL) Chakagadzirwa nomuti chokuisira zvinhu. cf Eng n

cupboard, furniture for storing things
KABAYO 12 (LLL); chibayo 7; mabayo 6. Kuruma-ruma kunoita chirwere chamapapu. n *pneumonia, pleurisy*
KABICHI 5, mak-6 (HLL) Muriwo unorimwa mugadhe, unobumba kana wakura. cf Eng n *cabbage, plant with thick, green leaves used as a vegetable*
KABOKO 12 (LHL) Rudzi rwenzungu ndiki, dzina mafuta akawanda. n *small variety of groundnut rich in oil*
KABUDURA 12 (LLLL) Bhurukwa rina makumbo mapfupi. cf Nguni n *pair of short trousers;* MUDHEBHE
-KABURA t (H) Kudya kunoita imbwa kana yafa nenzara. [Murume akabura sadza rose ari oga. *The man scoffed all the sadza quite alone.*] vb *eat hungrily;* -NYENYURA
-KACHA t (H) Kuita sokupepeta sadza riri mundiro kuti riurungane. [Vamwe varume havadyi sadza rakakachwa. *Some men don't like eating sadza that has been tossed.*] vb *toss sadza to give it shape prior to serving*
KACHEMBEREBANDE 12 (LLLL-LH); mbuyamuderere 9. Kapuka kana makumbo marefu kanobhururuka nokudya tumwe tupuka. n *praying mantis, p. mantid*
-KACHIDZA i & t (H) Zvinoita anenge amedza nehuro isiri iyo, kana kuti apinda muno utsi uzhinji. [Ndakakachidzwa ndichiburitsa zvinhu mumba yakanga yotsva. *I was choked by removing things from the burning house.*] vb *choke (with food), suffocate (with fumes)*
-KACHIKIRA t (H) Kubata chakandwa, chichiri mudenga. [Imba yakachikira bvupa randaikandira. *The dog caught the bone that I cast to it.*] vb *catch with teeth or fingers, snatch; snap at and bite*
KADANI 12 (LHL) Ndaza yechuma inosungirirwa muhuro. n *necklace of beads*
KADHI 5, mak-6 (HL) Chipepa chakanyorwa zvakasiyana. cf Eng n *card of admission or membership*
KADHIBHOKISI 5, mak-6 (HL-HLL) Mudziyo wokuisa zvinhu, wakagadzirwa nepepa gobvu rekaki. cf Eng n *cardboard box*
KADHI-IDHI-I 12 (LHH); dhimba 5; timba 9; tiyitiyi 9 M. Kashiri kano muviri mudikidiki. Kanogara mumapani nokudya tupuka. n *warbler (gen term), cisticola*
KAFUDZAMOMBE 12 (LLLLL); fudzamombe 5. Shiri chena inodya zvitota notupuka zvinomutswa nemombe; inoonekwa pamwe nedzimwe dzorudzi rwayo. n *cattle egret*
-KAHADZIKA i (L); -katyamara i. Kushamisika chaizvo. [Akakahadzika kuona ndege huru yakadai. *He marvelled to see such a large aeroplane.*] vb *marvel, be surprised at;* **-kahadzisa** i & t; -katyamadza i & t [Zvakamukahadzisa kunzwa kuti kuno kwava nemarariya. *It astonished him to hear that there was malaria here.*] vb *astonish, surprise*
KAHAMBAKWE 12 (LHHL) Tupundu tuviri twakaturikidzana tunonyorwa pakati pesendenisi kana kuti tunotevedzerwa netsananguro yezvambonyorwa. n *colon (punctuation convention)*
KAJONGWE 12 (LLH); jongwe 5; nyakajongwe 5. **1.** Ruva rinomera musango, rinenge musoro wejongwe. Rinokura pakati pamabwe kana kumonera pamagwenzi nguva yezhizha. n *flame lily;* **2.** Kanzombe keshiri ndiki yoga yoga sokuti: jesa, njiva, nhengure etc. n *male bird (of the size of weavers, doves, bulbuls etc).*
-KAKA i & t (L) Kudhonza waya, tambo, etc kuti isunge zvakasimba. [Kaka waya iyi. *Tighten this fence-wire.*] vb *pull tight, tighten (wire), stretch (hide);* -DEMBEDZA
-KAKACHUKA i (H) Kudanzuka kunoita nyama namazino. [Nyama iyi haikakachuki nokuti haina kubikwa zvakanaka. *This meat is not easy to masticate, because it has not been well-cooked.*] vb *be easy to tear with teeth;* **-kakachura** t Kuruma namazino nyama isina kuibva. [Takaona bere richikakachura mapfupa. *We saw a hyena tearing at the bones.*] vb *tear meat with teeth*
-KAKAMA i (L); -ndandama i. Kutadza kunyatsodura mazwi zvakanaka pakudzokorora zvimwe chetezvo pamusana pokutya, kunyara kana kushatirwa. [Akakama nokutya. *She stuttered with fright.*] vb *stutter, stammer;* **-kakamisa** t [Kushatirwa kunomukakamisa. *Being angered makes him stammer.*] vb *cause to stammer or stutter*
-KAKARADZA t (H); -kakaritsa t; -ndundurudza t; -ndenderedza t. Kudhonza nesimba; kazhinji zvinorema. [Mudzimai akakakaradza murume wake mubhawa. *The wife dragged her husband away from the beer-hall.*] vb *move a heavy object laboriously; pull, drag away forcefully;* -SANDIDZIRA
-KAKATA t (H); -dhonza t; -kweva t. Kuzvuva semombe dzakabopwa. [Akakakata musungo ukadimbuka.

kabichi

kajongwe

makadhi

kadhibhokisi

kadhi-idhi-i

kadhi-idhi-i

He pulled on the string and it broke.] vb *pull;* -SUNDA

-KAKAVARA i (H) Kuita nharo. [Mwana wake anokakavara kwazvo. *Her child is terribly argumentative.*] vb *be argumentative, quarrelsome;* **-kakavadza** t [Rega kundikakavadza; haunyatsozivi zvandiri kureva. *Don't provoke an argument; you don't fully understand what I am getting at.*] vb *cause or provoke argument*

-kama

-KAMA i & t (H) **1.** Kupetura vhudzi mumusoro. [Anopedza nguva huru achikama musoro. *She spends a long time combing her hair.*] cf Afrik vb *comb the hair;* -NYANDURA; **2.** Kudhonza minyatso kuti mukaka ubude. [Basa rako iwe nderokukama mombe. *Your job is to milk the cows.*] vb *milk*

-kama

KAMANI! (HLL) Kukuza. cf Eng inter *Come on! Hurry!*

KAMBA 9 (HH) **1.** cf hamba 9. Chipuka china makwati. n *tortoise;* **2.** M la cf ingwe 9. Mhuka yomusango. n *leopard*

kamba

KAMBA 9 (HL) Nzvimbo inogara mapurisa kana kuti hofisi yamapurisa. cf Eng n *police camp*

KAMBA KEFONI 12 (LH HLL) Kamba kane foni inochayiwa nomunhu wese anenge abvisa mari. n *telephone call box*

-KAMBAIRA i (H) -**gwambaira** i; -**zvambaira** i. Kufamba namakumbo namaoko somucheche asati ogona kufamba. [Kambaira usati wafamba. *Crawl before you walk.*] vb *crawl (on all fours) as a baby does; Related ideo:* kamba kamba, kambai kambai, kambasha kambasha; **-kambaidza** t [Kuraradza nohwahwa kwamukambaidza somucheche. *Being drunk causes him to crawl like a child.*] vb *cause to crawl*

-KAMBURA t (L) Kudya neminwe bota, manyuchi kana nhopi. [Kamwana kakakambura dovi. *The little child scooped out some peanut butter.*] vb *scoop up fluid foods with fingers (suggestive of eating in a hurry)*

kamera

KAMBUYU 12 (LLH) Kapuka kana makumbo matanhatu. Tumwe tumbuyu ndotwutwu: bete, nhunzi, chitota, umhutu neshwa. n *insect (gen term), any small flying insect*

KAMERA 9 (HLL); pikicha 9. Chokutoresa mifananidzo. cf Eng n *camera*

-KAMHINA i (L); -tsamhina i; -gumiria i. Kutadza kunyatsofamba pamusana pegumbo rinorwadza. [Sei uri kukamhina? *Why are you limping?*] vb *limp, walk as a lame person; Related ideo:* kamhi

kamu

KAMU 9 (HL) pendi 9 M; chifeturo 7 KM; mhetu 9. Chokukamisa musoro. cf Afrik n *comb, instrument for tidying the hair*

-KAMUKA i (H) Kuva zvishoma muuwandi. [Mvura yorukova urwu inokamuka muchirimo. *The river water goes down in the dry season.*] vb *lessen, recede, decline;* -WANDA; **-kamura** t. Kubvisa zvimwe mune zvizhinji. [Kamura nyemba muhari. *Remove some cow-peas from the pot.*] vb *take some away, reduce number or quantity, divide;* -WANZA

KANA (LL) + pres Particip **1.** [Kana uchida, tora nhumbi dzako. *If you want, take your belongings away.*] conj *if;* **2. kana** + rec past Particip [Kana wasvika pano, vaudze. *When you arrive, tell them.*] conj *when;* **3.** [Vanhu vazhinji vanogona kukurira mhandu kana kuita basa guru kwazvo nenguva pfupi. *Many people are able to overcome an enemy or to achieve a very big undertaking in a short time.*] conj *or;* **4.** [Ndinoda kana mabhanana kana maranjisi. *I want either bananas or oranges.*] conj *either . . . or . . .;* **5. kana** + Particip [Kana airwara zvake aikwanisa kutyaira motokari. *Although he was ill, he was able to drive the motor car.*] conj *although;* **6.** [Kana pano ndinonzwa kupisa. *Even here I feel the heat.*] conj *even;* **7.** [Handizivi kana uchirwara kana kwete. *I don't know whether you are ill or not.*] (cf **1.** above) conj *whether;* **8. kana** + Consecutive Form expresses a condition, *though* kana *may be omitted entirely.* [Kana ndikabuda panze, ndinobatwa namapurisa. *If I go outside I shall be caught by the police.*] **9. kana kuti** [Vana vanofanira kukudza kana kuti kuremekedza vabereki vavo. *Children ought to honour or respect their parents.*] conj *or else*

-KANA i M (H); -rwa i. Kurovana kunoita vanhu kana kutungana kunoita mhuka. [Anogarokana nomukoma wake. *He is always fighting with his brother.*] vb *fight;* **-kanisa** i & t [Vakomana vanofarira kukanisa mombe. *Boys delight in provoking bulls to fight.*] vb *provoke to fight*

KANAPO (LLL); kunyangwe [Kanapo gumbo rake rairwadza, akaenda kuchikoro navamwe. *Although his leg was painful, he went to school with the others.*] conj *although*

-KANDA i & t (L); -potsera i & t [Kanda ibwe kunyoka. *Throw a stone at the snake.*] vb *fling, cast, throw, hurl, toss;* -GAMHA; **-k. nhanho** vb *stride*

-KANDIRA i & t (L) **1.** Kuita mazai; zvinoita huku. [Huku yakakandira zai mubhokisi. *The hen laid an egg in the box.*] vb *lay egg;* **2.** Kundobvunza n'anga chikonzero chezvaitika; kana kuti zvinoita n'anga nehakata, ichida kuziva zvakavandika. [VaKristo havabvumidzwi kukandira. *Christians are forbidden to consult a diviner.*] vb *consult a diviner for an explanation of misfortune or throw divining bones*

KANDURU 5 & 9, mak-6 (HLL); kandyera 5 & 9. Chinoshandiswa somwenje mumba murima. cf Eng n *candle*

-KANGA t (H); -karinga 6. Kubika namafuta ari kufanza kana kugocha murwainga kana mupani iri pamoto. [Kanga mazai maviri. *Try two eggs.*] vb *fry, roast, cook in sizzling fat*

-KANGAIDZA t (H); -kanganisa i & t. Kunyangadza kana kunyangadzisa. [Handidi kuvakangaidza. *I don't want to get in their way / interfere with them.*] vb *cause to make a mistake, interrupt, interfere, confuse, puzzle, thwart, impede, prevent*

KANGANI? (LLH) [Wakazviita kangani? *How many times did you do it?*] interrog adv *how many times?*

-KANGANISA i & t (H) Kuita kana kutaura zvisiri izvo. Kutadza usingadi. [Ndakanganisa. *I have done wrong.*] vb *make a mistake, err, do wrong;* -RURAMISA; **-kanganisira** t [Hapana chaakandikanganisira. *He did nothing to wrong me He did nothing to offend me.*] vb *wrong someone;* **-kanganisana** i [Hondo inokonzerwa nokukanganisana. *War is the result of mutual wrong-doing.*] vb *disagree with one another*

-KANGANWA i & t (H); -koshiwa i. Kutadza kuyeuka. [Rega kukanganwa. *Don't forget.* Chinokanganwa idemo; chitsiga hachikanganwi. *The axe forgets, but the (cut) log does not. prov* 376 *i.e. It is not the giver of pain who remembers conflict but the receiver.*] vb *forget, fail to remember;* -YEUKA; **-kanganwika** i [Zvakanganwika. *It was overlooked / forgetten.*] vb *be easily forgotten;* **-kanganwira** t; -regerera t [Akandikanganwira zvandakamutadzira. *He forgave me for what I wronged him.*] vb *forgive, overlook;* -VA NEDAKA

-KANGAVIRA i (L); -kangaira i. Zvinoita muchero unenge wave padyo nokuibva. [Makudo anofarira michero yakakangavira. *Baboons are fond of fruit before it ripens.*] vb *be almost ripe;* -IBVISA; **-kangavidza** t [Zuva riri kunyatsokangavidza madomasi aya. *The sun is ripening these tomatoes nicely.*] vb *ripen*

KANGEMITI 9 (HHLH); karikuri la M. Rudzi rwenyoka nhetenhete ino urefu hungabva pa-1,5 m kusvika pa-1,7 m. Inodya madzvinyu, matafi etc, nokuwanzowanikwa pabazi romuti. n *twig snake, vine snake*

kangemiti

-KANHAIRA i (HLHL) Kufamba nomuitiro wokudada; kuita chinhu uchidada. [Anokanhaira nokuti ane mota itsva. *He is self-important because he has a new car.*] vb *be conceited, vain; show off;* **-kanhaidza** t; -kanyaidza t [Rokwe raakapfeka rinomukanhaidza. *The dress she is wearing makes her show off.*] vb *cause to display oneself, cause to show off*

kanduru

KANHUNZVI 12 (LLL) Shiri hadzi sokuti: jesa, njiva, chikorera etc n *female bird (covering a range of birds like weaver-birds, doves and butcher-birds)*

-kanga

KANI (LL); kanhi K [Uya uone zviri pano kani! *I say, come and have a look here at this!*] inter *of polite emphasis that draws attention*

-KANIKA t (H) Kugadzira motokari, mabhasikoro, wachi, etc. [George anoita basa rokukanika motokari. *George's work is to repair motor cars.*] cf Eng (mechanic) vb *reassemble, put together again;* -GWEJENURA

-KANISA t (H) cf -kana i. vb *provoke to fight*

KANJIVAMUTONDO 12 (LLHHLL) Rudzi rwenjiva ino muhuro mutema. n *sp of dove (with black collar)*

kanjivamutondo

-KANUKA i (H) Kuratidza kushamisika. [Akanuka andiona. *He was flabbergasted when he saw me.*] vb *be surprised, dumbfounded;* **-kanutsa** t [Nyaya yorufu rwake yakanutsa amai vake. *The news of his death overwhelmed his mother.*] vb *overcome (with emotion)*

-KANYA t (L) Kuisa mvura muvhu etc nokukodzonga kana kusvinyanga ivhu racho. [Tinokanya dhaka rokuita zvitina. *We mix clay for making bricks.*] vb *knead (bread), puddle (mud), mix solid with a liquid*

-KANYAIRA i (H) Kufamba kunoratidza rudado. [Ndiro here jaya riya rinokanyaira kwazvo kana riri pabasa penyu? *Is that the young man who shows off at work?*] vb *walk proudly, strut, swagger, show off;* **-kanyaidza** t; -kanhaidza t [Chiiko chinomukanyaidza? *What gives him such airs?*] vb *cause to display, make an impression*

kanyururahove

kanzvidya

karukuni

-kapa

kapeti

karingazuva

-KANYANGA t (H) Kubata-bata (sokubata-bata nyama). Kusvinyanga chiri kukanyiwa. [Rega kukanyanga nyama usati waitenga. *Don't handle the meat before you have bought it.*] vb *touch again and again in many places*

KANYENGANYENGA 12 (LH-HHL); nyenganyenga 9. Rudzi rweshiri inowanzoonekwa muzhizha. Inogarotsvaga tupuka twainobata mumhepo ichibhururuka kwazvo. n *swallow (gen name)*

KANYUCHI 12 (LHH) Rudzi rweshamba; rino mukati mutsvuku. n *red-fleshed cattle-melon*

-KANYUDZA t (H); -karira t. Kurambidza nezwi riri pamusoro. [Kanyudza vana varege kutamba mumugwagwa. *Order the children not to play in the road.*] vb *restrain (by command), forbid forcefully;* -BVUMIRA

KANYURURAHOVE 12 (LHHL-HH); Shiri inonyurura hove. n *kingfisher*

KANZVIDYA 12 K (LLH); kadyidya 12. Kashiri kane ruvara runoyevedza. Kanodya tupuka nokuwanzogara munzvimbo dzino uswa. n *yellow wagtail* R689

-KAPA t (H) Kukanda mvura mukanwa sembwa norurimi pakunwa. [Mhuka dzinodya nyama dzinokapa mvura. *Carnivorous animals lap water.*] vb *lap (liquids)*

KAPETI 9 (HLL) Mudziyo unowarirwa pauriri. n *carpet*

KAPU 9 (HL); komichi 9. Mudziyo wokunwisa mvura kana tii. cf Eng n *cup*

-KAPURA t (L); -yerura t; -pengura t M. Kuerura ruomba mumukaka. [Kapura mukaka. *Skim (the cream from) the milk.*] vb *skim, take floating layer from surface of liquid*

-KARA i & t (H) Kudisisa zvokudya, kazhinji nyama. [Murume aitarisa nyama mupoto nokuti aikara. *The husband fixed his eye on the meat in the pot because he was especially fond of meat.*] vb *be excessively fond of meat, be greedy (of all food)*

-KARARIRANA i (L); -karana i K. Kuitirana nharo dzokuti ndiani anofanira kuita basa kana kuti zvinenge zvichifanira kuitwa. [Mbudzi dzakapinda mumunda pwere dzichikararirana. *The goats got into the field while the children were squabbling over herd-duties.*] vb *squabble, quarrel over sharing a duty*

KARE 1a (LL) Nguva yakapera. [Kare ndaigara Bhuruwayo. *Long ago I used to live in Bulawayo.*] adv *long ago, some time ago*

-KARINGA t (H) cf -kanga t. vb *fry, roast*

KARINGAZUVA 12 (LHLHH); wachi 9. Chokuziva nacho kuti dzava nguvai. n *watch*

-KARIRA t (H) cf -kanyudza t. vb *forbid forcefully;* -BVUMIRA

-KARIRA i M (L) cf -tarisira i. vb *hope for, look forward to, expect, presume;* -RASA MWOYO

-KARO- [Vana vechikoro vanokarosvika mazana matatu. *The school children number about 300.*] infix vb *about, approximately, almost, possibly, seemingly*

KAROTSI 9 (HLL) Chirimwa chomugadheni chinodyiwa; mudzi wacho wakatsvukuruka. cf Eng n *carrot*

KARUKUNI 1a & 5 (LLHH); karikuni 5. Chipfuyo chorudzi rweshiri chine besu guru. cf Afrik n *turkey*

KARUVHETI 9 (HLLL); chikoforo 7; karavheta 9. Muchina wokusakurisa minda. cf Eng n *cultivator (implement)*

-KARUVHETA t (H) Kushandisa karuvheti pakusakura. [Karuvhetai munda uyu. *Cultivate this field.*] cf Eng vb *cultivate, till with cultivator*

KASA 5, mak-6 (LL); kasi 5; njuga 9. Pepa rakadhindwa rinoshandiswa pamutambo wokudyanana mari. n *playing card*

-KASA i (H) cf -gasa i. vb *stop raining, cease raining; Related ideo:* kase, gasu; -TANGA KUNAYA

KASAWAYA 12 (LLLL) Nzungu chena dzinokurumidza kuibva. Mhando yenzungu idzi indiki kune dzimwe. n *white, early maturing variety of small groundnut*

KASEKERA 12 (LLLH) cf mupangara 3. n *kind of shrub*

KASHA 9 (HL); nyere 9. Chibako chefodya. n *snuff-box*

KASHOMA 12 (LLL) [Kana kusingapisi vanotiva kashoma. *When it is not hot they seldom swim.*] adv *seldom, a few times, to a small degree;* KAZHINJI

KASI 5, mak-6 (LL) cf kasa 5. n *playing card*

-KASIKA i (H); -chimbidza i. Kukurumidza kuita. [Akakasika kuuya. *He came quickly.*] vb *hurry, hasten;* -NONOKA

KASIYANWA 12 (LHLH); chimwahumwani 7 K. Kamunwe kadiki pane mimwe yose. n *little finger*

KASIYISIYI 12 (LHHHL) Kashiri kadiki kanogara notumwe tworudzi rwako nokudya mhodzi. Musana wako wakatsvukuruka. Dundundu rako nderebhuruu. n *blue waxbill* R839

-KATANA i (H); -monyana i. Kumonana-monana kunoita shinda kana mukosi. [Katanura shinda yakatana. *Unravel the wool which has become entangled.*] vb *be ravelled, entangled;* -KATANURA

-KATARA i (H); -kendenga i. Kuva nehanya. [Haakatari. *He is unconcerned / doesn't care / doesn't mind.*] cf Nguni vb *be concerned; care*

KATEKISIMO 9 (LLHLL); ketekezima 9; katekesima 9. Bhuku rine mibvunzo nemhinduro maererano nezvechiKristu. cf Eng n *catechism, instruction book of questions and answers about religion*

KATEREDEMU 12 (LHLHL); zvigone 9. Rudzi rweshiri inobata tupuka mumhepo ichibhururuka. Inowanzoonekwa muzhizha kazhinji padyo nenzizi nomunzvimbo dzine miti yakawanda. n *paradise flycatcher* R682

KATEWETEWE 12 (LLLLL); gukurwizi 5. Kashiri kane tsvarapasi ndefu nenzara ndefu zvinokagonesa kumhanya pamaruva omumvura. Kanodya mhodzi notupuka twomumvura. Kanozivikanwa chaizvo kwose kunowanikwa mahapa. n *jacana, lily trotter, sp of riverine bird*

KATODZVO 12 (LLH); tsodzo 9. Shiri ino murumo murefu inodya tupuka nokunwa muto wamaruva etc. n *sunbird (gen name)*

KATSEKERA 1a, pl: vana- (LLLL) Mukuru wemenesipariti. n *chief township official of municipality*

KATSI 9 (HL); kitsi 9; kiti 9; mangoi 1a M; bishau 9 M. Mhuka inogara navanhu mumba; inodya makonzo nembeva etc. n *cat*

KATUNZVI 12 (LLL) cf kanunzvi 12. n *small female bird*

-KATYAMADZA i & t (H) cf -shamisa i & t. [Zvakandikatyamadza kuona pava nemba. *It astonished me to see a new house there.*] vb *astonish (with good news), shock (with bad news)*

-KAURA i (H); -pfidza i. Kunetseka pamusana pezvakaipa, kana kunetseka nokuita basa. [Nhasi ndakaura nebasa. *I have had my fill of work.*] vb *have too much of, have fill of (cares);* **-kaurisa** i & t; -pfidzisa t [Chando kuIngirandi chichakukaurisa. *The cold in England will be too much for you.*] vb *overwhelm, force to alter one's habits or ways*

-KAURURA t (L); -zvarira t M. Kudyara mbeu munzvimbo dzisina kumera mumunda wakadyarwa kare. [Kaurura chibage. *Replant where previous seeds have not germinated.*] vb *replant to fill gaps made by ungerminated seed*

-KAVA t (L); -banha t; -pfura t; -tsamhura t Ko; -kipura t; -pfanha t. Kurova negumbo. [Akakava bhora rikanwa. *He kicked the ball and it entered the goalposts.*] vb *kick, strike with foot*

KAZIWAI (LHHH) mhoroi inter *Greeting! (Said by people who have not met for some time. After a lapse of a short period of time and remeeting on the same day:* **pachipamwe;** *roughly: Here we are again!)*

KECHEMU 9 (HHL) Simbi dzinoshandiswa namapurisa kusunga vanhu. n *handcuff*

KEKE 5, mak-6 (HL) Chinenge chingwa asi icho chakapamhidzirwa zvinotapira zvakasiyana. n *cake; sweet mixture of flour, eggs etc baked in oven*

-KEKEDZA i (H) **1.** -kerekedza i. Kuchema kunoita huku kana yoda kukandira mazai. [Huku inokekedza isati yakandira. *A hen cackles before laying.*] vb *cackle;* **2.** -pfipfidza i. Kuseka nezwi risina kududzika. vb *giggle*

-KENDENGA i (H) cf -katara i. vb *be concerned about, care about, mind*

-KENGA t (H); -kwenga t. Kushandisa chirata etc kubvisa zvakanamatira mupoto (samakoko esadza). [Tusikana tunogarokenga makoko mupoto. *Little girls habitually scrape out pots.*] vb *scrape, scratch (offensively with nails or claws)*

KENI 9 (HL) Mudziyo wokudiridzisa magadheni. n *watering-can*

KENYA 9 (HL) Chibage chakatsvukuruka, chine tsanga ndiki pane dzechichena. n *yellow maize*

KEREKE 5 & 9, mak-6 (LHL); sangano 5. Vanhu vanopinda svondo. cf Afrik n *church (moral body of believers)*

-KEREKEDZA i (H) cf -kekedza i. vb *cackle, (make noise of a hen before laying)*

KERIYA 9 (HLL) Panoiswa zvinotakurwa pabhasikoro. cf Eng n *bicycle carrier*

KERO 9 (HL) cf adhiresi 9. cf Eng n *c/o, address*

-KETA t (L); -sarudza t. Kusarura zvimwe mukati mezvizhinji. [Keta mbatya dzaunoda. *Select the clothing you want.*] cf Nguni vb *select, choose, pick and choose with excessive discrimination. Related ideo:* ketu ketu

KETENI 5, mak-6 (HLL) Jira rinoiswa nokufukidziswa pawindo. cf Eng n *curtain*

KETERO 9 (HLL) Mudziyo unovhaidzirwa mvura yetii etc. cf Eng n *kettle*

kateredemu

katwetewe

-kava

katsi

keke

keteni

ketero

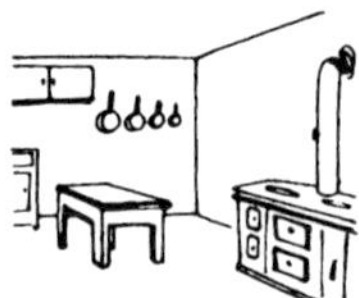
kicheni

kitsi/kiti

chimai chekiyi

kiyi

-kobora

KICHENI 9 (HLL) Imba yokubikira. cf Eng n *kitchen*
-KIKA t (L) cf -kava t; -banha t. cf Eng vb *kick*
KIMBARI 9 (HLL) Mhando yezvitina zvikuru zvisina kupiswa. cf Eng n *Kimberley brick*
-KINUKA i (HHL) Kubva kunoita chakakiyiwa. [Kiyi iyi haikinuki nyore. *This lock is not easy to open.*] vb *be openable, easy to open (with a key);* **-kinura** t; -kiinura t; kiyinura t [Kinura musuo. *Unlock the door.*] vb *unlock;* -KIYA
KIRABHU 9 (LHL) Boka ravanhu vanozviunganidzira mari yokushandisa pamitambo, pakuzvivaraidza nezvimwewo. cf Eng n *club*
KIRENI 9 (LHL) Muchina wokusimudzisa zvinorema. cf Eng n *crane*
KIRIKE 5 & 9, mak-6 (LHL) cf kereke 5 & 9. n *church*
KIRIMU 9 (LHL) Ruomba rwomukaka. cf Eng n *cream*
KIRINIKI 9 (LHLL) Nzvimbo inorapwa vanhu vane zvirwere zvidiki kana kupiwa mishonga. cf Eng n *clinic*
-KIROSHA t (L) Kuruka majudzi etc uchishandisa kiroshi. [Takafundiswa kukirosha mukirabhu yamadzimai. *We were taught to crochet in the women's club.*] cf French vb *knit with hooked needle, crochet*
KITI 9 (LH) cf katsi 9. n *cat*
KITIBHEGI 9 (HLLL) Bhegi rokutakurira mbatya etc parwendo. cf Eng n *kit-bag*
KITSI 9 (LH) cf katsi 9. n *cat*
-KIYA t (H) Kushandisa kiyi pamusuo. [Kiya musuo usati waenda kundotamba. *Lock the door before you go to play.*] vb *lock;* -KIYINURA
KIYI 9 (HL) Chinokiyiswa nacho. cf Eng n *key;* CHIMAI CHEKIYI
KO (L) **1. -KO** *(abbreviated form of Cl 17 demonstrative* **uko***)* [Akaendako. *He went there.* Muri kuendepiko? *Where are you going?*] **2.** [Ko, zvaita sei? *Tell me, what happened?*] inter *Tell me! I say!*
-KOBORA t (H) Kun'on'odza zvinoita huku ichichobora zvokudya. [Hohodza dzinokobora miti. *Woodpeckers peck at trees.*] vb *peck*
-KOBVUKA i (L) Kufuta. [Muuyu muti wakakobvuka. *The baobab is a massive/bulky tree.* Pendi yakakobvuka inofanira kutetepeswa. *Paint which is thick in consistency must be diluted.*] vb *be thick, stout, fattish;* -TETEPA; **-kobvudza** t [Kobvudza bota nokuisa umwe upfu. *Thicken the porridge by adding more meal.*] vb *make thicker, thicken;* -TETEPESA
-KOCHANIDZA t (L); -kochekedza t. Kubatanidza zviviri etc; sokukochekera cheni mbiri. [Kochanidza cheni. *Link the chains together.*] vb *join by interlocking or interlinking, link together;* -KOCHONORA
-KOCHEKERA t (L) Kuisa kiyi pagonhi, asi isina kukiya. [Kochekera gonhi. *Fasten the staple of the door.*] vb *link, loop, couple, suspend by looping over, hook onto;* -KOCHONORA t; **-kochonora** t [Kochonora waya. *Unfasten the wire.*] vb *unhook, undo (wire), uncouple;* -KOCHANIDZA
-KOCHOKODZA t (H) Kuzunguza mudziyo une zvinorira mukati mawo. [Aikochokodza hosho, vamwe vachitamba. *She was shaking the rattles while the others danced.*] vb *rattle (something solid in an empty container)*
-KOCHONORA t (L) cf -kochekera t. vb *unhook, undo (wire)*
KODHORO 9 (HLL) Mhando yejira. cf Eng n *corduroy (material)*
-KODOBOKA i (H) Kuchereka kana kubooka kwemwena. [Mwena wembeva unokodoboka nakamuti. *The hole of a mouse is easy to prod with a stick.*] vb *be easy to prod;* **-kodobora** t; -chera t. [Andikodobora ziso. *He put a finger in my eye.*] vb *break into a hole with finger, probe, gouge (eye); Related ideo:* kodobo
-KODODZVORA t (H); -koda t. Kushatirisa mumwe nokumubaya nakamuti kana nomunwe. [Ndamurova nokuti andikododzvora. *I struck him because he offensively poked at me.*] vb *provoke a person by offensively flicking his underlip with finger or stick*
-KODZA t (L); -koresa t cf -kora i. vb *fatten*
-KODZEKA t (L) Kuchengeta mukaka kusvikira wakora. [Mukaka unokodzekerwa muhari. *Milk is curdled in an earthenware pot.*] vb *keep milk until it has curdled*
-KODZERA i (L) Kufanira kuva kana kuita. [Anokodzera kurangwa. *He is deserving of punishment.*] vb *deserve, be worthy of, fitting; be deserving of (not used with an object concord);* **-kodzeresa** t [Ndini ndakukodzeresa basa irori. *It is I who enabled you to do this work.*]. vb *make fit, suitable, enable*
-KODZONGA t (L); -konzonga t. Kushandisa mugoti, chipunu etc kukurunga bota, tii kana zvimwewo zvinenge mvuramvura. [Kodzonga shuga inyungudike. *Stir the sugar to make it dissolve.*] vb *stir a liquid*
KOFI 9 (HL) cf Eng n *coffee*
KOFISIYONI 9 (HHHHH); rupinduko 11. Kududza kana kureurura

matadzo kumupristi etc. cf Eng n *confession (auricular)*

-KOHOMARA i (HLHL) Kugara padombo kana padanda segudo. [Gudo rakakohomara pachigutsa ndokutanga kudya chibage. *The baboon sat on a tree-stump and started to eat the mealies.*] vb *perch like a baboon*

-KOHOVEDZA t (L); -korovedza t M; -pedzisa t; -pupura t. Kuuraya mhuka yanga yava padyo nokufa pamusana pokurwara kana pokukuvadzwa. [Murume akakohovedza bhiza rakange rakuvadzwa neshumba. *The man put out of its misery the horse that had been mauled by a lion.*] vb *kill by striking death blow, dispatch*

-KOHWA t (L) Kubvisa mbeswa muminda nokudziisa kumba (chibage mudara, zviyo muhozi etc). [Ngoro dzinoshandiswa pakukohwa. *Carts are employed at harvest time.*] vb *harvest, reap*

-KOKA t (H); -kokera t. Kutuma nhume kundodaidza vanhu kuti vauye kwako. [Akakoka vanhu kumusha kwake. *He invited people to his home.* Chinokokwa upfumi: urombo hunozvikoka. *Wealth is invited but poverty invites itself.* prov 586 *i.e. The road to wealth is long and arduous; but poverty is easily come by.*] vb *invite;* -RAMBIDZA

-KOKERA t (H) Kutungamira pamberi pemombe dzakabopwa. [Kazhinji vakomana vadiki ndivo vanokokera mombe. *It is the young boys who usually lead inspanned oxen.*] vb *lead inspanned oxen*

KOKONATI 5, mak-6 (HLLL) Muchero une ganda rakaoma kwazvo, une muto muzhinji mukati. Unoberekwa nemiti inokura mumahombekombe egungwa. cf Eng n *coconut*

-KOKONYARA i (H) Kuunyana nokuoma sedehwe remhuka kana rapiswa. [Pasi pomuti paiva nemhou yakakokonyara. *There was a debilitated cow under the tree.*] vb *be crumpled up, shrivelled (associated with stiffness — as hide that has not been stretched to dry);* -SWATUKA; **-kokonyadza** t; -unyanidza t. [Kupisa kwezuva kwakokonyadza mashizha aya. *The heat of the sun has shrivelled up these leaves.*] vb *cause to curl up, shrivel. Related ideo:* kokonya

-KOKORA t (H) Kubvisa makoko muhari kana kuti zvinenge zvakaomerera mupoto. [Vadiki ndivo vanokokora makoko vachiadya. *Children are the ones who scrape out and eat what is left in the pot.*] vb *scrape off what remains in a pot; scrape up what has been spilt*

-KOKORODZA t (H) Kuunganidza zvipfuyo zvinenge zviri kwakasiyanasiyana. [Vanhu vanokokorodza mombe zuva rodoka. *People round up cattle at sunset.*] vb *gather together, assemble, collect, round up; Related ideo:* kokororo, kororo

-KOKORORA i (H); -kororodza i. Kuchema samatafi. [Kasikana kakavhunduka zvakakokorora dzetse patsime. *The little girl was startled when the bullfrog croaked at the well.*] vb *croak*

-KOKOTA t (H); -kwenengedza t. Kupedzisa dovi kana bota etc mupoto nomunwe. [Akokota dovi mugaba. *She scooped out the peanut butter from the tin.*] vb *scrape with finger (generally food remains)*

KOMA 9 (HL) *(sign of punctuation)* cf Eng n *comma*

KOMA 5, mak-6 M (HL) cf gomarara 5. n *woody parasite growing on trees*

-KOMA i (H) **1.** Kuramba kutumwa. [Munin'ina wake anokoma. *His younger brother won't go on errands.*] vb *be disobedient, unwilling to help when ordered;* **2.** Kusapinza kwebanga, demo etc. [Banga iri rinokoma. *This knife is blunt.*] vb *be blunt;* -PINZA

-KOMBA t (H); -komberedza t Kutenderedza (musha, munhu etc) sehondo etc. [Masoja akakomba imba. *Soldiers surrounded the house.*] vb *surround*

-KOMBA i (L) Kuoma kana kukurisa kunoita zvinodyiwa (samapudzi) zvokuti hazvizonaki kudya kana zvadaro. [Manhanga haatani kukomba. *Pumpkins easily become too hard.*] vb *become hard (of growing things that are edible till they become hard-skinned e.g. squash);* **2.** -shisha i Kukosha kana kuva chinhu chikuru. [Akapiwa mubayiro wakakomba. *He was given a good reward.*] vb *be precious, valuable, important, dear*

-KOMBA t (L); -kombamisa t [Komba waya kuti ukochekere pambiri idzi. *Bend the wire so that you can link these two pieces together.*] vb *bend, make curved;* -SWATUDZA

-KOMBAMA i (H); -tsveyama i; -dzvongama i. Kusatwasuka. [Hatidi mapango akakombama. *We don't want crooked poles.* Pamusoro petafura iyi pakakombama; hapana kuswatuka. *The top of this table is warped; it is not straight.*] vb *be bent, warped, curled, or twisted in shape; Related ideo:* komba. -SWATUKA; **-kombamisa** t; -komba t [Usakombamise zvipikiri pakuzvirovera.

-kokera

kondo

konifurau

komuniyoni

kona

Don't bend the nails when hammering them in.] vb *cause to bend, bend over;* -SWATUDZA

-KOMBEREDZA t (H) cf -komba t. vb *surround, encircle*

KOMBONI 9 (HLL) Dzimba dzinogara vashandi vapapurazi etc. cf Eng n *compound, place where farm-employees have constructed their dwellings*

-KOMBORERA t (H) Kupa chikomborero. [Mwari anotikomborera nenzira dzakasiyana. *God blesses us in various ways.*] vb *bless, give gratuitously*

-KOMBOZA t (L) Kuumba mumhanzi. cf Eng vb *compose music*

-KOMBURENA i (L); -tsutsumwa i. Kunyunyuta kana paine zvakaipa zvaitika. Kuudza mukuru kuti hazvikufadzi. [Vana vechikoro vakakomburena zvokushomeka kwesadza. *The school children complained over the short supply of sadza.*] cf Eng vb *complain, lodge complaint*

-KOMEKEDZA t (H); -kohomedza t. Kutaurira munhu kuti anofanira kana kuti haafaniri kuita zvinenge zvarehwa. [Akandikomekedza kuti ndirege kuzviudza nomunhu wose. *He charged me not to tell it to a single person.*] vb *admonish, charge, instruct forcefully*

-KOMERA t (H) **1.** Kurovera kuti zvibate. [Komera gonhi. *Fasten the door in position.*] vb *fasten or fix tightly;* **2.** cf -ganyudza t. vb *admonish, warn, tell, advise emphatically*

KOMICHI 9 (HLL) cf kapu 9. cf Afrik n *cup*

KOMUNIYONI 9 (LHLLL) Sakramende rinogashirwa muMisa. cf Eng n *Sacrament of Holy Communion*

KONA 5 & 9; mak-6 (HL); mugwava 3 M; mukwava 3. cf Eng n *corner*

-KONA i (H) Kutenderera pakona. [Motokari yakona ichimhanyisa. *The motor car turned the corner at speed.*] cf Eng vb *turn or go round a corner;* **-konesa** t [Kana wasvika pamharadzano unokonesa bhasikoro rako kurudyi. *When you reach the cross-roads you turn (your bicycle) to the right.*] vb *make to turn, cause to turn corner*

-KONA i (L); -kundikana i; -rambika i. Kutadzika kuitika. [Zvakona kuti tiende nhasi. *It's impossible for us to go today.* Takoniwa kuenda nhasi. *We have been prevented from going today.*] vb *be impossible;* **-kona** t; -kunda t Kubudirira. [Ndakukona padare. *I got the better of you at court.*] vb *overcome, surpass*

KONDAKITA 1a, pl: vana- (LHLL) cf Eng n *conductor (usually of bus)*

KONDO 9 (HH) **1.** Shiri yakatsvukuruka, ino musoro unenge sando, inonzi mungano ine ziso rimwe chete. Inogara murwizi nokudya matafi nehove munopwa mvura. n *hammerhead, hamerkop, (sp of bird);* **2.** Gonye rinogara mukamba karo. n *bagworm, wattle, case-bearing caterpillar*

-KONESA t (H) cf -kona i. vb *make to turn, cause to turn*

-KONGONYARA i (H) cf -kokonyara i. vb *be debilitated, emaciated, scrawny, scraggy, doubled-up, crumpled-up; Related ideo:* kongonya; **-kongonyadza** t cf -kokonyadza t

-KONHERA t (H) Kugadzira gonhi pamusuo wemba. [Anoda kundokonhera musuo wemba yake itsva. *He wants to go and fit a door in his new house.*] vb *fit a door-frame, fit door and frame*

KONIFURAU 9 (HLLLL) Rudzi rwomuriwo runenge kabichi. cf Eng n *cauliflower*

KONOBHO 9 (HHL); bhatani 5; ngopero 9; bhatanisi 5; ndoro 9. Kakatenderera kanoshandiswa kukoperesa mbatya. cf Afrik n *button; small, usually round object, for fastening articles of clothing*

-KONONA i & t (H) Kusagutsikana kana kusava nechokwadi. [Haana kukonona. *He did not doubt.*] vb *doubt, lack conviction*

-KONOPEKA i (H) Kukwanisika kuvharika namabhatani. [Hembe yangu haikonopeki nokuti haichisina mabhatani. *My shirt cannot be fastened up because it no longer has any buttons.*] vb *able to be buttoned;* -KOPONOKA **-konopera** t; -kopera t. Kuisa bhatani muburi maro kuti hembe etc irege kuvhurika. [Konopera bhachi. *fasten up (your)coat.*] vb *button up, fasten with buttons;* -KOPONORA

-KONORA t (H); -konyora t. Kupa munhu uchimuratidza kuti hausi kufara nokumupa kwauri kuita. [Akamukonorera kuridza foni. *He gave her permission reluctantly to use the 'phone.*] vb *give grudgingly, give with bad grace;* -PA NOMWOYO-CHENA

-KONZA t (H) **1.** -sakisa t; -konzera t; -itisa t. Kuva chisakiso chokuitika kwechinhu. [Ndizvo zvakakonza kuti auye. *That is what caused him to come.*] vb *cause;* **2.** Ko; -nyenga t; -pfimba t M. Kutaurirana nomusikana kuti akude. [Akakonza musikana wokuSipolilo. *He courted a girl from Sipolilo.*] vb *court, make love to;* -RAMBA

KOPA 9 (HL); mukore 3. Waya yakatsvukuruka inoshandiswa zvikuru kufambisa magetsi. cf Eng n *copper, a reddish metal*

-KOPA i & t (H) Kuita zviri kuitwa nomumwe. Kunyora zvanyorwa nomumwe. [Akapasa nokukopa. *He passed (his exams) by cheating.*] vb cf Eng *copy, cheat by copying*

-KOPERA t (H) cf **-konopera** t. vb *button up, fasten with buttons;* -KOPONORA

-KORA i (L) **1.** Kufuta kwemhuka kana zvimwe zvirimwa pamusana pokudya kwakanaka. [Mombe dzakakora gore rino nokuti kuno uswa. *The cattle are fat this year because thzre is grazing.; vb become thick, fat, plump, sleek (used of animals, but of humans pejoratively);* -ONDA; **2.** Kusanduka kunoita mukaka mumbishi uchiva mukobvu. [Mukaka uyu wakakora. *This milk has curdled.*] vb *be curdled (milk);* **-kodza** t; -koresa t; -futisa t. Kusakisa kukora. [Murimi anokodza mombe dzake asati adzitengesa. *The farmer fattens his cattle before he has sold them.*] vb *fatten;* -ONDESA, -ONZA

-KORA i & t (H); **1.** -shishinha i & t. Kuipa kana kukonzera kurutsa kwechokudya. [Nyama yenguruve inomukora. *Pork turns his stomach.*] vb *cloy the appetite, pall;* **2.** Kudhaka kunoita hwahwa. [Hwahwa hwokuruzevha hunokora nenguva shomashoma. *Beer brewed in the reserves intoxicates in no time.*] vb *cause to be drunk; intoxicate*

KORERA 1a, pl: vana- (LHH) cf chikorera 7. n *butcher bird, fiscal shrike* R707

-KORERA i M (L) cf -shiva i; -tira i. vb *endure without flinching*

-KOROBHA t (H) Kugeza uriri hwemba nebhuracho nemvura. [Anokorobha bhawa risati ravhurwa mazuva ose. *He scrubs the bar every day before opening time.*] vb *scrub (esp floor)*

KOROKORO 9 Ko (HLHL); chimhonzo 7 K. Hove inogara muhova huru dzose. n *genus of fish*

-KOROKOTEDZA t (H) Kufarira mumwe mune zvaabudirira kana kuti pamusana pedambudziko raabuda. [Akakorokotedzwa paakasununguka. *She was congratulated on the arrival of her baby.*] vb *offer congratulations, congratulate*

-KOROMOKA i (H); -turumuka i. Kukunguruka kubva pakakwirira. [Mhou yakakoromokera murwizi. *The cow tumbled (down the slope) into the river.*] vb *roll down, slide down, fall down, tumble off or down;* **-koromora** t [Gudo rakakoromora mabwe mugomo. *The baboon dislodged stones on the hillside.*] vb *dislodge, turn over*

KORONI 9 (LLL) Mbesa ino rimwa mumapani, upfu hwayo hunobikiswa chingwa etc. cf Afrik n *wheat*

koroni

-KOROREDZA t (L); -korovedza t; cf -kohovedza t. vb *kill by striking death-blow; finish off*

-KOROVHERA t (L) Kuwana zvawanga usingafaniri kuwana pamusana pokunyengedza. Kunyengetedza mumwe kuti akupe chaunoda chainacho. [Akandikorovhera mari yangu yose ikapera. *He cheated me of all my money and none remained.*] vb *use guile to obtain more than equal share*

korera

-KOSA t (H) Kugadzira mukosi netseta mbiri dzorwodzi kana shinda kana dhirau etc. [Vakuru vedu vaikosa mikosi namakavi. *Our forefathers used to make bark-fibre string.*] vb *make string by rolling bast strips on bare thigh, twine together, spin into a string*

-KOSHA i (L) cf -komba i. [Anditengera sipo inokosha. *She bought me some costly soap.*] vb *be valuable, costly, special, appreciated, important, precious;* -BOOKA

KOSI 9 (HL) Basa rinodzidzwa kuchikoro. cf Eng n *course of study or expertise*

KOSITOMU 9 (HLLL); koshitomu 9. Siketi nechibhachi zvakafanana. cf Eng n *lady's costume*

-KOSORA i (H) Kuita sokuhotsira. Kuburitsa mweya muzhinji nesimba panguva imwe chete. [Ano musoro, zvakare ari kukosora. *He has a headache and he is coughing.*] vb *cough, expel air with a sudden opening of the glottis and a harsh sound;* **-kosodza** t; -kosoresa t vb *cause to cough*

-KOTAMA i (L) Kusunamira mberi. [Akotama kuti anonge mari yake. *He bent down to pick up his money.*] vb *bend forwards, bow down, bow head, lean forward or over, stoop; Related ideo:* kota, kuna. -TWASANUKA; **-kotamisa** t [Akotamisa musoro. *She lowered her head.*] vb *lower*

-kotama

KOTAPINI 9 (HLLL) Chisimbi chinobata pedhuru yebhasikoro. cf Eng n *cotter pin*

KOTI 9 (HL) **1.** Dare rokutonga mhosva. cf Eng n *magistrate's court;* **2.** Mubhedha womwana cf Eng n *cot*

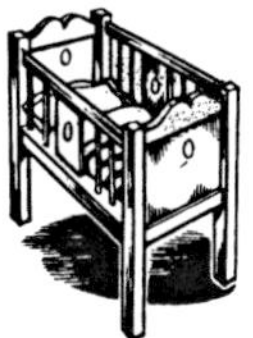
koti

-KOTOKA i (L) Kupedzisa basa kunoita vanhu vachibva vaenda. [Vasevenzi vazhinji vanokotoka nenguva dza-5. *Many workmen finish work*

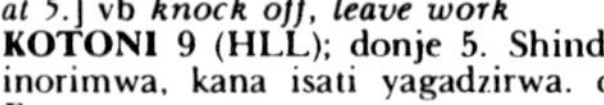

-kotsira

-kudubura

-kuhwidza

at 5.] vb *knock off, leave work*
KOTONI 9 (HLL); donje 5. Shinda inorimwa, kana isati yagadzirwa. cf Eng n *raw cotton*
-KOTSA t (L); -viga t; -vanza t. Kuisa pakahwanda. [Akakotsa mari yamapepa mubhuku. *He concealed the paper money in a book.*] vb *hide, conceal;* -ONESA
-KOTSIRA i (L); -kutsira i M; -raguka i K. Kubatwa nehope nokurara. [Ndasvika akakotsira. *When I arrived he was asleep.*] vb *be asleep, fall asleep;* -PEPUKA; *Related ideo:* fatata, kushu, pfumbu, rabu, rubu; **-kotsirisa** i & t [Mapiritsi aya anokotsirisa. *These pills induce sleep.*] vb *put to sleep*
-KOTSORA i M (H) cf -kosora i. vb *cough*
-KOTSVERA t M (H) cf -riritira t. vb *provide for, support*
KRISIMISI 9 (HLLL); Kisimisi 9. Zuva rokubarwa kwaJesu Kristu. cf Eng n *Christmas*
KRISTE la (HH); Kristo la; Kristu la. Mwanakomana waMwari, mununuri wavanhu pasi pose. cf Greek n *Christ, the Messiah, the anointed one*
-KUBA t (L) Kusandidzira (kazhinji chine mavhiri). [Kubai motokari yangu, ndapota. *Please, push my car.*] vb *push vehicle*
KUBVIRA (LLL); kubva conj + Particip [Kubvira ndichisvika zuva ranga richingopisa. *From the time of my arriving the sun has been terribly hot.*] conj + locative [Kubvira pandasvika kusvikira zvino. *From the time of my arrival until now.*] *from*
KUBVUMBI la (LLH) Mwedzi wechina mugore. n *April*
-KUBVURA t (L) Zvinoitwa sadza pakati pokukurunga nokumona kuti upfu kwesadza husangane nohwatanga kuiswa. [Mai vari kukubvura sadza vana vakagaririra. *Mother is giving the last stir to the sadza while the children look on.*] vb *stir sadza vigorously*
-KUCHIDZA t (L); -kuchidzira t; -kunhidza t; -kunhidzira t. Kusandidzira huni muchoto kuti moto unya tsobvira. [Akakuchidza huni, motc ukanganduka. *He fed the firewood into the fire and it flared up.*] vb *stoke fire, stir up, feed burning firewood further into the fire*
-KUCHUKUDZA t (H); -kuchukucha t. Kuzunza mudziyo une mvura mukati. [Kuchukudza hwahwa usati wanwa. *Give the beer container a shake before you drink.*] vb *shake liquid inside a container; rinse out by shaking*
-KUCHURA t (H) cf -gujura t. vb *toss, bounce about in a vehicle*
KUDA (LH); zvimwe; zvikada, pamwe [Kuda anogeza. *Possibly she is bathing/having a bath.*] conj + Indicative *perhaps, possibly*
KUDAKARA (LHHH); dakara; dzamara conj + past Particip = *until* [Ndakamumirira kudakara adzoka. *I waited for him until he arrived.*]
KUDII? (LHL) [Akati kudii? *What did he say?*] adv *what?*
-KUDUBUKA i (H) Kushama kwechinε hwidibo; kubva hwidibo kwechange chakavharwa. [Hwidibo yebhureke yakudubuka ndichimhanya. *The lid of the pail dislodged in my haste.*] vb *come off;* **-kudubura** t Kubvisa chakakwidibirisa. [Akakudubura poto ndokunonga nhindi yenyama. *He uncovered the pot and removed a morsel of meat.*] vb *uncover, remove lid; lift up (e.g. stone);* -KWIDIBIRA
KUDYA 15 (LH) Chose chinodyiwa. n *food, nourishment*
-KUDZA t (H) **1.** -remekedza t; cf -kura i. vb *respect, praise, show or give deference, honour;* -SHORA; **2.** Kukonzera kukura, kana kuva chikuru. vb *cause to grow, enlarge, make larger;* -DUKUPISA; **-zvikudza** reflex [Anozvikudza anoshaya shamwari. *A self-important person has no freinds.*] vb *be conceited, arrogant;* -ZVIDUPUKISA
KUDZAMARA (LHHH) cf dzamara; kudzimara; kusvikira [Vakarwa kudzamara vose vafa. *They fought until they all died.*] conj + past Particip *until*
-KUHUMURA t (HLHL); -sasamura t. Kudonhedza michero iri mumuti. [Pwere dzinokuhumura mazhanje mambishi dzichiapfimbika. *Children shake down wild loquats and store them for ripening.*] vb *make many things fall together (e.g. fruit); brush or knock off (e.g. dust); dislodge by shaking*
-KUHUNA t M (L); -svotesa t; cf -gumbura t. vb *annoy, aggravate;* -NYARADZA
-KUHUNWA i M (L) cf -gumburwa i. vb *trip over, trip up*
-KUHWIDZA t (L) Kubatidza moto nehuni nouswa. [Kurumidza kukuhwidza moto. *Make a fire quickly.*] vb *light a fire, kindle (fire);* -DZIMA
KUJA 9 (HL); humba 9; cf nguruve 9. n *pig (domesticated)*
KUKA la, pl: vana- (HL); kuki la. Mubiki. cf Eng n *cook*
KUKADZI la (LHH) Mwedzi wechipiri mugore. n *February*
-KUKURA t (H) Kutsvaira marara. Kutora zvakasiyana semvura ino-

erera. [Kukurai mashizha nereki. *Gather up the rubbish with rakes.*] vb *sweep or take away, wash away in current of water, erode, rake; pillage, plunder*

-KUKURIDZA i (H) Kurira sejongwe kana kunze kwoda kuedza. [Jongwe rakakukuridza tichakatandara. *The cock crowed as we were still chatting.*] vb *crow;* Related ideo: kukurigo, kokorigo

-KUMA i (H); -bova i. Kuchema semombe. [Mombe dzakakuma usiku hwose. *The cattle bellowed all night.*] vb *low, bellow*

-KUMA t (L); -guma t. Kucheka ganda romuti unobva urimbo nokuchingidzira kuti urimbo hudonhere mumudziyo (kazhinji chahwenga). [Vadiki ndivo vanokuma urimbo. *Children are the ones who collect bird-lime.*] vb *extract latex for bird-lime, cut bark to draw sap*

-KUMBA t (L); -kunda t. Kutora zvose, pasina zvokusarudza. [Mbavha yakakumba mbatya dzangu dzose. *The thief cleared out all my clothes.*] vb *remove completely, take all away, clear away*

-KUMBANA i (L); -sangana i. Kuuya pamwe chete, sokuti kuonanana nomumwe ari kubva nechekwauri kuenda. [Mhuri yose yakakumbana pamuchato. *The whole family gathered at the wedding.*] vb *meet, come together;* -PARADZANA; **-kumbanidza** t; -batanidza t [Kumbanidza mapepa ose. *Put all the papers together.*] vb *mix, bring or gather together;* -PARADZANISA, -TSAURANISA

KUMBI 5, mak-6 M (LL) cf berere 5. n *veranda, space below eaves of house*

-KUMBIDZANA i (H) Kushamwaridzana navavakidzani. [Vanokumbidzana havashayi zvavanoda. *Those who live as good neighbours never go short of what they need.*] vb *be good neighbours;* -VENGANA

-KUMBIRA t (H) Kubvunza mumwe kuti akupe rubatsiro kana chimwe chinhu. [Anondikumbira mari. *She asks me for money.* Ndinokumbira ruregerero. *I apologize.*] vb *request, ask for; Related ideo:* kumbi.

-KUMHINA i (L); -gumina i; -tsamhina i; cf -kamhina i. vb *limp, walk as a lame person*

-KUMUKA i (H) Kusununguka kunoita bhauti etc. [Vhiri iri rebhasikoro rangu rakakumuka. *This wheel of my bicycle is loose.*] vb *be insecurely fastened, loose*

-KUMURA t (H) **1.** -kurura t K. Kusunungura mombe dzakabopwa pajoki. [Kumura mombe. *Outspan the oxen.*] vb *set free cattle from yoke;* -BOPA; **2.** -kurura t K; -pfekenura t. Kubvisa mbatya pamuviri. [Kumura mwana mbatya. *Take off the child's clothes.*] vb *take off clothes, undress;* -PFEKA; **3.** Kubvisa bhauti etc. [Kumura mabhauti tigadzire ponji. *Undo the bolts and we will repair the puncture.*] *unscrew, undo a nut;* -BOPA

KUMUSORO 17 (LLHH); kuuzuru 17. Kudenga kana kuti kurutivi ruri kwakakwirira. n *above, upwards*

KUMWE 17 (LL) Imwewo nzvimbo isiri yauri. [Handina kumuona pamba pake; akanga aenda kumwe. *I didn't see him at his house; he had gone elsewhere.*] adv *somewhere, elsewhere, somewhere else*

-KUNDA t (L) cf -kumba t. vb *take all away, clear away*

-KUNDA t (H); -kurira t. Kubudirira mune zvawanga uchivavarira. Kuva nani pano mumwe. [Simba romurume rinokunda romukadzi. *The strength of a man exceeds that of a woman.* Hondo yaChaka yaikunda dzimwe dzose. *The army of Chaka defeated all others.*] vb *surpass, defeat, overcome, conquer; exceed;* **-kundika** i [Simba reshato raisakundika. *The strength of the python was insuperable.*] vb *be conquerable;* **-kundikana** i [Ndakakundikana kuuya. *I failed to come.*] vb *fail, be unsuccessful;* -BUDIRIRA

-KUNGA t (H) Kupfumbata minwe. [Akakunga zvibhakera kuti arwe. *He clenched his fists in readiness for a fight.*] vb *clench the fist*

KUNGE (LL); kunga **1.** conj + Particip = *if, when, as though* [Kunge zvichibvira ndichauya. *If it is possible I shall come.* Kunge waenda usazodzoka. *When you go never come back.*] **2.** conj + Relative [Akarwara kunge achafa. *She was ill as though about to die.*]

-KUNGURA t (H); -demba i & t; -sumba i & t. Kufunga kuti dai waita zvausina kuita, kana kufunga nzvimbo kana munhu waunoziva. [Akatambudzika akakungura kumusha. *He suffered and longed for home.*] vb *hanker after, pine for, regret over something lost or done, yearn for*

KUNGURU 1a (HHH); Chikunguru 1a. Mwedzi wachinomwe mugore. n *July*

-KUNGURUKA i (H) Kukoromoka kumateru sokuti ibwe. [Hari yakakunguruka ikapunzika *The clay pot rolled and smashed.*] vb *roll;* **-kungurutsa** t; -kungurusa t K. Kusandidzira dombo, bhora etc. kumawere.

-kukuridza

-kunda

-kurukurirana

kusheni

[Akakungurutsa dhiramu. *He rolled the drum along.*] vb *roll along*
-KUNHA t (L) cf -kumba t; -kunda t. vb *gather all together, remove completely*
-KUNYA t (L) Kupeta maoko ehembe, kana makumbo ebhurukwa; kana kupeta rokwe rakapfekwa. [Akakunya bhurukwa kuti ayambuke. *He rolled up his trousers to cross (the river).*] vb *roll up (sleeves etc.)*
KUNYANGE (LLL) conj kunyangwe; nyangwe; kunyangova +Particip = *although, even when, even though* [Kunyange achirwara aenda kuchikoro. *Although he is sick he went to school.*]
KUNYANYA (LLL); zvikuru [Muti uyu ungakurape, kunyanya kana ukatevera zvirayiridzo. *This medicine could cure you, especially if you follow the directions.*] adv *specially, greatly*
KUNZE 17 (LH) [Kunze kwangu hakuna munhu. *Except for me there is nobody.*] n *outside, (weather), out-of-doors*
-KUPA t (H) Kuburitsa mvura mudhamu etc. [Kupa tsime. *Bale out the water from the well.*] vb *bale out, scoop water out*
-KURA i (H) Kubva paudiki nokuva mukuru. [Kura uchiziva. *Grow up wisely.*] vb *grow, become old;* **-kudza** t **1.** [Baba vanokudza munda wavo gore negore. *Father extends his field yearly.*] vb *cause to grow, extend, expand;* -DUPUKISA; **2.** -remekedza t [Kudza vabereki vako. *Respect your parents.*] vb *respect, show deference or honour for;* -SHORA; **-kurisa** i [Akapfeka hembe yakakurisa. *He has on an over-sized shirt.* Ndipewo zvipikiri zvakakurisa. *Give me some largish nails.*] vb *be very big, large, largish, on the large side*
-KURA t (L) Kubvisa marara pachivanze. [Kura marara pachivanze. *Clear the rubbish from the yard.*] vb *clean weeds or rubbish from a stretch of ground, clear up with a rake*
KURE 17 (LL) Nzvimbo isiri padyo. [Kumusha kwangu kwaita kure. *My home is far away.* Kure kwemeso: nzeve dzinonzwa. *It is far for the eyes (but) ears will hear. prov* 1223] n *far, a long way off;* PADYO
KUREI (HLL) [Chibage chedu chati kurei. *Our maize has reached a good size.*] ideo *indicating growth*
-KURIDZIRA t (H); -kurudzira t. Kuratidza kuti uri kufarira zviri kuita mumwe; kumukuza kuti arambe achiita. [Akandikuridzira kuti ndirambe ndichisevenza. *He encouraged me to keep on working.*] vb *encourage, give moral support, urge*
-KURIRA i (H) cf -kunda t. vb *defeat, overcome, overpower, conquer, win a fight*
-KURUDZIRA t (H); cf -kuridzira t. vb *urge, encourage*
-KURUKURA i (H) Kutaurirana zvakasiyana-siyana. [Tinopedza nguva huru tichikurukura. *We spend a long time chatting.*] vb *chat, discuss;* **-kurukurirana** i [Ndinofarira kukurukurirana nomukoma wangu. *I am fond of talking to my brother/sister.*] vb *converse together*
-KURUMBIRA i (H) Kuzivikanwa munzvimbo zhinji kana navanhu vazhinji. [Baba vake vakakurumbira kwazvo. *His father is very famous.*] vb *be famous, widely spoken about*
KURUME 1a (LHH) Mwedzi wechitatu mugore n *March*
-KURUMIDZA i (H) cf -chimbidza i. vb *hurry, hasten, be fast, quick; Related ideo:* kurumidzei; -NONOKA; nokukurumidza adv *with speed, quickly*
-KURUMUKA i (H) cf -koromoka i. vb *fall off, drop off, tumble off or down, peel off*
-KURUNGA t (H); -kodzonga t. Kushandisa mugoti kusanganisa mvura noupfu pakubika sadza; kushandisa chipunu kusanganisa tii nomukaka neshuga etc. vb *stir*
-KURUZA t (L) Kubvisa zvisingadikanwi zvokunze sokuti mashizha ouswa. vb *comb fabrics or grass*
KUSATOTI (LLLL); kusati; kutoti. [Kusatoti ukamhanya, hauchawana bhazi. *Unless you run, you will not catch the bus.*] conj *until, unless, only after that*
-KUSHA t (H); -kusa t M. Kumwaya mbesa (zviyo, mhunga etc) mumunda kuti dzimere. [Kare vakuru vedu vaikusha chibage. *Long ago our forefathers planted maize by broadcasting.*] vb *sow seed manually by broadcasting;* -KOHWA
KUSHENI 9 (HLL) Chakasonwa sepiro; chakapfava. Chinoshandiswa kuzendama mumba mokutandarira. cf Eng n *cushion*
KUSIYA (LHH); kunze kwa- [Hapana ange achizviziva kusiya ini. *Nobody knew it except me.*] conj *except for*
KUSVIKIRA (LLLL) cf kudzamara [Kwainaya kubvira mangwanani kusvikira usiku. *It rained from morning until night.*] conj + Particip = *until*
KUSWERAMANGWANA (LLLL-HH) Zuva rinotevera ramangwana.

[Ndichaenda kumusha kuswerama-ngwana. *I will go home on the day after tomorrow.*] adv *day after tomorrow*

KUTI (LL) conj [Ndinosevenza kuti ndiwane mari. *I work in order to get money.*] *in order that, so that*

KUTOTI (LLL) cf kusatoti. conj *unless*

KUTSI 17 (LH); kusi 17 [Kutsi kweguva hakuna munamato. *Beyond the grave there is no prayer.* prov 1012 *i.e. Do not delay: death may intervene.* Miviri yavo iri kusi kwevhu. *Their bodies lie beneath the soil.*] adv *below, underneath*

KUTU 9 (HL); mbwanana 9. Mwana wembwa. n *small puppy*

-KUTUKA i (H) Kudonha kwezvinenge zviri mumotokari etc kana yabheuka. [Rori yakakutuka. *The lorry overturned.*] vb *capsize, overturn, be upturned;* **-kutura** t [Rori yakakutura matombo. *The lorry discharged the stones.*] vb *pour out, empty by turning upside down, empty out*

-KUUMURA t (HLHL) cf -kuhumura t. vb *shake down or off (e.g. fruit or termite cover-ways)*

KUUZURU 17 (LLHL) cf -kumusoro 17. [Magora anobhururuka kuuzuru. *Vultures fly high overhead.*] n *above, upwards*

-KUVA i (H) Kupera kunoita michero kana nguva yacho yakwana. [Mango dzinokuva muna Kurume. *Mangoes cease to bear fruit in March.*] vb *come to an end of fruit-bearing for the season*

-KUVARA i (H) Kuva napanorwadza kanà neronda. [Ndakuvara pabvi kubhora. *I injured my knee at football.* Handina fenicha yakakuvara. *I have no damaged furniture.*] vb *be hurt, injured, damaged;* **-kuvadza** t Kukonzera kuva neronda, kana kuita zvinorwadza. [Ndakamukuvadza tichitamba. *I hurt him while playing.*] vb *hurt, injure, wound, pain, harm, damage*

-KUWA i & t (HL) Kudaidzira nezwi riri pamusoro. [Akakuwa kwandiri ari pamusoro pegomo. *He called to me from the top of the hill.*] vb *shout;* -ITA ZEVEZEVE

KUWE 9 (HL) cf funye 9 K. Shiri ino muririro unoita sezita rayo. n *grey lourie, go-'way bird* R339

-KUYA t (L) Kushandisa huyo neguyo. [Mazuva ano vashoma vanokuya. *These days few grind (with grinding stones).*] vb *grind by means of grinding stones, grind into paste (dovi) or flour*

KUYU 9 (HL) Rudzi rwehove. n *yellowfish*

-KUZA t (H) **1.** Kukurudzira mumwe kuti aite nesimba zvaari kuita. [Akakuza mwana kuti ashingirire muchikoro. *He urged the child to work hard at school.*] vb *encourage, urge on draught oxen;* **2.** Kukurudzira mumwe kuti arwe. vb *incite to fight*

KUZOTI (LLL) conj + rec past Particip = *when* [Kuzoti obvunzwa akati haana kuzviita. *And then when he was asked he said he didn't do it.*] conj *when, and then when, when finally*

-KWACHAMURA t (H) Kurova nembama. [Dai pasina ini, aimukwachamura kumeso. *If it had not been for me he would have slapped her in the face.*] vb *smack, slap, beat with the palm of the hand*

-KWACHUKA i (H) Kubva kunoita chakanamatira pane chimwewo. [Mubato wepoto wakwachuka. *The handle of the pot has come off.*] vb *come unstuck, c. unfastened, c. apart, fracture, break off; Related ideo:* kwachu. **-kwachura** t [Pwere dzinokwachura maronda. *Children tear scabs off sores.*] vb *tear off what adheres;* -NAMATIDZA

-KWADABUKA i (H) Kubvisika kwefendefa kana zvimwewo zvinorema zvakanamatira. [Mabwe ebhiriji akakwadabuka nesimba remvura inoerera. *The stones of the bridge came apart by the power of flowing water.*] vb *dislodge;* **-kwadabura** t [Akakwadabura ibwe paruware. *He dislodged a stone from the granite outcrop.*] vb *dislodge something firmly held or stuck*

KWADI (HL); zvinyoronyoro [Aifamba kwadi kwadi nokuti paiva neminzwa. *He was walking very gingerly through the thorny place.*] adv *gently, quietly, softly*

-KWAKUKA i (L); -svetuka i. Kukwiruka mudenga. [Akakwakuka anzwa izwi reshumba. *He jumped when he heard the roar of the lion.*] vb *jump, leap, hop;* **-kwakutsa** t [Huku yakakwakutswa nechitsiga chayakatsika. *The chicken was made to jump by treading on the burning log.*] vb *make to leap in air*

-KWAKURA t (L); -nonga t. Kusimudza chinenge chakabatana nechimwe. [Akakwakura hembe yaiva pamubhedha. *He picked up a shirt from the bed.*] vb *lift up;* -ISA PASI

-KWAKUTSA t (L) cf -kwakuka i. vb *make to leap in air*

-KWANA i & t (H) **1.** Kuenzanirana muuwandi. Kuwanda zviri pamwero. [Sadza iri harikwani vanhu vose. *This sadza is not enough for*

kutu

-kutura

-kuya

kuyu

kuwe

all these people.] vb *be sufficient;* **2.** Kuenzanirana nomunhu kwechipfeko. [Bhachi rawakanditumira rakandikwana. *The jacket which you sent me, fitted me.*] vb *be suitable, sufficient, fit;* **3.** Kunzwa nyota etc zvakapfurikidza. [Takakwana nechando gore rino. *We felt the cold terribly this year.*] vb *feel to excess (thirst, sleep, emotion); have enough of;* **-kwanirana na-** i [Shuga iyi haikwanirani nesu tose. *This sugar will not be enough for all of us.*] vb *suffice for, be sufficient for;* **-kwanira** t [Nyama iyi ichatikwanira here? *Will this meat be enough for us?*] vb *suffice for, be sufficient for;* **-kwanisa** i & t [Handikwanisi kufamba. *I am unable to walk.*] vb *be able, competent, have the ability to, manage;* -TADZA; **-kwanisika** i [Kana zvichikwanisika ndichakuona kubasa kwako. *If possible (if allowed) I shall see you at your place of work.*] vb *be possible, permissible*

-KWANGUKA i (H) Kupera kwezvose zviri mumudziyo, muchisara musisina kana nechii chose. [Vana vaive nenyota zvokuti vakanwa mvura, chirongo chikakwanguka. *The children were so thirsty that they emptied the water pot.*] vb *be emptied of liquid;* **-kwangura** t [Varume vana vakakwangura mhirimo yohwahwa nenguva isipi. *Four men emptied the pot of beer in no time at all.*] vb *drain, empty to the last drop*

-kwasva

-KWANGWAMARA i (H) cf -chanjamara i. vb *jut out, protrude, project, stick out;* **-kwangwamadza** t cf -chanjamadza t. vb *stick out*

-KWANHURA t (L); -puzura i K. Kupemhena (sokupemhena mapazi kana mashizha omuti). [Kwanhura mapazi omuti kuti ukure zvakanaka. *Prune the branches of the tree to make it grow properly.*] vb *prune, cut away branches, tear off manually*

-KWANISA i & t (H) cf -kwana i & t. vb *be able, competent;* **-kwanisika** i cf -kwana i & t. vb *be possible*

-KWANYANUKA i (L) Kusimuka zvinyoronyoro. [Murume akakwanyanuka nokuti gumbo raimurwadza. *The man stood up slowly because his leg hurt him.*] vb *stand up slowly, rise slowly from sitting position;* **-kwanyanura** t; -kwanyanutsa t [Kwanyanura mwana kuti uende naye kundorara. *Get the child to his feet and go off to bed.*] vb *make stand up*

-KWAPURA t (L) Kurova neshamhu. [Vamwe vanokwapurwa panzvimbo pokupika jeri. *Some are punished with a cane instead of serving a jail sentence.*] vb *whip, administer strokes of a cane*

-KWARA i & t (L) Kuchera kana kupara pasi neminwe. [Kana mombe dzoda kurwa dzinokwara pasi namakumbo. *When cattle are about to fight they paw the ground with their hooves.*] vb *scratch or paw the ground, dig with claws*

-KWARANZURA t (H); -kwarabvura t. Kumara nenzara. [Musikana akakwaranzura mumwe vachirwa. *The girl scratched the other while fighting.*] vb *scratch angrily with fingernails or claw*

-KWASHA t (L) Kuvhima mhuka musango. [Kare varume vaindokwasha kuti vawane nyama. *Long ago men used to go hunting for their meat.*] vb *hunt, look earnestly for*

-KWASHAMURA t (H) Kushandisa muti kana chimwewo kurovesa michero mumuti. Kucheka uswa nejeko kana bhemba. [Kwashamura uswa uhwu nyoka dzirege kuuya pachivanze. *Cut back this grass to stop snakes coming into the yard.*] vb *strike at, slash (with sickle, panga or slasher)*

-KWASVA t (L) Kufambisa igwa nomukwasvo. [Anofambisa igwa nokukwasva kwake. *He propels the boat by paddling.*] vb *paddle, Related ideo:* kwasvu

-KWATA i & t (L) Kuenda kudzimba dzavamwe kundotsvaga zvokudya. [Munhu anokwata haafarirwi. *A person who scrounges meals is not well received.*] vb *sponge, cadge meals, scrounge*

-KWATANUKA i (L); -kwatuka i. Kunamanuka kunoita zvakanamirana. [Chigamba chechubhu yebhasikoro rangu chakwatanuka. *The patch on my bicycle tube came unstuck.*] vb *come unstuck; peel off, flake off;* -NAMATIRA; **-kwatanura** t; -kwatura t [Akakwatanura chitambi patsamba yakabva kuAmerica. *He took off the stamp from the letter from America.*] vb *separate two adhering surfaces, unstick;* -NAMATIDZA

-KWATIDZA t (H) Kupfiga musuo nesimba kana kuvhara buri nechimwe chinhu. [Vakuru havafariri zvokukwatidza gonhi nesimba. *Banging a door is not welcomed by older people.*] vb *slam door, stop a gap*

-KWATIKA t (L) Kubatanidza pamwe chete. [Akakwatika midziyo yake pamwe chete. *She assembled her utensils together on one place.*] vb *heap together (utensils e.g. after washing)*

-KWATURA t (L) cf -kwatanura t. vb *remove scales, peel off, tear off,* *unstick;* -NAMATIDZA; **-kwatuka** i cf -kwatanuka i vb *come unstuck*

KWAYA 9 (HL) Boka ravaimbi venziyo. cf Eng n *choir, choral singing*

-KWAYA t (H); -pfida t. Kushora nokuseka mumwe. [Mazuva aakabuda mujeri vanhu vazhinji vaimukwaya. *Following his release from jail many people scorned him.*] vb *scorn, laugh at despisingly*

-KWAZISA t (H); -simbisa t; -chingamidza t M; -mhoresa t. Kuti mhoro kumuenzi. [Tinokwazisa muenzi asati agara pasi. *We greet a visitor before he is seated.*] vb *greet, give welcome;* **-kwazisana** i [Vakaziva kuti ihama nehama mushure mokukwazisana. *They discovered that they were related after exchanging greetings.*] vb *greet one another*

KWAZISO 9 (HHL) Mazwi kana maitiro okukwazisa. n *words of greeting*

KWAZVO (HL); chaizvo; chose. Izwi rinoreva kuti zvakanyanya. [Zvemitambo anozvifarira kwazvo. *He is very interested in games.*] adv *very much, exceedingly, absolutely, entirely, truly, really, certainly, indeed*

-KWEGURA i (H); -chembera i. Kukura zvokuchena vhudzi kana kufamba nomudonzvo. [Ambuya vake vakwegura. *His grandmother is elderly.* Chinokwegura chinokotama: musoro wegudo chave chinokoro. *What grows old has a stoop, the head of a baboon is used as a scoop. i.e. Everything changes; good fortunes can undergo drastic changes. prov* 1040] vb *age, grow old;* **-kwegudza** t; -chembedza t [Mabasa mazhinji anokwegudza munhu. *Many responsibilities age a person.*] vb *cause to grow old*

-KWEKWEREDZA t (H) Kudhonza kana kuzvuzvurudza chinorema. [Kwekweredzai masanzu tivakire gadhe. *Pull along the branches and we'll construct a garden enclosure.*] vb *drag heavy object along the ground;* -SUNDA

-KWENENGEDZA t (H); -kokota t [Vana vanoda kukwenengedza jamhu rasara pandiro. *Children like to scrape (with the fingers) jam that remains on the plates.*] vb *scrape with fingers*

-KWENENZVERA t (H) Kuita kuti chivezwa chitsvedzerere nokupara. [Pakugadzira mipinyi tinowanzokwenenzvera nechimedu chebhodyera. *When preparing a handle we smoothe down with a broken piece of glass.*] vb *trim, smoothe by scraping*

-KWENGA t (H); -kenga t. Kupara pakugeza hari ina makoko. [Kwenga poto ubikire baba sadza. *Scrape out the pot and cook your father some sadza.*] vb *scrape (e.g. cooking-pot) with instrument*

-KWENGURA t (H) cf -kwangura t. vb *drain or empty to the last drop;* -ZADZA

-KWENYA i & t (L) Kupukuta nenzara panenge pachivava (kazhinji muviri). [Ndikwenyewo kumusana. *Scratch me on the back.*] vb *scratch the body, relieve irritation by scratching; strike a match*

-kwazisa

-KWENYERA t (L) Kumhan'arira mumwe kana aita zvakaipa. [Akatikwenyera mapurisa tikasungwa tose. *He informed on us to the police and we were all arrested.*] vb *tell on, inform on*

-KWERETA t (H) Kukumbira mari kuno mumwe, uchizoidzorera. [Mazuva ano unogona kukwereta mbatya dzokuchatisa. *These days you are able to hire wedding clothes.*] vb *borrow, receive on loan;* -KWERETESA; **-kweretesa** t [Ndikwereteseiwo madhora mashanu. *Please lend me five dollars.*] vb *lend, give on loan;* -KWERETA

-KWESHA t (H); -kwicha t M. Kukwiza sezvinoitwa pakugeza poto ina matsito. [Ukakwesha poto nejecha inochena nyore nyore. *If you scour a pot with sand it easily becomes clean.*] vb *scrub, scour with sand etc, grate, file*

KWETE (HL); Aiwa. Izwi rokuramba. inter *No!;* HONGU

-KWEVA t (L); -kweya t M; -dhonza t. Kukakata chinhu. [Mombe dzedu dzajaira kukweva zvinhu. *Our cattle are used to drawing things (on a sledge).*] vb *pull, drag, draw along;* -SUNDA

-kweva

-KWEZVA t (L) Kurunzira kana kuedza munhu, kana mhuka, kuti aite chimwe chinhu. [Mhou iyi inokwezva dzimwe mombe kupinda muminda. *This cow encourages the other cattle to enter the gardens.*] vb *attract, entice*

-KWIDIBIKA i (H) Kupfidigika nehwibido. [Mukaka unofanira kugara mumudziyo unokwidibika. *Milk should be kept in a covered container.* Poto iyi haikwidibiki nokuti hapana hwidibo yavo. *This pot cannot be covered because it has no cover.*] vb *be able to be covered;* -KUDUBUKA; **-kwidibira** t [Kwidibira hari manhanga arege kupfuva. *Put the lid on the pot so that the pumpkins get properly cooked.*] vb *cover, put lid on;* -KUDUBURA; Related ideo: kwidiba

-KWIDZA t (H) cf -kwira i. vb *ele-*

-kwikwidza

-kwira

vate, lift, raise up; -DZIKISA, -DEREDZA

-KWIDZIMA i (L) Kupenya semombe kana yabva mukudhibha. [Bhuru rakakora rinokwidzima. *A sleek bull has a shiny coat.*] vb *be shiny*

-KWIKWIDZA t (L) Kuita makundano. [Tinokwikwidza kuti tione mukundi. *We contest to discover the winner.*] vb *compete, contend*

-KWINYA t (L) cf -kunya t. vb *fold, roll up (clothing)*

-KWIPURA t (L) Kurova negumbo. [Murume aiva pabhasikoro akakwipura imbwa yakanga yoda kumuruma. *The cyclist kicked the dog attempting to bite him.*] vb *kick*

-KWIRA i & t (H) Kuenda pamusoro pegomo etc. Kutasva bhasikoro kana bhiza. [Akakwira mumuti kuti aone bhora. *He climbed the tree to watch the football.* Kukwira gomo kupoterera. *To climb a mountain you go zigzag. prov* 1236] vb *climb, rise, ascend, mount, ride; Related ideo:* kata, n'anya. -DZIKA, -BURUKA;

-kwidza t [Kwidza zvinhu mumotokari tichienda. *Load the things into the motor car and let's go.*] vb *raise up, cause to go up;* -DZIKISA

-KWIRUKA i (H) Kusvetuka mudenga. [Bhiza rakakwiruka mudenga ravhundutswa nembwa. *The horse lept into the air when alarmed by the dog.*] vb *spring up in surprise*

-KWISHURA t (H) Kudimbura nebanga etc. [Bhandi rechigayo rakakwishura munwe wake. *The mill machine-belt cut off his finger.*] vb *cut off*

-KWIZA t (L) **1.** Kupukutira sezvinoitwa mushonga pakazvimba. [Kwiza mushonga uyu pakazvimba. *Rub in the ointment on the swollen part.*] vb *rub in ointment;* **2.** Kusvuurwa kweganda romuviri nembatya. [Chipika ichi chiri kukwiza mutsipa wangu. *This collar is chafing my neck.*] vb *rub against, chafe, grate (by friction); Related ideo:* kwizu

M

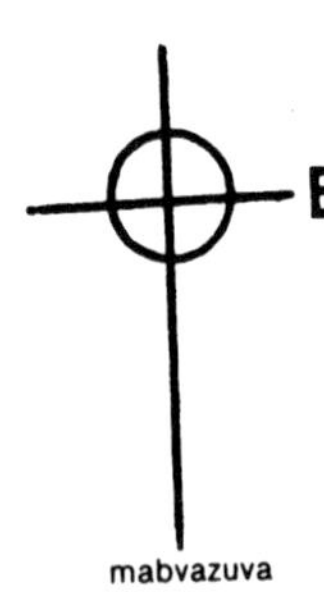

mabvazuva

MABANDE 6 (LLH); mabandu 6; mabandurwa 6; mabandi 6; mbadzwa 10 M. Chibage chakabandiwa muchigayo kana muduri. n *partly-crushed maize, samp*

MABAYO 6 (LLL); chibayo 7; kabayo 12. Kurwadza kunoita mapapu. n *pneumonia, pleurisy*

MABHARANI 1a, pl: vana- (LHLL) Munhu anoita basa rokunyora ari muhofisi. n *clerk, office worker*

MABHINDAUKO 6 (LLLLL); mhindu 9. Njere kana utsanzi hwokuita chose chose kana hwokunatsiridza panga poipa. n *versatility, ability to recover from hardship and succeed*

MABHUYO 6 (LLL); mabhuya 6 K. Nyaya dzokutaurirana. n *interesting information, fascinating or good news*

MABIKO 6 (LLL) cf mutambo 3. n *feast (banquet), special meal*

MABVAKURE 6 (LLLL) Vanhu vanobva kune dzimwe nyika. n *foreigners*

MABVAZUVA 6 (LLHH); mabvirazuva 6 K. Kunobuda nezuva mangwanani. n *the East;* MADOKERO, MAVIRIRA

MACHAKWI 6 (LLH); machakwinya 6. Nzvimbo ine mvura isina kudzika; somubani. n *surface water in vlei, boggy place*

MACHIKICHORI 6 (LHHHH); magiribidi 6; machapfa 6. Zvokudya zvinonaka. n *pleasant-tasting, dainty food*

MACHISI 6 (LLL); fofo 9. Chikoko chemachisi cf Eng n *match-box (full or empty; one match = nzlswa)*
MADANHA 6 (LHH) Kuda chimwe chinhu zvakanyanya. [Madanha etsvimborume: kudya yawarira. *It is a bachelor's longing to eat after preparing his sleeping place* *prov* 313 *i.e. Self-interest causes one to be prepared.*] n *longing, desire*
MADEKO 6 K (LHL) manheru 6 n *evening — can be used as 'last evening'; also used as evening greeting;* MANGWANANI
MADEKWANA 6 K (LHHH); manheru 6; manhoko 6 Ko. Nguva dzokunge zuva roda kuvira kana kuti richangovira. [Ndakauya madekwana. *I came yesterday in the evening.*] n *evening (after 3 p.m.);* MANGWANANI
MADHUNAMUTUNA 6 (LLLL-HH) Kusagarisana zvakanaka kwavanhu pamusana pokutongwa kwenyika kusiri munzira kwayo. n *critical civil disorder, unsettled political state*
MADIRANO 6 (LLLL); madiro 6; masanga 6 MZ. Nzvimbo inosangana nzizi mbiri. n *junction of rivers, confluence*
MADIRO 6 (LHH); madire 6. Zvada mwoyo. [Anoita pamadiro. *He does as he likes.*] n *choice, desire, pleasure*
MADOKERO 6 (LHHL); mavirira 6. Kunonyurira zuva. n *the West;* MABVAZUVA
MADUDUDU 6 (LHHH); pfundamutete 9 M. Kufamba uchidzokera shure. n *walking backwards, shrink away, step backwards*
MADYANGWE 6 (LLL); jee 5; muyembe 3. Zvokusekesa. n *joke, prank, practical joke*
MADZERERE 6 (LLLL); madzengere 6. Kutadza kuona zvakanaka. n *hazy vision caused by bad eyesight, smoke or mist*
MADZIRO 6 (LLL) Ukuri kana chengo chemba etc. n *wall*
MADZIURACHANDO 6 (LLLLLL) Mvura inonaya kana chando choda kutanga. n *rain in the cold season*
MADZIYA 6 (LHL) Nguva yechirimo kana kunze kwodziya. n *hot season at the onset of rain;* CHANDO
MAEDZERA 6 M (LLHL); chadzera 7 K. Kuona chinhu mudenga kana kusina nakakore, kuchipisa. n *mirage, a false picture that appears to the eyes*
MAENZA 6 (LLH); zhizha 5. Nguva yokunaya kwemvura, mbesa dziri muminda. n *summer, rainy season;* CHIRIMO
MAERERANO NA- (LLLLL) [Vana vanofanira kugara maererano nemitemo yechikoro. *Children ought to live by the laws of the school.*] adv *according to*
MAFADZAHANZVADZI 6 (LHLL-HL) Zvokufadza munhu, kumubata kumeso chete. n *flattery, fawning behaviour, behaviour that covers up true feelings*
MAFAKI 6 (LHL); mashagada 6; mashekede 6. Mupunga wakaiswa dovi ndokunyatsomonwa. n *rice boiled and flavoured with* dovi
MAFASHAFASHA 6 (LLLLL) Kuwandisa kwezvinhu. n *overflowing, abundance*
MAFASHAMO 6 (LLLL); guve 5 MZ. Kuva nokuerera kwemvura zhinji. n *flood*
MAFEMO 6 (LLL) Kufema kunoita munhu aneta nokumhanya etc. n *deep sighing, respiration, breathing*
MAFI 6 (LL); daka 5; chigumbu 7; bundu 5; rutodo 11. Kuita pfundipfundi nomumwe. n *grudge;* RUDO
MAFUFU 6 (LHL) Makanda okunze echibage kana nzungu dzinenge dzapokotwa. n *outer skin of maize or groundnuts*
MAFUNDO 6 (LLL); njeneko 9 M. Kudya kuzhinji kana hwahwa hwokunwa chete pakungofara. n *party, social gathering with food and drink*
MAFUNGU 6 (LLH) Masaisai makuru emvura. n *rough water caused by wind or strong current*
MAFUNZI 6 (LHH) cf funzi 5; mafunzu 6 M. n *ear wax*
MAFURAMHEPO 6 (LHLHH) Nzvimbo isina kumanikidzana, isina vanhu vazhinji. Izwi iri rinorevawo kuti pasina mukuru anotyiwa. n *the open, away from disturbances, in the open air*
MAFURO 6 (LLL) Nzvimbo inofudzirwa zvipfuyo. n *grazing area, pasture*
MAFUTA 6 (LHH) Chokubikisa mazai kana zvimwewo. Chokuzora kana munhu apedza kugeza. n *fat, oil, grease, lard, ointment, dripping*
MAFUTA ENGOSI (HLL HLL) Kubvumira kunoita munhu, achireva kuti, "Ndingagotiiwo ini zvangu? Ndongobvumira zvamunoda." inter *by all means (submissive expression by inferior to a superior)*
MAGARIRO 6 (LLHH); magarire 6; mugariro 3. Maitiro kana tsika dzomunhu. n *custom, behaviour, habit, style of living*
MAGETSI 6 (LHL) Moto unofamba nomuwaya kana mwenje womoto iwoyo kana simba rinofambisa michina. n *electric current, light, energy*
MAGIRAZI 6 (LLHL) Zvinoiswa ku-

machisi

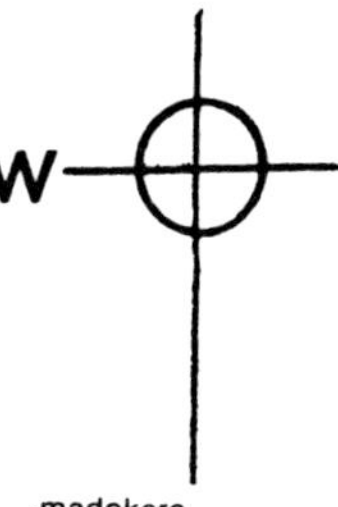

-madokero

madziro

magirazi

magondo
bere

makata

mai

meso kuti munhu anyatsoona. cf Eng n *glasses*

MAGONDO 1a, pl: vana- M (LHH); magwinhi 1a M cf bere 5. n *hyena*

MAGUMO 6 (LHH) Kwokupedzisira kana kuti muganhu. n *end, boundary, farthest limits;* MAVAMBO

MAGUTA 6 (LHL) Kuwanda kwezvirimwa kana zvokudya. n *food in plenty, abundance of crops;* NZARA

MAGWINHI 1'a, pl: vana- M (LHH) cf bere 5. n *hyena*

MAGWIRIRI 6 (LLLL); ngonono 10. Kufema kunonyaudza kunoitika wakakotsira. n *snore, noise of snoring*

MAHARA 6 (LHL) Pasina muripo kana kuti pasina chimuko; pachena. [Ndakaparadza mari mahara. *I spent money worthlessly.*] adv *for nothing;* n *useless, worthless thing*

MAHEU 6 (LHL); magada 6. Chokunwa chinogadzirwa nesadza rinenge rasara. n *non-alcoholic drink prepared from cooked mealie meal*

MAHON'ERA 6 (LLLL); mahonyera 6. Mazwi asina kududzika anonzwika, kana kubhesera kunoitwa pakuimba. n *humming, sound of conversation*

MAHUMBWE 6 (LHL); mamhuza 6 M. Kutamba kunoita pwere dzichiita dzimba nemhuri. n *game of playing house*

MAHUMUNYA 6 (LLHL); magwirikwizha 6 K. Chirwere chinozadzanwa chinozvimbisa matama. n *mumps*

MAHWEKWE 6 (LLH); mambunga 6; masanga 6. Kusangana nomunhu kana nechinhu chawanga usingafungiri kusangana nacho. n *chance meeting*

MAI 1a, pl: vana-; vadzi-; madzi- (HH) cf amai 1a [Mai kunatsa muroyi: ziso riri pamwana. *A mother pleases a witch while her eye is on the child. prov* 843 *i.e. A mother's highest priority is to favour her child and protect it.*] n *mother;* **maiguru** 1a, pl: vana-; vadzi-; madzi- (HLHH) cf amaiguru 1a; **mainini** 1a, pl: vana-; vadzi-; madzi- (HL HL) cf amainini 1a

MAIRA 9 (HLL); maera 9. Chinhambwe chokupima nacho. cf Eng n *mile (1 760 yards) = 1 609 m*

MAITIRO 6 (LLHH) Kuita kwomunhu kana chinhu. n *conduct, way of acting, behaviour*

MAIWE (HHH) Zvinotaura munhu kana paine zvaitika zvinosuwisa kana kutyisa kana kushamisa. inter *expressing sorrow, fear or surprise (My mother!)*

MAJARINI 6 (LLHL) Mafuta anozorwa pachingwa, kana kubikiswa makeke etc. cf Eng n *margarine*

MAJENI 9 (HLL) Mutsetse unobva kumusoro uchidzika papepa rokunyorera. cf Eng n *margin*

MAJI 6 (LH); manhede 6. Kurara nomusana, wakatarisa mudenga. n *state of lying on back (often in sleep)*

MAKAKO 6 (LHL) Muchina wokudhonzesa waya, kana wokusimudza zvinorema. n *fence-strainer, block and tackle*

MAKARO 6 (LHH); mbayo 10; madyo 6; mandyo 6 K; haro yokudya 9 M. Kudisa kudya twakasiyana-siyana. n *greediness for food*

MAKATA 6 (LLL); mukwidza 3 n *upward slope;* MATERU

MAKEI 1a (LHL) **1.** Gore rakapera kana kuti gore rinouya. n *last year / next year;* **2.** Inzwi rinoshandiswa kureva kuti munhu mukuru kana kuti mudhara. n *(slang) old man*

MAKISI 9 (HLL) cf Eng n *mark awarded for school-work*

MAKOMU 6 (LHL); makomukiro 6. Kunoperera muforo, kunokomukira mombe. n *end of furrow (where oxen turn about)*

MAKOROKOTO (LHHHH) Kufarira mumwe pane zvaanenge abudirira kana kuti abva munjodzi. inter *Congratulations! Well Done! (e.g. after passing exam, discharge from hospital, childbirth etc.)*

MAKOTO 6 (LHH) Zviyo kana mhunga kana mapfunde zvisina kunyatsopurwa. n *imperfectly threshed grain (i.e. chaff which requires to be threshed again)*

MAKUKUMIRA 6 (LLLLL) **1.** Mapundu anokonzerwa nokugusa ndebvu. n *rash or pimples caused by shaving;* **2.** Zvidzitsi zvendebvu. n *stubble of beard, a few days' growth of beard*

MAKUNAKUNA 6 (LLLLL); chemina 7 Ko. Kusangana kwomunhurume nomukadzi ivo vaino ukama huri pedyo; sokuti hanzvadzi nehanzvadzi. n *incest*

MAKUNDANO 6 (LHHL); makwikwi 6; mapitse 6. Kuita zvakasiyana zvokuda kuona anokundwa, sokumhanya etc. n *competition, contest*

MAKURUSIBHANDI 6 (LLLHL); makorosibhandi 6; makurubhandi 6. Micheka inobata mhando yamabhurukwa asingasungwi namabhandi. n *braces*

MAKUTUKUTU 6 (LLLLL) Kuwanda kwezvinhu. [Mai ava vane midziyo makutukutu. *This woman has heaps of utensils.*] n *excessive amount*

MAKUWERERE 6 (LHLLL); ma-

kuwende 6. Mufaro une mheremhere yokuratidza kufara kwavanhu. n *noisy applause*
MAKWENE 6 (LHH) Kuoma kunoita ganda romumusoro, rinokwaturwa nekamu etc. n *dandruff, form of skin-infection on the head*
MAKWIKWI 6 (LLH) cf makundano 6. n *competition, race, contest*
-MAMATA i (L); -ndandama i; -dzadzama i. Urema hwokutadza kunyatsotaura. Kutadza kutaura somunhu anenge ashatirwa kana kuti aneta. [Kuna vamwe vachenjeri vanomamata. *There are some intelligent people who stammer.*] vb *stammer, stutter (nervous disorder of talking)*
MAMBAKWEDZA 6 (LLLH) Rungwanangwana, kunze kuchangovamba kuedza. n *early morning at the first light of day*
MAMBO 1a, pl: vana-; madzi- (LL); ishe 1a. Mutongi wavanhu venyika kana wedunhu. n *king, chief, lord;* **mambokadzi** 1a. Mutongi **womunhukadzi**. n *female chief, queen*
MAMBUNE 6 (LHL); maune 6. Chinoitwa munhu achinyatsoziva kuti ari kutadza. n *deliberate obstinacy or perversity, characteristic of the headstrong*
MAMBURE 6 (LHL) Shinda yakasimba yakarukirwa kubatisa mhuka kana hove. n *net into which game or fish are driven*
MAMERA 6 (LLL); chimera 7; mumera 3. Zviyo zvakanyikwa zvikagomera. n *malt, sprouted-grain*
MAMHEPO 6 (LHH) Chirwere chokuroyiwa chinokonzera munhu kutaura seanopenga. n *sickness caused by being bewitched*
MAMHEYA 6 (LHL); mateya 6; manheza 6. Makumbo akakombera mukati. n *bow-legs*
MAMHUZA 6 M (LHL) cf mahumbwe 6. n *children's game of playing house*
MAMUNA 1a, pl: vana- M (LHH) cf murume 1. n *man, husband;* MUKADZI
MANA 9 (HL) cf Hebrew. Zvaidyiwa navaIsraeri mugwenga. n *manna (cf Book of Exodus 16:31 and Numbers 11:7f)*
MANA 5, mam-6 (LL) Chikamu chomusha chine dzimba dziri pamwe chete. n *family unit, part of a village community*
MANDA 9 (HH) Mafuta emhuka (mombe, hwai, mbudzi etc). n *unrendered animal fat*
MANDIONEKWE 6 (LHHHH); chinemo 7 M; usasavani 14 K. Maitiro okuda kuti vanhu vakuone, vagokurumbidza. Kuonererwa navamwe. n *vanity, ostentation to attract attention*
MANDIONERERI 1a, pl: vana (LHLLLH) Rudzi rwavanhu vapfupipfupi vaigara munyika muno. n *Bushman*
MANDOROKWATI 6 (LLLHL) Chaichoicho, chisiri chokufananidzira. n *genuine;* adj *superb, excellent, splendid article; expert* [Munyori wamandorokwati = *Eminent, first- rate writer*]
MANEKA 6 (LHL) Kuita kwokunge munhu ava kupenga; kwokuzingaira. n *confused, strange behaviour*
MANERA 6 (LHL) cf danho 5. n *ladder*
MANGA 5, mam-6 (LL); ditimanga 5; dindimanga 5. Rudzi rwenhanga. n *variety of pumpkin*
MANGAI 6 (LHL); manjewere 6 M. Chibage chakaoma chinotsvokonyorwa chobikwa. n *boiled grains of maize*
MANGANGE 6 (LLH); jenje 5 K. Kuenzana (pamakundano, muchikoro, etc). n *draw, tie in contest*
-MANGARA i & t (L); -mhan'ara i & t. Kutaurira vakuru kana mapurisa zvanyangadzwa nomumwe. [Mangara nyaya iyi kumapurisa. *Report this matter to the police.*] vb *complain formally; report, lodge a formal complaint to those in authority*
MANGISI 6 K (LHL) cf bumhe 5; cf maheu 6. n *sweet, non-alcoholic beer*
MANGO 9 (HL); mengo 9. Muchero womumango wakabva kuIndia. cf Eng n *mango*
MANGOI 9 (LLH) cf katsi 9. n *cat (domesticated)*
MANGONDO 6 (LLL) Nzvimbo ina matombo murwizi, panopopoma mvura. n *rocky barrier across river, rapids, waterfall*
MANGWANA 6 (LHH) Zuva rinotevera nhasi. n *tomorrow*
MANGWANANI 6 (LHLH) Kunze kuchangoedza. Nguva inoteverwa namasikati. n *morning up to 10 o'clock a.m. — also used as early-morning greeting;* MANHERU
MANHEDE 6 (LHL) cf maji 6. n *state of lying on back (often in sleep)*
MANHENDA 6 (LLH) Izwi rinoreva kuti ndezvokutotenda zvaitika. [Manhenda (kana) tabvumidzwa kuenda. *It's uncertain that we will be allowed to go.*] n *uncertain outcome or event (usually* mánhenda: *a verbalized noun = It is uncertain (whether) . . .)*

makurusibhandi

mambokadzi

manera

mangoi

maodzanyemba

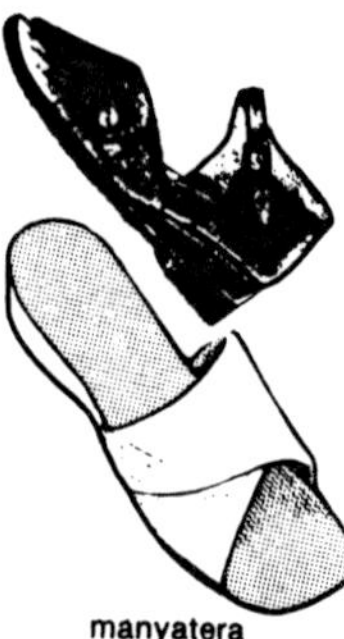
manyatera

mapitse

masairira
masaisai

MANHENDASHURE 6 (LLHHL) cf madududu 6. n *walking movement backwards*

MANHERU 6 (LLH); manhoko 6 Ko cf madeko 6. n *evening, also used as late evening greeting — even after dark;* MANGWANANI

MANHUNGETUNGE 6 (LH-HHL); mavandamwa 6 K. Kubayabaya kunoita mudumbu. n *painful indigestion, sharp stomach-pain*

-MANIKIDZA t (H) Kuti munhu (kana chinhu) aite zvaanga asingadi kuita. Kuisa chinhu pachisingakwani. [Ndakamanikidzwa kubika hwahwa. *I was forced to brew some beer.*] vb *force, compel;* -NYENGETEDZA; **-manikidzana** i [Mipichisi iyi yakamanikidzana. *These peach trees are too close.*] vb *be close together;* **-manikidzika** i; -batikana i [Ndakamanikidzika. *I am busy. I am occupied. I am not available. I am hard-pressed.*] vb *be busy;* -SUNUNGUKA

MANJA 6 (LL) Kuomberwa kunoitwa kana paine zvinofadza zvataurwa kana kuti zvaitwa. n *applause with clapping of hands*

MANYADZO 6 (LHH); nyadzi 10; nyadzo 10. Zvinonyadzisa. n *shame, shyness, bashfulness*

MANYARARA 6 M (LLLL) cf mararara 6. n *rubbish*

MANYATERA 6 (LLLL); hwashu 10. Shangu dzokungopfekera mugumbo, dzinowanzopfekwa kunopisa. n *sandals*

MANYAWI 6 (LLH); manyemwe 6. Kubatwa nezenze pamusana pokuonererwa navanhu kana mumwe munhu. n *state of looking for attention, showing off; state of trying to make an impresion*

MANYEPO 6 (LLL); nhema 10. Zvinotaurwa zvisiri zvechokwadi. n *falsehood, lies, untruth, falsity;* IDI, CHOKWADI

MANYEREKETE 6 (LHHHH) cf ruvara 11. n *colours*

MANYOKA 6 (LHH) Kurwadza kunoita mudumbu. n *stomach-ache, dysentry, loose bowels, diarrhoea*

MANYONGORI 6 (LLLH) Kusawirirana kana kupesana kwavanhu, zvichikonzera kurwa kana kupopotana. n *confusion, disagreement in a crowd*

MANYOWA 6 (LLL); mupfudze 3. Ndove yemhuka kana marara anoiswa mumunda kuti mbeu dzikure zvakanaka. cf Eng n *manure; animal waste or other material, natural or artificial, used for making soil fertile, compost*

MANYUCHI 6 (LHH) Utapitapi hunenge uchi hunotengeswa nokudyiwa. n *molasses, syrup*

-MANZA t (H); -mhanza t. Kusiya tsengwarengwa pakukuya kana pakugaya. [Guyo risina kurohwa rinomanza upfu. *An unroughened grinding-stone leaves the flour rough.*] vb *grind roughly;* -OTSA, -OTESA

MANZVINZVI 6 (LLL) Chikafu chisina kuzeyiwa chinoonekwa muura hwemhuka inenge yaurayiwa. n *partially digested vegetable contents of intestines of slaughtered beast*

MANZWIRA 6 (LHL) Kunzwa zvisina kutaurwa; sokunzwa kunge wadaidzwa asi pasina akudaidza. n *mistaken or incorrect hearing, or over-hearing*

MAODZANYEMBA 6 (LLLLL) Ruzhinji rwavanhu runoti kurudyi kwomunhu kana akatarisa kumabvazuva. n *the South (sometimes used with absolutely opposite meaning i.e. North);* CHAMHEMBE

MAORERA 6 (LLLL) Marara anotsitsirirwa pamwe chete kuti agoora, ozova manyowa. n *humus, compost*

MAORESA 6 (LLLL) Chinhu chapamusoro, chinodhura. Kuita kunoshamisa. [Ane motokari yamaoresa. *He has an expensive motor car.*] n *expensive object of good quality*

MAPAKATSINE 1a, pl: vana- (LH-HHH); gandanga 5; nyamusenga 1a; bhinya 5. Zimunhu rinogara musango rinoponda vanhu. n *savage, ruthless, frightening person*

MAPANGIRO 6 (LLHH); havi 9; rudiso 11. Kudisisa kuita chimwe chinhu. n *strong desire (of laudable nature or not)*

MAPATYA 6 (LLL); maviri 6; mamanga 6 M; manyaviri 6. Vana vaviri vanozvarwa musi mumwe chete namai vamwe chetevo. n *twins*

MAPERE 6 (LLL); maperembudzi 6. Chirwere chinokonzera nhengo dzomuviri kudambuka. n *leprosy;* [munhu ana maperembudzi = *leper*]

MAPFEKA 6 (LLL); shosha 9 K. Kusamera kwevhudzi mumativi emhanza. n *condition of thinning of hair above temples*

MAPIKE 6 K (LLH) cf bheji 5. n *bet, wager*

MAPITSE 6 (LLH) cf makundano 6. n *race, competition, contest*

MAPONESE 1a (LHHH) Mupi woupenyu, Mwari. n *Giver and preserver of life (i.e. Supreme Being);* CHISIKWA

MAPOPOPO 6 (LLLL) Kupopoma kunoita mvura zhinji murwizi, kana kunaya kwemvura hobvu. n *heavy flow, deluge of rain, rapids, waterfalls*

-MARA i & t (H); -kenga i & t; -marangura i & t KoZ. Kutswinya sekatsi. [Katsi inomara kana ichirwa. *A cat scratches when fighting.*] vb *scratch aggressively with nails or claws, tear the skin*
MARANGA 6 (LLL) Zvichena zvinofuma zviri mumaziso manwanani, munhu asati ageza kumeso. n *discharge from eyes after long sleep*
MARARA 6 (LLL); tsvina 9. Zvisisina basa zviri panzvimbo yazvisingadikanwi. n *dirt, filth, rubbish*
MARARO 6 (LHH); mavato 6; mafundo 6; mupfundo 3. Kupindukapinduka kunoita munhu kana akakotsira. n *restlessness in sleep*
MARASHA 6 (LLL); maratya 6. Matsito kazhinji anobva mumigodhi anoshandiswa kuita moto. cf Nguni n *coal*
MARATA 6 (LHL); mazen'e 6 cf rata 5. n *sheet of zinc, metal*
MARERE 6 (LLL); maminimini 6. Chishamiso chinoitika. n *astonishing occurrence (e.g. eclipse of the sun)*
MARI 9 (LH); mukumbureza 3; ndai 9; mushagi 3; mutobvu 3 (*slang*); kupulazi 9 (*slang*). Chinoshandiswa pakutenga zvinhu kana kubhadhara vasevenzi. [Mari ine chitema: mai vakatengesa mwana wavo. *Money is a wicked thing; it brought about the sale of her daughter.* prov 1478 *i.e. Money is the root of all evil.*] cf Arabic n *money, coin*
MARIMBA 6 (LLL) Mumhanzi wokuridza. n *musical instrument, (European organ, piano)*
MARIMWEZURO 6 (LLLLL) Zuva rakateverwa nanezuro. n *day before yesterday*
MARIRANGWE 6 (LLLL) Kana zuva richangovira. n *dusk;* RUFURA-MHEMBWE
MARIRO 6 (LLL); rufu 11. Panenge pafa munhu. n *funeral*
MARUTSI 6 (LHL) Zvinobuda mukanwa pakurutsa. n *vomit, spew, disgorged food*
MARWI 6 (LL) Kuita zvinhu zviviri panguva imwe cheteyo (sokuuraya shiri mbiri wapotsera ibwe rimwe chete). n *single action producing two effects*
MASAIRIRA 6 (LLLLL); masaisai 6. Kufamba kunoita mvura kana mhepo yavhuvhuta kana kuti mudziva makandwa dombo etc. n *waves, ripples*
MASAMBA 6 (LLL) Zvinosanganiswa nemvura yavira kuti ive tii. n *tea leaves (N.B. in Shona it covers before or after use.)*
MASANGA 6 (LLH); mambunga 6; mahwekwe 6. Kusangana nomunhu wawanga usingazivi kuti uchasangana naye. n *chance meeting*
MASANGANISWA 6 (LLHHL); musanganiswa 3. Zvakasanganiswa pamwe. n *mixture (e.g. sand and cement)*
MASERWE 9 (LLL) Mhando yenyoka ino urefu hwe-0, 91 m, inodya matafi namadzvinyu. Inofamba nokukurumidza yakagadzirira nokuwanzogara pasi. n *spotted skaapsteker (snake)*
MASESE 6 (LLL) Tsengwarengwa dzamamera dzinobuda muhwahwa. n *sediment of beer*
MASHAGADA 6 (LLHL); mashekede 6. Mupunga unobikwa woiswa dovi pakumona. n *boiled rice prepared with an addition of peanut butter*
MASHAMBANZOU 6 (LLLLL); mashambazhou 6 K. Rungwanangwana, zuva risati rabuda. n *time before dawn;* RUKUNZVIKUNZVI
MASHE 6 (LL); marishe 6; mambusa 6 K; matsari 6 M. Marara kana uswa hunowanikwa mumwena wembeva kana gurwe etc. Dendere rembeva nezvimwe zvinogara mumwena. n *lining to nest of mouse or rat or cricket*
MASHOPESHOPE 6 (LLLLL); gata 5. Kundokandira kunoitwa mushure mokufa kwomunhu. n *divining ceremony by n'anga after a death*
MASHWASHWA 6 (LLL) Tsinga dzinobatanidza mapfundo omuviri. n *tough sinew or cartilage*
MASIKATI 6 (LHHL) Nguva iri pakati pamangwanani namanheru; kana zuva rakwira. n *afternoon, time of the day roughly between 10 a.m. and 3.30 p.m., day (by day), noon (12.00 a.m. - 1.00 p.m.); also used as noon greeting*
MASITEKI 9 (HLLL); masidhen'ere 9. Chikanganiso chinoitwa nomunhu asingazivi. Chikonzero chokuti motokari etc irege kufamba. cf Eng n *mistake, unintended harm caused to or by something, malfunction*
MASITEPESI 6 (LLHLL) Pakagadzirirwa kukwira mumba napo pana madanho akaitwa pfirapo. cf Eng n *steps, staircase*
MASTACHI 9 (LHL); usopo 14. Ndebvu dzapamuromo wapamusoro. cf Eng n *moustache; cf illustration*
MASUNGIRO 6 (LHHL) Zvinhu zvinobviswa kana kuitwa nomukuwasha pakundosungira mukadzi. n *ritual offering to parents-in-law when wife expects first baby*
MASUO 6 (LHL); ruredzo 11. Mushonga unopiwa mukadzi kuti ago-

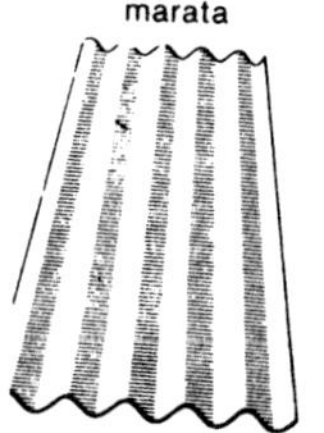
marata

mashambanzou

mari

masitepesi

mastachi

materu/mawere

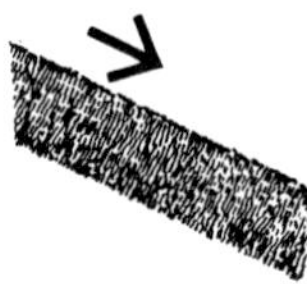

matiresi

mbato

sununguka zvakanaka. n *medicine to assist women in childbirth*

MASUTSO 6 (LHH); matsutso 6. Nguva yokunge zvirimwa zvoda kuibva. Magumo ezhizha. n *late midsummer when crops are about to ripen, end of rainy season*

MASVISVINWA 6 (LHHH) Makanda nezvimwewo zvinosvipwa kana munhu achidya chinosvisvinwa muto. n *pulp or other matter from which juice has been sucked in the mouth and then spat out*

MATADZA 6 (LLL) Panomera mazino. n *gums in the mouth*

MATAKADYAKARE 6 (LLHLLL) Pfungwa yokuti kanapo ndiri mumatambudziko asi kare ndaimbofara. [Matakadyakare haanyaradzi mwana. *You cannot pacify a child by reminders of past benefits. prov* 508] n *previous experience (not available at the present moment)*

MATAKURO 6 (LLLL) Hwahwa hunopiwa munhu somubayiro wokutakura hari kwaanenge aita. n *reward (usu cup of beer) for carrying*

MATAMBIDZANWA 6 (LHHLH); magamuchidzanwa 6. Maitiro kana zvimwewo zvinosiyiranwa nezvizvarwa. n *tradition; history, custom or belief handed down*

MATATENDA 6 (LLHL) Hwahwa hunopiwa kumuridzi navaanenge apa, kuratidza kutenda kwavo. n *cup of beer presented to the host to thank him for the beer*

MATE 6 (LH); mata 6 M. Zvinenge mvura zvinosvipwa mukanwa. n *spittle, saliva*

MATEKENYA 6 (LLLL) Kubayabaya kunowanzoitika mumakumbo. n *pins and needles; sensation (esp in legs) after blood circulation is restored*

MATENETI 6 (LHLL); mateniti 6. **1.** Rokwe rakagadzirirwa kupfekwa nomudzimai ana pamuviri. cf Eng n *maternity dress;* **2.** Dzimba dzomuhospitari dzinorara vakadzi vakurirwa, vachisunungukiramo. cf Eng n *maternity ward of hospital, maternity hospital*

MATERU 6 (LHL); mudzikisirwa 3. Nzvimbo yakatenukira zasi. n *downward slope, declivity, incline;* MAKATA

MATEYA 6 (LLL) cf mamheya 6. n *bow-legs*

MATIGADHI 9 (HLLL); metigadhi 9; madhigadhi 9. Chisimbi chinofukidza vhiri kuti madhaka arege kupfachukira kwose kwose kana motokari etc ichifamba. cf Eng n *mudguard*

MATIGIMU 1a, pl: vana- (LHHL) Munhu ano mukundo, anongorova vamwe nguva dzose. n *one who has habit of striking (usu children), bad-tempered, overbearing person*

MATIMBA 6 M (LLL) cf bumhe 5. n *sweet beer*

MATIONE 6 (LHHL) Mutoo wokusada kupfuurwa nechinhu. Kuda kunyatsoona chose chose. n *curiosity, great power of observation*

MATIRENZI 6 (LLHL) Tambo inosunganidza cheni pajoki. n *rope joining trek-chain to yoke*

MATIRESI 9 (HLLL); metiresi 9. Utepfetepfe hwapamubhedha hunoita kuti mubhedha urege kudzamira. cf Eng n *mattress*

MATIRIDHA 9 (HLLL) Sipo isingadhuri, ina mavara mapfumbu. n *mottled blue soap*

MATSATSATSA 6 (LLLL); madzatsatsa 6. Ura hwetsuro nedzimwe mhuka ndiki dzomusango. n *intestines of hare and other small game*

MATSENGANZUNGU 6 (LHHLH) Panosangana shaya yapamusoro neyapazasi. n *point where upper and lower jaws are joined*

MATSI 1a & 9 (LH); burunzeve 5. Munhu asinganzwi. n *deaf person*

MATSIVE 6 (LLH) Zvinoitwa nomunhu kuno mumwe akambomuitirawo zvakaipa. n *vengeance, revenge, retaliation;* RUREGERERO

MATSUTSO 6 (LHH); mapehwe 6 Ko, cf masutso 6. n *end of rainy season*

MATUMBU 6 (LLL) Ura hwemhuka inenge yaurayiwa. n *bowels, edible intestines of a slaughtered animal, guts, viscera, tripe*

MATURO 6 (LHH) Kuva nebasa. [Uri kutaura zvisina maturo. *You are talking nonsense.* Zvina maturo here? *Is it important?*] n *utility, consequence, advantage, importance (used in negative or in question form)*

MATYIRA 6 (LHL); rukudzo 11. Maitiro okukudza vakuru. n *reverential fear, respect for elders;* RUZVIDZO

MAUMAU 9 (LLHL); chimurenga 7. Kupanduka kwavanhu kana paine zvinonyangadzwa mumatongerwo enyika etc. cf Kikuyu n *rebellion*

MAUNE 6 (LLH) cf mambune 6 [Akandirova zvamaune. *He struck me deliberately i.e. with deliberation.*] n *deliberate action*

MAUNGIRA 6 (LHHH) Kunzwika kunoitwa kudhirima sokuri kure kure; sezvinoitika kana munhu adaidzira akatarisa mugomo. n *echo*

MAURO 6 (LLH); manheru 6; manhoko 6 Ko cf madekwana 6. n *evening, in the evening;* MANGWANANI

MAVAMBIRO 6 (LLHH) Matangisiro kana matangisirwo echinhu. n *way of beginning, beginnings;* MAPEDZISIRO, MAGUMISIRO

MAVAMBO 6 (LLL) Kutanga kwechinhu. n *origin, source, beginning;* MAGUMO

MAVIRI 6 (LLH) cf mapatya 6. n *twins*

MAVIRIRA 6 (LHHL); madokero 6. Kunovirira zuva. n *the West;* MABVAZUVA

MAWA (LL); chagwa. Zvinotaurwa nomunhu kana mumwe adonhedza mari kana chimwe chinhu. Anoti "mawa" anenge achida kupiwa chadonha ichocho. inter *of playfully demanding something someone has dropped accidentally*

MAWERE 6 (LHL) Kumudzikisirwa kworuware etc. n *precipice, steep descent*

MAWIRAMOMBE 6 (LLLLL) Kupunzikira pasi savanhu vari kuita tsimba. Kutsitsirana pasi. n *fall (in combat or in flight)*

MAYASI (HLL); mayazi. Izwi rokushora, kana kureva kuti hapana. [Shamwari yake iri mayasi. *His friend is no good.* Nhasi ndai mayasi kusaidhi kwangu. *Today I have no money at all.*] *(slang)* inter *to express a negative idea*

MAZORODZE 1a (LHLH) Mvura inouya vanhu vachibva varega kuita basa ravanenge vachiita, sokusakura. n *relief (when rain interrupts weeding)*

MAZVAPERA 6 (LHLL); chapera 7 M; chikwengu 7. Hwahwa hwokupedzisira hunochererwa muridzi wehari. n *customary last cup of beer from the pot (given to provider of the pot)*

MAZVIITA (LHHH); mazvita M. Kutenda munhu mukuru. inter *Thank you! (to senior; but to a junior* = Wazviita!*)*

MAZVIKOKOTA 1a, pl: vana- (LHLLL) nyanzvi 9; chikwapuro 7. Munhu anozivisisa basa rake etc. n *expert*

MBABVU 9 (LL); rumbabvu 11. Mapfupa anotandika kumativi omunhu kana mhuka, achibva pamusana nokusangana pachipfuva. n *rib, flank of an animal (meat)*

MBADA 9 (LL) cf ingwe 9. n *leopard*

MBADZI 9 (LH); basi 9 Ko; nhonhongora 9. Kanyuchi kadikidiki, kasingandurir, kanowanzogara mumhango momuti. n *small stingless bee, mopane bee*

MBADZI 9 (LL); mbai 9. Chimedu chenhanga, kana chomuchero. n *slice of pumpkin or squash, section of citrus fruit*

MBAI 9 (LL) cf mbadzi 9. n *slice of pumpkin or squash*

MBAIMBAI 9 (LHLL); gare gare. cf Eng n *by and by*

MBAMA 9 (HL) cf futada 9. n *slap, quick blow with the open hand*

MBAMBAIRA 9 (LLLL); bura 5 K; dima 5 M. Chokudya chinotapira chinorimwa, chakafanana nembatata. n *sweet potato*

MBAMBARIZE 9 (LLLH); mhani 9; mhisa 9 M. Kapuka kanowanzogara mumakwati amatanda napasi pamabwe, kanondurira nomuswe. n *scorpion, insect with claws and poisonous sting in the long, curved tail*

-MBAMURA t (H); -kwamura t. Kurova nembama. [Kamwana kegudo kakambamurwa kakwira pamusoro pamai vako. *The young baboon was slapped when it climbed onto its mother's back.*] vb *slap, hit with palm of hand*

MBANJE 9 (LH); charasi 9; zii 9; dhunanga 5; nanzi 9. Fodya inodhaka, isingabvumidzwi nomutemo. cf Hindustani n *dagga, wild hemp, Indian hemp; marijuana*

MBARE 9 (LH) Kudunduvira kunoita ropa pamusana pokudziya moto. n *scorch-mark caused by sitting frequently too close to fire (esp below the knees)*

MBARIRO 9 (LLL) Kamuti katete kano rubanzu rwomuti rwunoshandiswa kusimbisa mapango kana nhungo. n *purlin or lath used to bind poles together, cross-member of roof*

MBATAMUNWE 9 (HHHL); mhete 9. Ringi inopfekerwa mumunwe kuonesa kuti munhu akaroorwa kana kuti akaroora. n *ring*

MBATATA 9 (LHL); mbatatisi 9; cf dapiri 5. n *common potato introduced from S. America (cf S. American Indian: batata)*

MBATO 9 (HH) Mudziyo wokubatisa zvakasimba. n *pliers*

MBATYA 10 (LL); hanzu 10; nguo 10. Zvokupfeka zvavanhu. n *clothes, clothing*

MBAURA 9 (LLL) Bhagidhi rina maburi maburi rinoiswa moto wokudziya mumba. cf Nguni n *brazier, a tin for hot coals, heater*

MBAVHA 9 (LH); gororo 5. Munhu anoba. n *thief, robber*

MBAYO 10 (LL); nhafu 9. Kudisisa kudya kwakawanda uchinyima vamwe. n *greed, gluttony*

MBENDE 9 (HH); banya 5. Rudzi rwembeva inosvetuka-svetuka. n

mbabvu

mbada

mbambaira

mbambarize

mbatata

mbatamunwe

mbaura

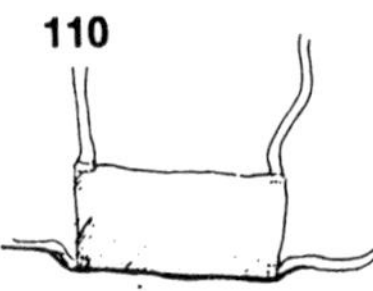
mbereko

mbeza

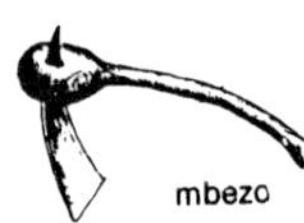
mbezo

mbira

mbira

mbizi

edible field rat, Mashona gerbil, jumping sand rat

MBEREKO 9 (LLL) Jira rakagadzirirwa kuberekesa mwana kumusana. n *baby-sling for carrying child on back, cf illustration*

MBERI 17 (LH) [Gadzirira usati waenda nokuti hauzivi zviri mberi. *Prepare before you go because you do not know what is in front of you.*] adv *farther, beyond, front, ahead, in front;* SHURE

MBESA 10 (HL); mbeswa 10; mbesanwa 10; mbeu 9. Zvirimwa zvakasiyana-siyana. n *grain-crops*

MBEU 9 (HH) **1.** cf mbesa 10. n *crops of all kinds;* **2.** Mhodzi dzembesa kana tsanga dzechibage etc dzinochengeterwa kuzodyarwa panguva yokurima. n *seed for re-planting*

MBEVA 9 (LL) Kapuka kanenge gonzo, kanogara muminda etc. Kune mhando zhinji dzembeva. n *edible mouse*

MBEVEVE 9 (HHH) cf chimumumu 7. n *person with speech impediment, someone who stutters*

MBEZA 9 M (LH) Nyoka yorudzi rwenyamafungu ino mudumbu mutema nevara jena muhuro, yakareba kusvika 75 cm kana kupfuura. Inowanikwa kumabvazuva. n *rinkhals*

MBEZO 9 (LL) Chokuvezesa mipinyi, tsvimbo, ndiro, maturi, etc. n *adze, implement for fashioning wood*

MBICHANA 9 (HLL); zvishomanana cf Afrik n *small amount, short time, a little*

MBIGIRWA 9 (HLH); mbigira 9. Kuviga zvokudya zvinozodyiwa nomunhu kana ava oga. n *act of hiding food (to be eaten privately later)*

MBIKIZA 9 (LHL) Chirokwe chipfupipfupi. n *short skirt, mini-skirt*

MBIMBINDOGA la, pl: vana- (HHLL); zanondega la. Munhu asingadi kupiwa mazano navamwe; anofunga kuti zvaanoita zvose zvinobudirira. n *know-all, unsociable person, over-independent person*

MBIRA 10 (LL) Marimba anoridza pahwahwa hwomudzimu kana pari kuitwa zvemidzimu. n *small many-keyed musical instrument, Shona piano*

MBIRA 9 (HL) Mhuka ndiki kune tsuro, isina muswe, inogara mumapako kana pana matombo. Inorema 4 kg; ino urefu hwe-0,5 m. Inodya mashizha nemichero nouswa namakwati. [Mbira yakashaya muswe ngokutumira. *By sending someone to fetch his tail, the rock-rabbit failed to get one. prov* 1404 *i.e. A go-between is not always rewarded with success.*] n *dassie (gen name), rock-rabbit, hyrax*

MBIRADZAKONDO 10 (LLHLL) Kusungwa kunoitwa munhu makumbo namaoko, chimuti chichipfekerwa pasi pamabvi ake. n *method of tying a person so that he is helpless*

MBIRI 9 (HH); mukurumbira 3. Kuzivikanwa navazhinji pamusana pokuita zvakanaka kana zvakaipa. n *fame, glory, renown, notoriety*

MBIRIMI 9 (HHL) Munhu anozivisisa kuita chimwe chinhu. n *champion, industrious person*

MBIRISO 9 (LL) Chinoshandiswa pakubika chingwa, nezvimwewo zvinofutiswa zvinenge zvichibikwa. Mbiriso ndiyo inovirisawo hwahwa. n *yeast, leaven*

MBIRU 9 (LH); rumhanda 11. Bango rinoshandiswa kumisa denga remba kana ichiturikwa, rinoiswa pakati pemba, nechomukati. n *centre pole, forked pole used during roof construction*

MBISHI 5, 9 & 10 mamb-6 (HH) [bhanana mbishi = *unripe banana*] adj *unripe, fresh*

MBITI 9 (HH); chipu 7 K; mbinza 9 M; nzvidzi 9 Z. Mhuka yomusango inorema 15 kg nokugara mumvura nokurarama namatafi notupuka twomumvura nehove. Ina makumbo mapfupi nourefu hwe-1,2 m. Inofamba nedzimwe dzorudzi rwayo, dzimwe nguva usiku namasikati. n *otter*

MBIYA 9 (LH) **1.** Ndiro yokupakurira muriwo kana yokugadzika komichi yetii. n *curved round dish for relish, saucer.* **2.** Pfupa rinenge kandiro rinodzivirira chipfundo chebvi. n *knee-cap, patella (meaning little plate)*

MBIZI 9 (LH) **1.** Mhuka yomusango yakafanana nebhiza, asi iyo iine mitsetse michena nemitema; inorema 230 kg. Inogara mumapoka nokufura nedzimwewo mhuka dzemhando nemhando. n *zebra, striped horse-like animal;* **2.** Uswa urefu hwakapfumburuka. n *runner grass (bluish in colour)*

MBIZIMUMWENA 9 (LHHLH) cf mwena 3. n *aardwolf*

-MBO- (L) **1.** [Akamboedza kuchikoro kuHarare. *He once went to school in Salisbury.*] infix vb *at first, once;* **2.** [Haasati ambofamba nechitima. *He has never travelled by train.*] *(used to express a strong negative)* infix vb *not at all, not the slightest, by no means, never*

MBOCHO 9 (LL); gotora 5. Mbudzi nzombe, isina kugadzirwa. n *neuter he-goat*

MBODZA 9 (LL); pfanha 9 KoM; mbwezhu 9. Sadza risina kuibva zvakanaka. n *badly-cooked* sadza

MBOI 9 (LH); gonyo 5; mamutindi la M. Gudo gadzi. n *female baboon*

MBOMBERA 9 (LHL) Nzvimbo kana chinhu chinoshandiswa nomunhu wose. n *room or vehicle or carriage for men and women together, mixed gathering*

MBOMBI 9 (LH); pombi 9; paipi 9. Mupira kana simbi inofambisa mvura pakudiridza etc. n *water-pipe or tap*

MBOMBO 9 (LH) Munhu ano muviri mukuru, kazhinji zvinoreva zirume rino muviri. n *very big person*

-MBOMBOVA i (L); -pweva i KM. Kuserera kunoita pakazvimba. Kuserera kworwizi rwakazara. [Mumasutso nzwizi dzinotanga kumbombova. *At the end of summer the rivers begin to subside.*] vb *subside, go down*

MBONGORO 9 (LLL); mubhemhe 3; bhemhe 5 cf dhongi 5. n *donkey*

MBONI 9 (HH) Kanhengo kari pakati peziso kanosaka kuti ziso rione. n *pupil of eye;* **mboni yegetsi** n *electric bulb, torch bulb*

MBONJE 9 (LL); dzvadzi 5 M. vanga 5. Nzvimbo yakanga iine ronda (kazhinji ronda romumusoro). n *wound or scar on head*

-MBONYEKEDZA t (H); -bvunyikidza t; -mbunyikidza t. Kukanganisa munhu kuti arege kutaura chokwadi. Kutaura zvokuti chokwadi chirege kubuda. [Rega kumbonyekedza tinzwe zvakaitika. *Don't distort the facts and let's hear what happened.*] vb *deliberately misrepresent or misconstrue*

MBOO 9 (LH); mupuri 3; mufakazi 3. Munhu anopupura kuti zvataurwa nomumwe akazvionawo zvichiitika. n *witness, person who gives testimony*

MBORERA 9 (LHL); horera 9 MZ. Kanosiyiwa panenge pandurirwa nenyuchi kana nezvimwewo zvinondurira. n *stinging organ (of insect)*

MBOZHA 9 (LL); njonda 9; huzu 9; gwiri 5. Munhu ane mari yakawanda. Mupfumi. n *rich and ostentatious person;* MUROMBO

MBUDU 9 M (LL) cf homwe 9. n *pocket*

MBUDZANA 9 (HLH) Mwana wembudzi. n *kid, young of a goat*

MBUDZI 9 (HH) Chipfuyo chakakura semhembwe, chine nyanga nendebvu (mukono zvose nehadzi zvine ndebvu). [Mbudzi kudya mufenje kufana nyina. *If a goat climbs a castor oil plant, it imitates its own kind. prov* 818 *i.e. Like father, like son. Like mother, like daughter.*] n *goat; small, horned, domesticated animal*

MBUDZI la (HH) Mwedzi wechigumi nomumwe chete pagore. n *November*

MBUMBURU 9 (LHL); bara 5. Kasimbi kakaurungana kanobuda mupfuti kana yaridzwa. n *bullet, round shot*

MBUMU 9 (HL); njeru 9 K. Hwiza inodyiwa, yakatsvukuruka. n *khaki-coloured, solitary, winged grasshopper*

-MBUMUKA i (H); -pwititika i. Kukwira mudenga kunoita huruva kana utsi. [Pose panombumuka utsi pane moto. *Wherever there is smoke there is fire.*] vb *rise (dust, smoke);* **-mbumura** t [Mombe dzakambumura huruva nokumhanya. *The cattle stirred up dust by running.*] vb *raise dust, send up a cloud of dust*

-MBUNDIRA t (L) Kukwazisana nokubatana zvanza. Kubatana nokusanganisa miviri kungaitwe navanhu vaviri. [Amai vanombundira kamwanasikana kavo kachibva kuchikoro. *The mother embraces her little daughter on returning from school.*] vb *greet by shaking hands, embrace, hug*

MBUNE la M (HL); pachake / pachangu etc. Izwi rinoreva kuti iye munhu pauzima. n *self (myself, etc)*

MBUNGA 9 (LL); rukonye 11. Gonye rinodya chibage chinyoro kana gunde rechibage. n *stalk borer*

-MBUNYIKIDZA t (H); -bvunyikidza t cf -mbonyekedza t. vb *deliberately misrepresent or misconstrue*

MBUNZVI 9 (LH); nyarufuro 9; nyakamuriwo 9. Nyoka yomumvura. n *green water snake*

MBURI 9 (LL) cf mhumbu 9. n *mudsucker, species of fish*

MBURWA 9 (LH) Kapundu kanoita pameso. n *pimple; small, hard, inflamed spot on the skin, skin disorder on the face*

MBUVA 9 (LL); mupako 3 M. Zvokudya zvinotakurwa nomunhu kana ari parwendo. n *provisions for journey (sandwiches, etc)*

MBUYA la, pl: vana-; madzi-; vadzi- (HL) cf ambuya la n *grandmother*

MBUYAMUDERERE 9 (HLLL-LH); ambuyamuderere 2b; kachemberebande 12. Kapuka kana makumbo marefu kanobhururuka nokudyawo tumwe tupuka. n *praying mantis, p. mantid*

MBUYAWASHA la, pl: vana- (HL-HH); mbuya la M; vambuyawasha 2a; vambuya 2a. Mudzimai wehanzvadzi yomukadzi wangu. n *wife*

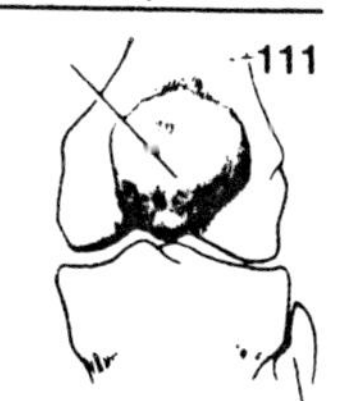
mbiya

mboi

mbombi

mbongoro

mboni

mbudzi

mbuzambuza

mbwa

mbwanana

mepu

mesa

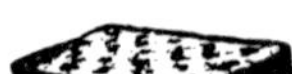

metiresi/matiresi

of brother of a man's wife; sister-in-law

MBUZAMBUZA 9 (HLHL); mbuzvambuzva 9. Kapuka kanenge igo. n *mason wasp*

MBUZVI 9 K (LH); nyarufuro 9; cf mbunzvi 9. Nyoka yomumvura isingarumi nhando. n *green water snake*

MBWA 9 K (H); ingwa 9 Ko cf imbwa 9. n *dog*

MBWANANA 9 (HHH); kamhondana 12 Ko cf handa 9. n *puppy*

-MBWENDA i & t (H) Kutya kurwa. [Mukono womukoma wangu unombwenda kurwa nowangu. *My brother's bull is afraid to fight mine.*] vb *be afraid;* -SHINGA

MBWENDE 9 (HH) Munhu anotya, asina kushinga. [Mbwende haina vanga. *A coward has no scar.* prov 1554 *i.e. A coward is not likely to suffer injury.*] n *coward, one who runs away from danger;* MUSHINGI

MBWIREMBWIRE 9 (HLHL) Mhunga kana chibage chinokangwa, chokuyiwa. Upfu hwacho hunodyiwa hwakadaro. n *meal eaten dry (made from roasted* mhunga *or maize grains)*

MBWIZHU 9 (LH) cf mbodza 9. n *badly cooked sadza*

-MEDUKA i (H); -mepfuka i. Kudimbuka kunoita mbambaira, chingwa nezvimwewo. [Mbambaira yameduka pandaitora mundiro. *The sweet potato broke in two as I took it from the plate.*] vb *break in two;* **-medura** t; -mepfura t [Ndimedurirewo chingwa. *Break me off a piece of bread.*] vb *break off a piece (hard or soft objects) Related ideo:* medu

-MEDZA t (L) Kukonzera kuti chiri mukanwa chipinde mudumbu. [Mapiritsi anomedzwa asina kutsengwa. *Pills are swallowed without being chewed.*] vb *swallow, cause something to go down the throat; Related ideo:* tangari, tangarwi, tari, svadu, svadanga. -RUTSA, -SVIPA

-MEEDZA i (H) Kuchema kunoita mbudzi. [Mbudzi dzakameedza dzaona bere. *The goats bleated when they saw the hyena.*] vb *bleat (of goat). Related ideo:* me-e

-MEMA t (H) Kufamba-famba mumunda uchitarisa zvirimwa zvirimo. [Vakuru vanofarira kumema minda. *Older people like looking around gardens.*] vb *inspect by walking out of doors*

MENISIPARATI 9 (HHHHLL) Boka ravatongi wedhorobha kana guta rine kuzvitonga kwaro pacharo. cf Eng n *municipality, governing body of town or city with local self-government*

MENO 6 KoK (LH) (pl of zino) cf zino 5. *teeth*

-MENYA t (H) Kubvisa makanda okunze enzungu, chibage, etc. [Tinomenya ranjisi tisati taridya. *We peel an orange before we eat it.*] vb *remove seed from its container, shell, peel, remove skin from*

-MEPFURA t (H) cf -medura t. vb *break piece off (hard or soft objects). Related ideo:* mepfu

MEPU 9 (HL); mepo 9; mapu 9. Pepa rakanyorwa dunhu kana nyika. cf Eng n *map, chart which describes an area*

-MERA i (L) Kubuda muvhu kana pamwewo kunoita mhodzi inenge yadyarwa. [Chibage chinowanzomera mushure mamazuva manomwe. *Maize usually sprouts after seven days.*] vb *shoot, sprout, germinate, come up, (vegetable matter);* -ORA

MESA 9 (HL) Banga diki rokufamba naro riri muhomwe. cf Afrik n *pocket-knife*

MESIYA 1a (LHL) Mununuri wavanhu vose. cf Greek n *Messiah, promised deliverer, Christ*

MESOMESO 6 (LHHL); ruchiva 11; ruziso 11. Kuchiva vakadzi kunoita munhurume, kana kuchiva varume kwomunhukadzi. n *impure longing, desire*

METI 9 (HL) Jira kana chimwewo chinoiswa patafura panogadzikwa ndiro, kapu, etc. n *table-mat*

METIRESI 9 (HLLL) cf matiresi 9. n *mattress*

MEYA 1a, pl: vana- (HL) Mukuru mukuru wemenesiparati yeguta kana dhorobha. cf Eng n *mayor*

MEZVARA 1a, pl: vana- (HHL); mbuya 2a M; vamwene 2a. Amai vomurume womukadzi. n *wife's mother-in-law*

The digraph *MH* is unknown in English. It is a murmured or breathy voiced sound.

MHADZA 9 (LH); mabvubvu 6; bvongobvongo 5 M. Tsika yokubvutirana kana kumhanyirira kutora zviri mundiro kana pasi (samaputi). n *wild scramble, e.g. to pick up what is dropped*

MHAKA 9 (LH); mhosva 9. Chikanganiso chinoparwa. Chikonzero chokuti munhu arangwe. [Ane mhaka. *He is guilty / blameworthy / culpable.* Akanga asina mhaka. *He was innocent.* Hazvina mhaka. *It doesn't matter.*] n *crime, guilt, affair*

MHAKURE 9 (HHH); nyamafingu 9. Rudzi rwenyoka inosimudza musoro. Ino urefu hwe-1,5 m kana kupfuura. n *sp Egyptian cobra; black-necked cobra that spits venom into the face, brown in colour*

MHAMBA 9 (LL); hwahwa 14; ngwengwe 9; ngoto 9 cf doro 5. n *beer (esp the kind that takes seven days to brew)*

MHAMHATSI 9 (HHL); mhamhasi 9. Svosve dema rinofambisa; rinowanzoonekwa kana mvura yanaya. n *fast-running black ant*

MHAMHI 9 & 10 (LH) [nzizi mhamhi = *broad rivers*] adj *broad, wide*

MHANDA 9 (HH); mhandi 9. Bazi romuti rino kumusoro kune miti yakatsaukana senyanga. n *fork in branch of tree*

MHANDAMATSIPA 9 (HHHHH) Kusandidzira huro sezvinoita mombe kana dzichirwa. n *act of pushing neck (as bulls do in fighting)*

MHANDARA 9 (LLL) Musikana asvika pazera rokuroorwa. n *girl of marriageable age, full-grown unmarried girl;* JAYA

MHANDI 9 (HL) cf mhanda 9. n *fork in branch of tree*

MHANDIRE 9 (LHL) Muguri wechibage chakaoma, chinowanzokangwa. n *cob of maize somewhat dry*

MHANDO 9 (LL) Rudzi kana ruvara rwechose chose. [Kune shiri dzakawanda dzemhando nemhando. *There are many varieties of birds.*] n *kind, sort, colour*

MHANDU 9 (LH) muvengi 1. Munhu wausingawirirani naye, anoda kukukukuvadza. n *enemy, foe;* SHAMWARI

MHANDUWE 1a M (LHL); changamire 1a. Izwi rokukudza munhurume. n *Sir*

-MHAN'ARA i & t (L) cf -mangara i & t. vb *lodge a formal complaint to those in authority, report*

MHANGARA 9 (LLH) Nyoka ino uturu hunouraya, inogara mumuti. Ino urefu hwe-1,5 m kana kupfuura. n *boomslang, green tree snake (male: green; female: olive green); green mamba*

MHANGO 9 (LL); mwazi 9 M. Mwena unoita pahunde yomuti kana muzino. n *hollow in a tree, cavity in tooth, dental caries*

MHANGURA 9 (LLH) Chinocherwa pasi chinenge dombo kana ivhu chinogadziriswa simbi etc. n *ore of any metal, esp iron ore or copper ore*

MHANI (HL) [Usanditevera mhani! *Don't follow me, man!*] common inter *of emphasis* cf Eng n *man*

MHANI 9 (LL) cf mbambarize 9; mhanimhani 9; mhisa 9. n *centipede*

MHANJE 9 (HL); ramba 9 K; tsote 9 M. Mhuka hadzi isingabereki. n *barren female*

-MHANYA i (H); -rumba i M; -tizira i; -wara i M. Kukanda tsoka pakutiza. [Zvikoro zvinoita makwikwi okumhanya. *Schools have running competitions.*] vb *run, move at speed; Related ideo:* kuse, fora, pepere, peperere, pipiti, pfocho, mhanyei, mhanyu, mvetete, rambanyu, rimbinyu, sikinya, tera, toro, ware. +FAMBA; **-mhanyisa** i & t [Mhanyisa umubate. *Go faster / run hard and catch him.* Mhanyisa motokari kuti tichimbidzosvika kubasa. *Accelerate the motor car so that we get to work quickly.*] vb *speed up, accelerate, go faster, increase speed*

MHANZA 9 (HH); mhazha 9 K; baro 5 Ko. 1. Musoro usisameri vhudzi pakati pawo. Kumeso, nechapamusoro pamaziso. n *bald head;* 2. Rombo kana ropa rakanaka. [Mhanza mambure. *Luck is (like) a hunting net. prov* 496 *i.e. Perseverance and constancy produce their reward.*] n *good luck;* 3. huma 9. n *forehead*

-MHANZA t (H) cf -manza t. vb *grind roughly;* -OTSA

MHAPA 9 (HL) Nhembe dzaipfekwa navakuru kare. n *skin apron worn by men long ago*

MHARA 9 (LH) Mhuka yomusango yakatsvukuruka. Inorema 55 kg nokugara nedzimwe dzorudzi rwayo dzakawanda nokufamba masikati kana usiku. Inowanzogara munzvimbo dzakaderera kazhinji mune mipani. n *impala antelope*

-MHARA i & t (L) Kumira pasi kana pamuti kunoita zvinobhururuka. [Njiva yakamhara pamahombekombe ikanwa mvura. *The dove alighted on the bank and had a drink.*] vb *perch, alight on, land; Related ideo:* mha, riva zivha. -BHURURUKA

MHARADZANO 9 (LLLL); mhararano 9. Panoparadzana nzira, imwe yonanga kumwe, imwe kumwewo. [Mharadzano dzakabva munzira. *Side paths branched off from the main path. prov* 362 *i.e. Be cautious of digression; it only leads to trouble.*] n *cross-roads, junction of paths*

MHARADZI 9 (LLL) Munhu anokonzera vamwe kusagara zvakanaka. n *disturber of peace, rumour-monger*

MHARADZO 9 (LLL); chiparadza 7; njeneko 9; chisaino 7 K. Hwahwa

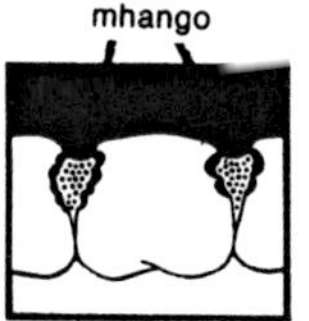

-mhanya

mhara

mhangara

-mhara

mharapara

mhembwe

mhene

mhesvi

mhete

hwokupedzisira kunwiwa panhimbe kana pamutambo, hwokuti vanhu vachienda kudzimba dzavo. n *last sharing out of beer at a beer drink*

MHARAPARA 9 (LLLL); ngwarati 9. Mhuka yomusango inorema 210 kg. Inogara nedzimwe dzakawanda dzorudzi rwayo. Inowanikwa mumapani mune mvura. n *sable antelope*

MHARARANO 9 (LLLL) cf mharadzano 9. n *junction, cross-roads, intersection*

MHARIDZO 9 (HHL) Zvinoparidzwa muchechi kana pamusangano. n *sermon, announcement*

MHASHU 9 (LL) cf hwiza 9. n *locust, grasshopper*

MHASHURUKUNI 9 (LLLHH); hwizarukuni 9. Kapuka kanoratidzika setsotso. n *stick insect*

MHASIKITI 9 (HLLL) cf nhuruvagi 9. n *waistcoat*

-MHATA i & t M (L) cf -mhara i & t. vb *perch, land;* -BHURURUKA

MHATSO 9 M (LL) cf imba 9. n *house*

MHAZHA 9 K (HH) cf mhanza 9. n *bald head*

-MHAZHA t K (H) cf -manza t. vb *grind coarsely;* -OTSA

MHEDZISIRO 9 (HHHL) cf magumisiro 6. n *end, final result, outcome, conclusion;* MAVAMBIRO

MHEMBWE 9 (LL); bembwe 5; mhengwe 9 Ko. Mhuka yomusango yakafanana nembudzi. Inorema 16 kg nokudya uswa namashizha manyoro nenhungirwa, asi inodyawo michero. Inofamba usiku yoga nokuwanikwa kwose kwose. [Mhembwe rudzi; kuzvara mwana ane kazhumu. *A duiker, like its family, bears a child with a tuft of hair. prov* 821 *i.e. Like father like son; like mother like daughter.*] n *duiker*

MHENE 9 (LH) Mhuka yakafanana nemhembwe asi iyo isina kunyanya kutsvukuruka ruvara rwayo. Inorema 12 kg nokuonekwa iri yoga. Inowanzoda nzvimbo dzisina miti yakawanda kana masango ouswa. n *steenbok, stembuck*

MHENGERAMUMBA 9 (HHHHH); funzi 5. Munhu anoita zvokunge anopenga. n *half-witted person*

MHENI 9 (LL) 1. Kupenya kunoitika kana mvura ichinaya. [Muti wakarohwa nemheni. *The tree was struck by lightning.*] n *lightning;* 2. Kutinhira nokupisa kworukore. n *clap of thunder*

MHENYU 9 & 10 (LH) [hove mhenyu = *live fish*] adj *alive, living, whole*

MHEPO 9 (HH) 1. Chinovhuvhuta, chisingaonekwi. [Aenda panze kundofurwa nemhepo. *He went outside for some fresh air.*] n *wind, breeze;* 2. Denda rinokonzera murwere kunzwa chando kana zvazvo kuchipisa. [Mwana wangu ane mhepo. *My child has a high temperature.*] n *fever, high temperature.*

MHERE 9 (LL) Kudaidzira nezwi riri pamusoro kunoitwa nomunhu ari munjodzi kana kuti navanhu vari kufara. n *shout, loud call or cry, noise of jolity, high-pitched cry of alarm, scream;* ZEVEZEVE

MHEREHWA 9 (LLL) Mhuka ino ruvara rwuri pakati pokutsvuka nokusvipa. n *dark mottled domesticated animal*

MHEREKAMUSANA 9 (LLLLHH) Mutambo wokubereka mumwe akakupa gotsi. n *game (of carrying someone on your back and facing opposite direction)*

MHEREMHERE 9 (LLLL) Ruzha rwunoitwa navanhu. n *din, noise, exessive noise made by humans, uproar;* RUNYARARO

MHESVAMUKONO 9 (HHHHH); matatapure 1a. Munhu anokonzera vamwe kuti varwe. Kazhinji iye anenge ari mbwende. n *person who incites others to fight (though he has less spirit himself)*

MHESVI 9 (HH) Nhunzi inowanikwa munzvimbo dzinopisa, inofambisa zvirwere kumhuka dzainosvisvina ropa. n *tsetse-fly*

MHETAMAKUMBO 9 (LLLLL); chirema 7. Munhu akaremara makumbo. n *cripple (esp with folded limbs)*

MHETE 9 (LH) 1. Mbatamunwe kana kuti ringi inopfekwa pamunwe. n *ring worn on finger;* 2. Chinopiwa nomusikana kumukomana; chioneso chokuti vanodana. n *small love-token;* 3. Chishongo chavakadzi chinoiswa panzeve. n *earring*

MHETERWA 9 (LHL) Murudzi unoridzwa munhu akapeta rurimi nokupfumbira miromo nokurumanisa mazino. n *whistling (dental, tongue and lips)*

MHETURA 9 (LLL) Rudzi rwenjiva. n *laughing dove*

MHEZI 9 (LH) Mapundu anoita pamuviri. n *skin eruptions, scabies*

MHIDIGARI 9 (HHLH); mhidiga 9 M; mhindigari 9. Kupidiguka wakaisa musoro pasi. n *somersault*

MHIKO 9 (LL); chitsidzirano 7. Zvinotenderanwa navaviri kana navakawanda. n *oath, promise, vow*

MHINDURO 9 (LLL) Mazwi okupindura zvinenge zvabvunzwa. n *answer, reply;* MUBVUNZO

MHINGANI 1a K (HLH); Gunyana

1a. Mwedzi wechipfumbamwe pagore. n *September*

MHINI 9 (HH) Mhuka ine chimuswe chipfupi kana kuti ino muswe wakadimburwa. n *animal with docked tail*

MHINO 9 MK (LL) cf mhuno 9. n *nose, trunk*

MHIRI 9 (LL) Rumwe rutivi rworwizi kana rwomugwagwa. n *other side (of river, street, etc)*

MHIRIMO 9 (LLL) Hari huru inochengeterwa hwahwa. n *large earthenware pot for holding beer*

MHIRIPIRI 9 (LLLL); toronga 9. Chinoiswa mumuriwo navamwe, chinovava. n *red or green pepper, chilli, hot pepper*

MHITI 9 (LL); deke 5 K; timba 9. Mhuka yomusango inorema 9 kg nokuwanzogara yoga kana neimwe mune miti yakawanda. Inofamba usiku dzimwe nguva masikatiwo. n *grysbok*

MHIZHA 9 (LH) Mupfuri wamatemo, mapadza etc. n *craftsman, blacksmith, artisan*

MHODZI 9 (LH); nhikiti 9 M. Kanoonekwa mukati momuchero, kanomera kana kaiswa muvhu. n *seed of vegetables, trees, etc, pip of fruit*

MHOFU 9 (HL); shava 9. Mhuka yomutupo wavaHera. Inorema 550 kg nokuwanikwa mumasango emiti nouswa. n *eland*

MHOMBO 9 (LL) Murume ane mesomeso, anochiva vakadzi. n *immoral man*

MHOMHO 9 (HH) Vanhu vazhinji vakaungana pamwe chete. n *very large crowd, mob, multitude*

MHONDI 9 (LL); muurayi 1. Munhu anouraya vamwe. n *murderer, killer*

MHONDORO 9 (LLL) **1.** shumba 9. Mhuka yorudzi rwembada, inotyiwa nedzimwe mhuka dzose. Ino uremu hunokwana 200 kg. n *lion;* **2.** gombwe 5. Mudzimu unochengeta vanhu vedunhu. n *guardian spirit of tribe that inhabits a lion*

MHONI 9 (LL) Kudunduvira kunoita mukati moruoko kana munhu aita basa rokutema, kusakura, etc. n *blister caused by friction*

MHONYA 9 (LH); mhonza 9; tsvimbo 9. Chimuti chinoshandiswa kupotserwa kune chinhu chinenge chichida kurohwa. n *club, heavy-headed throwing stick*

MHOPO 9 (HL) Kapundu kanomera pamunhu, kasingatushurwi. n *wart (can include even growth or ulcer)*

MHORA 9 (HL); ndamo 9 Ko. Namo yenyuchi. n *beeswax*

-MHORESA t (H); -kwazisa t; -mhorosa t; -chingamidza t. Kuti makadii kumweni kana kumumwe anga ari kumwe. [Akandimhoresa achinyemwerera. *She greeted me with a smile.*] vb *greet (in any way);* -ONEKA

MHORORODZI 9 (HHLH); mhorodzi 9. Kuchena kunoita paerera nemvura kana misodzi. n *streak or trickle-mark left by water (e.g. on a vertical surface)*

MHOSVA 9 (HL) cf mhaka 9 [Mhosva haiori. *A court case never decays. i.e. does not disappear into oblivion. prov* 707 Hazvina mhosva. *It doesn't matter.* Ane mhosva. *He is guilty / blameworthy /culpable.*] n *crime, case, matter of concern, offence, guilt*

MHOTANOMUSHA 9 (HHHHH) Hwiza inowanikwa pedyo nomusha. n *sp of grasshopper*

MHOU 9 (LL) **1.** Mombe hadzi yakamboberekа. n *cow, female of the ox family;* **2.** mhowani 9. Shiri huru pane dzose, isingakwanisi kubhururuka asi inogona kumhanya zvikuru munzvimbo dzakati sandara. n *ostrich*

MHUKA 9 (LH) China makumbo mana, chinozvarwa chichiyamwa mukaka. Marudzi adzo anosanganisa zvipfuyo. n *animal (usually wild, but can include domesticated or carnivorous animals)*

MHUKA 9 (LH) **1.** Chirwere chinokonzera ropa kubuda mumhuno. n *disorder causing bleeding at the nose;* **2.** Mota risingawanzorapika. n *cancer occurring as malignant open tumour*

MHUKUTU 9 (LLL); jihwo 5 M. Ivhu dzvuku rinowanzowanikwa mujinga megomo.. n *any red agricultural soil*

MHUMBU 9 (LL) mburi 9. Hove inogara pasi pasi pemvura ingasvike 3 kg. n *mudsucker fish, genus of fish with large sucker-like mouth, labeo*

MHUMHI 9 (LH) Mhuka yomusango inenge imbwa; inogara nedzimwe zhinji dzorudzi rwayo nguva dzose. Inotandanisa mhuka kusvikira yaiwisira pasi ichiiruma. n *wild dog*

MHUNA 9 (HL); chinhavira 7; cf gwee 5. n *night-ape*

MHUNDWA 9 (LL); bvokocho 5. Nzvimbo ino uswa hukuru, isingapindiki. *thick impenetrable growth of grass; tall, luxuriant grass*

MHUNGA 9 (LL) Mbeswa yakafanana nezviyo. n *bulrush millet, sorghum*

MHUNGU 9 (HH); mhakure 9; nyamafingu 9. Nyoka huru inotyisa

mhiti

mhofu

mhou

mhou

mhumbu

-mhoresa

mhupupu

-minyuka

mombe

mhuru

nokusimudza musoro pakushatirwa kana pakusangana nomunhu. Ino urefu hwe-1,5 m kana kupfuura, zvakare ino uturu hunouraya nokuwanzogara muzvuru. n *black Egyptian cobra*

MHUNO 9 (LL); mhino 9 KM. Chinogonesa kunzwa munhuhwi. n *nose*

MHUNZAMUSHA 9 (HHLH); ndara 9. Rudzi rwenyoka inoita urefu hwe-1 m kana kupfuura, inonzi inoera kuonekwa pachivanze. n *file snake*

MHUPU 10 (LH) Kungoita zvinenge zvauya mupfungwa usina kunyatsozvifunga. Kukurumidzira kuita kana kutaura. n *impulsiveness, inclination to react impulsively and quickly*

MHUPUPU 9 (HHH); tuvo 9 M. Shiri ine zhumu, yakaenzana nenjiva ndiki. Inodya tupuka namakonye nokubhururuka seshaveshave Madendere ayo mwena yapasi nezvuru kana mumhango. n *African hoopoe*

-MHURA t (H); -pura t. Kushandisa muti murefu kurova. [Mhura nyoka iyo! *Beat that snake (with a stick).*] vb *strike with long stick*

MHURI 9 (LL) Vanhu veimba imwe chete: baba, amai navana. n *family, parents and children (in its wider sense, the term includes the extended family)*

MHURO 9 (HH); mupuro 3. Shamhu yomuunze kana yomumwewo muti, inoshandiswa pakupura. n *threshing stick*

MHURU 9 (LH) Mwana wemombe kana wedzimwe mhuka huru sokuti bhiza, ngwarati, mhofu etc. n *calf, foal*

MHUTE 9 (LH) Kutsvetera kunoita kunze pamusana pemvura inenge iri mumhepo. n *mist, fog, water vapour in the air*

MHUU 9 (HH); mhuwuwu 9; mhuvuyu 9; nhungunira 9 M. Sora rine mhodzi dzinoita twunonamira pane chinenge chatunzvenzvera. n *black jack (common annual weed)*

-MIDZURA t (H); -dzadzura t. Kusimudza nyore nyore. [Dorambudzi rakamidzura hukwana ndichiona. *The eagle snatched the chicken before my eyes.*] vb *snatch up, lift easily*

MIMBA 9 (HH); nhumbu 9; pamuviri 16. Kukura kunoita dumbu romudzimai ari kutarisira kusununguka. [Mudzimai wake ane mimba. *His wife is expecting.*] n *enlarged appearance of a pregnant woman, womb, uterus*

-MIMINA t (L) -susa t. Kushandisa chisvino kana chimwewo kutsaura marara kana masese etc anenge ari muhwahwa, mvura, tii etc. [Vakadzi vanomimina doro nezvisvino. *Women strain beer by using straining-cloths.*] vb *strain liquid, filter*

-MINAMA i (H) Kukombama kunoita muti kana chose chose. [Hatidi mapango akaminama pakuvaka imba. *We don't require crooked poles for building the house.*] vb *be crooked, bent zigzagged, curved out of shape, out of line;* -TWASUKA; **-minamisa** t [Mhepo yakaminamisa muti uyu. *The wind bent this tree over.*] vb *cause to be bent or crooked;* -TWASANUDZA

-MININIKA i (H) Kuva nezvimwe zvakatarisa mudenga sokuti bango rine tsotso pariri. [Bhasikoro rangu rabayiwa neminzwa yange yakamininika muvhu. *My bicycle was punctured by thorns protruding from the soil.*] vb *stick out, project upwards*

MINITI 9 (HLL) Kanguva kapfupipfupi. cf Eng n *minute, small division of time, one sixtieth part of an hour*

MINO 5, mam-6 (LL) Mupeto werokwe wakadzikisira. n *pleat, fold, crease*

-MINUKA i (L) cf -minyuka i. vb *sprain*

-MINYUKA i (L) Kusvodogoka kana kuti kupesana kunoita mapfupa kana munhu akuvara pabendekete, etc. [Akaminyuka gokora rake apunzika padhongi. *He dislocated his elbow falling from a donkey.* Akaminyuka chiningoningo chake achitamba bhora. *He sprained his ankle playing football.*] vb *dislocate, come out of joint, sprain; Related ideo:* mindu, minyu.

-MIRA i (H) Kuti twasu wakatsika pasi (kana pamwewo) namakumbo. Kurega kuita. [Mira pano, ndinodzoka iye zvino. *Wait here, I shall return in a moment.*] vb *stand, wait, halt, stop, pause; Related ideo:* dedema, denenga, dzi, dzororo, fenenga, mbikima, mbikiti, mire mire, mirei, mirizizi, mirizu, nenga, nengesva, nengesvu, nyamu, nyandunu, sadama, tanyarara, tenenga, towe, tova, tumbi, twanyanu, zinindi. -FAMBA; **-mirira** t [Ndakakumirira kwenguva ndefu. *I waited a long time for you.*] vb *wait for; Related ideo:* gare gare; **-misa** t [Misa motokari pano. *Stop the car here.* Baba vakamisa imba iyi mumwedzi mitatu. *Father put up this house in three months.* Ndingadai ndauya kare; ndamiswa navaeni. *I would have come a long time ago; I was held up by visitors.*] vb *cause to stop or stand, arrest movement, place upright, establish, set up, sup-*

port; Related ideo: gwa; -FAMBISA
MISA 9 (HL) Muteuro wokuti tiyeuke nowokuti Jesu Kristu apamhidze kutifira nokumuka kwake. cf Latin n *Mass, Eucharistic sacrifice*
MISHENI 9 (HLL); mishoni 9. Chikoro chiri pasi pavapristi kana vafundisi. cf Eng n *mission (conducted by missionaries)*
-MO *(abbreviated form of cl. 18 demonstrative* **umo***)* [Apindamo. *He went inside.*]
MOMBE 9 (LL) **1.** Chipfuyo chinoshandiswa navanhu pakurima kana kuita mamwe mabasa okukweva. Mombe hadzi dzinokamwa mukaka. [Mombe inopfuura haipedzi uswa. *A passing ox does not finish the grazing. prov* 158 *i.e. Be generous to visitors.*] n *ox, head of cattle;* **2.** sawi 5. Uswa hunenge zviyo. n *crow's-foot grass*
-MOMERA t (L) Kuungana panzvimbo imwe chete senhunzi pachironda. [Nyuchi dzakamomera pamukoko. *The bees swarmed around the (home-made) hive.*] vb *cluster around, crowd round*
-MONA i & t (H); -moneredza t; -monera t. Kutenderedza shinda pachivhimbo etc. [Monera tambo papasuru. *Tie a string round the parcel.*] vb *wind round, twist, wring, coil up;* -MONONORA; **-monera** t vb *screw in, fasten or tighten by screwing, wrap round;* -MONONORA; **-moneredza** t; -monerera t [Akamoneredza jira muchiuno. *She wrapped a cloth around her waist.*] vb *wind round, twist round, coil, wrap round, twine;* -MONONORA; **-mononora** t [Mononora waya iyi iswatuke. *Unravel the wire and straighten it out.*] vb *uncoil or straighten out from a coil, unravel, unwind, disentangle, loosen bolts;* -MONEREDZA
-MONDA t (H) Kudya nokukurumidza uchifarira kunakirwa kwauri kuitwa. Kuisa zvokudya zvakawanda mukanwa panguva imwe cheteyo. [Wamonda sadza rose uri woga? *Have you scoffed all the sadza alone?*] vb *eat hungrily, tuck in;* -NYOBVORA, -TOBVORA
MONDO 9 (HH) Mukati mezai makatsvukuruka. n *yolk of egg*
-MONERA t (H) cf -mona t. vb *screw in, fasten or tighten by screwing, wrap round;* -MONONORA
-MONEREDZA t (H) cf -mona t. vb *wind round, twist round, coil;* -MONONORA
-MONEREKA i (H); -monyoroka i. Kumona kwenzira. [Kwauri kuenda hakusi kure, chete nzira yacho yakamonereka. *Where you are going is not far, but the road meanders.*] vb *be devious, crooked, circuitous;* -SWATUKA
MONGA 9 (LL) Kanyuchi kasingarumi kanowanzogara mumwena pachuru. n *small, stingless bee living in termite mounds*
-MONONORA t (H) cf -mona t. vb *unwind, uncoil, take round about way;* -MONEREDZA
-MONYA t (H) Kutenderedza. [Bere rakamonya mutsipa wembudzi. *The hyena twisted the neck of the goat.*] vb *twist, wring (e.g. neck of fowl)*
-MONYOROKA i (H); -monereka i. Kudzvongama. [Nzira iyi inomonyoroka. *This path twists and turns.*] vb *twist and turn, be bent; wriggle (in movement or to escape)*
-MORA t (H); -bura t. Kubvisa uchi mumukoko. [Hazvisi nyore kumora uchi masikati. *It is not easy to rob a hive at mid-day.*] vb *take or remove honey from hive.*
MOTA 5 & 9, mam-6 (LL); pute 5 KM. Kuzvimba kunokonzerwa noutachiona kunobuda urwa kana kwachekwa. n *abscess, tumour, boil*
MOTA 9 (HL); motokari 9; garimoto 9. Chokufambisa chine injini; china mavhiri mana; chinoiswa peturu kana dhiziri. n *motor car, motor vehicle*
MOTO 3 (LH); mwoto 3 KM. Chinokonzera kubvira kwehuni, uswa, marasha, parafini etc. [Moto wesora; tiza uchiri kure. *To escape a veld fire flee when it is still far away. prov* 1249 *i.e. Have sense enough to avoid trouble.*] n *fire*
MOTOBHAKI 9 (HLLL); mudhudhudhu 3; chimudhudhudhu 7. Chokufambisa china mavhiri maviri sebhasikoro; chine injini; chinoiswa peturu. n *motor cycle*
MOTOKARI 9 (HLLL) cf mota 9. n *motor car*
MOTSI 9 (LH); posi 9 MZ; poshi 9 n *one (first in number)*
MOWA 5 npl (LL); mwowa 5 M. Muriwo unomera muzhizha. n *wild spinach (appearing in the rainy-season)*
MOWA 5 (HL) Muchina wokuchekesa uswa. cf Eng n *mowing machine*
MUBANZI 1 M (LHL); muvakidzani 1. Munhu waunogara pedyo naye. n *neighbour*
MUBARE 1 Ko (LHL); shamwari 9. Munhu waunonzwana naye. n *friend;* MUVENGI
MUBARI 1 (LHH); mubereki 1. Baba kana amai. Munhu akabereka. n *parent*
MUBASA 1 (LLH) Munhu anoita basa nesimba. n *industrious, hard-working person;* NYOPE

motobhaki

motokari/mota

moto

mowa

-moneredza

mubiki

mubato

mubvamaropa

mubhedha

mubhishopi

MUBATANIDZWA 3 (LHHLH) Kunyora kwokubatanidza mabhii. n *cursive writing (writing in manuscript)*
MUBATI WECHIGARO 1 (LHH LHLL); sachigaro 1a. Mukuru pamusangano etc. n *chairman*
MUBATIDZI 1 (LHHL) Munhu anobatsira mumwe (savanobatsira mupristi paMisa). n *helper, assistant, server in Church service*
MUBATIYA 1, pl: maB-6 (LLHL) Vanhu sokuti maKura namaHindiya. n *person of oriental origin, Indian*
MUBATO 3 (LHH) Chokubatisa nacho midziyo sepoto, kapu, chipunu, etc. n *handle (gen name) of crockery, cutlery, door and even some tools (cf* mupinyi)
MUBATWA 1 (LHL); mubatwi 1; musungwa 1. Munhu anenge abatwa namapurisa kana kuti ari kupika jeri. n *captive, prisoner in jail*
MUBAYAMHONDORO 3 (LLLL-LL); muunga 3. Muti une minzwa yakareba samare, unozivikanwa navazhinji. n *mimosa thorn tree, acacia karoo*
MUBAYIRO 3 (LLLL) Zvinoitirwa munhu kana kuti zvaanopiwa pamusana pezvaanenge aita. n *reward, payment, wage;* CHIRANGO
MUBEREKI 1 (LLLL) Baba kana amai vomwana. n *parent, father or mother*
MUBHADHA 3 (LLL) Muti unoshandiswa navakwegura, vasisagoni kunyatsofamba. n *walking-stick with no handle*
MUBHADHARO 3 (LLLL) Mari inobhadharwa pakutenga chinhu kana kuti inopiwa munhu pamusana pebasa raanenge aita. n *cost, fine, price, wage*
MUBHANANA 3 (LLHL); muhovha 3. Muti unobereka mabhanana. n cf Eng *banana plant*
MUBHEDHA 3 (LHL); mubhedhe 3. **1.** Pokurara pakagadzirwa nesimbi kana namapuranga. cf Eng n *bed;* **2.** muhomba 3. Nzvimbo inogadzirirwa kudyara kana kusima muriwo mugadheni. n *a bed of soil for cultivation*
MUBHEMHE 3 (LHH); dhongi 5; dhongwi 5. Chipfuyo chorudzi rwebhiza. n *donkey*
MUBHEMI 1 (LLL); musvuti 1. Munhu anoputa fodya. n *smoker of tobacco*
MUBHISHOPI 1, pl: mabh-6 (LHLL) cf bhishopi 1a. cf Eng n *bishop*
MUBHUNU 1, pl: maBh-6 (LLH) MuRungu wechizvarwa chokuSouth Africa anotaura chiBhunu. n *person of Afrikaans descent*
MUBHURAKWACHA 1, pl: mabh-6 (LLHLL) Mupurisa wechivanhu. n *African policeman*
MUBHURANDAYA 1, pl: maBh-6 (LLHLL); muNyanja 1. Izwi rokutsvinya rinoreva kuti munhu wokuMalawi. n *Malawian (expresses disapproval)*
MUBIKI 1 (LLL) Munhu anobika. n *cook*
MUBOBO 3 (LLL); rovambira 5; nzayo 9 Ko. Nyoka inotyisa inowanzogara mugomo. Ino urefu hwe-2 m kana kupfuura nokudya madzvinyu neshiri etc. Ino uturu hunouraya. n *black mamba*
MUBONDA 3 (LLL); cf mumhonda 3. n *protea, sugar bush*
MUBONDOROKOTO 3 (LLLLLL) Kamuti kano urefu hwe-3-5 m kanowanzowanikwa padyo nenzizi. Kanoita maruva machena kubvira muna *June* kusvikira muna *October*. Mashizha ako anotanga pakupera kwa-*August*. n *shaving-brush combretum*
MUBOORA 3 (LLLH) Muriwo wamashizha omunhanga. n *pumpkin leaves cooked as vegetable*
MUBURA 3 (LLL); mupimbiri 3 Ko; mutehwa 3; mutongoro 3 Ko. Mhando yomuti wakasimba, unowanzoonekwa padyo nenzizi. n *assegai-wood tree*
MUBVAKURE 1, pl: mabv-6 (LL-LL) Munhu asiri wenyika ino, akabva kune imwe nyika. n *foreigner*
MUBVAMAROPA 3 (LLLLL); mubvinzamaropa 3; mubvamakovo 3 K. Muti unopfinyinya muto unenge ropa. Uno mwoyo chirambakusakara, mutsvuku kana wakatsvukuruka. Unowanzogadziriswa tafura nezvigaro nezvimwewo. n *bloodwood tree, sealwax t., Rhodesian teak, mukwa*
MUBVANA 1 (LLH) Mwanasikana akaroorwa. n *married daughter*
MUBVE-E 3 (LHL); mumve-e 3; mubveve 3 Ko. Muti unozivikanwa, unokura zvakanyanyanya nokubereka zvivana zvirefu zvikobvu. Unomera padyo nenzizi. n *sausage tree*
MUBVEMBE 3 (LHL) cf munwiwa 3. n *water-melon plant*
MUBVUMBI 3 (LLH); guti 5. Mvura nhete inonaya kwenguva huru. n *wet mist, persistent drizzle*
MUBVUMIRA 3 (LLLL); mutuhwa 3 Ko; mutuwa 3 KoZ. Rudzi rwomuti unoreba nokuyevedza. Unoita dumbu ramashizha kwakaperera mapazi. n *sp of tall tree*
MUBVUNZO 3 (LLL); muvhunzo 3. Mazwi okutsvaga mhinduro. n *question, inquiry;* MHINDURO
MUBWACHA 1, pl: maBw-6 (LLL); muKura 1. Munhu wokuIndia. n *person of Indian origin*

MUCHADYA 3 (LLL); gumbwi 5 K; gunja 5 M. Shiri huru ina makumbo marefu nomutsipa mutete. Inowanzoonekwa ichifamba mumapani. n *long-legged, black-bellied korhaan*

MUCHAKABVU 1 (LLHH); mushakabvu 1. Munhu akafa. n *deceased person*

MUCHAKATA 3 (LLLL); muhacha 3; muisha 3 Ko; muura 3 Ko. Muti unobereka hacha dzinodyiwa. Unogara uina mashizha manyoro. Hunde yomuti uyu inowanzova yakaswatuka. n *cork tree*

MUCHATO 3 (LLL) **1.** Kubatanidzwa muchechi kana kwamudzviti kwomurume nomukadzi. n *matrimony, solemnised marriage (civil or ecclesiastical);* **2.** Mabiko anoitirwa vachati. n *marriage feast*

MUCHAWA 1 (LHL) Munhu wokuMalawi anopinda chechi yechiMohamedhi. n *Muslim, Moslem, Mohammedan (of the Chewa people, Malawi)*

MUCHAYIWA 1 (LLHL) Hwahwa hunosvinwa mumasese akambosara pakutanga kusvinwa akazodirwa mvura. n *beer made from resoaked strainings*

MUCHECHE 1 (LLL) Mwana achiri mudiki, asati ogona kuzvichengeta. n *infant (1-3 years), baby*

MUCHECHENI 3 (LHHL) Muti une minzwa mivirimiviri, mumwe wemiviri wakakombama, une muchero unodyiwa. n *buffalo thorn tree, catchthorn tree (thorns grow in pairs: one straight and one curved)*

MUCHEKA 3 (LHH); jira 5. Jindadzi rinobvarurwa pajira, rinoshandiswa kusunga. n *piece of cloth used as a belt, strip of cloth*

MUCHEKECHERA 3 (LLLLL); ngara 9; ngarara 9. Chinoratidza kutumbuka kwechibahwe. n *tassel (male flower) of maize*

MUCHEMBERE 1 (LLLL) Mudzimai akwegura. n *old woman;* HARAHWA *(old man)*

MUCHENA 1 (LLL) Munhu murombo, asina chaainacho. n *poor person, pauper;* MUPFUMI

MUCHENGETI 1 (LLLL) Munhu anoriritira mumwe. n *keeper, guardian*

MUCHENJE 3 (LLL); mujuru 3. Tumajuru tudiki, tunodya miti kana machira etc. n *grass-cutting termite, worker termite*

MUCHENJE 3 (LLH); mushenje 3 cf mushumha 3. n *ebony tree*

MUCHENJERI 1 (LHHL); mungwaru 1. n *knowledgable, wise person*

MUCHERECHEDZO 3 (LHHHL); chivabwa 7 K; mucherekedzo 3 K. Chioneso chinoiswa pachinhu. n *distinguishing mark, sign, signal (manual)*

MUCHERECHESE 3 (LLLHL); mucherekese 3; mutserekese 3 K Ko. Rudzi rwomuti unokura kusvika 7 m. Vana vawo vanoita mhodzi dzinourayiswa hove. n *snake bean tree*

MUCHERI 1 (LHH) Munhu anochera doro achipa vamwe pahwahwa. n *person who pours out beer at party*

MUCHERO 3 (LLL) Zvinoberekwa nomuti; zvimwe zvinodyiwa, zvimwe hazvidyiwi. [Muchero wejiri hauvimbwe nawo. *The fruit of the loquat tree cannot be relied on. prov* 671 *i.e. Do not rely on things which pass.*] n *fruit*

MUCHETO 3 (LLL) Kumagumisiro kwomunda, nyika, nzvimbo, etc. n *border, end, edge of surface, boundary*

MUCHETURA 3 (LLLL); chepfu 9. Mushonga unouraya. n *poison*

MUCHINA 3 (LHL) Chakagadzirwa navanhu chinokwanisa kushandiswa nesimba, kana ravanhu kana remvura kana remhepo etc, (e.g. muchina wokusonesa, muchina wokudhindisa) cf Eng n *machine*

MUCHINDA 1, mach-6 (LHL) Rimwe izwi rinoshandiswa kureva mukomana. n *young man (20-30 years)*

MUCHINDWI 3 (LHH); muchingwi 3 K; murara 3. Muti unowanzoita mugute kana kuti pane mvura. n *gingerbread palm tree*

MUCHINI 3 (LHL) cf muchina 3. n *machine*

MUCHINJIKO 3 (LHHL); muchinjikwa 3; chipiyaniso 7. Miti miviri yakachinjikana. Pakarovererwa Kristu. n *cross, crucifix*

MUCHISO 3 (LHH) **1.** mutanda 3; mupono 3; muponi 3. Kuswatuka kunoita jira rinenge raainwa. n *crease;* **2.** chidhindo 7. Mucherechedzo unoiswa pamombe nesimbi inopisisa. n *brand-mark on cattle*

MUCHIUNO 3 (LLHH) Pfungwa yokudisa kusangana nomukadzi. n *lust, impure desire (male)*

MUCHOCHORORO 3 (LLLLL); muchochorondo 3. Chakati swatu chiri pamusoro wehuku. n *cock's or hen's comb, fleshy crest of fowl*

MUCHOKOTO 3 (LLLL); bope 5. Mheremhere inoitwa panoda kurwiwa. n *noisy quarrel, row*

MUDANHATSINDI 3 (LLLHH) Mhando yomuti; mudzi wawo unoshandiswa somushonga. Unogara una mashizha manyoro gore rose. n *dog plum tree*

MUDAPAKATI 3 (LHHHH) Mu-

mucheche

michero

mubvumira

muchecheni

mucherechedzo

michero

120

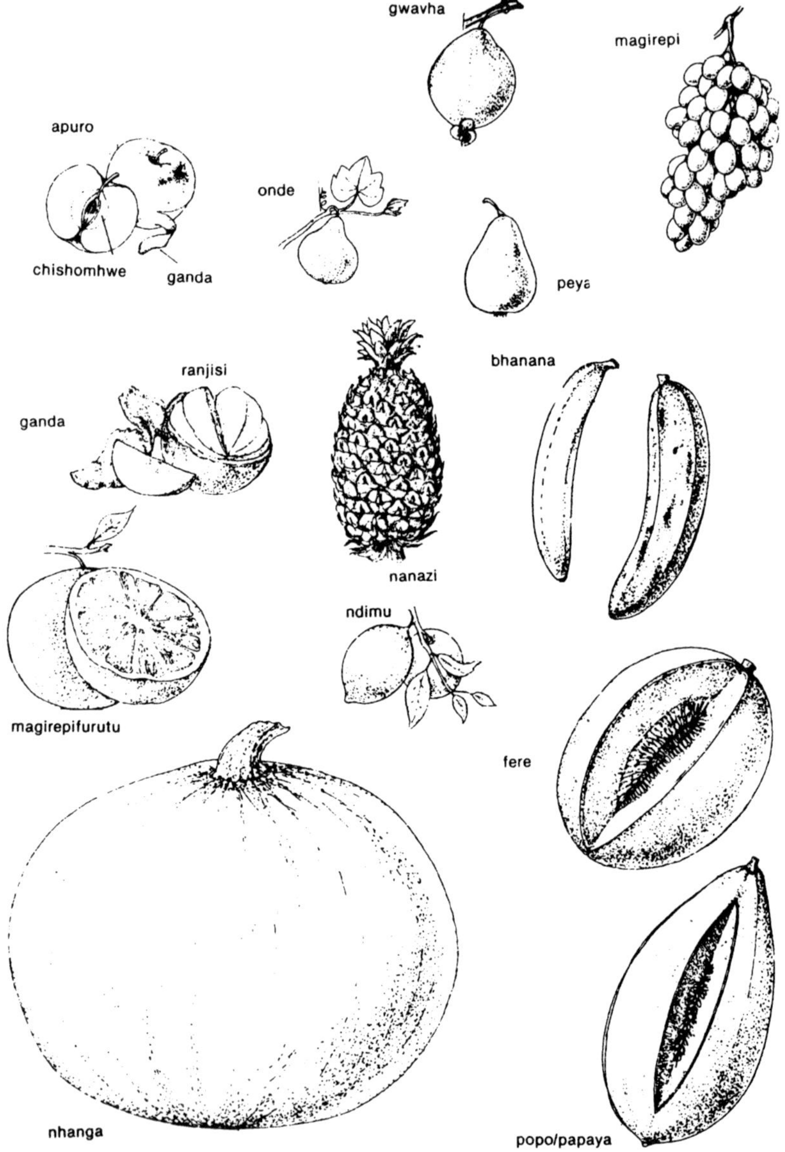

gwavha
magirepi
apuro
onde
chishomhwe
ganda
peya
ranjisi
bhanana
ganda
nanazi
ndimu
magirepifurutu
fere
nhanga
popo/papaya

Muchina wokugezesa

Muchina wokusonesa

Mudziyo wokusanganisa zvokudya

Muchina wokuchenesa makapeti

Muchina wokuchekesa uswa

tapureta

Muchina wegetsi wokupukutisa

injini

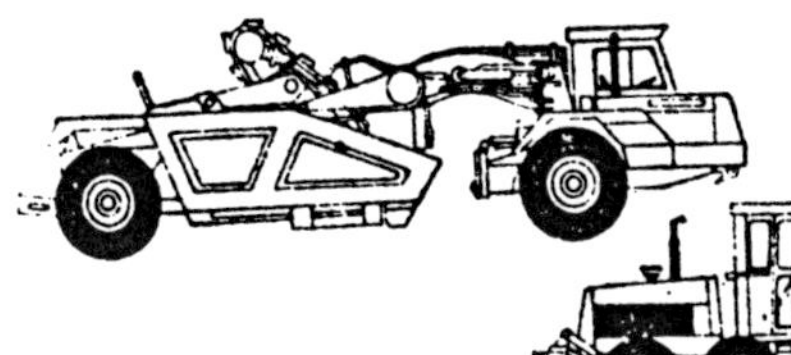
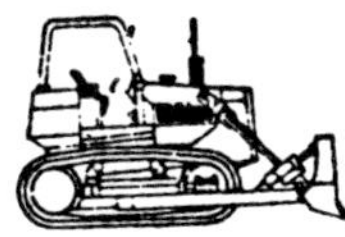
Michina yokugadzirisa mugwagwa

mudhebhe/mudhabha

mudhori

mudhudhudhu

mudonzvo

mudune

nwe wapakati, wakareba kukunda mimwe minwe. n *middle finger*
MUDHABHA 3 (LLL); mudhebhe 3; musvata 3. Bhurukwa rina makumbo marefu. n *pair of long trousers;* KABUDURA
MUDHADHADHA 3 (LLLL) Mutsetse wezvinhu. Tsamba yakareba. Raini rezvinhu zvakabatana. n *long object or connected line of objects (e.g. string of houses, goods train, etc)*
MUDHARA 1 (LHL) Izwi rinoshandiswa nomunhu achireva murume mukuru kwaari. n *old man, senior, man in authority*
MUDHEBHE 3 (LLL) cf mudhabha 3. n *pair of long trousers;* KABUDURA
MUDHEN'A 1 (LLL) Munhu anoita basa rinonyadza. n *person who does honest but lowly work (e.g. cleaner of lavatories)*
MUDHIBHISI 1 (LHHL) Anoita basa rokudhibhisa mombe, nokuona kuti vanhu vauya kudhibhi nemombe dzavo dzose. n *cattle-dip attendant*
MUDHOMENI 1 (LLHL); murimisi 1. Munhu anorayiridza vanhu mazano okurima kwakanaka. n *field assistant to agricultural extension officer*
MUDHORI 3 (LLH); chidhori 7. Chokutambisa chepwere. n *doll*
MUDHUDHUDHU 3 (LLLL) cf motobhaki 9. n *motor-cycle*
MUDIKANI 1 (LHHL); mudikanwi 1; mudikanwa 1. Munhu anodiwa. n *person loved, sweetheart*
MUDIWA 1 (LHL) cf mudikani 1. n *beloved, sweetheart*
MUDONJE 3 (LLL); mushinda 3 Ko; mutonje 3 M. Muti unoita shinda; unorimwa muminda. n *cotton plant*
MUDONZVO 3 (LHL) Muti wokufambisa unoshandiswa navakwegura, vasisagoni kunyatsofamba. n *walking-stick, staff*
MUDUDU 3 (LLH) Gomba rakadirwa mvura rinocherwa ivhu rokuitisa mabasa akasiyana (sokukanyisa zvitina, kunama imba, etc). n *hole from which soil is taken for smearing floors etc*
MUDUNE 3 (LLH); mudhende 3; mutune 3 M. Kambeva kanogara musango. Kano muromo murefu, nokudya tupuka tunoti honye, hozhwa etc. Kana makumbo marefu omumashure nokusvetuka zvinoshamisa kwazvo. Kunhwa kwako kunokadzivirira kusadyiwa nezvikara. n *forest elephant shrew*
MUDUNGWE 3 (LHL) Rundaza rwavanhu kana mhuka. n *queue, file or row of people or animals, line of men, procession*
MUDYABVENI 3 (LHHL); mudyabvene 3; munzambara 3; muruguru 3. Muti una mapazi akasvipirira, unokora kubvira pakati zvichikwira. Muti wose uno mukaka. n *Carissa shrub with green branches and milky sap*
MUDYAGAVA 3 (LHHH); mukubvu 3; muhubva 3; mutsere 3 Ko. cf mutsubvu 3. n *chocolate berry tree (up to 8 m)*
MUDYAHANDIKORI 1 (LHLHHH) Munhu asingaiti muviri kana akadya hake sei. n *person who never grows fat, skinny person*
MUDYAHUKU 3 (LHHH); munwahuku 3. Muti unoita chitsokotsoko chamapazi kubvira pasi pawo, une muchero unotapira. Unowanzodyarwa munzvimbo dzinogarwa navanhu kana mumativi enzira. n *peanut cassia, peanut-butter cassia (fast-growing shrub)*
MUDYAKUWE 3 (LHLL); mudyambira 3; mukaki 3 Ko; mudanhapfunye 3. Muti unoreba kwazvo kana uri pachidzere. n *deciduous tree (up to 18 m)*
MUDYAMBUDZI 3 (LHHH); musangaoma 3; musosoti 3 K; mutakunanzva 3 M; muchagauwe 3. Muti unowanzomera pazvuru unoita vana vanodyiwa. n *snow berry, deciduous shrub or small tree (up to 3 m)*
MUDYAMHARA 3 (LHLH); mugopa 3 M; mubikanyemba 3; mutsikanyati 3; mupfeya 3; musiranyati 3. Muti unowanzovezwa mipinyi yamapadza, unowanikwa mune mipani. n *shrub or small tree to 8 m*
MUDYAMHEMBWE 3 (LHHL); mukuvazviyo 3; mutototo 3; mupambari 3; mutsonzowa 3. Muti unoita muchero unodiwa nemhuka. Mwoyo wawo wakatsvukuruka; wakanaka kugadzirisa zvishongo. n *duiker-berry deciduous tree (up to 10 m)*
MUDYAMHOFU 3 (LHHL); mukwiramhofu 3; mupumhanhuka 3; munyimonyimo 3; muvhuranyimo 3; mudyavarungu 3. Muti una mashizha anotsvukuruka muchirimo. Mapazi awo anoita dumbu ramashizha kumagumo kwawo. n *semi-deciduous tree*
MUDYAMHUNGU 3 (LHHH); mukundanyoka 3; mutandanyoka 3; munzungu 3; kaudziudzi 12; mudyanungu 3; mupinga 3; mupumhamakuva 3. Muti uno urefu hwe-6 m. Unoita vana vane mhodzi zhinji, nokuwanzowanikwa pazvuru. n *scrambled egg, winter cassia tree, sp of small tree producing bright yel-*

low flowers which appear in early September, when the tree is leafless

MUDYANDIGERE 1 (LHHLH) 1. nyapuri 9 M; mudyandirere 1. Munhu ano unyope. n *lazy person lazybones;* MUBASA; 2. penjeni 9. Mari inotambirwa nomunhu mukuru asisasevenzi. n *pension*

MUDYANEREMBWA 1 (LHHLH); mupoki 1 KM. Munhu anofarira kudya, ane nhafu. n *greedy person, glutton*

MUDYARORO 3 (LHHL); mufunuka 3; mukuhunu 3 K; mutsvedzambira 3; chiwirowiro 7. Muti una mashizha ane mvere akapfava. Ganda rawo igobvu rakapfavawo. Unowanzowanikwa munzvimbo dzina mabwe. n *paperbark tree, deciduous tree (up to 12 m)*

MUDZAMBA 3 (LHH); munamba 3. Bota rinobikiwa nomukaka. Kazhinji mukaka wokutanga kukamwa mombe ichangobereka ndiwo unobikiswa bota rinonzi mudzamba. n *porridge cooked with milk*

MUDZANGA 3 (LLL) Fodya yakamonerwa papepa kana fodya inotengwa iri mupakiti. n *cigarette*

MUDZERERE 3 (LHLL); mudzuwerere 3. Chigaro chinorembera patambo mbiri dzinosungirwa pamusoro. n *swing*

MUDZI 3 (LL) Nhengo yomuti inotambarara muvhu inopa chokudya nemvura kumuti nokusakisa kuti ukure. n *root*

MUDZIDZI 1 (LHL) Munhu ari kudzidza. n *scholar, one who learns, learner, pupil;* MUDZIDZISI

MUDZIDZISI 1 (LHHL) Munhu anodzidzisa. n *teacher, instructor;* MUDZIDZI

MUDZIKISIRWA 3 M (LLHHL) cf materu 6. n *downward slope;* MUKWIDZA

MUDZIMAI 1, pl: madz-, vadz- (LLHH) Munhukadzi akaroorwa. n *wife, mature woman;* MURUME

MUDZIMBA 1 (LLL) Munhu anoziva zvokuvhima kana kuraura. n *acknowledged hunter or fisherman*

MUDZIMU 1 pl: midz-, vadz-; (LHH) Mweya womunhu mukuru akafa (sekuru, ambuya, etc). [Mudzimu wakupa ronda wati nhunzi dzikudye. *The ancestral spirit has given you a wound and has sanctioned that flies eat your (flesh)* prov 503 *i.e. Don't complain, because everything comes from the spirit-world.*] n *spirit elder of family, soul of dead relative, ancestor*

MUDZIMUNDIRINGE 3 (LHHH-HL) Dambudzo rokuti hamheno munhu akabudirira kurikunda. n *event that is distressing*

MUDZIRA 3 (LLH) cf runda 5. n *tendon, sinew*

MUDZITI 3 (LHH) Rumuti rutete runofukidzwa nourimbo hwokubatisa shiri pakutandira. n *bird-lime stick (covered with bird-lime and set where birds will get caught)*

MUDZIYO 3 (LHH) Zvinoshandiswa mumba (hari, komichi, ndiro etc) kana chose chose chisina upenyu chinoshandisa munhu (motokari, bhuku, nho etc). n *household utensil but the word is commonly extended to include almost any possession (e.g. vehicle, device, instrument, gadget, furniture, etc)*

MUDZONGA 3 (LHL) Nyama yakavenzengwa. n *strip of meat (fresh or dried)*

MUDZURAMBUDZANA 3 (LLLH-LH); chinyamudzura 7. Gondo guru rinogona kuuraya mhuka setsuro kana tsvana. n *martial eagle*

MUDZUWERERE 3 (LHLLL) cf mudzerere 3; mudzuwe 3 n *swing*

MUDZVITI 1, pl: maDzv-6 (LHH); Dzviti 5. MuNdevere (zita rokuti muDzviti nderokutsvinya). n *Ndebele person (term of contempt)*

MUDZVITI 1a, vanamudzv- (LHH); ngosi 1a & 9. Mukuru wehurumende anoteresa nokuchatisa vanhu mudunhu. n *District Commissioner*

MUDZVURWA 3 (LHL); mutwiwa 3 M; duure 5. Upfu hwechibahwe chakatswiwa muduri. n *meal pounded in* duri

MUENI 1 (LLL); mweni 1; muenzi 1. Munhu ari parwendo kana anenge akushanyira. n *visitor, stranger*

MUENZANISO 3 (LLLLL) Muitiro wokuti vamwe vautevere kana wokufananidza zvinhu. n *example, parable, comparison*

MUFAKAZI 1 (LLLL); mupupuri 1; fakazi 9 cf mboo 9. n *witness, person who gives testimony*

MUFANANIDZO 3 (LHHHL); pikicha 9 n *likeness, picture, image, photograph, statue*

MUFANAWEMBUDZI 3 (LHL-HLL); mufanawembudzi 3. Kamuti kanowanzowanikwa munzvimbo nyoro dzinomera uswa hwakanyanya. n *yellow arum lily, stemless perennial (up to 1 m) locally frequent in moist grassland*

MUFANDICHIMUKA 3 (LHLH-HH); mupfakwenye 3 M; rufandichimuka 11. Kamuti kasingafi nhando kanombooma kwenguva ndefu kokura zvakare. Kanokura kusvika 1 m nokuwanzowanikwa pakati pamabwe. n *small shrub, resurrection plant*

mudzikisirwa

mudzuwerere

mudzanga

mufananidzo

mudzi

MIDZIYO

motokari
bhasikoro
muchina wokusonesa
muchina
wokuchenesa kapeti
gwati
rambi regetsi
foni/runhare
tapureta
mbaura yegetsi
ketero yegetsi
redhiyo
chibooreso
zvokupendesa
poto nehwidibo
kapu nesosa
mudziyo yokudyisa
zvokugadzirisa

firiji

muchina wokuchekesa uswa

purema

muchina wokugezesa

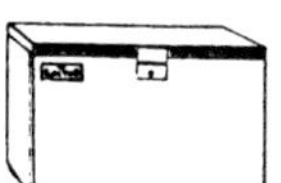

dhipifirizi

mubhedha

terevhizhini

ndiro

chokugochesa chingwa

pani nepoto

tafura nechigaro

kamu nezvigero

sutukezi

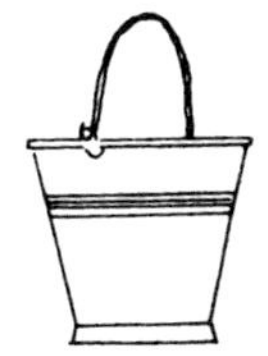

mugombo/bhagedhe

bhara

bhuracho

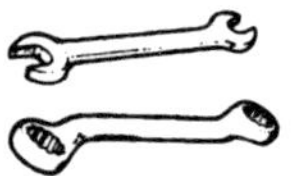

zvipanera

bhenji

keni

mufarinya

mugwagwa

mufokosiyana

muganhu

muguri

MUFARINYA 3 (LLHL); mujumbura 3. Muti inorimwa nokudyiwa midzi inenge mbambaira michena kana yabviswa makanda. n *cassava, manioc (plant or its edible tubers)*

MUFARO 3 (LHH); rufaro 11; kufara 15 n *joy, happiness, gladness;* KUSUWA

MUFEMBERI 1 (LHHL) Munhu anotaura zvichaitika nguva inouya. n *soothsayer, prophet, foreteller*

MUFENJE 3 (LHH); mushenje 3 M. Muti una mashizha anofarirwa kudyiwa nembudzi. Une ganda gobvu rakabanzuka-banzuka kunze kwaro, asi mukati maro inyoro rakapfava. n *cabbage tree, umbrella tree*

MUFERE 3 (LLL) cf mushamba 3. Chidyarwa chinokura nokutambarara nokubereka vana. n *cattle melon plant*

MUFERO 1, pl: maf-6 (LHL) Mujaha akanyatsopfeka. (cf Eng: *fellow*) n *well-dressed young man*

MUFESO 3 (LLL); museso 3 KM. Kamuti kanotunga kubva pachimudzi chinogara muvhu gore negore. Kanotambarara nokuita vana vano tuminzwa tuviri tuviri. n *devil's thorn creeper*

MUFEYI 1 (LHH); mutikitivha 1. Munhu anofeya-feya nyaya. n *detective*

MUFI 1 (LH) Munhu anenge afa. n *dead person;* MUPENYU

MUFIRWA 1 (LHL); mufirwi 1. Munhu ane hama yafa. n *bereaved person*

MUFOKOSIYANA 3 (LLLHLL); mutepe 3. Rudzi rwomuti unokura wakatwasuka uchiita mapazi anorembera. Unowanzowanikwa munzvimbo nyoro. n *bastard willow tree, karreeboom*

MUFORO 3 (LHL) Ndima yarimwa kana icharimwa negejo. n *furrow, piece of land that is commonly ploughed*

MUFUDZI 1 (LLL) Munhu anochengeta zvipfuyo kumafuro. n *herdsman, shepherd*

MUFUHWIRA 3 (LLLL); mupfuhwira 3; mupfuwira 3 M. Mushonga wokudiwa nomurume. n *love potion, medicine used by wife to make husband love her*

MUFUMI 1 K (LHH) cf mupfumi 1. n *rich person;* MUROMBO

MUFUNDI 1 (LHH) cf mudzidzi 1. n *learner, pupil*

MUFUNDISI 1 (LHHL) cf mudzidzisi 1. n *teacher;* **mufundisi** 1 (LHLL); Munhu anodzidzisa zvechitendero, kana kuti anofambisa vhangeri. n *minister of religion, missionary*

MUFUSHWA 3 (LHL); mufuswa 3 M; mutsotso 3 KoZ. Muriwo wakabikwa ndokuyanikwa kuti uome. n *dried vegetables (previously cooked)*

MUGANHU 3 (LHL); muganho 3; mugano 3. Panogumira nzvimbo. Mutsauko wenzvimbo mbiri kana kuti padzinosangana. n *boundary, limit, border*

MUGARA 3 (LLL); muora 3; mugundudzi 3 M; mugarahanga 3; muchangiza 3. Muti unowanzomera pachuru kana munzvimbo dzina matombo. Unoita urefu hwe-15 m kana kupfuura. n *deciduous tree*

MUGARAGUNGUO 3 (LLLHHL); musukameno 3; murungu 3; murunganyama 3; Muti unokura kubvira pa-3 m kusvika pa-10 m nokuita vana vanodyiwa. n *raisin bush, tar berry (small tree 3- 10 m)*

MUGARAHORWE 3 (LLLLH); mugarahungwe 3; mutsatsati 3. Muti unowanzoonekwa mumatunhu akakwirira. n *beechwood tree (usu 5 m)*

MUGARAMBINGA 3 (LLLHL); mubanda 3; muchemedzambuya 3; mukwenukwenu 3; Muti unogara uina mashizha manyoro anowanda kunoperera mapazi. n *evergreen tree (5-20 m), pittosporum viridiflorum*

MUGARANGURUVE 3 (LLLLLL); garura 5. Muti une minzwa unotandikira somungurau, unowanzowanikwa munzvimbo dzinonaya mvura yakawanda. n *climbing shrub (common in the Eastern Districts), smilax, wild sorsaparilla*

MUGARANJIVA 3 (LLLLH); chivhunabadza 7; chizhuzhu 7; musosaguva 3; musukameno 3. Muti unoita mapazi akawanda ane minzwa akaomarara nokuwanzowanikwa pazvuru. n *confetti bush (up to 3 m)*

MUGARANYENZE 3 (LLLHH); muriranyenze 3; mudyahumba 3; muriranyenje 3 K. Muti une ganda rino upfumbu hwakasvipa, rina man'an'a. n *shaving-brush albizia, medium-sized tree*

MUGARIRI 1 (LLLL) Murume anogara pamusha patezvara achivasevenzera kuti atore mwanasikana wavo. n *son-in-law in service-marriage*

MUGARIRO 3 (LLHH) cf magariro 6; mugarire 3 n *habit, custom, manner of life*

MUGAYISI 1 (LHHL) Munhu anoita basa rokugayisa pachigayo. n *miller, worker in a mill*

MUGAYIWA 3 (LHHH); muguza 3. Upfu hwechibage chakagayiwa. n *mealie-meal ground by engine-driven grinding-mill*

MUGERI 1 (LLL) Munhu anogera vamwe vhudzi. n *haircutter, barber*

MUGERO 3 (LHL) Goronga rinotamba nemvura. Panoerera nemvura. n *channel, drain, river-bed, furrow (esp for carrying water)*
MUGEZARICHAKWATA 1 (LLL-HHHL); mushambarichakwata 1. Munhu asingadi kunonokerwa nezvokudya. n *name describing person impatient to eat*
MUGIRANDERA 3 (LLHLL) Muti unokura wakatandika bango kana mumwe muti; unobereka magirandera. n *passion-fruit climber, granadilla vine*
MUGOBERA 3 M (LLHL); Mugovera 3; Chitanhatu 7. Zuva rechitanhatu pavhiki. n *Saturday*
MUGODHI 3 (LLH) Gomba rinocherwa ndarama, marasha, etc. n *mine*
MUGODO 3 (LLL); mugoro 3 KoZ; mupembere 3. Muti una mashizha makobvu, ane mvere, nokuwanzogadziriswa mipinyi. n *bastard yellow wood tree, russet combretum*
MUGOMO 3 (LHL); mugoro 3. Mudziyo wesimbi, unoshandiswa kucheresa mvura. n *metal drum (for holding liquid), open tin (20 litre-size)*
MUGONI 1 (LLL) Munhu anoziva. n *competent, gifted, capable person*
MUGONYO 3 (LHL) Mubato womukombe. n *handle of ladle* cf pot
MUGOPOGOPO 3 M (LHHLH) Mhando yomuti unoreba nokuwanikwa munzvimbo dziri kumabvazuva nokukura kusvika 25 m. n *fever tree*
MUGORIHONDO 3 (LLHLL); mugoriondo 3; mukamba 3; mungongoma 3. Muti unokura kusvika 15 m. Mwoyo wawo chirambakusakara wakaomararawo. n *pod mahogany tree*
MUGORO 3 (LHL) cf mugomo 3. n *open, round metal drum (20 litre-size)*
MUGOTI 3 (LHL) Muti wakavezwa, unoshandiswa kukodzongesa pakubika sadza, etc. n *stirring-stick*
MUGOVE 3 (LLH) Chikamu chakakodzera chinopiwa munhu pakugoverana chose chose. *share, legal share, entitlement*
MUGOVERA 3 (LLHL) cf Mugobera 3. n *Saturday*
MUGOVERA 3 (LLHL); ndari 9; mwanaasinahembe 1. Hwahwa hwokutengesa. n *home-made beer (for sale)*
MUGUMACHEMBERE 3 (LLLL-LL) Mhando yesora riri kwose kwose rinowanikwa munzvimbo dzinorimwa. n *apple of Peru (annual weed)*
MUGUMISIRO 3 (LHHHL); mhedziso 9; mhedzisiro 9. Zvinoitika pokupedzisira. n *result, way of ending;* MAVAMBIRO
MUGUMO 3 (LHH); mhedziso 9. Mapedzisiro echipi zvacho. n *end (of action, extent, etc), edge;* MUVAMBO
MUGURI 3 (LLL) Chibage chakasvodogorwa kubva padzinde. n *mealie cob (still with grains attached);* GURI
MUGUZA 3 (LLL) cf mugayiwa 3. n *mealie-meal*
MUGUZUBHERI 3 (LHLLL) Muti unobereka maguzubheri anogadziriswa jamhu. n *Cape gooseberry plant*
MUGWAGWA 3 (LLL) Nzira yakafara inofamba nemotokari kana nezvireyi. n *highway, motor road*
MUGWAKU 3 (LLH); rugwaku 11. Mudziyo wakavezwa, wokupakurisa zvokudya. n *wooden spoon, wooden serving-ladle*
MUGWARA 3 (LLH) Simbi inoshandiswa kuchera makomba kana kuminyuriswa matombo. n *crowbar*
MUGWAVHA 3 (LHL) Muti unodyarwa nokubereka magwavha anodyiwa, une ganda rinotsvedzerera; unoda mvura zhinji. n *guava tree*
MUGWAZO 3 (LLL) Basa rinopimirwa munhu nomuridzi waro kuti apedze musi iwoyo. n *task alloted by employer for the day, piece-work*
MUGWEJE 3 (LLH) Motokari kana chimwewo chagarisa. n *old, worn-out implement or vehicle or machine*
MUGWETURE 1 M (LLHL); chigwenhure 7 cf gwenhure 5. n *black-eyed bulbul* R545
MUHACHA 3 (LLL) cf muchakata 3. n *hissing-tree, mobola plum tree (a tree which is rarely cut down)*
MUHAMBA 18 (LHH); muhumbu 18. n *underbelly of a four-legged animal*
MUHEDHENI 1 (LHLL) Munhu asingatenderi muna Mwari. n *heathen, pagan;* MUTENDERI
MUHOBO 3 M (LLH); muhovha 3; cf mubhanana 3. n *banana plant*
MUHOMBA 3 (LHL); mudzere 3 Ko. Mubhedha unodyarwa muriwo kana zvimwe sokuti mbambaira namatapiri. n *raised bed for cultivation (esp of vlei tubers or vegetables e.g. sweet-potatoes)*
MUIMBI 1 (LHH) Munhu anoimba. n *singer*
MUITIRO 3 (LLHH) cf maitiro. n *conduct, way of acting*
MUITIRWO 3 (LLHH); mutoo 3. Nzira inosevenzeswa kuita nayo chose chose. n *method*
MUJAHO 3 (LLL) Makundano okumhanya namabhasikoro kana nama-

mugwara

mugodhi

mugwaku

mugomo/mugoro

mugoti

muhacha

mukadzi

mukaranga

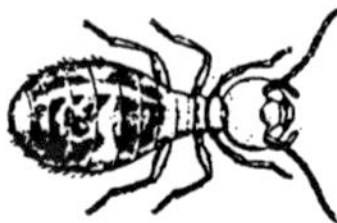
mujuru

mukaka

mukana

mukanwa

bhiza kana nemotokari. n *race, contest, competition*

MUJAKARI 3 (LHHH); musemwasemwa 3. Muriwo unomera mumunda nokuzivikanwa nokuwanikwa munguva yose yezhizha. n *sp of herb (leaves cooked as spinach)*

MUJIVHA 3 (LLL) Rokwe refu. n *long female-dress*

MUJONHI 1, pl: maj-6 (LLH) Mupurisa wechiRungu. n *European policeman*

MUJOZA 1, maj-6 (LHL) Jaya rinopfeka zvechimanjemanje. n *fashionably-dressed young man*

MUJUDA 1, maJ-6 (LHL) Munhu wechizvarwa chamaJuda. n *person of Jewish descent*

MUJURU 3 (LLH) cf muchenje 3. n *termite worker cf illustration*

-MUKA i (L) Kusvinura kubva muhope. Kusimuka kubva pawanga urere. [Ndamuka rungwanangwana. *I got up at first light (of dawn).*] vb *rise from sleep, get up, wake up;* -RARA; **-mukira** t [Masoja akamukira hurumende yenyika. *The army rebelled against the government.*] vb *rise against, rebel against;* **-mutsa** t [Mutsa vamwe tiende kubasa. *Rouse the others and let's go to work.*] vb *wake up, get someone up from sleeping; startle game from cover*

MUKADZI 1 (LHH) Munhukadzi; kazhinji akaroorwa. [Mukadzi akanaka ari womumwe. *A woman is attractive when she is somebody else's (wife).* prov 955 *i.e. Fields on the other side of the fence look greener.*] n *wife, mature woman;* MURUME

MUKAKA 3 (LLL) 1. Kudya kwavana kunobva muzamu ramai kana remhuka kubvira vachangosunungukwa. n *milk;* 2. Muto muchena womuti. n *latex*

MUKAMBA 3 (LHH) cf mugoriondo 3. n *pod mahogany tree*

MUKAMBO 3 (LHH) Mbatya dzakamboshandiswa dzinotengeswa. n *article of second-hand clothing (bought or sold)*

MUKANA 3 (LLL); mupata 3. Nzira inopfuura napakati pegomo. n *pass, poort, gap between hills, narrow passage between hills or mountains*

MUKANDANDAMIRAPAMHIRI 3 (LLLHHLLLL); musvisvinwa 3. Muti una mashizha anoitwa masamba. Unotungira gore negore muzhizha uchibva pamudzi unenge uri muvhu. n *sp of herb (leaves infused to make a kind of tea)*

MUKANWA 18 (LLL); mukamwa 18 Ko; mukan'wa 18 Ko. 1. Mukati momuromo. n *inside of mouth;* 2. mango 6 K. Kuda zvinonaka, senyama etc. n *appreciation of good food*

MUKANYA 1 (LHL) Izwi rinoshandiswa kukudza varume vomutupo weSoko. n *Sir (respectful address to man whose* mutupo *is* Soko*)*

MUKARABWA 1 K (LLLL); mukarabwe 1; mukarahwa 1; mukarahwe 1 cf tezvara 1a. n *father-in-law (man's);* MBUYA; AMBUYA

MUKARANGA 1 (LHHH) Munhu ano mutauro wechiKaranga. n *person whose mother tongue is* chiKaranga

MUKARANGA 1 (LHHH); bandakadzi 5 M. Mudzimai mudiki pabarika. n *second wife (with first wife still living)*

MUKARANGA 1 (LHHH); shezhu 9; tsenzi 9. Shiri inozivikanwa chaizvo; ine pamusana patema nomutsipa mutema nokuwanzotungamirira tsere navanhu panogara nyuchi. Chokudya chayo mazana nedzimwe shiri ndiki. n *honeyguide*

MUKARATI 3 (LHHL) Muti unoita harati dzinodyiwa nokuwanzowanikwa munzvimbo dzine ivhu rinenge jecha. n *false ash, deciduous tree (usu 8 m)*

MUKARE 1 (LLH) Munhu wekarekare, pasichigare. n *person longsince dead*

MUKARIRANO 3 (LLLLL); mukararirano 3. Kusada kuita basa kwavanhu vachiti mumwe ndiye anofanira kuriita. n *evasion of collective responsibility*

MUKATE 3 (LHL); tsambakonzi 9; shambakodzi 9 K; tsaiya 9 KoZ. Hari inobikirwa sadza. n *clay cooking-pot for* sadza

MUKATI 18 (LLH) [zvipfeko zvomukati = *underwear*] n *inside, in the middle;* KUNZE

MUKIWA 1 (LHL); muRungu 1. Munhu ane ganda jena, asiri munhu mutema. n *European*

MUKOKERI 1 (LHHL) Munhu anofamba ari pamberi pemombe dzakabopwa. n *person who leads oxen when inspanned*

MUKOKO 3 (LLH); goko 5. Gwati romuti rinogadzirwa kuti nyuchi dzigogaramo. n *bark-cylinder beehive, artificial beehive*

MUKOMA 1 (LHL) Mukomana mukuru kuno mumwe kana musikana mukuru kuno mumwe — vano ukama. n *elder brother, or male cousin (of a male) / elder sister or female cousin (of a female);* MUNIN'INA

MUKOMANA 1 (LHHH) Munhurume achiri mudiki. n *boy, lad;* MUSIKANA

MUKOMANZOU 3 (LHLLL); munyadza 3; mupotanzou 3; mutsika-

nzou 3. Muti una mapazi akatwasanuka neganda rakachenuruka. n *sp of shrub or small tree, usually 3 m*
MUKOMBACHOTO 1 (LHHHH); chigaramumba 7. Munhu asingadi kubuda mumba anogara achidziya moto. n *person who spends his time huddled over a fire (waiting for the next meal)*
MUKOMBE 3 (LHL) Mhando yebudzi rakakomba, rino mubato rinogadzirwa kucheresa mvura. n *ladle, drinking vessel (made from gourd)*
MUKOMBERO 3 (LLLL); mupendero 3 Mhendero yejira kana yechipfeko. n *seam, edge of a garment*
MUKOMVA 3 M (LHL) Muti wakafanana nomubhanana. n *plant with leaves similar to leaves of banana plant*
MUKONDE 3 (LLL) **1.** muhonde 3 M. Muti unobuda mukaka unoitwa urimbo, unokuvadza nokupofomadza maziso kwenguva. n *candelabra tree;* **2.** tsima 9. Sadza rinopakurirwa mundiro. n *portion of* sadza *served on a plate*
MUKONDOMBERA 3 (LLLLL) **1.** hondo 9. Kurwa pakati pavanhu vachishandisa zvombo. n *battle, war;* RUGARE; **2.** Chirwere chinozadzanwa. n *plague, severe infectious disease affecting whole population*
MUKONIKONI 3 (LLLLL); mukonekone 3. Kambuyu kanobhururuka, kanowanzowanikwa pamadziva. n *dragonfly*
MUKONO 3 (LHH) **1.** Mombe nzombe isina kuchekwa. n *bull;* **2.** Mhuka hono. n *any male animal*
MUKONONO 3 (LHHH); cf mususu 3; mutabvu 3 Ko. n *yellowwood tree, medium-sized tree*
MUKORE 3 (LLH); nguva 9. n *era, period of history*
MUKOREKORE 1 (LLLLL) Munhu akazvarwa achitaura chiKorekore. n *person who speaks the dialect of chiKorekore (spoken in the districts of Sipolilo and Mount Darwin)*
MUKORONGA 3 (LLHL) cf goronga 5. n *gully, channel (manmade or natural)*
MUKOSI 3 (LHL) Shinda inokoswa nerwodzi. n *hand-string (from bast, bark-fibre cord)*
MUKOTO 3 (LLL); sendiraini 9. Kanzira kanopfuura napakati pezvakavakwa. n *narrow passage between two objects (e.g. houses), corridor, sanitary lane*
MUKOTOKWA 3 (LHHL); munanga 3. Muti unozivikanwa, une minzwa yakakombama sechirauro namapazi akarezuka. n *thorn tree with hooked thorns*
MUKOTSVERI 1 M (LHHL); muriritiri 1. Munhu anoriritira vamwe nezvavanoda muupenyu hwavo. n *bread-winner, person who supports a family*
MUKOTYO 3 M (LHL) cf dzvinyu 5. n *common house skink or lizard*
MUKOVA 3 M (LLL) cf chivanze 7. n *cleared space around a house*
MUKRISTU 1 (LHL); muKristiyani 1. Munhu anotendera zvechiKristu. n *Christian;* MUHEDHENI
MUKUBHE 3 (LHL); dimbwa 5. Mukosi uri parumuti rwakakombamiswa, unoridzwa wakaiswa pamuromo. n *musical instrument: sp of monochord with resonator*
MUKUBVU 3 (LHL) cf mudyagava 3; mukubva 3; mutsere 3 Ko; mutsubvu 3; muhubva 3. n *chocolate-berry tree*
MUKUCHA 3 (LLL) Mbeu yakanonoka kudyarwa. n *crop planted late in season*
MUKUHUNU 3 (LHLH); mufunuka 3; mutedza 3; mutsvedzambira 3 cf mudyaroro 3. n *paperbark tree*
MUKUMA 1 M (LLL); mushutu 1; bunumunu 5; muhwi 1 K. Munhu asina kana nechii chaakapfeka pamuviri. n *naked, undressed person*
MUKUMBODAI 3 (LLLLH); chamukamhina 7 K; chamukumbo mukumbo 7 M; nyamudzuridzuri 9 M; Kufamba kwokusvetuka negumbo rimwe chete. n *action of hopping on one leg*
MUKUME 3 (LHL) Zvinoonekwa pamuchekechera wechibage kana pamhunga etc. n *pollen*
MUKUNDA 1 M (LHL); mukundu 1 M; muzvare 1; vamwoyo 2a K. Mwanasikana. n *daughter;* MWANAKOMANA
MUKUNDANYAMA 3 (LHHHL); musungusungu 3. Muriwo unomera gore negore muminda kana munzvimbo dzakarimwa nokukura kusvika 0,6 m. Vana vawo vakaibva vanodyiwa, vambishi vanokuvadza. n *black nightshade, annual weed common on roadsides and on disturbed ground*
MUKUNDI 1 (LHH) Munhu anokurira vamwe. n *victor, winner*
MUKUNDO 3 (LHH); chisimba 7. Kuita zvisingafadzi vamwe pamusana pokuti uri mukuru, saka hapana zvaungaitwe. n *duress or physical compulsion*
MUKUNGA 3 (LHH); hunga 9. Rudzi rwehove yakareba. n *eel, genus of long, thin fish*
MUKUNI 3 (LHH); mudhanda 3. Danda rinoteyeswa mhuka. n *falling-log trap*
MUKURA 1, maK-6 (LHL) Munhu

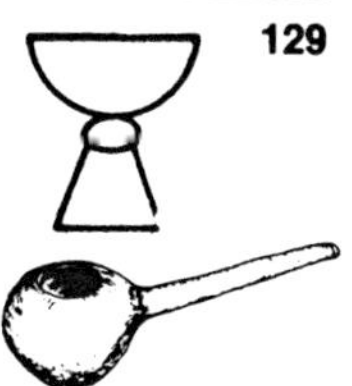
mukombe

mukonde

mukonikoni

mukoko

mukunga

mukute

mukuvazviyo

vakwikwidzi

mukwidza

mukuyu

mukwasi

wokuIndia. n *person of Indian origin*

MUKURU 1 (LHH) Munhu abva zera. [Munhu mukuru = *important person*] n *adult person, grown-up*

MUKURUMBIRA 3 (LHHHH) Mbiri yomunhu pamusana pezvaanoita. n *renown, glory, fame, notoriety, reputation*

MUKUSHI 1 (LHH) Munhu anodyara mbeu achiita zvokudzimwaya mumunda. n *person who sows by broadcasting seeds*

MUKUTE 3 (LHL); muisu 3 Ko. Muti unomera pane mvura kana munzvimbo dziri pedyo nerwizi. Unobereka hute dzinodyiwa nokugara uina mashizha manyoro nguva dzose. n *water-berry tree;* **mukute pasi** 3 n *dwarf water-berry tree*

MUKUVAMVURA 3 (LHLHH); mufurambudzi 3; musvisvinwa 3. Kamuti kanoita muchero unotapira. Kanosinira gore negore kachibva pamudzi unogara uri munyoro muvhu. Kanowanzowanikwa mununaya mvura yakanaka. n *perennial plant with annual stems 0,7 - 1 m*

MUKUVAZVIYO 3 (LHHLH); mushozhowa 3 K; mutsonzowa 3; mutototo 3 Ko cf mudyamhembwe 3. n *duiker-berry tree*

MUKUWASHA 1 (LHHL); mukwambo 1 M. Murume akaroora hanzvadzisikana kana mwanasikana wako. [Mukuwasha mukuyu; haaperi kudyiwa. *The son-in-law is a fig tree; he never stops being eaten. prov* 787 *i.e. A son-in-law has a number of expenses.*] n *son-in-law, brother-in-law (husband of man's sister);* MUROORA

MUKUYADENHE 3 (LLLHH) Kambeva kadiki, kasingadyiwi. n *dwarf mouse*

MUKUYU 3 (LHL); muonde 3; muchowana 3. Muti unobereka maonde nokukura kusvika 15 m kana kupfuura. Unoita vana vanodyiwa pahunde kana pamapazi pasina mashizha. Muto wawo muchena. Unowanikwa kwose, nokuveżwawo maturi nengoma etc. [Mukuyu hauvinge shiri. *A fig tree does not go to the birds. prov* 994 *i.e. Every objective requires endeavour.*] n *Cape fig tree*

MUKUZE 3 (LHL) cf bumha. n *host of swarming bees*

MUKWAMBO 1 (LHL) cf mukuwasha 1. n *son-in-law;* MUROORA

MUKWASI 3 (LLL) cf hwata 9. n *secretary bird* cf muf p.

MUKWASVO 3 (LHH); gwasvo 5 K. Muti wakagadzirirwa kufambisa igwa. n *short oar for propelling boat or canoe*

MUKWATI 1 (LLL) Munhu anokwata zvokudya kudzimba dzavamwe. n *social parasite, scrounger*

MUKWEGURU 1 (LHLL) Mudzimai mukuru. n *mature woman (respectful expression)*

MUKWENDE 3 (LHH) Zvinhu sokuti mbatya etc zvinotakurwa nomunhu ari parwendo. n *piece of luggage, baggage tied in a bundle*

MUKWERERA 3 (LLLL); mukwerere 3 M; marenje 6 Ko; chipwa 7 Z. Maitiro nohwahwa hwokukumbira mvura. n *ceremony to pray for rain (with beer-drinking)*

MUKWESHANGOMA 3 (LHHHL); mupaka 3 M; mupakwa 3 Z; munyati 3. Muti unomera munzvimbo dzine jecha kana pazvuru nokureba kusvika 4 m kana kupfuura. n *tree wisteria, deciduous tree (usually 4 m)*

MUKWESHWA 3 (LHL) Munhu ano muviri mukuru, kana mhuka ino muviri mukuru. n *huge, corpulent person or large animal;* NDONDA

MUKWESO 3 M (LLL); mufizhi 3. Kuita kwokuzvidza munhu anenge ari pachinhano choukuru. n *defiant disposition*

MUKWIDZA 3 (LHL); makata 6; mukwidzwa 3 M. n *slope (upwards), upward incline;* MATERU

MUKWIKWIDZI 1 (LLLL) Munhu anoita makundano navamwe. n *contestant*

MUKWIRAMBIRA 3 (LHHHL) cf mubvamaropa 3. n *sp of bush or small tree*

MUMAMATI 1 (LLLL) chimamata 7; chimata 7. Munhu anondandama. n *stutterer*

MUMANGO 3 (LHL); mumengo 3. Muti unobereka mango dzinodyiwa; unodyarwa. Wakabva noku*Asia* asi zvino wava kwose kwose. n *mango tree* [mango 9 = *fruit*]

MUMANYIKA 1 (LLHL) Munhu akaberekwa achitaura chiManyika (matunhu okwaMutare). n *person who speaks* chiManyika *dialect of the Eastern districts (Umtali and Inyanga)*

MUMANZI 3 (LLL) Muboora wakafushwa usina kumbobikwa. n *spinach made from dried pumpkin leaves*

MUMARA 3 (LHH); zumbani 5; sumba 5 KoM. Muti unonhuwa samare; kunhuwa kwawo kunodzinga nhata. Unokura kusvika 1 m kana kupfuura zvishoma. n *lippia shrub with aromatic leaves*

MUMASHURE 18 (LLHL); mushure 18. [Ari kutevera mumashure. *He is following in the rear.*] n *behind, in the rear*

MUMATIRI 1 (LHLL); mumatari

1. Munhu akaurayiwa pamusana pechiKristo kana kuti pamusana pezvaanotendera. cf Eng n *martyr*

MUMBURE 3 (LHL) 1. Chirefu china maburi chakarukwa nemikosi kana neshinda chokubatisa mhuka kana hove. n *net to catch game animal, fishing net;* 2. Chipfeko chomusvitsa chomumusoro. n *bride's head-dress, veil of bride*

MUMHANYI i (LHH) Munhu anokwikwidzana navamwe pakumhanya. n *runner*

MUMHANZI 3 (LLH); hunda 9 Ko; hwamanda 9. Nyanga inofuridzwa kuti irere. Kuimba kwamazwi avanhu kana kurira kwamagitare nengoma kunganzwike muredhiyo etc. n *musical horn; music*

MUMHARE 3 (LLL); mafushe 6; mupare 3 K. Chibage chinoomeswa chambobikwa chiri chinyoro. n *green mealies boiled then dried (remaining on cob)*

MUMHARUPWA 3 (LHHH); mharupwa 9. Kamuti kanenge munhundurwa, kangasvike 1 m nokuberekа mharupwa. n *pigs' faces shrub, pigs' ears shrub (derives from Central America)*

MUMHINU 3 (LLH); muparamhosva 3 cf muminu 3. Muti unokura kusvika 5 m; une ganda rinofunuka; mapazi awo anokwatuka nguva dzose. n *peeling-bark ochna*

MUMHONDA 3 (LLH); mubonda 3. Muti unokura kusvika 3 m kana kupfuura. Mapazi awo matsva makobvu ane mvere noruvara rweyero. n *protea, sugar bush*

MUMHU 3 (LH); chimiro 7; muturu 3. Kukura kwomuviri womunhu. n *build, stature, size of man*

MUMINU 3 (LLH); cf mumhinu 3; muparamhosva 3; musvodzabveni 3; mutswatswari 3. n *peeling-bark ochna, small deciduous tree or shrub (up to 5 m)*

MUMIRIRIRI 1 (LHHHL) Munhu anomiririra mumwe. n *representative*

MUMUMU 9 (HHH) cf chimumumu 7. n *dumb person with no power of speech (also with no power of hearing)*

MUMVEE 3 (LHL) cf mubvee 3. n *sausage tree*

MUMVURI 3 (LHL); mubvuri 3; bvute 5. Rima rinokonzerwa nokudzivirirwa kwomwenje kana zuva. n *shadow, shade;* KUPENYA

MUMVURI WEBWE 3 (LHL LH); mumvuri wedombo 3. Muti usingaiti maruva, unokura munzvimbo dzakanyorova chaizvo. Mashizha awo akaomarara. n *fern (gen name)*

MUMWAHUKU 3 (LHLL) cf munwahuku 3. n *peanut cassia*

MUNACHISI 3 (LHLL) Muti wakada kufanana nomuranjisi, unobereka manachisi. Unogara uina mashizha manyoro nguva yose. cf Eng n *naartjie tree, mandarin tree, tangerine tree*

MUNAMATO 3 (LLLL) Mazwi anotaurwa pakunamata. n *words of prayer*

MUNAMBA 3 (LHH) cf mudzamba 3. n *porridge made with milk*

MUNANAUNGA 3 Ko (LLLLL); munanga 3; muguunga 3. Muti unowanikwa kwose kwose una mashizha mahombe neminzwa miviri miviri yakatsvukuruka. n *small tree (to 7 m) with grey-black, fissured bark and thorns occurring in pairs*

MUNANAZI 3 (LHLH) 1. mudhorofiya 3. Muti unobereka zvinanazi nokurimwa nokukura kusvika 3 m, asi hauiti maHIZHA] Muchero wawo unodyiwa. n *prickly-pear plant;* 2. Muti unobereka mananazi. n *pineapple plant*

MUNDA 3 (LL) Nzvimbo inorimwa mbeu dzakasiyana-siyana. n *agricultural land, field, garden*

MUNDATSVA 3 (LLH); mesoembudzi 6; mumbudzimbudzi 3. Muti unonzi unouraya zvipfuyo zvinenge zvaudya; unosinira uchibva muvhu gore negore. n *fadogia, locally common in the Eastern Districts*

MUNDAWARARA 3 (LLHLL) Muriwo unomera muminda kana munzvimbo dzakamborimwa. n *silver spinach (common in open woodland and in cultivated ground)*

MUNDEVERE 1, pl: maNd-6 (LLHL) Munhu worudzi rwamaNdevere. n *person of Ndebele / Matebele race*

MUNDIMU 3 (LHL); muremani 3. Muti unobereka maremani nokugara uina mashizha manyoro nguva dzose. Uno urefu hwe-5 m nokuwanzoda nzvimbo nyoro. n *lemon tree*

MUNDYA 3 (LH); mudya 3; munzva 3 K. Mucheka wakasonererwa pambereko wokusungisa mbereko, kuti isimbe. n *tape or strap that is attached to a baby sling*

MUN'ANDO 3 (LLL); mupondo 3; n *Bauhinia tree*

MUN'ONO 3 (LLL); mumbani 3 Ko. Rudzi rwomutamba, unobereka matamba anotapira. n *sweet monkey-orange*

MUNGAI 3 (LHL) cf mangai 6. n *maize grains that have been boiled (previously dried)*

MUNGAVA 5 (LLL) cf chikwereti 7; ngava 5. [Mungava hauripi mumwe mungava. *A debt does not settle another debt. prov* 950 *i.e. No satisfaction can be gained by refer-*

vamhanyi

mumvee

mumhonda

mun'ando

mumvuri webhwe

mupangara

munhenga

munzungu

munongedzo

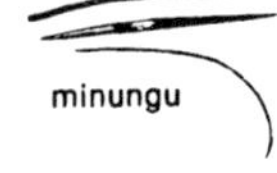

minungu

minwe

ring my creditor to my debtor.] n *debt*

MUNGEZI 1, pl: maNg-6 (LLL); muNgerezi 1; muRungu 1. Munhu akazvarwa nevaganda jena, anotaura chiRungu. n *English-speaking person*

MUNGONGOMA 3 (LLHL); mukamba 3 cf mugoriondo 3. n *pod mahogany tree*

MUNGORO 3 M (LLL) cf mutambo 3. n *nappy, loincloth worn by babies*

MUNGOZVA 1 (LLH); muzvere 1. Mudzimai achangobva mukusununguka. n *mother of newly-born baby (up to one month)*

MUNGURAU 3 (LLLL) Muti unowanzomera pane mvura zhinji, nokukura wakatandika nomumwe muti. n *sp of water creeper*

MUGWARU 1 (LLH); mungwari 1. Munhu akachenjera, anoziva zvaanotaura kana kuita. n *wise, cautious person;* REMA

MUNHANGA 3 (LLH); nhanga 9 Nzvimbo inozororera mombe masikati kana dzaguta kufura. n *resting place of cattle (implying shade)*

MUNHENGA 3 (LLH) Chinofukidzira muviri weshiri kana chiri mubapiro reshiri, chinogonesa dzimwe shiri kubhururuka. n *feather, quill*

MUNHENGENI 3 (LHHL); mutsvanzva 3; mutengeni 3. Muti unobereka nhengeni dzinodyiwa, nokukura kusvika 3 m. Vana vawo vanotsvuka kana vaibva. Una mapazi ane minzwa. n *sour plum tree, straggling shrub or small tree*

MUNHENZVA 3 (LHL); munhenzvera 3 M. Muti une mukaka namashizha anoitwa muriwo, nokutunga gore negore. n *perennial herb whose leaves are cooked as spinach*

MUNHIKWI 3 (LHL); nhikwi 9. Kumisa kufema kudiki kunoramba kuchiitika usingadi. n *hiccup*

MUNHONDO 3 (LLL); mutondo 3. Muti wakada kufanana nomususa, unowanikwa munzvimbo zhinji munyika ino; uno urefu hwe-12 m. Unoita vana vane mhodzi dzingapfuure nhatu vanonyaudza pakubanzuka kana vaoma muna *September.* n *mnondo, deciduous tree (up to 12 m)*

MUNHONGOTOWA 3 (LHHHH); munhongotongo 3; chitohwe 7; mutongotowa 3; mutohwechuru 3. Muti unokura kusvika 5 m. Unotanga kuita maruva usati waita mashizha. n *wild pear tree, deciduous small tree (up to 5 m)*

MUNHU 1 (LL) Chisikwa chinokwanisa kufunga kana kutaura kana kusarudza. n *man, member of the human race, person*

MUNHUCHU 3 (LHL) Chibage chinobikwa chambotswiwa muduri, chisisina magufu. n *mealie-rice, samp (free of skin)*

MUNHUHWI 3 (LLH); munhuhwe 3. Kunhuhwa kunonzwikwa nomunhu. n *scent, good or bad smell (discerned or perceived by human)*

MUNHUKADZI 1 (LLLL) Munhu wechikadzi. n *female person, woman;* MUNHURUME

MUNHUKWI 3 (LLH); nyakashinda 9 M. Kamuti kanosinira kachibva muvhu pamudzi unogara uri pasi kwamakore akawanda nokukura kusvika 0,6 m asi hakaiti mapazi. n *sun daisy, erect perennial herb*

MUNHUNDURWA 3 (LLHL) Kamuti kanokura kusvika 1,5 m. Vana vako vakatenderera vano muto unokuvadza vakadyiwa asi ungarapise zvisasa etc. n *bitter apple shrub bearing poisonous fruit*

MUNHUNGURU 3 (LLLH) Muti unobereka muchero unotsvukuruka kana waibva unonzi nhunguru. Nenguva dzechando mashizha awo anotsvuka chaizvo. n *batoka plum tree*

MUNHURUKA 3 (LHHH); munakamwe 3. Nguva inonaya mvura yokutanga kana kuti nguva yokuturuka kwemvura. n *springtime (beginning of rainy season)*

MUNHURUME 1 (LLLL) Munhu wechirume. n *male person, man;* MUNHUKADZI

MUNIN'INA 1 (LHHL); mununun'una 1. Mukomana mudiki pano mumwe, kana musikana mudiki pano mumwe — vano ukama n *younger brother (of man), younger sister (of woman);* MUKOMA

MUNONGEDZO 3 (LHHL) Mumwe wechipiri kubva pachigunwe unoshandiswa pakunongedza. n *index finger*

MUNUNGU 3 (LLH) Chakafanana nomunhenga chomuviri wenungu chakatesva kumagumo kwacho. n *quill (of porcupine)*

MUNUNURI 1 (LLLL) Munhu (sokuti Jesu Kristu) anonunura mumwe munjodzi inenge yamuwira. n *redeemer, p son who intervenes to save from danger at a time of need, deliverer;* MUPARADZI

MUNWAHUKU 3 (LHLL); mumwahuku 3 cf mudyahuku 3. n *peanut cassia, peanut-butter cassia*

MUNWE 3 (LL); mumwe 3 K; chigunwe 7. Mutezo womuviri unopfumbatira chinhu pakubata. n *finger*

MUNWI 1 (LH); mumwi 1; chidhakwa 7. Munhu anonwa hwahwa zvakanyanya. n *drunkard, alcoholic*

MUNYA 3 (LL) 1. muradzwa 3 M.

Sadza rakarara, kana kuti rakasiyiwa. n *left-over sadza;* **2.** mwando 3. Unyoro hunofuma huri pasi mangwanani. n *moisture*

MUNYAI 1 (LLL); samutume 1a; sadombo 1a. Munhu anomiririra mukuwasha kwatezvara munyaya dzokuroora. n *intermediary in marriage negotiations, go-between, marriage negotiator*

MUNYAKA 3 M (LHL); munyakwe 3. Ibwe rakapfava rinogadziriswa zviumbwa. n *soapstone*

MUNYAMA 3 (LHL); jambwa 5. Rombo rakaipa rinokonzera kuti munhu awirwe namatambudziko. n *ill-fortune, bad luck*

MUNYANGADZI 1 (LHHL); mutadzi 1. Munhu anoita zvakaipa. n *sinner, wrong-doer;* MURURAMI

MUNYARADZI 1 (LHHL) Munhu anonyaradza vanenge vari mukusuwa. n *comforter, consoler*

MUNYARIKANI 1 (LHHHL) Munhu anonyarikana. n *person of dignity to whom respect must be shown*

MUNYATSO 3 (LLL); nyaso 9 M; nyatso 9. Panobuda nomukaka uchibva muzamu. n *teat, nipple*

MUNYEMBA 3 (LLH) Chidyarwa chinomonerera padzimwe mbesa nokuita vana vatete varefu vanodyiwa. Mashizha awo anoitwa muriwo. n *cow-pea plant, spinach made from leaves of c-p plant*

MUNYENGEDZI 1 (LHHL) Munhu anonyengedzera vamwe. n *deceitful or dishonest person*

MUNYEPFU 3 (LLL) Nyama isina mapfupa. n *meat without bones*

MUNYEPI 1 (LLL) Munhu anoreva nhema. n *liar*

MUNYORI 1 (LHH) Munhu anoita basa rokunyora. n *writer, secretary, one who writes, author*

MUNYORONDEGA 3 (LHHLL); mutokoti 3 K. Chibage chinoibva mushure mechimwe chizhinji. n *late-planted maize*

MUNYU 3 (LH); sauti 9; chayi 7. Chinoiswa mune zvinobikwa kuti zvivavire. n *salt*

MUNZAMBARA 3 (LLHL); mutsamviringa 3; cf mudyabveni 3; munzvanzvara 3. n *carissa, sp of bush with edible fruit* (cf nzambara)

MUNZEPETE 3 (LHLL); mudzepete 3; mumhandwe 3; ndira 9. Muti usingaiti hunde, unoita maruva anoyevedza akatsvukuruka muna *August-September.* n *tumble weed, sore eyes plant with bulbous root*

MUNZUNGU 3 (LLH) cf mudyamhungu 3. n *scrambled egg, winter cassia tree*

MUNZVIRU 3 (LHL); munzvirwa 3. Muti unokura kusvika 2 m kana kupfuura. Vana vawo vakaita sokutenderera vanotsvukuruka kana vaibva, zvakare vanodyiwa. n *false medlar tree*

MUNZWA 3 (LH) Chinobaya chinokura pamuti. n *thorn (gen name)*

MUOKO 3 M (LHH); ruoko 11. Mutezo womuviri unoita basa rokubata. n *arm, hand*

MUONDE 3 (LLH) cf mukuyu 3. *Cape fig tree*

MUONGORORI 1 (LHHHL); musori 1. Munhu anoongorora. n *observer, beholder, editor*

MUPAKA 3 (LLL) Chitumbu chamakasi. n *set of playing cards*

MUPAKATO 3 (LHHL) cf mubato 3. n *handle (of cup etc)*

MUPAKO 3 M (LHH) cf mbuva 9. n *provisions for a journey (e.g. sandwiches)*

MUPANDA 3 (LLL) **1.** Chikamu chemba ine dzimba zhinji. n *compartment, room (of house), partition, dividing wall;* **2.** mupandapanda 3. Rudzi rwomuti unokura kusvika 10 m kana kupfuura. Dzimwe nguva mvura inodonha mumapazi kana zhizha rava padyo. n *rain tree*

MUPANGARA 3 (LLLH); mumhangara 3; muruka 3; musekera 3. Muti unokura kusvika 4 m nokuita mapazi akawanda ane minzwa mikobvu mirefu nokugadziriswa mapango efenzi nemipinyi nokuti haupfukutwi. Vana vawo varefu vakakombama. Mhuka nezvipfuyo zvinodisa kudya vana ava. n *Chinese lanterns, sickle bush, shrub or small tree with many branches*

MUPANI 3 (LHL); musaru 3; mupane 3. Muti unokura kusvika 8 m kana kupfuura. Unozotoita mashizha matsva kana mvura yanyatsonaya. Uno mwoyo wakaomarara nokusimba. n *mopane, deciduous tree*

MUPARA 3 (LHH); baravara 5. Musoro wakabviswa vhudzi rose. n *shaven head*

MUPARADZI 1 (LLLL) Munhu anoparadza. n *destroyer*

MUPARAVARA 3 (LHHHH) cf mupara 3. n *shaven head*

MUPARIDZI 1 (LHHL) Munhu anoparidza shoko raMwari. n *preacher, announcer*

MUPATA 3 (LLL) cf mukana 3. n *narrow pass, defile, gap between hills, poort*

MUPEMBERE 3 (LLLH); mugodo 3; mupakamabwe 3; muvhiyambudzi 3. Muti unoita mashizha akapfava nokutanga kuita maruva usati waita mashizha. Unokura kusvika 5 m nokugadziriswa mibato. n

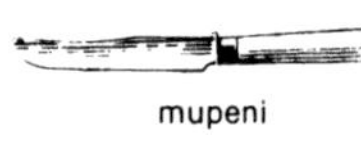
mupeni

mupimbira

mupinyi

mupfura

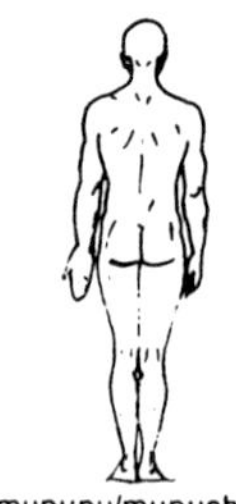
mupunu/mupushu

soft-leaved combretum, deciduous tree

MUPENDERO 3 (LLLL) cf mukombero 3. n *hem, border, edge (of garment)*

MUPENI 3 (LLL) Banga risingakoperwi. n *dagger, knife for stabbing*

MUPEREKEDZI 1 (LHHHL); mupereki 1 M. Murume kana mukadzi anoperekedza vachati kana parwendo. n *best man, bridesmaid, escort*

MUPETA 3 (LLL) Hwahwa hunobikwa kumamisha. n *a big brew of beer*

MUPETESI 1 (LLLL); muteresi 1. Munhu anotora mari yomutero kuvanhu. n *tax-collector*

MUPETO 3 (LLL) Kwakagumira dziva kana munda; kana pakapenderwa mbatya. n *hem, edge, border, boundary*

MUPFUDZE 3 (LHL); mufudze 3. Manyowa emombe anowanzoita mudanga. n *livestock manure*

MUPFUHWIRA 3 (LLLL); mupfuwira 3 M. Mushonga unoshandiswa navakadzi vachidyisa varume vavo kuti vadiwe, murume arege kumbofunga mumwe mukadzi. n *love potion, "medicine" to attract husband's affection*

MUPFUMI 1 (LHH); mbozha 9; gwiri 5. Munhu akapfuma, ane mari zhinji kana zvinhu zvizhinji. n *rich, wealthy person;* MUROMBO

MUPFUMVUMVU 3 (LLLL) Kuzara kunoita mudziyo zvimwe zvichirasikira pasi. n *state of being so full (e.g. with grain) that contents overflow*

MUPFUNDO 3 M (LHH); mafundo 6 KoZ; mavato 6 K cf mararo 6. n *restless sleep*

MUPFURA 3 (LHL); mutsomo 3. Muti unobereka mapfura nokukura kusvika 12 m. Unowanzowanikwa munzvimbo dzinopisa nokuvezwa ndiro namaturi nengoma etc. n *marula tree producing a fruit which is the favourite food of the elephant and of very many antelopes*

MUPFUTA 3 (LHH); mufute 3 K. Muti unodyarwa nokukura kusvika 2,5 m; unobereka pfuta dzina mafuta akawanda anozorwa nokurapisa muviri. n *castor oil plant*

MUPFUTI 3 (LLL); mufuti 3. Muti unosvuurwa makavi anosungiswa dzimba pakuvaka nokugadzirisa tambo; unopfumvudza kana mvura yoda kuturuka. n *Prince of Wales feathers tree which displays leaf colours of pink and rust and wine-red in October*

MUPFUURI 1 (LHHL) Munhu asiri kuzogara paanenge asvika, ari parwendo kuenda kumwe. n *passer-by, person going by*

MUPFUWIRA 3 M (LLLL) cf mupfuhwira 3. n *love potion (to attract husband's affection)*

MUPICHISI 3 (LHLL) Muti unorimwa nokubereka mapichisi anodyiwa nokukura kusvika 5 m. Vana vawo vanogadziriswawo jamhu. n *peach tree*

MUPIKITI 1 (LLLL) Munhu anopikita vashandi pabasa. n *supervisor, foreman, overseer*

MUPIMBIRA 3 (LHHL); mupimbiri 3 KoZ; mupambare 3 M. Pamberi pegumbo kubvira pabvi zvichidzika. Rumwe rutivi rwetsapfu. n *shin, forepart of leg below knee;* TSAPFU

MUPINYI 3 (LHH); mupini 3; mupinyu 3. Muti unovezwa kuva mubato webadza, kana demo etc. n *handle of tool (usu long e.g. of hoe)*

MUPIRA 3 (LHL); rekeni 9. Chubhu yemotokari kana yebhasikoro etc. n *piece of stretchable inner tube*

MUPIRO 3 (LHH); mutero 3. Munamato unopirwa kuna Mwari kana kuvadzimu. n *ritual offering to family spirit or to God, sacrificial offering*

MUPONESI 1 (LHHL); cf mununuri 1. n *deliverer, saviour;* MUPARADZI

MUPONO 3 (LLL); mutanda 3; muponi 3. Mino rinoitwa kana bhurukwa etc raayinwa. n *crease made in clothing (usu trousers)*

MUPOPO 3 (LHL) Muti unodyarwa nokukura kusvika 4 m nokubereka mapopo angarebe kusvika 30 cm. n *pawpaw tree*

MUPOSTORI 1 (LHLL) **1.** Mumwe chete wavadzidzi vakasarudzwa naYesu. n *apostle;* **2.** Muteveri womutungamiri wechiKristu anonzi Johwane Marange. n *member of Zionist sect of John* Marange

MUPRISTI 1 (LHL); fata 1a. Murume anoita basa rechitendero, nokuita Misa tsvene kana muteuro. n *priest, minister of religion who offers sacrifice*

MUPROFITA 1 (LLHL) Munhu akarurama anoreva kuda kwaMwari kuna vamwe. n *prophet*

MUPUNGA 3 (LLL) Mbeu inorimwa mudimbwa, inotswiwa muduri isati yabikwa. n *rice (crop or seed)*

MUPUNO 3 (LLL); mutimati 3; mutomato 3. Dzinde rinobereka matomatisi. n *tomato plant*

MUPUNU 1 (LHL); mushutu 1; muhwi 1 K; mupushu 1 M; mukundu 1 M; muswinda 1 M. Munhu asina kupfeka kana chii zvacho. n

naked person
MUPURANGA 3 (LLHL); mugamutirii 3. Muti unorebesesa, wakabva kunyika ye*Australia* nokusimiwa navanhu nokushandiswa mabasa akasiyana. n *eucalyptus tree*
MUPURISA 1, map-6 (LHHH) Munhu anoita basa rokuongorora kuti vanhu vachengete mitemo nokusunga vanenge vapara mhosva. cf Eng n *policeman*
MUPURO 3 (LHH) Rumuti runoshandiswa kupura zviyo, mhunga etc. n *threshing-stick*
MUPURURU 3 (LHHH); mhururu 9. Kupururudza kunoita vakadzi, vachiratidza kufara. n *shrill sound made by women with voice and quick movement of tongue (as sign of respect, applause, joy)*
MUPURWA 3 (LHL); burwa 5; tsamba 9 KoZ. Rudzi rwedzvinyu guru rinogara mumvura. n *leguaan, large sp of water lizard*
MUPUSHU 1 M (LLL) cf mupunu 1. n *naked person*
MUPWERE 1 (LHH) Munhu wezera rechidiki. n *child (aged 4-12)*
MURABARABA 3 (LLLLL); mutapatapa 3. Chinhu chakareba. n *long object (e.g. lorry and trailer)*
MURADZWA 3 M (LHL) cf munya 3. n *sadza left-over from supper*
MURAMBA 3 (LHH); ramba 5; mhatye 9 K; muhono 3 M. Hove ino usopo nokuwanzogara mumadhaka kana nzvimbo yemvura isina kudzika. Ine ganda rinotsvedza risina makwati nomusoro mukuru wakapamhama. n *barbel, sp of catfish*
MURAMBAMBARE 3 (LLLLH); muparamhosva 3 cf muminu 3. n *peeling-bark ochna*
MURAMBAMHURU 3 (LHHLH); mutambamhuru 3 K. Kumhanya kunoita mombe dzakasimudza miswe. n *light-hearted gallop of animal with tail raised*
MURAMBATSVINA 1 (LLLLL) 1. Munhu anogara akatsvinda. Munhu anodzidzisa utsanana kuna vanhu. n *cleanly person, health demonstrator;* 2. **murambatsvina** 3. Mhando yenzungu chena, ndiki kune dzimwe. n *variety of small, white groundnut*
MURAMU 1 (LHH) cf mwaramu 1a. n *brother-in-law of woman; sister-in-law of man*
MURANDA 1 (LLL) Munhu anosevenzera mumwe. n *servant, person working for another;* MURUNGU/ MURUNGU
MURANDAKADZI i (LLLLL) Muranda wechikadzi. n *female servant*
MURANDU 3 (LLH); mhaka 9. Zvinokanganiswa nomunhu kana kuti mhosva inopiwa munhu. n *fault, charge, claim*
MURANJISI 3 (LHLL); muraranji 3; muoranji 3. Muti unodyarwa no kugara uina mashizha manyoro nguva dzose. Unobereka vana vakatenderera vanoibva muna *June* kana muna *July*. Vana ava vanogadziriswa jamhu kana kusvinwa zvinonwiwa. n *orange tree*
MURAO 3 (LLL) Mutemo unofanira kuteverwa navanhu. n *custom having the force of law, strict social convention*
MURAPAMBARE 3 (LLLLH); murapamatsi 3; muminu 3; mutswatswa 3. Muti unoita mapazi akawanda kwazvo navana vatema. n *false holly, shrub or small tree (up to 5 m)*
MURAPI 1 (LLL); chiremba 1a. Munhu anorapa vanorwara. n *healer, herbalist*
MURAPWI 1 (LLH) Munhu anorwara, ari kurapwa. n *patient*
MURARA 3 (LLL); muchindwi 3; muzira 3. Muti unokura munzvimbo dzine mvura zhinji. Mashizha awo matsva anorukiswa nguwani netswanda nezvokuwaridza nemitsvairo. n *ilala palm bearing vegetable ivory*
MURARAUNGU 3 (LLLHH); mutswi 3; murarabungu 3 K; mutsiwemvura 3. Denderedzwa rina mavara manomwe, rinoitika kana kuchipfunha. n *rainbow*
MURAYIRIDZI 1 (LLLLL) Munhu anodzidzisa kana kurayiridza vamwe maitirwo echinhu. n *instructor*
MUREMBEREMBE 3 (LLLLL); murumanyama 3; musatanyoka 3; muvheneka 3. Muti una vana vanorembera varefurefu. n *long pod cassia, deciduous tree (up to 8 m)*
MUREMWAREMWA 3 (LHHHL); chiremwaremwa 7. Kamhuka kanokwanisa kubhururuka seshiri asi kana mapapiro eganda chete. n *bat (gen name)*
MURENDA 3 (LLL) Shiri nhema inodya hwiza notumwe tumbuyu. n *black coucal, insect-eating bird*
MURERI 1 (LLL) Munhu anorera mwana, kana kuti anotamba nomwana kana mai vomwana vasipo. n *nanny, nurse (for a child)*
MUREVERERI 1 (LHHLL) Anoreverera vamwe kuti vaitirwe zvakanaka. n *intercessor, advocate, mediator*
MUREVHI 1 (LLH) Munhu webato rava Juda. n *Levite*
MUREVI 1 (LHH) Munhu ana makuhwa, anofarira kutaura nezvavamwe ivo vasipo. n *person who slanders and backbites maliciously*

muramba

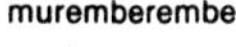

muremberembe

miremwaremwa

mureza

MUREZA 3 (LHL) Jira rakanyorwa nokusungirirwa pabango kana simbi refu nokuzivisa vanhu. n *flag, banner, standard*

MURIDZI 1 (LLL); tenzi 1a. Mwene wechinhu. n *owner, master, proprietor*

MURIDZI 1 (LLL) Munhu anoridza ngoma, kana gitare etc. n *player of musical instrument (e.g. drum)*

MURIDZO 3 (LHL); murudzi 3 M. Kurira kunobuda napamuromo, munhu achifuridza. n *whistling sound made by lips of man*

MURIMI 1 (LLL) Munhu anoziva zvokurima. n *farmer, cultivator of soil*

MURIMISI 1 (LLLL) Munhu anoita basa rokudzidzisa vanhu zvokurima. n *government field assistant*

MURIPO 3 (LLL) Mari kana chimwewo chinobviswa nomunhu anenge akaita mhosva. n *fine, payment, compensation*

muruka

MURIRANYENZE 3 (LLLHH); muriranyenje 3; mubunguti 3 M; mudyahumba 3; mugaranyenze 3. Muti unokura kusvika 6 m kana kupfuura. Una maruva akachenuruka anoitika pakusinira kwamashizha. *shaving-brush albizia tree*

muromo

MURIRO 3 (LLL); mwoto 3 KM cf moto 3. cf Nguni n *fire*

MURIWO 3 (LHH) Chinodyiswa sadza (nyama, mazai, makabichi etc). n *relish, usu vegetable leaves prepared as side-dish but could be meat-dish*

MUROMBO 1 (LLH) Munhu asina kupfuma. Munhu anotambudzika nokushaya zvizhinji. [Murombo haarovi chine nguo. *A poor person never bags anything with a skin. i.e. Never has anything to show for his effort. prov* 549] n *poor person;* MUPFUMI

MUROMO 3 (LLL) 1. Panopinda nechokudya mumuviri. [Muromo hauzarirwi nerwizi. *A mouth cannot be stopped by a river in flood. i.e. Physical obstacles cannot conceal the truth. prov* 329] n *mouth, lip, beak;* 2. Chinocheresa gejo nacho pakurima. n *blade of plough*

murume

MUROMOPOTE 3 Z (LLLLL) musuruputu 3. Hove ingasvike 5 kg. n *bulldog fish*

MURONGA 3 (LLH) Chikamu chemvura yorwizi inotsauka nokuerera payo yoga. n *channel of flowing water*

muRungu

MUROORA 1 (LHHL); muroorwa 1. Mukadzi womwanakomana. n *daughter-in-law, bride on her wedding day;* MUKUWASHA

MURORO 3 (LHL) Muti womusango, unobereka maroro anoibva nokudyiwa muna *January* na*February*. n *sp of annual plant with edible fruit, wild custard-apple*

MUROTA 3 (LLL) cf sipo 9. n *soap*

MUROVE 3 (LLH) Kunyudza kunoita panzvimbo kana mvura yanyanya kunaya. n *water-logged state of place after rain*

MUROYI 1 (LLL) Munhu anouraya vamwe nemishonga, kana munhu anoita zvakaipisisa kuna vamwe. [Muroyi munhu; kubayiwa anochemawo. *A witch is human; when she is pricked she also cries. i.e. treat others with human sympathy. prov* 278] n *person who inflicts harm on others (generally by witchcraft), sorcerer*

-MURUKA i K (H) cf -simuka i. vb *get up, rise;* -GARA; **-murudza** t K cf -simudza t. vb *lift, or push, up;* -DEREDZA, -DZIKISA

MURUDZI 3 (LHL) cf muridzo 3. n *whistling sound made by lips of man*

MURUDZI 1 (LLL) Munhu worumwe rudzi rusiri rwechiShona. n *person whose home language is not Shona;* MUSHONA

MURUKA 3 (LLL); murarahumba 3; cf mupangara 3. Rudzi rwomuti une midzi inoshandiswa kuruka tswanda etc; unowanzowanikwa padyo nenzizi. n *shrub whose roots are used for making baskets*

MURUMBWANA 1 (LHLH); mwanakomana 1. Mwana mukomana. n *son;* MWANASIKANA

MURUME 1 (LHH) Munhurume. [Murume haarohwi netsvimbo imwe chete. *A man is not beaten with one stick only. i.e. Don't imagine a man can be easily defeated. prov* 953] n *man, husband;* MUKADZI

MURUMIKO 3 (LHHL) Chirumiko 7. Nyanga kana chimwewo chinoshandiswa kurumika anorwara. n *cupping horn, horn used for sucking blood as part of process of healing*

MURUNGU 3 (LLH) cf mugaragunguo 3; musukameno 3; chibvukati 7; mudyamombe 3; murunganyama 3. n *heeria, raisin bush, tar berry, shrub or small tree*

MURUNGU 1 (LLL) 1. Munhu ane ganda jena. n *European (of any nationality);* 2. **murungu** 1 (LLL) Munhu anosevenzerwa nomumwe. n *employer (African or non-African);* MUTEMA, MURANDA

MURUNGU DUNHU 1 (LLL HH); sope 5; musope 1. Munhu worudzi rwavatema ane ganda jena. n *albino, African who lacks pigmentation of the skin, having white skin and blonde hair*

MURUTI 1 (LLL) Munhu anodisa nyama. n *glutton for meat*
MURWERE 1 (LHH); murwari 1; muhwere 1 Ko. Munhu ari kurwara. n *sick person, patient*
MURWI 3 (LL); duto 5; dutu 5. Uwandi hwezvakaunganidzwa pamwe chete. n *heap, pile, mound*
MURWI 1 (LL) Munhu anorwa muhondo kana mumakwikwi etsiva. n *soldier, warrior, fighter, boxer*
MURWITI 3 (LHH); munhohwe 3 Ko; mumhingwe 3. Muti une minzwa; unokura munonaya mvura zhinji. n *African blackwood tree*
MUSAKA 3 M (LHH); sakavadzimu 5 Z cf saka 5. n *natural gap between upper front teeth*
MUSAKANZWA 3 (LHLH); musikanzwa 3. Kuita zvisina kunaka uchiziva. Kusateerera zvinenge zvarehwa. n *habit or act of disobedience, mischief*
MUSAMBANGWENA 3 (LLLLL); mushambangwena 3; mutungahore 3; mutepe 3. Muti unomera munzizi; nokureba kusvika 5 m. n *willow, deciduous riverine shrub or small tree*
MUSAMI 1 (LLH); muKura 1. Munhu worudzi rwamaIndia. n *Indian*
MUSANA 3 (LHH) Seri kwomuviri panobvira mbabvu. n *back*
MUSANDE 1 (LHL) MuKristu mutsvene anozivikanwa navatenderi somunhu akarurama. cf Eng n *saint*
MUSANDIZEZE 3 (LHHHL) Rokwe rinoonesa mazamu omudzimai pachena. n *dress with revealing neckline*
MUSANGANO 3 (LLLL) Kungana kunoita vanhu kana paine zvavanoda kutaurirana kana kuita. n *meeting, big gathering of people, conference, congress*
MUSARA 3 (LLL); jee 5; muyembe 3 KoZ. Kutamba uchituka mumwe kana kumuitira zvokuseka. n *joke, practical joke, playful threat*
MUSARU 3 (LLH) cf mupani 3. n *mopane tree*
MUSASA 3 (LLH) Muti wakada kufanana nomunhondo, unowanzoreba kusvika 10 m nokuwanikwa munzvimbo zhinji munyika muno. Kana uchiri mutete unovezwa mipinyi yamatemo namakano. Unosvuurwa makavi okugadzirisa tambo kana kuvakisa dzimba. n *msasa, deciduous tree whose fresh leaves appear in a range of delicate colours in September: copper, pink and light green*
MUSASA 3 (LLL) Nzvimbo yokumbofanorara imba isati yapera kuvakwa, kana kuti nzvimbo inovakwa namasanzu etc yokugara kwenguva shoma. n *shelter made of branches, temporary camp*
MUSAVARA 3 M (LHHL) Gunguo rinozivikanwa chaizvo rina pahuro pachena. Rinowanzotamba muboka nokutsvaga nyama namazai etc. n *pied crow*
MUSEKESA 3 (LLHL); mutukutu 3; mubaba 3. Muti unobereka muchero unodyiwa nemhuka kana navadiki. Unokura kusvika 5 m kana kupfuura nokusvuurwawo makavi. n *monkey-bread tree*
MUSEMI 1 (LHH) cf mhandu 9; muvengi 1. n *enemy, foe, one who hates;* SHAMWARI
MUSEMWASEMWA 3 M (LHHHH) cf mujakari 3. Muriwo unomera muminda panguva yezhizha. n *sp of small uncultivated herb whose leaves are cooked as spinach*
MUSEVE 3 (LLL) Simbi kana chimwe chakatesva, chinopotserwa nouta kuti chindobaya. n *arrow*
MUSEVENZI 1 (LHHL); mubati 1; mushandi 1. Munhu anoita basa. n *worker, employee, labourer;* MURUNGU
MUSEVENZO 3 (LHHL) cf basa 5. n *work, job of work*
MUSHA 3 (LH) Nzvimbo ine dzimba kana kwakabva munhu. n *village, home, kraal*
MUSHAKABVU 1 (LLHH) cf muchakabvu 1. n *deceased person, one who has died*
MUSHAKATA 3 MZ (LLLL); muhacha 3. cf muchakata 3 n *cork tree, hissing tree, mobola plum tree*
MUSHAMBA 3 (LLH); mumbumbu 3; muhumbukumbu 3; mupuri 3. Muti wakapfava usingafi nhando; unokura kusvika 10 m nokuvezwa ndiro nemigwaku. Mapango awo anotungira kana aiswa muvhu. Midzi yawo inorukiswa tswanda. n *live-long tree*
MUSHAMBADZI 1 (LHHL) Munhu anofamba achitengesa. n *hawker, travelling merchant*
MUSHANA 3 (LLH) Zuva rinobuda mangwanani, rinodziya zvakanaka munguva dzechando. n *morning sunshine*
MUSHANDI 1 (LHH) cf musevenzi 1. n *worker, labourer, employee*
MUSHAURI 1 (LHHL); muvambi 1. Munhu anotungamirira vamwe pakuimba; anotanga kuimba vamwe vozotevera. n *soloist with others singing chorus*
MUSHAVA 3 (LHH); murasha 3; muvara 3; mubaravashava 3. Muti wakatsvukuruka, usingadziyiwi navamwe. n *monotes, sp of tree (up to 10 m)*
MUSHENJERE 3 (LLLH); muse-

murwi

musande

musendo

musana

musavara

museve

mushore

musinga

musikana

musiwo / musuo

mutamba

ngere 3 M. Muti unomera pane mvura, nokurukiswa tswanda etc. n *bamboo plant*

MUSHOMA 1 (LLL) Izwi rinoshandiswa nomukuru kureva mudiki kwaari. n *younger person, little one*

MUSHONGA 3 (LLH) **1.** Muti wokurapisa vamwe unopiwa namadhokotera etc. n *medicine, dose, remedy;* **2.** Muti wokukuvadzisa vamwe unopiwa navaroyi. n *harmful potion;* **3.** Zvinoshandiswa kuti pave nokukwidzima sokuti mushonga webhutsu. n *polish*

MUSHORE 1 (LLH) cf shuramurove 5. n *stork*

MUSHUKU 3 (LLL); muzhanje 3. Muti unobereka muchero unodyiwa nokuwanzowanikwa munzvimbo dzinonaya mvura zhinji. n *wild loquat tree*

MUSHUMHA 3 (LHL); muchenje 3; mushuma 3. Muti unobereka shuma, unowanzokura pazvuru. n *ebony, large evergreen tree (up to 20 m)*

MUSHURE 18 (LHL); mumashure 18 [Mushure mebasa akadzokera kumusha. *He returned home after work.* Ari kuuya mushure mangu. *He is coming along behind me.*] n *after, afterwards (in time); behind one's back (in place)*

MUSI 3 (LH) Zuva kana nguva. n *day, occasion*

MUSIKA 3 (LLL) Nzvimbo inotengeserwa zvakasiyana-siyana (sokuti zvokudya, mbambaira, huku etc). n *market-place*

MUSIKA 3 (LHL) Kamugoti katete kanoshandiswa kupunza mapundu kana sadza ropundira. n *whisk for dispersing lumps in the early liquid stage of* sadza *preparation (often rotated by rubbing with both palms)*

MUSIKANA 1 (LHHH) Munhukadzi asati aroorwa. n *girl;* MUKOMANA

MUSIKANYIMO 3 (LLLLL); mutowa 3. Muti unokumiwa urimbo. n *mtowa, rubber tree, milky small tree (8-10 m)*

MUSIKANZWA 3 (LHLH) cf musakanzwa 3. n *mischief, habit or act of disobedience*

MUSIKAVANHU 1 (LLLLL) cf Mwari 1a. n *God the Creator*

MUSIKI 1 (LLL) cf Mwari 1a. n *Creator;* CHISIKWA

MUSIMBOTI 1 (LLLL); gundumbwiri 5 M; mbiru 9. Bango rinodzimikirwa pakati pemba ichiturikwa. n *centre pole (roof-supporting pole planted in centre of hut during construction)*

MUSINDO 3 (LLL) Muitiro wokuda kurwa nguva zhinji. n *pugnacity, desire to fight*

MUSINGA 3 (LLL); murewo 3; murehwo 3. Mhuno yenzou. n *trunk of elephant*

MUSIWO 3 (LHL); musuo 3; mukova 3 K; dhoo 5. Pokupinda napo mumba kana munzvimbo yakavakirirwa. *doorway, entrance*

MUSIYA 3 (HLH) Ropa rinochingidzirwa rinobuda napahuro pemhuka inenge yaurayiwa. n *blood of animal (collected for human consumption during slaughter)*

MUSIYADZASUKWA 1 (LHH-HHH); mubvadzasukwa 1. Munhu asingadi kubva pahwahwa kusvikira hwapera. n *heavy drinker, alcoholic*

MUSODZI 3 (LHL) Mvura inobuda mumaziso kana munhu achichema, kana kuseka. n *tear, teardrop*

MUSOJA 1, pl: mas-6 (LHL); murwi 1. Munhu anorwa hondo. cf Eng n *soldier*

MUSONE 3 M (LLH); mutsotso 3 cf mufushwa 3. n *any dried vegetable (to be used later for human consumption)*

MUSONGORA 3 (LLLL); musongoro 3; musogora 3 M. Mutsipa wehuku (kana shiri) inenge yaurayiwa. n *neck of bird or fowl as portion of meat*

MUSONO 3 (LLL) Pakasonwa napo. n *sewn seam, line of stitching*

MUSOPE 1 (LLL); sope 5 cf murungu-dunhu 1. cf Nguni mhlope n *albino*

MUSORI 1 (LHH) Munhu anoongorora zviri kuita vamwe kana veimwe nyika, kuti agondoudza vakuru vake. n *spy*

MUSORO 3 (LHH) **1.** Mutezo womuviri uno muromo namaziso etc. [Ano musoro. *He is sensible.* Anoita zvino musoro. *He behaves sensibly/ does sensible things.* Hazvina musoro. *It is absurd/stupid.*] n *head;* **2.** Zita rinopiwa nyaya kana bhuku nezvimwewo (sokuti 'Rudo ibofu' musoro webhuku). n *heading, title*

MUSOSO 3 (LLL) cf mufeso 3. n *boot protectors, sp of creeper, devil's thorn creeper*

MUSUMBU 3 M (LHH) cf chiswa 7; mwanda 3. n *bundle of grass*

MUSUMBUNUKO 3 (LLLLL) cf Muvhuro 3. n *Monday*

MUSUMO 3 (LHH) Hwahwa hunopiwa sabhuku kana muridzi womusha, vanhu vasati vatanga kunwa. n *customary offering of small pot of beer to husband or kraal head to notify him that beer has been prepared and is now ready*

MUSUNGO 3 (LHH) Chose chose chinoshandiswa pakusunga. n *any-*

thing used for tying things, fishing line
MUSUNGUSUNGU 3 (LHHLH) cf mukundanyama 3. n *sp of annual weed cooked as spinach, black night-shade*
MUSUO 3 (LHL) cf musiwo 3. n *doorway, entrance*
MUSUSU 3 (LHL); mukonono 3; mutabvu 3. Muti unokura kusvika 10 m; unovezwa zvikei, majoki, mitswi, etc. n *mangwe, silver tree, yellow-wood tree*
MUSUVA 3 (LLL) Sadza rinotimbwa nomunhu pakudya. n *morsel of* sadza *taken in the hand when eating*
MUSVITSA 1 (LLL); mwenga 1 K cf muroora 1. n *bride;* MUWANI
MUSVODZAMBUDZI 3 (LLLHH); mugodorapfuti 3; mubanda 3. n *popgun tree; deciduous, little-branched erect shrub or small tree (about 4 m)*
MUSWE 3 (LH); mwise 3 K; musve 3 Ko; muchira 3 Ko. Nhengo yomuviri womhuka iri kumagumo omusana inopinimidza. n *tail*
MUSWERE 3 (LLH); muswero 3. Zuva rose, kubvira mangwanani kusvikira zuva rodoka. n *whole day, daylight hours of the day*
MUSWEWADEPA 9 (LHHLL); muswewademba 9. Shiri ino muswe murefurefu; inowanzoonekwa iine shiri hadzi dzakawanda. Inodya mhodzi nokukandira mazai ayo mumadendere enjikenjike; vana vorerwa nadzo. n *paradise whydah, widow-bird with long tail*
MUTADZI 1 (LHH); munyangadzi 1. Munhu anoita zvakaipa; kazhinji munhu anodarika mitemo yaMwari. n *sinner;* MURURAMI
MUTAKUNANZVA 3 (LLHLL) Zvinotapira (souchi, jamu, manyuchi etc). n *sweet-tasting liquid (honey, syrup, jam)*
MUTAMBA 3 (LLH) cf mun'ono 3. Muti unobereka matamba. Kune marudzi akasiyana emitamba. n *monkey orange tree, klapper apple tree*
MUTAMBAUSIKU 3 (LLHLHH); mumbumi 3; mugwati 3. Muti worudzi rwomutamba. n *spiny-leaved monkey-orange tree*
MUTAMBO 3 (LHH) Zvakasiyana zvinoitwa kuti vazhinji vafare. n *feast, game, dramatic presentation, dance*
MUTAMBO 3 MZ (LLL) Jira rinopfekedzwa mucheche nokubatwa pachiuno nezvipeneti. n *diaper, baby's napkin (nappy)*
MUTANA 1 (LHH); nhana 9. Murume akwegura. n *very old man*
MUTANDA 3 M (LHH) cf danda 5. n *log, frame;* **mutanda webhasikoro** 3 n *cycle-frame;* **mutanda wegejo** 3 n *plough-frame*
MUTANDABOTA 3 (LLLHH), mutanda 3 K. Bota rinobikwa nomuto wamatamba. n *thin porridge made with juice of* matamba
MUTANDAMHUNO 3 (LHHHL); mutandamhino 3. n *bridge of nose*
MUTARA 3 (LLL); mutarara 3. Muti wakasimba, unowanzokura wakaswatuka, nokuvezwa zvinhu. n *gardenia, stiffly-branched, erect deciduous shrub or small tree*
MUTARARO 3 (LHHL); mutariko 3; mutariro 3. Waya kana gavi rakatambanudzwa, rokuyanikira mbatya. Kana muri mumba ndipo panoyanikirwa nyama. n *stretched rope or wire for supporting objects (e.g. blankets); within the house it is for supporting meat etc over the fire-place; washing line*
MUTASVI 1 (LHH) Munhu anotasva mabhiza etc. n *rider, jockey*
MUTATU 3 (LLH) Bhasikoro rinochinjwa kuti ripfave kana kuti riome pakuchovha. n *three-speed bicycle*
MUTAURIRO 3 (LLLHH) Nzira yokutaura nayo. n *personal manner of speaking, distinguishing feature of speech*
MUTAURO 3 (LLLL) Rurimi runotaura vanhu. n *language, dialect*
MUTEKENYI 1 (LLLL); mutyairi 1; dhiraivha 1a. Munhu anofambisa motokari etc. n *driver*
MUTEKWATEKWA 1 (LHHLH); chibwechitedza 7. Munhu mukuru mukuru, anokudzwa navamwe. n *person of responsible dignity, person of some social importance*
MUTEMA 1 (LLH) Munhu ane ganda dema. n *African, black man* (1 & 3 adj)
MUTEMO 3 (LHH); murao 3. Imwe yetsika gumi dzakadzikwa naMwari dzichipiwa Moses. Mutoo unodzikwa kuti utungamirire vanhu mukutevera zvinodikanwa. n *commandment, law, rule*
MUTENDA 1 (LHH); murwere 1; muhwere 1 Ko. Munhu ari kurwara. n *sick person, patient;* MUTANO
MUTENDERI 1 (LLLL); mutendi 1. Munhu anotendera zvechiKristu. n *faithful, one of the faithful, believer;* MUHEDHENI
MUTENGANO 3 (LHHL) Kupa mumwe chinhu, iye achikupawo chaunoda. n *barter deal, exchange by barter*
MUTENGESI 1 (LHHL) 1. Munhu anoita basa rokutengesa. n *shopkeeper, shop assistant, merchant,*

mususu

miswe

muswewadepa

1. mutema
2. musoro

mutambo

mutohwe

mutongotowa

mutowa

mutiti

mutsipa

salesman; **2.** cf chombe la. n *quisling, person co-operating with an enemy, sell-out*

MUTENGO 3 (LHH) Mari inobviswa pakutenga chinhu. n *cost, price, selling price*

MUTEPE 3 (LHL); mupumha 3. Muti unomera munzizi kana munzvimbo dzine mvura. Midzi yawo mushonga womusoro kana wemhepo. n *river combretum, deciduous tree (usu 4 m)*

MUTERO 3 (LLL) Mari inobviswa kana munhu achiterera imba kana magetsi etc. n *tax, rent, electricty or water charge*

MUTETENERWA 3 (LHHLH) Nzungu dzakakangwa, dzakaiswa munyu, dzinodyiswa sadza panzvimbo pomuriwo. n *side-dish of roasted groundnuts (mixed with salt and a little water, heated till water has evaporated and nuts are dry)*

MUTEURO 3 (LHHL) cf munamato 3. n *sacrifice, prayer, ritual offering*

MUTEVERI 1 (LLLL); mutevedzeri 1. Munhu anotora basa ranga richiitwa nomumwe kana anotevera mushure maakatungamira. n *successor, follower;* MUTUNGAMIRI

MUTEZO 3 (LHH) Nhengo yomuviri (ruoko, gumbo, munwe etc) kana yechita. n *member of physical body or organisation*

MUTI 3 (LH) **1.** n *tree, fern, shrub, plant, creeper, vine;* **2.** Mushonga wokurapa kana wokukuvadza muviri nokuuraya. n *medicine (for good purposes or for bad), herb, medicinal plant*

MUTIGIDA 3 (LLHL); mutikida 3. Jira rinomonerwa navanhukadzi, rinobvira padundundu richisvika mumakumbo. n *piece of material worn as female dress by woman, covering body from chest to calves (associated with women to the north of the Zambezi)*

MUTIKITI 3 M (LHHH); muboora 3. Muriwo wamashizha omunhanga. n *leaf of pumpkin plant used as spinach (cooked or uncooked)*

MUTIRO 3 pl: mat-, vamut-, vana-M (LLL) cf gudo 5. n *baboon*

MUTITI 3 (LLL); munhimbiti 3; mutete 3. Muti wakasimba, unovezwa ngoma, nezvigaro etc. n *erythrina, lucky-bean tree, very common decorative tree with coral-red flowers in August-September*

MUTO 3 (LL) **1.** Mvura yabikisa nyama kana muriwo inosara. n *gravy, soup, sauce;* **2.** Mvura inobva mumuchero kana muti. n *juice of fruit etc, sap*

MUTOBVU 3 (LLL); mutobve 3 M. Simbi yakapfava inonanautswa yogadziriswa zvakasiyana. n *lead*

MUTOHWA 3 K (LHL) cf mutowa 3. n *rubber tree*

MUTOHWE 3 (LHL); mugurura 3; mugururu 3. Muti unowanzomera pachuru, unobereka matohwe anobanzuka kana aibva. n *snot apple tree, quarters, tree hibiscus*

MUTOMBO 3 M (LHH); muti 3 cf mushonga 3. n *medicine (for good purposes or for bad)*

MUTONDO 3 (LLL) cf munhondo 3. n *mnondo, deciduous tree*

MUTONDOCHURU 3 (LLLLL); mutondosvi 3. Muti unomera pazvuru kazhinji nokukura kusvika 10 m nokubereka vana vakaomarara vane mhodzi tsvuku mukati mavo. n *fuschsia tree, African walnut*

MUTONGI 1 (LHH) Munhu anotonga nyaya kana anotonga nyika. n *ruler, judge, magistrate*

MUTONGOTOWA 3 (LHHLH); mutongotohwa 3 cf munhongotowa 3. n *wild pear tree*

MUTOO 3 (LLL) Maitiro, tsika. [nemitoo yose . . . *by all means, by every means;* nomutoo unoshamisa. . . . *in an astonishing manner;* nomutoo kwawo. . . . *in the proper way, in the right manner, properly.* . . . adv] n *manner, method, custom*

MUTORO 3 (LHH) Zvinorema zvinotakurwa nomunhu. n *load, burden carried*

MUTORWA 1 (LHL) Munhu asiri wedzinza rako. n *anyone who is not related to you;* HAMA

MUTOWA 3 (LHL); mutohwa 3 K cf musikanyimo 3. Muti unokumwa urimbo. n *rubber tree*

MUTOWEGURU 3 (LLHLL); gochihwo 5 K. Shiri ino musoro mutema nomuviri woruvara rweyero yakakura kunge chidzvururu; inogaronzwika musango. Inovaka dendere nemvere. n *black-headed oriole*

MUTSA 3 (LH); tsitsi 10; nyasha 10; mwoyochena 3. Mwoyo wakanaka, unofarira kuyamura vamwe kana kuvanzwira urombo. n *kindness, kindliness, favour, humanity, generosity, benevolence;* UTSINYE

-MUTSA t (L) cf -muka i. vb *rouse, wake up, cause to get up, flush (game), raise to upright position (plant)*

MUTSAGO 3 (LHL) Chimuti chakavezwa, chokutsamira; piro. n *wooden head-rest, soft pillow*

MUTSAKWANI 3 (LLLL); matsakwani 6 M; murakani 3 K; hwakwani 9. Mashizha akaorera, anoshandiswa samanyowa. n *humus*

MUTSAMBATSI 3 (LLLH) Kamuti kanobereka tsambatsi dzinosvipa kana dzaibva, dzinodyiwa. n *perennial plant with edible fruit*

MUTSAMIRO 3 (LHHL); mutsago 3. Chose chose chinoshandiswa kutsamira. n *head-rest of any kind, e.g. pillow*

MUTSAMVI 3 (LLH); mutsamvu 3 M. Muti unoreba kusvika 12 m nokuwanzomera pazvuru nomuzvikomo zvina mabwe nokubereka muchero mudikidiki unodyiwa neshiri. n *wild fig tree*

MUTSARA 3 (LLH); mutaro 3. Mutsetse unonyorwa, kana rundaza rwezvinhu. n *line (drawn); row (e.g. of objects in a line)*

MUTSATSATI 3 (LHHL) cf mugarahorwe 3; muzhenje 3; mugarahungwe 3. n *beechwood tree*

MUTSAUKO 3 (LHHL); musiyano 3; siyano 9. Kusiyana kwezvinhu. n *difference, variation;* KUFANANA

MUTSERENDENDE 3 (LLLLL); mutedzerere 3 M. Nzvimbo yakatenuka, samawere, panotamba pwere dzichitsvedza. n *slide used by children at play*

MUTSETSE 3 (LHL) cf mutsara 3. n *line, sentence*

MUTSIGO 3 (LHH) cf chiremera 7. n *dignity*

MUTSINDO 3 (LHH) Kutinhira kunoita pasi kana munhu (kana mhuka) achifamba. n *audible footstep, audible tread*

MUTSINGANHOKO 3 (LHHLH); mugaranhoko 3. Chikamu choura munogara nhoko dzemhembwe, kana tsuro, kana mbudzi, etc. n *rectum of small ruminant whose characteristic is to excrete small droppings*

MUTSIPA 3 (LLL) Nhengo iri pakati pomusoro nomuviri. n *neck*

MUTSOMBORI 3 (LLLH) Muti une midzi inodyiwa kana uchiri mudiki. n *sp of perennial plant with edible fruits and edible tubers*

MUTSOMO 3 (LLH) cf mupfura 3. Muti unobereka mapfura. n *marula tree, deciduous (up to 12 m)*

MUTSONZOWA 3 (LHLH) cf mudyamhembwe 3; mutototo 3; mukuvazviyo 3. n *duiker-berry tree (fruit a food of the duiker)*

MUTSOTSO 3 M (LHH); mhuka 9; mutaka 3. Kubuda kunoita ropa nomumhuno yomunhu. n *nose-bleeding complaint*

MUTSUBVU 3 (LHL); mudyagava 3; mukubvu 3; mutsere 3 Ko. Muti unoshandiswa pakusika moto. Unoita vana vanozova vatema kana vaibva, vanodyiwa. n *chocolate berry tree*

MUTSUNDA 3 (LLH) Chokubooresa chikumba pakusona bhutsu etc. n *awl*

MUTSVAIRO 3 (LHHL) Rudzi rwouswa etc runoshandiswa kutsvaira mumba. n *hand broom, whisk or brush for sweeping floor*

MUTSVANDIMIRE 3 (LHHLH) cf musemwasemwa 3. n *variety of spinach (cooked or uncooked)*

MUTSVANZVA 3 (LHL) cf munhengeni 3; mutengeni 3. Muti unobereka tsvanzva. n *sour plum tree*

MUTSVORITSVOTO 3 (LLHLL); musvisvirondo 3. Muti unoita muchero unonzi tsvoritsvoto namapazi ane minzwa. n *shrub or tree (up to 8 m)*

MUTSWATSWA 3 (LLL); chinzanga 7 cf murapambare 3. n *sp of shrub*

MUTSWI 3 (LL); mutwi 3 M; muhwi 3 K. Muti wakavezwa, unoshandiswa kutswa zvinhu muduri. n *pestle (for stamping grain in* duri*)* muf cf duri p.

MUTSWI 3 (LL); mutswe 3; rutswe 11. Kutsemuka kunoita hari, dombo, etc. n *crack, line of division where something is broken but not into separate parts*

MUTSWIRI 3 (LLL); muswiri 3 M; muchuchu 3 K. Kambeva kadiki kane muromo murefu; kanodya tupuka nokugara pasi. Kanowanzofamba usiku nokuita vana muuswa hwakapfava. n *dwarf shrew*

MUTUFU 3 (LLL); mutupfu 3. Muti unokura kusvika 4 m, wakada kufanana nomunzviru. Mapazi awo matsvuku anotyoka nyore nyore. Vana vawo vanonzi matufu; vanodyiwa. n *crooked false medlar*

MUTUKUTU 3 (LLHL) cf musekesa 3. n *monkey-bread tree*

MUTUMBA 3 (LHH) Ngoma ndefu kupinda dzose. n *tall drum*

MUTUMBI 3 (LLH); chitunha 7. Muviri womunhu akafa. n *corpse*

MUTUMWA 1 (LHL) Munhu anotumwa. [Mutumwa haana mbonje. *A messenger should not be injured. prov* 440 *i.e. He is not to be treated as responsible for his tidings.*] n *messenger, one sent*

MUTUNDO 3 (LLL); weti 9; dope 5. Mvura inoburitswa mudundira. n *urine*

MUTUNDU 3 (LHH) Mukwende kana butwa rezvinhu. n *item of personal baggage*

MUTUNDURU 3 (LLHL); munywanywa 3. Muti unobereka matunduru anodyiwa; nokugara wakasvibira, uno muto weyero. n *small evergreen tree with edible fruit*

MUTUNGAMIRI 1 (LHHHL) Mu-

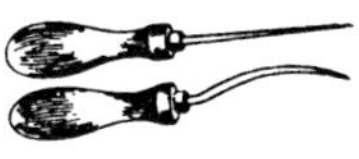

muviri/mutwi

muuyu

muzeze

muzhanje

nhu anotungamira. n *leader, one who goes in front;* MUTEVERI

MUTUPO 3 (LHH) Chisikwa, kazhinjizhinji mhuka inotorwa somucherechedzo kana chisungo choukama hwavanhu vorudzi rumwe chete. n *totem or emblem indicating food avoidance custom e.g.* VaShawasha vanoera tsoko. *The* vaShawasha *have* tsoko *as their* mutupo/ *They abstain from* tsoko.

MUTURIKIRI 1 (LHHHL) Munhu anoturikira zviri muno mumwe mutauro achizviisa muno mumwe mutauro. n *interpreter, translator*

MUTUTU 3 (LHH) cf mhuka 9. n *nose-bleeding complaint*

MUTUVI 3 (LHH) Mvura inobuda mumukaka kana uchinge wakora. n *whey, part of milk that remains liquid when the rest forms curds*

MUTWARO 3 M (LHH) cf mutoro 3. n *luggage, baggage, load, burden carried*

MUTWI 1 (LL); mushutu 1; mushwi 1. Munhu asina kupfeka kana chii zvacho. n *naked person*

MUTWIWA 3 (LHL); mutswiwa 3; duure 5. Upfu hwechibage chakatswiwa. n *meal pounded in* duri

MUTYABA 3 (LLL); mushaba 3; mudhombo 3. Dota rinosanganiswa nefodya yomumhuno. n *special ash mixed as an ingredient of snuff*

MUTYAIRI 1 (LLLL) cf mutekenyi 1. n *driver*

MUUNGA 3 (LLL) cf mubayamhondoro 3. Muti une minzwa mirefu. n *umbrella thorn tree, flat-topped thorn tree, paper-bark thorn tree*

MUUNZE 3 (LLL); muuzhe 3 K. Muti unoreba kusvika 20 m nokumera mumakomo nokunyatsozivikanwa; une hunde yakaswatuka isina mapazi kwourefu hwakakura. n *mountain acacia, redwood tree*

MUURURO 3 (LHHL); mupfondo 3. Simbi inoiswa mumoto yoshandiswa kuurura mipinyi etc kana yatsvuka. n *metal tool used at red heat for burning holes in wood*

MUUYU 3 (LLH); muwuyu 3 Ko. Muti mukurukuru, unowanzowanikwa munzvimbo dzakaderera. Wakapfava; una mapazi makobvu navana vahombe vakaomarara vane mvere dzakapfava. n *baobab tree, cream of tartar tree*

MUVAKI 1 (LHH) Munhu anoita basa rokuvaka dzimba etc. n *builder (person who constructs with bricks or with poles and thatch)*

MUVAKIDZANI 1 (LHHHL) cf mubanzi 1. n *neighbour*

MUVAMBI 1 (LLL) **1.** mushauri 1. Munhu anotanga kuimba, vamwe vachizodaira. n *first one to sing;* **2.** Munhu anotanga kuita. n *instigater, beginner*

MUVANGA 3 K (LHH) cf cheni 9. n *tiger-fish*

MUVANGA 3 (LLH) Muti wakasimba chaizvo, usingatemeki nhando. Unoreba kusvika 20 m nokuitwa mapango efenzi nezvivezwa. n *large tree with very hard wood*

MUVEZI 1 (LLL) Munhu anoveza. n *one who carves, carpenter*

MUVHA 3 M (LH) cf mugwagwa 3. n *road, broad path*

MUVHARADHONGWI 3 (LLLLH) Jira jena romutowenyemba risina kukosha. n *cheap unbleached calico*

MUVHENEKA 3 (LLHH) cf muremberembe 3. n *long pod cassia*

MUVHIMI 1 (LHH) Munhu anovhima. n *hunter, person who hunts*

MUVHURO 3 (LLL); Musumbunuko 3. Zuva rokutanga pavhiki. n *Monday*

MUVIRI 3 (LLL) Mutumbi womunhu. [Mwana uyu ano muviri. *This child is plump.*] n *body*

MUVIRIGO 1 (LHLH); muvhirigo 1. Munhukadzi asati asangana nomurume. cf Latin n *virgin*

MUWADZANISI 1 (LLLLL) Munhu anoita zvokuti vamwe vawadzane. n *peacemaker*

MUWAINI 3 (LHLL) Muti unorimwa nokukura uchimonera pawaya dzakatandika nokubereka magirepisi. n *grape-vine*

MUWANI 1 (LLL) Murume ari kuchata nomwenga wake. n *bridegroom;* MUSVITSA

MUWIROWIRO 3 (LHHHL); mukosvo 3 K; cf mudanhatsindi 3. Muti unomera pana mabwe, unowanzowanikwa nechokwaMutare. n *sp of tree (up to 13 m)*

MUYEVI 1 (LLL) Munhu anotarisa zvinoitika zvinofadza. n *spectator*

MUZAVAZI 1 (LLLL) Munhu asinganeti nokutaura. n *very talkative person, chatter-box*

MUZEZE 3 (LLL); mujiza 3; mupumhamakuva 3; musambanyoka 3; mutandarombo 3; nyakambariro 1a. Muti uyu une ganda rinorapiswa kurwadza kwakasiyana kwomudumbu nekwamaziso. Mwoyo wawo unogadziriswa zvivezwa. n *false black wattle, blackwood tree*

MUZEZURU 1 (LLHL) Munhu akazvarwa achitaura chiZezuru. n *person who speaks the dialect of* chiZezuru

MUZHANJE 3 (LLL) cf mushuku 3. n *wild loquat tree*

MUZHUMU 3 (LLH); muzhunu 3; muzhumwi 3. Mhando yomutamba una mapazi netsotso zvine minzwa

yakakombama. n *bitter monkey-orange tree*
MUZINDA 3 (LLL) Dare ramambo kana kuti nzvimbo yaanogara. [Kumuzinda hakuna wako. *At the chief's courtyard, there is no relative of yours. prov* 1125 *i.e. Don't rely on someone to pull strings for you in a court of law.*] n *dwelling place and court of chief*
MUZONGOZA 3 (LLLL) Mapfupa omusana. n *spine (spinal column), backbone*
MUZUKURU 1 (LHHL) **1.** Mwana womwana. n *grandchild;* **2.** Mwana wehanzvadzisikana kana wehanzvadzikomana. n *nephew / niece*
MUZUNGU 1 (LLH); muRungu 1. Munhu weganda jena. n *person of Portuguese descent, any European*
MUZURA 3 (LLH) Kutyora mabvi kunoitwa navanhukadzi kuratidza rukudzo. n *curtsy (respectful bending of knees and bowing of head)*
MUZVAMBARARA 3 (LLLLL) **1.** Chinhu chose chose chakareba. n *long lying object (e.g. fallen bluegum);* **2.** unhavatava 14. [Anoshandisa muzvambarara kuti abatsirwe nemari. *He resorts to deception to obtain money.*] n *guile, deceit, flattery, inclination to deceive*
MUZVARE 1 (LHH) Mwanasikana asati aroorwa. n *Miss* (Muzvare Zvimba: *Miss Zvimba*)
MUZVERE 1 (LHH) cf mungozva 1. n *mother of newly-born baby (up to one month)*
MUZVEZVERERE 3 (LLLLL); muhwezva 3; muzvezve 3. Panenge pafamba nenyoka kana kuti panenge papfuura nechinhu chakazvuviwa. n *trail left by dragged object or snake*
MVANA 9 (LH) Mudzimai akabereka, asati aguma kubereka. n *woman who has borne a child and is still able to bear more (usu unmarried)*
MVEE 5, mamv-6 (HH) cf bvee. n *fruit of mumvee or sausage tree*
MVEMVE 5, mamv-6 (LH); rengenya 5; dzoto 5 M; mutsakara 3 M. Jira kana mbatya yakabvaruka, isisina basa. n *rag, scrap of material, tatter, old worn article of clothing*
MVERE 9 (LL) Makushe anomera pamuviri wemhuka kana munhu. n *hair of animal, fur, wool human downy hair*
-MVEYA i (HL) Kubhururuka nokukurumidza sezvinoita shiri ichinzvenga miti. [Zizi rakamveya nomumiti richitiza nhengure. *The owl dodged among the trees in its flight from the drongo.*] vb *fly quickly past; swoop past*
-MVEYESANA i (H) Kutamba kunoita vanhu vaviri vaviri vakabatana vachinge vanopoterera-poterera. [Vakamveyesana vari mudariro vamwe vachiombera. *They swayed together in the circle while others clapped.*] vb *waltz*
MVI 9 (H); imvi 9. Vhudzi jena pamusana pokukura kwomunhu. n *human grey hair*
MVINGA 9 (LL); nhiva 9. Ivhu rinotimbwa negejo kana nebandza pakurima. n *clod of earth (as turned up by plough or hoe)*
MVIROMVIRO 9 (LLLL) Mavambiro anoita chakaipa. [Mviromviro yehosha iyi kupisa kwomuviri. *The first sign of this fever is a high temperature.*] n *first step leading to unwanted result*
MVUMBA 9 (LL) **1.** Mhuka yomusango, ino ruvara rupfumbu nokurema 185 kg nokugara iine dzimwe dzayo nokusangana nechengu kana ngwarati. n *blue wildebeest;* **2.** Rudzi rwehove huru yomuZambezi. Ingasvike uremu hwe-45 kg. n *vundu, large catfish*
MVUMO 9 (LL) Kubvumira kunoitwa nomunhu kuti mumwe aite zvaanenge akumbira. n *permission, agreement, consent, right*
MVURA 9 (HH) Chokunwa chinonaya kubva mudenga; chinosakisa kuti zvose zvinodyarwa zvimere. [Mvura yateuka haina muoreri. *Spilt water cannot be collected. prov* 512 *i.e. It's no use crying over spilt milk.*] vb *water, rain, liquid (also euphemism for urine)*
MVUTO 9 (LL) Chakagadzirwa nedehwe rembudzi chokufuridzisa moto sezvaiita vakare vachinyungudisa mhangura yokugadzirisa mapadza etc. n *bellows*
MVUU 9 (LH) Mhuka inogara mumvura nedzimwe dzorudzi rwayo, ine mumhu mukuru nokurema 2 100 kg nokufura uswa namashizha etc. n *hippopotamus*
-MWA i & t (H) cf -nwa i & t. vb *drink*
-MWADURA t (H) cf -medura t. vb *break off (portion — like bread); Related ideo:* mwadu
MWAICHEWE (LHHL); mwachewe [Kwete mwaichewe! Handizvo zvinoitwa. *By no means! That is not done.*] inter *of expressing disagreement, or disapproval, with what has been said or happened; Oh no!*
MWAKA 3 (LH) Nguva sokuti zhizha, necnirimo nechando. n *period of time, season*
MWAMBABVU 3 (LHH) Kuzvimba kunoita somuhapwa pamusana pe-

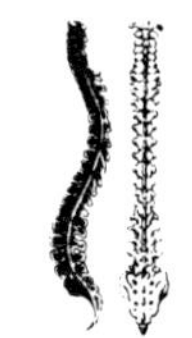
muzongoza

mvumba

mvumba

mvuu

muvanga

muvanga

MUVIRI

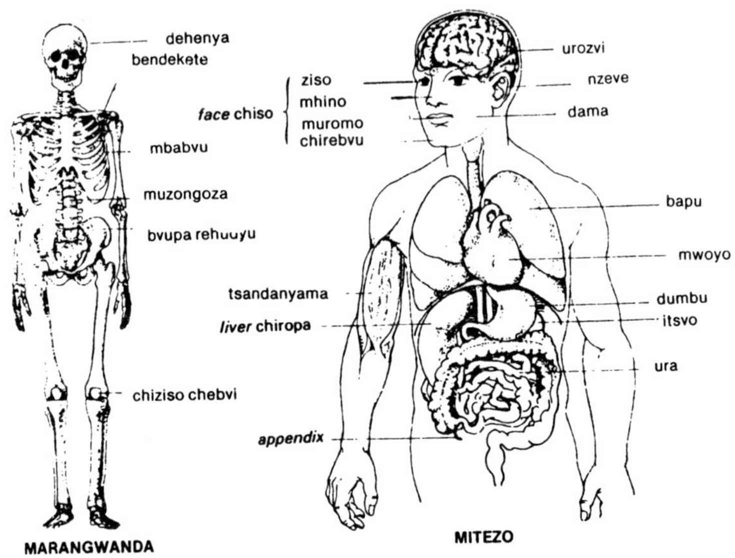

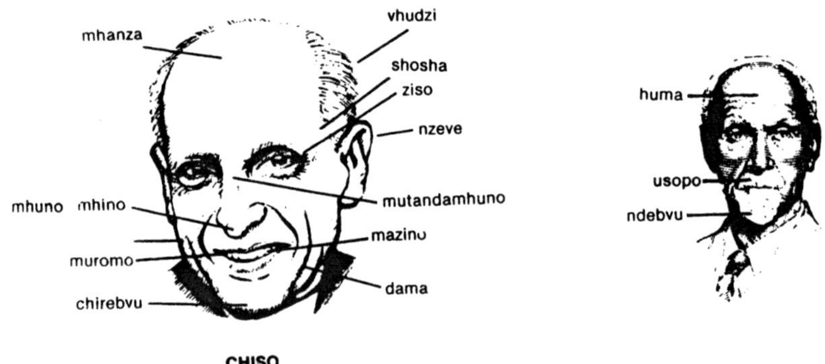

CHISO

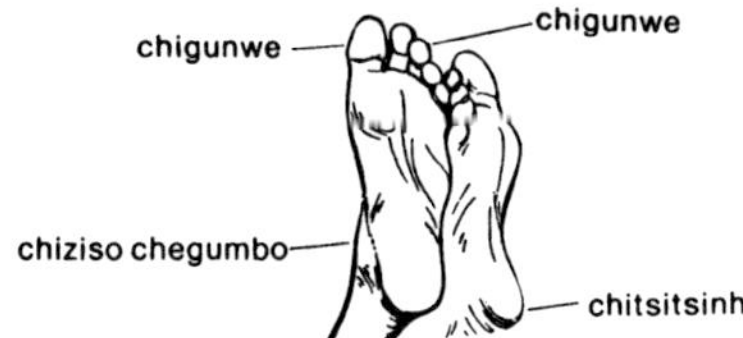

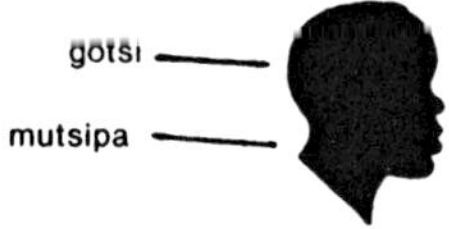

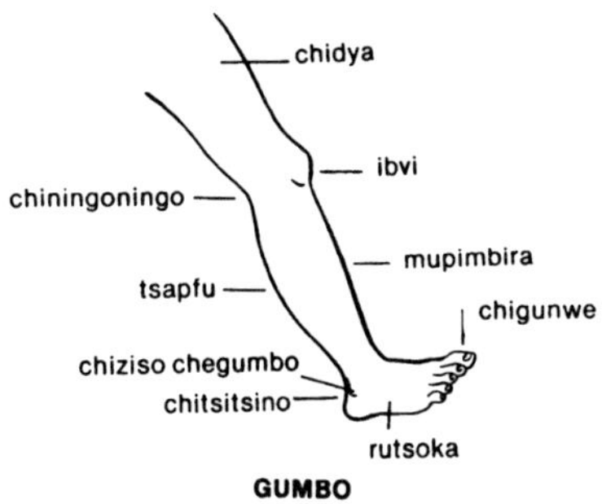

GUMBO

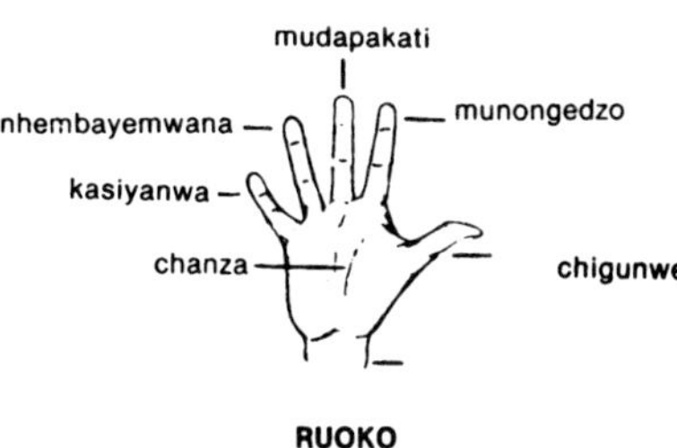

RUOKO

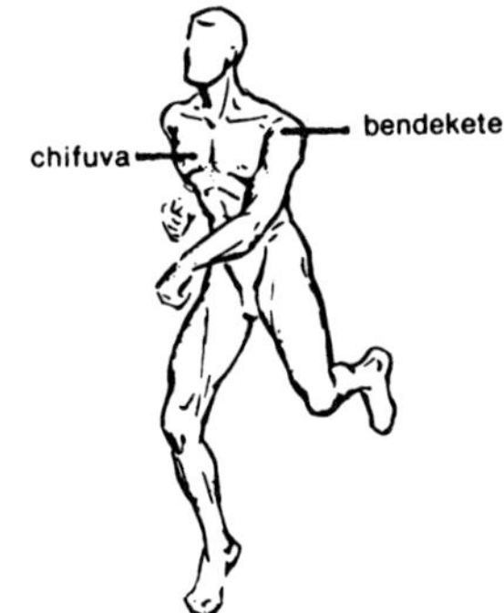

MUVIRI

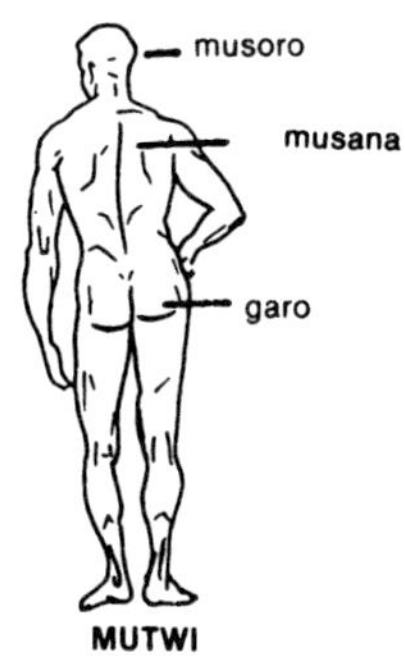

MUTWI

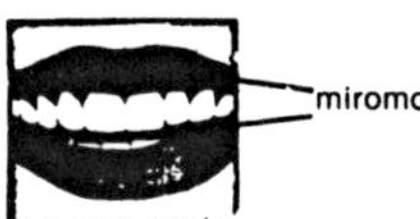

mwedzi

mwena

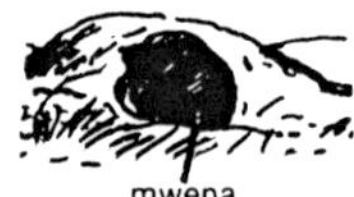
mwena

mwenga

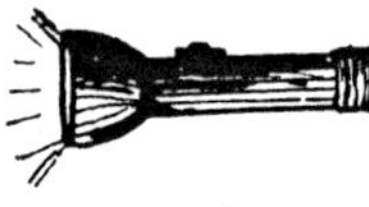
mwenje

ronda riri paruoko. n *glandular swelling in armpit or groin*

MWANA 1 (LH) pl vana **1.** Munhu anosunungukwa. [Mwana asingachemi anofira mumbereko. *A child that does not cry dies in the cloth it is carried in. prov* 830 *i.e. We invite tragedy if we do not ask for help.*] n *child;* **2.** Mhuru yemhuka kana nyn'ana reshiri. n *young of animal or bird;* **3.** Muchero womuti. n *fruit;* **mwanangu** n *'my child' (colloq);* MUBEREKI

MWANAKOMANA 1 (LHLLL) Mwana mukomana. n *son;* MWANASIKANA

MWANASIKANA 1 (LHLLL) Mwana musikana. n *daughter;* MWANAKOMANA

MWANDA 3 (LL); cf chiswa 7. n *bundle of grass*

-MWARAKATIKA i (L) Kurasikira kwose kwose. [Akaboora saga, nzungu dzikamwarakatikira kwose. *He made a hole in the sack and the monkey nuts spilled out everywhere.*] vb *get scattered; be distributed;* **-mwarakatidza** t [Mucheche amwarakatidza shuga nemba yose. *The child strew sugar all over the room.*] vb *scatter, sprinkle, disperse*

MWARAMU 1a (LHH) cf muramu 1. Izwi rinoshandiswa nomurume kureva vanun'una navakoma vomudzimai vake; kana nomudzimai achireva vanun'una navakoma vomurume wake. n *sister-in-law of man; brother-in-law of woman*

-MWARARIKA i (L) Kupunzika kunoita chinhu chichiva zvimedu zvimedu. [Chirongo chakatsvedza pamusoro chikamwararika. *The clay water-pot slid from the head and broke into fragments.*] vb *be scattered, break into pieces;* **-mwararidza** t [Mwararidza mhunga pachivanze huku dzidye. *Scatter millet on the ground for the fowls to eat.*] vb *scatter about, distribute*

MWARI 1a (LH); Musiki 1; Musikavanhu 1; Samasimba 1a; Chidzachapo 7; Muwanikwa 1; Nyadenga 1a; Chikara 7 Ko; Samatenga 1a. Mweya mukurukuru usingaonekwi, musiki wezvinhu zvose. n *God, Supreme Being;* CHISIKWA

-MWAUKA i (L) Kubvaruka sejira kazhinji risisina kusimba. [Bhachi rake rakabatwa newaya rikamwauka. *His jacket was caught by the wire and ripped.*] vb *rip, be torn;* **-mwaura** t [Akamwaura hembe yangu. *He tore away a handful of my shirt.*] vb *rend, tear (usu clothing);* -SONA

-MWAYA t (L) Kusasa mvura kana kupotsera mbeswa mumunda pakudyara. [Mwaya mvura usati watsvaira chivanze. *Sprinkle water before you sweep the yard.*] vb *sprinkle, spray, sow by broadcasting, scatter*

MWEDZI 3 (LH) **1.** Mazuva makumi matatu, pamwe mazuva makumi matatu ane rimwe chete. n *month;* **2.** Zidenderedzwa rinoonekwa mudenga rinojekesa pasi usiku. n *moon;* **mwedzi wagara** = *new moon;* **jenaguru** = *full moon*

-MWEKA i M (L) cf -bvaruka i. vb *be torn, rent*

MWENA 3 (LH) Buri rokupinda naro mukati. n *entrance to any kind of underground passage, burrow made by mice, hole in the ground*

MWENA 3 (LH) Mhuka yakafanana nembwa; inodya majuru. Inorema 11 kg nokurara muguru masikati, yofamba usiku. n *aardwolf, nocturnal beast like a dog which feeds almost exclusively on termites.* cf mbizimumwena

MWENE 1 (LH) Muridzi. n *owner, master, proprietor*

MWENGA 1a (LL); musvitsa 1. Munhukadzi ari kuchata. n *bride;* MUWANI

MWENI 1 (LL); mueni 1 cf muenzi 1 [Mweni haaendi nedura. *A guest does not carry away the granary. prov* 159 *i.e. One visitor will not cause privation.*] n *visitor, stranger*

MWENJE 3 (LL); chivheneko 7. Chinojekesa murima, tochi kana huni iri kubvira. n *gleam of light, lamp, torch*

MWENZA 3 (LH); mwanza 3. Nzira inofamba nembeva kana makonzo. n *run or regular track of mice or rats*

MWERO 3 (LL); mhimo 9; mupimo 3. Uwandi etc hwakaenzanirana, husiri hwakanyanya. [Akatonga nyika zvino mwero. *He judged the country rightly.*] n *measurement, appropriate measure (usu of weight)*

-MWESA t M (L); -bvarura t. Kukonzera kuti chinhu chibvaruke. [Chikomana chakamwesa bhurukwa chichichochomara. *The fat boy split his trousers while sitting on his haunches.*] vb *tear, split, rend*

-MWETA t (L) **1.** -pfinya t; -mwita t K; -n'weta t Ko. Kucheka uswa nejeko. [Madzimai ndivo vanomweta uswa. *Women are the ones who cut grass.*] vb *cut grass;* **2.** -mwita t K; -n'weta Ko. Kufura uswa semhuka. [Mombe dzinofarira kumweta uswa hune dova. *Cattle are fond of grazing dewy grass.*] vb *graze, feed on grass*

MWEYA 3 (LH) **1.** Mhepo inofe-

mewa navanhu etc. n *air, breath, vapour;* **2.** Chinosakisa kuti munhu ave norupenyu. n *soul, spirit;* **3.** Kunhuhwa kwakaipa. n *bad smell*
-MWISA t M (H); -yamwisa t; -amwisa t. Kupa mwana mukaka nezamu samadzimai. [Mwisa mwana anyarare kuchema. *Suckle the child to stop him crying.*] vb *suckle, breast feed*
MWISE 3 K (LH) cf muswe 3. n *tail*
MWIWA 5, mamw-6 (HL); nwiwa 5; bvembe 5; vise 5. n *watermelon*
MWONGO 3 (LH) Unenge uropi uri mukati mebvupa. n *marrow, edible soft interior of a bone*
MWOTO 3 KM (LH) cf moto 3. n *fire*
MWOYO 3 (LL) **1.** Chinosakisa kuti ropa rifambe nomuviri wose. [Mwoyo muti unomera paunoda. *The heart is like a tree, it germinates where it likes.* prov 968 *i.e. There is no accounting for tastes.*] n *heart;* **2.** Pakati pomuti n *core, centre of a tree trunk*
MWOYOCHENA 3 (LLHL) Pfungwa dzokuda kuitira vamwe zvakanaka. [Ano mwoyochena. *He is kind.*] n *pleasant and kindly disposition;* MWOYOSVIPA
MWOYOMUTEMA 3 (LLLLH); mwoyotema 3. Mwoyo wakaipa. [Amai vakandiitira mwoyomutema. *Mother was angry with me.*] n *human quality of hard-heartedness*
MWOYOSVIPA 3 (LLHL) Pfungwa dzoutsinye, dzokusada kubatsira vamwe. n *hard-hearted and insensitive disposition;* MWOYOCHENA

mwoyo

N

-NA t (H) Kuva nechinhu. *Note:* [Ndina mazai. *I have eggs.* Ndine mari. *I have money.* Ndino mukadzi. *I have a wife.*] *But in negative* Handina *without change of vowel/coalescence. In* M. *and increasingly in other dialects there is substitution in place of coalescence e.g.* Ndine mazai. Ndine mari. Ndine mukadzi. vb *have, be with;* **-nei**(HL) [Hazvinei hazvo. *It doesn't matter.* Ugandibatsire here zvisinei kuti unoda kuenda. *Would you help me regardless of you wanting to go?*] conj *notwithstanding, despite*
-NA i (L) cf -naya i. vb *rain*
NACHISI 5, man-6 (HLL) Muchero womunachisi. cf Afrik n *naartjie*
NAIZVOZVO (LHLH) [Ndinoda kundovhima newe, naizvozvo ndochigadzirira. *I want to go hunting with you, so I am getting ready.*] conj *accordingly, therefore, hence*
NAKA la (HL); nhaka la K. Izwi rinoreva kuti gore rino. n *this year*
-NAKA i (L) **1.** Kufadza mwoyo. Kutarisika zvinofadza. Kuva nezviito zvinoyemurwa navamwe. [Baba vake vakavakisa imba yakanaka kwazvo. *His father had a splendid house built.*] vb *be good, pleasing, right, fitting;* -IPA; **2.** Kuva norunako. vb *be good-looking, handsome, pretty, nice;* -SHATA; **3.** Kutapira kunoita chokudya mukanwa. [Nyama haisi kunaka nokuti haina kubikwa zvakanaka. *The meat is not nice because it has not been well-cooked.*] vb *be sweet, pleasant to taste, delicious;* -VAVA, -IPA; **-nakisisa** i [Muno tinotengesa hembe dzakanakisisa. *Here we sell excellent shirts.*] vb *be very nice, excellent*
-NAKIDZA i & t (L) Kukonzera munhu kuti asekerere kana kufarira. Kufadza kuona kana kunzwa. [Mbuya vanotaura ngano dzinonakidza. *Granny tells fascinating stories.*] vb *be entertaining or interesting; please, interest;* -FINHA; **-na-**

-na -naya

-namatidza

-namata

nanazi

kira t [Tinoedza kuita zvinonakira vamwe vedu. *We try to do what is good for others.*] vb *be good for;* -IPIRA

-NAKURA t (H) Kushandisa rumuti kana chimwewo kubvisa chinhu chiri pachiri. [Akanakura gon'ye nomuti. *He flicked off the caterpillar with a stick.*] vb *flick away (usu with a stick)*

NAMA 9 (LH) Kamuti kanomera mumapani nokukura kusvika 0,6 m. Mashizha ako ndiwo anokurungwa sederere. n *variety of grass*

-NAMA t (L) **1.** Kubatanidza zvinhu neguruu etc. [Chitambi chanama. *The stamp has stuck.*] vb *paste, glue, patch a tube;* -NAMANURA; **2.** Kudzurura imba madziro. [Tinoshandisa ivhu rapachuru kunama imba. *We use ant-heap soil for plastering a hut.*] vb *plaster, smear a paste of cement, sand and water;* **-namatidza** t [Tora guruu unamatidze gumbo rechigaro. *Get some glue and repair the leg of the chair.*] vb *apply glue, stick or weld together;* **-namanura** t [Chitambi ichi handicho. Chinamanure uise chimwe. *This is the wrong stamp. Take it off and put on another.*] vb *unstick;* -NAMA; **-namatira** t; -namira t vb *adhere or cling to. Related ideo:* nha, papata, name, namei

-NAMATA i & t (L); -nyengetera i & t; -teura i & t. Kusimudzira pfungwa dzedu nemwoyo yedu kuna Mwari. [Mudzimai akadzidzisa mhuri yake kunamata pakundorara. *The woman taught her family to pray on going to bed.*] vb *pray, pray to, worship;* **-namatira** t [Ndinamatirewo. *Please pray for me.*] vb *pray for*

-NAMBUKA i (L) Kutoreka nomunwe sokuti bota kana nhopi etc. [Derere harinambuki nyore nomunwe mumwe. Derere *(spinach) is not easy to scoop with one finger.*] vb *be easy to scoop with the fingers;* **-nambura** t [Kasikana kakatsva munwe kanambura bota raipisa. *The little girl burnt her finger in scooping out hot porridge.*] vb *scoop food from a container with one or more fingers*

NAMO 9 (LL); namu 9; mora 9; mondo 9; ndamo 9. Zvinogadzirwa nenyuchi zvinonama kana zvinobuda pamimwewo miti zvinonama. n *beeswax, sticky latex (not birdlime)*

-NAMUKA i (L); -namanuka i; -nanauka i. Kubva kana kunyunguduka kunoita namo yakabatanidza zvinhu. [Chigamba chakanamuka pachubhu zuva ranyanya kupisa. *The patch came unstuck from the tube when it was very hot.*] vb *come unstuck;* **-namura** t **1.** -namanura t; -kwatanura [Ndiani anamura chitambi chetsamba iyi? *Who has taken off the stamp from this letter?*] vb *remove, unstick;* -NAMIRA; **2.** [Vadiki ndivo vanonzi vanamure chokudya chinosara mundiro. *Children have the privilege of finishing off remaining food.*] vb *remove last of food from plate*

NANA 5, man-6 (HL) Chishamiso chinoitika. [Inana kumuona achifamba mushure metsaona. *It is a great achievement to see him walking again after the disaster.*] n *astonishing quality or achievement; mysterious event or object*

-NANAIRA i (H) Kufamba zvishomashoma. Kufamba sotumbuyu. [Masvosve anowanzonanaira akaita rundaza. *Ants usually crawl along in a column.*] vb *crawl, creep (as insect), move slowly; Related ideo:* nanai nanai

-NANAUKA i (L) Kunyunguduka kunoita namo, mutobvu, etc. [Mutobvu ukapiswa unonanauka. *When heated, lead will melt.*] vb *melt;* **-nanautsa** t [Mvura inopisa inonanautsa mafuta. *Hot water melts fat.*] vb *cause to melt, liquefy, make into liquid*

-NANAVARA i (H) Kufamba zvishomanana somunhu ari kubva mukurwara. [Anofamba achinanavara nokuti gumbo rake rakasvodogoka. *He walks gingerly because his leg is sprained.*] vb *walk carefully and slowly;* **-nanavadza** t [Sekuru vanonanavadzwa nokukwegura. *Grandfather is retarded by old age.*] vb *cause to walk slowly*

NANAZI 5, man-6 (HLL) Muchero womunanazi unodyiwa. cf Port n *pineapple*

-NANAZIKA i (L) Kunonoka kuita chinhu pamusana pokuzvikudza kana kuti musikanzwa. [Ukananazika, unosvika tapedza hwahwa hwose. *If you waste time on the way you will arrive when we have finished all the beer.*] vb *walk slowly, dally, waste time*

NANDA 5, man-6 (LL) Finyamo repahuma. n *wrinkle, line in the skin of forehead*

-NANGA i & t (H); -tonda i & t **1.** Kunongedzera pfuti etc kune chaunoda kubaya. [Akananga nyoka nepfuti. *He aimed at the snake with the gun.*] vb *point weapon at, aim;* **2.** Kuenda kunzvimbo usingambotsaukire kumwe. [Paakapepuka akananga kumusha kwake. *When he woke up, he made for home.*] vb *aim to reach, head for, make for, head in a direction of*

-NAN'ANIDZA t (L) Kutarisisa nomwoyo unoda kunyatsoziva. [Nan'anidza uone kuchena kwakaita hembe yangu. *Have a close look at my shirt and notice how clean it is.*] vb *scrutinize, look carefully at, stare at*

-NANGISA t M (H); -tarisa t; -ringa t. Kuisa maziso kuchinhu kuti uchione. [Akamunangisa neziso rimwe chete. *He looked at her with one eye (i.e. he winked at her).*] vb *look, look at, set eyes on*

NANI (HL); nane; nana. Kunaka kupinda chimwe. [Zviri nani kuti udzokere kumusha. *It is better for you to go back home.*] adv *that which is better*

-NANIKA i (H); -yanika t. Kuisa zvinhu muzuva kana pamhepo kuti zviome. [Kana zuva rabuda ugonanika magumbeze panze. *When the sun comes out hang out the blankets.*] vb *air, hang or spread out to dry*

-NANZVA t (H) Kushandisa rurimi kunamura chinhu. [Imbwa yakananzva maronda ayo. *The dog licked its wounds.*] vb *lick*

NARITI 9 (HLL) cf tsono 9. cf Afrik n *needle*

-NATIRA i & t (L) Kunwa nomuromo, kupfugama nokuisa muromo mutsime, rwizi etc. [Muvhimi akanatira mvura parwizi. *The hunter stooped down to drink at the river's edge.*] vb *drink by sucking up water from ground-level*

-NATSA i & t (L) cf -naka i [Natsa kwaunobva; kwaunoenda usiku. *Do good where you come from (because) where you go it is dark.* prov 1337 *i.e. If you do kindness where you are, a good reputation will follow to where you are going.*] vb *do well, bless; improve;* -NYANGADZA; **-natsiridza** t; -natsidzira t [Munyu unonatsiridza nyama. *Salt improves meat.*] vb *improve, make better*

-NATSO- (L) cf -nyatso- infix vb *do carefully, well, nicely*

-NAYA i & t (L) **1.** -na i K. Kudonha kunoita mvura ichibva mudenga. [Makore anotanga kuungana, mvura isati yanaya. *The clouds begin to gather before the rain falls.*] vb *rain;* **2.** -pona i. Kuva nani mushure mokurwara. [Ndakanaya muhospitari. *I got better in hospital.*] vb *recover from illness, get better*

NDAMBA 9 (LL) Mutemo wokuti tsoro inenge yambobatwa ngaifambwe. n *rule of* tsoro *that once a piece has been touched it must be played*

NDAMO 9 (LL) cf namo 9. n *beeswax*

-NDANDAMA i (L); -mamata i. Kutadza kunyatsodudza mazwi pakutaura. [Akataura achindandama pamusana peshungu. *He spoke in a stutter due to emotion.*] vb *stutter, stammer*

NDANDI 9 (LH); rekeni 9. Chimedu chechubhu inovenzengwa. n *strip of rubber*

NDANGARIRO 9 (LLLL) Pfungwa dzezvakaitika kare. n *recollection, pre-occupying thought*

NDAPOTA (LHL) Izwi rokuteterera. [Ndimirirewo ndapota! *Wait for me; I beg you!*] inter *"Please!"*

NDARA 9 (LL); mhunzamusha 9. Rudzi rwenyoka hombe ino musoro wakapashamara chaizvo nomuswe mupfupi. Inoreba kupfuura 1 m. Inodya madzvombi etc nokufamba kwasviba, kazhinji mushure mokunaya. Haina uturu, saka inouraya nokumonera. n *Cape file snake*

NDARAMA 9 (LLH) Mari yegoridhe kana sirivha. cf Arabic n *precious metal, gold or silver coin*

NDARE 9 (LL) Kupingirisha munhu kuti apunzike. n *action of tripping someone up*

NDARIRA 9 (LHL) Waya yakakombamiswa inopfekwa mumaoko kana mumakumbo. n *ornamental copper or brass wire, brass ornament*

NDAZA 9 (LH) Chiremba chinopfekwa mumusoro namambo. n *crown*

NDEBVU 9 (LL) Mvere dzinenge vhudzi, dzinomera pachirebvu. n *beard, growth of hair on chin;* cf chiso p.

NDEFU 9 (LH) cf -refu [nguva ndefu = *long time*] adj *high, long, tall*

NDEGE 9 (HL); furaimachini 9. Muchina unobhururuka wokutakura vanhu etc. n *aircraft, aeroplane*

-NDENDEREDZA t (H); -ndundurudza t; -zvuzvurudza t. Kuzvuva kana kukweva chinorema. [Mazuva okutanga vanhu vaitondenderedzwa kuenda kuchikoro. *In the early days people were simply dragged into going to school.*] vb *drag or pull along the ground; Related ideo:* ndendere; -TAKURA

-NDENGENDEKA i (L) Kuzunguzika sezvinoita pasi kana kwapfuura chinhu chinorema (sechitima kana zirori rizere zvinhu). [Mheni yakarova, pasi pakandengendeka. *Lightning struck and the earth shook.*] vb *vibrate, quiver;* **-ndengendedza** t [Kutinhira kwemvura kwandengendedza imba chaizvo. *The clap of*

-nanzva

-na -naya

ndaza

ndege

ndodzi

ndondodza

ndirendire

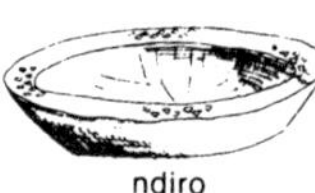

ndiro

ndovero

ndundu

thunder caused the house to shudder.] vb *cause to tremble, shake or quiver*

NDERE 5, mand-6 (LL) Kapuka kakatsvukuruka kana mapapiro okunze akaomarara namakumbo matanhatu. Kanodyiwa navamwe. n *day-flying chafer beetle (edible)*

-NDEYA i (H); -tenderera i. Kufamba uchidzokorora nepawambopfuura napo. [Nherera yakandeya nomusha ichitsvaga zvokudya. *The orphan wandered around the village in search of food.*] vb *rotate, go round and round, move around in circles*

NDIMA 9 (LH) **1.** Nzvimbo inosakurwa kana kurimwa nomunhu mumunda. n *strip of cultivated land;* **2.** Chikamu chezvakanyorwa chinowanzotsanangura musoro mumwe chete chinotanga nomutsetse mutsva. n *paragraph;* **3.** Imwe yenhamba diki dziri muchitsauko cheBhaibheri. Chimedu chedetembo. n *verse*

NDIMBO 9 (LL) Imwe yenhengo mbiri dziri kuseri kworurimi. n *tonsil*

NDIMI 10 (HH) Mitauro. n *tongues, languages, dialects*

NDIMU 5, mand-6 (HL); remani 5. Muchero unovava womundimu. n *lemon*

NDIRA 1a (LH) Mwedzi wokutanga mugore. n *January*

NDIRA 9 (LH) Tupuka tunenge nyungururwi tunoonekwa mumwedzi waNdira, tunoti kwati kwati pamatombo. n *small gregarious black beetle (often seen among rocks in January)*

NDIRENDIRE 9 (LHLL) Mhando yeshiri ndiki inodya mbeu. n *cinnamon-breasted rock-bunting; finch; hooded finch*

NDIRO 9 (HH) Mudziyo wokudyira etc. n *plate (formerly fashioned in wood)*

NDODA (HL) [Nyoka zvayakapinda mumba, mukadzi akashaya zvokuita; ndoda mwana wake, akabva aoma nokutya. *When the snake crawled into the house, the woman didn't know what to do; the more so the child who stiffened with fright.*] conj & inter *even more so*

NDODO 9 (LH); mhenjerere 9. Rudzi rwenhanga rinonaka samare. n *spotted, sweet variety of pumpkin*

NDODZI 9 (LH); pizi 9. Mbeu inenge nyemba inodyarwa yobereka vana vane mhodzi dzakawanda. Vana vanyoro kana mhodzi dzavo zvinobikwa zvodyiwa. n *common pea*

NDOKUBVA (HLL) + rec past Particip [Akaona mupurisa ndokubva atiza. *He saw the policeman and ran away.*] adv conj *thereupon, after that, and immediately (used in narration)*

NDOKUTI (HLL); ndiko kuti [Inwa mushonga uyu ndokuti upone. *Drink this medicine in order to get better.* Ndiyamurewo ndokuti kana uchidawo hako. *Please help me; that is to say, if you want to.*] conj *so that, in other words, that is to say*

NDONDA 9 (LL) Mhuka kana munhu asina kugwinya, anorwararwara. n *ailing person or animal, invalid;* MUKWESHWA

NDONDODZA 9 (HHL); ndondoza 9. Shiri ndiki yorudzi rumwe chete nakanzvidya. Inodya tupuka nezvitota nokuwanzoonekwa padyo nemvura. n *pipit, rufous-naped lark*

NDONGA 9 (LL); nduni 9. Chitsvimbo chino musoro. n *knobkerrie, club used for hitting or throwing*

NDONGWE 9 M (HL) cf hwiza 9. [Ndongwe inyama hazvienzani nenhikiti. *Locust meat is better than pumpkin relish. prov* 530 *i.e. Half a loaf is better than no bread.*] n *locust*

-NDONYERA t (H) Kumanikidza zvinhu zvakawanda mukati kuti zvikwane. [Akandonyera keke mukanwa nokukurumidza. *He hurriedly crammed the cake into his mouth.*] vb *cram, stuff, over-fill something into container or hole; Related ideo:* ndonye

NDORO 9 (LL) cf bhatanisi 5; ngopero 9. n *button*

NDOSAKA (HLL) + Particip (Pres, Past or Fut) [Handina kudya muswero wose ndosaka ndichinzwa nzara chaizvo. *I haven't eaten all day, so I am very hungry.*] conj *that is the reason why, so*

NDOVE 9 (LL) Tsvina yemombe. n *cattle dung (fresh or dry)*

NDOVERO 9 (HHL) Chinoshandiswa kurovera (nyundo, chikuvauro etc). n *any instrument used for beating or hammering*

NDUKU 9 & 10 (HL) cf duku. [huku nduku = *small fowls*] adj *small*

NDUMURE 9 (HHH) Mwana mudiki achangobva mukurumurwa. n *young weaned child*

NDUMURWA 9 (HLH) cf ndumure 9.

NDUNDU 9 (LH) Mhuka yakada kuenzana nemhembwe inorema 6 kg kana kupfuura. Inowanzofura mashizha manyoro namaruva nenhungirwa nezvimwewo. n *blue duiker (found in Eastern Districts)*

-NDUNDURUDZA t (H) cf -ndenderedza t. vb *drag, pull a reluctant object;* -SAIDZIRA, -SUNDA

NDUNGUZA 9 (LLL) cf chengu 9. n *roan antelope*

NDUNI 9 (LL) cf ndonga 9. n *knobkerrie, truncheon, club*

-NDURIRA t (L); -nzurika t K. Kuruma kunoita mbambarize, nyuchi, etc. [Igo rinondurira zvinorwadza kukunda nyuchi. *A wasp stings more painfully than a bee.*] vb *sting painfully*

NDURU 9 (HH); chanduru 7 M. Kahomwe kari pachiropa chemhuka kana munhu, kane mvura inovava chaizvo. *gall bladder, bile*

NDYIRE 9 (HL); nhavatava 9. Munhu anoita zvoutsotsi, anokorovhera vamwe. n *rogue, rascal, crook, person given to deception and deceit*

NECHOMBO 1a, pl: vana- (HHL) Muzukuru mukuru. n *senior grandson*

-NEI (HL) cf -na

NEKA 9 M (HL) Gaba rinoshandiswa kunwira. n *tin used as cup e.g. jam-tin*

-NEKAIRA i (H) Kuita chimbichimbi pabasa kana kufambisa. [Musikana akanekaira nemba achitsvaga mari yake. *The girl bustled about the house searching for her money.*] vb *bustle about; Related ideo:* neka neka. -NONOKA; **-nekaidza** t [Basa rakamunekaidza nokuti aigadzirira rwendo. *The work caused him to hurry because he was preparing for a journey.*] vb *cause activity under pressure;* -NONOTSA

-NEMBA t (H); -rava t; -verenga t. Kududza mazwi akanyorwa. [Akanemba tsamba chinyararire. *He read the letter in silence.*] vb *read*

-NENEDZERA t (H); -pomedzera t; -pomera t. Kupa mumwe mhosva yaasina kupara. [Zvaiva pachena kuti *Peter* ainenedzerwa mhosva yaasina kuita. *It was obvious that Peter was accused of a crime which he did not commit.*] vb *accuse falsely, give false blame, slander, calumniate*

NENJI 5, man-6 M (LH) cf nana 5. [Manenji; kuona mukadzi ane mhanza. *It is astonishing to see a woman with a bald head. prov* 399 *i.e. The unexpected rouses suspicions.*] n *mysterious event*

NERA 5, man-6 (HL) Chimwe chezvidimbu zvakachinjika padanho. n *rung, step of ladder*

-NERA i & t M (L); -rova i & t. Kuranga munhu kana mhuka neshamhu kana noruoko. [Akanonoka kuenda kumba, ungonerwa. *If she arrives home late, she gets a hiding.*] vb *beat, give a hiding, punish*

-NETA i (L); -nyara i K; -remba i M. Kushaya simba pamusana pokuita basa etc. [Ndaneta nokuramba ndakamira panzvimbo imwe chete. *I am tired of hanging around in one place.*] vb *become tired, be tired, weary; Related ideo:* nete, regwede; -SIMBA; **-netesa** t [Kumhanya kunonetesa. *Running is exhausting.*] vb *make tired, tire, make weary, be tiring, tedious;* -SIMBISA; **-netsa** i & t [Paupenyu zvizhinji zvinonetsa. *In life many things cause troubles.* Manetsa huma; kuchonya uri murima. *It is useless to strain one's forehead by winking to somebody in the dark. prov* 81 *i.e. Don't waste time or energy attempting the impossible.*] vb *annoy, afflict, worry, harass, weary, tire, vex; irritate (physically or emotionally);* -NYARADZA; **-netseka** i; -tambudzika i [Ndanetseka kwazvo. *I have been through a lot of trouble.* Gumbo richiri kundinetsa./Ndichiri kunetseka negumbo. *The leg is still troubling me.*] vb *be emotionally upset, trouble oneself, put to trouble, be inconvenienced*

NEVANJI 1a, pl: vana- (HH) Mwana wokutanga, kazhinji dangwe romwanakomana. n *firstborn son (usu of chief)*

NEZURO 1a npl (HHL); zuro 1a KM. Zuva rakateverwa nezuva ra nhasi. n *yesterday*

NEZVO (LH); naizvozvo, nokudaro; saka [Ari kurwara, nezvo agara kubasa. *He is unwell, so he stayed away from work.*] conj *therefore*

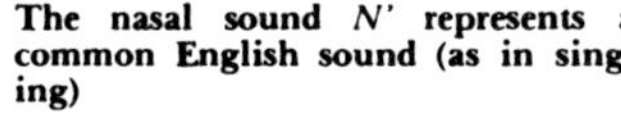

The nasal sound *N'* **represents a common English sound (as in singing)**

-N'AIMA i (L); -taima i; -vaima i. Kupenya semheni kana kuchinaya. [Kasikana kaitya kun'aima kwezvitaitai. *The little girl was nervous of the glitter of the fireflies.*] vb *glitter, sparkle, gleam, flash (of light)*

N'ANGA 9 (LL) Munhu anoita zvokurapa vamwe nemishonga yomusango; kana kuti munhu anoshopera nehakata. [N'anga haizvirapi. *A doctor cannot treat himself. prov* 1139 *i.e. We are not goood at solving our own difficulties.*] n *diviner, witch-doctor, dealer in medicine and charms*

N'AN'A 5, man'-6 (HH) Mahwinya ari pachinhu chisingatsvedzereri. n *notch or ridge (as on saw or file), roughened surface*

-N'ANYAIRA i (H) Kufamba zvishomanana nenhanho ndefu. [Gudo rakan anyaira richibuda mumunda. *The baboon strutted as it left the*

ndunguza

nduni
ndonga

-nemba

-n'ara

ngavi

ngetani

ngirozi

ngarava

garden.] vb *leg raising while walking or proudly striding*

-N'ARA i (L) Kunguruma kunoita katsi, ingwe, nezvimwe zvakadaro. [Imbwa ikaona nyoka inon'ara. *If a dog notices a snake it snarls.*] vb *snarl (e.g. leopard)*

-N'EN'ENA t (H); -n'un'una t. Kuruma-ruma namazino apamberi. [Tsuro nembeva zvinon'en'ena kana zvichidya. *Hares and mice nibble as they eat.*] vb *nibble, gnaw, bite with front teeth (as rodents do)*

-N'EURA i (H) Kuchema kunoita katsi. vb *mew, miaow (of cat)*

-N'ON'ODZA t (H); -ngongodza t. Kurova-rova chinhu chinorira kana charohwâ, sesimbi kana ngoma. [Mudzidzisi akan'on'odza dare kuti vana vamire mumutsetse. *The teacher sounded the bell for the children to stand in line.*] vb *tap, rap, sound*

N'ONO 5, man'-6 (LL) Mhando yedamba. Muchero womutamba unonzi mun'ono. n *klapper apple (bitter-tasting fruit of tree having smooth bark)*

N'ONONO 10 (LLL) cf ngonono 10. n *snore, noise made by breathing through the open mouth in sleep*

-N'ORA i (L) Kudya kana kubata chisingabvumidzwi nomutemo (e.g. worudzi). [Vamwe vanhu vanoti kudya tsuro kun'ora. *Some people say that eating a hare is taboo.*] vb *eat or drink what is taboo or forbidden*

-N'UN'UNA t (H) cf -n'en'ena t. vb *nibble, gnaw, bite with front teeth (as rodents do)*

-N'URA t (L) Kubvisa nyama pabvupa kana tsanga dzechibage pamuguri namazino. [VaRungu vanofarira kun'ura chibage chitete. *Europeans like eating green mealies (from the cob).*] vb *eat with hands, nibble (done by humans)*

NGANA 1a, pl: vana- M (LH) cf nhingi 1a. n *So-and-so, What's-his-name*

-NGANDUKA i (L) Kubvira kunoita moto namarimi makuru. [Imba yakanganduka vakuru vari kumunda. *The house blazed while the grown-ups were in the field.*] vb *burn brightly, blaze; Related ideo:* ngandu; **-ngandudza** t; -ngandutsa t [Vanhu vanorambidzwa kungandudza masango ouswa. *People are prohibited from setting fire to veld-grass.*] vb *set light to, cause conflagration or veld-fire*

-NGANI (LH); -ngana M [Mumba muno munogara vanhu vangani? *How many people live in this house?*] interrog adj *how many?*

NGANO 9 (LL); rungano 11. Nyaya yechokwadi yezvakaitika kare. Nyanya inorondedzera zvingaitike kana zvisingaitiki. n *true story, fable, folk tale (not true)*

NGARA 9 (LL) cf muchekechera 3. n *tassel of maize plant*

NGARARA 9 (LLL); gube 5 cf ndyire 9. n *rogue, rascal, crook, person given to deception and deceit*

NGARAVA 9 (LLH) Chipeke chikuru chakavakwa nesimbi etc. n *ship*

NGAVA 5 (LL); mungava 3 cf chikwereti 7. n *debt*

NGAVI 9 (LH); ngavira 9. Shiri hombe nhema inozivikanwa; inoenda mudenga-denga nokudya tupuka twose nembeva nokugadzira dendere netsotso nokuripoteredza namadhaka namamvemve. n *black-shouldered kite*

-NGE + *Noun clause* (L) **1.** Kufanana na-. [Mwana uyu anenge munhu mukuru pakutaura. *This child seems a grown-up in her speech. / This child is rather grown-up in speech.* Ukomana inguva yokunge munhu ari mukomana. *Boyhood is a time of a person seeming to be a boy.*] vb *seem, seem to be, have the appearance of, be like, be likely;* **-nge** + Particip [Akange aine mombe zhinji. *He used to have many cattle.*] auxil vb *be*

NGEKUTI M (LHL) cf nokuti. conj *because*

NGETANI 9 (HLL); ketani 9. Simbi dzakakochekedzaniswa dzinoshandiswa pakuzvuva chirei, etc. cf Afrik n *chain*

NGIROZI 9 (LHL) cf angere 1a. cf Nguni n *angel*

-NGO- (L) [Handisati ndapedza kudya; ndangotanga. *I have not yet finished eating; I have just begun.*] infix vb *just, merely, only*

NGOKO 9 (LL); nyamututa 1a; chitута 7. Chipuka chinobhururuka, chinokungurutsa ndove chichiiisa mumwena macho. n *dung-beetle*

NGOMA 9 (LL) Dehwe remombe rakakakwa pamuti wakavezwa nokuitwa buri mukati mawo kana pamwewo rinoridzwa. [Ngoma inorira ichiti pangu pangu. *A drum sounds as if to say 'for me for me.'* prov 762 *i.e. In conversation we are selfish and too easily talk of ourselves.*] n *drum*

NGOMWA 9 (LH) Munhurume asingaberekï. n *sterile man;* MHANJE *(female)*

NGONI 10 (LL) cf tsitsi 10. n *mercifulness, pity, compassion, kindness;* UTSINYE

NGONONO 10 (LLL); n'onono 10. Kufema nomukanwa kunonyaudza kunoitika mukukotsira. n *snore, noisy breathing in sleep*

NGOPERO 9 (HHL) cf bhatani 5. n *button*

NGORO 9 (LH) Mudziyo una mavhiri mana, wokutakurisa zvinhu sokuti mbeu pakukohwa. n *wagon*

NGOROSITINA 9 (LHHHL); ngositina 9. Chinoridzwa chichiita zvokudhonzwa nokudzvanyidzirwa namaoko. n *concertina*

NGOROVHANI 9 (LHLL) Kangoro kadiki. n *trolley, small cart*

NGOSI 9 (HH); mudzviti 1. MuRungu anotungamirira nezvamagariro avatema mudunhu. n *District Commissioner, senior district official*

NGOSIKADZI 9 (HHLL) Izwi rokukudza munhukadzi. n *lady, queen*

NGOTO 9 (HH); doro 5; ngandure 9. Hwahwa hunobikwa navanhu vatema. n *strong African beer*

-NGOVA t (L); -kokova t. Kuturunura chiri padenga norumuti kana chimwewo chakakombama kumuromo. [Ngova bazi iro nditanhe mango dzakaibva. *Pull down that branch and let me pick the ripe mangoes.*] vb *pull by means of a crook or hooked stick* (ngovo) cf chikokoona

NGOVO 9 (LL) cf chikokoono 7. n *stick or other instrument with crook or hook at end (used for picking fruit)*

NGOZHA 9 (LH) cf chimokoto 7. n *red-billed quelea, gregarious seed-eating bird — a pest in wheat-growing areas*

NGOZI 9 (LL) 1. Mweya womunhu akafa, unotambudza vanhu vakamukanganisira achiri mupenyu. n *aggrieved spirit that inflicts revenge;* 2. njodzi 9. Chose chinokonzera kukuvara kana nhamo. [Zvine ngozi. *It is dangerous.*] n *danger, misfortune, harmful accident*

NGUNDU 9 (LL); ngudu 9 M; chiremba 7. Nguwani ina manhenga, inopfekwa nesvikiro kana vamwewo vane zvinhano zvikuru. n *ornamental or official head-dress worn by spirit-medium*

-NGUNDUMUKA i (H) Kudonha kunoita zvakaturikidzana zvichikunguruka. [Aguma sherufu mabhuku ose akangundumuka. *When he bumped into the shelf all the books tumbled down.*] vb *be collapsible;* **-ngundumudza** t; -ngundumura t [Pwere dzangundumudza madhiramu kuti makudo atize. *The children set the drums in motion to frighten the baboons away.*] vb *push over piled-up objects, knock over, upset, send rolling or tumbling*

-NGUNO- (H); -fano- [Mauro vana vakandorara vabereki vachi**nguno**dya nyaya. *In the evening, the children went off to bed, while their parents exchanged news.*] vb infix vb *meanwhile, at the same time*

NGUNZI 9 (HH); handira 9; mukono 3; bhuru 5. Mombe nzombe, isina kuchekwa. n *bull*

NGUO 9 (LL) Mbatya yokupfeka. n *clothing*

NGURA 9 (LH) Kutsvukuruka kunoitika pasimbi kana yagara muvhu kana mumvura etc. n *rust (formed by oxidation)*

-NGURA i (H) Kusasimba kunoita badza mumupinyi kana bhaudhi etc. [Rega kushandisa demo rinongura. *Do not use an axe that fits loosely in the handle.*] vb *become loose, fit loosely (e.g. hoe in handle)*

NGURURU 9 (LHL) Mhuka yomusango inorema 15 kg nokugara muzvikomo nokukwanisa kukwira mabwe nokusvetuka. Inowanzodya zvinyoro sokuti mashizha etc nokufamba neimwe yorudzi rwayo masikati. n *klipspringer*

NGURUVE 9 (LLL); hochi 9. Mhuka inopfuyiwa, ino muviri uzere mafuta. n *pig (usu domesticated)*

NGURWANA 9 (LLH) Chana chenguruve. n *piglet*

NGUVA 9 (HH) Nhambo kana kufamba kwezuva. n *time, lapse of time, occasion, opportunity, stage, period;* **nenguvai?** . . . *at what time?;* **nguva dzose** . . . *always;* **kwenguva** . . . *for a time;* **nguva dzino** . . . *nowadays;* **panguva dzino** . . . *at about this time;* **nguva nenguva** . . . *from time to time*

-NGUVAIRA i (H) Kufamba kana kupera kunoita nguva. [Handei kubasa. Nguva dzanguvaira. *Let's go to work. Time is up.*] vb *pass quickly (of time)*

NGUWANI 9 (LHH); ngowani 9; heti 9. Chipfeko chomumusoro. n *hat*

-NGWARA i (H); -chenjera i. Kuva nepfungwa dzinokurumidza kushanda. [Munhu akangwara anogadzirira upenyu hwamangwana. *A wise person provides for the future.*] vb *be cautious, prudent, wise, clever, intelligent; Related ideo:* ngwaru; -PUSA, **-ngwadza** t; -chenjedza t [Murume akangwadzwa namatsotsi. *The man was roused to caution by the thugs.*] vb *alert, put on guard;* [Ngwarira imbwa! *Beware of the dog!*]

NGWARATI 9 (LLL) cf mharapara 9. Mhuka ine nyanga ndefu, yaka-

nguwani

ngorovhani

ngurudon

nguruve

ngwarati

ngwena

nhapata

nhabvu

12

11

10

9

8

7

6

nhamba

nhata

enzana nemombe kukura. n *sable antelope*

NGWAVAIRA 9 (LLLL); njodzi 9. Nhamo huru inouya pamunhu sokuti pakubheuka mumotokari. n *calamity, misfortune, destitution, accident*

NGWAZI 9 (LL) Munhu ano ungwaru, anoziva zvose. n *sage, wise person full of experience;* DUUTUU

NGWENA 9 (LL); goko 5 cf garwe 5. n *crocodile*

NGWERE 9 (LH); ngwendere 9. Mombe in nyanga dzinorenguka, dzisina kusimba. n *animal whose horns have been damaged or deformed*

NGWITSVO 5, mangw-6 (HL) cf husvu 9; sviho 5 M; hosviro 9 K. Hwidzikwidzi ina mapapiro matsvuku. n *red-winged starling*

The digraph *NH* is unknown in English. It is a murmured or breathy voiced sound

NHABVU 9 (LH); bhora 5. Mutambo webhora. Chinobanhwa mukutamba. n *football (game or ball)*

NHAFU 9 (LH); mandyo 6; makaro 6; mbayo 10 M; mukaha 3 M. Mwoyo wokuda kudya woga uchinyima vamwe. *gluttony, greediness that deprives others of food*

NHAI? (HH) **1.** Izwi rokubvunza kuti 'ndizvo here?' inter *Is that so? Is that not so?;* **2.** Izwi rinoreva kuti munhu azoziva zvino. inter *Oh yes, (I know . . .);* **nhai** (HL) Izwi rokuti mumwe ateerere. inter *of calling attention cp I say! By the way!*

NHAIKA (HLL); nhaivo cf nhai inter

NHAKA 9 (LL) Upfumi kana chimwewo chinotorwa nomumwe kana muridzi afa. n *inheritance;* -gara nhaka vb *inherit*

NHAMBA 9 (LL) Uwandi hwezvinhu; kana chidzidzo chokuverenga zvinhu. n *number, arithmetic*

NHAMBO 9 (LL); nhambwe 9 cf nguva 9. n *time, opportunity*

NHAMO 9 (HH); nhamu 9. Dambudziko rinoonekwa nomunhu etc. [Nhamo haibatirwi pfumo. *Trouble cannot be fought by seizing a spear. prov* 628 *i.e. There is no easy solution to tribulation.*] n *affliction, trouble, tribulation, trial, calamity, disaster, misfortune;* [nhamo tsvuku = *serious difficulty*]

NHANDARE 9 (LLL) Nzvimbo yakakurwa, pokutambira. n *any open area cleared of grass (e.g. yard, play-ground)*

NHANDI KM (HL) cf nhai inter

NHANDO 9 (LH) Zvisina basa, kana munhu asina basa. [Mabvumbi haaoneki nhando nhando. *Night adders are rarely seen.*] n *object of no value*

NHANGA 9 (LH) **1.** Imba inorara vasikana vasina kuroorwa. n *dormitory hut for unmarried girls;* **2.** Nzvimbo inozororera mombe kana dzaguta kufura. n *shady place where cattle rest after grazing* **3.** Pachivanze n *yard*

NHANGA 5, manh-6 (LL) Mbeu inorimwa muminda; inobikwa yakadaro kana kuitwa nhopi. n *pumpkin*

NHANGEMUTANGE 9 (LHHLL) Kukwikwidzana kana kumhanyidzana kuda kuona anotanga kusvika kana kuita chinhu. n *race (competition)*

NHANGO 9 (LL); nhindi 9; nhengo 9. Chidimbu chenyama. n *piece of meat (usu cooked), but not constituting enough for a meal*

-NHANHIRA i & t (L); -pukira i & t. Kukurumidza kuita zvapamberi usati wapedza zveshure. [Kana uchiyambuka rwizi, usanhanhire pabwe rinotsvedza. *When crossing the river, don't jump on to a slippery rock.*] vb *jump, move carelessly and without caution to a second stage without completing first*

NHANHO 9 (LL); munhasvu 3 M; nhano 9; nharu 9 K. Chinhambwe chokubvira panotsika rimwe gumbo kusvikira panotsika rimwe kana munhu achifamba. n *pace, stride, step*

NHANO 9 & 10 (HL) [harahwa nhano = *fit old man*] adj *healthy, strong*

NHAPATA 9 (LLL) cf gukurwizi 5. Shiri yomumvura, inogara pedyo nerwizi. n *water fowl, crake, snipe*

NHAPWA 9 (HL); mubatwa 1. Munhu anochengetwa nomumwe achishandiswa sechipfuyo. n *slave, person taken into captivity and become the property of another*

NHARAUNDA 9 (HHHH) Nzvimbo kana dunhu. n *specific area or region (inhabited by people or animals)*

NHARO 10 (LL) Kupikisana pane zvinenge zvarehwa nomumwe. [Chidhakwa chakaita nharo pakubatwa namapurisa. *The drunk fellow began an argument on being arrested by the police.*] n *obstinacy, dispute, liking for argument;* CHIBVUMIRANO

NHASI la (HL); nyamusi la. Zuva ratinaro zvino. n *today;* **nhasi uno** adv *this very day;* **nanhasi** adv *even today*

NHATA 9 (HL) Kambuyu kanopona nokunwa ropa rembwa, kana rehuku etc. n *flea, very tiny insect that jumps and bites and feeds upon a host*

NHAU 9 (LH) Nyaya kana nhauro yezvaitika. n *news, report or account of what has happened*

NHAURO 9 (LLL) Nyaya inotaurwa pachena kuvazhinji. n *speech, address, talk given in public*

NHAVA 9 (LL) Bhegi rinorukwa norwodzi rwakatsengwa nokukoswa, rokuisa hove kana mbuva. n *small woven bag for carrying*

NHAVANI 9 M (LLL); davi 5 M cf bazi 5. n *branch, limb of tree*

NHAVATAVA 9 (LLLL); gube 5; ngarara 9; tsotsi 5. Munhu asingavimbiki. n *crook, rascal, rogue, scoundrel*

NHEDZI 9 (LL) Hwohwa huchena, hunonaka samare. n *sp of edible mushroom*

NHEHWE 9 (LL) Ganda rokunze rinosara panovhiyiwa mhuka. n *hide (before or after tanning)*

NHEKWE 9 (LL) Kabako kana kakasha kefodya yomumhuno. n *small (calabash used as) container for snuff*

NHEMA 10 (LH); manyepo 6. Zvinotaurwa izvo zvisiri izvo. n *untruth, calumny, false statement, slander, lies;* CHOKWADI

NHEMA 9 & 10 (LH) [hari nhema = *black pot*] adj *black, dark*

NHEMA 9 (HL) cf chipembere 7. Mhuka yomusango, ine nyanga pamhanza. n *black rhinoceros (browsing species)*

NHEMBE 9 (LH) Matehwe aipfekwa navakuru vedu kare kare. n *skin apron (once worn fore and aft)*

NHEME 9 (LH); chituba 7 KM. Demhe kana chimwe chinhu chisinganyuri, chinoiswa pashinda yechirauro. n *float (on fishing line)*

NHEMO 9 (HH); chizera 9 n *chisel (includes cold c. for metal-work)*

NHENDESURE 9 (LHLL); nhendeshure 9; manhendeshure 6 cf madudu 6. [Akagumburwa pakuita nhendesure. *He was tripped over while walking backwards.*] n *movement in reverse (to the rear)*

NHENGA 5, manh-6 (LH) cf munhenga 3. n *feather*

NHENGENI 9 (HHL) Muchero womunhengeni unotsvuka kana waibva, unovavira. n *sour plum*

NHENGO 9 (LL) **1.** Mumwe wavanhu vari muchita kana bato kana mutezo womuviri. n *member of a society or of a body;* **2.** Chidimbu chegunde kana nzimbe etc chiri pakati pamapfundo. n *length (e.g. of cane) between two rings*

NHENGURE 9 (LHL); nhengu 9. Shiri nhema inozivikanwa chaizvo; ine besu rinenge rine mhandi kwarakaperera. Inodya tupuka tunobhururuka nezvitota nokugara yoga kana neimwe yayo nokuita dendere pamhandi yomuti kana mumhango. Inowanzorwisa mazizi namakondo etc. n *drongo; black, fork-tailed sp of shrike*

NHENGWANA 9 (LHH) Tswanda yakakura kupfuura dzimwe tswanda asi iri ndiki pane dengu. n *medium-sized basket (without handle)*

NHEPFENURO 9 (LLLL) Imba yemhepo; imba inotaurwa zvinobuda muwairosi. n *radio broadcasting station*

NHERERA 9 (LLL) Mwana akafirwa naamai nababa. [Nherera inoguta musi wafa mai. *An orphan gets plenty on the day his mother dies.* prov 523 *i.e. Charity is more spontaneous when memories of tragedy are still fresh.*] n *orphan*

NHETE 9 & 10 (LL) [tsono nhete = *thin needles*] adj *thin, narrow*

NHETEMBO 9 (HHL) Kudetemba kunoita munhu achikudza kana kutenda mumwe. n *series of praise greetings or sayings in praise of a person (often used to express gratitude)*

NHETEMWA 10 (LHL) Kubvundabvunda kunowanzoitwa nomunhu achembera. n *palsy, paralysis causing shakes*

NHEVEDZO 9 (LLL) Mombe inourayiwa parufu rwomunhu mukuru. n *the beast killed for actual burial ceremony*

NHIKA 9 (LH); dambo 5 M. Nzvimbo iri pakati pamakomo. n *valley, or hollow, between hills;* GOMO

NHIMBE 9 (HL); humwe 14 K. Hwahwa hunonwiwa vanhu vachiita basa romunhu akahubika. n *beer party for voluntary workers (in Reserves)*

NHIMURA 9 (HHL) Kukamurwa kunoitwa zvipfuyo pamusana pokuti zvingawandise zvikazoshaya ufuro hwakakwana. n *destocking (act or process usu imposed by authority)*

NHINDI 9 KM (LL) **1.** cf nhango 9. n *piece of meat;* **2.** Chidimbu chenyama. n *thick lump of meat (raw or cooked)*

NHINGI 1a, pl: vana- (LH); nhingirikiri 1a; nhinganike 1a K; nhingarike 1a K; nhinganikire 1a K; nhingarikire 1a K. Izwi rinoshandiswa kana munhu akanganwa zita romunhu waari kureva. n *So-and-so, what's-his-name (substitutes for name that has slipped memory)*

-NHINGIRIKA i & t (L) Izwi rino-

nhengure

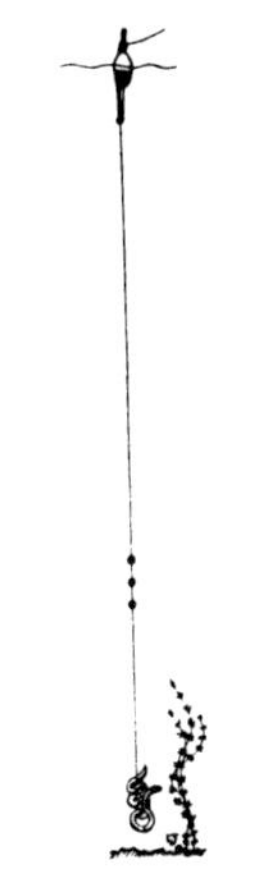

nheme

nhema

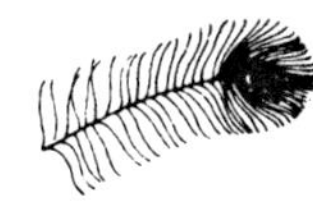

nhenga

shandiswa kana munhu akanganwa izwi raari kuda kureva. [Unganhingirike here. . .? Tora bhachi rangu mumba. *Would you . . . er . . . take my jacket inside?*] vb *used as substitute verb when one forgets the verb one wants to use (when one hesitates to find the right verb for the situation)*

NHINHI 9 (LH) Mwana ajaira kurohwa, zvokuti haambotya kurohwa. n *child who is so often beaten as not to care*

NHIRE 9 (LH) cf gwizo 5; gwete 5; gwizhu 5 K. Kamhuka kakaenzana netsuro, kanofamba usiku kachisvetuka nokugara mumwena. Kana makumbo emberi mapfupi. n *springhare*

NHIRIRI 9 (LLL); bonga 5 M (mutupo wavokwaMadziva M.) Katsi yomusango inofamba usiku nokudya mbeva namakonzo neshiri etc. n *wild cat*

NHIVI 9 (LL); rutivi 11 cf divi 5. n *side;* PAKATI

NHIYO 9 (HL); chitiyo 7 K cf hukwana 9. n *chick (of game-bird or fowl)*

NHODO 9 (HL) Mutambo wokukanda katombo mudenga woburitsa tumwe mugomba usati wakagamha etc. n *game similar to "Jacks"*

NHODZERA 9 (HLH) Kufanana kunoita mwana nomunhu kana chinhu chaionekwa namai vake vachine pamuviri pake. n *resemblance expressed by a baby of some animal activity, or physical appearance of a person, witnessed by its mother before childbirth (e.g. noise or characteristic)*

NHOHWA 9 (LH) Mwana wetsuro. n *young of hare, leveret*

NHOKO 9 (LH) Tsvina yamakonye, tsuro, mhembwe, mbudzi etc. n *small round dropping (caterpillars, mice etc); pellet (of goats, buck, hares, etc)*

NHOMBA 9 (LH) Jekiseni rinobaviwa vanhu kuti varege kubatwa nechirwere chechibhokisi. n *vaccination on smallpox*

NHOMBA 9 (LL); ukari 14 M. Mwoyo wokuda kudya nyama. n *craving for meat*

NHONDO 9 (LH) cf nondo 9. n *tsessebe*

NHONDO 9 (LL) **1.** Muriwo kana dzimwe mbeu dzinomera dzozosimwa. n *seedling (cultivated s. for transplanting);* **2.** manja 6. Kurova maoko kana kuti kuombera kunoita varume kuna mambo. n *hand-clapping by men only (e.g. to honour chief)*

-NHONGA t (H) cf -nonga t. vb *pick up, find by chance*

NHONGO 9 (LH) Mbudzi nzombe. n *he-goat*

NHONGONYA 9 (LLL) Pakati pomusoro panopfura pakurova kunoita mwoyo kana munhu achiri mucheche. n *topmost part of human skull where the fontanelle was in babyhood*

NHONGOTOWA 9 (HHLH) Makonye anoonekwa mumutongotowa. n *spotted, hairy caterpillar found on* mutongotowa *(wild pear) tree*

NHONHO 9 (HH) Kurwadza kunoita mutsoka zvokuti munhu anotadza kunyatsofamba. n *painful skin infection of sole of foot*

NHOO 9 (HL) **1.** Dehwe rinowaridzwa sorukukwe. n *hide used as a mat (for sleeping or sitting on);* **2.** shangwi 9 M. Mudziyo waishandiswa kare muhondo, kudzivirira mapfumo aikandwa nemhandu. n *shield*

NHOPI 9 (LH) Nhanga kana shamba rinoseswa nokuchekwachekwa, robikwa nokusikwa pamwe nedovi. n *mash prepared for humans from cattle melon or pumpkin*

NHORO 9 (LH); nzirawa 9 Ko; mukwende 3. Mhuka yomusango ine nyanga ndefu, dzakamonana asi hadzi haina nyanga. Inorema 230 kg nokuwanzofamba nedzimwe dzayo dzakawanda masikati. Inowanzodya mashizha nemichero nemiti ichangotunga. n *kudu*

NHOROONDO 9 (LLLL) Mutsetse kana kuti maitiro omusangano. Kutaura uchirondedzera. n *minutes of a meeting, details discussed*

NHOVA 9 (LH); nhubvunya 9; dziva 5. Pakati pomusoro womucheche panotamba-tamba pakurova kunoita mwoyo. n *fontanelle*

NHUBU 9 (LL); mharadzi 9. Munhu anoita zvisingavaki, anokonzera ruvengo muvanhu nokuba. n *mischief-maker, one who pilfers, person who has light fingers and steals*

-NHUHWA i (L); -nhuwa i. Kuita mweya unokonzera vamwe kumira mwoyo kana kurutsa. [Vanhu vasingagezi vanonhuhwa. *People who don't wash themselves smell.*] vb *smell unpleasantly; stink;* **-nhuhwidza** t; -nhuwidza t [Imbwa yakanhuhwidza muguru, ikapinimidza muswe. *The dog sniffed at the burrow and wagged its tail.*] vb *smell an odour or scent, take a smell;* **-nhuhwira** i; -nhuwira i [Ageza nesipo inonhuhwira. *She washed with sweet-smelling soap.*] vb *smell pleasantly*

NHUKA 9 (LL); shava 9 cf mhofu 9. **1.** Mhuka ine rembe, inonziwo mhofuyomukono. n *eland;* **2.** Mutupo wavanhu vorudzi rwavaHera vokwaNyashanu. n *person of eland clan*

NHUKU 9 (LL); hwenze 14 Ko; nundu 9 KM. Kututumara kungaite pamusana pomunhu. n *hump on man*

NHUMBI 9 (LH) 1. Chinopiwa kumukomana nomusikana chokuratidza kuti anoda mukomana iyeyo. n *love-token given by girl as sign of her acceptance of a suitor;* 2. Chose chose chine munhu. n *belonging, property, luggage*

NHUMBU 9 (LL) 1. Pamuviri panoitwa nomunhukadzi kana otarisira kusununguka. n *pregnancy, uterus, womb;* 2. dumbu 5. Nhengo yomuviri womunhu iri pakati poruzarira napanotangira makumbo. [Nhumbu mukadzi mukuru; hairevi chayadya. *The stomach is like a housewife; it does not reveal what it has eaten.* prov 1427 *i.e. A responsible person does not go about revealing secrets.*] n *belly, abdomen*

NHUME 9 (HH); nhumwa 9. Munhu anotumwa. n *messenger, person sent as agent with message*

NHUNA 9 (HL) Chinokonzera kuti munhu agumbuke; kana kuti pane shungu dzomunhu. n *reason for complaint*

NHUNDU 9 (HH); mhundu 9 K. Nhindi inovakirwa vana vamago. n *nest of hornet or wasp*

NHUNDURWA 9 (LHL) Muchero womunhundurwa. n *bitter apple shrub (bearing poisonous fruit)*

NHUNGAMIRI 9 (HHHL); mutungamiri 1. Munhu anotungamira. n *leader;* MUTEVERI

NHUNGIRWA 9 (HLH); nhungira 9. Muromo unotunga wechose chinomera muvhu. n *sprout, shoot of plant or tree*

NHUNGO 9 (HH) Bango rinoshandiswa pakuturika imba. n *long pole woven into roof construction*

NHUNGUNIRA 9 (HHLH); nhun'unira 9 cf mhuu 9; mhuwuwu 9. Sora rinomera muzhizha. n *common annual weed*

NHUNGURU 9 (LLH); dudza 5 M. Muchero womunhunguru. n *batoka plum*

NHUNZI 9 (HH) Kambuyu kanozivikanwa chaizvo kangakonzere chirwere pakumhara pane zvokudya, nokuwanzoonekwa panguva dzokupisa. n *fly (general name)*

NHUNZVATUNZVA 9 (HLHL) Munhu anonetsa, asingadi kuteerera zvinorehwa. n *person who carries jokes and criticism too far, tease*

NHUNZVI 9 (LL) Huku yakambokandira, kana mbudzi yakambobereka kana hwai yakambobereka. n *female (of small animals and fowls)*

NHURURU 9 (LLL); nhuru 9 M; tsvi 9 K. Mweya wakaipa unobuda nomukanwa kana munhu adzvova. n *belch, emission of digestive gas by way of mouth*

NHURUVAGI 9 (LLHL); mhasikiti 9. Kabhachi kasina maoko, kanopfekwa mukati mebhachi. n *waistcoat*

NHUTA 9 (LL); dumunyu 5 M; nhukutsa 9 M. 1. Kamhuka kanenge gonzo; kana maziso madikidiki nenzeve ndiki nomuswe mupfupi. Kanodya midzi yakapfava nezvimwewo zvinomera muvhu. Kanogara mumwena yakareba yakanochera pasi nemeno ako. Kane vara jena pakati pomusoro wako. n *mole rat;* 2. nhukusa 3 K. Chirwere chinokonzera ronda rinonyenga. n *running, festering sore, cancer*

-NHUWA i (L) cf -nhuhwa i. vb *stink; smell unpleasantly;* **-nhuwira** i vb *smell pleasantly*

-NINA t (L) Kudzinga nhunzi. [Mombe dzinonina nhunzi nemiswe yadzo. *Cattle drive away flies with their tails.*] vb *drive away flies, swot flies*

NINGA 9 (LL) Bako guru rakareba. n *large, deep, dark cave (e.g. Sinoia c.)*

-NINIPISA t (H) 1. Kupfupikisa chakareba. [Mukadzi wangu aninipisa rokwe kuti rikwane. *My wife altered the dress to fit her.*] vb *alter (to make smaller), take in;* 2. Kudukupisa. [Munhu ane tsika anozvininipisa pane vamwe. *A well-mannered person humbles himself in the presence of others.*] vb *have low estimate of one's own importance;* -KUDZA

NINJI 5, man-6 (LH); nenji 5; pipi 5 cf nana 5. n *astonishing quality or achievement; mysterious event or object*

-NJANDANGUKA i (H) Kuwa kunoita chadenhedzwa. [Pakupinda mudanga dore rakasundwa rikanjandanguka. *On entering the kraal the old cow was pushed and toppled over.*] vb *lose balance and topple over;* **-njandangura** t; -njandangudza t [Rega kunjandangura hari dzangu. *Don't upset my pots.*] vb *make to lose balance, make to fall down, cause to topple over*

NJANJI 9 (LH) Panofambwa nechitima. cf Nguni n *railway line*

NJEKEDYA 9 (LHH); zazo 9 K. Rudzi rweshiri runodya tupuka nembeu. n *melba finch*

NJENI 9 (LL) Mhuka ichiri itsva mukati medzimwe (semombe inotengwa kumwe, yoiswa mudanga

nhuka

nhuta

nhundu

njanji

nhunzi

njiri

nondo

njiva

nzembe

-nongedza

nungu

mune dzimwe dzaisati yajairana nadzo). n *domesticated animal which is strange to the region*

-NJENJEMERA i (L); -n'aza i M. Kuonekera seimba isina kunyatsopfirirwa. Kupinda kunoita zuva nomumapuri. [Imba inonjenjemera inonaya. *A house that admits light admits rain.*] vb *admit light or rain through covering (thatch) or fabric (clothing), be translucent*

NJERA 9 M (LL); rukweza 11 cf zviyo 8. n *finger millet*

NJERE 10 (HH); njero 10; nzero 10. Ruzivo kana kuti kupinza kwepfungwa. n *mental ability, agility of mind, intellect; cunning*

NJIKENJIKE 9 (HLHL) Shiri ine muhuro makatsvukuruka; yakaenzana nekadhi-idhi-i. n *orange-breasted waxbill* R838

NJIRI 9 (LL) Nguruve yomusango; mhuka ina mazino akachanjamara; ingareme 60 kg. n *warthog*

NJIVA 9 (LH) Shiri inogadzira dendere notutsotso nokudya mbeu dzomumunda nemichero yomusango. Inoita vana vaviri. n *dove (general term);* **njiva bomho** 9; nzembe 9; dzembe 9; nhondoro 9 n *Namaqua dove* R318; **njiva mutondo** 9 n *emerald-spotted wood-dove;* **njiva rupinda** 9; chigurawasakura 7 n *tambourine dove (common small species)* R319; **njivarungu** 9; hangaiwa 9 n *domesticated pigeon;* **bvukutiwa** 5; gukutiwa 5; vhukutiwa 5 n *Cape turtle dove* R316; **gukutiwa** 5 n *red-eyed turtle dove* R314; **tagurukutana** 9; mhetura 9 n *laughing dove* R317

NJODZI 9 (LL); ngozi 9; tsaona 9. Dambudziko rinouya kumunhu asingazivi. n *chance disastrous event, harmful accident, misfortune, danger, isolated hardship*

NJONDA 9 (LL); mupfumi 1; mbozha 9; chinoto 7. Munhu ane mari zhinji. n *rich person;* MUROMBO

NJUGA 9 (LL); makasi 6. Mutambo wamakasi. n *game of playing cards, gambling game using cards*

NJUMA 9 (HL); nzuma 9; junju 5 M. Mombe isina nyanga, asi dzimwe dzorudzi rwayo dziine nyanga. n *polled (hornless) member of the ox family*

NJUZU 9 (LH) cf nzuzu 9. n *mythical water creature with human head and torso; (mermaid?)*

-NOKORA t (L) Kutora sokuti nzungu, chibage, etc muchanza. [Nokora nzungu ufambe uchidya. *Take a handful of monkey nuts and eat them on the way.*] vb *scoop up, take a handful*

NOKUDARO (HHHL); naizvozvo [Ndakawana mwana wavo nokudaro ndakamuendesa kumba. *I found their child and therefore took him home.*] conj *therefore*

NOKUTI (LHL); ngekuti M [Ndine nzara nokuti handina chandati ndakanda mukanwa. *I'm hungry because I haven't had a bite to eat.*] conj *because*

-NOMBOKA i (L) cf -nambuka i. vb *be easy to scoop with fingers;* **-nombora** t cf -nambura t. vb *scoop thick, tasty liquid food with the finger from container (e.g. jam or peanut butter)*

NONDO 9 (LL); nhondo 9. Mhuka inorema 140 kg nokugara nedzimwe dzorudzi rwayo nokufura uswa mumapani. n *tsessebe*

NONDO SHAVA 9 (LL HH) cf hwiranondo 9. n *Lichtenstein's Hartebeest*

-NON'ONA t (L) 1. Kubvisa zvokudya zvinenge zvaenda pakati pamazino. [Hazvina kunaka kutaura uchinon'ona mazino. *It is not good manners to speak while picking your teeth.*] vb *pick food from teeth;* 2. Kusevenzesa kasiyanwa munzeve. vb *probe into ear with little finger*

-NONGA t (L); -nhonga t. Kutora chinenge chiri pasi. Kuwana chakaraswa nomumwe. [Ndanonga mari munzira, ndichiuya kuno. *I picked up some money on the way here.*] vb *pick up, find by chance*

-NONGEDZA t (H); -nongedzera t; -rakidza t; -ratidza t. Kutambanudza munwe wakananga kune zvaunoda kuti zvionekwe. [Akanongedza mumuti maiva nenyoka. *He pointed into the tree where there was a snake.*] vb *point at, point out, indicate, show*

-NONOKA i (L) Kuita chinhu usingakurumidzi. [Ukanonoka kuuya, tinokusiya. *If you should be late, we will leave you behind.*] vb *be late; delay, linger, put off; be slow; Related ideo:* nonokei, nya; -KURUMIDZA; **-nonotsa** i & t [Wandinonotsa uchitaura zvisina basa. *You delayed me while speaking trivialities.*] vb *delay, make late;* -KURUMIDZISA

-NUNA i (L) Kuva namafuta pamusana pokumora. [Nyama yakanuna hainonoki kuibva. *Fatty meat cooks quickly.*] vb *be fatty*

NUNGO 10 (LL); usimbe 14. Kusada kuita basa pasina chikonzero. n *laziness, idleness*

NUNGU 9 (LH); ngwewewe 9 M. Mhuka ine miseve mumuviri wayo. Inorema 15 kg nokufamba usiku nokudya midzi nemichero nezvirimwa.

Inowanzogara muzvikomo zvina mapako nomumakuru ehwiribidi. n *porcupine*

-NUNURA t (L) **1.** Kuburitsa munhamo kana mumatambudziko. [Akandinunura mugore renzara. *He came to my help in a year of famine.*] vb *redeem, deliver, assist in a time of trouble or need, rescue;* **2.** -nunudza t Kusakisa kuti vari kurwa varegerane. vb *break up a fight, separate people fighting;* -RWISANISA

-NWA i & t (L); -mwa t KM. Kumedza mvura, hwahwa kana tii. [Ngamera inonwa mvura yakawanda. *A camel drinks a good deal of water.*] vb *drink; Related ideo:* bepetu, kadya, kapi, kwekwetu, kwengu, penu, tenu, tsindata; **-nwika** i [Mvura inotonhora inonwika. *Cold water is very pleasant to drink.*] vb *be pleasant to drink;* **-nwisa** t; -gowesa t [*George* akanwisa zvibozwa zvitatu, vatambi vasati vazorora. *George scored three goals before half-time.*] vb *cause the ball to penetrate the goalposts, score a goal; drink to excess*

NWIWA 5, man-6 (HL); vise 5; bvembe 5 cf mwiwa 5. n *water melon*

NYADA 5, many-6 (LL); vende 5. Panenge pabva zino. n *gap left by missing tooth*

NYADENGA 1a (LHL) cf Mwari 1a. n *God, the Owner of the heavens*

-NYADZA i & t (H) cf -nyara i & t. [Zvinonyadza mutauri kuti mbudzi yaba nyama iyo imbwa iripo. *It embarrasses the speaker that the goat has stolen meat while the dog was there. prov* 1503 *i.e. A proverb used to embarrass a liar.*] vb *embarrass, cause embarrassment, make uneasy, disgrace; be vulgar, indecent*

NYADZI 10 (HH) Kunyara. n *shyness, bashfulness, shame, embarrassment*

NYAHANA 1a, pl: vana- (LHH); nyahanda 1a. N'anga yechikadzi. n *female diviner*

-NYAHWAIRA i (H); nyangwaira i. Kufamba zvinyoronyoro. [Akabuda achinyahwaira kuti mwana arege kumuka. *He silently left the room in order not to wake up the child.*] vb *move stealthily, walk quietly, creep up or away;* **-nyahwaidza** t [Njiva dzainwa mvura dzakanyahwaidza katsi. *The dove's drinking caused the cat to stalk close.*] vb *cause to creep up or away*

NYAI 9 (HL) Kushama kunoita munhu (kazhinji kana abatwa nehope). [Akashama nyai ndokuenda kumba yokurara. *He yawned and went off to the bedroom.*] n *yawn, sign of weariness accompanied by opening the mouth*

NYAKAJONGWE 9 (LLLH); jongwe 5. Ruva rinozivikanwa chaizvo rinotungira muzhizha kubva pachichena chinogara muvhu nokukura kusvika 0,5 m kana kupfuura. Rinowanzowanikwa pakati pamabwe. n *flame lily (perennial lily, locally common among rocks and in grassland)*

NYAKANYAKA 9 (LHLL); njonga 9. Bishi rinoitwa navanhu vazhinji. n *public disturbance, general disagreement*

NYAMA 9 (LL) **1.** Mutezo kana mutumbi wemhuka kana weshiri inodyiwa yaurayiwa. n *meat;* **2.** Chakapfava chiri pakati peganda namapfupa zvomuviri. n *flesh*

NYAMAFUNGU 9 (LLHL); nyamafingu 9. Nyoka ina makamba machena namatema; ino urefu hwe-1,5 m kana kupfuura; kana yashatirwa inosimudza musoro. n *banded Egyptian cobra*

NYAMAFURO 9 (LLLL) Shiri yorudzi rwejesa inogara mumapani. Jongwe racho idema rine vara dzvuku pamusana paro. n *red bishop bird* R808

NYAMATSATSI 9 (LLHL) **1.** hweva 9. Nyenyedzi inoonekwa rungwanangwana, dzimwe dzanyura. n *Venus, morning star;* **2.** vhenekeratsvimborume 9 n *evening star;* **3.** Hove inenge nyoka ingasvike 20 kg. n *mottled eel, sp of long thin fish*

NYAMATUNGE 1a, pl: vana- M (LLHL) cf korera 9. n *fiscal shrike, butcher bird* R707

NYAMAVHUVHU 1a (LLHL) Mwedzi worusere mugore; mwedzi wemhepo. n *August (the windy month)*

NYAMBA (LH); nyambisirwa; gamba; gambisirwa; nyangwisa M [Ndaifunga kuti uri shamwari yangu, nyamba unondivenga. *I thought you were my friend, but on the contrary you loathe me.*] conj *and yet, even though, yet the evidence is that . . .*

NYAMUKUTA 1a (LLLL) Munhu anobatsira vakadzi pakusununguka. n *midwife, woman who helps other women in child-birth*

NYAMUDZURA 9 (LLLL) cf chinyamudzura 7; mudzurambudzi 9. Gondo guru rinopona nenyama. n *augur buzzard*

NYAMUSENGA 1a, pl: vana- (LL-HH); gandanga 5; bhinya 5; mapakatsine 1a. Munhu anogara musango, anopamba zvinhu zvavamwe. n *terrorist, bully*

nyakajongwe

-nwa

nyama

nyamafungu

nyamafuro

nyamudzura

nyamututa

nyanga

nyanza

nyara

NYAMUSI la (HHL) cf nhasi la n *today*

NYAMUTUTA la (LLHH); ngoko 9. Kapuka kanokungurutsa ndove koiisa mugomba mako. n *dung beetle*

NYAMWAKA la M (HHL); naka la; nhaka la K. Gore rino. n *this year*

-NYANDUKA i (L); -nyandanuka i. Kusaratidzika zvakanaka kwevhudzi risina kupeturwa etc. [Chidhakwa chaswera vhudzi racho rakanyanduka. *The drunk man went all day with his hair in disarray.*] vb *be untidy, unkempt (esp hair);* **-nyandura** t; -nyandanura t [Huku dzinonyandura minhenga yadzo pakuzunza guruva. *Fowls ruffle their feathers to shake off the dust.*] vb *ruffle, disarrange what is normally tidy (e.g. thatch, hair etc)*

NYANGA 9 (LH) Chinomera pamhanza pemhuka. n *horn*

-NYANGA t (H); -nyangira t. Kufamba zvinyoronyoro, zvisinganzwiki. [Katsi iyi inogona kwazvo kunyanga shiri. *This cat is good at stalking birds.*] vb *stalk, creep up unobserved*

-NYANGADIKA i (L); -nyunguruka i; -nyongodika i; -nyungudika i. **1.** Kuva mvura kunoita mutobvu etc kana wapiswa. [Kandyera kana mafuta zvapiswa, zvinonyangadika. *When a candle or dripping are heated, they melt.*] vb *melt, liquefy, become liquid by heat;* **2.** Kunyunguruka kunoita shuga nomunhu etc mumvura. [Shuga yatinoisa mutii inonyangadika. *Sugar that we put in tea dissolves.*] vb *dissolve;* **-nyangadisa** t [Nyangadisa shuga mutii yako. *Dissolve some sugar in your tea.*] vb *dissolve*

-NYANGADZA i & t (H) Kuita zvisina kunaka. Kukanganisa. [Kana wanyangadza, kumbira ruregerero. *When you have done wrong, ask pardon.*] vb *sin, do wrong, mistake, mar, spoil; smudge, besmirch;* -NATSA; **-nyangara** i; -shata i; -ipa i. Kusatarisika zvakanaka. [Kana zvanyangara hatifaniri kutiza. *When things go wrong, we should not run away.*] vb *be bad, wicked, ugly, hideous;* -NAKA

-NYANGARIDZA t (L) cf -nyangarika i. vb *vanish*

-NYANGARIDZA t (H); -nzvengeredza t. Kudzivirira chikanganiso kana chokwadi etc kuti chirege kuva pachena. [Haachakwanisi kunyangaridza zviito zvake zvakaipa nokuti zvava kuzivikanwa. *He is unable to evade his bad conduct because it is well-known.*] vb *cover up a mistake, conceal the truth, be evasive of*

-NYANGARIKA i (L) Kusaonekwa kwechinhu kuti chaenda nokupi icho chambenge chichionekwa. Kunyura muvhu. [Utsi hwakanyangarika mumhepo. *Smoke vanished with the wind.*] vb *vanish, disappear from view, melt into thin air; Related ideo:* nyangara; **-nyangaridza** t [Kupisa kwezuva kwanyangaridza mhute. *The heat of the sun dissipated the mist.*] vb *cause to disappear or vanish*

-NYANGIRA t (H) cf -nyanga t. vb *stalk, creep up unobserved; Related ideo:* nyangi

NYANGWE (LL) conj kunyangwe; kunyange; nyange; kunyangova; nyangova [. . . nyangwe zvakaoma sei. . . *no matter how hard it is.*] *even though, although*

-NYANYA i (L) Kuwanda zvakapindiridza. [Mvura yanyanya. *The rain has been heavy.* Imbwa haichanyanya kukura kwete. *The dog will not grow particularly big.*] vb *be excessive, beyond measure;* **-nyanyisa** i [Zvakanyanyisa. *Very much.*] *be exceptional*

-NYANYASA i & t M (H); -semesa i & t; -sembura i & t. Kukonzera munhu kuda kurutsa. [Madhokotera anoona zvizhinji zvinonyanyasa muhospitari. *Doctors see many revolting things in hospital.*] vb *disgust, be repugnant, abhorrent, unpleasant*

-NYANYO- (L) cf -nyanya; -isvo- [Haadi murume ano**nyanyo**nwa doro. *She does not want a husband who drinks heavily i.e. a lot of beer.*] infix vb *excessively, exceedingly*

NYANZA 9 (LH); gungwa 5. Nzvimbo huru izere mvura. n *sea, large stretch of water, lake*

NYANZVI 9 (LH); shasha 9; shangura 9. Munhu ano ruzivo rwakawanda muchimwe chinhu. n *skilful man; able, capable, clever person; expert (in mental or physical fields)*

-NYARA i & t (H); -svoda i & t K. Kuzvishora pamusana pokukanganisa. Kusada kuita kana kutaura pamberi pomumwe pamusana pokumukudza. [Akanyara kunditarisa mumaziso. *He couldn't look me in the eye.*] vb *be bashful, shy, embarrassed, ashamed*

-NYARA i K (HL) cf -neta i. vb *become tired*

NYARA 9 (HL) Mhuka huru yorudzi rwemharapara inogara munzvimbo dzine miti mizhinji; ingareme kusvika 135 kg. Inofura uswa namashizha. cf Nguni n *nyala antelope*

-NYARADZA i & t (H) Kusakisa

mumwe kuti arege kuchema kana kutambudzika. [Nyaradza mwana nesiwiti iyi. *Silence the child with this sweet.*] vb *comfort, console, pacify, silence, soothe;* -NETSA; **nyaradzo** 9 n *consolation, that which soothes, comfort, relief;* DAMBUDZO

NYARADZO 9 (HHL) cf -nyaradza t. n *comfort, consolation*

-NYARARA i (H) Kusataura kana izwi zvaro. [Ngatinyararei tinzwe zvaanoda kutaura. *Let us be quiet and listen to what he has to say.*] vb *be silent, quiet, keep silent; Related ideo:* mwi-i, nho-o, tonho, zi-i, kwaka, ziro; -TAURA

NYARUFURO 1a M (LLHH); kangamiti 9. Nyoka inogara mumuti, isingaoneki nhando nokuti yakafanana nomuti. Ino urefu hwe-1,5 m. n *twig snake*

NYASHA 10 (LL); tsitsi 10 cf mutsa 3. n *mercy, pity, compassion;* UTSINYE

NYASI 17 (LH); zasi 17. Kunoenda mvura kana ichierera. n *direction downwards*

-NYATA i (L); -nyn'ata i. Kunyorova nemvura zhinji. [Hembe yangu yanyata nedikita. *My shirt is moist with sweat.*] vb *be damp, saturated with moisture, wet through, soaked; Related ideo:* chururu, nyakata, tototo. -OMA; **-nyatisa** t [Nyatisa pendi usati waishandisa. *Add water to the paint before using it.*] vb *slake, dampen, mix with water, water down*

NYATERA 9 (LLL) Shangu yakavhurika ina mabhande chete pamusoro payo anoita kuti irambe iri mutsoka. n *sandal*

NYATI 9 (HH) Mhuka yomusango inenge mombe; inorema 600 kg nokugara nedzimwe dzorudzi rwayo dzakawanda. n *buffalo*

-NYATISA t (L) cf -nyata i. vb *dampen, make moist*

-NYATSO- (LL); -natso- Kuita chinhu nenzira kwayo. [**Nyatso**verenga tsamba iyi. *Read this letter carefully.*] infix vb *do carefully, well, nicely*

NYATWA 9 (LH) cf njodzi 9; nhamo 9. n *danger*

-NYAUDZA i & t (H) Kuita mheremhere inosvota. [Rega kundinyaudza. *Don't disturb me with noise.*] vb *vex or annoy by making loud noise; make disturbing noise, clamour, get on one's nerves (noise; human, mechanical or non-human)*

-NYAUKA i (L) Kunyungudika samafuta akagwamba kana aiswa pamoto. [Isa poto pamoto, muto unyauke. *Put the pot on the fire so that the gravy liquefies.*] vb *melt;* **-nyautsa** t [Nyautsa nyama tiidye nesadza. *Heat up the meat (stew) and let us eat it with* sadza.] vb *heat up liquid food (e.g. gravy) gone cold;* -TONHODZA

NYAWI 5, many 6 (LH), nyemwe 5. Kuita chinhu nokufarira kuti vamwe vaone. [Anoita nyawi pakuridza ngoma. *He shows off when beating the drum.*] n *excitement*

NYAYA 9 (LH) Nhauro yokukurukurirana. Rungano rwakanyorwa mubhuku rwechokwadi kana rwenhema. n *subject matter, matter for discussion, affair, message, story, history, fable*

-NYEBA i (L) cf -nyepa i. vb *lie, tell a lie;* -TAURA CHOKWADI

-NYEKA i (L); -nyenga i Kukura kunoita ronda kana moto. [Ronda rake ranyeka nokuti haariisi mushonga. *Her wound was inflamed because she applies no medicine.*] vb *be inflamed (wound), be stirred to produce heat (fire)*

NYEMBA 9 (LL) Mbeu inobikwa mutakura. n *cow-pea (human food or fodder)*

-NYEMUDZA t (L); -nyepudza t; -nyebudza t. Kuita seuri kupa mumwe asi usingazomupi. Kusvotesa mumwe nechinhu chaanoda chauinacho. [Hazvina kunaka kunyemudza mwana chokudya. *It is not nice to tantalize a child with food.*] vb *raise false hopes, tantalize, offer something then withhold it*

NYEMWE 5, many-6 (LL) cf nyawi 5. n *excitement*

-NYEMWERERA i (L) Kusekerera nechomumwoyo. Kuseka usingaburitsi izwi. [Akagutsurira musoro achinyemwerera. *He nodded his head as he smiled.*] vb *smile*

-NYENAMA i (H) Kuisa mazino pachena. [Imbwa yakanyenama yaona gudo mumuti. *The dog bared its teeth when it saw the baboon in the tree.*] vb *bare the teeth; Related ideo:* nyena, nyenu

-NYENGA i & t (H); -pfimba i & t M; -konza i & t Ko. Kutaura nomusikana kuti akude. [Murume wangu akandinyenga tiri pachikoro. *My husband courted me while we were still at school.*] vb *court, make love (pejorative in M)*

-NYENGA i (L) cf -nyeka i. vb *be inflamed, be stirred to produce heat (fire)*

NYENGANYENGA 9 (HHHL); mherepere 9 M. Kashiri kanobhururuka nokukurumidza nokubata tupuka mumhepo. Kanowanzoonekwa panguva dzokunaya. n *swallow*

-NYENGEDZA i & t (H) Kuwana zvaunoda kuvamwe nenzira dzenhema. Kuratidzika kuva zvauri.

nyarufuro

nyati

nyatera

-nyemwerera

nyenganyenga

[Murume uyo anorarama nokunyengedza vamwe. *That man survives be deceiving others.*] vb *deceive, beguile, pretend, be dishonest, pull one's leg*

-NYENGETEDZA t (H); -nyengerera t; -nyengeredza t. Kufadza munhu kuti akuitire zvaunenge uchida. [Munyengetedze akupe mari. *Persuade him to give you some money.*] vb *cajole, use flattery or deceit to persuade, coax;* -MANIKIDZA

nyenyedzi/nyeredzi

NYENYE 9 M (HH) cf hwayana 9. n *lamb*

NYENYEDZI 9 (HLH); nyeredzi 9. Tunojeka tunoonekwa mudenga usiku kana kusina makore. n *star*

-NYENYEREDZA t (H) Kutenderera kana kuenda nokurutivi pamusana pokusada kupfuura napane chimwe chinhu. [Vanhu vazhinji vanonyenyeredza pana makuva. *Many people bypass a grave-yard.*] vb *make detour, avoid, go around, pass round the side, shun*

-NYENYURA t (H) Kudya chokudya usingadi kana kuti usingafariri. [Kana imbwa ichirwara inonyenyura chokudya. *When a dog is sick it has no appetite.*] vb *eat listlessly, eat without interest*

nyenze

NYENZE 9 (HH); nyenje 9. Kapuka kanenge ndere, kanogara mumuti unonzi muriranyenze. Kanorira nguva dzinopisa chaizvo kana mvura yoda kunaya. n *cicada, Christmas beetle*

-NYEPA i (L) Kutaura zvisiri zvechokwadi. [Mwana anonyepa anonyadzisa vabereki vake. *A child who tells tales embarrasses his parents.* Kunyepa! *It is a lie!*] vb *lie, tell a lie;* -REVA CHOKWADI; **-nyepera** t [Mukomana akanyepera kukotsira, akanzwa zvose zvairanganwa. *The boy pretended to be asleep, and heard everything planned.*] vb *pretend, tell lies about*

nyika

-NYEPUDZA t (L) cf -nyemudza t. vb *offer something then withhold it, tantalize, raise false hopes*

NYERE 9 (LL); nhekwe 9. Chibako chefodya. Kabhokisi kembumburu. n *any snuff-box, cartridge-case, etc.*

-NYEREDZA t (L); -sekenyedza t; -nyerenyeza t M. Kubata kana kunzvenzvera zvinyoronyoro kungasakise kuseka. [Rega kunyeredza mwana angazoita buka. *Don't tickle the child; he will be convulsed.*] vb *tickle*

NYEREDZI 9 (HLH) cf nyenyedzi 9. n *star, one of the heavenly bodies that shine at night*

-NYEUKA i (H); -mwauka i. Kubvaruka nyore nyore kunoita jira kana mbatya. [Rokwe rangu ragara kwenguva huru, saka rava kunyeuka. *My dress is old, so it is liable to rend.*] vb *be thread-bare and likely to tear*

-NYEURA t (H) Kumedura chingwa kana sadza. [Nyeurira mwana chingwa. *Break off some bread for the child.*] vb *break food into portions or pieces; Related ideo:* nyeu, nyeu nyeu

-NYEVENUKA i (L) Kugadzikana mumwoyo pamusana pokunzwa kana kuona zvinofadza. [Murimi akanyevenuka anzwa muredhiyo kuti mvura ichauya mangwana. *The farmer relaxed when he heard on the radio that it would rain on the following day.*] vb *relax;* -NETSEKANA; **-nyevenudza** t [Mazwi ako andinyevenudza zvikuru. *Your words reassured me very much.*] vb *cause to relax;* -TAMBUDZA, -NETSA

-NYEVERA t (L) Kutaurira mumwe zvichaitika kuti agare achizviziva, zvirege kuzomushamisa. [Ndauya kuzokunyevera zvichaitika mangwana. *I have come to give you a hint of what will take place tomorrow.*] vb *give helpful hint; remark, suggest or forewarn*

NYEVERO 9 (LLL) Zvinotaurirwa munhu kuti azvizive kana kuti azvichenjerere. Yambiro inoudzwa munhu. n *mild warning*

-NYEYA t (L) Kuita makuhwa. Kutaura mumwe zvakaipa, iye asipo. [Kunyeya mumwe itsika yakaipa. *Telling tales is an awful practice.*] vb *backbite, slander, tell untruths about;* -RUMBIDZA

NYIKA 9 (LL) Pasi pano, pane zvisikwa zvose. n *world, all physical creation on earth, country, land, territory*

-NYIKA t (H) Kuisa chinhu mumvura. [Akanyika musoro mumvura kuti atonhorerwe. *He dipped his head in water to cool it off.*] vb *steep in water, dip, submerge, immerse, soak; Related ideo:* nyi; -NYURURA

-NYIMA i & t (H) Kuramba kupa mumwe. [Munhu anonyima hawani shamwari zhinji. *A stingy person does not find many friends.*] vb *stint, refuse to give; be mean, stingy;* -PA

-NYIMINYA i (L) 1. Kutaima. [Muto wenyama yenguruve unonyiminya namafuta. *Gravy from pork glistens with fat.*] vb *shimmer (heat, haze, fat floating on surface of soup etc);* 2. Kuvhaira. [Anonyiminya kwazvo nemotokari yake itsva. *He shows off terribly with his new motor car.*] vb *be conceited, brag*

NYIMO 9 (LL) Mbeu yakauru

ngana, inokangwa kana kuitwa mutakura. n *bambara groundnut*
-NYINDA i & t M (L) cf -vimba i. vb *rely on, trust in, depend on*
-NYINURA i & t (L) Kuisa mazino pachena sembwa kana yashatirwa. [*John akasvika* pedyo nembwa iyi, inonyinura. *When John gets too close to this dog, it bares its teeth.*] vb *menace, bare the teeth (threateningly)*
NYN'AMBO 9 (LL); jee 5; nyambo 9. Nyaya inotaurwa inofadza nokusekesa. Zvokusetsa zvingaitwe nomunhu. [Mukomana uyu ane nyn'ambo kwazvo. *This boy is full of jokes.*] n *joke, jest, playful trick*
NYN'ANA 5, manyn'6 (LH); nyana 5. Mwana weshiri. n *fledgeling, young bird*
-NYOBVORA t (H) Kutimba sadza nomunwe kana neminwe miviri. [Rega kunyobvora sadza; zvakaipa. *Don't pick at the* sadza; *it is bad manners.*] vb *disengage food with one or two fingers*
NYOKA 9 (HH) Chisikwa chinozvongonyoka nedumbu chisina makumbo. [Nyoka inoruma aidenha. *A snake bites the one who has teased it. prov* 1106 *i.e. Don't play with fire.*] n *snake; legless crawling reptile; sometimes poisonous;* **nyokamuriwo** 9. Rudzi rwenyoka ndiki, nhete, ino musoro wakatenderera nomuswe murefu zvishoma. Inoreba kusvika 0,6 m kana kupfuura nokudya matafi namadzvinyu madiki nokufamba masikati kutukova nomumajahwi. n *green snake*
-NYOMBA i & t (H) Kutuka mumwe namazwi akaipa. [Haadi kunzwa hama yake ichinyombwa. *He doesn't like to hear his relative being insulted.*] vb *abuse, revile, insult, scold, blame angrily;* -REMEKEDZA, -KUDZA
-NYONDOKA i (L); -fonyoka i. Kupinda mukati segaba rinenge rarohwa nebwe. [Pfumo rakabaya pabwe rikanyondoka. *The spear struck a rock and buckled.*] vb *become bent;* -SWATUKA; **-nyondora** t [Anyondora badza achisakura muchibahwe. *He bent the hoe while weeding the maize.*] vb *bend;* -SWATUDZA
NYONGO 9 (HL) Gonye rinopinda mudumbu momunhu, rinokonzera mudumbu kusaita zvakanaka. n *sp of intestinal parasite or small worm*
NYONGO 9 (LL); simba 9; tsimba 9. Pane ndudzi mbiri dzotumhuka tunodaidzwa nezita iri. Ndudzi mbiri idzi dzinofamba usiku nokudya mbeva namakonzo neshiri etc. n *small-spotted genet, rusty-spotted genet*

-NYONGODEKA i (L) cf -nyangadika i. vb *dissolve*
NYOPE 9 (LL); simbe 9; tsimbe 9. Munhu asingafariri kuita basa. n *lazy person;* MUBASA
NYORA 9 (HL) Panochekwa nereza kana munhu achitemerwa mushonga. n *tattoo mark, cicatrix in which medicine has been added*
-NYORA i & t (H) Kuisa mabhii kana nhamba papepa etc. [Nyora tsamba kuna baba. *Write a letter to father.*] vb *write, put words into writing*
NYORE 9 (LH) Chisinganetsi kuita. [nyore nyore . . . *easily*] n *action that is easy to perform*
NYORO 5 & 9 (HH) Chisina kuoma. [mbatya nyoro = *wet clothes*] adj *soft, not firm or hard, green, fresh, tender, wet*
-NYOROVA i (H) Kuva nemvura. Kusaoma. [Ukapfeka mbatya dzakanyorova unoita dzihwa. *If you put on damp clothes you will catch a cold.*] vb *be soft, damp, moist;* **2.** Kuva nounhu hwakapfava, husina hasha kana utsinye etc. [Ane tsika dzakanyorova. *He has gentle manners.*] vb *be humble, gentle;* **-nyorovesa** t vb *dampen, soften, make soft;* -OMESA
NYOTA 9 (HH) Chido chokunwa mvura. [Zuva rakapisisa, ndikabatwa nenyota. *The sun was exceptionally hot and I was overcome with thirst.*] n *thirst*
NYUCHI 9 (HH) Kambuyu kanoita uchi, kanogara mumukoko kana pabumha kana mukuze. [Nyuchi dzinoruma; ngedzine uchi. *Stinging bees are those with honey. prov* 247 *i.e. Risks attend rewards.*] n *bee (gen name)*
-NYUKA i (L) Kubuda mumvura kana muvhu etc. [Mvuu yakanyuka pakati pedziva, tikavhunduka. *The hippo surfaced in the middle of the pool and we were alarmed.*] vb *emerge from water; Related ideo:* nyu-uku; -NYURA
-NYUKURA t (H); -nyurura t. Kuburitsa chiri mumvura. [Endai mundonyukura saga rezviyo. *Go and lift the immersed sack of finger-millet.*] vb *remove from water;* -NYIKA
-NYUMWA i (L) Kutya zvichaitika pamusana pokuziva mauyiro azvo. Kuziva zvichaitika zvisina kunaka. [Mbavha yakanyumwa, ikarega kudzokera kundoba. *The thief feared detection and did not go back to steal.* Anonyumwa chati kwata ndeane kakaturikwa. *He who feels uneasy about what has dropped is he who has hung up something. prov*

-nyora

nyoka

-nyomba

nyuchi

nyongo

nzembe

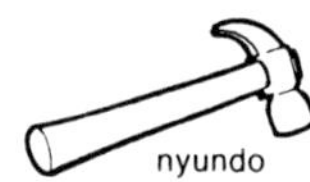
nyundo

nyungururwi

nyundwa

nzeve

nzou

209 *i.e. Those who are concerned are those who react sharply.*] vb *feel uneasy after doing wrong; feel fear of detection*
NYUMWANYUMWA 5, many-6 (LHLL) Munhu asingavimbwi naye, anoita zvisina musoro. n *suspicious, untrustworthy person*
NYUNDO 9 (LL); sando 9. Chokurovesa zvipikiri kana hoko etc nacho. [Pasi parohwa nenyundo. *The old order gives way to the new.*] n *hammer, tool for beating in nails, mallet*
NYUNDWA 9 (LL); nundu 9 M. Chipundu chiri papfudzi remhuka. n *normal muscular hump of animal*
-NYUNGURUKA i (L) cf -nyangadika i; -nyungudika i. Pakudziyisa zvinonyunguruka ndizvo izvi: bhata, mafuta etc. vb *melt, dissolve;* **-nyungurutsa** t cf -nyangadisa t. vb *dissolve, melt*
NYUNGURURWI 9 (HHLH); nyungurwi 9; nyungururwa 9. Kapuka katema kakada kufanana nendira. Kanogara mumvura yakadzikama kachingotenderera. n *whirligig waterbeetle*
NYUNYUTA i (H) cf -popota i. vb *grumble, complain*
-NYURA i (H) Kudzika pasi mumvura etc. [Motokari yake yakanyura mumadhaka. *His motor car got stuck in the mud.*] vb *sink, go down partially below the surface of a liquid, get stuck in mud; drown, set (of sun);* **-nyudza** t 1. [Hove huru dzinobatwa panonyudza. *Large fish are caught in the deep.*] vb *be very deep* 2. [Zvitina zvizhinji zvinonyudza ngoro mujecha. *A load of many bricks causes the wagon to sink in the sand.*] vb *make something sink, cause death in water, suffocate or submerge under water; Related ideo:* nyudzu; -NYURURA
-NYURURA t (H) cf -nyukura t. vb *take out of water, mud etc;* -NYIKA, -NYUDZA
NYURUSI 5, many-6 (HLL); meura 5. Mwana webhiza nedhongi. n *mule*
-NZAI i (HL) cf -dai. vb *be done in this way*
NZAMBARA 9 (LHL); ruguru 9 K. Muchero womunzambara. n *fruit of munzambara bush*
NZANGA 9 (LL) Musha kana kuti dzimba zhinji dziri pamwe chete. n *large village, collection of huts;* **2.** Chita chavanhu vanoshandira pamwe chete. n *club, association, guild*
NZARA 9 (LL); zhara 9 K. Mwoyo wokuda kudya, unokonzerwa nokusadya kwenguva huru. [Ndabatwa nenzara mushure menguva. *After a time I was gripped by hunger.*] n *hunger, appetite, famine*
NZARA 9 (LH); nzwara 9. Chichena chiri kumuromo kwomunwe kana kwechigunwe. n *finger nail, claw, talon*
-NZARWO i (HL) cf -daro i & t. vb *be done in that day*
NZEMBE 9 (LH) cf dzembe 9. Rudzi rwenjiva ndiki ine besu refu. n *Namaqua dove* R318
NZENZA 9 (HH); nzwati 9 M. Munhu, kazhinji mukadzi, asingagoni kuzvibata, asina kutsiga, asingavimbiki. n *loose-living, impure person*
NZERO 10 (HH) cf njere 10. n *mental ability*
NZEVE 9 (LH); zheve 9 K. Mutezo womuviri une basa rokunzwa. n *ear, hearing organ*
-NZI (L) [Zvanzii?/Hanzii?/Kwanzii? *What did he say?* Kunzi pakata handi kunzi ridza. *When you are given a (drum) to carry, it does not mean you should play it. prov* 1298 *i.e. Don't presume owner's liberties when you are a caretaker.*] vb *passive form of* -ti
-NZII? (HL) cf -dii?
NZIMBE 9 (HL); pwarungu 9 M. Ipwa yechiRungu, inorimwa munzvimbo dzakaderera nokunyorova sokuChiredzi. n *sugar-cane, tall plant with sweet juice*
NZIRA 9 (LL); gwanza 5 M. Panofambwa napo. n *pathway, footpath, passage, route*
NZISWA 9 (LH) Kamuti kemachisi kanokwenywa pachikoko kana munhu achida kubatidza moto. n *match stick*
NZOMBE 9 (HH) Mhuka hono. [Nzombe huru yakabva mukurerwa. *A big bull emerged from being bred. prov* 257 *i.e. Fine achievements are the reward of patient striving.*] n *male animal;* HADZI
NZONDORA 9 (LLL); tsvarapasi 9; tsvarakuto 9. Minwe nezvitsitsinho zvehuku kana shiri. n *talon, claw of bird*
NZOPE 9 (HH); suso 9 M. Simbi inochereswa, iri papfumo. n *trench tool at base of spear-shaft*
NZOU 9 (LL); zhou 9 K. Mhuka yakakura kukunda dzimwe mhuka dzose. Inorema 4 500 kg, nokudya uswa namashizha nemichero yomusango etc nokuwanzowanikwa munzvimbo dzinochengeterwa mhuka. [Nzou yakafa nesvosve. *The elephant died by the ant. prov* 1591 *i.e. Small beginnings have disasterous consequences.*] n *elephant*
NZUMA 9 (HL); junju 5 M cf njuma 9. n *hornless animal*
NZUNGU 9 (LH) Mbeu inorimwa

mumunda. Inoitwa dovi kana kusvinwa mafuta. n *groundnut, monkey-nut, peanut*
NZUNZA 9 (LL); nzudzi 9 M. Kamhuka kanorema 11 kg nokuwanzofamba usiku koga kana nakamwe kako. Kanodya kunyanya mbeva namakonzo, asi kangadyewo shiri namadzvinyu notupuka etc. Kanogona kusvetuka chaizvo. n *serval cat*
-NZUNZUTA i (H); -ndyandyara i. Kumhanya zvishoma zvisinganetesi nokukurumidza. [Kakomana kakatumwa kuchitoro kakaenda kachinzunzuta. *The little boy was dispatched to the store and he set off at a trot.*] vb *trot, move at gait midway between walk and run*
NZVANZVANA 5 manzv-6 (LLH); nhenzvana 9; nzvenzvana 9. **1.** Kamwana kenyoka kana kedzvombi. n *young reptile;* **2.** Nyoka ichangobva mukuvhunura. n *snake that recently cast its skin*
-NZVENGA i & t (H) Kutiza kana kuenda mumwe asingakuoni. Kuita kuti chapotserwa kwauri etc chisakukuvadze kana kukurova. [Akaedza kunzvenga mapurisa, akabatirwa mubhawa. *He tried to elude the police, but was arrested in the beerhall.* Mbavha yakanzvenga chibhakera changu nokukotamisa musoro. *The thief avoided my blow by ducking his head.*] vb *avoid, elude, evade, escape notice, dodge, step aside; Related ideo:* nzve, verere; **-nzvengesa** t [*George* anonzvengesa bhora zvinonakidza. *George dribbles the football skilfully.*] vb *dribble football artfully.*
NZVENGAMUTSVAIRO 1a, pl: vana- (HHLHHL) Murume asingadi kubuda mumba. n *lazy person, lay-about, stay-at-home*
-NZVENGEREDZA i & t (H) cf -nyangaridza i & t. vb *be evasive*
-NZVENGESA t (H) cf -nzvenga i. vb *dribble football artfully*
-NZVENZVERA t (H); -gunzva t. Kuguma zvinyoronyoro. [Vamwe vanhu havadi kunzvenzverwa namakonye. *Some people don't like physical contact with caterpillars.*] vb *graze, touch lightly, brush against*
NZVIDYA 9 (LH) Shiri inozivikanwa chaizvo inoruka dendere rayo nouswa kumagumo ainapazi emiti munzizi nokudya mbeu notupuka. n *canary; masked weaver, sp of bird which weaves its nest from grass or other fibre*
NZVIDZI 9 (LL) cf mbiti 9; binza 5 M; chipu 7 K. Mhuka yomudziva, inofamba usiku nokudya hove. n *clawless otter*
NZVIMBO 9 (LL) Pakapoteredzwa kana panogarwa kana kuti panoiswa zvinhu. *place, space, spot, area, locality, site*
NZVIRU 9 (HL) Muchero womusango unodyiwa, unoberekwa nomunzviru. n *fruit of* munzviru *tree*
-NZWA i & t (H) **1.** Kupinda munzeve kana mupfungwa kunoita zvinenge zvataurwa etc. [Handina kunzwa zvawataura. *I didn't hear what you said.*] vb *hear, listen to, understand;* **2.** [Ndiri kunzwa mudumbu. *I am feeling (discomfort) in the tummy.*] vb *feel;* **3.** [Ndiri kunzwa kunhuhwa kwepeturu. *I can smell petrol.*] vb *perceive by touch, sight, hearing or tasting;* **-nzwika** i; -nzika i K; -zwika i M [Hazvinzwiki. *It is unintelligible. It is inaudible.*] vb *be intelligible, understandable, easy to understand; Related ideo:* viri viri; **-nzwisisa** i & t [Munhu anonzwisisa anoregerera vamwe. *An understanding person is ready to forgive.*] vb *understand thoroughly, properly or well*
-NZWANA i (H); -wirirana i; -fambidzana i. Kupindirana kwakanaka kunoita vanhu. [Ini neshamwari yangu tinonzwana kwazvo. *My friend and I get on well together.*] vb *get on, agree mutually*
NZWANZWE 9 (LH) Shiri yorudzi rwenzvidya inofamba nedzimwe dzakawanda mumapoka nokudya mbesa dzavanhu nemhodzi. n *quelea, seed-eating bird of weaver family — a national pest in Zimbabwe*
NZWARA 9 (LH) cf nzara 9. n *finger nail*
NZWISISO 9 (HHL) Simba repfungwa rokukwanisa kuva noruzivo kana kunzwa. n *understanding, knowledge*

nzungu

nzunza

-nzunzuta

-nzwa

nzvidya

nzwara

nzara

nzara

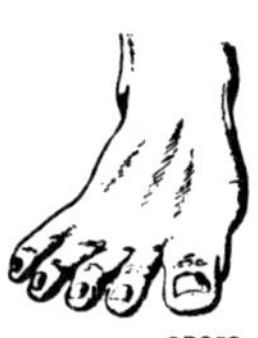
nzara

O

-OCHA t Ko (L) cf -gocha t. vb *roast*
-ODZA t (L) cf -ora i. vb *cause to rot, decay or corrupt*
-OMA i (H) Zvinoitika kuchinhu chinyoro kana chagara muzuva kana pedyo nomoto. [Muchirimo hova zhinji dzinooma. *In the dry season many rivers dry up.* Rupenyu rwandiomera. *Life is difficult for me.*] vb *dry up, be stiff or hard, dry, difficult; Related ideo:* kukutu; papata; -PFAVA; **-omesa** t [Kupisa kwezuva kunoomesa ivhu. *The heat of the sun dries out the soil.*] vb *dry out, stiffen, make dry, dehydrate;* -NYOROVESA; **-omarara** i [Chingwa ichi chaomarara. *This bread is rather stale.*] vb *be rather hard*
-OMBA i (L); -honya i. Kuhon'a sezvinoita imbwa. [Nguruve inoomba ichidya. *The pig grunts while eating.*] vb *growl (of dog), grunt (of pig)*
-OMBEKA t (L) cf -bhapatidza t vb *baptize*
-OMBERA i & t (L) Kuuchira namaoko. [*James* zvaakasimuka, vamwe vakaombera, vamwe vachiridza muridzo. *When James got up some clapped and others whistled.*] vb *applaud with hands, cheer, clap hands; Related ideo:* kwa kwa kwa, bo bo bo, bu bu bu; ombe *(to honour or thank)*

-ombera

-OMERA i (H); -nyima i & t. Kusada kupa vamwe. [Handisati ndaona munhu akaomera somuRungu uyu. *I have not yet come across such a stingy European as he is.*] vb *be miserly, stingy, mean;* -PA
-OMESA t (H) cf -oma i vb *dry out*
-OMOKA i (H); -rotomoka i; -bvotomoka i. Kutaura usati wanyatsofunga. [Munhu anoomoka padare anotumwa kundovhiya mbudzi. *A person who talks nonsense at the court is sent to skin the goat.*] vb *express an opinion without reflection*
-OMORA t (H); -mora t; -bura t. Kutora uchi mumukoko kana pose pahuri pane nyuchi. [Uchi hunowanzoomorwa usiku. *Honey is usually robbed at night.*] vb *remove honey from hive; Related ideo:* omo

-ONA i & t (H) Kutarisa chinhu namaziso. [Wakaona Chipo here nezuro? *Did you see* Chipo *yesterday?*] vb *see, discover; Related ideo:* ba, je; **-oneka** i **1.** [Anonyora zvinooneka. *He writes what is easy to see.*] vb *be legible;* **2. -onekera** i cf -njenjemera. i vb *be transparent;* **-onerera** t [Nhasi tichaonerera. *Today we shall have a good spectacle / we shall enjoy looking.*] vb *look at with pleasure;* **-onererwa i** [Dhiraivha webhazi ari kuonererwa navanhu. *The bus driver is showing off to impress the people.*] vb *show off, attract attention;* **-onesa** i & t [Izvi zvinondionesa kuti haundidi. *This shows me that you don't love me.*] vb *reveal, show, expose;* -VANZA
-ONDA i (H) Kuva mutete pamusana pokushaya zvokudya kana kuti pamusana pokutambudzika. [Ndaonda nokurwara. *I am thin through illness.*] vb *be thin, emaciated; waste away;* -FUTA; **-ondesa** i & t; -onza i & t [Akaondeswa nebasa rinorema. *He was emaciated by hard work.*] vb *make thin;* -FUTISA
ONDE 5, mao-6 (LH); guyu 5. Muchero womuonde. n *fig (fruit)*
-ONDESA t (H) cf -onda i.
-ONDOMOKA i (H) Kupunzika sokunoita imba yezvitina, kana dhamu. [Imba yakaondomoka kwanaya chimvuramabwe. *A hut capsized when hail-stones fell.*] vb *cave in, fall down, capsize, collapse;* **-ondomora** t [Vavaki vakaondomora imba kuti vavake itsva. *Builders demolished a house before building a new one.*] vb *pull down, cause to collapse*
-ONDOROKA i (H) Kuonda. [Nguruve yakaondoroka haiunzi mari zhinji. *A thin pig does not fetch a good price.*] vb *be scraggy, skinny, in poor condition;* -FUTA, -KORA; **-ondorotsa** t [Pane honye dzinoondorotsa zvipfuyo. *There are worms which cause wasting in livestock.*] vb *cause wasting, cause to be thin;* -FUTISA
-ONEKA i (H) cf -ona t. vb *be visible*
-ONEKA i & t (L) Kuti chisarai

zvenyu kana munhu obva pana vamwe. [Oneka mbuya tiende. *Say goodbye to Granny and let's go.*] vb *bid or say farewell, say goodbye, take leave*

-ONESA t (H) cf -ona t. vb *show, exhibit;* -VANZA

-ONGORORA i & t (H) Kutarisisa kuti unyatsoziva zvakavandika. [Mutongi akaongorora nyaya. *The judge poured over the case.*] vb *consider, scrutinize, observe, examine carefully, inspect secretly or critically*

-ONZA t (H) cf -onda i. vb *cause to be thin, cause emaciation;* -FUTISA

-ORA i (L) Kushata sezvinoita nyama inenge yagarisa. [Nhunzi dzinofarira zvinhu zvakaora. *Flies take delight in rotten things.*] vb *be rotten, rot, go bad, decompose, be septic, form pus, fester;* **-odza** i & t [Mwando wakawanda unoodza mashizha. *Excessive moisture causes leaves to rot.*] vb *cause to corrupt, make rotten;* **-orera** i [Manhanga anodyarwa pakaorera. *Pumpkins are sown in a spot rich in humus.*] vb *be rotten, fertile (ground or soil)*

-ORA t (L); -hora t. Kuisa zvinhu pamwe chete (sokuisa marara mugwati). [Ora marara aya undorasa. *Collect this rubbish together and throw it away.*] vb *gather and dispose of*

-ORERA i (L) cf ora i. vb *be rotten, fertile (ground or soil)*

-ORORA i & t (L) Kupfidzisa. [Anoorora vanonyangadza nemvuu. *He uses a sjambok (hippo hide) to deter those who do wrong.*] vb *chastise to correct, administer punishment*

-OTA i (H) 1. Kupfava (seganda kana rasukutwa). Kuchena kunoita mupunga, zviyo etc kana zvatswiwa. [Takatswa mupunga kusvikira waota. *We pounded the rice until it was polished.*] vb *be soft (of leather), remove skin from grain;* 2. Kuchena kunoita chasukwa. [Geza ndiro dziote. *Wash the plates until they are clean.*] vb *become clean (e.g. plates being washed, laundry);* 3. Kutsetseka kwoupfu. [Amai vauya noupfu hwakaota kubva kuchigayo. *Mother brought finely-ground meal from the mill.*] vb *grind finely;* **-otsa** t [Handidi kuenda kuchigayo chavo nokuti hachiotsi. *I do not want to go to their mill because it does not do a good job of grinding.*] vb *grind (grain) finely;* -MANZA

P

-PA t (H) Kuita kuti munhu atambire chinhu sechake kana kuti achisevenzese. [Akandipa bhuku rinonakidza kwazvo. *He gave me an interesting book.* Kupa huvigisa. *To give is to bank. prov* 161 *i.e. Giving brings rewards.*] vb *give, g. to, g. away; offer, grant; Related ideo:* nde, ndikinya, tso; -NYIMA; **-pa/-pomerà mhosva** vb *accuse, give blame;* **-pisa tsitsi/urombo** vb *move to pity, evoke pity;* **-piwa/-puwa** i *passive forms;* -NYIMWA

PACHENA 16 (LLL) 1. Pasina kuvandika. adv *openly, clearly, obviously;* 2. Pasina muripo. adv *for nothing, free of charge*

-PACHIKA t (H); -paka t. Kupa mucheche chokudya, sokuti kupa nechipunu. [Mudzimai akapachika mwana bota. *The woman fed the baby some porridge.*] vb *help a person to eat, feed baby*

PACHI PAMWE (HLHH); pachiri pamwe cf kaziwai inter *Greeting (said by people who re-meet after a short period of time on the same day; roughly: Here we are again!)*

PADHIROKO 9 (HLLL) Chimai chekiyi. cf Eng n *padlock, removable lock*

PADHUZE 16 (LHL); padyo 16;

pedyo 16; pedo 16 [Kwauri kuenda padhuze. *Where you are going is not far.*] adv *near;* KURE

-PADUDZA t (H); -pamhadza t. Kurova nembama. [Vana, mukarega mombe dzichipinda mumunda ndinokupadudzai. *Children, if you let the cattle into the field I shall slap you.*] vb *slap, smack*

PADYO 16 (LL) cf padhuze 16 [Uya padyo unzwe zvakanaka. *Come close and hear properly.*] adv *near, close;* KURE

-PAIKA i & t (H); -turika t; -pakama i. Kuisa chinhu pachinokochekera, sokuti pamhandi yomuti etc. [Bhora rangu rapaikira mumuti. *My ball has got caught in the tree.*] vb *get lodged, suspended e.g. among branches;* -TURURA

paipi

PAIPI 9 (HLL) **1.** chikwepa 7. Chokuputisa fodya, chinogadzirwa nomuti kana noutare. n *smoker's pipe;* **2.** Pombi inofambisa mvura pakudiridza etc. cf Eng n *pipe, tube for conveyance of liquid*

-PAKA t (H) **1.** Kutsondera mukati kana mukanwa. [Paka chibage musaga undogayisa. *Cram the maize into the sack and have it ground.*] vb *put into, stuff into container;* **2.** -pachika t. Kuisa chokudya mukanwa momucheche nechipunu kana namaoko. vb *feed baby;* **3.** Kumisa motokari panzvimbo, nokumboisiyapo. [Akapaka motokari pedyo nomugwagwa. *He parked the car at the roadside.*] cf Eng vb *park, leave a car on an open space*

-PAKAMA i (H) cf -paika i & t vb *get caught high up e.g. in branches or fork of tree, be suspended.*

PAKAREPO 16 (LHLH) **1.** Panzvimbo imwe cheteyo. [Anogara pakarepo nasekuru vake. *He lives at the same place with his grandfather.*] *(locative) at the very place; nearby;* **2.** Panguva iyoyo. [Ndakasvika zuva richibuda ndikadzokera pakarepo ku-Harare. *I arrived as the sun came out and I returned to Salisbury immediately.*] *(temporal) there and then, at once*

-PAKATA t (H); -pakatira t. Kutakura muhapwa. [Gudo rakapakata muguri wechibage, ndokukwira gomo. *The baboon carried the mealie-cob under its foreleg and climbed the hill.*] vb *carry under the arm, tuck under the arm*

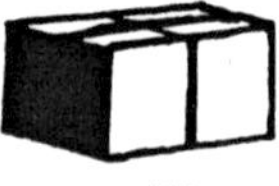

pakiti

PAKATI 16 (LLH) Nzvimbo iri mukati mezvinhu. [Pinda pakati. *Go in the middle.*] prep *among, amidst, in the midst of, in the middle*

-PAKATIRA t (H) cf -pakata t. vb *carry draped over the forearm*

PAKITI 9 (HLL) Homwe yepepa kana kakadhibhokisi. cf Eng n *packet*

-PAKURA t (H) Kuisa zvokudya mundiro. [Pakura sadza vana vadye. *Serve the sadza for the children to eat.*] vb *serve food from pot to plate, dish out*

-PAMBA i & t (H); -bamba i & t. Kutorera mumwe nezvemasimba. [MaDzviti aipamba mombe dzavaShona. *The Matabele used to loot the cattle of the Shona people.*] vb *take by force, plunder*

-PAMBARA t (L) Kutsvaka zvokudya nemitoo yakasiyana. [Baba vanopambara kuti mhuri ipone. *Father uses his wits to provide for the family.*] vb *use wits to provide food for*

PAMBERI 16 (LLH) [Enda pamberi pangu. *Go ahead of me.* Pamberi penzara maguta. *Before famine is a period of plenty.*] prep *in front, ahead, farther, beyond, further; before;* MUSHURE

-PAMBURA t (H) Kutsauranisa. [Akapambura mombe dzake, achipa dzimwe mwana wake. *He divided his cattle giving some to his son.*] vb *divide, separate;* -SANGANISA

-PAMHADZA t (H) Kurova nembama. [Akandituka, ndikamupamhadza. *He swore at me and I cuffed him.*] vb *slap, beat with the palm of the hand*

-PAMHAMA i (L) Kukura kumativi kana kuti kufara. [Migwagwa yomudhorobha yakapamhama. *Roadways in town are wide.*] vb *be wide, broad;* **-pamhamisa** t [Ndipewo foshoro ndipamhamise mugero uyu. *Give me a shovel and I will widen this channel.*] vb *widen, broaden*

-PAMHIDZA t (L); -pamha i & t. Kuita zvakare. [Ukapamhidzazve ndinokurova. *If you do it again I shall hit you.*] vb *repeat;* **-pamhidzira** t [Pamhidzira imwe mvura muketero. *Put some more water into the kettle.*] vb *add to increase, extend, make large; exaggerate, distort truth*

PAMUSANA 16 (LLHH) [Ndauya kuno pamusana pako. *I have come here because of you.*] conj *on account of*

PAMUSORO 16 (LLHH) **1.** Izwi rinotaurwa kana munhu achida kutaura, kana kupfuura pana vamwe vanhu, etc. [Pamusoroi madzishe. . . *Excuse me, gentlemen . . .*] inter *of excusing oneself;* **2.** [Pamusoro pazvose yeuka upenyu hwemhuri yako. *Above all remember the well-being of your family.*] adv *over, above, overhead*

PAMUVIRI 16 (LLLL); mimba 9. Nhumbu yomunhukadzi ari kutari-

sira kusununguka. [Mudzimai wake ana pamuviri. *His wife is expecting.*] n *the physical condition of expecting a baby*
PAMWE (LL); zvimwe; kuda; zvikada; zvichida; musi [Pamwe handichakuonazve narini. *Possibly I shall never see you again.*] adv *perhaps*
-PANDA t (L) Kuchera pakaoma. Hazvisi nyore kupanda churu. *It is not easy to break up an ant-hill.*] vb *break up hard ground*
-PANDAMBA i (H); -pandambara i. Kukwangwamara senyanga. [Jon'osi iro rine nyanga dzakapandamba nderaani? *Whose is that ox with spread-out horns?*] vb *be spread out (e.g. horns)*
-PANDUKA i (L) Kuvenga kana kusawirirana nezvawambenge uchiwirirana nazvo. [Vanorwisa muchivande vanhu vakapanduka. *Terrorists are people who have rebelled.*] vb *revolt, rebel;* **pandukira** t [Masoja akapandukira hurumende. *The soldiers turned against the government.*] vb *rebel against;* **-pandutsa** t [Shamwari dzake dzakaipa nokuti dzakapandutsa mwana wangu. *His friends are bad because they stirred my son to independence.*] vb *rouse or incite to rebellion*
-PANGA t (L); -tambura t. Kusuwa munhu kana chinhu. [Ndapanga amai vangu vari kumusha. *I long for my mother at home.*] vb *long for, crave for, yearn*
-PANGIRA t (L); -rayira t. Kudzidzisa kana kutaurira mumwe zano rakanaka. [Rega ndikupangire. *Let me give you some advice.*] vb *advise*
-PANGURA t (H) Kubvisa zvimwe mukati mezvizhinji. [Pangura mvura; yawandisa. *Pour off some water; there is too much.*] vb *lessen, deduct;* -PAMHIDZIRA
-PANHA t (L) Kuveza nembezo. [Mukomana ari kupanhira sekuru mupinyi wedemo. *The boy is fashioning his grandfather an axe-handle.*] vb *fashion by means of adze*
PANI 9 (HL) Mudziyo wokukangira mazai, etc. cf Eng n *pan*
-PANZA i & t (H); -pazha t K. Kuburitsa tsvina yakaita mvura mvura. [Akapiwa mushonga wokupanza. *He was given opening medicine.*] vb *pass a liquid stool, have diarrhoea*
PANZE 16 (LH) Nzvimbo isiri mukati. n *outside, without;* MUKATI
PAPA 1a, vana- (LH) Musoro weChechi yeKatorike pasi pose. cf Eng n *pope, bishop of Rome*
-PAPAMA i (L) cf -bhabhama i. Kurovanisa mapapiro seshiri. vb *flap (wings); stretch out (of wings)*
-PAPARIKA i (L) Kumhanyamhanya kana kuita chimbichimbi somunhu avhundutswa kana adhakwa. [Usapaparike sewakadhakwa. *Don't stagger as if you were drunk.*] vb *move about in drunk condition, or in confusion under pressure*
-PAPATISA i (H) cf -bhapatidza t. vb *baptize*
-PAPATYURA t (H); -gugudura t. Kubanda bvupa sezvinoita imbwa kana dzimwe mhuka dzinodya nyama. [Bere rinopapatyura mapfupa. *The hyena crushes bones.*] vb *crunch with teeth, crush noisily (as dog); Related ideo:* papatyu
-PAPFUKA i (H); -kwashuka i. Kutyoka somuti wakaoma kana mufarinya etc. [Akaedza kukomba waya ikapapfuka. *He tried to bend the wire and it snapped.*] vb *snap, break suddenly under strain;* **-papfura** t [Ndapapfura nzimbe ndikamupawo chidimbu. *I snapped off a stalk of sugar-cane and gave him a piece.*] vb *break off by snapping*
-PARA t (L) 1. Kuita mhosva kana rutadzo. [Wapara mhosva huru. *You have committed a serious crime.*] vb *commit (crime or offence), sin; Related ideo:* paramu; 2. Kutsvara sehuku ichitsvaga zvokudya. [Huku yakapara pasi ichitsvaga zviyo. *The fowl scratched the ground in search of finger millet.*] vb *scratch in search (as a hen does)*
-PARA t (H) Kufunura sokuti pendi uchishandisa banga kana gwengo kubvisa ganda rapamusoro. [Para makoko muhari iyi. *Scrape out the remains in this pot.*] vb *scrape (e.g. cooking pot; dry hide; vegetables), grate*
PARACHUTI 9 (HLLL) Chinoshandiswa kudonha kubva mundege mudenga zvishoma nezvishoma. cf Eng n *parachute, apparatus used to slow down the fall from a great height*
-PARADZA t (L) cf -parara i.
-PARADZANA i (L) cf -parara i.
PARAFINI 9 (LLHL) Mafuta anoshandiswa murambi. cf Eng n *paraffin, liquid fuel*
PARAMENDE 9 (HLLL) Munodzikwa mitemo yomunyika. n *parliament, highest council of the land*
-PARARA i (L) Kubva pakaunganwa savanhu kana voenda vachibva pamusangano etc. [Vanhu vakapararara zuva rodoka. *The people dispersed at sunset.*] vb *disperse, scatter, separate, go their various ways; Related ideo:* mwanda; -UNGANA; **-paradza** t [Mwana akaparadza pfuma yababa vake. *The youth wasted the*

pani

parachuti

papa

-pedzisira

pasi

pasinipi

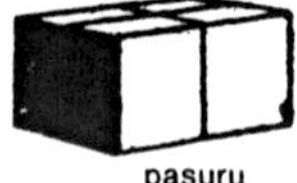
pasuru

wealth of his father.] vb *waste, devastate, squander, destroy, spend wastefully; disperse;* -CHENGETEDZA; **-paradzana** i [Takaparadzana navo toenda kumusha manheru. *We parted company with them and then we went home in the evening.*] vb *part company with, separate;* -BATANA, -SANGANA

-PARIDZA t (H) Kutsanangura shoko raMwari. Kutaurira vamwe mashoko. [Nhasi mupristi aparidza zvandibaya mwoyo. *Today the priest preached in a way that moved me.*] vb *announce, preach, publish*

-PARIKA i & t (H); -barika i. Kuroora vakadzi vazhinji. [Mazuva ano vanhu vazhinji havachadi kuparika. *These days many people no longer want to marry more than one wife.*] vb *marry more than one wife*

-PASA i & t (L); -budirira i. Kuita zvakanaka muzamanishoni romuchikoro etc. [Wapasa here nhai Chipo? *Have you passed,* Chipo?] cf Eng vb *pass an examination;* -FEIRA/-FOIRA

-PASA i (L) Kukura kunoita munyemba, munhanga, etc uchienda kumativi ose. [Muriwo ukadimurwa kumusoro unopasa. *If vegetable matter is lopped off it grows side-shoots vigorously.*] vb *send out shoots from, branch, spread (of runner plants)*

-PASANURA t (H); -patsanura t. Kusarudza zvakasangana. [Ane basa rokupasanura mbeu dzakasangana. *She has the job of sorting out mixed seeds.*] vb *sort out into kinds;* -SANGANISA

-PASHAMA i (L) Kuzvambarara, maoko akabata pasi somucheche. [Dafi rakatsikwa rakapashama mumugwagwa. *The frog was trodden on as it lay squatting in the road.*] vb *squat on all fours like a frog*

-PASHAMARA i (L) Kuti sandara segaba ratsikwa. [Mhuno dzomwana wangu dzakapashamara. *My child's nose is rather flat.*] vb *become flat, be squashed flat;* **-pashamadza** t [Sekuru vanopashamadza simbi nenyundo vachipfura matemo. *Grandfather flattens metal with a hammer as he forges axe-blades.*] vb *flatten, crush*

PASI 16 & 5 M (LH) Nzvimbo ino igere zvisikwa zvose. n *ground, underneath, underground, below, floor, the earth, world;* DENGA

PASICHIGARE 16 (LHHLH) Makare, vaRungu vasati vauya munyika ino. n *olden days, long ago*

PASINIPI 9 (HLL) Rudzi rwezvinorimwa zvinodyiwa navaRungu. cf Eng n *parsnip*

PASURU 9 (HLL) Zvinhu zvakaputirwa mupepa etc zvinouya nomunhu kana achibva kumwe. cf Eng n *parcel, article wrapped and tied in paper*

-PATSANA i (H) Kusiyana kwezvinhu. [Tinobva kumisha yakapatsana. *We come from different villages.*] vb *be different, differ;* -FANANA

-PAUMBA i (L); -popota i. Kutaura nezwi riri pamusoro pamusana pokushatirwa. [Harahwa yakararopaumba. *The old man spent the whole night complaining.*] vb *abuse loudly, grumble bitterly*

PAUZIMA (LLLL); mbune M [Baba vangu pauzima vandiudza kuti ndinodikanwa kumusha. *My father personally told me that I am wanted at home.*] adv *personally, on its own*

-PAZA t (L) Kupunza zvakavakwa (e.g. imba). [Paza imba yamapango uvake yezvidhina. *Pull down the pole-and-dagha hut and build one of bricks.*] vb *demolish, pull down; break into (house, store etc)*

-PEDZA t (H) cf -pera i. vb *finish, exterminate, complete, accomplish; Related ideo:* dha, dhu, fu, tsvai; -TANGA; **-pedza nyota** vb *slake thirst, satisfy thirst;* **-pedza nguva** vb *waste time;* **-pedzisa** t cf -pera i. vb *finish off; Related ideo:* gunduru, gungunduru *(food or liquid)*; dhu, tsvai; -TANGISA; **-pedzisira** i; -gumisira i [Akapara mhosva zhinji ndokupedzisira ava mujeri. *He committed many crimes and ended up in jail.* Ndini ndakapedzisira kununurwa munjodzi. *I was the last one to be rescued from the disaster.* Upfu hwokupedzisira. *The last of the mealiemeal.*] vb *end up, be the last*

PEJI 5, map-6 (HL) Pepa rakanyorwa kana risina, kazhinji romubhuku. Eng n *page*

-PEMBERA i (H) Kufarira. Kutamba nomufaro kana paine zvakanaka zvaitika. [Amai vake vakapembera vanzwa kuti adzoka. *His mother danced for joy when she heard that he had returned.*] vb *dance for joy, rejoice, exult;* **-pembedza** t [Ndakapembedzwa nedare. *I was acquitted by the court.*] vb *acquit, deliver or clear someone from blame;* -POMEDZERA

-PEMHA i (L) Kutsvaga zvokudya. Kuimba kana kutamba pamusana pokuda kupiwa zviyo etc. [Kare varombo vaipemha zvokudya. *Long ago the poor used to dance for food.*] vb *beg by dancing*

-PEMHENA t (L); -fumha t. Kudimbura sharapu kana kuti mapazi omuti. [Pemhena muti unyatsokura.

Prune the tree so that it grows properly.] vb *prune, cut back vegetable growth*
-PENDA t (H) **1.** Kuzora pendi. Unogona kupenda here? *Can you paint?*] cf Eng vb *paint;* **2.** cf -kama t. vb *comb hair;* -NYANDURA
-PENDERA t (L) Kuisa mupendero pajira. [Tera, dopenderai bhatye rangu. *Tailor, please sew a hem in my jacket.*] vb *hem, make hem*
-PENENGURA t (H) Kusimudza chinhu nokunyatsochitarisisa. [Rega kupenengura nyama namaoko asina kugezwa. *Don't handle meat with unwashed hands.*] vb *examine small objects (by lifting up and handling)*
-PENGA i (H) Kusatora zvakanaka kwomusoro. Kuremara mupfungwa. [Munhu anopenga haarereswe mwana. *A person who is dim-witted is not entrusted with the care of a baby.*] vb *be mad, daft, stupid, crazy, insane, wild;* **-pengesa** t; -penza i & t; [Kudhakwa kunomupengesa. *Strong drink makes him stupid.*] vb *make disorderly and noisy, enrage*
-PENGENUKA i (L) cf -banganuka i. vb *become conscious, recover senses, Related ideo:* pengenu
PENI 9 (HL) Chinyoreso chinoshandiswa neingi. cf Eng n *pen, writing instrument using ink*
-PENYA i (L) Kuvaima kana kutaima. [Mheni yakapenya, ikarova muti waiva pedyo nemba. *Lightning flashed and struck a tree beside the house.*] vb *shine, dazzle, glitter, be bright*
-PENZA i & t (H); -pengesa i & t Kukonzera kupenga. [Vamwe vanoti mbanje inopenza. *Some people say that dagga causes mental derangement.*] vb *make mad, enrage*
PENZURA 9 (HLL) Chinyoreso chinonyora zvinogona kudzimwa nerabha. cf Eng n *pencil*
PEPA (HL) Izwi rinoreva kuti "Ndino urombo!" inter *Sorry!*
PEPA 5, map-6 (LL) Panonyorerwa mazwi. cf Eng n *paper*
-PEPA t (H) Kuriritira murwere. [Nesi, ndinokutendai kupepa kwamakaita mwana wangu. *Nurse, I thank you for nursing my child.*] vb *nurse, care for a sick person, revive*
PEPANHAU 5, map-6 (LLLH); nyuzipepa 5. Mutonyorwa nhau dzakasiyana-siyana. cf Eng n *newspaper*
-PEPEREKA i (H) Kupupuruka mumhepo. [Mbatya dzakayanikwa pamutariro dzinopepereka mumhepo. *Clothes that are hung out to dry on the line flutter in the wind.*] vb *flutter in breeze;* **-peperedza** t; -pepetsa t [Pwere dzinopeperedza mapepa akasungirwa pamukosi pakutamba. *Children at play fly a kite at the end of a piece of string.*] vb *trail in wind*
-PEPEREKA i (L) **1.** cf -paparika i vb *stagger;* **2.** Kuenda nokusazodzokera kumusha zvachose; kuchona. vb *refuse to return home*
-PEPETA t (H) Kushandisa rusero kubvisa marara muzviyo kana chibage, etc. [Kana nzungu dzamenywa, dzinopepetwa. *After monkey nuts have been shelled they are winnowed.*] vb *separate grain from chaff employing winnowing basket, winnow; Related ideo:* pepetu
-PEPUKA i (L); -patika i. Kubva muhope. Kusvinura. [Ndakapepuka vamwe vaenda kubasa. *I woke after the others had gone to work.*] vb *come awake, wake up, be conscious, awake;* -KOTSIRA; **-peputsa** t; -patitsa t [Kurira kwezizi kwapeputsa mwana. *The hoot of the owl woke up the child.*] vb *awaken, wake up;* -KOTSIRISA
-PERA i (H) Kusvika kumugumo. [Hwahwa hwapera, chiendai kumba kwenyu. *The beer is finished, be off to your home.* Chisingaperi chinoshura. *A thing without end is mysterious.* prov 606 *i.e. All good things come to an end.* Nguva yakapera. *Last time.*] vb *be finished, completed; come to an end; be worn out, perish, die;* **-pedza** t [Kana wapedza kudya uya undione. *After you have finished eating, come and see me.*] vb *finish, accomplish, complete;* -TANGA; **-pedzisa** t [Pedzisa nyama yasiyiwa mupoto. *Finish off the meat left in the pot.*] vb *finish off;* -TANGISA; **-perera** i [Chidzika bhazi; mari yako yaperera pano. *Get off the bus now; your fare expires here.*] vb *reach the limit of one's ability, come to an end;* -TANGIRA; **-pererwa** i [Mudhudhudhu wangu wapererwa nepeturu. *My motor cycle has run out of petrol.*] vb *run short of, be out of stock*
-PEREKA i (H) Kupa kuno mumwe. [Ndapereka mari yakawanda kwatezvara. *I handed over a lot of money to my father-in-law.* Pereka chomumwe chisina vende. *Return other people's property in good working order.* prov 936] vb *hand over;* -GAMUCHIRA
-PEREKEDZA t (H) Kuenda nomumwe kwaari kuda kuenda. [Ndiperekedzewo kutaundi. *Please accompany me to town.*] vb *go with, accompany*
-PEREKERA t (H) Kuitira mumwe; kuunzira mumwe zvokudya patafura. [Anoshanda basa rokuperekera

pendi

peni

-penya

penzura

peya

muhotera. *His occupation is serving (food) in a hotel.*] vb *wait on someone, serve at table*

-PERERA i (H) cf -pera i.

-PERETA t (H); -peretera t; -perengera t. Kutaura mabhii anovaka izwi. [Inyanzvi mukupereta mazwi. *He is good at spelling.*] vb *spell*

-PEREVEDZA i (H) cf -pera i; -tayidza i. Kuperera panzira; kusakwana. [Shuga yaperevedza. *Sugar has run out.*] vb *run out, come to an end, be exhausted*

-PEREZEKA i (H) Kuonda kana kuva ndonda pamusana pokurwara kana pokunyanya kudzamisa pfungwa. [Ndakarwara masvondo matatu ndikaperezeka muviri. *I was ill for three weeks and got dreadfully thin.*] vb *become emaciated, very thin (usu from sickness);* -FUTA

-PESANA i (L) Kusiyana kana kusawirirana. Kupfuudzana musingasangani. [Takapesana tava kuda kudzokera kumusha. *We missed one another at the point of returning home.*] vb *differ, disagree, miss one another, pass by without meeting*

PESANO 9 (LLL); musiyano 3; mutsauko 3 cf -pesana i. n *difference*

-PESVA t (H) Kuita zvinokonzera vamwe kuti varwe kana kuti vapandukirane. Kurwisanisa kana kupandutsa. [Rega kupesva vana kuita misikanzwa. *Don't urge the children to misbehave.*] vb *incite, rouse trouble, provoke*

-PETA t (L) 1. Kukombamisa chakatwasanuka. [Kana imbwa ichitya imwe, inopeta muswe. *If a dog fears another, it puts its tail between its legs.*] vb *fold, double over, roll up, bend, flex;* -PETENURA; -TAMBANUDZA; 2. -tera t. Kubhadhara beto. [Handisati ndapeta mutero wamagetsi. *I have not yet paid the electricity bill.*] vb *pay levy or tax;* **-petenura** t [Petenura tsamba iyi uiverenge. *Open this letter and read it.*] vb *unfold, unroll;* -PETA

-PETUKA i (L) Kudzokera kwawambobva. [Ndapetuka ndaona rwizi ruzere. *I returned when I saw the river in flood.*] vb *return, come back;* -ENDA

-PETURA t (H) 1. cf -kama t. vb *comb (hair);* 2. cf -rodza t. vb *sharpen*

-PEUKA i (H) Kubva munzira kuti mumwe apfuure kana kuti apinde. Kutsaukira parutivi. [Peukai ndipfuure. *Stand aside and let me pass.*] vb *get out of way for another, stand aside, move aside, give way;* **-peura** t [Mukomana akapeura uswa achitsvaga penzura yake. *The boy flattened the grass looking for his pencil.*] vb *shift something in search of something else, flatten what hides view*

PEYA 5, map-6 (HL) Rudzi rwomuchero unodyiwa. cf Eng n *pear*

-PEYA t (H) Kubhadhara mari kana kubvisa muripo. [Ndapeya mari zhinji kuti ndipinde mubhaiskopu. *I paid a lot of money to enter the cinema.*] cf Eng vb *pay;* **-peyesa** t [Kondakita haana kupeyesa mai vake mubhazi. *The conductor did not charge his mother in the bus.*] vb *charge, ask payment for service*

-PEYAMA i (H); -tsveyama i. Kurerekera kurutivi. [Wavaka imba yakapeyama. *You have built a lopsided house.*] vb *lean to one side, be bent, crooked;* -SWATUKA

-PEYESA t (H) cf -peya t.

-PFACHUKA i (H) Kudauka kunoita mvura ichibva mumudziyo kana makandwa chimwe chinhu. Kurasikira kwose kunoita zviyo kana mhunga etc. [Mvura yakapfachukira muchoto. *The water spilled over from the pot into the fire.*] vb *overflow (of liquid in a container into which something solid has been put), spill (grain or liquid in a container that is moved);* **-pfachura** t [Usarege mwana achipfachura nzungu dziri mutswanda. *Don't let the child spill the monkey nuts from the basket.*] vb *splash (liquid), spill (grain)*

-PFAKANYIKA i (L) Kuzunguzika kunoita munhu anga akakotsira kana omuka. Kupfokochoka kunoitika muuswa pamwe namashizha kana paine chiri kufamba. [Ndakanzwa kupfakanyika muuswa. *I heard a rustling sound of movement in the grass.*] vb *stir (e.g. of disturbed sleeper), twitch, writhe;* **-pfakanyidza** t [Mwana apfakanyidzwa ndokubva apepuka. *The child was disturbed and woke up immediately.*] vb *disturb from sleep, waken*

-PFANHA i & t (L); -pfura i & t; -tsamhura t Ko. Kurova negumbo sezvinoita mombe, bhiza kana dhongi. [Mhou iyi inopfanha pakukama. *This cow kicks when it is milked.*] vb *kick (by an animal), strike with a hoof*

-PFANYA t M (L) cf -dzvanyidzira t; -dzvinyidzira t. vb *compress, press (especially with thumb)*

-PFARANYUKA i (H) Kubvisika kwouswa hwakapfirira imba. [Imba yedu yakapfaranyuka. *Our house had the roof blown off.*] vb *be deprived of roof;* **-pfaranyura** *t; -pfurunyura t;* -pfurunura t [Vakomana ngavapfaranyure imba. *Let the boys remove the thatch from the house.*]

vb *remove thatch;* -PFIRIRA

PFARI 10 (LH); tsviyo 10; pfavi 10. Chirwere chinokonzera munhu kupunzika nokupfahura. [Abatwa nepfari izvozvi. *Right now he is in an epileptic fit.*] n *epilepsy, fainting fit, nervous disease causing a person to lose consciousness*

-PFAURA i (L); -pfauma i. Kutambanudza makumbo nokuagonyesa zvinoita mhuka etc pakufa. [Mhou yakapfaura tambo ikadimbuka. *The cow struggled and the cord broke.*] vb *kick, struggle convulsively, give last convulsive kick before death*

-PFAVA i (L) **1.** Kunyorova kana kutebvenyeka somuchero wakaibvisa. Kusatana. [Matomati akaibvisa anopfava. *Tomatoes that are very ripe, are soft.*] vb *be soft;* -OMARARA; **2.** Kuva nomwoyo unoregererа vamwe. Kuva nomwoyo munyoro. [Munhu akapfava anoremekedzwa navazhinji. *A good-natured man is respected by many.*] vb *be good-natured, polite, kind, gentle, humble;* **-pfavisa** t [Kunaya kunopfavisa ivhu rapachuru. *Rain softens ant-heap clay.*] vb *make soft*

-PFEKA i & t (L) Kusimira mbatya sehembe, mabhurukwa, marokwe, etc. [Vakuru vakare vaipfeka nhembe chete. *People of long ago were clothed only in a skin apron.*] vb *put on clothes, wear; clothe oneself;* -PFEKENURA; -KUMURA; *Related ideo:* katanu, pfekenu; **-pfekedza** t; -simidza t. [Pfekedza mwana hembe; kuri kutonhora. *Put a shirt on the child; it is cold.*] vb *dress, put clothes on another;* -KUMURA

-PFETENUKA i (L); -tupfunuka i. Kuputunuka kunoita pakasungwa. [Ruhanda rwako rwapfetenuka. *Your shoe-lace has come undone.*] vb *be loosened, loose;* **-pfetenura** t [Akapfetenura dhibhu rakanga rasunga mhembwe. *He loosened the whip-snare which had caught the duiker.*] vb *loosen, undo, slacken;* -SUNGA

-PFICHUKA i (H) Kuuruka-uruka kunoita mombe ichangotanga kusungwa kana kuti mhuri painorambanyuka. [Bhiza rinopfichuka kana richitanga kutasvwa. *A horse bucks on being mounted for the first time.*] vb *buck, evade constraint;* **-pfichura** t [Dhonza rakapfichura nejoki muhuro. *The ox broke away with the yoke attached to its neck.*] vb *buck, throw a rider by bucking, buck rider off; Related ideo:* pfichu

-PFIDZA i (H); -gura i. Kuva nomwoyo wokuti chokwadi hauchazozvipamhidza. Kusada kuitazve chiito pamusana pokuziva uipi hwacho. [Ndapfidza, handichazozviita zvakare. *I am very sorry, I won't do it again.*] vb *repent, be sorry for, contrite, give up a course of action or habit; be penitent;* **-pfidzisa** t [Jeri rinopfidzisa vazhinji vanopara mhosva. *Jail causes repentance in many who do wrong.*] vb *cause sorrow for delinquency, punish severely*

-PFIGA t (H) Kuzarira musuo kana chimwe chambenge chakavhurwa. [Pfiga musuo. *Close the door.*] vb *close, shut, stop up, close a hole;* ZARURA

PFIHWA 5, mapf-6 (HL) Ibwe (kana chidhina etc) rimwe chete ramatatu anoshandiswa pachoto kutsigira hari kana poto yokubikira. n *hearthstone*

-PFIKURA i (H); -pfikudza i; -fikura i. Kuchema kwokutura befu (sezvinowanzoitwa navanhukadzi). Kuchema kweshungu dzakawanda, asi munhu achiedza kuzvibata. [Mudzimai akapfikura pakarwarisa mwana wake. *The woman sobbed at the time of her child's acute illness.*] vb *sob; Related ideo:* pfiku

-PFIMBA i & t M (H) cf -nyenga i & t; -konza i & t Ko. vb *court, make love*

PFIMBIKA t (H); -fimbika t. Kuisa muchero mumbishi pane imwe nzvimbo yakahwandika kuti uibve. [Vazhinji vanopfimbika mazhanje muhari. *Many people ripen wild loquats by storing them in a pot.*] vb *set aside to mature*

PFINI 9 (HH) Utsinye hunoitwa, husina chipundutso kumuiti wacho; hwokungosvotesa anenge aitirwa. [Pfini yenyoka kungoruma icho isingadyi. *The snake is malicious because it bites what it does not eat.* *prov* 966 Akandiitira pfini. *She was spiteful towards me.*] n *malice, spite, jealousy, sadism, vindictiveness*

-PFIPFIDZA i (H) cf -kekedza i. vb *giggle*

-PFIRA t (H); -svipa t. Kuburitsa mate mukanwa. [Rega kupfira mate pose pose. *Don't spit all over the place.*] vb *spit out;* -MEDZA

PFIRAPO 9 (HHH) Chinhu chakaiswa panzvimbo zvakasimbisisa zvokuti hachimbofi chakabva. n *fixed object (e.g. built-in cupboard)*

-PFIRIRA i & t (H); -pfurira i & t M; Kusunga uswa padenga remba etc. Kufukidza denga nouswa. [Murume uyu ishasha pakupfirira dzimba. *This man is an expert at thatching.*] vb *thatch, cover a roof (usu with grass);* -PFURUNYURA

-PFODOKA i (H) Kukotsira hope dzakanyanya. [Akapfodoka abatwa namaneto. *He fell into a deep sleep*

chigaro chakapfava

-pfeka

through fatigue.] vb *fall asleep, be in deep sleep;* -PEPUKA; **-pfodora** t [Anopfodora hope mushure mokudya kwamasikati oga oga. *He lies down and goes to sleep every day after lunch.*] vb *have a nap or deep sleep*

-PFONYEDZA t (H); -pfonyera t; -fonyera t. Kuisa samachira mukati mechimwe chinhu. [Pfonyedza mbatya mudhishi tiende kurwizi. *Cram the clothes into the basin and let's go to the river.*] vb *stuff in, press down*

-PFOZOKA i (H); -pozomoka i. Kupunzika kubva padenga-denga (sokupunzika mumuti). [Akapfura gondo rikapfozoka mumuti. *He shot the eagle and it tumbled to the ground from the tree.*] vb *fall from a height;* **-pfozora** t; -pfozodza t [Gudo rakapfozora rimwe raro richitamba mumuti. *The baboon dislodged another of its kind while playing in the tree.*] vb *make to fall*

pfukarushesha

-PFUDUGUKA i (H) Kufuduguka sokuti poto yagumiwa hwidibo yokudubuka. [Isa hwidibo pahadyana yakapfuduguka. *Put the lid on the small pot which is uncovered.*] vb *be uncovered or uncoverable;* -KWIDIBIKA; **-pfudugura** t; -fudugura t. [Pfudugura poto ndidire mvura. *Remove the lid from the pot and let me pour in the water.*] vb *uncover, remove lid;* -KWIDIBIRA

-PFUDZA t (H) **1.** Kuita zvinokonzera vamwe kuti vavengane. Kurambanisana vanodana. [Munhu ana makuhwa anopfudza vamwe. *A person who tells tales sows discord.*] vb *cause discord and distrust;* **2.** Kudzima zvakamborongwa kana kunyorwa. [Mitemo yakaipa inofanira kupfudzwa. *Bad laws ought to be abolished.*] vb *rub out, erase; abolish (law);* **-pfudzika** i; cf -dzimika i. vb *be erasable*

PFUDZI 5, mapf-6 (HL) cf fudzi 5. n *shoulder*

-PFUDZUNUKA i (L) -pfudzunika i. Kusungunuka kunoita pakasungwa. [Bhandi rangu rapfudzunuka. *My belt has come unfastened.*] vb *come undone (e.g. string or buckle), be unravelled, unwound;* -SUNGANA; **-pfudzunura** t; -sunungura t [Pfudzunura pasuru iyi kuti tione zvirimo. *Undo this parcel and let us see what is inside.*] vb *undo, untie, unwind;* -SUNGA

-PFUGAMA i (H); -fugama i K. Kuti mabvi agwadame pasi somunhu ari kunamata. [Mhandara dzinopfugama pakuperekera vakuru zvokudya. *Big girls go on their knees as they serve adults with food.*] vb *kneel down, genuflect;* **-pfugamira** t [Tinopfugamira Mwari mumwe chete. *We worship only one God.*] vb *adore, worship*

-pfugama

-PFUHWIRA t (L); -pfuira t. Kudyisa murume mushonga wokuti anyanye kuda mudzimai wake. [Mudzimai akapfuhwira murume wake. *The woman administered a love-potion to attract her husband's love.*] vb *use medicine to attract a loved-one's affection*

-PFUKA t (L) Kudzoka kunoita mweya womunhu akafa kuzonetsa vakamukanganisira achiri mupenyu. [Akaponda sekuru vake, saka mweya wavo unomupfuka. *He murdered his grandfather, so his spirit haunts him.*] vb *haunt, bother (caused to the living by an offended spirit)*

PFUKARUSHESHA 9 (LLLHL) Hove ndefu, nhete ino muromo murefu, ine zenze refu. n *bottlenose fish*

PFUKO 9 (LL); chikaha 7 M. Hari ndiki pane chirongo, inowanzoshandiswa kunwira hwahwa. n *small earthenware pot used for drinking*

-PFUKUDZIKA i & t (H) cf -fufudzika i; -funzika i & t K. Kusununguka mwana achibva afa, kana kuti kusununguka mwana akafa achiri mudumbu. [Pakurwara kwaakaita akapfukudzika pamuviri. *Her illness brought about a miscarriage.*] vb *abort (humans), bring to birth prematurely (causing death of baby)*

-PFUKUTA t (L) Kupfupfunyudza mbeu, miti etc, sezvipfukuto. [Nhungo dzisina kuiswa mushonga dzinopfukutwa. *Untreated roofing poles are damaged by borers.*] vb *eat or damage (as borers or weevils do)*

PFUMA 9 (HL) **1.** fuma 9 K. Upfumi hwomunhu (mombe, mari etc). n *wealth, riches;* UROMBO; **2.** roora 5 npl. Mari kana mombe dzinopiwa baba vomusikana kana vomudzimai; ndiwo mutengo wacho. n *lobola, bride-price*

-PFUMA i (H); -fuma i K. Kuva noupfumi kana kuva nezvakawanda. [Akapfuma chaizvo nokupfuya madhadha. *He made lot of money from keeping ducks.* Kupfuma ishungu. *To be rich is due to ambition.* *prov* 1163 *i.e. Nothing ventured; nothing won.*] vb *be rich, wealthy;* -SHAYA; **-pfumisa** i & t [Bhizimisi ramabhazi rinopfumisa. *Operating buses is a lucrative business.*] vb *cause to be rich*

-PFUMBA t (H); -pfumbata t. Kukunga chibhakera; kugonyanisa minwe. [Achibvunda nehasha akapfumba zvibhakera kuti arwe.

Trembling with anger he clenched his fists ready for a fight.] vb *clench (fist)*; **-pfumbatira** t [Akapfumbatira mari yake. *She held her money tight.*] vb *clutch, hold fast*

-PFUMBA i & t (L) **1.** Kupfumbira hunoita panofambwa napo. [Tinoteya mariva taona panopfumba mbeva. *We set falling-stone traps where mice make a regular run.*] vb *be tramped on, show signs of being used*; **2.** -fadza i & t. Kuitira mumwe zvinomufadza kuti akanganwe zvaakatadzirwa kana kuti akuitire zvaunoda. [Vakandipfumba namadhora gumi. *He paid me ten dollars as a bribe.*] vb *bribe, entice, persuade*

PFUMBAMUROMO 9 (LLLLL) Mari kana chimwe chinopiwa kumunhu kuti afare, arege kutaura zvakaipa zvaanenge achiziva. n *bribe (to silence)*

-PFUMBATA i & t (H); -pfumbatira t; -fumbata i & t K. Kubata chinhu muruoko kana kugonyanisa minwe sapakukunga chibhakera. [Akapfumbata chikwama chemari achikwira bhazi. *He clutched his purse firmly as he boarded the bus.*] vb *clench fist, grasp, grip, clutch, hold tight; Related ideo:* pfumba

-PFUMBIRA i (L); -fumbira i K. Kubata muromo nemhuno kuti munhu (kana mhuka) atadze kufema. [Pfumbira hwai irege kuchema. *Muzzle the sheep to stop it bleating.*] vb *smother, stifle, close hand over nose, mouth, etc*

-PFUMBUDZA t (H) Kukonzera kuti huruva kana utsi hupfumbuke. [Chitima chakapfumbudza utsi chisati chafamba. *The railway engine puffed out smoke before it moved.*] vb *cause to rise or to raise (dust, smoke)*

PFUMBU 9 & 10 (LH) [hembe pfumbu = *greyish shirt*] adj *grey*

-PFUMBUKA i (H) Kupwititika kunoita utsi kana huruva. [Takaona utsi kupfumbuka tikaziva kuti mumba mune munhu. *We saw smoke rising and we knew that there was someone inside.*] vb *rise (smoke, dust)*

-PFUMBURUKA i (L) Kuva noruvara ruri pakati pouchena noutema. [Nguwani yasekuru yakapfumburuka. *Grandfather's hat is a grey colour.*] vb *be greyish*

-PFUMISA t (H) cf -pfuma i. vb *cause to be rich*

PFUMO 5, mapf-6 (HH) Chombo chinobayiswa nacho pakuvhima kana muhondo; chine rwiriko. Pfumo rinogadzirwa noutare. n *spear, assegai*

PFUMVU 9 (LL); njodzi 9. Ngozi ingawire munhu kana mhuka. n *danger, harmful accident, physical misfortune*

PFUNDA 9 (LL) **1.** tsvimborume 9. Murume asina kuroora, kanapo akasvika pazera rokunge aidai aino mukadzi. n *bachelor*; **2.** Munhurume akafirwa nomudzimai. n *widower*; CHIRIKADZI

-PFUNDA i & t (H); -funda i & t K. Kusunga bvundo. [Akapfunda mari muhengechepfu yake. *She tied the money in a knot in her handkerchief.*] vb *tie (knot)*; -PFUNDUNURA; **2.** Kudya mbambaira kana nzungu mbishi etc. [Kumunda pwere dzapfunda mbambaira. *In the garden the children ate uncooked sweet-potatoes.*] vb *eat uncooked sweet-potatoes, peanuts etc.*

PFUNDE 5, mapf-6 (HH); bvunde 5. Chirimwa chinoita tsanga ndikindiki dzakawanda dzinotswiwa dzozoti dzogayiwa kana kukuyiwa. n *sorghum, type of millet*

PFUNDIRA 9 M (HLH); ziya 5 cf dikita 5. n *perspiration*

PFUNDO 5, mapf-6 (HH) **1.** fundo 5 K; bvundo 5. Pakasungana tambo kana shinda kana kuti panosangana nhengo sokuti dzenzimbe etc. n *knot (in string or stalk or timber)*; **2.** Panogonya mutezo womuviri. n *joint where bones meet*

-PFUNDUMWARA i (H); -fundumwara i; -pundumwara i M. Kuratidza kusafara kana kushatirwa pamusana pezvaitika kana zvataurwa. [Afuma akapfundumwara. *She got up (this morning) in a sulky mood.*] vb *sulk, pout*; -FARANUKA; **-pfundumwadza** t [Zvakapfundumwadza mwana kunzwa kuti haachaendi kuchikoro gore rinouya. *It upset the child to hear that she would not return to school the following year.*] vb *cause an emotional upset*; -FARANUDZA

-PFUNDUNUKA i (H); -fundunuka i K. Kutsunhuka kunoita pfundo kana pakasungwa. [Pfundo rapfundunuka. *The knot came loose.*] vb *come undone (knot)*; -PFUNDA; **-pfundunura** t [Apfundunura kuti asunge patsva. *He undid the knot in order to tie it afresh.*] vb *undo (knot)*; -PFUNDA

-PFUNGAIDZA i & t (H) Kuisa utsi sokuti pakubura uchi. [Anopfungaidza nyuchi kuti abure uchi. *He smokes out the bees in order to extract the honey.*] vb *fumigate, smoke out*; **-pfungaira** i [Injini yemotokari yakatanga kupfungaira, vanhu vakaburuka. *The engine of the car issued steam and the occu-*

pfumvu

pfundo

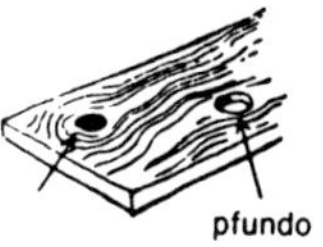

pfundo

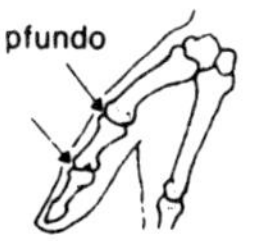

pfundo

pfumo

-pikinyura

pants got out.] vb *emit smoke or steam*

PFUNGWA 9 (LH) Zvinofungwa nomunhu. n *thought, supposition, power of reasoning, mind*

-PFUNHA i (L) Kunaya kunoita tumvura tutete, tusingatotesi. [Akaramba achisakura kuchipfunha. *He continued weeding while it drizzled.*] vb *drizzle;* -TSVOTSVOMA

PFUNHA 9 (LL) Chibumbwa chemvere chiri kumugumo kwomuswe. n *hair at the end of tail of an animal*

PFUNHAMBUYA 9 (LLHL); upfunhambuya 14. Mvura nhete, isingatotesi, inowanzonaya mushure mokunge kwanaya mvura hobvu. n *light shower of rain, drizzle;* DZVOTSVOMA

-PFUNYA t (H); -funya t K. Kugara pasi wakaita chisero; kugonyesa makumbo pakugara. [Kakomana kakapfunya chisero ndokuteerera ngano. *The little boy sat cross-legged and paid attention to the folk-tale.*] vb *bend and cross legs in sitting posture;* -TAMBARARA

PFUNYE 9 (HL); funye 9 K cf kuwe 9. n *go-away bird*

pfunye

-PFUPFUNYUKA i (H) Kumepfuka kana kupunzika zvokuva urubvurubvu somunyakwe kana vhinga etc. [Bango rakapfupfunyuka radyiwa nomuchenje. *The pole which crumbled had been eaten by white-ants.*] vb *crumble, fall to dust;* **-pfupfunyura** t [Mapete apfupfunyura chingwa. *The cockroaches reduced the bread to crumbs.*] vb *crumble, reduce to dust*

PFUPI 5, mapf-6; 9 & 10 (HL) [bango pfupi = *short pole*] adj *short, squat*

pfuti

-PFUPIKA i (H) Kuva muduku pakureba. [Vamandionerepi vanhu vakapfupika. *Bushmen are people who are short in stature.*] vb *be short, shortish, on the small side;* -REBA; **-pfupikisa** t [Pfupikisa tambo iyi nebanga. *Shorten this length of string with the knife.*] vb *shorten;* -REBESA

-PFURA i & t (H) **1.** Kubaya nepfuti. [Ndakapfurwa gumbo negandanga. *I was shot in the leg by a terrorist.*] vb *hit with shot from gun or from bow; fire gun;* **2.** Kugadzira zvinhu zvoutare samapadza namatemo etc. [Mhizha yakabura demo mumoto ndokuripfura. *The craftsman withdrew the axe-blade from the fire and forged it.*] vb *beat iron, strike with hammer, forge;* **3.** Kurova kunoita hana. [Hana yake yakapfura aona mupurisa. *His conscience struck when he saw the policeman.*] vb *throb (heart), beat (pulse);* **4.** Kurova negumbo semhuka. [Dzimwe mhou dzinopfura kana dzokamwa. *Some cows kick when they are milked.*] vb *kick (by an animal)*

-pfura

PFURA 5 & 9 (HL) Muchero womupfura. Vamwe vanoudya nokuubikisa hwahwa. n *fruit of the mupfura tree*

-PFURIKIDZA i & t (H); -pfuuridza i & t. Kuita nomutoo wakapfuura mwero. Kunyanyisa. [Ndakanwa doro zvakapfurikidza. *I drank beer to excess/ in a way which was excessive.*] vb *do to excess*

-PFURIRA i & t (H) cf -pfirira i & t. vb *thatch*

-PFURUNYUKA i (H); -pfurunuka i. Kusara pasisina chakafukidza semba yakapfirirwa. [Dutu rakauya, imba ikapfurunyuka. *The storm came and the house was dethatched.*] vb *have thatch blown off, be deprived of thatch;* **-pfurunyura** t; -pfurunura t [Mhepo yakapfurunyura imba. *The wind stripped the house of thatch.*] vb *take off thatch;* -PFIRIRA

PFUTA 9 (HH); mhono 9 K. Muchero womuti unonzi mupfuta. n *castor oil bean*

-PFUTA i (L) cf -bvira i. [Moto wapfuta. *The fire is lit.*] vb *be aflame, alight;* -DZIMA

PFUTI 9 (LL) Chinoshandiswa namabara pakupfura. [Akapfurwa nepfuti. *He was shot by a rifle.*] n *gun, rifle*

-PFUTIDZA t (L); -pfutsa, cf -kuhwidza t. [Pfutidza moto. *Light a fire/Kindle the fire.*] vb *set light to, kindle*

-PFUUDZA t (H) **1.** Kukonzera kupfuurira panga pachida kugumirwa. [Bhazi rakandipfuudza pandaida kudzikira. *The bus carried me beyond my stopping place.*] vb *make to pass beyond a limit or an amount;* **2.** cf -uraya t vb *kill;* **-pfuura** t [Zvinhu zvapasi zvinopfuura. *Things of earth pass away.*] vb *be transitory; pass, move beyond, surpass, go by, pass through, pass away, die; overtake;* **-pfuuridza** i & t [Gore rino mvura yapfuuridza. *This year the rain is excessive.*] vb *exceed proper amount;* **-pfuurika** i [Mugwagwa uyu haupfuriki. *This is a one-way road i.e. has no exit.*] vb *be passable;* **-pfuurira** t [Ndapfuurira pokutsaukira. *I have gone beyond the turning.*] vb *go beyond*

-PFUVA i (H); -fuva i. Kusaibva samanhanga anenge abikwa asina kunyatsokwidibirwa. [Manhanga apfuva nokushaya moto wakakwana. *The pumpkins are underdone due to lack of heat.*] vb *be half-cooked because fire dies or lid is left off pot (esp pumpkins);* -DHOGODHEKA

-PFUVA t (H) Kunetsekana pamusana pokuitirwa zvisingafadzi. [Mwana anochema anopfuva amai vake. *A child that cries is a worry to its mother.*] vb *be a worry to, upset;* **-pfuvisa** t [Takapfuviswa kuuya nemvura. *We were prevented from coming by the rain.*] vb *spoil, harass, pester, hinder, thwart, impede, check*

-PFUVA t (L); -zvuva t cf -kweva t. vb *drag, pull along*

-PFUYA t (H); -pfuwa t M. Kuchengeta mhuka sokuti mombe nembudzi nehwai. [Ari kudzidzira kupfuya nguruve. *He is learning how to breed pigs.*] vb *tame a wild animal, raise livestock, domesticate*

-PI? *enumerative pron. In the locative it is often abbreviated and suffixed to the verb.* [Aendepi!/Aenda kupi? *Where has he gone?* Nderipi bhasikoro raunoda? *Which bicycle do you want?*] *which?*

PICHISI 9 (HLL) Muchero unodyiwa womupichisi. cf Eng n *peach*

-PIDIGUKA i (H) Kubheuka kunoita motokari kana kusunama kunoita mudziyo etc. [Motokari yadhumira pabwe ikapidiguka. *The motor car struck a rock and overturned.*] vb *turn over, turn upside down;* **-pidigura** t [Gudo rakapidigura ibwe pakutsvaga mbambarize. *The baboon upturned the rock searching for centipedes.*] vb *turn over, turn upside down (a heavy object)*

PIJAMA 5, map-6 (LHL) Zvipfeko zvokurara nazvo. cf Eng n *pyjamas*

-PIKA i (L) **1.** Kuita chitsidzo. [Akapika kuti haazobi zvakare. *He promised not to steal again.*] vb *take an oath, swear to, swear on oath, promise, vow;* **2.** Kushanda kwenguva mujeri, uri musungwa. [Mbavha yakapika makore maviri mujeri. *The thief served a prison sentence of two years.*] vb *serve a prison sentence;* **-pikira** i [Hanzvadzi yangu yakapikira. *My sister took religious vows.*] vb *promise solemnly, vow*

PIKI 9 (HL) Mudziyo wokucheresa pasi une mubato. cf Eng n *pick*

PIKICHA 9 (HLL) **1.** Mufananidzo unotorwa nekamera. cf Eng n *picture, photograph;* **2.** kamera 9. Chinotora mifananidzo. n *camera*

-PIKICHA t (H) Kutora mufananidzo. [Basa rake nderokupikicha vanhu. *His job is taking photographs of people.*] cf Eng vb *photograph, take a picture*

-PIKINYURA t (L) Kusimudza chinhu chiri pasi sebwe guru, rinorema. [Tora mugwara upikinyure zibwe iro. *Take the crow-bar and lever up that big rock.*] vb *lever up (using fulcrum)*

-PIKIRA i (L) cf -pika i. vb *vow, promise solemnly*

-PIKISA i & t (L) Kuitira mumwe nharo uchipa zvikonzero zvinogutsa. Kupokana. [Padare mukomana akapikisa avo vaiti akaba. *At court the young man gave a different account against those who accused him of stealing.*] vb *oppose, set oneself against, contradict*

-PIKITA t (L) Kuchengeta vashandi nokuongorora basa ravo. [Anotipikita pabasa zvakanaka kwazvo. *He supervises us very well at work.*] vb *supervise, oversee*

-PIKURA t (L) Kusimudza zvinorema nenyore. [Akapikura danda ndokuenda naro kumusha. *He snatched up the log and took it off home.*] vb *lift hurriedly, raise up quickly, lever*

-PIMA t (L) cf -era t. vb *measure, weigh;* **-pimika** i cf -ereka i. vb *be calculable, measurable*

-PINDA i & t (L) **1.** Kuenda mukati. [Apinda mumba. *He entered the house.*] vb *go in, enter, penetrate; Related ideo:* chubwi, churi, tindindi *(into water)*; kwede, nguri, ngwede, ngwerengwende, ngwiringwindi, pindei, pindikiti, pitipiti, pori, potyo, ririri; -BUDA; **2.** Kukunda kana kupfuura. [*James* akareba kupinda Chipo. *James is taller than* Chipo.] vb *surpass, do better than, exceed, excel;* **-pindika** i [Pano hapapindiki neminzwa. *This place is impenetrable on account of thorns.*] vb *be penetrable;* **-pindiridza** i [Rega kupindiridza kusuwa; mwana wako ava kuita zviri nani. *Don't be too disturbed; your child is getting better.*] vb *go too far (usu in joking or playing);* **-pinza** t [Apinza munwe mumuromo. *He put his finger into the mouth.*] vb *put in, make to enter;* -BURITSA

-PINDIRA i & t (L) Kudairira nyaya isinei newe kana kuenda pana vanhu vari kukurukurirana zvavo usina kukokwa. [Usapindire munyaya iyi nokuti zvinorwisa. *Don't meddle in this matter because it will lead to a fight.*] vb *interfere, meddle, intrude*

-PINDIRANA i (L); -wirirana i. Kufambirana kwezviviri etc. [Mavhiri apamberi amabhasikoro maviri aya anopindirana. *The front wheels of*

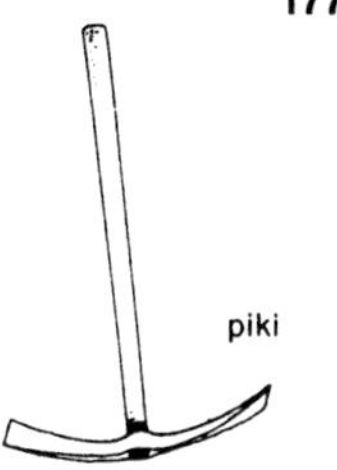
piki

-pima

-pidigura

pijama

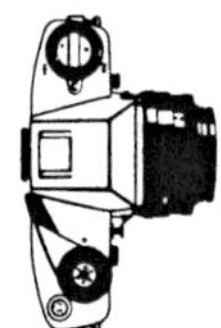
pikicha

pinjisi

piro

-pisa

-piyanisa makumbo

these two bicycles are interchangeable.] vb *be interchangeable, of equal size*

-PINDUKA i (L); -tendeuka i. **1.** Kusanduka kwechinhu kana mwoyo, kana kuti kwamamiriro ezvinhu. [Vazhinji vakapinduka vanzwa mharidzo yake. *Many were reformed when they heard his sermon.*] vb *make a change of heart, convert, turn over a new leaf (morally); Related ideo:* pindu; **2.** Kutendeuka kunoita munhu arere nerimwe divi. [Murwere haana kumbopinduka usiku hwose. *The sick person did not move all night.*] vb *turn over;* **3.** Kutendeukira kuna Mwari. Kurega mugariro usiri womuKristu. [Harahwa yakazopinduka yava padyo norufu. *The old man finally turned to God when near death.*] vb *convert;* **-pindutsa** t [Akandipindutsa netsika dzake dzakanaka. *She brought about my conversion by her good behaviour.*] vb *bring about somebody's conversion*

-PINDURA t (L); -davidza i & t K. Kupa mhinduro kana mumwe abvunza. [Ndipindure. *Answer me.*] vb *answer, give reply; change, turn over, turn upside down, invert; Related ideo:* pindu, pingu; -BVUNZA

PINGA 9 & 1a M (HH) Kamhuka kanogara mumwena; kanenge gonzo asi iko kari kakuru setsuro. Kanodya michero notupuka nezvimwewo nokuwanzogara koga. n *sp of long-tailed cane rat*

-PINGA t (H) Kuisa mushonga wokudzivirira mimwe mishonga inokuvadza. [N'anga dzinopinga misha. *Diviners cast spells to protect villages.*] vb *treat with protective medicine;* -ROYA

-PINGIDZA t (H) Kutadzisa kuita zvakarongwa. [Mvura yakapingidza vana kuenda kuchikoro nezuro. *Rain prevented the children from going to school yesterday.*] vb *hinder, obstruct;* -BATSIRA

-PINGIRISHA t (H); -piya t. Kukonzera munhu kana mhuka kupunzika pamusana pechimwe chinenge chabata gumbo. [Apingirishwa nomudzi. *He tripped up over a root.*] vb *stumble and fall, trip up*

-PINGUDZA t (L); -nyorovesa t K; -pungudza t Ko. Kufundisa mombe kuti ijaire kubopwa. Kudzidza kuzvibata muzviito nomupfungwa. [Tinowanzopingudza mombe muchirimo. *We usually break in the oxen before the rains.*] vb *break in (oxen or other animals), tame, train through discipline;* -PANDUTSA

-PINIMIDZA t (H) Kufambisa muswe kana besu. [Mhuru yaipinimidza muswe ichiyamwa. *The calf shook its tail as it sucked.*] vb *wag, activate (tail)*

PINJISI 9 (HLL); mbato 9; rumano 11. Mudziyo unoshandiswa kubatisa zvinhu samabhaudhi etc. cf Eng n *pincers; pliers; small scissors-like tool for holding, turning or twisting things*

-PINYINGUKA i (H) Kuzvongonyoka senyoka. [Gonye rakapinyinguka ratsva. *The caterpillar writhed when it was scorched.*] vb *twist, turn, writhe rapidly*

-PINZA t (L) **1.** cf -pinda i. vb *put in, bring in, let in, admit, insert, allow entry;* -BURITSA; **2.** Kusagomedzeka kwebanga, demo etc. [Mbezo yasekuru yakapinza chaizvo. *Grandfather's adze is very sharp.*] vb *be sharp, keen edged (blade);* -GOMARA

-PIPA t (H) Kusevenzesa mushonga wokuti zvakaipa zviitike kuno mumwe. [Kare vanhu vaipipana. *Long ago people cast spells upon one another.*] vb *cast spell to induce harm*

-PIPFURA t (H); -gwishura t M. Kudimbura somuti wakaoma etc. [Pipfura tsotso ukuhwidze moto. *Break up the twigs and kindle a fire.*] vb *snap in two (e.g. dry stick or something brittle); Related ideo:* pipfu

PIPI 5, map-6 (HH); shiripiti 5. Kuitika kunoshamisa. n *magic, wonder, miracle, astonishing achievement or performance (e.g. conjuring trick)*

-PIRA t (H) Kuteurira kumudzimu kana kuna Mwari. [Vakabika hwahwa hwokupira midzimu. *They brewed ritual beer for offering the family spirits.*] vb *sacrifice, offer to the spirits*

PIRITSI 5, map-6 (HLL) Mushonga unonwiwa nemvura. cf Eng *medicinal pill*

PIRO 9 (HL); mutsamiro 3. Chokutsamira kana munhu avete. cf Eng n *pillow, soft cushion for the head*

PIROKESI 9 (HLLL); pirokosi 9. Jira rinenge homwe rinoisirwa piro. cf Eng n *pillow-case*

-PISA i & t (H) Kukonzera kutsva sezvinoita moto kana zuva. [Tsika yokupisa sora muchirimo yakaipa. *The practice of burning veld-grass in the dry season is injurious.* Mwana wangu anopisa muviri. *My child has a temperature.*] vb *burn, scorch, consume with fire, set light to, burn up, be hot; Related ideo: (e.g. to brand)* shoche; -DZIMA; -TONHORA; **-pisirira** i; -dziyirira i [Nhasi kuri kupisirira. *It is rather warm today.*] vb *be hot, warm; Re-*

lated ideo: toko
-PISHINUKA i (H); -vhandanyuka i. Kusanyatsorongeka kwezvinhu. [Midziyo yapishinuka sei kudai? *How did these pots and pans get in such disorder?*] vb *be in disorder;* **-pishinudza** t; -pishinura t; -vhandanyura t [Ndapishinudza mbatya mubhokisi ndichitsvaga mari. *I disarranged the clothing in the box looking for the money.*] vb *disturb order, put in disorder;* -RONGA
-PITINUKA i (L) Kufamba kunoita mhuka kana vanhu vari vazhinji. [Mhuka dzakapitinuka dzichiuya kundonwa mvura. *Wild game flocked together as they moved to drink water.*] vb *flock, move in large numbers*
PITO 9 (HL); nyere 9; pembe 9; hwisiri 9. Chinoridzwa nokufuridza; chinoshandiswa pamutambo wenhabvu. n *whistle, instrument for making a sharp noise*
-PIYA t (H) cf -piringisha t; -tsvingira t; -pinga t. vb *trip*
-PIYANISA t (H); -chinjika t. Kutandika kana kuti kupesanisa zvinhu. [Piyanisa matanda pamusuo wedanga. *Place the poles cross-wise at the entrance of the kraal.*] vb *place across, interlace*
PIYANO 9 (HHL) Mudziyo unoridzwa mumhanzi. cf Eng n *piano*
PIZI 9 (HL); ndodzi 9 M. Chokudya chinorimwa mugadheni, chakafanana nenyemba. cf Eng n *pea*
-PO *(abbreviated form of the Cl 16 demonstrative* **apo**.*)* [Akagarapo nguva huru. *He lived there for a long time.* **But note:** [Havapo = Havasi pano. *He is not here.*]
-PODZA t (H); -poresa t cf -pora i. [Tii yapodzwa iri mugaba. *The tea cooled off in the mug.*] vb *cool hot things — usu liquids, cool off;* -DZIYISA
-POFOMARA i (L); -pofumara i. Kufa kana kukuvara kwamaziso achibva atadza kuona. [Akapofomara achiri mucheche. *He went blind as a baby.*] vb *be blind;* **-pofomadza** t; -pofumadza t. [Uturu hwenyoka hwakamupofomadza. *The snake venom made him blind.*] vb *blind*
-POKANA i (L) Kusatendera kana kusagutsikana nezvinenge zvataurwa. [Unopokana here nezvandataura? *Do you disbelieve what I said?*] vb *contradict, be incredulous;* -TENDERA
-POMBA t (H) **1.** Kuvhutira mweya muvhiri rebhasikoro kana remota etc. [Pomba bhasikoro rangu ndiende. *Pump up my bicycle for me to go.*] vb *inflate, blow up, pump air or liquid;* -FOTOTODZA; **2.** Kumonerera jira etc pachimwe chinhu. [Ndakamuona muchipatara, akapombwa musoro. *I saw him in hospital with his head bandaged.*] vb *wind round, bandage;* -PUTUNURA
POMBI 9 (LH) Simbi (kana mupira etc) ine mwena pakati. Chokupombesa mweya nacho. n *water pipe, tap, air pump*
-POMEDZERA t (H); -pomera t; -poma t. Kupa munhu mhosva yaasina kupara. [Jaya iri rinopomedzerwa umbavha. *This young man is falsely accused of theft.*] vb *accuse falsely, impute blame;* -PEMBEDZA
-PONA i (H) **1.** -naya i. Kupunyuka munhamo kana matambudziko akasiyana (zvirwere etc). [Tinamatirei kuti tipone. *Please pray for us to get better.*] vb *survive, recover, get well;* **2.** Kusununguka mwana. [Apona mwana akasimba chaizvo. *She has delivered a very healthy baby.*] vb *deliver, give birth to;* **-ponesa** i & t [Mapiritsi aya anoponesa nokukurumidza. *These pills bring a quick recovery.*] vb *save from danger, heal from, make well, redeem, deliver*
-PONDA t (L) Kuuraya munhu kana mhuka nokurova. [Akaonekwa achiponda munhu. *He was seen murdering someone.*] vb *murder, execute by striking*
-PONESA i & t (H) cf -pona i
-PONORA t (H) Kurovera muti munyoro pabwe kana padanda kuti usvuuke. Kusvuura rwodzi. [Ponora makavi tivake dara. *Strip the bark-fibre and we will make the drying-platform.*] vb *beat a green limb of tree to loosen bark, debark*
POO 5, map-6 (HL) Simbi inowanzoshandiswa kutakura mawaya egetsi kana kubata denga cf Eng n *pole, pylon*
POPO 5, map-6 (HL) Muchero mukuru wakapfava womupopo. cf Eng n *pawpaw*
-POPOMA i (L) Zvinoita mvura kana ichierera napana mabwe. [Mvura inopopoma napamatombo. *The water tumbles over rocks.*] vb *cascade*
-POPOTA i (H) Kutaura mazwi okushatirwa pamusana pokutadzirwa. [Mudzimai wake akararopopota. *His wife spent the whole night grumbling.*] vb *quarrel, complain, grumble;* **-popotedzana** i [Regai kupopotedzana nezvisina maturo. *Stop quarrelling over trifles.*] vb *quarrel using angry words*
-PORA i (H) **1.** Kutonhora kunoita chambenge chichipisa. [Kana tii yapora haindinakiri. *I don't like cold*

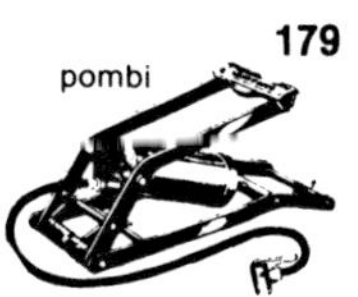
pombi

pombi

piyano

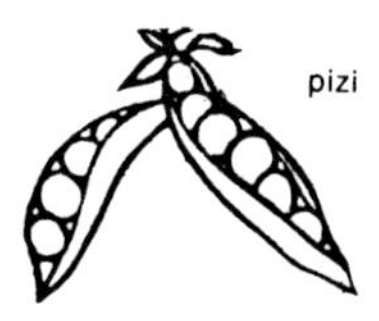
pizi

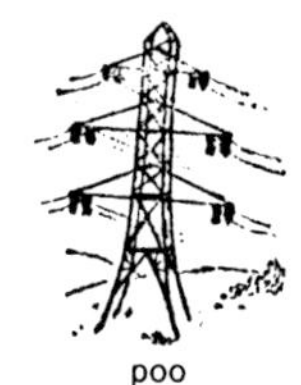
poo

-popoma

-puka

-pukuta

poto

tea.] vb *become cool;* -PISA; **2.** Kurega kurwadza kunoita ronda kana pakakuvadzwa. [Ndichaitwa oparesheni mangwana; ndichabuda svondo ramangwana kana ndapora. *I shall have an operation tomorrow. I shall go home next week if I am better.*] vb *cease aching, heal, get better (wound);* **-podza** t; -tonhodza t vb *cool hot things*

-POROMOKA i (H) Kupunzika kubva padenga. [Akaporomoka mumuzhanje. *He fell from a* muzhanje *tree.*] vb *fall from a height;* **-poromora** t [Ndakaporomora mabwe mugomo. *I tumbled rocks down the hill.*] vb *cause to fall from a height, cause to tumble down a slope*

-POSHA t (H); -posa t. Kukweretesa mumwe chaanoda kushandisa ozodzora. [Ndamuposha madhora gumi. *I lent him ten dollars.*] vb *lend;* -KWERETA; **2.** Kupa huku mhunga, kana zviyo etc. [Posha huku mangwanani ose. *Feed the fowls every morning.*] vb *feed poultry*

-POSITA t (H) Kuisa tsamba mubhokisi madzinozotorwa dzichitumirwa kwadzinenge dzakanyorerwa. [Ndaposita tsamba mangwananingwanani. *I posted the letters early in the morning.*] cf Eng vb *post (letters)*

-POTA i (H) **1.** -poterera i & t. Kutenderera gomo kana churu etc. [Pota seri kwemba undotora huni. *Go to the back of the house and fetch some firewood.*] vb *go or walk round an object;* **2.** Izwi rinoshandiswa mukuratidza rupfave norukudzo. [Ndapota, ndiitirei basa iri. *I beg you to do this job for me.*] vb *usu in the first person with meaning: I beg (please . . .);* **3. Compound Predicate:** + *Partic compliment* [Anopota achindinetsa. *He is always annoying me.*] vb *do continually, carry on doing*

-POTERA i (H) Kuenda kwokuponera. [Haana kwokupotera. *He has nowhere to escape to.* Apotera atya. *One who has taken refuge has surrendered. prov* 116] vb *take refuge, fly to safety*

-POTEREDZA t (H) Kutenderedza nzvimbo etc. [Murume akapoteredza gadhe neminzwa. *The man surrounded the garden with thorn branches.*] vb *surround, encircle*

-POTERERA t (H) Kutenderera imba, gomo etc. [Apoterera motokari achitsvaga kiyi dzake. *He walked around the car searching for his keys.*] vb *walk or go round*

POTO 9 (LL) Mudziyo wakagadzirwa noutare wokubikira. cf Eng *pot*

-POTSA i & t (L) Kutadza kurova kana kutema kana kubaya pawanga wakananga. [Ukapotsa mbada nepfuti inokukuvadza. *If you miss a leopard with a gun you will get hurt.*] vb *fail to hit, misfire, shoot awry, miss*

-POTSERA t (L) Kukanda namaoko. [Vakomana vakapotsera mabwe kuchiva. *The boys threw stones at the puff-adder.*] vb *throw, take a shot at, fling, cast;* -GAMHA; -BATA

-POYA i (L); -pwanya i M. Kupaza nokubuda pakazarirwa. Kutiza pakamanikidzika. [Mombe dzakapoya vanhu varere. *The cattle got out while the people were asleep.*] vb *break out, escape by using force, force one's way out;* **-poyiwa** i *passive form*

-PSVA i M (H) cf -tsva i. vb *burn, be burnt*

-PSVAIRA t M (H) cf -tsvaira i. vb *sweep*

-PUKA i & t M (L) cf -svetuka i & t. [Imbwa yakapuka ibwe ichimhanyira tsuro. *The dog leapt over the rock in pursuit of the hare.*] vb *jump over, leap across*

-PUKUNYUKA i (L) Kusvotora kana kubvisa pakasungwa kana kuti pakabatwa zvine simba. [Mhembwe yakapukunyuka ndayeverwa. *The duiker escaped when my mind was distracted.*] vb *break out from being gripped or snared;* **-pukunyura** t [Musungwa akaedza kupukunyura kuti atize. *The prisoner tried to wriggle free and escape.*] vb *release someone's grip, wriggle free from grasp of hands, escape*

-PUKUTA t (L) Kubvisa huruva kana tsvina nejira, kana nebhuracho etc. Kubvisa chinenge chapinda muziso. [Pukuta tafura nejira nyoro. *Wipe the table with a damp cloth.*] vb *wipe, dust, dry with a cloth; polish, shine*

-PUMA i (H); -buda i. Kuchenuruka kunoita jira pamusana pokugarisa kana kuti pamusana pokunyanya kugezwa. Kurasa ruvara. [Hembe yangu yakapuma nezuva. *My shirt has faded with the sun.*] vb *fade, lose colour, run (e.g. shirt being washed)*

-PUMHA t (L) Kupomera mumwe mhosva yaasina kuita. [Vandipumha uroyi. *They accused me falsely of witchcraft.*] vb *accuse falsely*

-PUMHUKA i (L) Kutiza sehwai kana dzaona imbwa. [Hwai dzikaona imbwa, dzinopumhuka. *Sheep take to flight when they see a dog.*]

vb *run wildly, run away in fear;* **-pumhutsa** t [Bere rakapumhutsa mbudzi dzangu dzaiva kunze kwechirugu usiku. *The hyena stampeded my goats which were outside the enclosure by night.*] vb *put to flight*

-PUNDIRA i (H) Kuita mapundu sesadza kana risina kunyatsobikwa zvakanaka. [Sadza rapundira. *The sadza has lumps.*] vb *form lumps (e.g. when flour is clumsily added to a liquid)*

-PUNGURA t (H) Kudurura mvura (kana hwahwa etc) uchisiya imwe irimo. [Pangura mvura muchirongo. *Pour out some water from the water-pot.*] vb *pour small amount from a container (esp liquid), pour an amount of a flowing substance (e.g. beer or meal) from a container, decant, remove small amount*

PUNHA 1a, pl: vana- (HL) Kasikana kachiri kadiki. n *young girl (not yet reached puberty)*

-PUNYUKA i (L) Kubva muubatwa. Kutiza munjodzi. [Ndakapunyuka napaburi retsono. *I escaped through the eye of a needle, i.e. I had a narrow escape.* Ndakapunyuka rufu mutsaona nezuro. *I escaped death in an accident yesterday.*] vb *evade, run away, escape from captivity;* **-punyutsa** t [Imbwa yedu ikabata mhuka, haipunyutsi. *Once our dog gets hold of game it does not let go.*] vb *cause to escape*

-PUNYUNYA i (H); -purudada i. Kuratidza kusafara kana kushora. Kufinyamisa pameso. [Ari kupunyunya pamusana poutsi. *He is pulling ugly faces on account of the smoke.*] vb *register strong disapproval by facial expression*

-PUNYUTSA t (L) cf -punyuka i.

-PUNZA t (H); -putsa t. Kurovera kana kudonhedza hari, ndiro etc pasi, ichibva yameduka. [Mwana apunza kapu yetii. *The child smashed the tea-cup.*] vb *break, smash, crack (something brittle), let fall, knock over, knock down, push over, upset*

-PUNZIKA i (L) **1.** -wa i; -donha i. [Ndakapunzika mumuzhanje. *I fell from a wild loquat tree.*] vb *fall; Related ideo:* bvucha, gwabadara, fovovo, kwambanda, ngwanja, njandara, rapata, rikiti, ripiti, zhokoto; **2.** -pwanyika i [Chenjera magirazi aya; anopunzika. *Take care of these glasses; they are fragile.*] vb *be easy to break, breakable;* **-punzikira** i & t [Chidhakwa chakapunzikira mugoronga. *The drunk fellow fell into a ditch.*] vb *fall onto/into*

-PUPA i & t (L) Kuburitsa furo. [Madhonza akapupa furo nokurima. *The oxen frothed at the mouth in the course of ploughing.*] vb *foam, froth*

-PUPUDZA t (H); -rarira i Kuedzerwa uchikurukurirana nomumwe etc. Kurega kurara usiku hwose. [Takapupudzira kuimba. *We spent the whole night singing.*] vb *stay up all night*

-PUPUMA i (L) Kuva furo. [Pakugeza vhudzi sipo inopupuma chaizvo. *When washing the hair soap lathers freely.*] vb *lather, froth*

-PUPURA t (H) Kutendera kuti zvataurwa nomumwe ndizvo zvawakaonawo zvichiitika. [Akandipupurira nhema mudare. *He gave false witness against me in the tribal court.*] vb *bear witness, give evidence*

-PUPURUKA i (H) Kuenda nemhepo kunoita chisingaremi. [Chamupupuri chakauya, hembe yangu ikapupuruka. *The whirlwind came and my shirt was carried away.*] vb *be blown away (by current of wind);* **-pupurutsa** t; -pupurudza t; -peperetsa t [Mhepo yakapupurutsa mashizha ose aiva pachivanze. *The wind blew away all the leaves in the yard.*] vb *blow away in current of wind, flutter (in breeze)*

-PURA t (H) **1.** -mhura t. Kurova zviyo kana mhunga etc nemipuro kuti zviote. [Tinopura zviyo paruware. *We thresh the finger-millet on a granite out-crop.*] vb *thresh;* **2.** -zvinda t. Kurova zvakanyanya. [Akapurwa namatsotsi. *He was beaten up by thugs.*] vb *flog, thrash, scourge*

PURAGI 9 (LHL) **1.** Nhengo inobatanidza kufamba kwesimba ramagetsi. cf Eng n *plug;* **2.** Chidzivo chebhavhu. n *bath plug;* **3.** Nhengo yeinjini inofambisa simba regetsi kuti peturu iputike. n *spark plug*

PURANGA 5, map-6 (LHL) Bande romuti wakavezwa. cf Eng n *plank (planed); long, flat piece of sawn wood*

PURAZI 9 (LHL); puraze 9. Nzvimbo inorimwa kana inochengeterwa mombe etc. cf Portuguese & Afrik n *farm*

PUREMA 9 (LHL) Mudziyo una mavhiri mana unotakurirwa mucheche. cf Eng n *pram*

PUREZHA 9 (LHL); madiro 6. Kufara kana kuzvifadza kunoita munhu. cf Eng n *pleasure, feeling of being happy or satisfied*

-PURURA t (L) Kubvisa mashizha pamuti kana tsanga dzomupunga noruoko. [Daidza vakomana vapurure mupunga. *Call the boys to strip the rice (from the stalks).*] vb

-punzika

puragi

puragi

puragi

mapuranga

purema

-pwanya

putugadzike

strip by hand (grain from stem of millet etc)
-PURURUDZA i (H) Kuita mhere-mhere yomufaro uchirova-rova muromo noruoko. [Vakadzi vanopururudza pamuchato. *Women ululate at a wedding.*] vb *ululate; shrill in rejoicing, showing respect; applauding*
-PURUZIRA t (L); purudzira t. Kubata kana kurova-rova zvinyoronyoro kuratidza rudo. [Musikana akapuruzira mucheche akanyarara kuchema. *The girl patted the baby and it stopped crying.*] vb *pat, caress (child or animal)*
-PUSHIKIDZA t (H) Kunama nedhaka kana bota etc. [Mwana apushikidza meso ake nebota. *The child smeared his face with porridge.*] vb *smear a surface*
-PUSA i (L) Kusachenjera. [Anowanzokuvara nokuti akapusa. *He often gets hurt because he is stupid.*] vb *be simple, foolish, stupid; Related ideo:* tutururu, undundu; -CHENJERA
-PUTA i & t (L); -svuta i & t. Kukweva utsi hwefodya. Kufemba. [Ndakaputa zvinodhaka. *I smoked what befuddles the mind.*] vb *smoke, draw tobacco smoke into the mouth or inhale into lungs through the mouth; inhale snuff through the nose*
-PUTANA i (L) Kusvava kunoita maruva, chibage etc kana zvashaya mvura zvoda kuoma. [Mashizha akaoma akaputana. *The dry leaves have shrivelled up.*] vb *cur up, wither;* -SWATUKA
-PUTIKA i (H) Kutsemuka kunoita chakafuta kana chine mweya kana zvimwe zvinhu mukati. [Ndakaputikirwa nerambi. *My pressure-lamp burst over me.*] vb *burst, pop, explode; Related ideo:* puti; **-putitsa** t [Akaputitsa bhora nechipikiri. *He punctured the ball with a nail.*] vb *cause to burst*
-PUTIRA t (L) Kuisa mupepa kana kumonerera mujira. [Putira mucheche mujira arege kutonhorwa. *Wrap the baby in the blanket to stop him getting cold.*] vb *wrap, enclose something in wrapping;* -PUTUNURA
-PUTITSA t (H) cf -putika i. vb *cause to burst*
-PUTSA t (H) cf -punza t. vb *break, crack, smash into pieces*
PUTUGADZIKE 9 (LHLHL); tii 9; svutugadzike 9; mudzimuwava-Rungu 3; misodziyamudzviti 9. Mvura yakavira, inoiswa masamba nomukaka. n *hot beverage (e.g. tea)*
-PUTUNUKA i (L) Kumononoka kunoita panga pakamonana. Kusungunuka kunoita pakasungwa. [Shinda yaputunuka pachivhimbo. *The cotton came off the cotton-reel.*] vb *uncoil, come undone;* **-putunura** t [Putunura pasuru tione zvirimo. *Unwrap the parcel and let us see what is inside.*] vb *undo, unwind, open;* -PUTIRA
PWA 9 K (H) cf ipwa 9. n *sweet sorghum*
-PWA i (H) Kupera kunoita mvura murwizi kana muhari. [Muchirimo hova zhinji dzinopwa. *In the dry season (July — October) many rivers dry up.*] vb *dry up (e.g. pools and rivers)*
-PWANYA t (L) Kutsika kana kudzvanyidzira chinhu kuti chiputike. [Murume akapwanya windo nebwe. *The man smashed the window with the stone.*] vb *crush, trample on, squash, mash, mess up (e.g. machinery), smash up; Related ideo:* pwanyu
PWARUNGU 9 M (HHH) cf nzimbe 9. n *sugar cane*
-PWASHAMARA i (L) Kuita segaba ratsikwa nevhiri. [Ane mhuno yakapwashamara. *She has a flat nose.*] vb *be flat, become flattened;* **-pwashamadza** t [Ndapwashamadza bhokisi nokurigarira. *I flattened the box by sitting on it.*] vb *flatten*
-PWATIKA i (H) Kuputika pamusana pokudzvanyidzirwa. [Ranjisi rako rapwatikira muziso mangu. *Your orange squirted into my eye.*] vb *spurt (e.g. eject juice);* **-pwatika kuseka** vb *burst out laughing;* **-pwatitsa** t [Wapwatitsira ranjisi rako muziso mangu. *You made your orange squirt into my eye.*] vb *squash, cause to spurt, squirt*
-PWERA t (H) cf -rumura t. vb *wean*
PWERE 9 (HH); mupwere 3. Mwana mudiki, asati abva zera. n *child (age: 2-12 years old)*
-PWITITIKA i (H) Kupfungaira kunoita utsi. [Pakuungana kwemombe huruva inopwititika. *When cattle converge the dust rises.*] vb *rise (of smoke or dust)*

R

-RABADIKA i (L) 1. Kurara pamusana pokuneta. [Ndamuwana akarabadika pasi pomuti. *I found her exhausted beneath a tree.*] vb *collapse from weakness;* 2. Kufamba kunoita munhu murefu. [Rume rakarabadika nomubani. *The tall man walked leisurely through the vlei.*] vb *walk slowly (tall person)* **-rabaditsa** t [Zuva rakamurabaditsa. *The sun wearied him to exhaustion.*] vb *make to collapse*

RABHA 5 & 9 (HL) Chinoshandiswa kudzima zvanyorwa. cf Eng n *rubber, eraser*

-RADANUKA i (H); -rudunuka i. Kubva kunoita musono wejira kana shinda yakarukisa. [Sokisi rangu raradanuka. *My stocking has a ladder.*] vb *come undone, be split (stitching), unpicked;* **-radanura** t; -rudunura t [Musikana aradanura chaange aruka kuti atange zvakanaka. *The girl undid what she had knitted in order to begin properly.*] vb *undo stitching*

-RADZIKA t (H) cf -rara i. vb *lay down gently, lay full length, put to bed;* -MUTSA

RAINI 5, mar-6 (HLL) cf mutsara 3; mutsetse 3. cf Eng n *line*

-RAIRA t (L); -ravira t. Kudya zvishoma, kunzwa kuti zvinonaka here. [Raira muriwo unzwe kana munyu wakwana. *Taste the relish to see if it has enough salt.*] vb *taste*

-RAIRA t K (H) cf -rarira t. vb *take evening meal, eat supper*

RAKADZI 5, mar-6 (HHL); gadzanda 5. Zai renda. n *nit*

-RAKASHA t (H) Kurova zvakanyanya. [Mbavha yakarakashwa yaonekwa iri mumba. *The thief was given a good hiding when discovered in the house.*] vb *beat severely*

-RAKATIKA i (L) Kuparara kana kufa kwavanhu nemhuka etc zhinji panguva imwe chete. [Muhondo vazhinji vanosiyiwa varakatika. *In time of war many people are left dead.*] vb *perish, die (many together)*

-RAKAIDZA t (L); -taridza t cf -ratidza t. vb *show, point out, demonstrate, indicate;* -VANZA

RAMBA 5, mar-6 (HH); muramba 3; hokota 9; mukokota 3. Hove ino usopo, inowanzogara mumadziva ana madhaka. Ingareme kusvika 30 kg. n *barbel, catfish*

-RAMBA i & t (L) Kurega kubvuma. Kuti handidi. [Aramba kuuya kuno. *He refused to come here.*] vb *decline, refuse, deny; be reluctant, unwilling; Related ideo:* kan'ara, kakata, kukutu; -BVUMA; **-rambana** i; -siyana i [Vakarambana gore rakapera. *They divorced last year.*] vb *divorce, leave one another;* -DANA; **-rambidza** t [Vandirambidza kutaura zvakaitika. *They forbade me to tell what happened.*] vb *forbid, refuse permission, prohibit;* -BVUMIDZA; **-rambika** i [Akapara mhosva isingarambiki. *He committed an irrefutable crime.*] vb *be open to refute, deniable;* **Compound predicate: -ramba** + *Participial* Kuenderera mberi mukuita chinhu. [Ramba uchiimba. *Carry on singing.*] vb *continue, keep on, persist;* -MIRA; -REGA

RAMBANYUKA i (H) Kusvetukasvetuka kunoita mombe etc pakumhanya dzichifara. [Mhuru dzazarurwa mudanga dzinorambanyuka. *Calves frolic when released from the enclosure.*] vb *gambol, frisk;* **-rambanyudza** t [Pwere dzinorambanyudza mombe dzichienda kudhibhi. *Children excite cattle on their way to the dip.*] vb *make to run (with high spirits or through fear)*

RAMBI 5, mar-6 (HL) Mwenje unoshanda neparafini netambo kana negetsi. cf Eng n *lamp*

-RAMWA i & t (L) Kuramba zvokudya etc somwana kana atukwa kana kuti akatsamwa. [Kakomana kakatukwa kakaramwa sadza. *The little boy who was scolded refused to eat his sadza.*] vb *refuse (esp food) as sign of displeasure or in a sulk*

RANGA 5, mar-6 (LL) Zvichena zvinobuda mumaziso, kazhinji kana munhu achangomuka mangwanani. n *discharge from eye esp after sleep*

-RANGA t (L); -raya t. Kurwadzisa anenge aita zvakaipa. [Anoita mhosva anorangwa. *Whoever commits a crime is punished.*] vb *punish, chastise;* -REGERERA

-RANGANA i & t (L) Kutaurirana zvokuita. Mbavha dzakarangana kundopaza chitoro. *The thieves plot-*

rabha

ramba

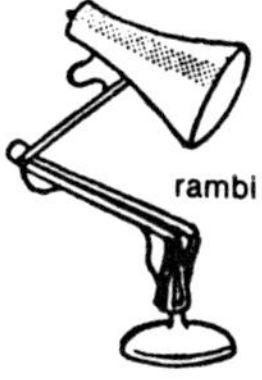
rambi

rambi

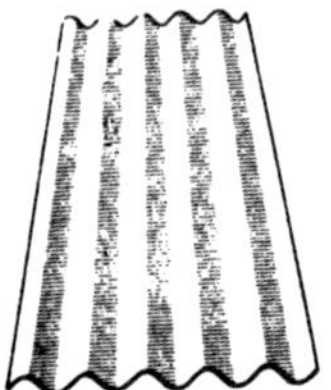
ranjisi

rata

-raura

ted to break into the store.] vb *plot, make secret plans*

-RANGARIRA i & t (L) Kudzamisa pfungwa; kufunga zvakaitika kare. [Akarangarira zvokufa kwasekuru wake anobva achema. *When she recalls the death of her grandfather she bursts into tears.*] vb *consider, ponder, meditate, reflect, dwell upon, think over, call to mind*

-RANJANGUKA i (H) Kupunzika somunhu anowa namanhede. [Pakumhanya pwere yakagumburwa ikaranjanguka. *The child tripped and fell as it ran.*] vb *fall over;* **-ranjangudza** t [Mhou yakaranjangudzwa neimwe dzichirwa. *The cow was knocked off its feet while fighting.*] vb *knock off balance to the ground*

RANJISI 5, mar-6 (HLL); orenji 5. Muchero womuranjisi. cf Eng n *orange*

RANZI 5, mar-6 MZ (HH) Museve wezuva. n *ray of sun*

-RAPA i & t (L) Kupa mushonga wokuti murwere aite zvakanaka. [Mushonga uyu unorapa chaizvo. *This medicine heals very effectively.*] vb *treat, apply or administer medicine; cure, heal;* **-rapika** i [Chirwere chake chinorapika. *His illness is curable.*] vb *be curable, respond to treatment*

-RARA i & t (H); -vata i. Kukotsira kana kuzvambarara pamubhedha kana pasi. [Nhasi ndinorara pano. *Today I will sleep here.* Anorara nembwa anomuka ava nenhata. *One who sleeps with a dog will wake up with fleas. prov* 351a *i.e. Bad companions corrupt.*] vb *sleep, lie down, be in a condition which provides unconsciousness and rest; Related ideo:* fatata, kubu, kushu, pfodo, pfumbu, ranyn'u, ranyu, ringinyi, raba, rubu; -MUKA; **-radzika** t; -rarisa t; -radza t [Mukadzi wangu atoradzika vana izvozvi. *My wife has just this minute put the children to bed.*] vb *lay down gently, put to bed, give a bed for the night;* -MUTSA

-KARADZA i (L) cf -dhakwa i. [Rume rakafuma rakararadza. *The tall man was drunk on waking.*] vb *be intoxicated, under the influence of alcohol*

-RARAMA i (L) **1.** Kuva mupenyu. [Kakomana kairarama nemichero yesango. *The little boy survived on wild fruit.*] vb *live, survive;* -FA; **2.** Kupona kuva zviri nani. [Ukanwa mapiritsi aya uchararama. *If you take these pills you will get better.*] vb *recover health;* **-raramisa** i & t [Mvura ndiyo yakatondiraramisa. *It was only water that I survived on.*] vb *keep alive;* -URAYA

-RARIRA i & t (H) **1.** -vhumbamira t. Kuvatira mazai sehuku etc. Shiri dzinoita vana nokurarira mazai. *Birds get their young by sitting on eggs.*] vb *incubate, hatch, sit on eggs, brood;* **2.** Kudya chokudya chamauro. [Takararira mupunga nenyama yehuku manheru. *Last night we ate rice and chicken for supper.*] vb *sup, eat supper*

-RARIRO- (H); -raro-; -rindo-. Kuita chinhu usiku hwose. [Mhou yakararirobowa. *The cow spent the whole night lowing.*] infix vb *all night long*

-RASA t (H); -rasha t K; -taya t **1.** Kukanda chinhu kure pamusana pokuti hachina basa etc. [Rasa chokudya chasara ichi. *Throw this remaining food away.*] vb *throw away, abandon, cast aside, get rid of;* **2.** Kushaya chawambenge uinacho muhomwe kana muruoko. [Ndarasa chitupa changu. *I have lost my Registration Certificate.* Marasa nyaya. *You have lost the point / thread.*] vb *lose;* -WANA; **-rasa mwoyo** vb *despair, abandon hope, lose heart;* -TARISIRA; **-rasika** i; -rashika i [Ndakarasika mugomo. *I got lost on the hill.*] vb *go astray, be lost, get lost; miss the point (of argument)*

RATA 5, mar-6 (HL); zen'e 5. Chidimbu chikuru, chakafara, choutare, chinoshandiswa kupfiririsa. cf Portuguese n *sheet of tin metal (esp zinc-coated corrugated iron for roofing)*

-RATIDZA t (L); -rakidza t; -taridza t. Kuonesa. Kunongedzera kuti mumwe achione. [Ndiratidze pawakuvara. *Show me where you are hurt.*] vb *show, demonstrate, point at or out, indicate;* -VANZA; **-ratidzika** i; -taridzika i [Zvinoratidzika kudaro. *It appears so.*] vb *have/give the appearance of, seem/appear to be*

RATYA (LL); racha K. Izwi rinoshandiswa kureva kuita kwose kusina hanyn'a. [Anoti vana ratya savasiri vake. *He treats the children as if not his own.*] ideo *of showing irresponsibility*

-RAUDZA i (H) Kusvika gumi nezvimwe. Kuwanda zvokupfuuridza. [Akabvisa mombe makumi maviri nokuraudza paroora rake. *He paid more than twenty cattle for his lobola.*] vb *exceed multiples of ten (20, 30, 40 etc)*

-RAURA t (H); -vedza t; -wedza t M; -redza t. Kubata hove nechirauro. [Majaya okuno anofarira kuraura. *The local young men like fishing.*] vb *fish, catch fish with rod and line*

-RAURA t M (L) cf -ravira t. vb *taste*
-RAVA t K (L) cf -verenga t. vb *read, count*
-RAVANA t (L) Kuchinjana kuita basa. Kuti mumwe atakure mutoro kana kuita basa mumwe akazorora. [Ngatiravanei kutakura bhokisi iri. *Let us take turns in carrying this box.*] vb *do by turns, take turns*
-RAVIRA t (L); -raira t. Kudya zvishomanana kana kuisa parurimi kuda kunzwa kuti chokudya chinonaka sei. [Mwana akatanga kuravira chiwitsi ndokunyemwerera. *The child first tasted the sweet, then smiled.*] vb *taste*
-RAYIRA t (L); -raya t; -rayiridza t. Kuudza mumwe zvokuita. Kupa zano. [Ndirayire zano rokuita. *Advise me what to do.*] vb *instruct, advise, give advice (usu by one in authority);* **-rayiwa** i *passive form*
-RAZVUKA i (H) Kusvetuka seingwe kana imbwa pakumhanya. [Imbwa yakarazvuka yaona shumba. *The dog bounded off when it saw the lion.*] vb *take long leaps, bound*
-REBA i (L); -repa i Ko. Kuenda mudenga kana mberi. Kuva murefu. [Tambo yanyanya kureba/yarebesa. *The string is too long.*] vb *be long, tall, high; Related ideo:* rebei; -PFUPIKA
REDHIYO 9 (HLL); wairesi 9; wairesi 9. Mudziyo unotambira zvinotepfenyurwa. cf Eng n *radio*
-REDZA t (H) cf -raura t. vb *fish, catch fish with hook*
REFU 5, 9 & 10 (LH) [bango refu = *long pole*] adj *long, tall;* -PFUPI
-REGA i & t (L) Kusaita. Kusiya munhu kana chinhu chakadaro. [Murege. *Leave him alone.* Rega kudaro. *Don't do that.* Wairegererei kumubhadhara? *Why did you not pay him?* Regazvipore akabva mukutsva. *'Let-it-cool-down' had already burnt himself. prov* 1041 *i.e. Once bitten twice shy.*] vb *abandon, desist from (+ infinitive); Related ideo:* gwa; **-regera** i & t; -regedza i & t [Regera shiri iende. *Release the bird and let it go.*] vb *let go, release, leave alone, omit, give in, give up*
-REGERERA t (L) Kukanganwira mumwe zvaakakutadzira. [Ndapota ndiregererewo. *I beg you to forgive me.*] vb *forgive, absolve, forgive wrong, pardon;* -RANGA; **-regereka** i [Hanganwa dzangu dzinoregereka. *My forgetfulness is pardonable.*] vb *be forgivable, pardonable*
REKENI 9 (HLL); ndandi 9. Chubhu inovedzengwa yoshandiswa kupotseresa matombo etc. cf Afrik n *catapult, piece of stretchable inner tube*
-REKETA i & t KoM (H) cf -taura i & t. vb *talk, speak;* -NYARARA
REKODHI 9 (HLL) Chomumhanzi chakagadzirwa, china mazwi okuimba etc. cf Eng n *record, disc for playing*
REMA 5, mar-6 (HH); feya 5 Ko. Munhu ane pfungwa dzisingatori zvakanaka; anopenga. n *fool, stupid or half-witted person;* MUNGWARU
-REMA i (L) Kuva nouremu kwomunhu kana mhuka etc. Kusava nyore. [Bhokisi rizere mabhuku rinorema. *A box full of books is heavy.* Vana pamuviri havafaniri kuita basa rakarema. *Pregnant women should not do heavy work.*] vb *be heavy, difficult; hard;* -RERUKA, -NYORE; **-remedza** t [Vakaremedza rori yangu mavhiri akaratidzika kuti fototo. *They overloaded my lorry so much that the wheels appeared flat.*] vb *overload, load to excess;* -RERUTSA
-REMADZA t (H) Kukonzera kuremara. [Andiremadza ziso nebwe. *He caused a permanent injury to my eye with a stone.*] vb *cripple, maim, mutilate*
-REMARA i (H) Kuva chirema; kuita zvisina kufanira kana zvakapusa. [Akazvarwa akaremara maziso. *He was born with imperfect eyesight.*] vb *be deformed, lame, squint-eyed etc; be simple-minded, stupid, foolish*
-REMBA i M (L) cf -neta i. vb *become tired*
REMBE 5, mar-6 (HH); deperepe 5 M. Ganda rinorembera muhuro memhuka, seremhuka inonzi mhofu (yomukono). n *dewlap*
-REMBERA i (L); -rezuka i; -dembera i. Kuratidzika kudonhera pasi. [Bhurukwa rake rakarembera pamutararo. *His trousers dangle from the clothes-line.*] vb *dangle from, hang or droop down or loose*
-REMBUKA i (H); -rerembuka i M. Kudhadhamuka sederere. [Urimbo hunorembuka kana hwadziyiswa. *Bird lime is sticky when heated.*] vb *be viscous, glutinous, tacky*
-REMEDZA t (L) cf -rema i. vb *overload;* -RERUTSA
-REMEKEDZA t (L); -remedza t M. Kukudza munhu. [Vanhu vanofanira kuremekedzana. *People ought to respect one another.*] vb *reverence, honour, respect, appreciate;* SHORA; **-remekedzeka** i [Mutoo wokubatsira vasope unoremekedzeka. *The practice of helping albinos is praiseworthy.*] vb *be commendable, laudable;* -SHOREKA

-rava

redhiyo

-redza

rekeni

marekodhi

-remara

renge

retisi

reza

-rezva

-ridza ngoma

RENDI 9 (HL) **1.** Mari yokubhadharira imba kuti munhu arambe achigaramo. cf Eng n *rent, payment made for use or hire of a house;* **2.** Nguva yokutambudzika kwakaita Kristu, nokuzvinyima ari woga mugwenga kwamazuva anoita makumi mana inochengetwa navatenderi kana Isita yava padyo. cf Eng n *Lent, religious season before Easter*

RENGE 5, mar-6 (HH); gaudya 5; gubwi 5 K; gunja 5 M. Shiri yakaenzana nehorwe, inodya tumbuyu nemhodzi nemichero. Inowanzowanikwa munzvimbo dzine miti mishoma kana mumasango ouswa chete nokukandira mazai pasi. n *bustard, korhaan, sp of large seed-eating and insect-eating ground bird*

RENGENYA 5, mar-6 (LLL); mvemve 5. Jira kana mbatya dzasakara chaizvo. n *rag, scrap of material*

RENJE 5, mar-6 (HH) Nzvimbo huru yakaoma isina miti kana makwenzi, kana uswa hwakawanda. n *wilderness*

REPI 5 & 9 (HL); repu 5 & 9. Muriwo womugadhe, unowanzoita muchirimo. cf Eng n *rape (vegetable)*

-RERA t (L) Kuchengeta mwana zvakanaka kuti akure zvakanakawo. Kuvaraidza mwana kana mai vake vasipo. [Ambuya vanorera vazukuru vavo. *Grandmother brings up her grandchildren.*] vb *rear child, baby-sit, take care of child in mother's absence, foster, nourish, bring up and educate*

-RERA i (H) Kurembuka somuto womunhenzva. [Hwahwa hunorera kana hwagarisa muhari. *Beer is sticky when it has stood too long.*] vb *be viscous, tacky*

-REREKA i & t (H) Kukombamira kurutivi. Kugadzika chinhu chisina kutwasanuka. [Rereka chirongo ndione mvura yasara. *Tilt over the water-pot and let me see how much water is left.*] vb *tilt, be tilted, inclined to one side, lean over (when applied to the sun:* **zuva rarereka** = *sun-down)*

-RERUKA i (H) Kusarema kana kuva nyore. [Zvakareruka. *It is easy.*] vb *be easy, light; Related ideo:* reru; -REMA; **-rerutsa** t [Ndarerutsa mutoro wangu nokubvisa zvimwe zvawo. *I have lightened my load by taking some things out.*] vb *make easy, light, lighten;* -REMEDZA

RETISI 9 (HLL); retusi 9; retitsi 9. Muriwo womugadhe unodyiwa uri mumbishi. cf Eng n *lettuce*

-REVA i & t (H) **1.** -ti i & t; -bvira t K. Kutaura. [Uri kureva ani? *Whom do you mean?*] vb *utter, mention, name, mean, speak;* **2.** Kutaura zvakaipa zvomumwe, iye asipo. [Mwana anoreva vamwe haadiwi. *A child who tells on others is not liked.* Reva ishe wakakwira pachibwe. *Gossip about the chief while standing on a stone. prov* 1568 *i.e. Be in a good position when challenging someone in high office.*] vb *backbite, denounce, tell on;* **-r. nhema** [Rega kureva nhema. *Don't tell lies.*] vb *accuse falsely, malign, slander, back-bite, tell a lie;* **-rehwa** *passive form:* **-reverera** t [Tireverereiwo pakupomerwa mhosva. *Please speak for us when we are accused.*] vb *speak in somebody's defence, intercede for*

REZA 9 (HL) Chisvo chokugusisa ndebvu. cf Eng n *razor blade*

-REZUKA i (H) cf -rembera i. vb *droop, hang down, dangle from*

-REZVA t (H) Kuita kuti mwana arare kana anyarare kuchema. [Rezva mucheche arege kuchema. *Pacify the child and stop it crying.*] vb *lull to sleep, carees or pacify child*

-RI i (H) [Ndiri jaya. *I am a young man.*] **Future:** [Ndinenge ndiri pano. *I shall be here.*] **Past:** [Nezuro ndakanga ndiri pano. *I was here yesterday.*] vb *be*

-RIDIMUKA i (H); -rimbinyuka i. Kumhanya semombe dzichiita chamurambamhuru. [Mombe dzaridimukira kunonwa mvura. *The cattle galloped off to drink water.*] vb *gallop away;* -NZUNZUTA; **-ridimudza** t; -ridimutsa t [Akaridimudza mombe pakudzika kurukova. *He made the cattle gallop as they descended to the river.*] vb *make to gallop*

-RIDZA t (L) Kukonzera kuti ngoma, pfuti, gitare, pito etc zvirire. [Ari kufundira kuridza gitare. *He is learning how to play the guitar.*] vb *cause to sound (musical instrument, bell, gun, etc);* **-r. manja** [Vazhinji vakaridza manja paakanwisa bhora. *Many clapped when he scored a goal.*] vb *applaud with hands, cheer;* **-r. mhere** [Aridza mhere atya. *One who has called for help has surrendered. prov* 115 *i.e. One who reveals a need calls for your help.*] vb *scream, cry or shout for help;* **-r. mheterwa** vb *whistle with finger;* **-r. muridzi/muridzo** vb *whistle with lips;* **-r. ngoma** [Vechiduku vanofarira kuridza ngoma. *Young people like playing the drum.*] vb *sound a drum, beat a drum; Related ideo:* pangu, tindingu

-RIGA t (L) Kupunza chino mumhu mukuru. [Ndariga hunde yomuti nenguva pfupi. *I felled a big tree in a short time.*] vb *knock down, topple over, fell a tree*

RIKICHO 5, mar-6 (LLH); richo 5. Basa rinoitwa nomunhu kuti awane mari; kazhinji kusakura mumunda momumwe. n *casual work for which money is paid (usu in an owner's field)*

-RIKITA t (L) Kurova zvakanyanya. [Murume akarikitwa musi weChishanu. *The man was beaten up on Friday.*] vb *flog, strike several hard blows*

RIMA 5 npl (HL); dima 5 M. Kusvipa kunoita kunze usiku kana kusina mwedzi. n *darkness, lack of light;* CHIEDZA

-RIMA t (L) Kutimba pasi negejo etc kuti pagodyarwa mbesa. [Vanhu vazhinji vava kurima netirakita. *Many people have come to plough with a tractor.*] vb *plough, turn over the soil, cultivate, hoe*

-RIMBINYUKA i (H) cf -ridimuka i. vb *gallop;* -NZUNZUTA

RIMI 5, mar-6 (HH) Murazvu womoto. n *flame*

RINDA 5, mar-6 (LH) cf guva 5. n *grave*

-RINDA i & t (L) cf -rara i. vb *put up for the night, sleep;* -MUKA; **-rinza** t; -rinzika t cf -radzika t. vb *lay down (to sleep);* -MUTSA

RINDI 5, mar-6 M (LH) cf gomba 5. n *hole in ground*

-RINDO- (LL) Kuita chinhu usiku hwose. [Mwana akarindochema. *The child cried all night long.*] infix vb *all night long*

-RINGA t (H); -ringisa t. Kutarisa kana kutsvaga. [Rega ndiringe mari yangu. *Let me look for my money.*] vb *glance; look at, l. for, l. upon;* **-ringa-ringa** i & t [Akaringa-ringa mumashure. *He looked about behind him.*] vb *look here and there; look about*

-RINGANA i (L) Kuenzana kana kukwana. [Tapuwa mari yakaringana. *We were given equal payments of money.*] vb *be even with, equal*

RINGI 5 & 9 (HL) Mhete inopfekerwa pamunwe. cf Eng n *ring*

-RINGISA t (H) cf -ringa t. vb *look at with attention*

RINI? la (HL); rinhi? la. Mubvunzo wokuda kuziva musi kana zuva kana nguva. [Uchauya rini kuzondiona? *When will you come to see me?*] adv *when?;* **narini; rini narini.** adv *for ever*

-RINZA t (L); -rinzika t; -radzika t cf -rinda i. vb *lay down, put to bed*

-RIPA t (L) Kubvisa mari kana mubhadharo wokupa mumwe wawakanganisira kana kuti akuitira zvakanaka. [Mutongi akamuti aripe muripo wamadhora gumi. *The judge ordered him to pay a fine of ten dollars.*] vb *pay for, compensate for, pay a fine;* **-ripira** t [Mhosva iyi uchairipira nemari zhinji. *You will pay a lot of money for this offence.*] vb *pay fine for*

-RIRA i (L) Zvinoita chinenge charidzwa. Kuchema kunoita mhuka kana tumbuyu. [Ngoma yakarira, vanhu vakatamba. *The drums sounded and the people danced.*] vb *make a noise e.g. chirp, cry, call (birds, insects, some animals, drums etc);* **-ridza** t. vb *cause or make to sound or resound e.g. telephone, drum, piano, bell, etc.*

-RIRITIRA t (H); -kotsvera t M. Kuchengeta kunoita baba mhuri yake. Kupa zvokudya, zvokupfeka, etc. [Mai vakaririritira vana vavo mugore renzara. *The woman provided for her children in the year of famine.*] vb *provide with necessaries of life, care for, bring up*

RIVA 5, mar-6 (HL) Ibwe kana fendefa rinoteyiwa kuti mbeva etc zvigotswanyiwa kana zvapindamo. n *falling-stone trap*

RIZE 5, mar-6 (LH); chinyavada 7 K; karize 12 M cf mbambarize 9. n *scorpion, insect with claws and painful sting in the tail*

-RODZA t (L); -petura t. Kukwesha demo kana banga etc pafaira kana pabwe kuti zvipinze. [Rodza banga uvhiye mbudzi. *Sharpen the knife and skin the goat.*] vb *sharpen, whet;* -GOMEDZERA

-ROHWA i (H) cf -rova i.

ROKWE 5, mar-6 (HL) Jira rakasonwa hembe yechikadzi. cf Afrik n *female dress or skirt*

ROMBE 5, mar-6 (LL) Munhu asina pfungwa dzakakwana; anoita zvisina ungwaru. Munhu murombo pamusana pokupusa kwake. n *ne'er-do-well, spendthrift, improvident person*

-ROMBERA i (L); -dhogodheka i. Kuibvisa kunoita nyama, muriwo, manhanga nezvimwewo pakubika kunopfuura mwero. [Warega mbambaira dzichirombera. *You have allowed the sweet-potatoes to overcook.*] vb *be over-done in cooking; overcooked;* -FURUKA i; **-rombedza** t [Amai havadi kuti urombedze nyama. *Mother doesn't want you to overcook the meat.*] vb *overcook;* -FURUDZA

ROMBO 5 npl (LH); chanzi 7. Mhanza yakanaka. [Akaita rombo pakuwana mudzimai wakadai. *He did well to marry such a wife.*] n *chance, luck*

RONDA 5, mar-6 (LL); chironda 7. Pakakuvara. Nzvimbo iri pamuviri yakakuvadzwa. n *wound, sore*

-rira

-rimbinyuka

rize

rokwe

rokwe

ringi

rori

rovambira

-RONDA i & t (L) Kutevedzera pafambwa napo seimbwa etc. Kutevedzera munhuhwi (kazhinji wemhuka). [Imbwa yangu ishasha pakuronda mhuka. *My dog is very good at following the scent of game.*] vb *follow a scent or spoor; pick up the scent, track*

-RONDEDZERA t (L) Kunyatsotsanangura zvose. [Pakudzokera kumusha akarondedzera tsaona yake. *On returning home he gave an account of his accident.*] vb *relate in detail, describe fully, give detailed account*

RONDO 5 npl (HH); dongo 5 M. Ivhu rinoshandiswa kuumba. n *potter's clay*

-RONGA t (L) **1.** Kuturikidzanisa midziyo etc. [Ronga ndiro idzi. *Put these plates in good order.*] vb *pile, put in line or in order (horizontally or vertically);* -RONGONORA, -BVONYONGEDZA; **2.** Kugadzirira zvokuzoita. [Tapedza kuronga zvokuita mangwana. *We have completed what to do tomorrow.*] vb *arrange, make plans;* **-rongedza** t [Arongedza midziyo ndokundorara. *She put away the utensils and then went to bed.*] vb *put away in proper order or place, tidy, put in order;* **-rongonora** t [Pwere dzakarongonora zvitina zvangu. *The children put my bricks in disarray.*] vb *put into disorder, disorder;* -RONGA

RONGO 5, mar-6 (LH) Hari inobikirwa nyama. n *earthenware pot for cooking meat*

-RONZA t (L) Kupa mumwe zvipfuyo (mombe etc) kuti akuchengetere. [Mombe dzedu nhanhatu dzakaronzwa kuna VaGiya. *Our six cattle have been entrusted to the care of Mr* Giya.] vb *entrust livestock to another's care*

-ROORA i & t (H) Kupa vabereki vomukadzi pfuma yokuti vakubvumire kutora mukadzi iyeyo. [Mukoma wangu akaroora gore rakapera. *My elder brother married last year.*] vb *take a wife by payment of lobola (bride-price);* **-roodza** t [Mukunda wake akaroodzwa iye ari Joni. *His daughter was given in marriage while he was away in Johannesburg.*] vb *go through with and acknowledge marriage negotiations (by the relatives of a girl)*

ROORA 5 npl (HHL) Pfuma inobviswa pakuroorwa kwomwanasikana. n *bride-price, lobola*

ROPA 5 npl (LL) Mvura tsvuku inowanikwa mumuviri womunhu kana mhuka etc nokufambisa zvinodikanwa nomuviri wose nomutsinga dzinobva mumwoyo nedzinoenda kwauri. n *blood;* **r. rakanaka:** *good fortune;* **r. rakaipa:** *bad luck*

-ROPAFADZA t (L) cf -komborera t. [Varimi vakaropafadzwa gore rino nemvura. *The farmers this year are blessed with rain.*] vb *bless*

RORI 9 (HL) Motokari huru yokutakurisa sokuti jecha, huni etc. cf Eng n *lorry*

RORO 5, mar-6 (HL) Muchero womusango, womuroro. n *fruit of* muroro *bush*

-ROTA i & t (H) Zvinoitwa nokuonwa nomunhu akakotsira. [Ndarota ndahwina rotari. *I dreamt I won the lottery.*] vb *dream, seem to see or experience during sleep*

-ROTOMOKA i (H) Kutaura usina kumbonyatsofunga. [Rega kurotomoka. *Don't talk nonsense.*] vb *talk without taking thought; talk in sleep;* **-rotomodza** t [Kazhinji kudhakwa kunomurotomodza. *Drinking often causes him to talk rubbish.*] vb *cause to talk incoherently*

-ROVA i (L) Kutsakatika. Kurega kudzoka zvakare. [Bachi rangu rakarova. *My jacket can't be recovered.* Mweya wangu haurovi. *My soul is imperishable.*] vb *be permanently absent, go away for good, disappear and not be seen again*

-ROVA t (H) Kuranga neshamhu kana chibhakera etc. [Ticha anorova vane musikanzwa. *The teacher chastises those who play the fool/disobey.* Charova sei chando; kuzoona hamba yokwira mumuti? *How cold must it be that (even) the tortoise is climbing a tree? prov* 573 *i.e. Hardship can induce extraordinary changes of fortune.*] vb *strike, beat, give a hiding, punch, whip; Related ideo:* bha, dhe-e, dhi-i, kwa, kwapu, pa, ta, titi, tya, zvabu, zvambu; **-rova guva** t; -gadzira t. Kuchenura mweya womunhu akafa (nenhumbi dzawo) kuti uve mudzimu. vb *settle and incorporate spirit of dead person (at* kurova guva *ceremony) into the spirit world;* **-rova nembama** vb *slap, beat with open hand; passive form:* **-rohwa; -rohwa nehana** [Pandakazvinzwa ndakarohwa nehana. *When I heard it I was alarmed.*] vb *be alarmed, agitated, apprehensive (Passive Form)*

ROVAMBIRA 9 (HHHL); nzayo 9 Ko. Nyoka huru, yakasvibirira; kazhinji inogara mugomo. Ino uturu hunouraya nourefu hwe-2 m kana kupfuura. n *black mamba*

-ROVEDZERA i (H) cf -jaira i. vb *be accustomed*

-ROVERA t (H) Kubatanidza mapuranga etc nechipikiri. [Rovera zvipikiri panhungo kuti denga risimbe.

Fasten nails to the roofing-poles so that the roof will be firm.] vb *fasten by striking e.g. by a nail;* **-r. gonhi** [Usarovere gonhi. *Don't slam the door.*] vb *slam door, close with a bang;* **-roverera** t [Aroverera chikwangwani pamuti uri pamhararano. *He nailed a sign-board on the tree at the cross-roads.*] vb *nail onto, fasten*

-ROVHA i (L) Kurega kuenda kwaunofanira kuenda nguva dzose. Kurega kuita zvaunofanira kuita. [*John* arovha kuchikoro nhasi. *John has played truant today.*] vb *be absent (temporarily), stay away from*

-ROYA i & t (L) Kushandisa mushonga kuti mumwe afe kana kukuvara. [Mukadzi uyu anonzi anoroya. *This woman is alleged to be a witch.*] vb *bewitch, cast a spell, harm by use of magic; poison;* -ROYONORA; *passive form:* **-royiwa; -royonora** t [Ukasaroyonora mwana wangu ndinokubaya nepfumo. *If you do not take the spell off my child, I will stab you with a spear.*] vb *remove a spell;* -ROYA

-ROZVA t (L); -paradza t. Kutorera mumwe kana kumukanganisira zvinhu zvake. [Mwanakomana wake akarozva upfumi hwose. *His son wasted away all the wealth.*] vb *ruin, destroy, defraud*

RUBATSIRO 11 (LHHL) cf -batsira i & t; ruyamuro 11. n *help, assistance;* CHIPINGAMUPINYI

RUBHAPATIDZO 11 (LHHHL); ruombeko 11 cf -bhapatidza t. cf Eng n *baptism*

RUBOSHWE 11 (LLH); runzere 11 M; boshe 5 Ko. Ruoko rusiri rudyi. n *left hand;* RUDYI

RUBVUNZAVAENI 11 (LLLLLL); mazeruza 6 M; ruvhunzavaeni 11 K. Nguva yokuchangoti hunderere. n *dusk*

RUCHAMIRO 11 (LLLL) 1. Pfungwa yokushingirira kusvikira pakubudirira. n *zeal, enthusiasm;* 2. Chokuvavarira. n *objective of striving e.g. qualification of some kind*

RUCHENGERA 11 (LLLL) cf -chengera t. n *excessive suspicion due to jealousy*

RUCHIVA 11 (LHH); ruchivo 11; ruziso 11. Pfungwa yokuchiva chomumwe. [Anondiitira ruchiva. *He is envious of me./ He reveals lust for me.*] n *envy, covetousness*

RUDADO 11 (LLL); kudada 15. n *pride;* KUZVIDUKUPISA

RUDHENDE 11 (LHH) cf ruzhinji. 11. n *the rest, majority*

RUDO 11 (LH) cf -da i & t. Mwoyo unotsvira mumwe ushamwari hwakakomba. [Rudo ibofu. *Love is blind. prov* 1580 *i.e. Love induces a blind stupidity.*] n *love (human and divine), affection;* RUVENGO

-RUDUNUKA i (L) cf -radanuka i. Kubvisika kunoita shinda etc. yakasona. [Juzi rangu rabatwa nomunzwa rikarudunuka. *My jersey was caught by a thorn and pulled a thread.*] vb *come undone (woven article);* **-rudunura** t [Rudunura musono wehembe uisone patsva. *Undo the seam of the shirt and sew it afresh.*] vb *unstitch, unstring, undo woven or knitted article, rip open;* -RUKA, -SONA

RUDYI 11 (LH) Ruoko rwokudya narwo. n *right hand;* RUBOSHWE

RUDZI 11 (LL) plur. ndudzi 10; marudzi 6. Mhando kana dzinza kana gai. n *race, breed, tribe, sort, species, clan, kind, variety*

RUDZI 11 (LH); rwodzi 11; cf gavi 5. n *bast, strip of inner bark used as string*

RUENZANISO 11 (LLLLL); ururami 11. Kusava norusaruro. n *justice, fairness;* RUSARURO

RUFARO 11 (LHH) cf -fara i. Kufara kunoita munhu kana paine zvakanaka zvaapiwa kana zvaanzwa etc. n *happiness, joy;* KUSURUVARA; **norufaro** adv *with joy, happily*

RUFU 11 (LH); rufo 11 M; nhamo 9; nhamu 9. Panengee pafiwa kana kufa kwomunhu. [Rufu haruna ishe. *Death knows no chief. prov* 1020 *i.e. Death is the lot of everyone.*] vb *death, bereavement, funeral;* KUZVARWA

RUFURAMHEMBWE 11 (LLLLL) Mangwanani-ngwanani kana kuti nguva dzokuvira kwezuva. n *dawn, or dusk (grazing time of duiker)*

RUFUSE 11 (LLL) Ivhu rinopisa panokuhwidzirwa moto. n *hot earth where fire has been made*

RUGANDE 11 (LHL); rukande 11. Kuunza chibage etc chokudyira pamwe chete kunoitwa navadiki. n *contribution to a communal meal (usu of herd boys) eaten away from home*

RUGARE 11 (LLH) Kugara zvakanaka. [Rugare rwenda kuruma akaitakura. *It makes for the contentment of the louse to feed on its host. prov* 725 *i.e. Don't bite the host that feeds you.*] n *peace;* HONDO

RUGOMBE 11 (LLL); kagombe 12. Kadhibhu kanoteyiwa shiri. n *small whip-snare for birds*

RUGOTWE 11 (LLH) plur: magotwe 6; gotwe 5. Mwana anopedzisira kuzvarwa mumhuri. n *last-born child;* DANGWE

RUGWAKU 11 (LLH); rugo 11 Ko.

rubhapatidzo

rudyi

ruboshwe

rugwaku

magwaro

-ruka

rukodzi

rukore

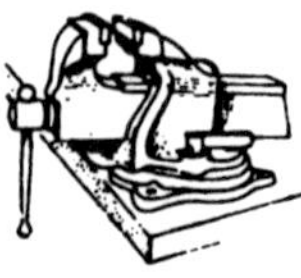

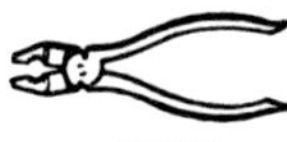

rumano

-ruma

cf mugwaku 3. n *wooden spoon used for serving out food*
RUGWARO 11 (LLL) cf tsamba i. n *letter*
RUGWEZHA 11 (LLL); rugwezhwa 11; rugwenhere 11; rugwezva 11. Nzvimbo yakapfita nemiti. n *thick area of bush*
RUHANDA 11 (LHH) plur: handa 10. Tambo yebhutsu. n *shoe-lace*
RUJEKO 11 (LLL); ruvheneko 11. Kuchena kunoita nzvimbo inenge yavhenekwa. n *light, illumination;* RIMA
-RUKA i & t (L) Kuita juzi kana zvimwe zvakadaro neshinda. [Madzimai anodzidziswa kuruka. *The women are taught to knit.*] vb *knit, plait, braid, weave together (with one needle or two), crochet;* -RUDUNURA
RUKANGARABWE 11 (LHHHL); rukangarahwe 11; runjekete 11. Tubwe tudikidiki, tunenge jecha. n *stony patch of ground*
RUKATO 11 (LLL) Kamuti kane minzwa, kanokura kakatandika. n *general name for sprawling shrubs and climbers with hooked thorns*
RUKODZI 11 (LHL); ruvangu 11. Shiri inodya hukwana nembeva etc nokuvaka dendere mumuti murefurefu. n *kestrel, or other small hawk*
RUKONYE 11 (LLL) Mhando yamakonye anodya madzinde kana mashizha echibage nedzimwe mbesa. n *stalk-borer, infestation of a crop by stalk-borer*
RUKORE 11 (LLH) cf mheni 9 n *lightning*
RUKOVA 11 (LLL) plur: hova 10; rwizi 11. Mugero kana nzvimbo inoerera mvura. n *small river, stream*
RUKUDZO 11 (LHH) cf -kudza t. Ruremekedzo runoitwa kumunhu. n *respect, honour, reverence;* RUZVIDZO
RUKUKWE 11 (LHL), plur: hukwe 10. Tsanga dzinorukwa, pokurara. n *sleeping-mat (can be rolled up)*
RUKUNDU 11 (LLH); chikundu 7 M. Chirwere chinobatwa nembwa. n *mange (dogs)*
RUKUNHA 11 (LLL); karuso 12 Ko. Rudzi rweshamba diki. n *small variety of cattle melon*
RUKUNI 11 (LHH) cf huni 9. n *stick of firewood*
RUKUNZVIKUNZVI 11 (LLLLL); mazeruza 6 M cf rubvunzavaeni 11. n *dusk*
-RUKUTIKA i (L) Kushaya simba mumuviri. [Murwere akarukutika kwazvo nhasi. *The sick person is very weak today.*] vb *be weak, exhausted, languid; Related ideo:* rukutu; -SIMBA; **-rukutisa** t [Basa randaita randirukutisa samare. *The work that I did tired me out.*] vb *exhaust, weaken;* -SIMBARADZA
RUKUVA 11 (LHH), plur: huva 10; chikuva 7; hwira 9 Ko. Nzvimbo inogadzikwa hari etc. n *inner side platform for supporting pots, ledge inside hut*
RUKUVE 11 M (LHH) cf Kukadzi 1a. n *February*
RUKUVHUTE 11 (LHHL) Mutezo unobva paguvhu romucheche kana achangosunungukwa. n *umbilical cord*
RUKWA 11 (LL); chipingo 7 M. Mushonga wokuti zvirimwa kana michero zvirege kubiwa. n *charm to protect produce from theft*
RUKWEZA 11 (LHH); zviyo 8. Mbesa inokuyiwa upfu hwokubikisa hwahwa kana sadza. n *finger millet*
RUMA 5, mar-6 (HL); huma 9. Izwi rinoshandiswa pakutyisidzira pwere, rinoreva kuti zimhuka rinoruma vanhu. n *mythical fearsome creature (a term used to frighten children)*
-RUMA t (H) Kushandisa mazino kana horera. Kudanzura chinhu namazino. [Chenjera, imbwa yake inoruma. *Be careful, his dog bites.* Yaruma sei nzara; hurudza kurarira hute? *How biting the hunger must be that (even) an expert farmer eats wild plums in the evening. prov* 575 *i.e. It surprises to find a rich man suffering want.*] vb *bite, sting; Related ideo:* ndure *(insect),* go, kobo *(snake),* kabu, n'a, n'adu.
RUMANO 11 (LLL); vhaisi 9; chimano 7. Chokubatisa mapuranga etc. anenge achivezwa. n *vice, instrument for gripping fastened to a work-bench; pliers, pincers*
-RUMBA i M (L) cf -mhanya i. vb *run;* -FAMBA
RUMBABVU 11 (LLL) cf mbabvu 9. n *rib*
RUMBARIRO 11 (LLLL) cf mbariro 9. n *purlin, thin or split pole used to bind together the poles in wall or roof*
-RUMBIDZA t (L); -virikidza t. Kutaura mazwi okukudza kana kufarira. [Mudzidzisi anorumbidza vanogona. *The teacher praises those who are clever.*] vb *praise, glorify, sing the praises of*
RUMBO 11 (LH), plur: dzimbo 10; rwiyo 11. Mazwi anoimbwa. n *song, hymn*
RUMBORERA 11 (LLHL); horera 9. Mutezo unoruma weigo kana nyuchi. n *organ used for stinging (e.g. of bee, hornet, scorpion etc)*
RUMHANDI 11 (LHL), plur: mhandi 10. Bazi romuti. n *forked-branch of tree*

-RUMIKA t (H) Kushandisa nyanga kana chimwewo kuburitsa ropa pakazvimba. [Akaramba kuti n'anga imurumike, akaenda kuchipatara. *He refused to let the diviner draw his blood and he went to hospital.*] vb *bleed (person) by means of antelope horn etc.* Cf chirumiko

-RUMURA t (H) Kurega kuyamwisa. [Akarumura mwana ava namakore maviri. *She weaned the child at the age of two.*] vb *wean;* -YAMWISA

RUNAKO 11 (LLL) cf -naka i. Kutarisika kunoyemurwa. n *attractive appearance, beauty (physical), physical goodness;* KUIPA

RUNDA 5, mar-6 (LH); mudzira 3. Nyama yakaita segakava, isingatsengeki. n *tendon, sinew, gristle*

-RUNDA i & t (L) 1. Kupora kunoita pakakuvara. [Chironda changu chazorunda zvino. *My wound has started to heal.*] vb *begin to heal (of wound);* -NYENGA; 2. -rundata t M. Kurukirira buri rinenge riri pajuzi, sokisi etc. [Amai vakarunda juzu rangu. *Mother darned my jersey.*] vb *darn, mend a hole in any knitwear*

RUNDAZA 11 (LLH) Mutsetse wavanhu kana wemiti etc. n *line or file of people, trees, etc*

-RUNGA t (L) Kuisa munyu mune zviri kubikwa. [Tinorunga muriwo nenyama. *We add salt to vegetables and meat.*] vb *salt, add salt flavouring*

RUNGANO 11 (LLL) cf ngano 9. n *story, fable, folk-tale*

RUNHARE 11 (LHL) Foni kana tenigiramu. n *wire, telephone, telegram*

RUNYA 11 (LL) Mwoyo wokukurumidza kugumbuka kana kushatirwa kana kuramwa etc. n *passing emotion of bad temper or sour behaviour*

-RUNYA t (H) cf -furira t. vb *lead astray or into bad ways*

RUNYANGA 11 (LLH) cf nyanga 9. n *horn*

RUNYARADZO 11 (LHHL) cf nyaradzo 9. n *comfort, relief in affliction*

RUNYARARO 11 (LHHL) Kusataura. Kuti zi-i. n *silence, peace, tranquility, spiritual retreat*

RUNYEREKUPE 11 (LLLLL); hwenye 14. Chinonzwikwa samakuhwa. n *rumour*

-RUNZA i (H) Kufambisa kunoita chipfuyo chichibva mune zvimwe kumafuro. [Mombe inorunza haikori. *A wildly restless beast does not grow fat.*] vb *be wayward (e.g. grazing beast)*

RUNZARA 11 (LLH) cf nzara 9; nzwara 9 M. n *nail of finger or toe; claw, talon*

RUNZERE 11 M (LLH) cf ruboshwe 11. n *left hand;* RUDYI

-RUNZIRA t (H); cf -furira t vb *lead astray, lead into doing wrong or sin, tempt*

RUOKO 11 (LHH), pl: maoko 6. Mutezo unoshandiswa kubata etc. n *arm, hand*

RUOMBA 11 (LLL); kirimu 9. Mafuta anowanikwa mumukaka. n *butterfat*

RUOMBEKO 11 (LLL) cf rubhapatidzo 11. n *baptism*

RUOMERA 11 (LHHH) cf rutsuta 11. n *stinginess, meanness*

RUPENYU 11 (LLH) cf upenyu 14. n *life, condition of being alive;* RUFU

RUPFAVE 11 (LLH) cf mutsa 3. n *gentleness, kindness;* UTSINYE

RUPINDUKO 11 (LLLL) cf -pinduka i; ruwadzaniso 11. Kureurura matadzo kumupristi etc. n *confession, sacrament of reconciliation, repentance*

RUPIZA 11 (LLL); rutenho 11. Nyemba dzinokangwa, dzokuyiwa, dzozobikwa. n *relish made from ground, roasted cow-peas*

RUPONESO 11 (LHHL); ruponiso 11. Kununurwa kunoitwa vanhu na-Kristu. n *salvation*

-RURA i (L) 1. Kuwanda. [Kana mvura yanaya, mazongororo anorura. *When it has rained, millipedes are abundant.*] vb *abound, be abundant;* 2. Kushatirwa kunoita chikara kana imbwa etc. [Imbwa yangu inorura. *My dog is vicious.*] vb *be vicious*

RURA 9 (HL) Chidimbu chomuti, simbi etc chakagadzirirwa kueresa. cf Eng n *ruler*

-RURAMA i (L) 1. Kutasanuka kungaite mupuranga, tsono etc. [Shinda ikakakatwa inorurama. *Cotton which is held tight is straight.*] vb *be straight;* -DZVONGAMA; 2. Kunaka muzviito zvose. Kugara upenyu husina chinoshoreka. [Kuwirirana chinhu chakarurama. *Getting on well together is a respectable thing.*] vb *be upright, righteous, just;* -IPA; -ruramisa t [Ruramisa bango iro. *Straighten that pole.*] vb *rectify, correct, arrange, put right, put straight*

RURASADEMO 11 (LHHHH); bararamhanya 5. Kutiza kunoita zvavhundutswa. n *sudden dispersal in alarm or panic*

RUREBVU 11 (LLL) Zvinenge ndebvu zvinobuda kumuromo womuguri wechibage kana chofurura. n *fibrous strands hanging from tip of maize cob (stigma)*

RUREDZO 11 (LHH) Mashizha

runzara

ruoko

ruoko

runhare

rumhandi

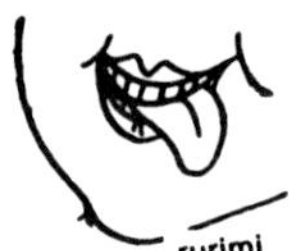

omufeso, anoshandiswa somushonga. n *leaves of devil's thorn used as medicine*

RUREGERERO 11 (LLLLL) cf -regerera t; rusunungurο 11. Kukanganwira munhu anenge akanganisa. n *forgiveness;* CHIRANGO

RURIMI 11 (LHH); pl: ndimi 10. Nhengo yomuviri, iri mukanwa, inogonesa munhu kudya kana nokutaura. Mutauro womunhu. n *tongue; language*

RURINDI 11 (LLH) Chirwere chinokosoresa nokuondesa. n *emaciating sickness accompanied by coughing (e.g. T.B., asthma)*

-RURIRA t (H) Kuisa chokudya mukanwa menyana kunoita dzimwe shiri. [Zvinoyevedza kuona njiva dzichirurira manyana adzo. *It is fascinating to see doves feeding their young from their mouths.*] vb *feed (young birds) from the mouth*

RUSAMBO 11 (LHH); rushambo 11 K. Mari inobviswa nomukuwasha pakuroora. n *part of roora (lobola) consideration which does not include cattle*

RUSARIRO 11 (LHHL) Chuma chakatungwa, chine chipiyaniso chokuverengesa minamato. cf Eng n *rosary*

RUSARURAGANDA 11 (LLLLHH) Kuda rudzi rwako uchisema rumwe rudzi rusina kufanana norwako. n *race prejudice, racial discrimination*

RUSARURO 11 (LLLL) cf -sarudza t. Kuitira vamwe vanhu zvakanaka, vorumwe rudzi vachiitirwa zvakaipa. n *discrimination, favouritism, prejudice*

RUSERO 11 (LLL), pl: tsero 10. Mudziyo unogadzirwa namaruka, unoshandiswa kupepeta. n *flat basket for winnowing*

RUSHAMBWA 11 (LLH), nhamo 9; munyama 3. Mhanza yakaipa. n *disaster, calamity, misfortune, misery, tribulation;* CHIKOMBORERO

RUSHANGA 11 (LLL); mutoro 3 K; bekeswa 5 Ko. Nzvimbo iri kunze kwomusha, yakagadzirirwa zvokupira vadzimu. n *ritual enclosure for veneration of ancestors*

RUSHAYA 11 (LLH); dakashwa 5 M cf shaya 9. n *jaw, jawbone, side of face*

RUSHUSHO 11 (LLL) Kunetsa mumwe pasina chikuru chaatadza. Kunetsa mukadzi kunoita murume. n *tendency of husband to bully or persecute his wife*

RUSUNUNGUKO 11 (LHHHL) Kuva norugare kana kuzvitonga pamadiro. n *freedom;* UTAPWA

RUSUNUNGURO 11 (LHHHL); ruregerero 11. Kukanganwira mumwe zvaanenge aita zvakaipa. n *forgiveness;* CHIRANGO

RUSVAVA 11 (LLL), pl: tusvava 12. Mwana achangosunungukwa. n *newly-born baby*

RUSVINGO 11 (LLL), pl: tsvingo. Madziro akavakwa namabwe; madziro anotenderedza guta kana musha. n *stone wall, fortification of stone*

RUSVOSVERA 11 (LLLL) cf rukodzi 11. n *gen name for hawk*

RUSWA 11 (LH), pl: nziswa 10. Uswa humwe chete. n *blade of grass*

-RUTA i & t (L); -kara i & t. Kudisa kudya tunonaka. [Murume wangu anoruta nyama. *My husband has a selfish desire for meat.*] vb *be greedy over delicacies*

RUTADZO 11 (LHH); pl: mat-6 cf -tadza i; chivi 7 K. n *sin, immoral act, transgression*

RUTAKATIRA 11 (LLLLL); ti-ibhi-i 9. Chirwere chinokosoresa munhu achisvipa ropa. n *pulmonary tuberculosis, consumption*

RUTAPATSIKIDZI 11 (LHHHHL) Kamuti kanoshandiswa kubata tsikidzi. Kanokura kusvika 1 m kana kupfuura. Kanowanzowanikwa munzvimbo dzakakwirira nokuchenuruka. n *bug-catcher shrub*

RUTE 11 (LH); siriri 5. Mate anobuda achierera sezvinoitika kana paine zvinonhuhwira. n *saliva (esp when dribbling)*

RUTENDO 11 (LLL); kutenda 15. n *thankfulness, gratitude*

RUTIVI 11 (LLL), pl: mativi 6 & nhivi 10 cf divi 5. n *side;* PAKATI

-RUTSA t (H) Kubuda nokumuromo kunoita zviri mudumbu. [Akadya damba mbishi akarutsa. *When he had eaten the unripe klapper apple, he vomited.*] vb *vomit, retch, bring up contents of the stomach*

RUTSANGA 11 (LLL) cf tsanga 9. n *reed*

RUTSIGIRO 11 (LHHL) Mari inobviswa kuti igoshandiswa basa rinoyamura vanhu vechechi etc. n *financial support given*

RUTSINGA 11 (LHH) cf tsinga 9. n *vein, artery (N.B. same word for all circulation ducts)*

RUTSITO 11 (LHH); rusosa 11; rumhanda 11 K. Mapango nembariro zvinovakwa kutenderedza munda. n *fence of upright poles to restrict movement, hedge*

RUTSOKA 11 (LLL) cf tsoka 9. n *foot-print, foot*

RUTSUTA 11 (LLH); ruomera 11. Kusada kuparadza mari kwakapfuuridza. n *miserliness, stinginess, meanness*

RUTSVA 11 (LH) Nzvimbo ino uswa hwakatsva. n *area of burnt grass*

RUVA 5, mar-6 (LL) Nhengo yomuti ino ruvara munozoumbwa muchero nemhodzi. n *flower, coloured part of plant from which fruit or seed is later developed*

RUVANGU 11 (LLH), pl: uvangu 14 cf rukodzi 11. n *kestrel, a common small hawk*

RUVARA 11 (LHH) Mhando tsvuku kana nhema kana chena etc. n *colour*

RUVENGANO 11 (LHHL) Kusadanana pakati pavanhu vaviri etc. n *hostility, antipathy;* USHAMWARI

RUVENGO 11 (LHH); daka 5. Pfungwa yokuvenga mumwe pamusana pezvaakaita. n *hatred, violent dislike;* RUDO

RUVHENEKO 11 (LLLL); rujeko 11. Kuchena kunoita panenge pavhenekwa. n *light given (e.g. by lamp), artificial light;* RIMA

RUVHEVHO 11 (LLL) cf -vhevha t. Kubata mumwe kumeso. n *cajolery, flattery*

RUVHUNZAVAENI 11 K (LLLLLL) cf rubvunzavaeni 11. n *dusk (i.e. time when visitors ask for accommodation)*

RUVIMBO 11 (LLL) cf -vimba i. Kuvimba kuti zvichaitika. n *confidence, trust;* RUPOKANO

RUWADZANO 11 (LLLL) Kunyatsonzwana kana kuwirirana kunoita vanhu. n *state of being in harmony, fraternal association*

RUWADZANISO 11 (LLLLL) Sakramende rorupinduko kana kuti kofisiyoni. n *sacrament of reconciliation, s. of penance*

RUWANZAMATARE 11 (LLLLLL) cf Nyamavhuvhu 1a. n *August*

RUWARE 11 (LLH), pl: ngware & ndware 10. Dombo rakati sandara. Panopurirwa zviyo, mhunga, etc. n *flat outcrop of granite rock, bare expanse of granite, threshing floor (larger granite outcrops may be variously called* chikomo *or* gomo*)*

RUYAMURO 11 (LLLL) cf -yamura i & t. Rubatsiro. n *help, assistance*

-RUZA t (L) Kurasikirwa nechaunoda, chine basa kwauri. [Ndaruza mari yangu ndichitamba njuga. *I lost my money while playing a game of cards.*] vb Eng vb *lose, waste, miss;* -WANA

RUZARIRA 11 (LLHL); rujarira 11 M. Ganda rinofukidzira matumbu, chiropa etc. n *diaphragm, muscular partition separating thorax from abdomen in mammals*

RUZEVHA 11 (LHL), pl: maruzevha 6; ruzevhi 11. Ruwa runogara vanhu, rusiri mutaundi. cf Eng n *tribal trust land, reserve;* TAWINDI

RUZHA 11 (LH) Mheremhere inoitwa. n *noise, din, commotion, confused noise, hubbub;* RUNYARARO

RUZHINJI 11 (LHH) Zvakawanda kukunda zvimwe. Nhamba huru yavanhu etc. n *majority, greater number or part*

RUZHOWA 11 (LLL); rusosa 11 M cf rutsito 11. n *hedge, live fence*

RUZISO 11 (LHH); ruchiva 11. n *lust*

RUZIVO 11 (LHH) cf -ziva i & t. n *knowledge;* KUSAZIVA

RUZVIDZO 11 (LLL) cf -zvidza t. Kuita kwokushora kana kuzvidza. n *contempt;* RUKUDZO

-RWA i (L) Kurovana namaoko kana nezvombo. [Handisati ndaona mvuu dzichirwa. *I have never seen hippos fighting.* Panorwa hama nehama mutorwa bvira kure. *Where relatives fight, a stranger should keep aloof.* prov 203 *i.e. Caution is needed when taking sides.*] vb *fight, battle;* **-rwisa** t [Vakomana vakarwisa mbabva yaida kubira chembere. *The boys set upon the thief who wanted to rob the old lady.*] vb *fight against, set upon angrily;* **-rwiwa** i [Pwere dzinotiza panorwiwa. *Children get out of the way when a fight takes place.*] vb *be fought*

-RWADZA i & t (H); -dzimba i & t Ko. Zvinoita pakuvara etc. [Nzeve yangu inorwadza. *My ear is painful.*] vb *ache, pain, be tender or painful; Related ideo:* n'en'enu; **-rwadzisa** t [Rufu runotirwadzisa. *Death causes us grief.*] vb *hurt, grieve*

RWAINGA 11 (LHL); rwenga 11, nzainga 10. Chimedu chehari chinoshandiswa kukangirwa chibage, nzungu, nyimo, etc. n *potsherd, broken piece of earthenware*

RWAIVHI 11 (LHL); pl: nzwaivhi 10; rwavhi 11. Kapuka kanofamba zvishomashoma. Kanokwira mumiti nokudya nhunzi etc zvakanobata norurimi rurefu kwazvo. [Rwaivhi kufamba zvishoma; asi shungu runadzo. *Although a chameleon moves slowly, it is grieved.* prov 283 i.e. *Antagonism breeds silent resentment.*] n *chameleon; sp of slow-moving, tree-climbing reptile*

RWAMA 11 M (LH); shanje 9; tsangadzi 9; kahwama 12 Ko. Mhando youswa hunotandira hune midzi mirefu. n *couch grass, kind of grass*

ruva

ruvangu

-rwa

rwaivhi

with long-creeping feelers, a common weed
-RWARA i (H); -hwara i Ko. Kusanzwa zvakanaka muviri. Kuva nechirwere. [Baba vangu vari kurwara. *My father is ill.*] vb *ail, be ill, sick;* -SIMBA
RWATATA 11 (LHL) Nhengo yomuviri iri pedyo nechiropa namapapu, inobatsira kuti zvadyiwa zvifambe zvakanaka mudumbu. n *pancreas, one of the glands of the body that aid digestion*

rwavhi

RWAVHI 11 (HL) cf rwaivhi 11. n *chameleon*
RWENDO 11 (LL), pl: nzendo 10. Kufamba kunoita munhu achienda kumwe. [Rwendo ndorwaapfiga imba. *It is the one who has locked his house that goes on a journey. prov* 1310 *i.e. Actions are more eloquent than words.*] n *journey, travel, voyage*
RWENGA 11 (LH) cf rwainga 11. n *potsherd, piece of broken earthenware*
-RWERA i & t (L); -rwerwa i & t; -wowa i & t KM; -rwedza i & t. Kubuda mate kunoita mukanwa kana munhu aona zvinonaka. [Vakarwera mate, vanzwa kunhuwira kwenyama. *They watered at the mouth when they sniffed the cooking smell of the meat.*] vb *flow copiously (saliva); cause saliva to flow*
RWIRIKO 11 (LLL), pl: nzwiriko 10; mutondoro 3 M. Muti unopfekerwa pfumo n *shaft of spear*
-RWISA t (L) cf -rwa i. vb *fight against, set upon angrily*
RWIYO 11 (LH), pl: nziyo 10; cf rumbo 11. Mazwi anoimbwa. n *song, chant, psalm*
RWIZI 11 (LH), pl: nzizi 10; cf rukova 11. n *river (e.g. Zambezi)*
RWODZI 11 (LH) cf gavi 5. n *bast, strip of inner bark, bark-fibre with the hard outer cover removed*

saha

S

-SABA i & t M (L); -zeza i & t. Kutya kuita kana kutya chinhu kana munhu. [Mwana akasaba kupinda mubako. *The child was afraid to enter the cave.*] vb *avoid through fear, fear, be afraid*
SABATA 5 & 9 (HLL) Zuva rokuzorora nokunamata. VaJuda vanochengeta Chitanhatu seSabata. n *Sabbath day*
SABHUKU 1a, pl: vana- (HLL) Mutungamiri womusha. n *village headman*

saga

-SABVURA t (L); -bvinha t M. Kurova nebendekete kana negokora. [Akandisabvura achibuda mubhazi. *He brushed me aside as he got out of the bus.*] vb *shoulder, nudge, elbow*
SACHIGARO 1a, pl: vana- (HHHL) Munhu ane chigaro chikuru pamusangano etc. n *chairman*

saha

-SADAGURA t (H) Kuburitsa dumbu kana dundundu. [Njiva dzinosadagura pakurira. *Doves inflate their chests as they coo.*] vb *push out chest or stomach*
-SADHARARA i (H) Kushingirira pakuita mushando. [Takasadharara mukukanya ivhu rokuvakisa. *We put great effort into mixing the mortar for building.*] vb *exert vigour or energy*
SADZA 5, mas-6 (LL) Chokudya chinobikwa noupfu hwechibage, hwomupunga etc. nemvura. Ndicho chokudya choruzhinji rwavanhu muno munyika. n *staple food of thick white porridge, made from maize meal. (Previously a thick reddish porridge made from millet meal.)*
SAGA 5, mas-6 (LH); sagi 5; saki 5. Mudziyo unoererwa mbeu. cf Eng n *sack, large woven or plastic container*
SAHA 5, mas-6 & 9 (HL) Chokuchekesa (kazhinji chinoshandiswa kucheka miti) china mazino akapinza.

n *saw, cutting-tool with tooth-edged steel blade*

SAHOMWE 1a, pl: vana- (HLL) Munhu anopiwa basa rokuchengeta mari. n *treasurer*

SAHWIRA 1a, pl: vana- (HHL); munyeyi 1 M; vaganda 2a K. Munhu waunonzwanana naye chaizvo. Shamwari yapamwoyo inoviga mumwe wayo kana afa. n *bosom friend*

-SAIDZIRA t (L); -sandidzira t; -sundidzira t; -sairira t. Kudzvanyidzira kana kuguma chinhu kuti chiende mberi. [Tasaidzira motokari kuti imuke. *We pushed the motor car to start it.*] vb *push (movement away from);* -KWEVA

SAIMBA 1a, pl: vana- (HLH); saumba 1a M. Mukuru weimba. Baba wemhuri. n *householder, married man*

-SAINA t (H) **1.** Kunyora zita sezvinoita munhu kana apedza kunyora tsamba, kana kunyora zita pamwewo. [Chitupa changu hachina kusainwa. *My registration certificate has not been signed.*] cf Eng vb *sign a name;* **2.** Kunyora zita pachitupa chomusevenzi kuratidza kuti haachasevenzeri munhu waanga achisevenzera. [Akakusaina here? *Did he sign you off?*] cf Eng vb *formally discharge a person from employment*

SAINASUPFU 9 (LLLLL); sainasuku 9; sukunasai 9. Kuita usina hanya. [Pabasa anoita sainasupfu. *He is negligent at his work.*] n *neglect, want of care*

SAINI 9 (HLL); mutembo 3. Mari inopiwa kumunhu anenge apedza yake pamutambo wenjuga etc. Anoipiwa kuti ambotambawo zvakare, pamwe angagone kudzorera yake. n *money given on loan by the winner to a fellow gambler who has lost all his money*

-SAIRIRA t (L) cf -saidzira t. vb *push, shove;* -KWEVA

SAISAI 5, mas-6 (LLLL); sundesunde 5. Kutunhumara kwemvura isina kudekara. n *wave of water*

SAIZI 9 (HLL); ukuru 14. cf Eng n *size*

SAKA (LL) **1.** ndosaka + *Particip.* Izwi rinopa chikonzero. [Anorwara saka asingagoni kushanda. *He is ill, so he is unable to work.*] **2.** saka + **Indicative** [Ndanonoka saka handina kuwana bhazi. *I was late so I missed the bus.*] conj *hence, consequently, so, and so, therefore*

SAKA 5, mas-6 (HH); sakavadzimu 5. Mukana unosara pakati pamazino apamberi. n *gap between upper front teeth*

-SAKARA i (L); -tsakara i. Kuva chitsaru kana kuchembera kwechinhu. [Bhurukwa iri rasakara. *These trousers are tattered.*] vb *be ragged (clothing), tatty, frayed, finished, worn out;* -sakadza t, -tsakadza t [Pwere dzinosakadza mbatya nokutamba. *Children wear out clothes by playing.*] vb *wear out*

-SAKISA t (L) Kukonzera zvinoitika mushure. [Umhutu ndihwo hunosakisa chirwere chemarariya. *It is the mosquito that causes malaria.*] vb *cause, bring about*

-SAKURA t (L) Kutema masora mumunda une zvirimwa. [Pakusakura ndima yavo yechibahwe vakaona chiva. *While cultivating her mealie plot she saw a puff adder.*] vb *weed, cultivate, till, hoe weeds in field*

SAMARE (LHL); chaizvo; maningi; sitereki. Izwi rinoreva kuwandisa, kana kukurisa etc. [Shamwari mbiri idzi dzinodana samare. *These two friends are very fond of one another.*] adv *exceedingly, very much*

SAMATENGA 1a (HHHL); Samasimba 1a; Mwari 1a. Mweya mukuru usingaoneki, musiki wezvinhu zvose, mutongi wavanhu vose. Haana mavambo kana magumo. n *God almighty;* CHISIKWA

-SAMBA i & t M (L) cf -shamba t. vb *wash self*

SAMBURERA 5, mas-6 (LLHL); sambureni 5; sambureri 5; sumburera 5 cf amburera 9. cf Afrik n *umbrella*

SAMHU 9 (HL); nhamba 9; svomhu 9. cf Eng n *arithmetic, science of working with numbers*

-SAMHUKA i (L) Kukura kunoita munhu kana mhuka kana muti etc. [Mbwanana yakasamhuka nenguva ndiki. *The puppy grew up in a short time.*] vb *grow*

SAMI 5, maS-6 (LH); muKura 1. Munhu wechizvarwa chokuIndia; muBwacha. n *Indian, Asiatic*

SAMUKANGE 5, mas-6 (HHHH); gangemukange 5; nyarufirira 1a M. Svosve guru, dema, rinoita dendere mumwena. n *black, ground-nesting ant; stinkant*

SAMUKURU 1a, pl: vana- M (HLHH); sadombo 1a cf munyai 1. n *agent-friend to whom marriage negotiations are entrusted*

SAMUSHA 1a, pl: vana- M (HLH); saimba 1a. Izwi rinodaidzwa naro murume ane mhuri. n *married man, family man*

SAMUTUME 1a, pl: vana-6 (HHHL); samutumwa 1a; samukuru 1a; sadombo 1a cf munyai 1. n *agent-friend to whom marriage negotiations are entrusted*

SANDANGA 5, mas-6 (LHL); sa-

-saidzira

saisai

saka

samburera

2
+2
4
samhu

nganda 5; sengende 5. Mudziyo unorukwa nouswa etc unoiswa pachirei nokutakurisa mbeu pakukohwa. n *ox-drawn basket-like container used for transporting crops and placed on wooden sledge*

SANDARA (LLL) [Nhandare yedu yebhora yakazonaka nokuti yakati sandara. *Our football field is very fine because it is level.*] ideo *be flat*

-SANDARIKA i (L) Kuenzana kwapanzvimbo etc. [Dzimba dzedu dzakavakirwa pakasandarika. *Our houses were built on level ground.*] vb *be level, flat;* -TUNHUMARA; **-sandaridza** t [Mugwagwa unosandaridzwa pakugadzira. *A road is levelled when repaired.*] vb *make level;* -TUNHUMADZA

-SANDIDZIRA t (L); -saira t; -sairira t. Kusunda chose chose. [Mombe dzinosandidzirana pakupinda mudanga. *Cattle jostle one another on entry into the kraal.*] vb *push against, shove;* -KWEVA

sando

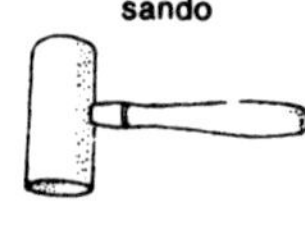

SANDO 9 (LL) cf nyundo 9. cf Nguni n *hammer*

sando

-SANDUKA i (L) cf -pinduka i; -shanduka i. [Mavara erwaivhi anosanduka. *The colours of a chameleon change.*] vb *be transformed, changed, altered;* **-sandura** t cf -pindura t vb *change, alter (size, shape, nature). Related ideo:* sandu

-SANGANA i (L); -sanganidzana i. Kuuya panzvimbo imwe chete. [Takasangana panzira. *We met on the way.* Ndakasangana naye kumusha. *I met him at home/my village.*] vb *meet, come together; mix;* -PARADZANA; **-sanganisa** t; -sanganidza t [Tinosanganisa mukaka netii. *We add milk to tea.*] vb *mix, include*

SANGANO 5, mas-6 (LLL) Chita chavanhu. Izwi iri rinorevawo chechi kana kuti vanhu vanotendera muna Kristu. n *association, society, Church (moral body)*

SANGO 5, mas-6 (HH) dondo 5; nzvimbo ine miti nouswa, munogara mhuka. [Sango rinopa aneta. *The veld gives (game) to the one who is tired.* *prov* 1453 *i.e. Rewards are given to those who persevere.*] n *veld, savanna*

-SANO- (L) cf -fano- infix vb *beforehand, meanwhile, meantime*

SANZU 5, mas-6 (HH); shazhu 5 K. Bazi romuti rakatemwa, rina mashizha aro notutsotso. n *branch (cut or fallen) with its leaves and twigs*

SAPA 9 (HH); mutsapa 3 M. Ivhu jena rine jecha. n *sand veld (whitish in colour)*

-SARA i (H) 1. Kuramba chiripo kana zvimwe zvabviswa. [Kwasara huku ngani? *How many chickens remain?*] vb *remain, be left over, stay behind;* **2. Compound predicate** -sara + *Participial* [Sara uchichengeta mombe dzangu. *(Meanwhile) remain looking after my cattle.*] vb *remain (doing);* **-sarira shure** [Vana vasingapindi chikoro vanosarira shure. *Children who don't go to school do not make progress.*] vb *be backward, unprogressive;* -ENDERERA MBERI

SARA 5 (LH); sare 5. Muguri wechibage unomera pamuchekechera. n *rare kind of maize grain produced on the tassel*

-SARUDZA t (L); -sarura t; -shara t K. Kutora zvimwe uchisiya zvausingadi. Kutsaura mukati mezvizhinji. [Sarudza hembe yaunoda. *Choose the shirt that you want.*] vb *choose, select, pick out*

SARUPU 9 (LHL); surupu 9; sirupu 9. Maitiro okuremekedza. Kuisa chanza pamhanza nokudzikisa ruoko samasoja vachikwazisa mukuru. cf Eng n *salute*

sarupu

SARURAUDE 9 (LHHLL); tsarurraude 9 M. Zvinhu zvakawanda zvokusarudza. n *range of choice, selection*

SASA 5, mas-6 (HH); gonhi 5 cf musuo 3. n *door*

sasa

-SASA t (L); -mwaya t; -mwaza t; -miza t M. Kuzunza jira etc rine mvura. [Sasa mvura pachivanze usati watsvaira. *Sprinkle water in the courtyard before you sweep.*] vb *sprinkle*

SASAMWI 5 (HHH) Rumwe rudzi rwetsenza. n *variety of tsenza (bears many tubers on one stem)*

-SASANA i (H) Kufaranuka; kuita madiro. [Kana vadzidzisi vasipo vana vanosasana. *When teachers are absent children feel at ease.*] vb *feel free*

-SASIKA t (H) Kuisa panodziya kana pedyo nomoto. [Chimukuyu chinowanikwa nokusasika nyama pazuva. *Biltong is prepared by sun-drying meat.*] vb *sun-dry (food), dry over a fire*

SATANI 1a (HLL) Mukuru wouipi; murunziri wavatadzi. cf Eng n *Satan, the Devil, Lucifer*

-SAUKA i (L); -tsva (*slang*) i. Kushaya mari kana kuti upfumi. Kuva murombo. [Jaya rakasauka pamusana pokunwisa doro. *The young man impoverished himself by drinking beer.*] vb *become impoverished, destitute, indigent;* -PFUMA; **-sautsa** t [Njuga inomusautsa zvinopisa tsitsi. *Card games reduce him to poverty mercilessly.*] vb *reduce to destitution, impoverish, make poor;* -PFUMISA

SAUTI 9 (HLL); chai 7 cf munyu

3. cf Eng n *salt*

-SAUTSA t (L) cf -sauka i. vb *impoverish, make poor*

SAVARA 5, mas-6 (HHL) cf gunguo 5. n *pied crow*

SAWI 5, mas-6 (LH); shawi 5 K Uswa hunenge zviyo. Hunokura kusvika 0,7 m nokumera gore negore muritivi menzira nomuminda. n *rapoko grass*

SAZITA la, pl: vana- (HLL) Munhu ane zita rakafanana nerako. n *namesake*

-SE (H); oga oga; choga choga; mumwe nomumwe etc. [Munhu wose akafara kundiona. *Everyone was glad to see me.*] vb *quantitative stem; all, the whole, both*

-SEBERA i (L) cf -swedera i. vb *come nearer, move closer;* -SUDURUKA; **-sebedza** t. [Sebedza chigaro chako mberi. *Move your chair forward.*] vb *move nearer;* -SUDURUDZA

SEFA 9 (HL); sevho 9. Mudziyo unoshandiswa kubvisa zvakatsetseka mune zvakamanzika. cf Eng n *sieve*

-SEFA t (H); -sevha t. Kushandisa sevho kubvisa zvakatsetseka mune zvakamanzika. [Vavaki vasefa jecha rokusanganisa nesimende. *Builders sifted sand for mixing with cement.*] vb *sift (to separate large grains from small)*

SEFI 9 (HL); sefa 9. Mudziyo unochengeterwa mari kana zvimwewo zvakakosha. cf Eng n *safe in which valuables are kept*

SEI (HL) 1. Izwi rinoshandiswa nomunhu kana achida kuziva chikonzero kana kuti maitiro echinhu. [Muviri uri kuita sei? *How are you feeling?/How does your body feel?*] interrogative adv *how?;* 2. sei + *Particip* = *why?* [Sei uchidaro? *Why do you do so?/Why do you do that?*] conj *why?*

-SEKA i & t (L) Kunyemwerera nokuratidza kufara somunhu anenge anzwa zvinonakidza. [Hazvina kunaka kuseka munhu akaremara. *Laughing at a cripple is not nice.* Seka urema wafa. *Laugh at somebody's deformity when you are dead.* prov 1395 *i.e. Laugh not lest you be laughed at.*] vb *laugh, l. about; l. at; mock, jeer at; joke, play the fool, ridicule; Related ideo:* gudu, gu-u, pwati; **-setsa** i & t; -sekesa i & t; -tsetsa i & t [Anosetsa vanhu nenyaya dzake. *He amuses people with his stories.*] vb *cause to laugh, cause laughter, be funny*

-SEKENYEDZA i & t (L); -nyeredza i & t. Kuita zvinokonzera mumwe kuseka; sokukwenya zvinyoronyoro pasi petsoka kana muhapwa. [Akamusekenyedza muhapwa. *She tickled him under his arms.*] vb *tickle, cause to laugh*

-SEKERERA i & t (L) Kuseka pamusana pokufarira zvinenge zvaitika. [Mucheche akasekerera amai vake *The baby smiled at its mother.*] vb *smile, look pleased*

-SEKESA i & t (L) cf -seka i. vb *cause to laugh*

SEKURU la, pl: vana-, vadzi-, madzi- (LHL) 1. Baba vamai kana vababa. n *grandfather;* AMBUYA; 2. Hanzvadzi yamai. n *maternal uncle;* 3. Mwanakomana wehanzvadzi yamai. n *son. of maternal uncle;* AMBUYA

SEKWE 5, mas-6 (LH); sambira 5 M. Shiri inoshambira nokugara iine dzimwe dzorudzi rwayo nguva dzose. n *wild duck*

-SEMA i & t (H) Kuratidza kusafarira chimwe chinhu kana munhu. [Vamwe vanosema nyama yenguruve. *Some people dislike pork.*] vb *nauseate, abominate, hate, loathe; Related ideo:* semu; **-semesa** i & t; -sembura i & t [Chimbudzi chisingachengetwi zvakanaka chinosemesa. *An ill-kept lavatory is disgusting.*] vb *make sick, be loathesome, hateful, repulsive; revolt*

-SEMA t (L) Kubayiwa nakamuti kakatsemuka. [Ndasemwa munwe norubanzu rwehuni. *I have a woodsplinter in my finger.*] vb *pierce accidentally (skin of body)*

-SEMBURA i & t (H) 1. -netsa i & t Kuita zvinoshatirisa mumwe. [Rega kundisembura. *Don't irritate me.*] vb *pester, ask persistently, aggravate, annoy, anger;* -NYARADZA; 2. -semesa t; -nyanyasa i & t M. Kusakisa kuda kurutsa. [Kunhuwa kwenyama iyi kunosembura. *The stink of this meat repels me.*] vb *disgust, nauseate*

-SEMESA i & t (H) cf -sema i & t. vb *make sick, be loathesome*

-SENDA t (L); -tsenda t. Kufunura ganda rapamusoro. Kuveza muti etc. [Anosenda mbatatisi mangwanani ose *She peels the potatoes every morning.*] vb *shave wood smoothly, engrave, pare (e.g. potato)*

-SENDAMA i (H); -zendama i. Kugamwa nechimwe (e.g. madziro, muti kana munhu). [Chirema chakasendama namadziro. *The cripple is leaning against the wall.*] vb *lean against;* **-sendamisa** t; -sendeka t [Baba vanosendamisa bhasikoro ravo pamadziro. *Father props up his bicycle against the wall.*] vb *leave something propped up against*

-SENGA t M (L); Kubata mwana pamakumbo. [Senga mwana ndibike sadza. *Hold the baby while I cook*

savara

sefa

sekuru

sekwe

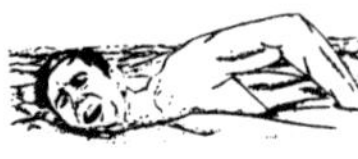
-shambira

shambira

shafu

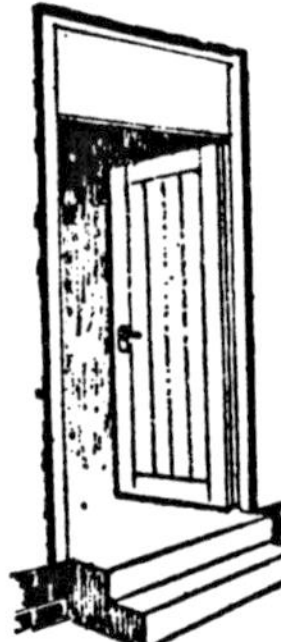
-shama

-shama

the sadza.] vb *hold baby (in lap or arms)*

-SERERA i (L) Kudzikira kana kushomeka kunoita mvura yomurwizi etc. Kudzikira kunoita panga pakazvimba. [Mazuva ano nzizi dzakaserera. *At this time the rivers are low.*] vb *subside, abate, go down (as floodwaters or swellings do);* -ZARA (nzizi), -ZVIMBA (bundu etc)

SERI 17 (HL) Nzvimbo yakadzikatirwa nechiri pamberi. n *place, or direction, behind objects;* MBERI

SERIMA 5, mas-6 (HHL) Badza rakatesva kumuromo. n *heart-shaped hoe*

SERO 9 (HL) Kuderedzwa kwemitengo kunoitwa kunyanya kamwe chete pagore muzvitoro, kuti zvinhu zvipere. cf Eng n *sale*

-SESA t (L) cf -senda t. [Ari kusesa nhanga nebanga. *He is peeling the pumpkin with a knife.*] vb *pare*

SESO 5, mas-6 (LL) cf teso 5. n *fruit of species of creeper, devil's thorn*

-SETSA i & t (L) cf -seka i & t. vb *cause to laugh, amuse, be amusing, comical, funny*

SETSWA 10 (LH); tsetswa 10. Chido chokuseka nhando. n *disposition to laugh easily*

-SEVA t (L); -tonha t. Kunyika musuva wesadza mumuriwo. [Tinoseva sadza mumuto kana mumuriwo. *We dip* sadza *into gravy or into a vegetable dish.*] vb *dip morsel of* sadza *into side-dish*

-SEVENZA i (H); -bata basa; -shanda t. Kuita basa. [Akasevenza makore mazhinji akapiwa penjeni. *He worked for many years and was given a pension.*] vb *work, operate, function;* **-sevenzesa** t [Ari kusevenzesa motokari yababa vake. *He is using his father's motor car.*] vb *utilize, use, employ*

SEZVA- (HL); sezvo [Sezvaakadisisa kubudirira akaenda kuyunivhesiti. *As he was ambitious he went to university.*] conj *since, as*

SEZVO (HL) sezvo + *Participial* [Sezvo uchida imwewo mari ndichakupamhidzira. *As you need more money I shall give you an increase.*] conj *since, as*

SHAFU 9 K (LL); tsapfu 9; Seri kwomupimbira. n *calf of leg*

-SHAMA i & t (H) **1.** Kuzarura muromo. [Ndikashama muromo zino rangu rinonyanyorwadza. *If I have my mouth open, my tooth is more painful.*] vb *open mouth wide; Related ideo:* kapu, kanha; -VHARA; **2.** Kuzarura muromo somunhu aona zvinotyisa kana kuti zvaanga asingafungiri kuona kana kunzwa. [Ndakashama kumuona achirwara zvakadaro. *I was astonished to see him so ill.*] vb *gape, be astonished, wonder, be surprised;* **3.** Kusava nechawakapfeka. [Simidza mwana; akashama. *Dress the child; he has no clothes on.*] vb *be naked;* **4.** -vhurika i; -zaruka i [Gonhi rakashama. *The door is ajar.*] vb *be open;* -VHARIKA; **-s. nyai** [Akashama nyai ari pakati pokutaura. *He yawned in the middle of the sentence.*] vb *yawn;* **-shamisa** i & t [Zvinoshamisa. *It is astonishing.*] vb *astonish, greatly surprise;* **-shamarara** i [Muparidzi akashamarara kuti vose vamunzwe. *The preacher raised his voice so that all would hear him.*] vb *open mouth widely; speak, shout, sing with too loud a voice*

SHAMBA 5, mash-6 (LH); fere 5. Chinenge nwiwa, chinobikwa nhopi. n *cattle melon*

-SHAMBA i & t (L); -samba i & t M. Kugeza muviri kana maoko. [Vaishamba masikati, kwodziya. *They washed at mid-day when it was hot.*] vb *bathe, wash (usu whole body);* **-shambidzika** i [Vanhu vanoyemura munhu anoshambidzika. *People appreciate a person who is clean.*] vb *be cleanly, orderly, neat, tidy, well dressed, well groomed; be civilized*

-SHAMBADZA t (H) Kufamba uchitengesa zvakasiyana-siyana. [Vakadzi vazhinji vanoshambadza muriwo kuti vawane mari yechikoro. *Many women hawk vegetables to obtain schools fees.*] vb *display or carry goods about for sale, hawk, barter*

-SHAMBIDZIKA i (L) cf -shamba i & t. vb *be cleanly, orderly, neat, tidy*

-SHAMBIRA i (L) cf -tiva i. vb *swim*

SHAMBIRA 5, mash-6 (LLH); sekwe 5; sambira 5 M. Shiri yomumvura. n *water bird with webbed feet, wild duck*

SHAMHU 9 (LH) Muti mutete unoshandiswa pakuranga. [Ndakamubata, ndikamurova neshamhu. *I took hold of him and beat him with a stick.*] n *flexible stick for administering punishment or for driving livestock*

-SHAMISA i & t (H) cf -shama i. vb *be astonishing, strange, odd; astonish, surprise*

SHAMWARI 9 (HHH); mubare 1 Ko. Munhu anonzwanana nomumwe. n *friend;* MHANDU; **s. yapamwoyo** n *bosom friend*

-SHAMWARIDZANA i (H) Kunzwanana, kana kuva shamwari neshamwari. [Tsuro naGudo vaishamwaridzana. *The hare and the baboon*

were friends (i.e. in folk-tales)] vb *be friends; get on well together;* -SEMANA

SHANA 9 (LH); pede 9 Ko.; tsana 9 M. Rudzi rwembeva inonuna kwazvo, nokuita vana vazhinji pauswa hwakapfava hwainoisa mumwena mainogara. n *fat mouse*

-SHANDA i (H) Kusevenza (kazhinji kuita basa romumba). [Ndinoshanda Harare. *I work in Salisbury.*] vb *work (esp doing housework), operate;* -VA NENUNGO; **-shandisa** t cf -sevenzesa t. [Akashandisa mazwi akaipa mutsamba yake. *He used harsh words in his letter.*] vb *utilize, make use of*

SHANGA 5, mash-6 (LL) Dzinde rechibage etc rakaoma, risisisina mbeu yacho. n *residual grain stalk after reaping (usu dry)*

SHANGANYOKA 9 (LLHH); tsanganyoka 9. Nyoka ine mitsetse nourefu hwe-0,9 m. n *striped skaapsteker*

SHANGARA 9 (HHH) Mutambiro unoitwa pahwahwa, ngoma ichirira. n *joyful dance usu associated with beer drink*

SHANGU 9 (LH) Bhutsu kana tenesi dzokupfeka mumakumbo. n *footwear of any kind (including boots)*

SHANJE i (LL) 1. Pfungwa yokuchiva mumwe anenge aine zvakanaka. [Andiitira shanje. *She was jealous of me.*] n *jealousy, envy, suspicious fear;* 2. ngwan'a 9. Mbeva ine mitsetse mitsetse. n *Cape Striped Field mouse*

-SHANYA i (H) Kufambira hama kana shamwari. [Baba vake vakaenda kundoshanya. *His father went visiting.*] vb *visit friends etc (for a short time or several days);* **-shanyira** t; -maira t [Mukamushanyira anofara kwazvo. *If you pay him a visit he is very happy.*] vb *pay a visit to; stay with*

-SHAPA i (H); -shata i. Kuipa kunoita zvinodyiwa kana zvagarisa. [Mukaka uyu washapa. *This milk has gone off.*] vb *go off, go bad, deteriorate in quality, lose taste*

-SHAPURA i & t (H); -shapa i & t K. Kugeza musoro. [Shapura uso hwako. *Wash your face.*] vb *wash head*

SHARAPU 9 (LLH) Tumiti tutete tusina mashizha, turi pabazi kana pashamhu. n *branch with twigs and no leaves*

SHASHA 9 (LL); nyanzvi 9; mazvikokota 1a. Munhu anozivisisa kupinda vamwe. n *expert, champion; able or clever person*

-SHATA i (H) Kuipa pakutarisika kana pakudyiwa etc. [Abika muriwo unoshata. *She cooked some aweful relish.*] vb *be objectionable, bad, ugly;* -NAKA; [*slang* — Anomhanya zvakashata. *He runs very fast.*]; **-shatira** i; -ipira i [Tsika dzake dzakandishatira. *His manners appal me.*] vb *be offensive to;* **-shatirisa** i & t [Akandishatirisa. *He made me cross.*] vb *anger, annoy, make angry, get on nerves;* **-shatirwa** i [Pandakazvinzwa ndakashatirwa. *When I heard it I was furious.*] vb *be angry, dejected, impatient; Related ideo:* fudumwa; **-shatirirwa** t [Ndakashatiririrwa mumwe. *I showed anger to another.*] vb *be angry with (passive in form; active in meaning);* **-shatisa** t; -ipisa t [Washatisa bhurukwa rangu namadhaka. *You have soiled my trousers with mud.*] vb *dirty, spoil with dirt;* -NATSA

SHATO 9 (HH) Nyoka huru kupinda nyoka dzose inogona kuuraya mhuka ichidzisvada. Haina uturu hunouraya. n *python* (Mutupo: Mheta, wavamwe vanhu vanobva kwaMutare)

-SHAUDHA t (H) Kutuka mumwe namazwi akaipa, vamwe vachinzwa. [Wandishaudha pazere vanhu. *You abused me in a public place.*] cf Eng vb *shout at, abuse in public*

-SHAURA i & t (H); -bvuya i & t M; -vamba i & t. Kutanga kuimba rwiyo, vamwe vachizodaira. [Chipo akashaura rwiyo rwokupedzisira. *Chipo led the singing in the last hymn.*] vb *lead a song by singing, sing solo part*

SHAVA (HH) Ruvara rwakatsvukuruka. [shiri shava = *brownish bird*] adj *light brown, cocoa-coloured, brownish yellow*

SHAVA 1a (HH) Mutupo wavanhu vokwaMuseyamwa, ziendanetyaka, nhundu yamago, vanoera mhofuyomukono, vaHera. n *clan name of person of the Eland clan*

-SHAVA i & t (L) Kutsvaga zvinoponesa muupenyu (mari, zvokudya, etc). [Ndiri kushava mari yeroora. *I am striving to obtain money to pay lobola.*] vb *trade, earn livelihood, toil after*

SHAVESHAVE 5, mash-6 (LLLL); bembenene 5; furafura 5 M; betepesu 5 M; shavishavi 5. Chipembenene china mapapiro ana mavara akasiyana; chinowana kudya kwacho mumaruva. n *butterfly, moth*

SHAVI 5, mash-6 (LL); shave 5; shayi 5. Mweya womutorwa unokonzera munhu kugonesesa kuita chimwe chinhu. Kuna mashavi akanaka naakaipa (rokurapa, rokuba,

-shatirwa

shangu

shangu

shato

shava

shaveshave

shinda

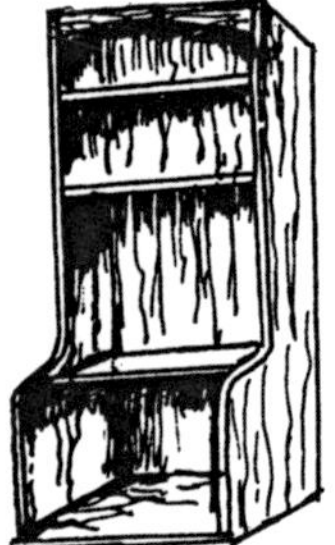

sherufu

sheni

rokuvhima, rokuroya, etc). n *spirit which comes at times to possess a living but unrelated person*

SHAYA 9 (LH); rushaya 11; dama 5; dakashwa 5 M. n *jawbone*

-SHAYA i & t (L) 1. -shayiwa i & t K. Kutadza kuwana zvaunotsvaga. [Akashaya mari yechikoro. *He couldn't pay school fees./He lacked schools fees.* Ndashaya kuti ndoitei. *I didn't know what to do.*] vb *lack, not find, fail to obtain, be without, have not;* -WANA; **-s. tsika** i; -s. unhu i; [Kushusha mukadzi zvakadai ndiko kushaya tsika. *To persecute a wife in this way is boorish behaviour.*] vb *be rude, bad-mannered; lack good manners;* 2.- shayika i; -fa i. [Baba vake vakashaya/vakashayika nezuro. *His father died yesterday.*] vb *die, pass away, cease to live*

SHEDHI 9 (HL); dharakishoni 9. Kupatsanurwa kwevhudzi. n *parting of hair*

SHENA 9 (LH); chena 9. Kuchenuruka kunoita muviri, zvikuru kana kuchitonhora. n *tarnished skin, chapped skin*

-SHENA-SHENA i (H); -shinashina i. Kuita bishi kutsvaga kana kushanda. [Ndakamuwana achishena-shena kutsvaga mari yaakarasa. *I found him frantically searching for the money he had lost.*] vb *be frantically active, busily active*

-SHENAIRA i (H); -zama i. Kuedza zvakanyanya. [Vakashenaira kuti vawane basa. *They tried hard to get work.*] vb *endeavour, try hard;* **-shenaidza** t [Shungu yokuda kubudirira yakamushenaidza muzvidzidzo zvake. *The desire to get on made him work hard at his lessons.*] vb *stir or move to great effort*

SHENI 9 Z (HH); cheni 9; mucheni 3 Ko; muvanga 3 K. Hove ina mazino anokuvadza ingasvike 16 kg. n *tiger-fish*

SHENJE 9 (LH); shumha 9; chenje 9. Muchero womushenje unotapira chaizvo kana waibva. n *fruit of* mushenje *tree*

-SHEREKETA i (L); -shinha i; -shanja i. Kuita misikanzwa. Kuita jee gobvu. [*Thomas* aishereketa kwazvo achiri mudiki. *Thomas was very mischievous when small.*] vb *misbehave, be mischievous, play pranks*

SHERUFU 9 (HLL); sherefu 9. Chakagadzirwa nomuti kana nesimbi chine mipanda. cf Eng n *shelf*

-SHEVEDZA t (H) cf -daidza t. vb *call, summon, beckon;* -DZINGA

SHEZHU 9 (LH) cf mukaranga 1; tsoro 9. n *honey-guide*

SHINDA 9 (LL) 1. harani 9. Mukosi unoshandiswa kusonesa kana kurukisa. n *thread (esp cotton), wool;* 2. chinda 9 K. Marata okupfiririsa. n *roofing asbestos*

-SHINGA i (H); -shingirira t. Kutsunga kuita zvaunoda kana dai zvakaoma sei. [Mukomana uyu ashinga kudzidza zvokurapa. *This boy applies himself/works hard at his studies to be a doctor.*] vb *be determined, diligent, brave, zealous, earnest, courageous, persevering, resolved, hard-working; apply oneself;* **-shingisa** t [Mazwi ababa vake amushingisa kutirira matambudziko. *The words of his father fortified him to put up with the difficulties.*] vb *strengthen*

-SHINGAIDZA i & t (H) Kupaza musoro. [Kufoira kwake kwakamushingaidza. *His failure upset him.*] vb *frustrate, thwart, disappoint;* -KURUDZIRA

-SHINGAIRA i (H) Kuedza napaunogonera kukunda zvinokunetsa. [Mai vakashingaira kuti mwana wavo aende kuchikoro. *The woman toiled that her child should go to school.*] vb *struggle over a period of time, set oneself closely (to do etc), apply oneself*

-SHINHWA i (L); -shinha i; -shanja i cf -shereketa i. vb *misbehave, behave badly (passive in form: active in meaning)*

-SHINYA t (H); -banidza t. Kusunga zvakanyanya; kubata zvinorwadza. [Sunungura tambo irege kundishinya. *Undo the cord so that it does not grip me tightly.*] vb *tie tightly*

-SHINYIRA i (L) Zvinoita mvura zhinji kana ichierera murwizi. Zvinoita uswa namashizha kana nyoka ichifamba. [Mvura iri kushinyira ichibva mupombi. *The water is hissing as it comes out of the pipe.*] vb *hiss, effervesce, rustle, make noise moving through undergrowth;* **-shinyidza** t [Mhepo kana ichivhuvhuta inoshinyidza mashizha emiti. *The wind blowing causes the leaves of trees to rustle.*] vb *cause flowing sound (like rippling water), rustling sound (like leaves and grass), hissing sound (like snake or escaping air)*

SHIRAPOPO 9 (HHLL); chiyovhovho 7; dzvinyira 5 M. Rudzi rweshiri inodya michero nokufamba mumapoka angave neshanu kana kupfuura nokurara pamwe chete. n *mousebird (gen name)*

SHIRI 9 (LL) Chisikwa china mapapiro, chinoita mazai; nokuvaka dendere. Kune mhando dzakasiyana dzeshiri. n *bird (gen name)*

SHIRIKADZI 9 (LLHL); chirikadzi

9. Mudzimai akafirwa nomurume. n *widow;* PFUNDA

-SHIRINGINYA i (H) Kutambatamba somwana mudiki kana afara. [Regai kushiringinya kana muri muno mumba. *Don't chase around here in the house.*] vb *be excited because happy (esp children);* **-shiringinyisa** t [Zororo rinoshiringinyisa vana vechikoro kana rave padyo. *Holiday-time excites children when it is near at hand.*] vb *cause happy expectation or delight*

SHIRIPITI 5, mash-6 (LLLL) cf pipi 5. n *magic, wonder, miracle, astonishing achievement or performance (e.g. conjuring trick)*

-SHISHA i (L) 1. Kushata kunoita chokudya kana chagarisa chakabikwa. [Sadza rinoshisha nezuva rimwe chete. Sadza *deteriorates in a single day.*] vb *be spoiled, deteriorate (of cooked food gone bad);* 2. Izwi rinoshandiswa mazuva ano kureva kuti kunyanya kunaka etc. [Mukomana akashisha pakupfeka. *The boy is splendidly dressed.*] vb *be striking, impressive, beautiful, wonderful, valuable*

SHISHI 9 (LH) cf bishi 5. n *bustle, hurried activity*

SHITIBHEDHA 5, mash-6 (HLLL); shitibhedhi 5; shiti 5. Rimwe ramachira maviri matete anoiswa pasi pamagumbeze okufuga. cf Eng n *bed sheet*

-SHIVA i (L); -korera i M. Kutirira pakurwadziwa. Kurega kuonesa kuti uri kurwadziwa. [Anotaridzika seakashiva pakutambudzika. *He gives the impression of enduring bravely in hardship.*] vb *be patient, stoical, long-suffering;* -TETA; **-shivirira** t [Akashivirira pakugezwa maronda ake. *She was very patient as her wounds were cleansed.*] vb *endure, suffer, put up with*

SHIZHA 5, mash-6 (LL); zanhi 5. Chinomera padzinde rechose chinobuda muvhu. n *leaf, expanded organ (usu green) of plant springing from side of stem or branch or direct from root*

SHOHWORI 5, mash-6 K (LHH) cf shuramurove 5. n *stork (gen name)*

SHOKO 9 K (LH) cf tsoko 9. n *vervet monkey*

SHOKO 5, mash-6 (LL); soko 5. Mazwi kana kuti nyaya iri mudariro. n *word, news, affair, message*

SHOKORANA 9 (LLLH) Mwana wegudo kana wetsoko. n *young monkey or baboon*

SHOMA 10 (LL) Zvisina kuwanda. [mbatya shoma = *few clothes*] adj *few;* ZHINJI; **shomanana** 10; shomashoma 10 [hwai shomanana = *very few sheep*] adj *very few, little;* ZHINJIZHINJI

-SHOMEKA i (L) Kusawanda. [Peturu yakashomeka mazuva ano. *Petrol is in short supply nowadays.*] vb *be scarce, insufficient, few, inadequate; decrease;* -WANDA, **-shomesa** t; -shomekesa t [Baba vakashomesa mombe nokutengesa dzimwe. *Father reduced his cattle by selling some.*] vb *reduce (in number or amount);* -WANZA

-SHONGA i & t (L) Kupfeka mbatya dzakanaka kana dzakafanira kana zvimwewo sokuti ndarira nemhete etc, zvokuti utarisike zvakanaka. [Kare vanhu vaishonga ndarira. *Long ago people used to wear brass ornaments.*] vb *put on ornaments or clothing;* **-shongedza** t [Tsvaga maruva okushongedza imba. *Pick some flowers to make the house look nice.*] vb *decorate, adorn (person or object);* -NYANGADZA

-SHONONGORA t (H) Kubhadhara muroora mari kuti abvise jira raanenge akafukidza kumeso naro, kana kuti afambe etc. [Muroora akashonongorwa kuti apinde mumba mavamwene vake. *The girl was coaxed with money offerings to enter into the house of her mother-in-law.*] vb *pay token to bride for removing veil over her head or for moving forward in marriage procession*

-SHONYOKA i (H); -minyuka i. Kumonyoroka kunoita mutsipa wehuku kana ruoko etc. [Ndashonyoka ruoko. *I dislocated my arm.*] vb *become twisted, dislocated;* **-shonyora** t; -shonyonga t; -minyura t. [Shumba yakauraya mhou nokushonyora mutsipa wayo. *The lion killed the cow by breaking its neck.*] vb *twist, dislocate; wring the neck (fowl)*

-SHOPERA i & t (L) Kukanda hakata sezvinoita n'anga dzichida kuziva chikonzero chorufu, etc. [Dzimwe n'anga dzinonyepera kushopera. *Some diviners deceive in explaining natural causes.*] vb *divine by casting "bones" (as witch-doctors or diviners do)*

SHORA 5 & 9 (LL) Ruvara runenge rwamashizha akaoma kana rwouswa hwakaoma. [mombe shora = *light-brown beast*] adj *straw-coloured, yellow*

-SHORA t (L) Kuita zvokuzvidza mumwe. Kusaremekedza mumwe. [Rega kushora vamwe. *Don't despise others.*] vb *scorn, contemn, treat with contempt, mock, jeer at, sneer;* -KUDZA, -REMEKEDZA

SHORECHENA 9 (LLLL) Shiri yomurwizi ina makumbo marefu

shoko

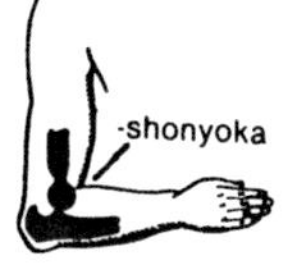

-shonyoka

mashitibhedha

mashizha

shorechena

gora
chapungu
ngavira
gora
ngavira
gamanyuchi
gatahwa
zhwezhwezhwe
kateredemu
hungwe
nzvidya
zazo
kuwe
kadzvororo
kanyururahove
chigwenhure
gondo
hwirikwiri
hwidzikwidzi
chihwenga
dywedywe
nyamudeba
nhengure
kondo

hurekure
gaudya
chikodoga
mhupupu
nzembe
hoto
sekwe
sekwe
gukutiwa/bvukutiwa
gwari
gorwe
shorechena
hwata
shuramurove
hanga
chidyamadari
jariorwi
svorenyama
horiori
dendera
G G Arnott

shuresi

shuramurove

shumba

shura

shutasi

inodya matafi nehove. n *heron*
-SHOROPODZA t (H); -tsoropodza t; -tsonyopodza t. Kuongorora kana kutsvaga pakakanganiswa. [Vamwe vanhu havadi kushoropodzwa. *Some people do not like to be criticized.*] vb *criticise, examine critically, find fault with, be cynical about*
-SHOSHA i (H); -vava i. Kuswinya kunoita ganda romuviri. [Muziso mangu muri kushosha. *There is an irritation in my eye.*] vb *itch, have irritation, smart*
-SHOSHOMA i (L); -zherezheta i. Kupera kunoita izwi romunhu achema nguva huru, kana kuti ataura nguva huru etc. [Izwi rake rakashoshoma nokuti aiimba. *His voice is hoarse because he was singing.*] vb *become hoarse, husky (voice);* **-shoshomesa** t [Chikosoro chashoshomesa izwi rangu. *A cough hoarsened my voice.*] vb *make husky*
SHOWERA 9 (LHL); chonjokera 9. Kuzvimba kunoita ganda reziso. Zvinonzi munhu anoonerera vakadzi kana varume ndiye anoita showera. n *stye, inflamed swelling on edge of eyelid*
SHUGA 9 (LL); tsvigiri 9. Chokudya chinowanikwa kana nzimbe etc dzagayiwa. Chinoiswa mutii, bota etc kuti zvitapire. cf Eng n *sugar, sweet crystalline substance prepared from various plants esp the sugar-cane and beet*
SHUKU 5, mash-6 (LL) cf zhanje 5. n *fruit of the* mushuku *tree*
-SHUMA t K (H); -suma t. Kupira nyaya kumukuru. [Uchashuma rini kubiwa kwenhumbi dzako kumapurisa? *When will you report the theft of your clothes to the police?*] vb *report (to higher authority)*
-SHUMAIRA i & t (H); -paridza i & t. Kutsanangura zvokuitira Mwari. [Vanhukadzi vaisabvumidzwa kushumaira muchechi. *Women used not to be given permission to preach in church.*] cf Nguni vb *preach, teach religion or morality*
SHUMBA 9 (HL); mhondoro 9. Chikara chomusango chinopona nokudya nyama nokutyiwa kupinda zvimwe zvikara zvose. n *lion* (mutupo: Sibanda)
SHUNGU 10 (HH) Chido chakanyanya, chinotambudza. [Akabatwa neshungu dzokuda kumurova. *He was overcome with the desire to strike him.*] n *longing, desire, emotional upset (anger, grief, disappointment, etc)*
-SHUNGURUDZA i & t (H); -gumbura t; -shingaidza i & t. Kukangaidza pfungwa. Kupa shungu. [Zvakandishungurudza mwoyo kumuona achitambudzika. *It disturbed me to see him having trouble.*] vb *disappoint, frustrate;* -FADZA
SHUPA 9 (HH); duri 5 K. **1.** Zai risingabudi nhiyo, kana kuti risingachechenywi, kana huku yararira. n *infertile egg (unhatched after incubation);* **2.** Chinoputira mwana asati asunungukwa. n *amniotic sack, membrane enclosing foetus before birth*
-SHUPA i & t (L); -tambudza i & t cf -netsa i & t. cf (-hlupa) Nguni vb *annoy, worry, trouble, vex;* -NYARADZA
SHURA 5, mash-6 (LH) Zvinoitika zvinoratidza zvichauya zvakaipa. [Ishura kuona zizi riri pamusoro pemba yako. *It is a bad omen to see an owl on your roof.*] n *omen*
-SHURA i (L) Kuva chiratidzo chezvakaipa zvichaitika kumunhu. [Pakudarika napachivanze tsuro inoshura. *A hare crossing the yard is an ill omen.*] vb *be omen of bad luck*
SHURAMUROVE 5, mash-6 (LL-HHH) cf dambiramurove 5. Shiri huru inowanzoonekwa kana kwonaya. n *stork (gen name)*
SHURANYAMA 9 (LLLL); rufaro 11 M. Svosve rinoonekwa muzhizha; rinonzi rinoshura nyama kumunhu anenge ariona. n *wasp (often called "false ant")*
SHURE 17 (HL); sure 17 KM; mhera 9 & 18 Ko. Nzvimbo iri seri kwomunhu. [Mwana ari mumashure. *The child is in the rear.* Shure kweguva hakuna muteuro. *Beyond the grave there is no prayer (offering).* *prov* 1011 *i.e. Prepare for death now; there is no help beyond the grave.*] n *place or direction behind one's back;* MBERI
SHURESI 5 & 9 (HLL) Tambo yakagadzirirwa kusungisa shangu. cf Eng n *shoe lace*
SHURUSHURU 9 (LHLL); shurishuri 9. Namo inoshandiswa kunama chubhu yemotokari etc. cf Eng n *rubber solution for repair of punctures*
-SHUSHA i & t (L) Kunetsa mukadzi pasina chikonzero chikuru sezvinoita vamwe varume. [Murume wake anomushusha samare. *Her husband bullies her dreadfully.*] vb *bully, persecute a wife, exasperate, cause anxiety*
SHUTASI 9 (HLL) Imwe yeshangu mbiri dzokutambisa nhabvu. cf Eng n *shooter(s), one of a pair of football boots*
-SHUVA i & t K (L) cf -suwa i & t. vb *be emotionally disturbed with sadness or longing*

SHUWA 9 (HL) cf chokwadi 7. [Une shuwa here? *Are you sure?*] cf Eng n *certainty*

-SHWETERA t (L); -shwetedza t. Kudhonza chishwe kuti chisunge zvakasimba. [Kana achibopa mombe anotanga kushwetera tambo munyanga. *When inspanning the oxen he begins to pull a slip-knot tight around the horns.*] vb *pull tight (slip-knot or noose)*

-SHWINYA i (HL) Kuuura sembwa kana yatonhorwa [Mbwanana yakashwinya pakukiyirwa mukati. *The puppy whined on being locked inside.*] vb *whine, whimper (e.g. dog)*

-SIKA t (L) **1.** Kusakisa kuti chinhu chivepo. Kupa upenyu. [Mwari wakasika denga napasi. *God created heaven and earth.*] vb *create, bring into existence, originate;* -PARADZA; **2.** Kutenderedza (sokutenderedza nyimo neminwe). Kuvheyesa chinhu. [Kare vanhu vaiita moto nokusika. *Long ago people used to make fire by means of friction.*] vb *twirl, rotate (esp stick held between extended palms)*

SIKANADZVUKU 5, mas-6 (HHH-LH) Svosve rinowanzoonekwa padyo neshuga. n *sugar ant*

SIKETI 9 (LHL) Hembe yechikadzi inobvira muchiuno ichidzika. cf Eng n *skirt, female outer garment that hangs from the waist*

-SIKIZA t (L) Kuita souri kuda kurova etc asi usingazoiti kudaro. Kunyepera kuita chinhu. [Akamusikiza nokubanha pakukotama. *He pretended to kick him as he bent down.*] vb *deceive by a feint, make act of feigned aggression (usu playful)*

SIKO 5, mas-6 (LL); sikiro 5; guvi 5 M. Ibwe rakafombokera mukati, rinoshandiswa kusikirwa nyimo. n *rounded large stone with shallow hollow on top deriving its name from game* kusika nyimo

SIKURUUDHIRAIVHA 9 (LLHLL-LLL) Mudziyo wokubopesa kana kukumurisa zvikuruu. cf Eng n *screwdriver*

-SIMA t (H); -ndonyera t Ko. Kudzura nondo etc nokudziisa muvhu pane imwe nzvimbo. [Takamanikidzwa kusima fodya nezuro kuchipfunha. *We were compelled to plant tobacco yesterday while it was drizzling.*] vb *transplant, plant out*

SIMBA 5, mas-6 (LH) Utano hunogonesa munhu etc kuita zvakasiyanasiyana. Chiremera chomunhu chinosaka ateererwe kana kuti aite zvaanoda. [Simba mukaka rinosinira. *Energy is like milk, its supply will be restored after an interval.* prov 1171 *i.e. Bodily vigour can be recouped.*] n *authority, power, vigour, strength, violence, force;* **nesimba** [Ashanda nesimba akakurumidza kupedza. *He worked hard and hastened to finish.*] adv *strongly;* **-ita zvamasimba** [Dzimwe hurumende dzinoita zvamasimba mukutonga nyika. *Some governments are harsh in their administration.*] vb *practise force, do by force*

-SIMBA i (L); -vanga i Nd. Kuva mutano; kugwinya (chinhu kana munhu kana mhuka). [Varume vakasimba kukunda vakadzi. *Men are more powerful than women.*] vb *be strong, healthy, well, powerful, firm, tight;* -RUKUTIKA; -RWARA; **-simbaradza** t [Mapiritsi aya anosimbaradza munhu akaneta. *These pills invigorate a person who is tired.*] vb *strengthen, make strong;* -RUKUTISA; **-simbarara** i [Mucheche akasimbarara abayiwa jekiseni. *The child made a good recovery after being given an injection.*] vb *recover health, be in good health, persevere;* **-simbirira** i [Ari kusimbirira kudzidzira kupepa varwere. *She is working hard to be a nurse.*] vb *strive for, insist;* **-simbisa** t **1.** Kuita kuti chinhu chisimbe. [Mitambo inosimbisa mapfupa. *Games strengthen the bones i.e. keep the body in good trim.*] vb *strengthen;* -RUKUTISA; **2.** Kukwazisa munhu. [Simbisa mhuri yose. *Give greetings to the whole family.*] vb *give regards to, give greetings to*

SIMBE 5, mas-6 (LL); zimbe 5; tsito 9. Vhunze rakatonhora. n *charcoal, wood charcoal*

SIMBI 9 (LH) **1.** Utare hunoshandiswa kugadzirisa midziyo, nezvombo, etc. n *iron, metal largely used for tools etc;* **2.** aini 9. Mudziyo unoshandiswa pakuchisa mbatya. n *instrument for ironing clothes*

-SIMBISA t (L) cf -simba i. vb *give regards to, give greetings to*

SIMENDI 9 (LHL); semende 9; simende 9. Chinenge upfu chinoshandiswa kusanganisa nemvura nejecha pakuvaka nokuitiswa uriri etc. cf Eng n *cement, substance applied as paste and hardening into stony consistency for binding together stones and bricks etc*

-SIMIRA i & t (H) Kupfeka mbatya. [Kare vanhu vaisimira nhembe. *Long ago people wore loin aprons.*] vb *dress (self), put on clothes;* -KUMURA; **-simidza** t; -pfekedza t [Apedza kugeza akazvisimidza zvipfeko zvakachena. *After washing he put on clean clothes.*] vb *put clothes on*

siketi

sikuruudhiraivha

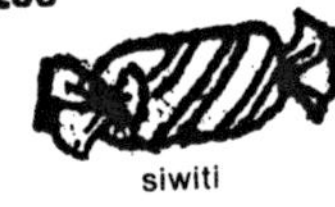
siwiti

sisita

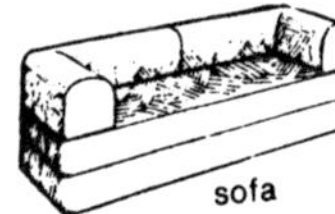
siye

sofa

sofa

siwichi

sipo

siripa

-SIMUDZA t (H); -simura t; -sumudza t, cf -simuka i.

-SIMUKA i (H); -sumuka i. Kumira kunoita munhu (kana mhuka) ambenge arere kana anga akagara pasi. [Vana vose vanosimuka panopinda ticha. *All children stand up as the teacher enters.*] vb *rise, stand up; Related ideo:* simu, kwanyanu, kwarakwashu, piku; -GARA; **-simudza** t; -simura t; -sumudza t [Rume rakasimudza danda noruoko rumwe chete. *The big man raised the log with a single arm.*] vb *lift up, cause to rise, elevate, hoist up; Related ideo:* dzaku, kwaku; -GADZIKA, -DZIKISA

SINDE 9 (LL); musunde 3. Hove ndiki, inowanikwa munzvimbo dzisina kudzika. n *minnow, very small fish, the young of larger fish*

-SINGO- Izwi rinoreva kuti nguva nenguva, kana kuti mazuva ose. [Kare vazhinji vai**singo**rwara namararia. *Long ago many were ill with malaria.*] infix vb *usually*

SININI 5, mas-6 (HHH); siriri 5 KM. Gonye rinodyiwa, rinogara muzvigwenzi zvomunhondo kana mubonda. n *edible caterpillar*

-SININIKA i (H); -sinina i; -sinira i & t. Kubuda zvishomanana seropa panenge pasvauka padiki. [Ropa riri kusininika ratotesa bhandeji. *Blood is oozing out and has saturated the bandage.*] vb *ooze, seep*

-SINIRA i & t (L) **1.** cf -sininika i. vb *ooze;* **2.** Kutunga kunoita muti, kana uswa kana chose chinomera. [Mushamba unosinira pose pose. *The cattle melon plant flourishes everywhere.*] vb *bud, put forth buds, spring forth, begin to grow or develop*

SINZA 9 (HL); tsinza 9. Mhuka yomusango yakada kuenzana nemhene, iyo iri ndiki. Inorema 18,2 kg nokugara nedzimwe dzorudzi rwayo nokufura uswa nokuwanzowanikwa padyo nemvura munyika muno. n *oribi, sp of small antelope*

SIPAIGA 5 (LHLL) cf spaiga 4

SIPIRINGI 9 (LHLL) cf spiringi 9

SIPO 9 (LL); murota 3. Chinopupuma, chinoshandiswa kugezesa mbatya kana muviri etc. cf Afrik n *soap, compound of fatty acid with soda or potash*

SIRAHA 9 (LHL); bhucha 5. Imba inotengeserwa nyama. cf Afrik n *butcher's shop, butchery, slaughter house*

SIRIPA 5, mas-6 (LHL) Imwe yeshangu mbiri dzinoshandiswa mumba. cf Eng n *slipper*

SIRIRI 5, mas-6 (HHH); masiriri 6. Mate anoerera naparutivi pomuromo kana paine zvinonaka zvaonekwa etc. n *dribble*

-SIRIRISA i & t (H) Kupisa tsitsi. Kukonzera kuti munhu anzwe tsitsi. [Zvaisiririsa kuona nhapwa dzichitutirwa mungarava. *It was distressing to see slaves being loaded into ships.*] vb *move to pity, evoke pity*

-SISA i (L) Kuburitsa mukaka muzhinji semhou kana mhuru yamboyamwa zvishoma. [Mombe yatanga kubereka haiwanzosisa. *A cow does not usually produce a lot of milk at its first calf.*] vb *have an abundance of milk, release milk*

SISI la, pl: vana- (LH) **1.** Hanzvadzisikana. cf Eng n *sister;* **2.** Izwi rinoshandiswa nomunhu (kunyanya munhurume) achireva musikana waanenge aona asiri hama yake. n *friendly term for girl*

SISITA la, pl: vana- & mas-6 (HLL) Munhukadzi akapikira kusaroorwa nokuitira Mwari mukunamata nokuita mabasa echitendero. cf Eng n *sister, nun*

SIWICHI 9 (LHL) Chinodzvanyidzirwa kuti magetsi adzime kana kuti avheneke etc. cf Eng n *switch (electric)*

SIWITI 9 (LHL); suwiti 9; chihwitsi 7. Chokudya chinotapira kwazvo chinonyanyodiwa navana vadiki. cf Eng n *sweet; flavoured sugar, chocolate, etc*

-SIYA t (H) Kurega kuenda nechinhu. Kuenda uchirega mumwe kana chimwe chinhu chichisara. Kumhanya kana kufamba kukunda mumwe. [Ndakasiya mumba muina vanhu vashoma. *When I left the house there were only a few people inside.*] vb *leave, abandon, desert, leave behind, miss out, overlook;* **Compound predicate** -siya + *rec past Particip* [Akasiya atiudza zvenhamo iya. *He departed having told us about the trouble.* Siya gonhi ravhara. *Leave the door closed.*]; **-siyana** i **1.** [marudzi akasiyana-siyana = *different races*] vb *differ, be different;* -FANANA; **2.** Kurambana kunoita mukadzi nomurume. [Vabereki vangu vakasiyana gore rakapera. *My parents divorced last year.*] vb *divorce, leave one another, part company;* -FAMBIDZANA; **-siya so** *(colloquial)* [Siya so! *Mind your own business.*] vb *ignore, let alone;* **-siyiwa:** *passive form*

SIYE 9 K (HL) cf tsiye 9. n *eyelash, eyebrow*

SOFA 5, mas-6 (HL) Chigaro chakatefa chaizvo. cf Eng n *sofa, armchair*

SOJA 5, mas-6 (HL) **1.** Munhu anorwa muhondo. cf Eng n *soldier;* **2.**

tsvimborume 9. Murume asina mukadzi. n *bachelor*

SOKISI 5, mas-6 (HLL) Chipfeko chinorukwa neshinda, chinopfekwa mutsoka neshangu. cf Eng n *sock or stocking (male or female)*

SOKO la & 9 (LH) Mutupo wavanhu vanoera tsoko. n *member of* soko *clan, totem of the* vaShawasha

SOKORODZI 5, mas-6 M (HHHL); humbu 9; bukumuro 5. Kuzvimba kunoita mukati mehuro, kunokonzera bundu rinoonekwa pahuru. n *goitre, morbid enlargement of thyroid gland, glandular neck swelling*

SOKUNGE (LHL); sekunge M [Anofamba sokunge akadhakwa. *He walks as if he is drunk.*] conj *as though, as if*

SOKUTI (LHL) Izwi rinoreva kuti somuenzaniso kana kuti zvakafanana namanzwiro awaita mumwe achitaura. [Pane ndudzi zhinji dzotupuka; sokuti hwiza noumhutu namadzvatsvatsva etc. *There are different kinds of insects; for example: locusts, mosquitoes, jerrymunglums etc.* Ndanzwa sokuti uri kundishevedza. *I heard as if you were calling me.*] conj *for example, as if*

-SONA t (L) Kushandisa tsono neshinda namaoko kana nomuchina wokusonesa. Kubatanidza machira (kana makanda etc) neshinda yakatungirirwa patsono. [Vasikana vanodzidziswa kusona nokubika. *Girls are taught to sew and cook.*] vb *sew, sew on, fasten (material, pieces) by passing thread again and again through holes made with threaded needle or with awl etc*

SONDO 5 & 9 (LL); Svondo 5 & 9. **1.** Zuva rechinomwe kubvira paMuvhuro. Musi unotorwa sechisi navazhinji. n *Sunday;* **2.** vhiki 5. Mazuva manomwe; kubvira paMuvhuro kusvikira paSvondo. n *week, a period of seven days;* **3.** chechi 9. Sangano rokunamata Mwari. n *assembly of believers for prayer*

-SONGANA i (L) cf -sangana i. vb *meet, come together from different directions;* -PARADZANA

SOPE 5, mas-6 (LL); supe 5; murungu dunhu 1. Munhu worudzi rwavatema ane ganda jena. n *albino, African who lacks pigmentation of the skin, having white skin and blonde hair*

-SOPERA t M (H) cf -pereta t. Kutaura kana kunyora mabhii anoreva izwi. [Haakwanisi kusopera izwi rinoti tsvigiri. *She cannot spell the word* tsvigiri *(sugar).*] vb *spell*

SORA 5, mas-6 (LL); bundo 5. Uswa hwose hwose husina basa. Uswa hunomera mumunda etc. n *weed, grass (gen name for grass that grows where it is not wanted)*

-SORA t (H); -shora t K. Kuongorora mumwe asingazivi kuti ari kuongororwa. [Akabatwa nemhosva yokusora zvaiitika. *He was arrested for spying on what happened.*] vb *spy out, scout, reconnoitre*

-SOSA t (L) Kuvakirira namasanzu kuti nzvimbo irege kupindwa. [Vakomana vakasosa munda neminzwa. *The boys surrounded the garden with thorn-branches.*] vb *arrange branches to seal off access or to protect object from intrusion*

SOSA 9 (HL) Kandiro kadiki. Kambiya kanogadzikwa kapu yetii. cf Eng n *saucer*

SOSOORI 5, mas-6 (HHHH); soso 5 Ko. Kamuti kanowanzokura muminda kano tuminzwa. Kanotorwa sesora kana kachimera munorimwa. n *wild stockrose, Deccan hemp*

-SOTA i (L); -oma i. Kusvava kunoita chinhu. [Tichaenda kana mbatya dzangu dzasota. *We shall go when my clothes are dry.*] vb *be partly dry*

SPAIGA 5, mas-6 (LHL) Chinomera chinenge gavakava asi icho chiine gonje. n *fibre-producing aloe*

SPIRINGI 5 & 9 (LHL) Waya kana simbi yakakombiwa kana yakamonana inogona kudzokera zvayange iri kana yakakatwa, kana kuti yaswatudzwa etc. cf Eng n *spring*

-SU? *interrogative suffix Asks a question of a consequence not expected.* [Haudisu kundibatsira? *Don't you want to help me?* Hamuchaendisu? *Are you not going?*]

-SUDURUKA i (L) Kubva panzvimbo paugere kana paumire uchienda rutivi kana uchidzokera shure. [Suduruka ndigarewo pabhenji. *Move over and let me please sit on the bench.*] vb *move back, recede, withdraw, move aside;* -SWEDERA; **-sudurudza** t; -swededza t [Ndasudurudza mabhuku kuti vanhu vakwane kugara. *I moved the books out of the way so that people should have enough space to sit.*] vb *move out of the way;* -SWEDEDZA

-SUKA t (L) Kushandisa mvura uchichenesa midziyo kana mbatya etc. [Suka midziyo kana wapedza kushandisa. *Wash the utensils when you have finished using them.*] vb *wash, rinse in water e.g. utensils;* -SVIBISA; **-sukurudza** t [Ndipewo mvura yakachena ndisukurudze mbatya. *Give me some clean water for me to rinse the clothes.*] vb *rinse, swill with water;* -SVIBISA

-SUKUMIDZA t (L) Kusundira divi usina hanya. [Hadzisi tsika dzaka-

sokisi

sosa

-sona

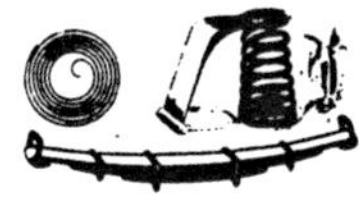

sipiringi

-sumudza ruoko

-sunda

naka kusukumidza mudzimai. *It is not good manners to elbow a woman aside.*] vb *rudely elbow aside, shove roughly*

SUKUNASAI 9 (LLLLL); sainasuku 9; sainasupfu 9. Kushayirwa hanya; kunzi ratya (sokuti kwavana). [Hazvina kunaka kuita nherera sukunasai. *It is not nice to neglect an orphan.*] n *neglect esp of children*

-SUKURUDZA t (L) cf -suka i. vb *rinse, swill with water*

-SUKUTA t (L) Kupfavisa chinhu nokuchikwiza. [Kana nzungu dzakangwa hadzinetsi kusukuta. *When peanuts have been roasted it is not difficult to rub and remove their skins.*] vb *soften by rubbing, remove veg. skin by rubbing*

-SUMA t (H); -shuma t K. Kupira kana kutaura nyaya kuvakuru. [Suma nyaya iyi kumukoma wako. *Introduce this matter to your brother/sister.*] vb *represent, report (to higher authority)*

SUMBURERA 5 & 9 (LLHL) cf samburera 5 & 9. cf Eng n *umbrella*

-SUMUKA i (H) cf -simuka i. vb *rise, stand up;* -GARA; **-sumudza** t; -takura t;|-senga t K. [Murume akasumudza bhokisi rake okwira bhazi. *The man raised his box and climbed on the bus.*] vb *lift up, raise up;* -GADZIKA

-SUNAMA i (H) 1. Kukombamisa muviri mberi. [Ndakamusvetuka akasunama. *I jumped over him when he was bending.* Isa hari pasi yakasunama. *Put the pot down wrong-way-up.*] vb *bend down from standing position; wrong way round; be up-side down;* 2. Kutenuka pamudzikisirwa. [Pakusunama nebhasikoro kumateru unofanira kuchenjera. *On descending a slope by bicycle you must be careful.*] vb *go down a slope;* **-sunamidza** t; -sunamisa t; -sunika t [Sunamidza mapoto kana wapedza kuageza. *Turn the pots upside down after washing them.*] vb *turn upside down;* -GADZIKA

-SUNATIRA t (H); -natira i & t; -tsuramira t. Kunwa mvura nomuromo wakazvambarara. [Akasunatira mvura parukova. *He drank water in a prone position at the river.*] vb *drink by sucking up from water level*

-SUNDA t (L) Kusairira mberi kana rutivi. [Ndapota, ndisundireiwo motokari yangu. *Please push my car for me.*] vb *push, press against;* -KWEVA; **-sundidzira** t cf saidzira t. vb *push;* -KAKATA

-SUNGA t (H) Batanidza negavi kana nokochemu etc. [Sunga mhou| tiikame. *Tie up the cow and let us milk it.* Mapurisa anosunga vanotyora murau. *Police arrest those who break the law.*] vb *tie, fasten, inspan, arrest;* -SUNUNGURA; **-sunganidza** t [Sunganidza mikosi iyi. *Tie these peices of string together.*] vb *tie together;* -SUNUNGURA; **-sungira** t; -sungirira t [Sungira bhiza pamuti rirege kutiza. *Tie the horse to the tree to stop it running away.*] vb *fasten up to (e.g. tree);* **-zvisungirira** vb *hang oneself, commit suicide by hanging oneself;* **-sungirwa** i; -fanirwa i [Vana vanosungirwa kuteerera vabereki vavo. *Children have a duty to obey their parents.*] vb *bound, be bound to, obliged to;* **-sungunura** t; -sunungura t [Sungunura imbwa imbofambafamba. *Release the dog and let it walk about.*] vb *untie, release, outspan;* -SUNGA

-SUNIKA i & t (H) Kusunamisa kana kurereka hari etc. [Tinosunika mabhodyera kana taageza. *We turn bottles upside down when we have washed them.*] vb *turn upside down;* -GADZIKA

-SUNUNGUKA i & t (H); -sungunuka i & t. Kupona mwana. Kuva usina kumanikidzika nebasa etc. [Asununguka mwana musikana. *She gave birth to a girl.*] vb *give birth, deliver; come undone; be free, relaxed, loosened, undone*

-SUNZA t (H); -tsunza t M; -shuzha t K; -shava t. Kutsinhana nomumwe kuti uwane chokudya. [Haarimi; anopona nokusunza. *He does not farm; he survives by buying his grain.*] vb *barter or buy grain*

SUO 5, mas-6 (HL) Mukova mukuru. n *big gateway or entrance*

-SUPFURA t (L) Kusaidzira munhu kana chinhu. Kubanha zvine simba. [Wandisupfura negokora. *You brushed me aside with your elbow.*] vb *push violently*

SURE 17 KM (HL) cf shure 7. n *place or direction behind one's back;* MBERI

SURUDZO 5 npl (HHL); muteka 3 M; mutyora 3. Mvura inomiminwa mudota ramaguri, inoshandiswa kubikisa derere. n *cooking soda prepared from ashes of certain plants and from ashes of maize cobs, used for flavouring*

-SURUKIRA t (H) Kukonzera kusuwa. Kushaya vanokuvaraidza. [Kusiyana nomwana wangu kwakandisurukira. *Parting with my child saddened me.* Kuenda kwako kwakandisurukira. *Your going made me lonely.*] vb *sadden, depress, make lonely;* **-surukirwa** i [Ndakasurukirwa ndiri muhospitari. *I was*

lonely in hospital.] vb *be oppressed with loneliness, be lonely*
-SURUVARA i (H); -surukirwa i; -suwarara i. Kunetseka mupfungwa. [Rega zvako kusuruvara, amai vako vachapona. *Don't distress yourself, your mother will recover.*] vb *be sad, upset, downcast, disconsolate; be desolate; feel lonely;* -FARA; **-suruvadza** t [Kupopota kunosuruvadza amai. *Grumbling saddens mother.*] vb *depress the spirits of;* -FADZA
-SUSA t (L) cf -svina t. vb *strain liquid*
SUSU 5, mas-6 (HL); tsitsa 5; tsitwa 9 M. Chihomwe chiri mudumbu remhuka inofura, chinotanga kupinda zvokudya zvisati zvaenda muguru. n *first stomach of ruminant*
-SUSUMHIRA i (H); -dadamira i. Kumira wakatsika nezvigunwe kuti usvikire pakakwirira. [Mwana akasusumhira kuti asvikire paiva nemari. *The child stood on tiptoe to reach the place where the money was.*] vb *stand on tiptoe, try to reach up*
SUTUKESI 9 (HLLL); sutukezi 9. Bhokisi rokutakurira mbatya parwendo. cf Eng n *suit-case*
-SUWA i & t (H); -shuwa i & t K. Kunetseka mupfungwa pamusana pokufunga zvinotambudza, kana kufunga mumwe ari kure. [Ndasuwa kumusha. *I'm longing for home/ I'm home-sick.*] vb *be sad, unhappy, emotionally disturbed (with sadness or longing), pine for, long for, regret, be sorrowful;* -FARA; **-suwira** t [Ndinosuwira kupera kwetemu. *I am longing for the end-of-term.*] vb *long for;* **-suwarara** i cf -suvarara i. vb *be sad, upset, downcast, disconsolate;* -FARANUKA; **-suwisa** i & t [Nyaya yokufa kwake inosuwisa. *The news of his death is disturbing.*] vb *cause to be sad;* -FADZA

The digraph *SV* represents a sound, unfamiliar to English speakers, known as a whistling fricative

-SVADA t (L); -svadanga t; -tangarira t. Kumedza usina kumbotsenga. [Akasvada chokudya asina kumbochitsenga. *He bolted the food without chewing it.*] vb *swallow without chewing, bolt food; Related ideo:* tangari, tangarwi, tari, svadu, svadanga
-SVAKUKA i (H); -dhuguka i. Kubuda mukati nokukurumidza. [Mbavha yakasvakuka napawindo. *The thief leapt through the window and got away.*] vb *escape through a narrow opening, come out suddenly or quickly; Related ideo:* svaku; **-svakura** t; -svakutsa t [Svakurira zongororo iro panze. *Get that millipede outside.*] vb *eject, shoot out, cause to come or go out quickly*
-SVAUKA i (L) Kubvisika kunoita ganda. [Akatsva nemvura inopisa akasvauka gumbo. *He was scalded with hot water and his leg peeled.*] vb *peel; lose skin;* **-svaura** t [Mushonga uyu wakandisvaura. *This medicine caused my skin to peel.*] vb *cause skin to peel*
-SVAVA i (L); -una i; -svauruka i. Zvinoita ruva kana rapiswa nezuva. [Kana kuchipisa maruva anosvava. *When the weather is hot flowers wilt.*] vb *wither, shrivel, contract into wrinkles, wilt, droop*
-SVEEREDZA t (H) Kuita zvokusvora anenge akanganisa. Kuseka zvokusvotesa mumwe. [Kakomana kaitatanyara ndokugumburwa vamwe vakakasveeredza. *The little boy strutted about then tripped and everyone laughed at him.*] vb *mock, ridicule*
-SVEERERA t (L); -svovera t; -sveera t; -nanambira t M. Kutambanudza ruoko kuti usvikire chinenge chiri kure. [Sveerera bhotoro iro undigamuchidze. *Reach for that bottle and pass it to me.*] vb *reach towards, r. for*
SVESVE 5, masv-6 (LH) cf -svosve 5. n *ant (general name)*
-SVETA t (L); -svuta t. Kusvisvina kana kukweva nomuromo; sokukweva ropa panenge pakuvara. [Akasveta mukaka waiva mubhodyera. *He sucked the milk from the bottle.*] vb *suck strongly (e.g. blood from cut)*
-SVETUKA i & t (H); -tomuka i & t M; -puka i & t M. Kukwiruka mudenga. [Svetuka pagoronga remvura iri. *Jump over this water-trench.*] vb *jump over, leap, hop, skip; Related ideo:* kwaku, tatu, svetu; **-svetukira** t [Katsi yakasvetukira mbeva muuswa. *The cat pounced onto the mouse in the grass.*] vb *jump onto*
-SVEVERA t (L); -svovera t. Kutambanudza ruoko kuti unyatsosvikira chaunoda kutora. [Kasikana kakasvevera banga raiva pakati petafura. *The little girl reached for the knife in the middle of the table.*] vb *reach to, stretch out for*
-SVEVEREDZA t (H) cf -sveeredza t. vb *mock, ridicule*
-SVIBA i (L); -svipa i. Kuva netsvina kana kuva noruvara rutema. [Kunze kwasviba, ngatirarei pano. *It is now dark so let us sleep here.*] vb *be dark, dirty, black; Related ideo:* nzvi-i, tsva-a; -CHENA; **-svibisa** t; -svipisa t [Wasvibisa bhachi rangu.

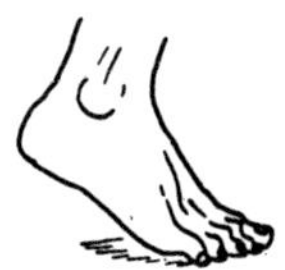
-susumhira

sutukesi

svesve/svosve

-svetuka

-svisa

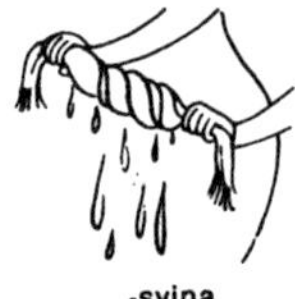
-svina

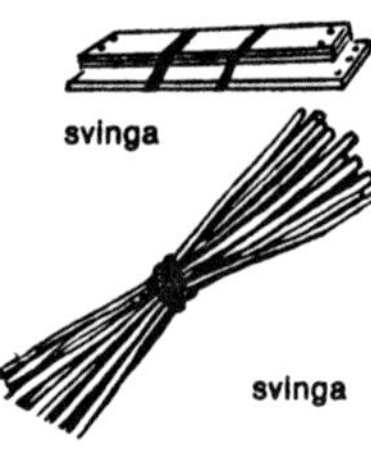
svinga

svinga

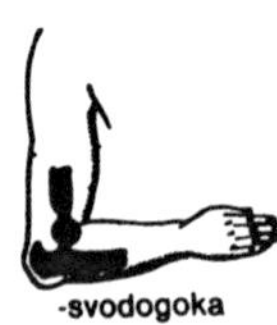
-svodogoka

You have dirtied my jacket.] vb *soil, make dirty; defile, spoil, smudge, besmirch;* -CHENESA; **-svibirira** i; -svipirira i; -temereka i [Muzhizha uswa hunosvibirira. *In the rainy season the grass is very green.*] vb *be dark or luxuriant green, blackish*

SVIBA 5, 9 & 10 (LL); svipa [dombo sviba = *black rock;* mhou sviba = *black cow*] adj *black*

-SVIKA i (L) Kuva paunenge wada kuenda. Kuva pamagumo orwendo. [Akasvika tisati tadya sadza ramanheru. *He arrived before we had eaten the evening meal.* Ungasvikire munyu here? *Can you reach the salt?*] vb *arrive, reach, come to a journey's end, amount to; arrive at (in transit); Related ideo:* peku, pfacha, tsotsorotso, tutururu, vhe, vhu; **-svikika** i [Dendere iro harisvikiki. *That nest is out of reach.*] vb *be accessible;* **-svikirana** i [Tasvikirana. *We have arrived at the same time.*] vb *arrive together/simultaneously;* **-svitsa** t; -tambidza t [Ndisvitsewo dhishi ndigeze maoko. *Pass me the basin for me to wash my hands.*] vb *cause to reach, pass to, hand to, bring to*

SVIKIRO 5, masv-6 (LLL); mamvura la Ko. Munhu anosvikirwa nomudzimu. n *spirit medium (occasionally possessed by deceased spirit to communicate information)*

-SVIKO- cf -svika i. Kuita chinhu uchangosvika. [Vakasvi**ko**kwazisana. *They greeted when they arrived.*] vb *on arrival, straight away, immediately, without delay*

-SVIMA t (H); -svimha t. Kuburitsa misodzi wakanyarara. [Pakunzwa izvi vazhinji vakasvima misodzi. *On hearing these things they wept.*] vb *shed tears silently*

-SVINA t (L) Kuburitsa mvura mujira, muranjisi, etc. Kumonya chinhu kuti mvura ibude. [Svina hembe idzi dzikurumidze kuoma. *Wring out these shirts to make them dry quickly.*] vb *squeeze out, strain a liquid, subject to pressure in order to extract juice, wring clothes*

SVINGA 5, masv-6 (HH) Huni dzakasungwa pamwe chete. Dumbu rehuni. n *faggot, bundle of firewood*

SVINGU 9 & 10 (LH); nhano 9 & 10 [hwai svingu = *healthy sheep*] adj *healthy*

-SVINUDZA t (L) cf -svinura i. vb *wake up*

-SVINURA i (L) 1. Kumuka kubva muhope. Kuvhura maziso. [Ndakasvinura ndanzwa kutinhira kwemvura. *I woke up when I heard the rumble of thunder.*] vb *come awake, open eyes;* -KOTSIRA; -TSINZINYA; 2. Kuchenjera. Kurega kuti undundu. [Gara wakasvinura munguva dzino dzokurwisana. *Be on the alert in these days of conflict.*] vb *be alert, wary, sharp witted;* **-svinudza** i & t [Matsotsi omuHarare akandisvinudza. *The crooks in Salisbury put me on the alert (i.e. made me wake up).*] vb *cause to come awake.*

-SVINYANGA t (H) Kudzvinya-dzvinya muruoko sezvinoitwa musuva wesadza usati waseviwa mumuriwo. [Akasvinyanga musuva wesadza ndokuseva mumuto. *He moulded a handful of sadza and then dipped it into the gravy.*] vb *mould soft object in the hand (e.g. morsel of sadza)*

-SVIPA i & t (H); -pfira i & t KM. Kuburitsa mate mukanwa. [Mushure mokubviswa zino akatanga kusvipa ropa. *After the tooth was extracted he began to spit blood.*] vb *spit, spit out;* -MEDZA

-SVIPA i (L) cf -sviba i. vb *be dark, black, dirty; Related ideo:* kwindi, ndindo, ndindo-o, ndo-o, nzva-a, nzvi-i, svi-i, tsva-a, zvi; -CHENA; **-svipirira** t [Muzhizha miti nouswa zvinosvipirira. *During the rainy-season foliage and grass are a luxuriant green.*] vb *be greenish (covering a variety of shades), be darkish*

-SVIPURA t (H) Kunanzva zvinenge zviri pamunwe etc. [Svipura chipunu ichi chejamu. *Lick this jam spoon.*] vb *lick, or suck food off (the finger etc)*

-SVISA t KoM (H); -svitsa t M; -vanza t. Kuita kuti zvirege kuzivikanwa. Kusaburitsa pachena. [Rega kundisvisa kana chii zvacho chawaita. *Don't hide any detail from me of what you did.*] vb *conceal the truth;* -ISA PACHENA

-SVISVINA t (H) Kukweva muto etc nomuromo; sezvinoita munhu kana achidya nzimbe. [Vadiki vanofarira kusvisvina nzimbe. *Children like sucking sugar cane.*] vb *extract by sucking (e.g. sugar from cane); suck out tasty juice*

SVISVINWA 5, masv-6 (HHH) Zvinosara mushure mokunge munhu asvisvina chaatsenga. n *waste vegetable matter that is spat out (e.g. pips)*

-SVITSA t (L) cf -svika i. vb *cause to arrive*

-SVODA t K (H) cf -nyara t. vb *be ashamed, embarrassed*

-SVODOGOKA i (H); -minyuka i; -svogodoka i Kupesana kunoita mapfupa apapfundo. Kukuvara kunoita gumbo kana munhu asina kutsika zvakanaka (sokunge munhu atsika mugomba). [Asvodogoka pfudzi pakutiva. *He dislocated his shoulder while diving.*] vb *be dislocated, sprained;* **-svodogora** t **1.** Kubvisa muguri wechibage padzinde. [Svodogorai chibage mubike. *Break off some cobs of maize and cook them.*] vb *remove maize cob from parent plant;* **2.** cf -minyura t. vb *put out of joint, dislocate; Related ideo:* svodogo, svogodo

-SVODZA i (L) Kubereka mwana akafa, kana kuti anofa achangozvarwa, kunoita mhuka. [Mhou yakasvodza mhuru yayo. *The cow miscarried and aborted its calf.*] vb *abort (animals), cause premature delivery*

-SVOMOKA i (L); -svotoka i. Kubuda kunoita chinenge chakamanikwa. [Nyundo yakasvomoka ichibva muruoko rwangu. *The hammer slipped out of my hand.*] vb *slip out of grip, get pulled off, come off (e.g. grip on handlebar);* **-zvomora** t; -zvomora t [Murume akasvomora bango kubva mugomba. *The man eased out the pole from its hole.*] vb *pull out, slide out (by pulling)*

SVONDO 5 & 9 (LL) **1.** Sondo 5 & 9 M. Musi wechisi. cf Afrik n *Sunday;* **2.** vhiki 5. Mazuva manomwe. n *week, period of seven days;* **ne-Svondo** adv *on Sunday;* **svondo rino** n *this week;* **svondo rakapera** n *last week;* **svondo rinouya; svondo ramangwana** n *next week;* **3.** cf sondo 5 & 9 n *church service*

-SVORA t (L) cf -shora t. vb *despise; sneer;* -REMEKEDZA; **-svoresa** t. [Zvawaita zvinosvoresa kwazvo. *What you have done is most despicable.*] vb *cause to be despised;* -REMEKEDZESA

SVORECHENA 9 (LLLL) Rudzi rweshiri inodya hove namatatya nokuwanzowanikwa munzizi kana padyo nemvura. n *great white heron*

SVORENYAMA 9 (LLLL) Shiri yorudzi rweshuramurove inodya nyama yezvakafa zvoga zvainowana. n *marabou stork*

-SVORESA t (L) cf -svora t. vb *cause to be despised;* -REMEKEDZESA

-SVOSVA t (L); -svokosva t; -svayira t K. Kudyunga chiri mumwena nomuti kuti chibude. [Kana uchisvosva nyuchi dzinokuruma. *If you irritate bees; they will attack you.*] vb *tease, drive (e.g. mice) in order to trap, poke, prod*

SVOSVE 5, masv-6 (LH); svesve 5. Zita rinodaidzwa kambuyu kanonanaira, kanogara mumwena; kanowanzoonekwa kana kwanaya. [Svosve rakatuma zhou. *An ant sent an elephant (on an errand). prov* 1520 *i.e. Necessity reverses hierarchies of values.*] n *ant (gen name)*

-SVOTA i & t (H); -dzungura i & t. Kukonzera kuda kurutsa. Kushatirisa. [Zvinosvota kunzwa mumwe achitukwa. *It sickens to hear someone being abused.*] vb *cause upset tummy, upset, make sick; annoy;* **-svotesa** i & t [Rega kuita zvinosvotesa vamwe. *Don't do what gets on people's nerves.*] vb *be sickening or annoying; annoy, offend*

-SVOTOKA i (L) cf -svomoka i. vb *slip off, slip from hands; escape, elude captivity;* **-svototsa** t; -svotora t. [Asvototsa mhuka yanga yabatwa padhibhu. *He let escape the animal trapped in the whip-snare.*] vb *cause to slip off*

-SVOVA i & t (L); -verera i & t. Kuenda pasina anoona. [Mbudzi dzinosvova vafudzi dzichienda muminda. *Goats steal away from shepherds and make for the gardens.*] vb *steal away without announcing departure, sneak away; Related ideo* nzve, verere

-SVUKUDZIRA t (H); -husvudzira t; -saidzira t. Kukuza imbwa kuti dziende kundoruma. [Ndakasvukudzirwa imbwa nepwere. *I had the dogs set upon me by the little children.*] vb *set dog upon*

-SVUSVURA i & t (H) Kudya mangwanani. [Tava kusvusvura. *We are about to eat breakfast.*] vb *take breakfast, eat breakfast*

-SVUTA i & t (L); -puta i & t. Kufemba fodya yomumhuno kana yomudzanga kana yomuchikwepa. [Akatanga kusvuta achiri mudiki. *He began to smoke when he was still small.*] vb *smoke tobacco, take snuff*

SVUTUGADZIKE 9 (LHLHL); putugadzike 9. Tii kana kofi. n *any hot drink taken in sips (tea, coffee, cocoa, etc)*

-SVUUKA i (L) cf -svauka i. vb *peel;* **-svuura** t **1.** cf -svaura t. vb *chafe, peel off, graze, damage the skin (by grazing);* **2.** Kubvisa rwodzi pamuti. Kuponora makavi. [Endai mundosvuura makavi. *Go and strip off some bark-fibre.*] vb *strip off bark, debark; Related ideo:* svu-u

SVUURAMUROMO 9 (LLLLLL); ndambakurayirwa 9; tsvuuramuromo 9. Munhu asingateereri. n *thoroughly disobedient or unco-operative person*

-SWATANUKA i (L); -swatuka i; -twasanuka i. Kusava chakakombama. [Mira wakaswatanuka. *Stand up straight.*] vb *be straight, upright;* -KOMBAMA; **-swatanudza** t; -swatanura t; -swatudza t; -twasa-

svorechena

svorenyama

-svuta

svosve

nudza t; -tasanura t; -tasanudza t [Enda undoswatanudza waya iyi. *Go and straighten out this piece of wire.*] vb *straighten (something bent or rumpled)*; -KOMBAMISA

-SWEDERA i (L); -swebera i; -sebera i; -swendera i. Kuuya pedyo. [Swedera pano ndikuudze zvaitika. *Draw closer and let me tell you what happened.*] vb *come near, approach; go, move near*; -SUDURUKA; **-swededza** t; -swendedza t [Akaswededza chigaro pachoto. *He moved the chair toward the fireplace.*] vb *bring near, move towards*; -SUDURUDZA

-SWERA i (L) Kupedza zuva kana muswere. [Takaswera tichitamba bhora. *We spent the day playing football.*] vb *pass or spend the day*; **-swedza** t [Vakamuswedza nenzara *They made him spend the day without food.*] vb *caise to spend the day*

SWERANDOGA 9 (LLHL) Munhu kana mhuka isingafariri kugara nedzimwe. n *solitary person or animal*

-SWERO- (LL) cf -swera i. Kuita chinhu muswere wose. [Waiswerotamba panzvimbo pokudzidza. *You spent the day playing instead of learning.*] infix vb *all day long*

-SWINYA i (H) Kuvava sapanenge paendwa nounye. [Mvere dzamamwe makonye dzinoswinya. *The hairs of some caterpillars cause irritation.*] vb *irritate the skin, itch*

tamba bhora

T

tai

tafura

tagurukutana

-TADZA i & t (H) **1.** -kona i K; -kundikana i. Kukoniwa kuita chinhu. [Ndatadza kuuya. *I failed to come.*] vb *fail to do, be unable; err*,- BUDIRIRA; **2.** Kukanganisa; kuita rutadzo. [Andiudza kuti haana chaakatadza. *He told me that he had done nothing wrong.*] vb *do wrong, commit an offence, sin*; **-tadzira** t [Wanditadzira pawatora bhasikoro rangu. *You have wronged me by taking my bicycle.*] vb *offend, sin against*; -FADZA; **-tadzisa** i & t [Wanditadzisa kupedza basa rangu. *You have prevented me from finishing my work.*] vb *prevent, cause to fail, impede*; -GONESA

TAFURA 9 (HLL); tebhuru 9; tebu 9. dara. cf Afrik n *table*

TAGURUKUTANA 9 (LHHHLL) Njiva ino muhuro muchena inodya mbesa nemhodzi nokuvaka dendere netsotso mumuti. Inowanzofamba neimwe yorudzi rwayo. n *laughing dove, small species*

TAI 9 (HL) Jira rakagadzirwa somucheka mupamhi rokusunga pachipika chehembe sechishongo. cf Eng n *necktie*

-TAIDZA i (H) Kusakwana kwezvinhu. [Hwahwa hwataidza, vanhu vachiri kuda humwe. *The beer ran out with people still wanting more.*] vb *run short*; **2.** cf -kachidza t. vb *choke, cause to cough*

-TAIMA i (L) Kubwinya semvere dzemombe kana yabva mukudhibha. [Nyenyedzi dzinotaima usiku. *Stars glitter at night.*] vb *glitter, flicker, gleam, shine bright, sparkle*

-TAIPA i & t (H) Kunyora netapureta. [Ari mukati achitaipa. *He is inside typing.*] cf Eng vb *type with typewriter*

-TAKANURA t (H) Kubvisa kana kusunungura panenge pakabatana. [Paakarumwa nembwa yomupurisa akatadza kutakanura. *When gripped by the police dog he failed to break free.*] vb *disengage, unclasp, remove what grips*, Related ideo: takanu

-TAKANYIKA i (L); -zvongonyoka i. Kuzunguzika sehonye iri mundove. [Gonye rakatakanyika munyama yakaora. *The worm wriggled in the rotten meat.*] vb *wriggle, crawl (of worm)*

-TAKURA t (L); -senga t KM. Kusimudza mutoro nokuuisa pamusoro kana papfudzi kana kuurembedza mumaoko. [Akatakura dombo rinorema kwazvo. *He carried a very*

heavy rock.] vb *lift up and carry, give a lift to, transport, bear; Related ideo:* bipitu, dzva, nganganda, taku, tega, nzva, vidyu, vizhu -TURA; **-takudza** t [Wanditakudza mutoro wako. *You made me bear your burden/You gave me your burden to carry.*] vb *load up, put a load on, make to carry;* -TURA

-TAKWAIRA i (H); -femereka i. Kufemera pamusoro. [Apedza kumhanya mwana akatakwaira. *When he had finished running the child panted.*] vb *pant, puff;* **-takwaidza** t [Patakasangana ndakamubvunza kuti chii chaimutakwaidza. *When we met I asked him what was the cause of his panting.*] vb *cause to breathe heavily after exertion*

-TAMA i (H) Kuvaka pamwe; kuchinja pokugara. [Tichatama pano gore rinouya. *We shall move from here next year.*] vb *migrate, move home, change one's abode*

-TAMBA i & t (H) Kuita mutambo kana kuita zvokufara (dhanzi, shangara, etc). [Tamba nomwana ndibike sadza. *Play with the child and let me cook the* sadza. Tamba nezvimwe; moto ndimashonongore. *Play with other things; fire is dangerous. prov* 1321 *i.e. Don't play with fire.*] vb *play, dance, gambol, frolic, take part in any form of entertainment (sport, game, dance, etc); joke, play the fool;* **-tambisa** t **1.** [Ndatengera mucheche zvokutambisa. *I bought the baby things to play with (toys).*] vb *use as a play-thing (doll, toy etc);* **2.** [Rega kutambisa mari yako. *Don't waste your money.*] vb *waste*

-TAMBANUKA i (H); -swatanuka i. Kuswatuka kunoita change chakapeteka, kana kukombama. [Gumbo rangu harichagoni kutambanuka. *My leg can no longer straighten.*] vb *straighten out;* -GONYA; **-tambanudza** t; -tambunudza t K; -tasanudza t [Tambanudza maoko ako. *Stretch out your arms/Hold out your arms.*] vb *stretch, extend, open out;* -PETA, -GONYA

-TAMBARARA i & t (H); **1.** -tandavara i. Kurega kugonya makumbo kana maoko. [Tambarara ndikutumbure munzwa. *Put your leg straight and let me remove the thorn for you.*] vb *sprawl, stretch out straight;* -GONYA; **2.** -zvambarara i. Kukura somumhodzi (munhanga). [Mushamba unotambarara nokukurumidza pakukura. *The cattle melon plant quickly spreads out when growing.*] vb *spread out over ground;* **-tambaradza** t; -tandavadza t [Hapana nzvimbo yokugara nokutambaradza makumbo ako. *There is no space for you to sit with your legs outstretched.*] vb *stretch limbs out*

-TAMBIRA t (H) cf -gamuchira t vb *accept, receive;* -RAMBA; **-tambidza** t; -gamuchidza t; -gashidza t. [Nditambidze chingwa ndidye. *Pass me the bread and let me eat.*] vb *deliver into the hand of somebody, hand over, pass;* **-tambirisa** t. [Mupristi ndiye anotambirisa vanhu. *It is the priest who gives people Holy Communion.*] vb *pay wages, give Holy Communion*

TAMBO 9 (LL) Chinoshandiswa kusungisa. n *thong, riem, rope;* **t. yegetsi** 9 n *flex, electric cable;* **t. yebhutsu** 9 n *shoe-lace*

-TAMBURA i (L) **1.** -nya i. Kutambudzika nokurwadziwa kana nezvimwewo zvinonetsa. [Atambura kutsvaga mari yeroora. *He has difficulty in obtaining his bride-price.*] vb *suffer, suffer hardship, be in pain, undergo pain;* **2.** -panga t [Nherera dzinotambura rudo rwababa naamai. *Orphans long for the love of a father and mother.*] vb *crave for;* **-tambudza** i & t [Zvakanditambudza kunzwa kuti asungwa. *It distressed me to hear he was in jail.*] vb *upset, distress, make to suffer, torment, afflict;* -NYARADZA; **-tambudzika** i; -tambura i; [Handidi kuti mukadzi wangu atambudzike ndafa. *I don't want my wife to suffer hardship when I have died.*] vb *suffer, be in pain, or torment, or affliction or trouble; be worried, distressed*

-TAMUKA i (L); -tatamuka i. Kudhadhamuka kunoita mupira, etc. [Chubhu yoga yoga inotamuka. *Every tube stretches.*] vb *stretch (elastically);* **-tamura** t [Akatamura ndandi akananga shiri. *He pulled the catapult and aimed at the bird.*] vb *stretch (elastically), make longer by pulling and expanding*

-TANA i (H) **1.** Kuoma sapasi pasina kunyorova, kana kuti kuoma zvokusatemeka nhando (somuvanga). [Shuga haitani kunyangadika mumvura. *Sugar easily dissolves in water.*] vb *be hard, difficult (usu used in the negative:* Hazvitani + *infinitive with the meaning: it is easy/it is not difficult);* **2.** Kunetsa kutsenga. [Muswe wemombe kana usina kunyatsobikwa unotana kutsenga. *Ox-tail if not properly cooked is tough.*] vb *be tough to chew;* -PFAVA

-TANANGIRA t (H); -tananga t; -tanyanga t. Kumira wakati gumbo uku, gumbo uko, pakati paine

tambo yebhutsu

tambo

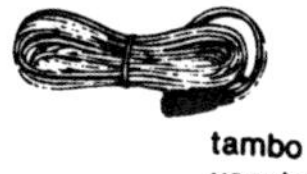

tambo yegetsi

-takura

-tanga

chimwe chinhu — pakati pamakumbo. [Imbwa yakatanangira yayakakunda. *The dog stood astride over its opponent.*] vb *stand astride over*

-TANDA t (H); -dzinga t. Kubvisa (muchikoro, pamutambo, etc). [Tanda asingadi kuteerera mitemo yechikoro. *Expel anyone who does not wish to observe the school rules.* Usatanda hwiza idzo tsuro dzichauya. *Don't chase after locusts when hares may appear.* prov 59 *i.e. Don't waste effort on unimportant things when much better are available.*] vb *expel, drive away;* **-tandanisa** t [Mupurisa akatandanisa gororo. *The policeman chased after the thief.*] vb *chase by physical pursuit, bannish, send someone away, chase after/away, run after*

-TANDA t (L) Kugadzira dandadzi kunoita dandemutande. vb *spin a web*

-TANDADZA i (L) Kupfura kunoita mhuka, etc, kana yava kufa. [Huku dzinotandadza pakuchekwa musoro. *Fowls flutter about when their heads are cut off.*] vb *be in death spasms*

-TANDANYARA i (H); -tindinyara i. Kufamba kwokudada. [Gudo rakatandanyara richibuda mumunda. *The baboon strutted as it emerged from the garden.*] vb *walk with a proud air*

-TANDARA i (H) Kutaurirana nyaya dzakasiyana navamwe, kazhinji mushure mokudya. [Tichatandara kusvikira chidhakwa chakotsira. *We will chat until the drunkard has fallen asleep.*] vb *recreate in the company of others chatting (e.g. round the fire); indulge interesting conversion;* **-tandadza** t; -varaidza t [Vasikana vakatandadza muenzi dakara aenda. *The girls entertained the visitor until he went.*] vb *entertain with conversation*

-TANDAVARA i (H) cf -tambarara i & t. vb *stretch out*

-TANGA i & t (H) 1. Kuvamba kwechinhu, kana kuvamba kunoita chinhu. [Musikana akatanga kunditarisa asati apindura. *The girl looked at me before replying.* Usatanga kumedza; kutsenga uchada. *Do not swallow before you chew.* prov 1331 *i.e. Plan ahead before you embark.*] vb *begin, commence, start, be first; Related ideo:* tiringindi, tsadzu; -PEDZA; 2. -denha t [Amutanga namazwi akaipa saka ashatirwa. *He started with provocative words so she got angry.*] vb *provoke;* **-tangira** t [Mvura yanditangira mubani. *The rain overtook me in the vlei.* Watangira papi? *Whereabouts/at what point did you begin?*] vb *Overtake, beat, be first to, begin at;* **-tangisa** t [Ndakatangisa musoro. *I began with a headache.*] vb *begin by, start by;* -PEDZISA

-TANGARIRA t (L); -dangarira t. Kumedza usina kumbotsenga. [Ndakachidzwa ndikatangarira mnodzi yeoranji. *I was made to cough and gulped down the orange seed.*] vb *swallow without chewing; Related ideo:* tangari, tangarwi, tari, svadu, svadanga.

-TANGIRA t (H) cf -tanga i & t.

-TANGISA t (H) cf -tanga i & t.

-TANHA t (H); -tamha t; -temha t. Kubvisa muchero pamuti; kubvisa muriwo padzinde. [Handei kundotanha muriwo. *Let's go and gather greens.*] vb *pluck (fruit, vegetable leaves, etc), pick, gather*

TANHATU 9 (HLH); nhanhatu 9. Nhamba inotevera nhamba yechishanu. n *six (the number itself)*

-TANHAUKA i (H) Kubvisika nyore senzungu kana nyimo padzinde. [Nyimo dzinotanhauka nyore pane nzungu. *Bambara groundnuts are much easier to pluck than monkey-nuts.*] vb *be easy to pluck, pick, gather etc;* **-tanhaura** t [Tiri kutanhaura nzungu dzedu. *We are gathering monkey-nuts (previously uprooted).*] vb *pluck groundnuts from roots of plant*

-TAPA t (H); -bata t. Kutora munhu nezvamasimba nokumuita musungwa kana nhapwa. [Madzviti aitapa vakomana vechiShona. *The* Matebele *used to capture* Shona *youths.*] vb *make prisoner, take captive;* -SUNUNGURA

-TAPATIRA i (L); -takatira i; -papama i. Kubhururuka kuenda mudengadenga sezvinoita ngavira. [Ngavira inogona kutapatira mudenga. *A kite (bird of prey) is able to hover in mid-air.*] vb *fly high, hover*

-TAPIDZA t (H) cf -batidza t. [Nditapidzirewo mudzanga wefodya. *Please give me a light for my cigarette.*] vb *light, set alight;* -DZIMA

-TAPIRA i (H) Kunaka kunoita shuga kana nzimbe, etc. [Uchi hunotapira kupinda shuga. *Honey is more sweet than sugar.*] vb *be sweet, taste sweet;* -VAVA; **-tapidza** t [Tapidza tii nokuisa imwe shuga. *Sweeten the tea by adding more sugar.*] vb *sweeten*

-TAPUDZA t (H) Kubvisa zvimwe kuti zvisare zvishoma. Kubvisa zvinhu zvinenge zvanyanya kuzarisa. [Tapudzai mvura muketero. *Pour off a little water from the kettle.*] vb *lessen in number, remove a small amount, make less, lower, subtract;* -PAMHIDZA

-TAPURA t (H) **1.** -denha i; -sokosa i. Kuitira mumwe zvinomushatirisa. Kutanga mumwe. [Wanditapura namazwi ako akaipa. *You made me angry with your bad language.*] vb *provoke;* **2.** Kutora chirwere kuno mumwe. [Vana vadiki vanotapura zvirwere nyore nyore. *Little children easily contract illnesses.*] vb *contract (illness)*

TAPURETA 9 (HLLL) Mudziyo unoshandiswa kudhinda mabhii. cf Eng n *typewriter*

-TARA t (L) Kunyora mutsetse. [Mudzidzisi akatara mutsetse pabhodhi. *The teacher drew a line on the black-board.*] vb *draw or mark a line, put a sign;* **-tarika** i [Ano rupfave rusingatariki. *She has indescribable / immeasurable kindness.*] vb *be easy to draw or illustrate*

-TARA t (H); -maira t. Kushanyira mumwe. [Ndichatara *John* munzira. *I will drop in and see John on the way.*] vb *visit for a short time*

TARAKITA 9 (LHLL); tirakita 9; turakita 9. Mudziyo une injini namavhiri mana; omumashure mahombe kupinda emberi. Unorimiswa kana kukweva zvinorema kwazvo nokuitawo mamwe mabasa akasiyana kazhinji mumapurazi. cf Eng n *tractor*

-TARAMUKA i (H); -burikira i; -suduruka i. Kupeuka kunoita vanhu vanenge vakamanikidzana. [Taramuka kuti ndipfuure. *Move aside so that I can pass.*] vb *move apart, separate, recede;* **-taramutsa** t; -taramudza t; -sudurudza t. [Taramutsa mapango egadheni nokuti anyanyobatana. *Separate the garden boundary poles; they are too close together.*] vb *move apart*

-TARANGA i & t (H); -tarangana i cf -taranza t. vb *space out;* -TSINHANA

-TARANZA t (H); -taranga i & t. Kusiya nzvimbo huru pakati pezvinhu. Kuita kuti zvinhu zvirege kubatana. [Wakataranza chibage pakudyara. *You spaced out the mealies at sowing time.*] vb *separate by a space, space out;* -TSINHANISA

-TARATADZA t (H) Kunyora zvisingaverengeki; kunyora zvinotarisika sepatsikwa nehuku. Kunyora somunhu asinganyatsoziva kunyora. [Rega kutaratadza; nyatsonyora. *Don't scribble; write properly.*] vb *write badly, scribble*

-TARIDZA t K (L) cf -ratidza t. vb *show, display;* -VANZA; **-taridzika** i; -ratidzika i. [Muti uyu unotaridzika sounoda kuwa. *This tree looks like falling down.*] vb *show, give the appearance of, seem*

-TARISA t (L); -tarira t; -ringa t; ringisa t. Kuona namaziso. [Baba vakatarisa mwana neziso dzvuku. *Father looked at the child angrily (with red eyes).* Ambuya vari kutarisa mucheche kumba. *Grandmother is looking after the baby at home.* Ndichambotarisa. *I will just have a look.*] vb *look at, look, look after, find out, discover by observation;* **-tarisira** i & t [Ndinotarisira kuti anouya mangwana. *I hope that he will come tomorrow.* Kunotarisirwa kuti kuna vanhu zana. *It is estimated that there are one hundred people.*] vb *look forward to, hope for; estimate;* **-tarisisa** t [Tarisisa uone. *Have a good look and see.*] vb *look carefully*

-TASANUDZA t (L); -tasanura t cf -swatanudza t. vb *straighten out*

-TASVA t (H) Kukwira pamusana pebhiza, kana bhasikoro, etc. [Kare majoni aifamba akatasva mabhiza. *Previously European police travelled about on horse-back.*] vb *ride, mount;* -BURUKA

-TATA i (H); -rara i. Kuvata. [Iti mwana atate. *Make the child sleep.*] vb *sleep (esp child)*

-TATAMUKA i (L); cf -dhadhamuka i. vb *be elastic, stretched, expanded;* **-tatamura** t cf -dhadhamura t. vb *extend, stretch what is elastic*

-TATANYARA i (H) Kufamba nomutoo unoratidza kudada kana kuzvikudza; sehoromba yegudo. [Rume rakatatanyara richienda kumotokari. *The man strutted over to the motor car.*] vb *walk stiffly (generally with swagger; as showing pride or showing off)*

-TATARIKA i (L) Kuda kupunzika somunhu kana agumburwa; kana kuti munhu anenge akadhakwa. [Akatatarika nokudhakwa. *He staggered from being drunk.*] vb *stagger, stumble;* **-tataritsa** t; -tataridza t. [Mutoro wake wairema zvokuti wakamutataridza. *His load was so heavy that it caused him to stagger.*] vb *cause to make unsteady steps*

TATEGURU 1a, pl: vana-, madzi- (LHLL); teteguru 1a. Mukuru worudzi kana dzinza. Mudzimu wedzinza. n *great grandfather, ancestor, senior deceased relative*

-TATUKA i (H) Kusvetuka somunhu anenge oda kutsika nyoka kana kuti aona chinotyisa. [Musikana akayambuka rukova achitatuka napamabwe. *The girl crossed the river picking her way (over the water) by stepping-stones.*] vb *jump over*

-tarisa

tapureta

-tasva

-tatamutsa

tarakita

-tatuka

-TAUDZA t (L); -tapura t. Kutaura zvinokonzera mumwe kuita hasha. Kushatirisa mumwe. [Rega kumutaudza. *Do not provoke him.*] vb *provoke by speech, provoke to anger;* **-taudzana** i **1.** [Vaviri ava vanotaudzana kazhinji. *These two frequently quarrel.*] vb *quarrel;* **2.** [Mhuri dzedu hadzitaudzani. *Our families are not on speaking terms.*] vb *speak to one another.*

-TAURA i & t (L) Kureva namazwi. [Ari kutaura naani? *Who is he talking to?*] vb *speak, talk, converse, narrate, mean; Related ideo:* bufu, bvojomo, bvotomo, bwodo, bwodomo, bwe bwe, dzomoto, hi, pwedere, pwetere, pwodo, rotomo; **-taura nhando** [Uri kutaura nhando. *You are talking nonsense.*] vb *speak rubbish;* **-taura pachena** i [Ataura pachena kuti haasisiri shamwari yangu. *He openly declared that he was no longer my friend.*] vb *declare, speak openly; be outspoken, frank;* -VANZA; **-taurika** i [Akashamiswa zvisingatauriki. *He was astonished beyond words.*] vb *be capable of explanation;* **-taurira** t [Nditaurire zvakaitika. *Tell me what happened.*] vb *speak to, inform, tell;* **-taurirana** i & t [Tichataurirana zvokuita mangwana. *We will discuss what to do tomorrow.*] vb *discuss with, chat, talk a matter over;* **-taurisa** t [Mukadzi wake anotaurisa. *His wife talks an awful lot.*) vb *speak out, talk too much, talk loudly*

tauro

TAURO 5, mat-6 (HLLL); tauru 5. Jira rokupukutisa kana rokugezesa muviri. cf Eng n *towel*

TAWINDI 5 & 9 (HLL); taundi 5 & 9 cf dhorobha 5. cf Eng n *town*

-TAYA t Ko (H) cf -rasa t. vb *throw away, lose*

-TAYIDZA i (H) cf -perevedza i. vb *run short, run out*

tayira

TAYIRA 5, mat-6 (HLL); tayi 5. Mupira wevhiri remotokari kana bhasikoro unodzivirira chubhu. cf Eng n *tyre*

TEBHURU 9 (HLL) cf tafura 9 cf Eng n *table*

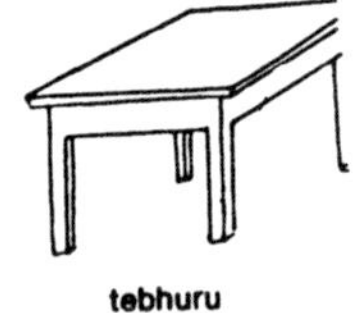
tebhuru

-TEBVENYEKA i (L); -tetenyeka i; -tefenyuka i; -tepfenyeka i. Kupfava kwomuchero etc kana wabatwa. [Madomasi aibva anotebvenyeka. *Tomatoes which are ripe are soft to the rouch.*] vb *be soft to touch (as ripe fruit)* -OMARARA; **-tebvenyedza** t; -tefenyedza t; -tubvunyudza t [Tebvenyedza mazhanje ayo uone kana aibva. *Feel those wild loquats and see if they are ripe.*] vb *test for softness by touching, feel*

-TEDZA i (L) cf -tsvedza i. vb *be slippery*

-TEERERA i & t (H) **1.** Kuteya nzeve kuti unyatsonzwa. [Teerera kana ndichitaura. *Pay attention when I talk.*] vb *listen;* **2.** Kunzwa zvinorehwa navamwe nokuzviita. [Unoda kurangwa kuti uteerere here? *Do you want to be punished to make you conform.*] vb *obey*

-TEFA i (H); -tepa i. Kutepuka somupira kana kuti muti usina kusimba. [Anoda kugara pachigaro chakatefa. *He likes sitting on a comfortable chair.*] vb *be flexible (gen of soft object)*

-TEFENYEKA i (L); -tebvenyeka i. Kupfava pakubata sokuti domasi rakaibva. [Kana nhanga raora rinotefenyeka. *When a pumpkin is rotten it is soft to touch.*] vb *be soft (to touch, as ripe fruit);* -OMARARA; **-tefenyedza** t; -tebvenyedza t; -tubvunyudza t. [Tefenyedza mango unzwe kana yaibva. *Feel the mango to see if it is ripe.*] vb *test for softness by touching, feel*

-TEKA t (H) cf -chera t. vb *draw liquid by scooping with a container*

-TEKAIRA i (H) Kufamba sezvinoita munhu ane chiveve mumakumbo. [Mombe ine gumbo inotekaira. *A lame ox walks stiff-leggedly.*] vb *walk stiffly*

-TEKENYA t (L) Kumutsa motokari somuchairi. [Tekenya motokari tiende. *Start up the motor car and let's go.*] vb *set engine in motion, start up*

-TEKENYEDZA i & t (L) cf -sekenyedza i & t. vb *tickle*

-TEKESHA t (H); -tekenya t. Kupunza zvinopunzika zvichibva zvamwararika. [Akatekesha bhodyera romushonga unovava pabwe. *He took the bottle of bitter medicine and cast it against the stone.*] vb *smash fragile objects by dashing them to the ground*

-TEKESHERA i (L) Kuzara kwose kwose. [VaKristu vakatekeshera pasi pose. *Christians have spread all over the world.*] vb *be dispersed or widely distributed;* **-tekeshedza** t [Akatekeshedza mombe dzake nebani zuva rose. *He dispersed his cattle all over the vlei the whole day.*] vb *drive in different directions;* -UNGANIDZA

TEKETERA la M (HHLH) **1.** cf uzanguku 14. n *poultry flea;* **2.** Rudzi rwouswa. n *kew weed, gallant soldier*

-TEKETERA i & t (H) Kutaura kunoitwa kumidzimu kana munhu achipira midzimu yake. [Ndakamuona achiteketera vadzimu vake. *I saw him making a ritual offering to his family spirits.*] vb *use words of*

praise when making ritual offering
TEKISI 9 (HLL) Motokari ndiki inofambisa nokubhadharisa vanhu kwavanoda kuenda. cf Eng n *taxi*
-TEMA i & t (H) 1. Kushandisa demo kuriga kana kudimbura chimwe chinhu. [Temai mapango okuvakisa imba. *Cut some poles for constructing the house.*] vb *chop, axe, cut with axe; Related ideo:* ga, go; 2. Kubanda kunoita musoro [Musoro wangu uri kutema. *My head is aching.*] vb *ache, throb (of the head);* -NYARARA; 3. Kudzika mitemo. [Hurumende inotema mitemo yokubatsira vanhu venyika. *A government makes laws to help the people of the country.*] vb *legislate;* 4. Kukandidzira mumwe kana chinhu [Ndatema nyoka nebwe. *I threw a stone at the snake.*] vb *throw (missile) at*
-TEMA (LH) [munhu mutema = *African, negro*] adj *black (colour);* -CHENA
TEMBERI 9 (HLL); tembere 9; temburo 9. Imba yokunamatira. cf Eng n *temple*
TEMBO 1a (HH) Mutupo wavanhu vanoera mbizi, vokwaSamaita. n *person of the zebra clan (esp from Umtali)*
-TEMEREKA i (L); -temeruka i. Kuva noruvara rwakasvipirira. [Mamwe magirepisi kana aibva anotemereka. *Some grapes when they are ripe are blackish.*] vb *be somewhat black, blackish, dark in colour*
-TEMURA t (H) Kudya sadza risina muriwo. [Manheru ndakatemura sadza. *Last evening I ate* sadza *without flavouring.*] vb *eat* sadza *without any side-dish*
-TENDA i & t (L) 1. Kuratidza kuti wafara nezvaitwa nomumwe. [Ndinotenda nezvawandiitira. *I thank you for what you have done for me.* Totenda dzanwa; mombe dzaswera nebenzi. *We shall believe when they have drunk, viz. cattle tended by a fool. prov* 677 *i.e. Seeing is believing.*] vb *thank, be grateful;* 2. Kubvuma zvataurwa. Kubvumira. [Saka hautendi zvandakuudza nhai! *So you don't believe what I have told you, eh!*] vb *acknowledge, allow, admit, believe;* **-tendera** i & t [Hazvitenderwi./Hazvibvumirwi. *It is not allowed.* Haana kutendera zvandakamuudza. *He didn't believe what I told him.*] vb *believe, b. in, allow; give permission;* -RAMBIDZA; **-tenderana** i; -bvumirana i [Kana matenderana ndinofara. *When you have come to terms I shall be happy.*] vb *agree with one another;* **-tendeseka** i; -tendeka i [Kasikana aka kanotendeseka. *This is a reliable little girl.*] vb *be reliable, trustworthy, credible*
TENDE 9 (HL) Jira risingapindi mvura, rinoshandiswa kuvaka musasa wechiRungu. cf Eng n *tent*
-TENDERERA i & t (H); 1. -poterera t. Kufamba sevhiri remotokari. [Akatenderera imba achitsvaga chikwama. *He walked around the house looking for the purse.*] vb *turn round and round, walk round, rotate, revolve round an axis;* 2. Kuva nechimiro chakapoterera. [Akavaka imba yakatenderera. *He built a circular house.* Mugwagwa unotenderera. *The road goes a long way round.*] vb *be circular, round, spherical;* **-tenderedza** t [Masoja akatenderedza musha wose. *The soldiers surrounded the whole village.*] vb *surround, encompass; cause to spin round*
-TENDESEKA i (L) cf -tenda i & t; -tendeka i. vb *be trustworthy, reliable, credible*
-TENDEUKA i (H); -pinduka i. Kutarisa shure. Kunanga kwawabva. [Akatendeuka kuti ndinyatsomuona. *She turned round for me to have a good look at her.*] vb *turn back, turn round;* 2. Kusanduka kuva nani mukufunga nomumagariro. [Zvakatora nguva ndefu kuti murume wake atendeuka. *It took a long time for her husband to become a better person.*] vb *make a change of heart, convert, turn over a new leaf (morally); Related ideo:* tendeu; **-tendeutsa** t; -tendeudza t [Tendeutsa wachi kuti ndione nguva. *Turn the face of the watch for me to see the time.*] vb *turn through an angle;* 2. -pindutsa t [Achiri mupenyu akatendeutsa vanhu vazhinji. *While still alive she converted many people.*] vb *bring about somebody's conversion*
-TENGA t (H) Kubvisa mari kana chimwe chinhu kuti upiwe chaunoda. [Bhurukwa iri wakaritenga kupi? *Where did you buy these trousers.*] vb *buy, acquire by bartar or purchase;* -TENGESA; **-tengesa** t 1. [Une mvumo yokutengesa zvinhu here? *Do you have permission to sell things?*] vb *sell, cause others to buy;* -TENGA; 2. cf -chera t. vb *inform on, expose*
-TENGE (L) cf -nge [Achatenge adya paunouya. *He will have eaten by the time you get here.*] vb *seem, have appearance of, do already, beforehand*
-TENHA t (H) cf -tanha t. vb *pluck fruit, gather vegetables*
-TENHEKA i (L); -ndengendeka i.

tende

mubhedha wakatefa

vanhu vatema

Kuita sokubvunda sezvinomboita pasi. [Injini yakatanga kudhirima bhazi rose rikatenheka. *The bus engine began to idle and the whole vehicle shook.*] vb *vibrate, shake;* **-tenhedza** t [Kutinhira kwemvura kwatenhedza imba yose. *The clap of thunder made the whole house quiver.*] vb *cause to vibrate.*

-TENHERA t (H) Kuisa zvipfuyo mudanga. [Tenhera mombe mudanga. *Drive the cattle into the kraal.*] vb *drive livestock into an enclosure;* -BURITSA

-TENUKA i (H) Kudzika materu. [Mugwagwa uno uchatenuka tava padyo nedzimba. *This road will slope down when we are near the house.*] vb *run downhill, be sloping;* **-tenutsa** t; -tenura t [Gudo rakatenutsa ibwe mugomo. *The baboon caused the stone to slide down the face of the hill.*] vb *dislodge and cause to slide down; Related ideo:* deu, tenu, teu.

TENZI 1a, pl: vana- (HL) Muridzi womudziyo, chipfuyo, imba kana purazi etc. n *master, owner, lord, king;* MURANDA

-TEPFENUDZA t (L); tebvenyudza t; -tefenyudza t cf -tefenyedza t. vb *test for softness by touching*

-TEPUKA i (H) Kukombama nhando sorumuti rurefu. [Anoraura nomuti unotepuka. *He fishes with a flexible rod.*] vb *be pliable, flexible, sway to and fro;* **-tepudza** t; -teputsa t [Kana mhepo ichivhuvhuta inotepudza mipuranga. *When the wind blows it sways the blue-gums.*] vb *cause to sway, bend or flex*

-TERA i & t (L) **1.** Kubvisa mari yomutero. [Kana munhu akwegura haateri. *When a person is old he does not pay tax.*] vb *pay tax;* **2.** -nhera i. Kubvuma kukundwa. [Kana vatera regai kuramba muchivarwisa. *When they have surrendered don't continue the attack.*] vb *submit, surrender, give in*

TERA 1a, pl: vana- (HL); musoni 1. Munhu anosona mbatya. cf Eng n *tailor*

TEREVHIZHENI 9 (LLHLL); tiivhii 9. Mudziyo unoshanda negetsi kuburitsa mifananidzo namazwi zvezvakaitika kana zviri kuitika panguva iyoyo. cf Eng n *television*

terevhizheni

TERIFONI 9 (HLLL) cf foni 9; terefoni 9. cf Eng n *telephone*

terifoni

TESTAMENDE 9 (HLHL); bvumirano 9. Chitenderano kana kuti chibvumirano. cf Eng n *testament*

-TESVA i (H) Kupinza somuromo wepfumo. [Mukono uyu une nyanga dzakatesva. *This bull has sharp horns.*] vb *be sharpened to a point, keen-edged (blade);* -GOMEDZEKA

-TETA i & t (H) Kutya kurwadziwa. [Usatete kubayiwa jekiseni. *Don't be afraid of being pricked by the injection.*] vb *make fuss through alarm; be fearful*

-TETENA t (H); -banda t. Kupwanya namazino sapakudya nyimo kana chimwe chokudya chakaoma. [Dhongi rinotetena chibage chakaoma. *A donkey crunches dried maize.*] vb *crunch (hard, brittle object, e.g. toast), gnaw; Related ideo:* tetenu

-TETENERA i (H) Kudya sadza nenzungu dzakakangwa kana kuti nemhodzi dzamanhanga dzakakangwa dzikaiswa munyu. [Nhasi tinotetenera nokuti hatina muriwo. *Today we have a substitute because we have no vegetables.*] vb *eat* sadza *with side-dish of roasted nuts or pumpkin seeds (regarded as second-class relish)*

-TETEPA i (L) Kusakobvuka; kuondoroka. Kuva nomuviri usina kufuta (munhu kana mhuka). [Handisati ndaona munhu akatetepa zvakadai. *I have not yet seen such a thin person.*] vb *be thin;* -KOBVUKA; **-tetepesa** t [Tetepesa bota iri nemvura. *Thin this porridge with water.*] vb *make thin, dilute;* -KODZA

-TETERERA i & t (H); -detemba i & t; -teta i & t. Kukumbira nokuzvirereka kukuru. [Mbavha yakateterera kuti irege kukuvadzwa. *The thief begged not to be hurt.*] vb *earnestly beg for, implore, plead, ask for, entreat, beseech*

-TEURA i (H) Kupira kuna Mwari kana vadzimu. [Vamwe vanobika hwahwa hwokuteura midzimu pagore roga roga. *Some people brew beer to offer to the family spirits every year.*] vb *sacrifice, make offering to (God or spirits)*

-TEVEDZERA t (L) **1.** cf -edzesera t. vb *imitate, copy mannerism;* **2.** Kutevera mumwe. [Anotevedzera mapatya ndiMariya. *The one who follows the twins is Mary.*] vb *come after, follow after (in time or position);* -TANGIRA

-TEVERA i & t (L); -tevedza t; -tevedzera t. Kuenda kwaenda mumwe. [Mutevere kwose kwaanoenda. *Follow him everywhere he goes.*] vb *follow, succeed (in order);* -TUNGAMIRA

-TEYA t (H) Kugadzira dhibhu kana riva, kana musungo, kana zvimwe zvakadaro kuti mhuka dzibatwe. [Vakomana vanodisa kuteya mariva mumakura. *Boys like setting falling-stone traps in the fields.* Ateyera mariva murutsva haachatyi mhapa kusviba. *One who sets stone traps on burnt grass is not afraid of blackening his (posterior) skin wear.* prov 36 *i.e. The hazards of an occupation suggest we must accept the snags.*] vb *trap, ensnare;* **-teyiwa** i: *passive form*

TEZVARA la, pl: vana- (HHL) cf baba la. n *father-in-law, male blood-relatives of wife;* AMBUYA

-TI (L) *passive form:* **-nzi** [Akati, "Uya." *He said, "Come."* Ndinongoti . . . *I would say . . . / I would be inclined to say . . .*] vb *say, tell;* [Unoti kudii nezviri kuitika mazuva ano? *What do you think about what is going on these days?*] vb *think, mean, name;* [Zvanzii/Hanzii/Kwanzii? *What did he say?/What was said?*] vb *say;* [Ndinonzi Farai. *I am called* Farai./ *My name is* Farai.] vb *be called, named;* [Unomuti ani? *What relation is he to you?/What do you call him?* Ndinomuti muzukuru. *I call him grandchild.*] vb *call;* -ti + **Subjunctive:**]Akadoti atize akakundikana. *He tried hard to escape and failed.*] vb *introduces attempted but thwarted activity;* **Relative of** -ti [Akamboshanda kwamazuva akati. *He once worked for some days.*] vb *in relative mood renders English Adj: some, particular;* **Compound predicate:** -ti + **Present Participial** [Ndakati ndichienda kutaundi ndakasangana naye. *It happened that when I was on my way to town I met him.*] vb *renders 'it happened that';* -ti + **Recent Past Participial 1.** [Ati auya here? Haasati (auya). *Has he come yet? Not yet.* Chirwere hachisati chazivikanwa. *The illness is not yet known.*] vb *renders 'yet';* **2.** [Ndakati ndanyenga musikana uyu ndakaona kuti akanga asina hanyn'a neni. *It happened that when I had courted the girl, I realized that she did not care for me.*] vb *to render 'it happened that'*

-TIBIKIRA t (H); -tibika t. Kutimba masora nokuafutsira muvhu sezvinoitwa negejo pakurima. [Aisakura achitibikira masora pasi. *As she was weeding she covered the weeds over.*] vb *turn upside down (e.g. clod of earth lifted by hoe)*

-TIBUKA i (H) Kusimuka pamwe chete sezvinoita huruva. [Huruva yakatibuka vanhu zvavaitamba ngoma. *The dust rose as people were dancing to the sound of drums.*] vb *rise (esp dust or thick smoke);* **-tibura** t; -tibutsa t [Mombe dzakaungana dzinotibura huruva. *Cattle gathered together cause the dust to rise.*] vb *stir up, raise up, kick up dust*

TICHA la, pl: vana-; ma-6 (HL) cf mudzidzisi 1. cf Eng n *teacher*

TII 9 (HL) cf putugadzike 9. cf Eng n *tea*

tii

TIIPOTI 9 (HLLL) Mudziyo unoiswa masamba modiiwa mvura yavira zvova tii. cf Eng n *teapot*

tiipoti

TIKITI 5, mat-6 (LHL) Pepa serinopiwa munhu anenge abvisa mari pakupinda mubhazi etc. cf Eng n *ticket*

-TIKITIRA i & t (H) cf -dikitira i & t. vb *sweat, perspire*

TIMBA 9 (LH) **1.** cf dhimba 5. Pane ndudzi dzakasiyana dzinodaidzwa zita iri dzinogara munzvimbo dzouswa somumapani. n *cisticola, small, common, grassland bird;* **2.** deke 5 K cf mhiti 9. n *grysbok*

timba

timba

-TIMBA t (H) **1.** Kuchera pasi nebadza kana negejo. [Ngatitimbei pokudyara muriwo. *Let us prepare a vegetable patch (prepare the soil with a hoe).*] vb *loosen earth or soil in cultivation, dig to loosen the soil;* **2.** Kutora sadza rinokwana musuwa kubva pamukonde. vb *take a hand-morsel of* sadza

-TINDIKA t (L) Kurega kupedza basa rinenge rambotangwa. Kusendeka basa parutivi. [Rega kujaira kutindika basa. *Don't continually leave work undone.*] vb *break off without finishing a task, leave uncompleted;* -PEDZISA

-TINDINYARA i (H) cf -tandanyara i. vb *walk with a proud air*

TINDIRI la M (LHL) Rudzi rweshiri ino muhuro muna mavara; inodya mhodzi etc. n *cinammon-breasted rock-bunting*

tindiri

-TINDIVARA i (L) Kuomarara samanhanga anenge asisaibvi. [Mbambaira dzedu dzatindivara. *Our sweet potatoes defy all attempts to cook them.*] vb *become tough, uncookable;* **-tindivadza** t [Zuva rakatindivadza manhanga angu ose. *The sun has rendered all my pumpkins undesirable.*] vb *stain, discolour; cause diseased vegetable tissue or blemish rendering veg uncookable*

-TINHA t (L) Kufambisa zvipfuyo neshamhu kana chiwepu. [Tinha mombe dzibude mumunda. *Drive the cattle and get them out of the field.*] vb *drive livestock*

-TINHIRA i (L) Kuita mheremhere kwomoto, rukova etc. [Kana mvura yoda kuuya inotinhira. *When rain is about to come it thunders.*] vb *roar (as fire, thunder or river), rumble*

TINI 5, mat-6 (HL) Mudziyo unochengeterwa zvokudya, zvokunwa etc. cf Eng n *tin*

matini

-TIPUKA i (L) Kudzurika kunoita

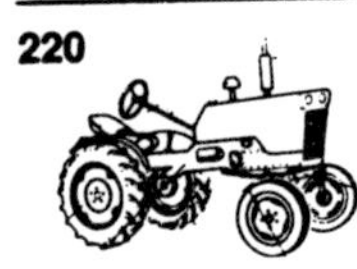
tirakita

tirera

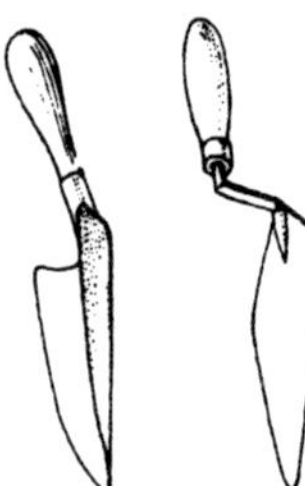
tirauro

tiva

tomuka

chakamera kana chadzipurwa. [Tanga wadiridza nhondo kuti dzitipuke nyore nyore. *First of all water the seedlings so that they lift easily.*] vb *be easy to lift (e.g. seedlings);* **-tipura** t [Takatipura masora mumunda make. *We uprooted the weeds in his field.*] vb *pull out completely, uproot, weed by hand;* -SIMA

TIRAKITA 9 (LHLL); turakita 9. Mudziyo une injini unowanzoshandiswa papurazi kukweva zvinorema nokurima. cf Eng n *tractor*

TIRAURO 9 (LHLL) cf trauro 9. cf Eng n *trowel*

TIRERA 9 (LHL) Mudziyo usina injini una mavhiri; unodhonzwa. cf Eng n *trailer*

-TIRIMUKA i (L) Kuvhunduka kana kuratidza kutya. [Rega kutirimuka zvako. *Don't be alarmed.*] vb *display fear;* **-tirimutsa** t [Usatirimutse mwana; anozochema. *Do not alarm the child; he will cry.*] vb *cause alarm*

-TIRIRA i (L) Kushiva mumatambudziko. [Akatirira matambudziko asingaperi. *He endured endless troubles/suffering.*] vb *endure suffering, be long-suffering, patient; persevere*

-TIVA i (L) **1.** -shambira i. Kutuhwina mumvura. Kurova mutyaira. [Handisati ndogona kutiva napasi pemvura. *I am not yet able to swim underwater.*] vb *swim, immerse body in water, bathe;* **2.** [Mombe dzedu dzinotiva neChipiri. *Our cattle go to the dip on Tuesday.*] vb *dip;* **-tivisa** t; -dhibhisa t [Hatitivisi madhongi. *We don't dip donkeys.*] vb *dip cattle*

-TIZA i & t (H) Kumhanya kubva pane njodzi etc. [Mukomana ano musikanzwa akatiza baba vake. *The naughty boy ran away from his father.*] vb *abscond, run away, flee;* **-tiza mukumbo** i vb *elope, run away with a boy;* **-tizisa mukumbo** t vb *run away with a girl*

-TO- [Ndatopedza kuita basa rangu zvino izvi. *I have just completed my work this moment.*] infix vb *just, already*

-TOBVORA t (H) Kudya usingadi kana kuti usingafariri chokudya. [Pwere kana dzisina nzara dzinotobvora sadza. *When children have no appetite they just play with their sadza.*] vb *eat without any zest or appetite;* -KABURA

-TODZA i & t (H); -fana t. Kufanana nomumwe kana kuti nechimwe chinhu. [Mwana uyu akatodza baba vake. *This child is like its father.*] vb *be like, resemble (in appearance or character);* -SIYANA; **-todzana** i cf -fanana i. vb *be similar;* -SIYANA

-TOGOKA i (H) Kupfumbuka kuhoita utsi. [Utsi hwakatogoka huchibva mudumba. *Smoke rose into the air from the temporary shelter.*] vb *rise up (e.g. smoke or dust);* **-togodza** t; -togotsa t; -togora t [Matanda aakapisa akatogodza utsi uzhinji. *The logs which he burnt emitted a lot of smoke.*] vb *discharge much smoke*

-TOKONORA t (H); -tsvokonyora t; -menya t; -tonongora t. Kubvisa nzungu mudeko. [Vapwere vaiva nebasa rokutokonora nzungu. *The children had the task of removing groundnuts from the shells.*] vb *shell groundnuts*

TOKO WARO! (LH LL); tsvatu! inter. *Serves you jolly well right!*

TOMBI 1a, pl: vana- (LH); punha 1a. Mwanasikana wezera rechidiki. cf Nguni n *young girl (under 12)*

-TOMBO- (L) [Mwana ngaatombogeza asati apfeka mbatya dzakachena. *Let the child first wash before putting on clean clothes.* Haatombozivi zvokuita nenhamo dzose idzi. *She has no idea what to do with all these troubles.*] infix vb *first;* neg: *not at all, not even*

TOMHU 5, mat-6 (HL); tomu 5. Chakagadzirwa newaya etc chinoiswa pamuromo kuti mombe dzirege kugona kudya chibage etc kana dzakabopwa pakukaruvheta. Simbi inoiswa mumuromo mebhiza inogonesa mutasvi kufambisa bhiza zvaanoda. n *bridle, rein, muzzle*

TOMUKA i & t (H) Kusvetuka mudenga. [Muchinda akatomuka atsika nyoka. *The young man leaped into the air when he trod on the snake.*] vb *skip, bounce, jump*

-TONDERA i & t (H); -yeuka i & t. Kurangarira zvakamboitika kana zvawakambonzwa etc. [Unofanira kutondera kuti uri mueni pano. *You ought to recall that you are a visitor here.*] vb *remember, call to mind;* -KANGANWA; **-tondedza** t [Nditondedze kukupa tsamba yako mushure meizvi. *Remind me to give you your letter after this.*] vb *remind;* -KANGANWISA

TONDONDO 9 (HHH); ndirendire 9. Rudzi rweshiri ndiki; inoda kugara padyo nemisha nokudya mbesa nemhodzi etc nokuvaka dendere rayo nouswa hutetetete padyo namago. n *Jameson's fire-finch* **2.** Rudzi rwembeva runokwira mumuti n *climbing mouse*

-TONGA i & t (H) Kuenzanisa nyaya padare. [Mwari haatongeki. *God is beyond judgement.*] vb *judge, rule, reign, administer, decide a case;* **-tongera** t [Akatongerwa kufa/rufu. *He was sentenced to death.*] vb *pass sentence, sentence to*

-TONHA t M (L) cf -seva t. vb *dip* sadza *into relish in the course of eating*

-TONHORA i & t (H) Kupinda kunoita chando mumuviri, munhu achibva abvunda. [Nhasi kwatonhora chaizvo. *Today it is terribly cold.*] vb *be cold, feel cold;* -PISA; *Related ideo.* tonho, che-e; **-tonhodza** t [Usanditonhodze nebhachi rako rakatota. *Don't make me damp with your wet jacket.*] vb *make cold, freeze, chill;* -PISA; **-tonhorera** i [Nhasi kuri kutonhorera. *Today the weather is coolish.*] vb *be cool, rather cool;* -DZIYA

TONJE 5, mat-6 & 9 (L); donje 5; chinda 7 K. Chirimwa chinoitwa shinda etc. n *cotton wool, raw cotton*

-TONONA i (L); -chochomara i. Kugara pazvitsitsinho, wakatsika nezvigunwe. [Tonona urege kuonekwa. *Get down and avoid being seen.*] vb *squat, crouch on haunches*

-TONONGORA t (H) cf -tokonora t; -menya t. vb *shell groundnuts*

-TOPORA t (L) Kuchera nakamuti kana nomunwe. [Mwana uyu atopora nzungu dzakarimwa. *This child exposed the planted groundnuts.*] vb *dig or scratch in soil with finger or stick; Related ideo:* topo

-TORA t (H) Kuisa chinhu mumaoko uchichibvisa pachiri. Kuzviita muridzi. [Tora zvose zvaunoda nechikwereti. *Take anything you want on account.* Atora chake haabvunzwi. *He who has taken away his property should not be questioned. prov* 939 *i.e. An owner's rights are not challenged.* Watora gwara risiro. *You have taken the wrong path. i.e. You have missed the point.*] vb *take, fetch; Related ideo:* dobi, mhi, piku, torei; **-toreka** i [Kana kiyi dzako dzawira mutsime, hadzitoreki. *When your keys have fallen into a well, they are not recoverable.*] vb *be accessible;* **-torera** t [Akanditorera mari yangu. *He took away my money.*] vb *deprive, take away from; take for, bring for somebody*

-TOSVORA i & t (L) Kupinda mumaziso kunoita huruva kana utsi kana chimwewo. [Kutarisa zuva kunotosvora. *Looking at the sun blinds the eyes.* Atosvorwa haaringwi kumeso. *One with irritated eyes is not looked in the face. prov* 408 *i.e. Make allowances and have sympathy for those who suffer misfortune.*] vb *cause temporary blindness (by glare, soap, dust etc)*

-TOTA i (L) Kunyata kwembatya etc kana dzaendwa nemvura. [Mbatya dzake dzose dzakatota nemvura. *All his clothes are wet through by the rain.* Atota hachatyi kufamba mudova. *He who is drenched (with rain) no longer dreads walking through dew. prov* 1175 *i.e. Hardship toughens.*] vb *be wet (esp clothing and person; gen from rain), wet through, soaked, damp; Related ideo:* churu
ru, nyakata, tototo; -OMA; **-totesa** t [Kwanaya asi mvura haina kutotesa pasi. *It rained but it has not wet the ground.*] vb *wet through*

-TOVA t (L) Kunyika jira mumvura inopisa nokuridzvanyidzira pakazvimba kuti paserere. [Atova gumbo rakazvimba. *He applied a compress to the swollen leg.*] vb *reduce swelling by applying compress or poultice*

-TOZOMOKA i (H) Kupunzika kubva mumuti kana panzvimbo yakakwirira. [*John* akatozomoka mumuti. *John tumbled from the tree.*] vb *tumble down, fall down;* **-tozomora** t; -tozomotsa t [Tsoko mbiri dzakatozomora mazhanje. *The two monkeys caused loquats to fall.*] vb *dislodge, cause to fall down*

TRAURO 9 (HLL); troforo 9. Mudziyo unoshandiswa pakuvaka. cf Eng n *trowel (esp building t.)*

TSAIYA 9 (HHH) cf mukate 3. n *earthenware cooking pot (for* sadza*)*

-TSAKATIKA i (L) Kushaika kana kurasika zvokusazomboonekwa zvakare. [Mari yake vatsakatika. *His money has disappeared.*] vb *get lost completely, vanish, disappear;* -WANIKA; **-tsakatidza** t; -tsakatisa t [Watsakatidza banga rangu uchirishandisa mumunda. *You have completely lost my knife while using it in the garden.*] vb *mislay into oblivion*

TSAMBA 9 (LL) Rugwaro runonyorerwa munhu. n *letter, epistle*

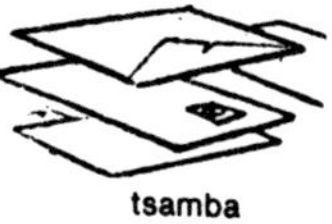
tsamba

TSAMBAKONZI 9 Z (LLHL) cf mukate 3 M. n *earthenware cooking pot*

TSAMBARAFUTA 9 MZ (LLLHH); tsambarapfuta 9; dzambarafuta 9; sambarafuta 9. Masvosve anobhururuka, ana matumbu makuru, anobuda pakutanga kunaya kwemvura. n *large, edible, flying ant*

TSAMBATSI 9 (LLH); sambasi 9 K. Muchero unenge magirepisi; unomera musango. n *edible fruit of* mutsambatsi *plant, wild grape*

-TSAMHINA i (L) cf -gumhina i; -kamhina i. vb *limp*

-**TSAMIRA** t (H) Kuisa musoro pamutsago kana kuzendama chimwe chinhu. [Ndarara ndakatsamira piro mbiri. *I went to sleep with two pillows under my head.*] vb *rest the head (on a pillow), rest on, lean on or against*

TSAMVI 9 (LH); shavhi 9 K. Muchero womuti unonzi mutsamvi. n *fruit of the* mutsamvi *tree*

TSAMWA 9 (LH) Chinoridzwa nomunhu (nomuromo) kana achiratidza kusafara. n *clicking sound expressing disgust or displeasure (tut-tut)*

-tsamwa

-**TSAMWA** i (L) cf -shatirwa i. [Atsamwa netsika dzako. *She was offended by your manners.* Ndatsamwa naye. *I am fed up with him.*] vb *be angry, emotionally disturbed, downcast, dejected, depressed, sad, displeased;* -FARA; **-tsamwisa** t. [Izvi zvinotsamwisa munhu wose. *This annoys everyone.*] vb *anger, make angry, annoy, irritate;* -FADZA; **-tsamwira** t. [Akanditsamwira. *He was angry with me.*] vb *be angry with;* -FARIRA

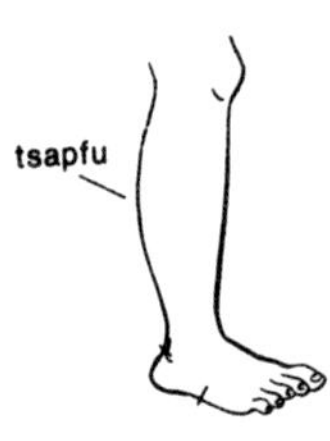
tsapfu

-**TSANANGURA** t (L) Kududzira kana kuti kunyatsodonongora kuti mumwe anzwisise. [Tsanangura zvawakaona. *Explain what you saw.*] vb *explain, give an account, describe, detail one's meaning;* **-tsanangurika** i. [Akapona zvisingatsananguriki. *He recovered in a way that cannot be explained.* vb *be capable of description or explanation*

TSANGA 9 (LL) Chinomera murwizi nokukura kusvika 4 m, chakakobvuka kukunda uswa. Chinoshandiswa kurukisa hukwe etc. n *reed, firm-stemmed water or marsh plant*

TSANGA 9 (HH) 1. shanga 9 K. Mhodzi yechibage etc. n *edible grain (single);* 2. Chichena chinoonekwa muziso rinorwadza. n *cataract (in eye)*

bhutsu tsaru

TSANGADZI 9 (HHL); rwama 11 M. Uswa hunokura hwakatandika, hunofarirwa navazhinji kudyara pazvivanze. n *general name for creeping grasses (e.g. couch grass and lawn grass)*

motokari tsaru

TSANO 1a, pl: vana- (LL) cf tezvara 1a. n *father-in-law;* AMBUYA

-**TSANYA** i & t (H) Kuzvinyima chokudya sezvinoitwa paRendi. [Ndisina shuga ndinotsanya bota. *Without sugar I do without porridge.*] vb *fast, abstain from food*

-**TSANZIRA** i & t (H) Kushandisa njere kutsvaga nzira yokukunda zvinonetsa. [*Paul* akatsanzira mari yokukwirisa mubhazi. *Paul unexpectedly obtained money for the bus-fare.*] vb *overcome a difficulty by ingenious means or by unexpected means*

TSAONA i (HLL); njodzi 9. Chakaipa chinoitika pasina munhu anoda kuti chiitike. [Takaropinda mutsaona. *We almost had an accident.*] n *accident, harmful effect not intended, chance disaster*

TSAPATA 9 (LLL); tsapita 9 M; rutsekete 11 M. Rukukwe rwapera basa. [Tsapata rukukwe; hazvienzani nokuvata pasi. *A worn-out mat is better than sleeping on the (bare) floor.* prov 524 *i.e. Half a loaf is better than no bread at all.*] n *worn-out sleeping-mat*

TSAPATO 9 (HHL); sapato 9 cf shangu 9. cf Portuguese n *any kind of footwear*

TSAPFU 9 (LL); shafu 9 K. Seri kwomupimbira. n *calf of leg, muscle behind the shin* MUPIMBIRA

TSAPI 9 (LH) Kamba kanoiswa mbeswa kana dzakohwiwa. n *storage hut for grain*

TSARU 9 (HL); sharu 9 K. Chinhu chasakara, kana kuti chisiri chitsva. [shangu tsaru = *old shoes*] adj *old (as opposed to new), worn out;* -TSVA

-**TSARUKANA** i (L) Kutsunga mwoyo kuita. [Ndatsarukana kutengesa bhasikoro iri. *I have made up my mind to sell this bicycle.* Haana basa rakatsarukana. *He has no permanent employment.*] vb *be fixed or stable; make up one's mind, decide*

-**TSATIKA** i (H) Kubuda nesimba kunoita mvura kana muto weranjisi kana richisvinwa. [Ranjisi rako randitsatikira. *Your orange squirted onto me.*] vb *squirt (with some force), spirt;* **-tsatisa** t; -tsatidza t [Tsatisa mhodzi dzedomasi iri udzichengete. *Squeeze out the seeds of this tomato and keep them.*] vb *squeeze out by squirting*

-**TSAUKA** i (H) Kubuda munzira nokunanga kumwewo. Kubuda mukati moruzhinji. [Mombe dzake dzakatsauka tava kusvika kumusha. *His cattle veered off (from the herd) when we were near the village.* Rega nditsaukire kundoona. *Let me go aside to have a look.* Akatsaukira kuruboshwe. *He turned off to the left.*] vb *separate from a group, diverge, deviate, branch off, go aside;* **-tsaudzira** i [Nyarara iwe! Watsaudzira. *Shut up! You are off the point.*] **-tsautsa** t; -tsausa t [Akatsautsa mombe dzake kuti motokari ipfuure. *He drove his cattle to one side for the car to pass.*] vb *drive to one side, drive a path between*

-**TSAUKANA** i (H) cf -siyana i. vb

differ, be different or unlike; -FANANA

-TSAURA t (H) Kubvisa mukati moruzhinji. Kusarudza modzi etc nokudziisa padzo dzoga. [Tsaura mombe dzako mune dzangu. *Separate your cattle from among mine.* Nditsaurirewo dhora iri. *Please give me change for this dollar. i.e. Please change for me. . .*] vb *choose livestock or grain by separating; change;* -SANGANISA

TSEKEDZAMAKAYA 9 (LHLLHL); tsekedzamutsetse 9; tsvikidzamakaya 9. Shiri ine besu refu. Inowanzoonekwa iine dzimwe dzorudzi rwayo dzakawanda nokukandira mazai ayo mudendere renjikenjike nokudya mbeu; inozivikanwawo. n *pin-tailed whydah*

-TSEKENYEDZA i (H); -tsvikinyidza i. Kumanikidza kupinda pakamanika. [Hapana pokutsekenyedza napo kupinda mubhora. *There is no way of squeezing into the football match.*] vb *squeeze oneself into or out of a crowd, force oneself through narrow gap*

TSEKETSA 9 Z (LHL); sheshe 9 MZ; sheche 9 K; tseketse 9 M. Huku hadzi isati yakandira mazai. n *pullet*

-TSEKETUKA i (H) Kugoneka kusudurudzwa kana kumiswa zvakanaka etc kwechinorema. [Bango iri rakasimba zvokuti haritseketuki. *This pole is so firm that it will not budge.*] vb *change position, budge (esp heavy object);* **-tseketudza** t [Tseketudza poto igare zvakanaka pachoto. *Readjust the pot so that it rests firmly on the fire-place.*] vb *slightly alter position of heavy object; Related ideo:* tseketu

-TSEMUKA i (L) Kubanzuka sehuni, etc. [Mheni yakarova muti ukatsemuka napakati. *The lightning struck the tree and it split right down the middle.* Zai iri rakatsemuka. *This egg is cracked.*] vb *split, crack (down grain); Related ideo:* badu, bamu, chenyu, ke-e, mwau, mwe-e, tsemu; -DIMBUKA; **-tsemura** t [Anoita basa rokutsemura huni. *His work is splitting firewood.*] vb *split, make to crack;* -DIMBURA

-TSENDEMUKA i (L); -tserendendeka i. Kudzika pamawere segudo. [Mwana akatsendemuka pamutserendende. *The child slid down the slide.*] vb *go down a slope smoothly;* **-tsendemutsa** t; -tsendemura t [Akatsendemutsa madhonza aikweva ngoro pamateru nokubopa mabhureki. *He started the oxen which were pulling the wagon down the slope and applied the brakes.*] vb *set sliding down slope*

-TSENGA t (H) 1. Kugaya namazino sezvinoita munhu pakudya. [Rega kumedza kutsenga uchada. *Don't swallow before you have chewed. i.e. More haste; less speed.*] vb *chew; Related ideo:* tsengu, zeu, zheu, hwanyu, zhanyu, bubunu, zhwanyu, shwa shwa shwa, shwanyu shwanyu, tywa tywa tywa, tywatywanyu; 2. Kudya muriwo kana nyama yakawanda pakudya. [Mwana ari kutsenga muriwo. *The child is eating far too much relish.*] vb *overconsume relish (e.g. meat) when eating* sadza

TSENGO 9 (HH); mudiwadiwa 3. Mushonga unotsengwa navakomana kuti vadiwe navasikana. n *herbal medicine chewed by boys and believed to make them attractive to the opposite sex*

TSENGWARENGWA 9 (HLHL) Mabande anosara kana chibage etc chisina kunyatsogayiwa. n *particle of grain in poorly ground meal etc*

-TSENHUKA i (L); -tsidiguka i. Kubva kwechinorema pachanga chakagara zvakanaka. [Madhiramu amafuta akaturikidzana ange ave padyo kutsenhuka zvadhirima mvura. *The oil drums which were piled up nearly tumbled down at the clap of thunder.*] vb *tumble down, crash down;* **-tsenhura** t; -tseketura t. [Timothy akatsenhura zibwe rikakunguruka namateru. *Timothy dislodged a huge rock and it tumbled down the slope.*] vb *dislodge heavy object by removing a support, budge heavy object*

TSENZA 9 (HL); shezha 9 K. Chinorimwa mumatoro, chinodyiwa midzi. n *general name for edible vlei tuber (usu cultivated)*

TSENZI 9 (LH); senzi 9; tsenzu 9. Kamhuka kanogara mumapani makahwandika. Kanorema 5 kg nokudya uswa netsanga nezvirimwa etc. n *cane rat*

TSERE 10 (HH); sere 10. Zvinhu zvinokwana zvisere. adj *eight*

TSERE 9 (LL); sere 9 K; cf chitsere 7. n *honey badger*

-TSERENDENDEKA i (L) Kudzika uchitsvedza pamutserendende. [Anotya kutserendendeka kumawere. *She is afraid to slide down this steep descent.*] vb *slither or slide down;* **-tserendendedza** t [Pwere dzinofarira kutserendendedzana pamutserendende. *Children get pleasure from pushing one another down a slope.*] vb *push down a slope*

-TSETSA i & t (L); -setsa i & t; -sekesa i & t cf -seka i & t. vb *cause laughter, amuse*

tsekedzamakaya

tsenzi

tsere

tsodzo

tsindi

tsimba

tsikidzi

tsimba

-TSETSA i & t (L) Kunyatsogaya zvakanaka. [Chigayo chake chinotsetsa chibage. *His mill grinds the mealies finely.*] vb *grind finely (e.g. mealie meal); make smooth;* -MANZA

TSETSWA 10 (LH); setswa 10. Chido chokuseka. n *tendency to laugh*

-TSIDZA i (L) Kupa mhiko. Kupika. [Unotsidza here kuti hauchazobi zvakare? *Are you resolved not to steal again?*] vb *resolve, promise sincerely or on oath, give firm undertaking*

TSIGA 5, mats-6 (HL); chitsiga 7. Danda kana huni yakambotsva, kana kuti ino moto. n *partly burnt piece of firewood, fireband*

-TSIGA t (H) 1. -twiga t. Kuisa mutoro pamusoro pomumwe. Kutakudza mumwe. [Ndibatsire kunditsiga mutoro papfudzi pangu. *Help me to put this load on my shoulder.*] vb *help to put a load on a person's head or shoulder;* -TURA; 2. Kuva nechiremera nounhu hwakanaka. [Ini ndinoda shamwari yakatsiga. *I want a friend of good character.*] vb *be steady, stable in character, dignified;* 3. cf -sendeka t. vb *prop up, support, secure*

TSIKA 9 (LL) 1. Mutemo kana mutoo unotevedzerwa navanhu. n *habit, moral disposition, custom, convention (social);* 2. tsika 10. Unhu hwakanaka. [Ane tsika. *She is well mannered.*] n *good manners*

-TSIKA i & t (L) Kudzvanya negumbo. [Watsika pane minzwa. *You have put your foot on a thorny place.* Yatsika dope yanwa. *The animal which has stepped into the mud has been drinking. prov* 232 *i.e. Involvement is discerned in the evidence.*] vb *set foot on, step, trample, tread, run over; be in collision with;* **-tsika-tsika** t [Mbavha dzinotsika-tsika mhosva dzavamwe vadzo. *Thieves cover up the crimes of their accomplices.*] vb *cover up for another, obscure evidence*

TSIKIDZI 9 (LHL) Kambuyu kanopona neropa romunhu. n *bed-bug*

-TSIKINURA t (L) cf -dzikinura t. vb *pay ransom, redeem*

-TSIKITSIRA i (H); -tsinin'ina i. Kutarisa pasi somunhu anonyara kutarisana nomumwe. [Akatsikitsira musoro pasi nokunyara. *She bowed her head in shame.*] vb *hang or bow head (in confusion or concentration)*

TSIMBA 5, mats-6 (LL); dzimba 5. Chitsitsinho kana nzvimbo yegumbo inotsika. n *lower part of leg, including hoof, of cattle, antelope, etc (footprint)*

TSIMBA 9 (LL) cf nyongo 9. n *small-spotted genet, rusty-spotted genet*

TSIMBA 9 (LH) Mutambo wokupunzirana pasi. n *wrestling-bout*

TSIME 5, mats-6 (HL) Mugodhi wemvura; panocherwa mvura. n *well, fountain, water spring*

-TSINATIRA t (H) cf -sinatira t. vb *suck up water in prone position*

TSINDE 9 (LL) Uswa hunomera mubani nokukura kusvika 1 m. n *cat's tail grass*

TSINDI 9 (HH); shindi 9 K. Kamhuka komusango kanodanha miti namatombo. n *bush squirrel*

-TSINDIDZA t (H) Kuyambira munhu kuti arege kutaurira kana ani zvake chaunenge wamuudza kana kumutaurira. [Mwana akatsindidzwa kuti arege kududza zvakaitika. *The child was given a bribe not to reveal the truth of what happened.*] vb *pledge someone to secrecy, bribe to keep silence*

TSINDIMBEVA 9 (HHHL); chisimbwindi 7 cf chisindimbeva 7. n Mashona *rock dormouse*

-TSINDINUKA i (H) Kunyeketeka kunoita inembenge yatsindirwa. [Nzira yatsindinuka nokupfuura kwemhuka. *The path is well-worn with the passage of game.*] vb *show signs of wear (on floor surface), loosen a previous hard surface (e.g. in hut);* **-tsindinura** t [Mugwagwa watsindinurwa nemvura hobvu. *The road was washed away by the heavy rain.*] vb *wear out an earthen surface (e.g. beaten floor of house), erode, wash away*

-TSINDIRA t (H) 1. cf -tsindidza t. vb *pledge to secrecy;* 2. Kurovera ivhu kuti risimbe sezvinoitwa uriri hwemba nezvikuvauro. [Tsindira muti wawasima kuti usimbe. *Pack the earth around the tree you have transplanted so that it is firm.* Watsindira bako mvura ichanaya. *You have closed the cave while it is still raining. prov* 55 *i.e. Do not bite the hand that feeds you.*] vb *press tightly round, ram with packing*

TSINE 9 (LH) Kumuromo kwemhando youswa, kwakatesva. n *point of spear grass*

TSINGA 9 (HH) Munofamba neropa richienda kunzvimbo dzakasiyana dzomuviri. n *artery, vein*

TSINGA t (H) Kuisa mushonga unokuvadza munzira etc kuti mumwe akuvare. [Vadzitateguru vedu vaitsingwa nemhandu dzavo. *Our forefathers used to be bewitched (with medicine) by their enemies.*] vb *bewitch by means of harmful "medicine"*

TSINGANO 9 (HHL) cf tsono 9. n *needle*
-TSINHANA i (L) 1. Kupa mumwe chinhu, iye achikupawo chimwe. [Ndakatsinhana mombe naye. *I bartered cattle with him.*] vb *exchange;* 2. Kuva padyo napadyo sechibahwe chakadyarwa etc. [Muriwo wakatsinhana haukuri zvakanaka. *Vegetables planted too close do not grow well.*] vb *be in close proximity, close; Related ideo:* tswitswitswi, tswikitswiki; -TARANGANA; **-tsinhanisa** t [Pakuvaka dzimba tinotsinhanisa mapango. *In building houses we pack poles in a line.*] vb *arrange closely;* -TARANZA
-TSINHIRA t (L); -tsigira t. Kubvumira zvataurwa nomumwe. [Vazhinji vakatsinhira kuti pave nomutungamiri mutsva. *Many were in favour that there should be a new leader.*] vb *second a motion, support, add comments in favour*
-TSININ'INA i (H) cf -tsikitsira i. vb *hang or bend down head (e.g. in shame or concentration)*
TSINYE 10 (LL) cf utsinye 10. n *cruelty, malice, malevolence;* MUTSA
TSINZA (HL); nhambudzwe [Gunde rechibage rinotapira tsinza ipwa. *A maize-stalk is sweet and more so is sugar cane.*] conj *by so much the more*
TSINZA 9 (LL) cf sinza 9. Mhuka yomusango. n *oribi, small sociable antelope*
TSIRA 9 (HL) Rudzi rwehove ingasvike 3-4 kg; ino ruvara rweyero. n *yellow-fish*
TSIRU 5, mats-6 (HL) Mombe kana mhuka hadzi isati yabereka. n *heifer, young female of large species of animals*
-TSITSINA i & t (H); -tsinzinya i & t. Kuvhara maziso somunhu kana okotsira. [Pakugeza uso nesipo tinotsitsina. *When washing the face with soap we screw up our eyes.*] vb *close eyes;* -SVINURA
TSITO 5, mats-6 (HH) Vhunze rakadzima moto. n *wood charcoal*
-TSITSA t (L) Kuisa chinorema pamusoro pechimwe. Kudzvanyidzira. [Tsitsa duo nebwe. *weigh down the fish trap with a stone.*] vb *weigh down with something heavy, press down with heavy weight*
TSITSI 10 (LH); nyasha 10; ngoni 10; mutsa 3. [Ane tsitsi. *He is sympathetic.* Ndamuitira tsitsi. *I felt sorry for him.*] n *pity, mercy, compassion, kindness, sympathy;* UTSINYE
-TSIUDZA t (H); -yambira t; -chenjedza t; -tsiura t. Kuudza munhu kuti zvaari kutaura kana kuita hazvina kunaka. [Haadi kutsiudzwa navamwe. *He doesn't like being warned by others.*] vb *warn someone of unpleasant consequences*
-TSIURA t (H) cf -tsiudza t. vb *warn someone of unpleasant consequences*
TSIVA 9 (LL) cf chibhakera 7. n *fist, boxing-match*
-TSIVA i & t (L); -tsividza i & t. Kuita mumwe zvaakambokuitirawo. [Ndakatsiviwa gumbo rangu nemari. *I was compensated for the loss of my leg.* Ziso rinotsiviwa neziso, zino nezino. *An eye (is compensation) for an eye and a tooth for a tooth.*] vb *repay, revenge, retaliate; pay compensation;* -REGERERA
TSIYE 9 (HL); siye 9 K. Mvere dzapamaziso. [tsiye nyoro = *kindness*] n *eyebrow, eyelash*
TSODZO 9 (HL); katsodzo 12 cf katodzvo 12. n *sunbird*
TSOKA 9 (LL) Mutezo wegumbo unotsika. Pasi pegumbo, panotsika. n *foot, footprint;* **netsoka** adv *on foot*
TSOKA 5, mats-6 M (LH) cf sango 5. n *thick forest*
-TSOKA t (H); -tsokera t; -tsindira t. Kupakira zvinhu pamwe chete. [Mhunga nezviyo zvinotsokerwa mutswanda pakuchekwa. *Bullrush and finger-millet are crammed into a basket when cut.*] vb *stuff, ram, press down or stamp (in order to fill)*
TSOKO 9 (LH); shoko 9. K. Mhuka inenge gudo inorema 7 kg nokudya michero yomusango notupuka namazai eshiri nezvirimwa nokugara mumiti yomusango nedzimwe zhinji dzorudzi rwayo. n *vervet monkey* (mutupo wavaShawasha)
-TSOKOTORA t (H) Kupukuta nesimba. [Usatsokotora ziso kana richirwadza. *Don't rub your eye if it's painful.*] vb *rub vigorously*
TSOMA 9 (LH) cf dzoma 5 M. n *bushbuck, sp of antelope*
TSOMO 9 (LH) cf pfura 9. n *fruit of marula* (mutsomo) *tree*
-TSONDA t (L) Kupura sezvinoitwa konje pakukuruza maspaiga etc. [Tsonda mbatatisi idzi. *Mash these potatoes.*] vb *beat to pulp, mash, pound*
-TSONGA i M (L); -dupuka i. Kuva nomunhu muduku. [Mukomana uyu akatsonga; haagoni basa iri. *This boy is under-sized; he can't do this work.*] vb *be small, undersized;* **-tsongesa** t [Mudhomeni akatsongesa munda wangu. *The agricultural supervisor reduced the size of my field.*] vb *diminish, reduce*
TSONGORWI 9 (HHL); tsongoro 9. Mhodzi yomuchero. n *fruit stone*

tsinza

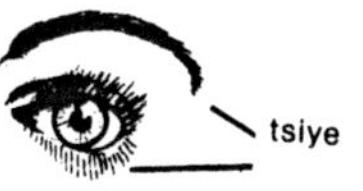
tsiye

tsira

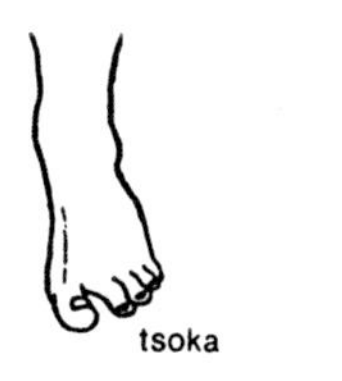
tsoka

tsoko

tsoro

tsuro

-tsvaira

TSONO 9 (LL): tsingano 9. Mudziyo unotungirirwa shinda; unoshandiswa kusonesa. n *needle*

-TSONYA i & t (H) cf -chonya i & t. vb *wink;* **-tsonyera** t. [Akanditsonyera ziso sechiratidzo chokuti ndinyarare kutaura. *He winked at me as a sign to stop talking.*] vb *wink at*

TSONZOWA 9 (HLH) Muchero womutsonzowa unofarirwa kudyiwa nemhembwe nembudzi nokuti unovavira. n *fruit of duiker-berry* (mutsonzowa) *tree*

TSORO 9 (LL) 1. Mutambo unowanzotambwa navanhurume. n *game that is played with stones in a number of rows of holes or on a board with a number of lines;* 2. cf hudyu 9. n *hip-bone, pelvic bone;* 3. shezhu 9. Shiri inoratidza munhu pane uchi. n *greater honeyguide*

-TSOROPODZA t (H) cf -shoropodza t. [Wanditsoropodza kwazvo nhasi. *You severely criticized me today.*] vb *criticise*

-TSOTSA t (L) Kubira mumwe kana kumurozva. [Murume akatsotswa mari achitenga tikiti pabhazi. *The man had his pocket picked of money at the bus-station.*] vb *rob (by guile, stealth, trickery)*

-TSOTSA t (H); Kupa zvakanyanya. vb *give liberally (goals or beer)*

TSOTSI 5 & 9 (LH) Munhu asingachengeti mitemo nokuita basa rokubira vanhu mumigwagwa achishandisa masimba. n *hooligan, young person disposed to crime, young person who is often out of work and loiters about*

TSOTSO 9 (HH) Huni nhetenhete inoshandiswa kana munhu achikuhwidza moto. n *dry twig*

-TSOTSODZA t (H); -chochonya t; -dedenya t. Kubuda kunoita nhiyo muzai. [Huku yangu yatsotsodza hukwana gumi. *My hen hatched ten chickens.*] vb *hatch*

TSUBVU 9 (HL); hubva 9 M. Muchero womusango. n *fruit of* mutsvubvu *tree*

TSUKUKUVIRI 9 (HHHHH); sukukuviri 9. Nyoka isingarumi ine chimuswe chipfupipfupi chaizvo. Ino urefu hunowanzosvika 0.22 m asi ingasvikewo 0.90m. Inodya ishwa namajuru notumwe tupuka nokuchera pasi nokugara mumwena nguva zhinji nokuonekwa ichifamba mushure mokunaya kukuru. n *blind snake*

-TSUKUNYURA t (H) Kudenhedza chinorema chaizvo. [Hapana angagone kutsukunyura ibwe iro. *No one can dislodge that rock.*] vb *dislodge; Related ideo:* tsukunyu.

-TSUMBA i & t (H) cf -kungura i & t. [Ndatsumba kuenda kumusha. *I long to go home.*] vb *long for, desire strongly*

TSUMO 9 (HH); shumo 9. Chirevo china mazwi ano ungwaru, anoreva zvakadzama. n *proverb, maxim*

TSUNGA 5 & 9 (HL) Muriwo unowanzorimwa pachuru. n *wild spinach, mustard*

-TSUNGA i & t (H) Kushinga kuita chinhu. [Atsunga (mwoyo) kurega kuputa fodya. *He resolved to give up smoking.*] vb *be determined, persevere;* **nokutsunga** adv *resolutely*

-TSUNHUKA i M (L) cf -sununguka i. [Tambo yawasungisa jon'osi yatsunhuka. *The rope you used to secure the ox came undone.*] vb *come undone;* -SUNGIKA

-TSUNYA t (L); -tswinya t; -sunya t. Kumanika neminwe. [Pakubata munhu mucheche anotsunya. *When taking hold of a person a baby pinches.*] vb *pinch; tightly grip the skin, take the skin between thumb and finger*

-TSURA t (L) cf -shura t. [Zizi riri pamusoro pemba rinotsura zvakaipa. *An owl on the roof is a bad omen.*] vb *indicate or foretell consequence which is bad*

TSURI 9 (LH) Kurira kwepito etc. n *shrill call or sound of a whistle*

TSURO 9 (LL); shuro 9 K. Mhuka yomusango inorema 2-3 kg nokudya uswa kana zvirimwa. [Tsuro haiponi rutsva kaviri. *A hare does not escape a veld fire twice.* prov 1270 *i.e. One lucky escape will not guarantee others.*] n *hare (name also applies to the domestic rabbit)*

-TSUTSUMWA i (H) Kuratidza kusafara. [Rega kutsutsumwa; mai vako vanopona. *Don't be sad; your mother will get well.*] vb *be downcast, reluctant; sulk, respond reluctantly;* -FARA

-TSVA i (H) Kupiswa nomoto kana zuva etc. [Kana munhu atsva nomoto mufukidze negumbeze. *When a person has been burnt, cover him with a blanket.*] vb *burn, be on fire, be burnt, consumed or damaged by fire; Related ideo:* ririri, rokoto, ro-roro

-TSVAGA t (L); -tsvanga t; -tsvaka t K. Kutarisa kuti uwane chakarasika kana chimwewo. [Uri kutsvagei nokwasvipa kudai? *What are you looking for when it is so dark?* Tsvaga zano iwe une rakowo. *Seek for (somebody's) advice when you have got yours.* prov 16 *i.e. Don't rely solely on another for advice.*] vb *seek, search, hunt, or look for*

-TSVAIRA t (H) Kubvisa marara nomutsvairo. [Vasikana, tsvairai mumba vaenzi vasati vasvika. *Girls, sweep the room before the visitors arrive.*] vb *sweep*

TSVANA 9 (HL) Mwana wemhembwe kana wemhene. n *young buck*

TSVANZVA 9 (HL); nhengeni 9. Muchero womusango, unovava. n *fruit of* mutsvanzva *tree*

-TSVARA i & t (L) Kupara sehuku ichitsvaga zvokudya. [Huku dzinotsvara dzichitsvaka zvokudya. *Fowls scratch in their search for food.*] vb *scratch ground in search of food (as poultry does)*

TSVARAKADENGA 9 (LLLHL); tepi 1a. Musikana mutete, ane chimiro chinoyevedza. n *slim, attractive girl*

TSVARATSVATA 9 (LLLL); tsvaramakonye 9; nzondora 9; tsvarapasi 9. Gumbo rehuku. n *scaly lower leg of fowl*

-TSVATA i & t (L) Kurozva kana kuitira mumwe zvinomushungurudza. [Munyepi akatsvatwa nokunyengedza kwake. *The liar was punished for his deceit.*] vb *harm deliberately or indeliberately (by word or deed)*

-TSVATIDZA t (H); -tsvotidza t. Kuisa tumvura tushoma etc. [Mutsvatidzirewo tumwe tuhwahwa. *Please pour him a little more beer.*] vb *add little more liquid*

TSVATU! (LH) cf toko waro! inter *Serves you right!*

-TSVEDZA i (L); -tsvedzemuka i. Kukonzera kutserendendeka sezvinoita ganda rebhanana kana ratsikwa. [Kana migwagwa yakatota motokari dzinotsvedza nyore nyore. *On damp roads motor cars easily slide.*] vb *be slippery, slide, skid, slip;* **-tsvedzerera** i. [Mhandara iyi ine chiso chinotsvedzerera. *This young lady has a fine complexion.*] vb *have fine, pleasing surface or texture*

TSVENE 9 (LH) Kusava nechakaipa kana chinoshoreka. [Zvitsvene. *That's fine/good/all right.*] adj *pure, holy, right (as it should be), sound (in good condition)*

-TSVERUKA i (H) cf -nyara i & t; -svoda i & t K. vb *be bashful, shy, ashamed, embarrassed;* **-tsverudza** t. [Zvinotsverudza kupopotana pana vaenzi. *It embarrasses to grumble before visitors.*] vb *put to shame, cause embarrassment*

-TSVETA t M (H) Kuisa pasi kana kusiya. [Tsveta zvose zvawakabata. *Put down everything that you are holding.*] vb *drop, leave alone*

TSVETE 9 (LL); chizivano 7. Kuitira mumwe zvakanaka zvisingaitirwi vamwe. Kusarudza pamabatiro avanhu. n *pilfering, under-hand dealing, favouritism*

-TSVETERA t (L) Kufadza mumwe kana kumunyengetedza kuti akupe kana kukuitira chaunoda. Akaedza kunditsvetera kuti ndimupe mari. *He tried to beguile me into giving him money.*] vb *cajole, use flattery or deceit to persuade; cover thinly (e.g. bread with butter)*

-TSVEYAMA i (L) Kukombama kana kuti kurerekera kurutivi. [Nhungo dzakatsveyama hadzidiwi. *Crooked roofing poles are not required.*] vb *be awry, crooked, lopsided, bent;* -SWATUKA; **-tsveyamisa** t [Pakudzika mapango ewaya mugomba, rega kuatsveyamisa. *When sinking the fencing-poles, don't tilt them.*] vb *tilt, incline;* -SWATUDZA

TSVIGIRI 9 (HLH) cf shuga 9; shuka 9. Zvinotapira zvinoiswa mutii kana mubota etc. n *sugar*

-TSVIKINYIRA t (H) cf -tsvinyidzira t. vb *jam, catch in confined space*

TSVIMBO 9 (HH); svimbo 9 K. Muti unoshandiswa zvakasiyana. n *throwing stick, knobkerrie*

TSVIMBORUME 9 (HHHL) Murume asina kuroora. [Tsvimborume kutandara nemvana; mwoyo uri kumhandara. *While a bachelor associates with unlikely women, his heart is really after eligible girls. prov 1533.*] n *bachelor*

TSVINA 9 (LL); svina 9. Marara ari paasingafaniri kuva. Huruva kana zvimwewo zvinonamira pamuviri. n *dirt, filth, rubbish, human dirt and excrement*

-TSVINDA i (L) Kuita zvoutsanana. [Mudzimai uyo akatsvinda zvinofadza. *That woman is pleasantly clean and orderly.*] vb *be spotlessly clean;* **-tsvindisa** t [Amai vanodzidzisa kasikana kavo kutsvindisa mumba. *The woman teaches her little girl to keep the house tidy.*] vb *make clean and orderly*

-TSVINGIRA t (H) cf -pingirisha t; -piya t. vb *trip up*

TSVINGUDZI 9 (HHL); tsvingu 9; tsvungu 9 K. Mukadzi akaroorwa asi anonyengwa nomumwe murume asiri iye akamuroora. n *betrothed woman courted by other than her lawful husband*

-TSVINYA i (H); -virima i. Kuzvidza kana kutaura mazwi okushora. [Handidi mazwi anotsvinya. *I don't like disrespectful language.*] vb *show contempt, disrespect, insult, abuse; be sarcastic, cynical;* -REMEKEDZA

-TSVINYIDZIRA t (H); -tsvikinyira t. Kumanidzira panzvimbo dikidiki. [Munwe wangu watsvinyidzirwa ne-

tsvimbo

-tsvedza

gonhi. *My finger was caught in the door.*] vb *jam, catch in confined space*

-TSVIRIRIKA i (H) Kuita mheremhere kwesimbi dzemotokari, bhasikoro etc kana dzichigayana. [Unofanira kuisa chigayo mafuta kuti chirege kutsviririka. *You should lubricate the mill to stop it squeaking.*] vb *squeak (mechanically);* **-tsviriridza** t 1. [Atsviriridza mabhureki pakumisa motokari. *He caused the motor car to squeak when applying brakes.*] vb *cause squeaking sound;* 2. [Shiri yakatsviriridza pakumhara padendere. *The bird chirped as it alighted on the nest.*] vb *chirp, make high-pitched sound*

TSVIYO 10 (HL); pfari 10; pfavi 10 M. Chirwere chokupunzika nokupupa furo pamuromo. n *epilepsy, epileptic seizure*

-TSVODA t (H); -kisa t. Kuisa muromo padama kana pamuromo womumwe, zvichionesa rudo. [Pakuoneka amai vakatsvoda mwana. *When she bade farewell the woman kissed the child.*] vb *kiss*

TSVONGORO 9 (HHH); tsongorwi 9; tsvokoro 9 M. Mhodzi yomuchero unenge wadyiwa. n *fruit stone*

TSVORITSVOTO 9 (LHLL); svisvirondo 9. Muchero womusango unodyiwa. n *fruit of* mutsvoritsvoto *tree*

-TSVOTSVOMA i & t (L) Kunaya kwemvura yakasimba. [Mvura yakatsvotsvoma usiku hwakapfuura. *It rained heavily last night.*] vb *pour down with rain;* -PFUNHA

-TSVUKA i (L) Kuita ruvara serweropa. [Kana domasi raibva rinotsvuka. *When a tomato is ripe it is red.*] vb *become reddish, brownish, glow red;* **-tsvukisa** t [Moto watsvukisa simbi yaanoda kupfura demo. *The fire has reddened the metal (from which) he wants to beat the axe-blade.*] vb *redden*

TSVUKETSVUKE 9 (HLHL) Hwohwa udiki, hwakatsvukuruka. n *mushroom: small, orange-coloured, edible m.*

mazlso matsvuku

TSVUKU 9 (LH) Kuva noruvara rutsvuku. [shiri tsvuku = *brown bird*] adj *red, brown;* **-tsvuku** [Akanditarisa namaziso matsvuku. *He looked at me angrily. i.e. with red eyes.*] adj *red*

-TSVUKURUKA i (L) Kuva noruvara runenge rushava kana rutsvuku. [Muriwo watsvukuruka nokushaya mvura. *The green vegetables have faded through lack of water.*] vb *be somewhat red, reddish (e.g. unripe tomato), orange-coloured, chocolate-coloured (common colour of African skin), brownish, yellowish (bright yolk of egg)*

-TSWA t (H); -twa t M; -dzvura t; hwa t K. [Madzimai navasikana vanotswa mupunga. *Women and girls do the pounding of rice.*] vb *stamp (grain) in* duri, *crush corn in a mortar*

TSWANDA 9 (LL); swanda 9; hwanda 9 K. Mudziyo unorukwa namaruka, unoshandiswa kutakuriswa mbesa etc. n *basket*

-TSWANYA t (L) Kupunza kana kudzvanyidzira nedombo etc. [Pakuwana nhata itswanye. *On discovering a flea, crush it.*] vb *crush, press to destruction; Related ideo:* tswanyu

-TSWINYA t (L) cf -tsunya t; -sunya t. [Wanditswinya zvinorwadza. *You pinched me painfully.*] vb *pinch; tightly grip the skin, take the skin between thumb and finger*

-TUBUKA i (H) Kubuda semvura ichibva muchitubwi. [Hwahwa hwakatubukira pasi. *The beer spilt out on the ground.*] vb *well up (water from ground); gush out*

-TUBVUNYUKA i (L) cf -tebvenyeka i. vb *be soft to touch (e.g. ripe fruit), over-ripe;* **-tubvunyudza** t cf -tebvenyedza t. vb *test for softness by touching*

-TUBVURA t (L); -chuvhura t. Kuchera mvura kana hwahwa nomukombe. [Akatubvura hwahwa kaviri akanwa. *He drew beer twice with calabash-cup and drank it.*] vb *draw liquid (with container)*

-TUKA t (H); -nyomba t; -tukidzira t. Kutaura mazwi okutsvinya. [Akandituka akashatirwa. *He scolded me angrily.*] vb *abuse, insult, revile, reproach, scold, swear at;* -RUMBIDZA

-TUKUDZA i & t (L) Kusimudza ivhu sehwohwa kana huchimera. [Nhuta yava kutukudza. *The mole-rat is forming a mole-hill.*] vb *force way out of soil*

-TUKURA i & t (L) Kurerukirwa. Kuita nenyore. [Pano ndakatukura. *At this place I live at ease.*] vb *act or live free of want or compulsion*

-TUMA t (H) Kurayira mumwe kuti aende kundoita zvaunoda. [Urombo hunotuma munhu kuba. *Poverty drives a person to steal.*] vb *send, despatch;* **-tumira** i & t [Tumira mwana kwandiri mangwana azotora tsamba yako. *Send the child to me tomorrow to fetch your letter.* Kutumira bete kumukaka haridzoki. *A cockroach sent to (fetch) milk will never return. prov* 79 *i.e. Pleasurable responsibilities lead to neglect of other things.*] vb *send for, send to*

-TUMBA t (L) 1. -wanikidza t. Kuwana munhu achiita zvakaipa. [Tamutumba achiba. *We caught him in the act of stealing.*] vb *catch in the act;* **2.** Kunonga. [Ndakatumba dhora. *I came across a dollar.*] vb *find by chance, pick up*

TUMBARE 12 (LLL); kondo 9; jurira 1a. Kakonye kanogara mukati mouswa. n *bagworm*

-TUMBUKA i (L) Kuburitsa muchekechera. [Kana maruva atumbuka nyuchi dzinouya. *Once the flowers have opened, the bees arrive.*] vb *come into flower (often implies reaching a mature stage in growth i.e. when grasses and related cereals bear tassels e.g. maize plants), burst into flower*

-TUMBURA t (L) Kubvisa munzwa mumuviri etc. [Vazhinji vanotumbura rusemwa netsono. *Most people extract a splinter with a needle.*] vb *extract something harmful from body (e.g. thorn or pus), perform a surgical operation;* **2.** [Mushure mokuvhiya mhuka tinoitumbura. *After skinning an animal we disembowel it.*] vb *disembowel, remove intestines;* **-tumburwa** i [Mota rakanga rakazvimba ratumburwa. *The boil that had been inflamed had the pus withdrawn.*] vb *be extracted*

-TUMHUKA i (H) Kufamba-famba uchitsvaga. [Rume raitumhuka richitsvaga mhou yaro. *The big fellow was wandering about in search of his cow.*] vb *wander about in search*

-TUMIDZA t (H) Kupa zita. [Takamutumidza zita rokuti John. *We gave him the name of John.*] vb *give a name, name*

-TUNDA i (L) Kuburitsa mutundo; kuita weti; kurasa mvura. [Imbwa dzinoda kutundira pamuti. *Dogs like to urinate against a tree.*] vb *urinate, pass water*

-TUNDUMARA i (H) Kuzvimba kana kuita bundu. [Chikwama chako chakatundumara nei? *What is your wallet filled with?*] vb *be swollen; bulge;* **-tundumadza** t [Homwe yebhurukwa rangu yakatundumadzwa nehengechepfu. *My trouser-pocket is bulging with the handkerchief.*] vb *fill out, cause to bulge; raise higher than its surroundings (e.g. with soil)*

-TUNGA i & t (H) Kudyunga nenyanga kana nomusoro sezvinoita mhuka kana dzichirwa. [Mhou ine mhuru ndiki inotunga. *The cow with the calf is vicious.*] vb *gore;* **tunga chuma** t [Vadzimai vavatema vanotunga chuma vochitengesa. *African women thread beads and sell them.*] vb *string (beads together);* **-tungira** i. Kusinira samapazi omuti kana muriwo. [Mujakaranda hautani kutungira. *The jacaranda tree is not difficult to propagate.*] vb *bud forth, shoot (e.g. shoots of vegetable matter), sproud from stem*

-TUNGAMIRA i & t (H) Kuenda pamberi, vamwe vachitevera mushure. [Tungamirai, ndiri kuuya. *Go on ahead; I am coming.*] vb *go in front, guide, lead;* -TEVERA; **-tungamirira** t [Mwari ndiye anotitungamirira. *It is God who directs us.*] vb *guide, lead the way, go in front;* **-tungamidza** t [Chembere bofu yakatungamidza mwana wayo pamberi. *The blind old woman made her child lead the way.*] vb *make somebody go in front (lead the way)*

-TUNGIDZA t (H) Kubatidza nomoto (sokubatidza rambi, etc.). [Ukatungidza rambi, mapete anotiza. *When you light a lamp, the cockroaches disappear.*] vb *set alight to, ignite; Related ideo:* tunge; -DZIMA

-TUNHIDZA t (L); -regerera t. Kujaidza munhu nokurega achiita zvakaipa. [Baba, muri kutunhidza mwana uyu. *Father, you are spoiling this child.*] vb *pamper, overindulge; spoil (e.g. child by giving it its way)*

-TUNHUMARA i (H) cf -tundumara i. [Nzvimbo ino yakatunhumara. *This place is elevated/higher than its surroundings.*] vb *be higher than surroundings;* -DERERA; **-tunhumadza** t cf -tundumadza t. vb *raise higher than its surroundings (e.g. with earth)*

-TUPFUNYIDZA t (L) cf -tebvenyedza t. vb *test with touch of fingers (e.g. fruit)*

-TURA t (H) Kubvisa pamusoro nokuisa pasi. [Tura mwana, aremerwa nechirongo. *Take the load down from the child, the water-pot is too heavy for her.*] vb *take burden down from head, unload, off-load, lay down;* -TAKURA; **-tura befu/mafemo** [Akatura befu/mafemo apo hasha dzake dzakanga dzapera. *He heaved a sigh and thereupon his anger passed.*] vb *heave a sigh, sigh*

-TURIKA t (H) **1.** Kuisa chinhu pamusoro pechimwe. [Waturika nyama pasingasvikiri imbwa here? *Have you put the meat out of the reach of the dog?*] vb *put one object on top of another, hang up, stack;* -TURUNURA; **2.** Kuisa denga remba. [Taturika imba namarata. *We have roofed the house with corrugated iron.*] vb *put on roof;* **-turikidza** t [Ndiro dzichangogezwa dzinoturikidzwa pamwe chete. *Plates after being washed are heaped together.*] vb

mabwe akaturikidzwa

pile up, heap one on top of another, stack
-TURIKIRA i & t (H) cf -dudzira i & t. vb *interpret, translate*
-TURUNURA t (H); -turura t. Kubvisa chakaturikwa. [Vanorambidza vana kuturunura mapichisi mambishi. *They forbid the children to pick unripe peaches.*] vb *take down;* -TURIKA
-TURURA t (H) cf -turunura t. vb *take down (e.g. from shelf);* -TURIKA
TURUSU 9 (HLL); turusi 9; chombo 7. Mudziyo wokushandisa. cf Eng n *tool*
-TUSA t (L) Kupa mubayiro. [Tsvaga basa rinotusa. *Look for a rewarding job.*] vb *reward, present with prize or gratuity*
-TUSHUKA i (H) Kutsemuka sechakazvimba. [Mota rake rakatushuka arere. *His tumour burst during sleep.*] vb *burst (e.g. squashed tomato), discharge matter (e.g. boil);* **-tushura** t [Ndinoteta kutushura pakazvimba. *I hesitate to apply pressure to discharge the swelling.*] vb *cause matter to discharge; Related ideo:* tushu
-TUTA t (H) Kubvisa zvinhu zvakawanda pamwe uchizviendesa kumwe. [Tutai chibage muchichiisa murori. *Load the maize and put it in the lorry.*] vb *remove from one place to another, transfer, transport;* **-tutira** t [Akatutira mbatya dzake mubhokisi achigadzirira rwendo. *He arranged his belongings in the box in preparation for the journey.*] vb *load, put a load on or in;* -TUTUNURA; **-tutunura** t Kuburitsa kana kubvisa mumotokari kana mumba etc uchiisa kumwe. [Vakatutunura zvinhu mumotokari. *They unloaded the things from the motor car.*] vb *unload, take out from inside;* -TUTIRA
-TUTUMA i (L) Kuita furo sezvinoita hwahwa kana hwavira. [Kana hwahwa hwavira hunotutuma. *When beer is ready it effervesces.*] vb *foam, fizz, effervesce, ferment, flow over by boiling, froth, seethe*
-TUTUMARA i (H) Kuzvimba kana kufutunuka. [Mbonje yakatutumara pahuma yake. *The wound swelled up on his forehead.*] vb *swell, form a swelling;* -SERERA
TUTWA 1a, pl: vana- (HL) cf dumbuzenene 5. Chipuka chine zidumbu guru. n *armoured ground cricket*
-TUURIKA i (L) Kufamba serema, pasina nzvimbo iri kuendwa. [Chidhakwa chinongotuurika nomusha. *The drunk man wanders about the village.*] vb *wander aimlessly and in state of confusion;* **-tuuridza** t; -dzimaidza t [Rima rakatuuridza harahwa. *The darkness confused the old man.*] vb *stupefy, confuse*
-TUVIDZA t (H) Kuisa mvura inotonhora mune inopisa kuti irege kunyanya kupisa. [Mvura iyi inopisisa saka ituvidze. *This water is too hot so add some cold.*] vb *cool hot liquid by adding cold, cause what is boiling up to subside*
-TUZUKA i (L); -ritaira i. Kuita serema; kushaya zano. [Pakungonzwa rufu amai vakatuzuka. *When the woman heard of the death she was overwhelmed.*] vb *be confused, bewildered, at a loss; Related ideo:* chachava, tunguzuzu, tuzu, tuzururu; **-tuzudza** t [Mapurisa akamutuzudza nemibvunzo yawo. *The police confused him with their questions.*] vb *confuse, muddle the mind*
TWANA 9 (HL); hwana 9; neriraya 9 Ko. Mhuka yomusango yorudzi rwekatsi inorema 16 kg; nokufamba usiku ichidya makonzo nembeva; dzimwe nguva inodyawo mbira netsuro netsoko etc. Inowanzogara munzvimbo dzina makomo ana mapako. n *caracal, red cat*

twana

-TWASANUKA i (L); twasuka i. Kusakombama; kuti twi. [Mapango emipuranga akatwasanuka. *Gum-tree poles are straight.*] vb *be straight, upright;* -KOMBAMA; **-twasanura** t; -twasanudza t; -tasanudza t [Twasanura waya iyi. *Straighten out this wire.*] vb *straighten out, make straight;* -KOMBAMISA; -NYONGANISA
-TWIGA t (H) Kutakudza munhu mutoro pamusoro kana papfudzi pake. [Nditwigewo chirongo ichi. *Please help me to load the water-pot (on my head).*] vb *help to put a load on a person's head or shoulder*
TWIZA 9 (LL); furiramudenga 9; swiza 9. Mhuka yakareba kukunda dzimwe dzose; inofura mashizha emiti ari kudengadenga. Yakareba 5.4 m nokurema 900 kg inofamba nedzimwe zhinji dzorudzi rwayo. n *giraffe*

twiza

The digraph *TY* is used to render a variety of dialect pronunciations. In chiZezuru it is pronounced *CHK*; in chiKaranga and in chiManyika it is pronounced *HL* (like the Welsh *LL* or the Zulu *HL*).

-TYA i & t (H) Kuzeza munhu kana chinhu, etc. [Handisati ndaona munhu anotya sewe. *I have never seen a person as afraid as you.*] vb

fear, be afraid; **-tyiwa** i: *passive form;* **-tyisa** i & t [Kufamba usiku munhu ari oga kunotyisa. *Walking alone at night is frightening.*] vb *frighten, alarm, be frightening, fierce, alarming;* **-tyisidzira** t [Gudo rinotyisidzira pwere. *A baboon terrifies children.*] vb *induce fear, frighten, intimidate, scare, terrify*
-TYAIRA t (L); -chaira t. Kutinha mombe dzakabopwa kana kufambisa motokari. [Bata gejo ini ndityaire mombe. *Take hold of the plough and let me drive the oxen.*] vb *drive (motor car or team of oxen)*
TYAKA 9 (LL) & ideo Kurira kunoita minwe kana zvigunwe. n *cracking of joints*
TYAVA 9 (LL) cf. chihwepu 7. n *whip*
-TYOKA i (H); -vhunika i. Kudimbuka kunoita miti, mapfupa, etc. [Ndatyoka gumbo ndichitamba bhora. *I broke my leg while playing football.*] vb *break;* **-tyokera** t [Munzwa wakatyokera mumunwe. *The thorn broke off in the finger.*] vb *break off;* **-tyora** t [Tyora huni uise muchoto. *Break up the firewood and put it on the fire.*] vb *break; Related ideo:* bwabwa, bwa-a, bwogo, bwipfu, pwa, tyo
TYONI 9 (LH); shoni 9 KM. Mhuka yomusango inorema 0,4 kg nokugona kupfuyiwa nyore. Muviri wayo wose uzere tuminzwa; inofamba usiku ichidya tupuka namakonye nehozhwa etc. n *hedgehog*

-tyaira

tyoni

U

UBASA 14 (LLH) Simba nechido chokuita chose chose wakagwinya. n *industry, quality of being hard-working;* UNYOPE
UBENZI 14 (LHH); upenzi 14. Kupenga kunoita munhu. n *madness, folly, stupidity*
UBVURURU 14 (LLLL) Kumwararika kwezvinhu. n *fragment(s), crumbs*
UCHAPUPU 14 (LLHH), ufakazi 14; umboo 14. Kutaura kuti zvarehwa nomumwe wakazviona zvichiitika. n *testimony, evidence*
UCHECHE 14 (LLL); udiki 14. Nguva yokunge munhu achiri mwana mudiki. n *babyhood, childish behaviour;* UKURU
UCHENJERI 14 (LHHL) Kupinza kwepfungwa kana kuti kungwara kwomunhu. n *cleverness, practical wisdom;* UFUZA, UREMA
UCHI 14 (LH) Utapitapi hunogadzirwa nenyuchi. n *honey, product of the honey-bee*
-UCHIKA t (H) Kupa munhukadzi mushonga wokuti abate pamuviri kana kuti aite mwanakomana kana kuti mwanasikana. [Ambuya vake vanoziva muti wokuuchika. *Her grandmother knows a medicine to restore fertility.*] vb *restore fertility to sterile person*
-UCHIRA i & t (H); -ombera i & t; -embera i & t. Kurovanisa maoko pakutenda, kukwazisa, etc. [Vatema vanouchira kana vachigashira chipo. *Africans clap the hands when receiving a gift.*] vb *clap hands (ceremonially or in applause); Related ideo:* bo bo bo, bu bu bu, kwa kwa kwa.
UDEKARO 14 (LHHL) Kugarisika zvakanaka. n *well-being, contentment (as opposed to turmoil), freedom from want or conflict*
UDIKI 14 (LHL) cf ucheche 14. n *childhood;* UKURU
UDUUTUU 14 (LLLLL); ufuza 14. Urema kana kuti kuzingaira. n *idiocy, idiocity, imbecility;* UCHENJERI
UDYIRE 14 (LHL); undyire 14. Tsika yokupamba kana kukorovhera zvavamwe. n *avarice. greed of gain, desire to possess more*
-UDYURA t (H) -funzura t. Kuvhura maziso sezvinoita anenge ashatirwa. [Akamuudyurira maziso nehasha. *He looked at him with an angry stare.*] vb *make eyes buldge,*

-udyura

ufu/upfu

umba

fix eyes in a stare; Related ideo: udyu

-UDZA t (H) Kutaurira mumwe. [Wamuudza here? *Did you tell him?* Udza vanhu kuti vanyarare. *Tell the people to be quiet.*] vb *tell, inform*

UDZAMI 14 (LLL); udzamo 14. Kudzika kwegomba etc. n *depth, measure from top to bottom (e.g. wells, pits, excavations, receptacles)*

UFU 14 (LL); upfu 14. Chibage kana imwe mbeswa inenge yagayiwa. n *meal, flour*

UFURO 14 (LLL) Nzvimbo ino uswa hunofurwa nezvipfuyo. n *pasture, grazing area*

UGAMBA 14 (LLL) Kuzvionesa masimba nomukundo. n *unmannerly, rough way of acting; characteristic of a bully*

UGARIRI 14 (LLLL) Kugara pamusha patezvara nokuvaiura basa kuti vakupe mwanasikana wavo. Izvi zvinoitwa navanenge vasina pfuma. n *service marriage, service in lieu of lobola*

UGOMBE 14 (LLL) Kuteyiwa kunoitwa shiri. n *snare for birds*

UGUGU 14 (LLH); uzeza 14. Chiveve chamazino chinoita kana munhu anyanya kudya magaka etc. n *state of having teeth on edge*

UGWIRI 14 (LLL); umbozha 14. Kuonesera kunoitwa nomunhu akapfuma. n *ostentation, showing off, attempt or intention to attract notice*

UHEDHENI 14 (LHLL) Mugariro wokusava nei nezvechiKristu. n *state of being a heathen or display of pagan behaviour;* UKRISTU

UIPI 14 (LHH) Kuipa kwomunhu kana chinhu. n *evil, moral badness, wickedness; physical imperfection;* URURAMI

UJARIJARI 14 (LLHLL) Utsanzi hunoitwa nomunhu akachenjera. n *trickery, guile, dishonesty;* KUVIMBIKA

UKAMA 14 (LHH) Chinosunga vanhu vedzinza rimwe chetero. [Ukama igasva; hunozadziswa nokudya. *Relationship is a half-measure which is filled by being given food. prov 799 i.e. True relationship must be helpful.*] n *relationship (by marriage or blood)*

UKASHA 14 (LHH) Hasha dzinoitwa nomunhu kana nyoka etc. n *fierceness, ill-temper, tendency to bite (e.g. of snake, dog, etc.)*

UKOBVU 14 (LLH) Kufuta kwomuviri womunhu, wemhuka kana kwomuti etc. n *stoutness, fatness, thickness;* UTETE

UKOMANA 14 (LHLH) Nguva yokunge munhu ari mukomana. n *boyhood;* USIKANA

UKOSHA 14 (LLL); urwere 14; denda 5. Chirwere. n *illness (long, lingering)*

UKRISTU 14 (LHL); uKriste 14; uKristo 14. Maitiro okutevedzera tsika dzechiKristu. n *Christianity;* UHEDHENI

UKUKUTU 14 (LHHH) 1. Kuoma sokuoma kunoita pasingasviki mvura. n *hardness;* UNYORO; 2. Kuoma mwoyo kunoita vamwe vanhu. n *hard-heartedness; lack of feeling;* 3. Rutsuta rwokusada kupa vamwe mari. n *miserliness, stinginess;* MWOYOCHENA; 4. Kusimba kwomuviri. n *good health;* URWERE

UKURI 14 (LLH) Madziro omukati memba anoita kuti ive nemipanda. n *dividing partition or wall*

UKURU 14 (LHH) Chinhanho chomunhu ari pamusoro pavamwe. n *greatness, rank, size, eminence; adulthood;* UDUKU

UMAI 14 (LHL) Kuva amai. n *motherhood;* UBABA

UMAMBO 14 (LLL) Nzvimbo yokutonga kana kuva mambo. n *kingship, kingdom;* URANDA

UMBA 9, pl: dzimba M (LH) cf imba 9. n *house*

-UMBA t (H) Kugadzira mufananidzo nevhu etc. [Vakadzi ndivo vanoumba hari. *Women are the ones who fashion pots.*] vb *fashion, mould, shape (e.g. clay, but could include character formation or word derivation)*

UMBAVHA 14 (LLH) Pfungwa kana tsika yokuba. n *thieving, theft, embezzlement, burglary*

UMBIRIMI 14 (LHHL) Kuzviita shasha. n *boastfulness, excessive vanity*

UMBOO 14 (LLH) cf uchapupu 14. n *testimony, evidence*

UMBOZHA 14 (LLL) Mugariro womunhu ano upfumi hwakakomba. n *luxury;* UROMBO

-UMBUKA i (L) Kupera ruvara. [Maketeni aya aumbuka; handiadi. *These curtains are faded; I don't like them.*] vb *fade, lose colour*

-UMBURA t (L) Kutanhaura nyimo padzinde etc. [Umburai nyimo idzi. *Pluck the ground peas from their roots.*] vb *pluck (ground peas) from root structure*

-UMBURUKA i (H) Kubvumburuka kana kutamba muguruva. [Bhiza rakaumburuka muhuruva. *The horse rolled over in the dust.*] vb *roll over, turn over;* **-umburudza** t [Katsi yakaumburudza gonzo ndokuzoridya. *The cat turned the rat over and began to eat it.*] vb *roll over, turn over*

UMHIZHA 14 (LLH) Chipo chokuva nyanzvi mukuita basa rokupfura etc. n *craftsmanship, skill in exercise of craft, esp of metal worker*

UMHUTU 14 (LLL) Kambuyu kadikidiki kanowanzoonekwa kana zuva rovira. Kanoitira mazai ako mumvura isingaereri kana inoerera zvishomashoma nokusveta ropa ravanhu nemhuka. n *small flying insect (e.g. mosquito, gnat)*

umhutu

UMI 14 (LH); uma 14, Kuchena kunenge mhute pamusana pokupisa kwezuva etc. n *haze, obscure atmosphere mainly due to heat, smoke or fine dust*

UMUNHU 14 (LLL) Zviri mumunhu zvinova ndizvo zvinoita kuti anzi munhu; zvinoita kuti asiyane nezvimwe zvisikwa zvose zvapasi mukufunga. n *humanity, human nature*

UMWE 14 (LH) Kubatana kuva chimwe kana mumwe chete. n *singleness, oneness;* UZHINJI

-UNA i (L) Kusvava samashizha manyoro kana apiswa nezuva. [Muriwo wangu wauna nezuva. *My greens have withered in the sun.*] vb *wither, shrivel, contract into wrinkles, wilt;* **-unisa** t [Zuva riri kuunisa maruva angu mugadheni. *The sun is wilting my flowers in the garden.*] vb *wither, cause to droop*

UNAKI 14 (LLL); unako 14; Zviito zvakanaka kana kutarisika kunoyevedza. n *attractiveness, moral goodness;* UIPI

ano unaki

-UNDA t (H) Kurima munda muchirimo. [Vanhu vazhinji vanounda mumasutso. *Many people till the soil in autumn.*] vb *till with plough, plough in winter time*

UNDINGOVENI 14 (LHLHH) Chido chokuti uve nezvizhinji kupinda vamwe; kusava nehanyn'a nezvinowana vamwe. n *selfishness, deficiency of consideration for others*

-UNDIRIRA t (H) Kuvakirira nevhu sezvinoitwa mihomba yembambaira etc. [Undirira dhunduru mvura irege kueredza chibage. *Heap up a contour ridge to stop the water washing away the maize plants.*] vb *heap up soil in long ridge*

-UNDUKA i (L) Kubvisika makushe kana mvere. [Huku yaunduka minhenga nezuva. *The fowl lost its feathers due to the heat.*] vb *moult, lose feathers or hair;* **-undura** t [Virisa mvura uundure jongwe. *Boil the water and pluck the cockerel.*] vb *pluck (feathers or hair)*

UNGA 14 (LH); musiri 3 K; usiri 14 Ko. Zvomumapara epfuti. n *gunpowder, explosive charge*

-UNGA t (H) Kutora zvinhu uchizviisa pamwe chete. [Unga marara pachivanze uzoapisa. *Gather the rubbish in the yard and burn it.*] vb *gather together; Related ideo:* unga unga. -PARADZA; **-ungana** i Kuuya panzvimbo imwe chete. [Vanhu vazhinji vakaungana pamuchato wavo. *Many people gathered at their wedding.*] vb *assemble together, gather together;* -PARADZANA; **-unganidza** t [Unganidzai mombe mudhibhisi adziverenge. *Gather the cattle together for the dip attendant to count them.*] vb *accumulate, gather together, bring together, collect; Related ideo:* unga unga, unge unge; -PARADZA

UNGANO 9 (HHL) cf gungano 5. n *gathering, meeting*

UNGARARA 14 (LLLL); usvinu 14. Tsika yokuda kuita udyire. n *guile, trickery*

UNGWARU 14 (LLH) Kuchenjera. [Midziyo yamazuva ano ino ungwaru. *Modern instruments are ingenious/cleverly contrived.*] n *cleverness, intelligence, prudence, wisdom;* UREMA

UNHU 14 (LL) Tsika dzinoyevedza; kuita kwakanaka kwomunhu. n *all that is good in human behaviour; human dignity*

-UNYANA i (L) Kufinyana sembatya dzinenge dzatsitsirwa. [Ndiayinirewo mudhabha wangu waunyana. *Please iron my trousers for me which are crumpled.*] vb *be crumpled, shrunk, shrivelled, creased;* -SWATANUKA; **-unyanidza** t -unyanisa t [Rega kuunyanidza nyuzipepa risati raverengwa! *Don't crumple the newspaper before it has been read!*] vb *crumple, cause to be creased*

UNYANZVI 14 (LLH); ushasha 14. Ruzivo mune chimwe chinhu. n *expertise (manual or intellectual), special ability*

ano unyanzvi

UNYE 14 (LL) Tumvere etc tunoswinya sotunowanikwa pahoshwa. n *irritation caused by bulrush millet etc*

UNYENGEDZI 14 (LHHL) Muitiro kana mutauriro womunhu anonyengedza. n *deception, act of deceiving*

UNYIRINYIRI 14 (LHHHH); un'arin'ari 14. Kutaima kunoita kana zuva richinyanya kupisa. n *heat haze seen shimmering above the ground*

UNYOPE 14 (LLL); usimbe 14; unungo 14; nungo 10. Kusafarira kuita basa. n *laziness;* UBASA

UNYORO 14 (LHH) 1. Kupfava kunokonzerwa nemvura. n *dampness, softness;* UKUKUTU; 2. Mwoyo waka-

pfava, unoda kuyamura vamwe. n *meekness, kindness;* UKUKUTU
UNYUNYU 14 (LLH) Kambuyu kadikidiki. n *tiny fly, midge, gnat*
-UNZA t (H); -uya na- cf -uya i; -uyisa t. vb *bring, fetch, come with;* -ENDESA
UNZENZA 14 (LHH) Tsika dzakaipa. n *immorality, flighty behaviour, impurity*
UPAMBI 14 (LHH) Tsika yokutorera mumwe zvaanazvo pasina kubvumirana. n *extortion, robbery, looting*
UPAMHI 14 (LLH) Kupamhamha kwechinhu. n *width, distance across*
UPENYU 14 (LLH); rupenyu 11. Zvinokonzera kuti chinhu chinofema chirarame. n *life, condition of being alive;* RUFU
UPENZI 14 (LHH) cf ubenzi 14. n *madness, stupidity*

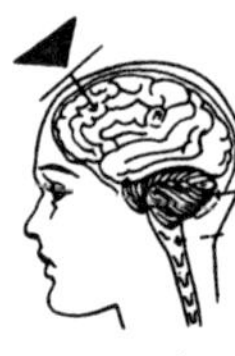

ufu/upfu

UPFU 14 (LL); cf ufu 14 n *flour, ground meal, mealie-meal;* [**upfu hwomudzvurwa** = *grain pounded by pestle in mortar;* **mugayiwa** = *milled meal*]
UPFUMI 14 (LHH); ufumi 14 K. Pfuma yomunhu akapfuma. n *wealth (including wealth of cattle);* UROMBO
UPFUNHAMBUYA 14 (LLLHL); pfunhambuya 9; madzihwaehuku 6. Mvura nhete inonaya. n *light rain, drizzle;* DZVOTSVOMA
UPOFU 14 (LLL) Kusaona. n *blindness, want of sight*
UPOMBWE 14 (LLL); umhombwe 14. Zvakaipa zvinoitwa kunze kwomuchato nomurume nomukadzi kana zvose zvokudarika mutemo (weChitanhatu). n *adultery, fornication, all sins of flesh (with male or female)*

uropi

URA 14 (LL) Mutezo womuviri uri mudumbu unofamba nezvokudya. [Ura mapako; hunozvara mbavha nomuroyi. *A womb is an (indiscriminate) container, it bears a thief and a witch. prov* 881 *i.e. Good parents can beget disappointing children.*] n *intestine, bowel, guts*

-urungana

URANDA 14 (LLL); ubatwa 14. Kuva pasi pomumwe muutapwa. n *slavery, servitude, captivity;* RUSUNUNGUKO
-URAYA i & t (H) 1. Kupfuudza upenyu. [Akauraya mombe musi wakafa sekuru vake. *He slaughtered a beast on the day his grandfather died.*] vb *kill, slay, slaughter;* 2. Kukonzera kuti mudziyo urege kushanda zvakanaka. [Iwe wakauraya bhasikoro rangu. *You have damaged my bicycle.*] vb *cause damage (usually mechanical); destroy;* **-urayiwa** i: *passive form* [Kazhinji huku inourayiwa/inourawa kana mweni asvika. *Usually a hen is killed when a visitor has arrived.*] vb *be killed*
UREFU 14 (LLH) Kureba kwechinhu. n *height, length, distance from top to bottom;* UPFUPI
UREMA 14 (LHH); ufuza 14. Kuzungaira kana kuti kushaya njere. n *stupidity, foolishness; physical deformity;* UNGWARU
UREMI 14 (LLH); uremu 14; kurema 15; uremo 14. n *weight, heaviness of a thing when weighed*
URIMBO 14 (LLL) Muto unenge mukaka unoshandiswa kubata shiri. n *latex; bird-lime; sticky, gluey substance applied to catch birds*
URINDO 14 (LLL) Nzvimbo yokurara kana kuzororera. n *resting or sleeping place*
URIRI 14 (LLL) Pasi panoroverwa (mumba). n *floor;* DENGA
UROMBE 14 (LLL); urombo 14. Kusauka kana kushaya. n *poverty, want caused by improvidence,* UMBOZHA
UROMBO 14 (LLH) 1. Tsitsi dzinonzwirwa munhu awirwa namatambudziko. n *pity;* UTSINYE; 2. cf urombe 14 [Urombo uroyi; hahuudzwi munhu. *Poverty is (like) witchcraft, it is not talked about. prov* 552 *i.e. Present hardships are not fit subjects for conversation.*] n *poverty;* UPFUMI
UROPI 14 (LLH); urozvi 14. Mutezo womusoro munobva pfungwa. n *brain; mass of soft, grey matter in the head*
UROYI 14 (LLL) Mushonga kana zvimwewo zvinouraya. n *witchcraft, object by means of which a witch or other malicious person does harm to others*
-URUKA i (L); -svetuka i; -kwakuka i. Kukwiruka mudenga. [Huku yauruka yaona nyoka. *The hen jumped when it saw the snake.*] vb *jump, jump over*
-URUNGA t (H) Kusvinyanga chinhu kuti chive chakatenderera. [Tisati taumba hari, tinourunga ivhu. *Before fashioning a pot, we make a ball of clay.*] vb *fashion into a solid ball;* **-urungana** i [Nyoka yanga yakaurungana mudendere rehuku. *The snake was curled up in the hen's nest.*] vb *be round-shaped, spherical*
-URURA t (H) Kuita buri uchishandisa simbi kana waya etc. [Urura mupinyi webadza rambuya. *Burn a hole through grandmother's badza handle.*] vb *drill, make a hole through (e.g. by means of a red-hot instrument)*
URURAMI 14 (LLLL) Tsika dza-

kanaka. n *righteousness, uprightness, moral quality of being right and just, justice;* UIPI

-URUTSA t (L); -rudza t K. Kubvisa marara anenge ari muchibage etc, achipupurutswa nemhepo. [Basa rokuurutsa rinoitwa navanhukadzi. *Women do the work of winnowing grain.*] vb *winnow, pour grains from a winnowing basket to cause unwanted matter to be blown away by the wind*

URWA 14 (LH) Zvichena zvinobuda muronda kana mumota. n *pus, suppurating matter issuing from wound*

URWERE 14 (LHH) cf ukosha 14. n *lingering or debilitating sickness;* UKUKUTU

USAVI 14 (LHH) cf muriwo 3. n *relish, side-dish (e.g. meat or vegetables)*

USHAMWARI 14 (LHHH) Kushamwaridzana kwavanhu. n *friendship;* RUVENGANO

USHE 14 (LH); umambo 14. Chinokonzera munhu kuti azonzi ndishe. [Ushe idova; hunoparara. *Chieftainship is (like) dew; it evaporates. prov* 1081 *i.e. Worldly grandeur is transitory.*] n *kingdom, chieftainship*

USIKANA 14 (LHHH) Nguva yokunge munhukadzi achiri musikana, n *girlhood, virginity;* UKOMANA

USIKU 14 (LHH) Rima zuva radoka. [Usiku igore; zuva igore. *A night is a year and a day is a year. prov* 595 *i.e. So many things can happen in one day; tragedies can multiply suddenly.*] n *night;* MASIKATI

USIMBE 14 (LLL) cf unungo 14. n *laziness, sloth, idleness;* UBASA

USO 14 (LH); chiso 7; usu 14; hope 9. Kumeso kwomunhu. n *face*

uso

USOPO 14 (LLL) Ndebvu dzapamuromo. n *moustache, whisker (e.g. of cat)*

USVASVI 14 (LLH); rusvisvi 11; rumbure 11 M. Mambure okubatisa hove. n *fishing net*

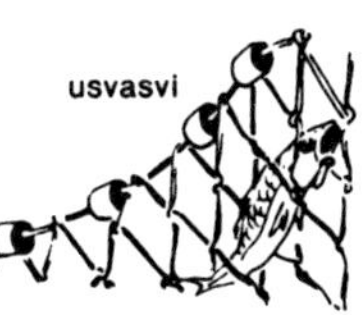
usvasvi

USVISVI 14 (LLH); hwenje 14; ukasvisvi 14. Dziva rakasvipirira rinoonekwa pakadzika. n *deep pool*

USVUSVU 14 (LLH) Muto mutete sokuti bota. n *thin gruel, liquid food*

USWA 14 (LH); uhwa 14 K. Chinofurwa nemhuka. [Uswa hwenyati ndohuri mudumbu; huri pamuromo inofa nahwo. *The grass of a buffalo is that in its belly; with that in the mouth it may die. prov* 1314 *i.e. Don't count your gains until they are securely yours.*] n *grass (general name)*

UTA 14 (LH); date 5. Chinoshandiswa kukandisa museve. n *bow*

uta

UTACHIONA 14 (LLHLL) Kapuka kasingaoneki kanokonzera hosha. n *germ that causes disease*

UTARE 14 (LHL) Simbi kana mutobvu. n *iron, metal*

UTAPWA 14 (LHL) cf uranda 14. n *slavery, captivity, servitude;* RUSUNUNGUKO

UTEPFUTEPFU 14 (LHLHL); utepfetepfe 14. Kupfava kwemetiresi ine masipiringi kana kwezvigaro zvomubhazi etc. n *plush softness (e.g. in upholstery)*

UTERA 14 (LLH) Kushaya simba kana kusakura kwomwana mudiki sezvaanofanira kuita. n *weakness*

UTETE 14 (LLL) Kutetepa kwomuviri etc. n *thinness, leanness;* UKOBVU

UTONGA 14 (LHL) Kutsvuka kunoita kunze kana zuva robuda kana kuvira. n *reddish brightness of rising or setting sun*

UTSANANA 14 (LLLL) Kushambidzika. [Ano utsanana. *She is tidy.*] n *cleanliness, spotlessness, hygiene;* UYANGA

UTSANZI 14 (LHH) Njere dzokugona kugadzira zvakasiyana. n *practical know-how, resourceful intelligence*

UTSI 14 (LH) Chinopwititika panokuhwidzwa moto. [Utsi hwenyama hahutosvori. *Smoke from roasting meat does not irritate (the eyes). prov* 219 *i.e. Small irritation can be overlooked when the end in mind is good.*] n *smoke, steam*

UTSINYE 14 (LLL); utsinyi 14 cf tsinye 10. [Ticha akandiitira utsinye. *The teacher treated me with no consideration.*] n *inhuman quality suggesting cruelty, malice and hard-heartedness*

UTSUNGARARI 14 (LHHHL) Kushinga nokurega kutya. n *courage, bravery;* UMBWENDE

UTSVA 14 (LH) Nzvimbo yomuviri inenge yatsva. Kuva chitsva kwechose chose. n *burn-mark; newness*

UTSVENE 14 (LLH); usande 14. Mugariro wokusaita zvakatsaudzira. n *holiness, purity, chastity, continence*

UTSVINDA 14 (LLL); utsanana 14. Kuchena kana kutsvinda. n *cleanliness;* UYANGA

UTUNGA 14 (LHH) cf umhutu 14. Kambuyu kadiki. n *small flying insect, mosquito*

UTURU 14 (LHH) Mate anokuvadza enyoka. n *venom*

-UURA i (H) Kuchema kunoita munhu etc anenge achirwara. [Ari kuura negumbo rake rakatyoka. *He is groaning with the pain in his broken leg.*] vb *utter any sound of*

-uyisa

pain or suffering (including moaning, crying, whining — human or animal)
UWANDI 14 (LLL) Kuwanda kwezvinhu. n *state of being in abundance or profusion*
-UYA i (H) Kufamba wakananga kuno. [Uya nokukurumidza. *Come quickly.*] vb *come, arrive;* -ENDA; **-uyisa** t; -unza t; uya na- [Svondo inouya muuyise/muunze mombe dzenyu dzose kudhibhi. *Bring all your cattle to the dip next week.*] vb *bring, cause to come;* -ENDESA
UYANGA 14 (LHH) Kusaita zvoutsanana. n *uncleanliness, dirtiness;* UTSANANA
UYE (HL); uyezve conj *also, moreover, furthermore, in addition*
UYU 5, ma-6 (LH) Muchero womuuyu. n *cream-of-tartar, fruit of baobab tree*
UZHINJI 14 (LHH) Kuwanda kwezvinhu kana vanhu. n *multitude, abundance, number;* UMWE, USHOMA
UZIMA 14 (LLL) Munhu pachake. [Akauya iye uzima. *He came on his own.*] n *self*
UZURU 14 (LHL) Nechokumusoro. [Ndege yakakwira kuuzuru. *The aeroplane climbed into the sky.*] n *direction upwards*

-VA i (H) vb *become;* **-va** + *infinitive* [Ndava kuenda. *I am on my way./ I am on the point of going.*] **-va na-** [Ndaiva nepurazi. *I used to have a farm.* Ndichava nebasa. *I shall have some work.* Iva netsitsi neni. *Have pity upon me.* Iva nechokwadi! *Be certain, make sure!* Iva nehanya na- *Take care of . . .* Iva nounhu/netsika! *Behave yourself!*] vb *acquire, have, find;* **-va nehasha** *be irascible;* **-va nemhanza** *be fortunate, lucky;* **-va nemhosva** *be guilty;* **-va nomutsa** *be kind, helpful, charitable;* **-va nenungo/usimbe** *be lazy;* **-va neshanje** *be envious;* **-va noutsinye** *treat cruelly, unkindly;* [pava pasipo = *in no time*]
-VAIMA i (L); -taima i; -n'aima i. Kupenya sezvinoita kudenga kana bhanan'ana roda kutinhira. [Moto waivaima padyo norwizi. *The fire flickered by the riverside.*] vb *flash, shine, glitter, be glossy; gleam; sparkle, go on and off (light)*
-VAKA t (H) Kumisa imba kana chimwe chinhu nezvidhina namatombo kana mapango. [Baba ndivo vakavaka imba iyi. *It was father who built this house.* Pfungwa idzi ndidzo dzinovaka. *These are constructive ideas.*] vb *build, construct;* -PARADZA; **-vakisa** t [Ndivo vakavakiswa imba yababa. *Those were the people employed to build father's house.*] vb *engage to build (as contractor)*

-vaka

-VAMBA i & t (L) **1.** Kutanga kuita chinhu. [Mwana akavamba kuchema tapedza kudya. *The child began to cry when we had finished eating.*] vb *start, begin, commence;* -PEDZA Kuitira munhu chinomushatirisa zvinozoguma nokutukana kana kurwa. [Ndiye akandivamba. *He started it.*] vb *start trouble or argument*
-VAMBIRA t KM (L); -yambira t Z. Kupa munhu zano kana kumuudza zvinozoitika kana aita chimwe chinhu. [Baba vandivambira kuti ndirege kuvamutsa. *Father warned me not to wake him.*] vb *forewarn, warn beforehand*
VAMWENE 2a (HLH) Izwi rinoshandiswa nomuroora kuna mai nokuhanzvadzi yomurume wake. n *mother-in-law or sister-in-law (of bride)*
-VANDA i (H); -hwanda i & t; -va-

ndika i. Kuva panzvimbo isingaonekwi. [Kiyi iri pakavanda. *The key is in a hidden place.* Ndakavanda mapurisa. *I hid from the police.*] vb *hide; be hidden, concealed;* **-vandika** i [Akatiudza zvakavandika izvi. *He told us these hidden things.*] vb *be hidden, secret;* **-vanza** t; -hwandisa t. Kuisa pasingaonekwi. Kurega kudura chokwadi. [Pane chaari kuvanza. *There is something that she is concealing.* Ndakazvivanza kumapurisa. *I hid myself from the police.*] vb *conceal, hide; conceal from; hide from;* -DURA, -ISA PACHENA

-VANDUDZA t (L); -mutsiridza t. Kumutsidzira chinhu changa chapera. Kuita zvakare zvaichimboitwa. [Takavandudza tsika yokuridza ngoma. *We restored the old custom of playing the drum.*) vb *renew, restore to original state*

-VANGA i (H) cf -mhanya i; -rumba i M. vb *run*

VANGA 5, mav-6 (LL); dzvadzi 5. Mucherechedzo wepaiva neronda rakapora. n *scar, mark left on the skin by a previous wound; scab, dry hard surface after skin damage*

VANYAMUKUTA 2a (HHLLL); ambuya 2b. Mudzimai (kazhinji chembere) anobatsira vakadzi pakusununguka. n *midwife*

-VANZA t (H) cf -vanda i. vb *hide, conceal;* -DURA

-VAPO i (H); -vako i. Kuva mupenyu kana panzvimbo. [Vanhu vasati vavapo, Mwari aivapo. *Before people existed, God existed.* Hapana aivapo zvandakasvika pamba. *There was nobody there when I reached the house.*] vb *exist, be present; Related ideo:* pfakanya

VARA 5, mav-6 (HH) **1.** Gwanzva kana mucherechedzo uri pachinhu. n *spot, mark;* **2.** Rimwe chete ramabhii okuti A, B, C, etc. n *letter of the alphabet*

-VARAIDZA i & t (H); -tandadza t. Kuita chimwe chinombotora pfungwa kana nguva yakamirirwa isati yasvika. [Fanovaraidzwa neredhiyo ndichibika. *Be entertained by the radio while I am cooking./Meanwhile listen to the radio. . .*] vb *entertain, amuse, help to pass time pleasantly*

-VATA i (H) *stative form:* -vete; -rara i. Kupinda mumagumbeze nokukotsira kana kuzvambarara pasi kana pamubhedha. [Ndaswera ndivete/ndakavata. *I spent the day asleep.*] vb *spend the night, lie down to sleep, lie down; Related ideo:* kubu, pfodo, ranyu, ranyn'u, ringinyi; -MUKA; **-vatisa** t [Vatisa mwana zvakanaka. *Lay the child down gently.*] vb *put to bed, put to sleep*

-VAVA i & t (H) **1.** Kuita semhiripiri, nhunguru kana sauti. [Mwana haadi zvinovava. *A child does not like bitter things.* Mukaka uyu unovava. *This milk has turned sour.*] vb *taste bitter, have a sharp, hot, bitter or salty taste (e.g. chili, pepper, lemon etc); turn sour;* -TAPIRA; **2.** Kuswinya sakapundu pamuviri. [Anokwenya pagumbo panovava. *He scratches the itchy place on his leg.*] vb *irritate, itch*

-VAVAIDZA t (H); -bvuraudza t. Kupisa zvishomanana vhudzi kana jira etc. [Akavavaidza ndebvu achida kutungidza fodya. *He singed his beard trying to light a cigarette.*] vb *singe lightly*

-VAVARIRA i & t (H); -shingirira i & t; -edza i & t. Kuita nepese paunogonera kuti uwane chimwe chinhu. [Ndiri kuvavarira kutenga imba. *I am striving to buy a house.*] vb *strive to, try, direct one's efforts towards an object*

VAVARIRO 9 (HHHL) Chinangwa chokuitira basa. n *aim, purpose, object towards which efforts are being directed*

-VEDZA i & t (H); -raura i & t; -redza i & t. Kubata hove nechirauro. [Vanhu vazhinji vanovedza muzhizha. *Lots of people fish in the rainy season.*] vb *fish with hook, rod and line*

-VEDZENGA t (L); -venzenga t; -venda t K. [Kucheka nyama ichiva mudzonga, yozoyanikwa. [Tinovedzenga nyama kuti ikurumidze kuoma. *We cut up meat into strips to make it dry quickly.*] vb *cut meat into strips*

VEMBE 5, mav-6 (LH) Munhu asingagoni kuimba zvakanaka. n *one who cannot sing well (because not endowed with a good voice)*

VENDE 5, mav-6 (LL) Buri rinosara kana zino rabva. Panenge pabva chimedu chehari. n *space caused by removal of tooth; broken or chipped edge of pottery*

-VENGA t (H) Kuzvonda mumwe. Kuva nepfungwa yokuti mumwe arwadziwe kana kutambudzika. [Mukoma wangu neni tinovengana. *My elder brother and I are at loggerheads/on bad terms.*] vb *hate, be at enmity with;* -DA

-VERENGA t (L) **1.** -rava t K. Kutaura zvinorehwa namabhii akanyorwa. [Kuverenga kunozivisa zvakawanda. *Reading imparts much information.*] vb *read; Related ideo:* verenge verenge; **2.** Kutsvaga kuziva uwandi hwezvinhu. [Mudhibhisi

-vanda mvura

-vanga

-vedza

-verenga

vhaisi

anoverenga mombe. *The dip-attendant counts the cattle.*] vb *count, enumerate;* **-verengeka** i [Kero iyi haiverengeki. *This address is not legible.*] vb *be legible, easy to read or count*

-VERENGERA i (L) Kunonoka kutanga kuita kana kuramba uchiti ndichaita mushure. [Akaverengera kunyora tsamba yake kusvikira manheru. *He put off writing his letter until the evening.*] vb *delay, put off, procrastinate*

-VERERA i (L); -svova i. Kutiza kana kuenda muchivande pasina anoona. [Mbudzi yaverera ikapinda mumunda. *The goat got away and entered the garden.*] vb *steal away unobserved*

-VEREVEDZA i & t (L) Kupinza chinhu mumba kana kuchiburitsa muchivande. [Akaverevedza kubuda muchechi, vanhu vachinamata. *He slipped out of the church during the service.*] vb *smuggle, sneak in or out, steal in or away; Related ideo:* verere, nzve.

-VESA t (L); -besa t M; -kuhwidza t. Kubatidza huni namachisi etc kuti moto ubvire. [Tora huni uvese moto *Get some firewood and light the fire.*] vb *make a fire, kindle a fire;* -DZIMA

-VEURA t (H); -gusa t. Kubvisa bvudzi rose sokuti nechisvo. [Vacheche namabhanditi vanoveurwa misoro. *Babies and prisoners have their heads shaved.*] vb *shave*

-VEZA t (L) Kushandisa mbezo etc kugadzira matafura, zvigaro etc. [Zvigaro izvi zvakavezwa nababa vangu. *These chairs were made by my father.*] vb *carve or fashion wood, dress stone, plane, make smooth with a plane; do carpentry*

***VH* represents the breathy voiced *V*, familiar to English speakers (as in velvet). The Shona loose, frictionless *V* is rendered without *H*.**

-VHAIRA i (L) **1.** Kuvira kunoita mvura iri pamoto. [Kana mvura yavhaira ndishevedze. *When the water has boiled, call me.*] vb *boil, come to boil (liquid);* -TONHORA; **2.** Kudada somunhu ane chimwe chisina vamwe. [Anovhaira chaizvo nemotokari yake. *He shows off terribly with his motor car.*] vb *brag, show off, be conceited;* **-vhaidza** t **1.** -vidza t [Vhaidza mvura ugadzire tii. *Boil some water and prepare tea.*] vb *boil, bring to the boil;* -TONHODZA; **2.** -dadisa t [Anovhaidzwa noupfumi hwake. *He tries to make an impression with his wealth.*] vb *show off, display*

VHAISI 9 (HLL); rumano 11; chimano 7. Simbi inoshandiswa kubata zvakasimba panovezerwa. cf Eng n *vice*

-VHAKACHA i (H); -bvakacha i. Kushanyira munhu kana kuenda kune imwe nzvimbo. [Ndichavhakachira mukoma wangu. *I will visit my elder brother.*] vb *go visiting, take a walk*

-VHANDANUKA i (L); -vhandanyuka i. Kupishinuka kwezvange zvakarongeka. [Mabhuku aya avhandanuka kudai sei? *How did these books get into such a muddle?*] vb *be disarranged, in disorder;* -RONGEKA; **-vhandanura** t; -pishinura t [Mupurisa akavhandanura mbatya dzangu. *The policeman upset the order of my clothes.*] vb *upset the order, put in disarray, disarrange;* -RONGA

-VHANGA t (H); -vhenga t. Kusanganisa zvakasiyana. [Kana tichibika keke tinovhanganisa zvinhu zvakasiyana. *When we prepare a cake we mix together different ingredients.*] vb *mix (combine different ingredients)*

VHANGERI 5 & 9 (LHL) Bhuku rakanyorwa zvoupenyu nokufa nokumuka kwaJesu Kristu. cf Latin n *Gospel, Good News*

-VHARA t (L); -pfiga t [Vhara musuo. *Close the door.*] cf Nguni vb *shut, close up, stop a hole;* -VHURA; **-vharika** i [Windo rakavharika. *The window is closed.*] vb *be closed;* -VHURIKA

-VHARAVHANYUKA i (L) Kuita chivhurumukira pamusana pokuvhundutswa. [Imbwa yakavharavhanyuka zvakarira pfuti. *The dog jumped with alarm at the report of the gun.*] vb *make startled or jerky movement*

-VHENEKA i & t (L) Kushandisa moto murima kuti uone. [Tinovheneka nzira netochi. *We light up the path by a torch.*] vb *illuminate, light up, give light*

VHENEKERATSVIMBORUME 9 (LLLLHHHL) Nyenyedzi huru inopenya kukunda dzimwe. n *Venus, evening star*

-VHENGA t (H) cf -vhanga t. vb *mix, combine different ingredients;* **-vhengana** i. Kusangana kwezvakasiyana. [Pakubika sadza mvura noupfu zvinovhengana. *When cooking sadza water and mealie-meal mix together.*] vb *mix, combine;* **-vhenganisa** t. [Kana ndichidya bota ndinorivhenganisa nomukaka. *When I eat porridge I mix it with milk.*] vb *mix, combine*

VHESI 5, mavh-6 (HL) **1.** Chipfeko chavarume chomukati mehembe. cf Eng n *vest, top undergarment;* **2.** Ndima yamatetembedzo kana Bhaibheri. cf Eng n *verse*

-VHEVHA t (L) Kunyengedza mumwe kuti ataure kana aite zvaunoda. [Akandivhevha kuti ndimukweretese mari asi haana kuzondidzosera. *He misled me into lending him money but he didn't repay it.*] vb *deliberately deceive or mislead, beguile*

-VHEYA i & t (H) Kutepuka somuti uri kuvhuvhutwa nemhepo. [Muti wakavheya nemhepo. *The tree swayed in the wind.*] vb *swing to and fro; move from side to side with the wind*

-VHIKA t (L) Kudzivirira zvibhakera pakurwa. [Akavhika zvibhakera. *He warded off the blows.*] vb *parry, ward off a blow*

VHIKI 5 & 9 (HL); svondo 5 & 9; sondo 5 & 9. Mazuva manomwe. cf Eng n *week, period of seven days*

-VHIMA i & t (H) Kutsvaga mhuka dzomusango nokudziuraya. [Tinovhima nembwa. *We hunt with dogs.*] vb *hunt, pursue and kill wild animals*

VHINGA 5, mavh-6 (LL); vhungwa 5 M. Ivhu rakaumbana pamwe chete. n *clod, lump of earth*

-VHINZA i (L); -donha i; -duza i; -bvinza i. Kuburitsa mvura etc napakaburi zvinoita mudziyo. [Hari inobvinza. *The pot leaks.*] vb *leak*

VHIRI 5, mavh-6 (HL) Gumbo remotokari kana ngoro etc. cf Eng n *wheel*

-VHIRINGA i & t (H) Kukanganisa zvinhu. [Haadi kuvhiringwa kana achiverenga. *He doesn't like being distracted when he reads.*] vb *confuse, muddle, distract;* **-vhiringidza** t [Wavhiringidza nyaya. *You have muddled the story.*] vb *muddle up, disorder, confuse, distort*

-VHIRIRIKA i (H) Kungwinya kunoita chapotserwa. [Akapotsera ibwe rikavhiririka napamusoro pedu. *He threw a stone and it whizzed over our heads.*] vb *spin, rotate noisily through the air;* **-vhiriridza** t; -vhiriritsa t [Njiva yakavhiriridza mumhepo pakubhururuka. *The dove swished through the air in flight.*] vb *cause sound of swishing (through the air)*

-VHIYA t (L); -vhuya t. **1.** Kubvisa dehwe kana ganda remhuka inenge yaurayiwa. [Akavhiya mhou ndokutengesa dehwe. *He skinned the cow and sold the hide.*] vb *skin, remove hide from an animal;* **2.** Kuopareta munhu muhospitari. [Ndavhiyiwa ndikapona. *I had an operation and recovered.*] vb *perform an operation on a patient*

-VHIZUKA i (H) Kuvhunduka nokuzunza muviri wose [Akavaviwa negonye ndokuvhizuka. *He was prickled by a caterpillar and jumped.*] vb *jump up (as when pinched); spring up; Related ideo:* vhizu; **-vhizura** t [Akaedza kutasva bhiza rikamuvhizura. *He tried to ride a horse and it threw him off.*] vb *jerk, buck off (rider); Related ideo:* vhizu

-VHOMOKA i (L) cf -fomoka i. vb *be dislodgable or removable from a bundle (e.g. bundle of firewood);* **-vhomora** t cf -fomora t. vb *pluck out, pull out*

-VHOZHOKA i (H); -odzvoka i. Kubuda kunoita mbesanwa dzichibva musaga etc. [Nzungu dzakavhozhoka kubva mudura napaburi. *The monkey nuts poured out from the granary through a hole.*] vb *pour out steadily (e.g. small grains etc);* **-vhozhora** t [Akavhozhora chibage chaive musaga. *He tipped out the maize in the sack.*] vb *pour out in quantity, shovel out (small grains)*

VHUDZI 5 (LL) npl; bvudzi 5 M. Mvere dzinomera mumusoro womunhu. n *hairs of the head*

-VHUMBAMA i (H) Kuita sehuku iri kurarira. [Kana kuchipisa huku dzinovhumbama mumumvuri. *When it is hot hens rest in the shade.*] vb *perch or sit in relaxed posture or on eggs (birds only);* **-vhumbamira** t [Avhundutsa njiva yange yakavhumbamira mazai. *He disturbed the dove which was sitting on eggs.*] vb *hatch, sit on eggs, brood*

-VHUMIRA i (H); -pwitira t K. Kuvharika kwemhuno nomuromo zvotadzisa kufema. [Ndakada kuvhumirwa ndichiita chamunyurududu. *I was on the point of suffocating while swimming under water.*] vb *stifle, suffocate, be deprived of air*

-VHUMUKA i (H) Kutaura kunoita munhu akakotsira. [Usiku mwana avhumuka. *Last night the child talked in his sleep.*] vb *talk in sleep, have a nightmare;* **-vhumusa** t; -vhumutsa t [Waivhumutswa nei usiku? *What dream disturbed you during the night?*] vb *cause nightmare*

-VHUNA t (H); -tyora t [Tinovhuna magwere kana aibva. *We break off maize cobs when they are ripe.*] vb *break, snap; Related ideo:* vhuni; **-vhunika** i; -tyoka i [Akavhunika gumbo. *He broke his leg.*] vb *be broken*

-VHUNDUKA i (L) Kukatyama-

vhudzi

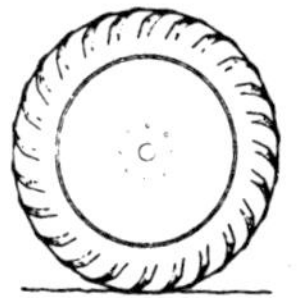

vhiri

-vhunduka

vhurika

dzwa nokukwakuka pamusana pemheremhere kana mazwi anotyisa. [Zvakarova mheni akavhunduka. *When the lightning struck she showed alarm.*] vb *be alarmed, frightened, startled etc;* -GADZIKANA; **-vhundutsa** [Ndavhundutsa tsuro yanga irere. *I disturbed the hare which was asleep.*] vb *startle, frighten;* -GADZIKANISA

-VHUNDUNURA t (L); -vhandanura t; -vhundunyura t. Kukanganisa zvakanyatsorongedzwa. [Ndavhundunura mbatya dzangu ndichitsvaga mari. *I have disarranged my belongings searching for the money.*] vb *put in disorder, disarrange; Related ideo:* vhandanu, vhundunyu, vhunduru; -RONGA

-VHUNGA t (L) **1.** Kukonzera kuti zvimwe zvinomera souswa, muriwo kana miti zvirege kukura. [Chibage chakavhungwa neminzwa. *The maize has been overgrown by thorn trees.*] vb *overgrow, smother;* **2.** Kupfuura napadyo nesimba segondo parinopotsa huku. [Mwana akavhungwa nemheni. *The child was nearly struck by lightning.*] vb *swish closely past*

VHUNURA i (H) Kubva kunoita ganda renyoka kana yati kurei. [Nyoka dzinovhunura. *Snakes cast off their skins.*] vb *cast off skin, slough*

VHUNURWA 5, mavh-6 (HLH) Ganda renyoka rinosara pasi kana yavhunura. n *cast-off skin of a snake, slough*

vhuzhura

-VHUNZA t K (L) cf -bvunza t. vb *ask, inquire, question;* -PINDURA

VHUNZE 5, mavh-6 (LH); kara 5 M. Zimbe romoto. n *ember, small piece of live charcoal in dying fire*

-VHURA t (L); -zarura t **1.** Kubvisa chakapfiga musuo wemba kana kuti muromo webhotoro etc. [Vhura musuo ndipindewo. *Open the door and let me enter.*] cf Zulu vb *open;* -PFIGA; **2.** Kutanga kushandisa chikoro, kana chechi, kana chitoro, kana wairosi, etc. [Chikoro chedu chinovhurwa mwedzi unouya. *Our school will be opened next month.*] vb *open; switch on;* -VHARA; **-vhurika** i; -shama i [Ndasiya bhuku rakavhurika. *I left the book open.* Chivharo charega kuvhurika. *The stopper did not budge.* Bhodhoro iri rakavhurika. *This is an opened bottle.*] vb *be open;* -VHARIKA

-VHURUDZA t (L) Kuzunza kuti huruva ibve, kana kuti pakutsvaga charasika. [Ndakavhurudza magumbeze ndichitsvaga tsono. *I shook out the blankets searching for the needle.*] vb *shake (to remove dust or to search for something)*

-VHURUMUKA i (H) Kutaura zvisina basa. [Panotongwa nyaya hapadiwi munhu anovhurumuka kutaura. *When a case is being tried a person who speaks off the point is not welcome.*] vb *speak irrelevantly;* **-vhurumutsa** t **1.** [Kushatirwa ndiko kunomuvhurumutsa. *Being angry makes him talk off the point.*] vb *disarrange, confuse (mental process);* **2.** Kuvhundutsa mhuka etc. [Imbwa yangu yavhurumutsa hanga. *My dog startled the guinea fowl.*] vb *put to flight (wild game); flush*

-VHURUVHUTSA t (L) Kumutsa kana kuvhundutsa munhu kana mhuka irere. [Imbwa yakavhuruvhutsa mhembwe ikasvetuka mudenga. *The dog put up the duiker and it lept into the air.*] vb *waken suddenly, startle*

-VHUTA i & t (L) Kufuridza nemvuto kana nepombi. [Akakumbira pombi yokuvhutira bhasikoro rake. *He asked for a pump to pump up his bicycle.*] vb *blow (with instrument e.g. pump), pump up, inflate;* -FOTOTODZA

-VHUVHUTA i (H) Kufamba kunoita mhepo. [Mhepo haisarudzi; inovhuvhuta pose pose. *The wind is not selective; it blows everyhwere.*] vb *move as wind does, blow; Related ideo:* vhu-u, vhuvhutei.

-VHUYA t (L) cf -vhiya t. vb *skin remove hide from animal; operate*

-VHUZHUKA i (H); -vhozhoka i. Kuodzvoka kunoita zvinhu, sokubuda kunoita chibage musaga. [Nyemba dzakavhuzhuka mumugwagwa, mbudzi dzikamhanyira kundodzidya. *The cow peas spilled out onto the road and the goats ran to eat them up.*] vb *burst out (e.g. grain from sack);* **-vhuzhura** t cf -vhozhora t. vb *pour out in quantity, shovel out, tip out*

-VIGA t (H) **1.** -vanza t; -hwandisa t. Kuisa chinhu pachisingaonekwi. [Viga banga, mwana arege kutamba naro. *Hide the knife so that the child doesn't play with it.*] vb *hide; conceal;* -ONESA; **2.** Kuisa chitunha muguva. [Ambuya vake vakavigwa nezuro. *His grandmother was buried yesterday.*] vb *bury*

-VIGIRA t (H); -unzira t; -igira t. Kutora chinhu nokuenda kundochipa mumwe. [Ndivigirewo mvura yokunwa. *Please bring me some water to drink.*] vb *fetch or obtain for someone, bring*

-VIMBA i (L) Kuva nepfungwa yokuti zvinhu zvichaitika munzira yakanaka. [Ndinovimba kuti achapasa. *I am confident that she will pass.*] vb *feel confident;* **-vimba na-** i; -nyinda na- i [Tinovimba na-Mwari. *We depend on God.*] vb *rely on, depend on;* **-vimbika** i [Shamwari yako iyi inovimbika here? *Is your friend trustworthy?*] vb *be trustworthy, reliable;* **-vimbisa** t; -tsidzira t. [Akandivimbisa kuti achauya pano neSvondo. *He promised me that he would be here on Sunday.*] vb *promise, assure;* **-vimbisika** i cf -vimbika i. vb *be reliable, trustworthy*

-VINGA t (L) Kuuya kuzoita zvaunoda kana kuuya pamusana pezvaunoda. [Ndavinga mari yangu. *I have come for my money.*] vb *come for, make something the object of coming, come with an intention in mind*

-VIRA i (L); -bhoira i; -vhaira i. Kututuma semvura iri pamoto. [Mvura yavira here? *Is the water boiling?/ Has it come to the boil?*] vb *boil, effervesce, bubble;* -TONHORA; **-vidza** t; -vhaidza t [Anotanga avidza mvura ozoti obika sadza. *She first boils the water and then cooks the sadza.*] vb *bring to the boil, boil;* - TONHODZA

-VIRA i (H); -doka i; -nyura i. Kuenda kunoita zuva, usiku huchitangawo. [Zuva rava kuvira. *The sun is about to set.*] vb *set (of sun);* -BUDA; **-vidza** t; -dotsa t; -nyudza t [Tavidza zuva tichikurukura. *The sun went down while we were chatting.*] vb *lit. make the sun go down or set*

-VIRIKA t (L) Kuisa zvimwe pamboiswazve zvimwe. [Wandipa mari shoma. Ndivirike. *You have given me too little money. Give me more.*] vb *add;* -TAPUDZA

-VIRIKIDZA t (L) Kupfeka hembe mbiri kana mabhurukwa maviri etc. [Avirikidza mbatya nokuti kunotonhora. *He has put on double layers of clothing because it is cold.*] vb *put on two or more garments of the same kind e.g. jerseys*

-VIRIMA i (H); -tsvinya i. Kudada kana kuita zvisina kunaka. [Mwana uyu anovirima. *This is an insolent child.*] vb *be proud, insolent, rude, scornful, arrogant, sarcastic, cynical*

-VIRUKA i (L) Kuratidza kushatirwa chaizvo. [Paakanzwa izvi akaviruka nehasha. *On hearing this he blazed with anger.*] vb *become very angry; flare up;* **-virutsa** t [Manyepo ako anondivirutsa. *Your lies make me wild.*] vb *enrage, infuriate, madden*

VISE 5, mav-6 (HL); nwiwa 5; mwiwa 5; bvembe 5. Chirimwa chakafanana neshamba chinodyiwa kana chaibva. n *water-melon*

-VONGA i & t K (L); -tenda i & t. Kutaura mazwi anoratidza kufarira zvawaitirwa nomumwe. [Baba, ndinokuvongai nokuti makandiindisa kuchikoro. *I am grateful to you, father, for sending me to school.*] vb *thank, be grateful, show appreciation*

vise

-vira

-WA i (L) Kupunzika kubva mumuti kana kuti pakakwirira etc. [Akawa akasvodogoka gumbo. *He fell and sprained his ankle.*] vb *fall; Related ideo:* bhidiri, bvucha, churi, dhi, do, fovovo, gwabadara, gwajata, kwambanda, kwata, kwatara, ngwanja, njandara, pa, pfugada, pu, rapata, rikiti, ripiti, tso, zhokoto; **-wira** + *loc.* [Akawira pasi. *He fell to the ground.*] vb *fall to;* **-wira** t [Akawirwa nenhamo huru. *A great misfortune befell him.*] vb *befall*

WACHI 9 (HL) Karingazuva kokuzivisa kuti dzava nguvai. cf Eng n *watch, clock*

WADI M (HL) Kuva mukukutu kana zvakanaka. [Ndiri wadi kuti muri wadiwo. *I am well if you are well.*] adv *well*

-WADZANA i (L); -wirirana i. Kubatana pamwe; kunzwanana. [Marudzi ose anofanira kuwadzana. *All races*

wachi

should live in harmony.] vb *be mutually well-disposed, in agreement, at peace, on good terms;* **-wadzanisa** t [Zvakatiwadzanisa. *It brought about a reconciliation.*] vb *reconcile to, conciliate, restore harmony.*

-WADZANYURA t (HLHL) Kuisa pachena. [Akawadzanyura zvose zvavaiita. *He disclosed everything that they used to do.*] vb *disclose; reveal;* -VANZA

-WADZUKA i (H) Kubuda kunoita zviyo etc mumudziyo. [Saga rakapunzika, chibage chikawadzuka. *The sack fell to the ground and the maize spilled.*] vb *spill out (from a container);* **-wadzura** t [Amai vakawadzurira zviyo pauriri kuti vashandise saga. *The woman emptied out the millet on the floor in order to use the sack.*] vb *empty out, tip out*

WAINI 9 (HLL) Chokunwa chinogadzirwa kubva mumuto wamagirepisi. cf Eng n *wine*

wairesi

WAIRESI 9 (HLLL); wairosi 9; redhiyo 9. Mudziyo unogona kutambira nokuburitsa zvinotepfenyurwa muimba yemhepo. cf Eng n *wireless*

-WANA t (L) **1.** Kuva nechinhu kana kuona chawanga uchitsvaga. [Ndakawana imba kuMufakose. *I obtained a house in* Mufakose. Chawawana idya nehama; mutorwa ane hanganwa. *Eat whatever you have secured with relatives; a stranger easily forgets. prov* 421 *i.e. Keep in with your relatives to your own profit.*] vb *acquire, discover, have, find, see;* -SHAYA; **2.** Kuroora mudzimai. [Ndakawana muna 1970. *I married in 1970.*] vb *marry;* -RAMBA; **-wanika** i [Mabasa haawaniki. *Jobs are not easy to obtain.* Mari yangu yawanika. *My money has come to light.*] vb *easy to obtain or find, be available, recovered;* **-wanisa** t; -wanira t [Ndiwanise munyu muchitoro. *Obtain some salt for me in the shop.*] vb *obtain for*

windo

-WANDA i (L) Kuva zvizhinji. [Baba vake vane mombe dzakawanda. *His father has numerous/umpteen cattle.*] vb *abound, increase, be abundant, plentiful; Related ideo:* tuku; -SHOMEKA; **-wanza** t [Musawanze nyaya pabasa. *Don't talk too much (increase conversion) at work.* Ndawanza mukaka. *I have added too much milk.*] vb *increase, add to, apply an excessive amount or too much; make great in number;* -SHOMEKESA

WANI (HL) Izwi rinorehwa pakushamiswa kana pakunyengetera napakupokana etc. [Wakanganwa here? Ndakudzorera mari yako wani! *Have you forgotten? Gosh, I have returned your money!*] inter *Gosh, Good heavens (or similar expressions)*

-WANZA t (L) cf -wanda i. vb *increase, add to*

-WANZO- (L) Kugaroita. [Anowanzosvika pano masikati. *He usually arrives here at mid-day.*] infix vb *usually, often (derived from verb* **-wanza** qv*)*

WARA 5, maw-6 (LL) Manyemwe anoitwa nomunhu anenge achionererwa. [Ane wara. *He is impetuous.*] n *frenzy, impetuosity*

-WARANYURA t (L); -warura t. Kubvisa pakawaridzwa. [Nyatsowaranyura magumbeze kana wamuka. *Fold up the blankets carefully after you have risen.*] vb *tidy away/fold up bedding;* -WARIRA

-WARIRA t (L); -waridza t. Kugadzira pokuvata. [Regai tiwarire magumbeze, ndabatwa nehope. *Let's prepare the bedding, I am nodding with sleep.*] vb *spread (mat, blanket, etc); make up a bed;* -WARURA, -WARANYURA

WARO (HL) [Dai waro akangouya. *Oh, I wish he would just come.*] inter *expressing a wish*

-WARURA t (L) cf -waranyura t. vb *fold up and tidy away bedding;* -WARIRA

WAYA 9 (HL) cf Eng n *wire;* **waya yegetsi** 9 n *electric cable;* **waya ine minzwa** n *barbed wire, fence*

WEDENGA 1a (HLL) cf Mwari 1a. n *God;* CHISIKWA

-WEDZERA t (L) cf -pamhidzira t; -wanza t. [Akawedzerwa mari gore rakapera. *He was given an increase (of money) last year.*] vb *add to, add more;* -KAMURA

-WE-E (HL) *formative suffixed to a noun, conveying anxiety or astonishment* [Maiwe-e! *Oh, my mother!* Mwariwe-e! *Dear God!*]

WETI 9 (LL); cf mutundo 3. [Handikwanisi kuita weti. *I am unable to pass water.*] cf Eng n *urine*

-WINA t (L); -hwina t. Kukunda mumakwikwi. Kuwana mubayiro mumutambo. [Tawina bhora. *We have won the football game.*] cf Eng vb *win (a game)*

WINDO 5, maw-6 (HL) cf fafitera 5. cf Eng n *window*

-WIRIRANA i (L); -wadzana i. Kupindirana kana kunzwana. [Ini nomukoma wangu tinowirirana. *My brother and I get on very well together.*] vb *be in agreement, get on together*

-WO; zvakare; zve; -zve; uye. *This suffix is used in polite requests. It*

can also function with the meaning **also.** [Ndipeiwo mari. *Please give me some money.* Akaitawo zvakaita baba vake. *He also did what his father did.*]

-WODZVOKA i (L); -vhozhoka i. Kudururika kunoita chibage, zviyo etc zvichibva musaga etc. [Ndaguma homwe yomupunga ukabva wawodzvoka. *I bumped into a bag of rice and it overturned.*] vb *tip over, topple over, overturn (solids);* **-wodzvora** t; -vhozhora t; -vhuzhura t, -wadzura t [Akawodzvora saga rechibage. *He poured out/emptied the sack of maize.*] vb *pour out, empty*

-YAMBA t (L) cf -tanga t; -vamba i & t. vb *commence, begin, start;* -PEDZA

-YAMBIRA t (L); -nyevera t; -chenjedza t. Kutaurira munhu kuti zvaari kuita kana kutaura zvine ngozi. [Ndakakuyambira kasingaperi. *I warned you times without number.*] vb *warn, caution, make aware of possible danger or unpleasantness*

YAMBIRO 9 (LLL); nyevero 9; chenjedzo 9. Mazwi kana mucherechedzo wokuyambira. n *warning, caution*

-YAMBUKA i & t (L); -bira i & t cf -ambuka i & t. vb *go across, ford; Related ideo:* yambu; **-yambutsa** t. cf -ambutsa t. vb *make to cross, carry across*

-YAMURA i & t (L) cf -batsira i & t. vb *help, give assistance;* -PINGIDZA

YAMURO 9 (LLL) Rubatsiro rwunopiwa. n *help, advantage, profit;* MHINGIDZO

-YAMWA t (H) cf -amwa t. vb *suck (milk);* **-yamwisa** t cf -amwisa t. vb *suckle;* -RUMURA

-YANIKA t (H) cf -anika t. vb *put out to dry, air, hang clothes out*

-YANYURA t (L); -wanyura t. Kuswatudza chinenge chakakombama. [Ndatadza kuyanyura simbi iyi. *I failed to straighten this metal.*] vb *make straight, unbend, force open;* -KOMBAMISA

-YARUKA i (L) Kukura kubva muupwere nokuva vanhu vanokwanisa kuzvichengeta. [Vana vavo vayaruka. *Their children can stand on their own feet.*] vb *be independent of others; be grown up;* **-yarutsa** t. Kurera vana. [Murume uyu ayarutsa mapatya. *This man brought up twins.*] vb *rear, bring up young*

-YAURA i (H) Kutambudzika kwakanyanya. [Nhasi tayaura nechando. *Today we were discomforted by the cold/felt the cold terribly.*] vb *be in great distress, suffer discomfort;* **-yaudza** t [Nzara yakandiyaudza kwamazuva matatu ndiri parwendo. *Hunger bothered me for three days of my journey.*] vb *cause hardship or discomfort*

YAVE 1a (LH) cf Mwari 1a. cf Hebrew n *God*

-YAWIRA i (H); -yowera i; -yuwira i. Kuchema pamusana pokurwadzika. [Mwana ari kuyawira nezino. *The child is whining with toothache.*] vb *make sound of distress (usu cry or whine in pain)*

YAYA 1a M (HL); mukoma 1. Izwi rinoshandiswa nomusikana achireva mukoma wake. n *elder sister (of a girl)*

-YAZA i (L) cf -n'ara i. [Ingwe yakayaza nehasha. *The leopard snarled with anger.*] vb *snarl*

-YEMA i (L) cf -ema i. vb *be childish, behave like child*

-YEMURA t (L) Kufadzwa nechimwe chinhu. [Vanhu vazhinji vanoyemura imba yangu. *Many people admire my house.*] vb *admire, appreciate, marvel at*

-YERA i & t (L) **1.** cf -era t. vb *measure;* **2.** Kusadya mhuka yomutupo wako. [Anoyera nzou. *He does not eat (the flesh of) the elephant i.e. His totem is the elephant.*] vb *re-*

-yamba

-yanika

-yaza

frain from eating the animal of your totem; reverence; be holy
YERO 9 (HL) Ruvara semhanda yezai kana goridhi. cf Eng n *yellow*
-YERURA t (L) Kubvisa zvakati nyangara pamusoro pemvura kana mukaka etc. [Yerura marara ari mumukaka. *Skim the dirt off the surface of the milk.*] vb *skim the surface of a liquid*
YESU 1a (HL) cf Jesu 1a. n *Jesus*
-YEUCHIDZA i & t (L); -tondedza i & t. Kusakisa kuti mumwe ayeuke. [Ugondiyeuchidzawo samburera rangu kana toenda. *Would you please remind me of my umbrella when about to go.*] vb *remind, r. of, cause to remember;* -KANGANWISA
-YEUKA i & t (L) Kutondera zvakamboitika, etc. [Muchiri kuyeuka here zvandakakuudzai? *Do you still remember what I told you?*] vb *remember, recall;* -KANGANWA
-YEVA t (L) Kutarisa chinofadza. [Mucheche ari kuyevei? *What is the baby staring at?*] vb *stare at approvingly;* **-yevedza** i [Musha wake unoyevedza. *His is an attractive village.*] vb *excite admiration, be attractive*
YONI 1a, pl: vana- M (LH) cf nhingi 1a. n *what's-his-name*
YOWE! (HL); yuwi! inter *expressive of pain — Ouch!;* -yuwira i cf -yawira i. vb *make sound of distress (usu cry or whine in pain);* **-yowera** i cf -yawira i

-zamba

Z

-ZADZA t (H) **1.** -zaza t. Kuisa zvinhu mumudziyo kusvikira musisina nzvimbo. [Rega kuzadza tsamba nezvisina maturo. *Don't fill the letter up with nonsense.*] vb *fill up, make full;* -DURURA; **2.** Kukonzera mumwe chirwere chaange asina. [Mhou iyi yakazadza mhuru yayo nehosha. *This cow infected her calf with the disease.*] vb *infect, give disease-germs to;* **-zadzisa** t; -zadzikisa t [Ndauya kuzozadzisa zvandakavimbisa nezuro. *I have come to carry out/fulfill what I promised yesterday.*] vb *fulfill; fill to top*

mazamu

ZAI 5, maz-6 (HL) Chinokandirwa nehuku kana shiri etc. n *egg*

mazai

-ZAMA i (L) Kuedza zvakasimba. [Ndakambozama kurega doro ndikakundikana. *I tried to give up drinking and I failed.*] vb *try hard, put in all effort*
ZAMANISHONI (LLHLL) Kuedzwa kunoitwa munhu kuti azivikanwe kugona kwake. cf Eng n *examination*
-ZAMBA i & t (H); Kuzambira zuva Kugara pamushana. [Garwe rinozamba zuva pano apa. *The crocodile basks in the sun right here.*] vb *bask in sun, sun-bathe*
ZAMBANENJE 21 (LLLL) Ko; Rudzi rwehove. n *cornish jack, genus of fish*
ZAMBARA 21 (LLL) Gedhi rinovhara musuo unopinda mumuzinda etc. n *gate*
ZAMBUKO 5, maz-6 (LLL) Pokuyambuka napo rwizi. n *ford, drift, river crossing*
ZAMU 5, maz-6 (HH) Mutezo womuviri unogara mukaka unoyamwiwa nomwana. n *breast, udder*
-ZAMURA i (H) Kutambanudza maoko namakumbo sezvinoita munhu ari kubva kuhope. [Vazhinji vanozamura vachangomuka. *Lots of people stretch and yawn after waking.*] vb *stretch oneself and yawn at the same time*
ZANA 5, maz-6 (LL) Gumi rakapetwa kagumi. n *hundred*
ZANDA 5, maz-6 M (LH) cf zai 5. n *egg*
ZANGIRA 5 npl (LLH) Mukaka usina kunyatsokora. n *sour milk (not yet separated into curds and whey)*
ZANGO 5, maz-6 (LL) Mushonga unosungirirwa muruoko kana mu-

chiuno. n *amulet, charm worn around arm or waist*

ZANHI 5, maz-6 (HH) cf shizha 5. n *leaf*

ZANO 5, maz-6 (LL) Pfungwa dzino ungwaru [Zano vaviri, zano ndoga akatsvira mudumba. *Advice needs two; Mr Know-all got burnt in the shelter. prov* 1278 *i.e. Listen to advice: being headstrong ends in trouble.*] n *advice, plan, counsel, idea*

-ZARA i (H) Kuwanda zvokupedza nzvimbo. [Imba yazara navanhu. *The house is filled with people.* Imba izere vanhu/navanhu. *The house is full of people.*] vb *be full;* **-zadza** t [Kana wazadza mukombe nohwahwa, ndipe. *Give me the cup of beer when you have filled it.*] vb *fill up;* -DURURA; **-zadzisa** t [Zadzisa kapu yangu netii. *Fill up my cup with tea.*] vb *make full; fulfill*

-ZARIDZA t (H) cf -shatirisa t. vb *infuriate, make angry*

-ZARIRA t (L) Kupfiga musuo. [Mazarira mombe here? *Have you enclosed the cattle (for the night)?*] vb *bar, close, block entrance;* -ZARURA; **-zarura** t; -zurura t [Zarura musuo ndipinde. *Open the door and let me in.*] vb *open (door, gate, etc);* -PFIGA; **-zarirwa** i [Ane chirwere chokuzarirwa. *She has asthma.*] vb *be short of breath (e.g. asthmatics have difficulty in breathing); be angry*

ZARIRO 5, maz-6 (LLL) Bango rokupfigisa padanga. n *closing barrier*

-ZARUKA i (L); -shama i [Akamira mumusuo wakazaruka/wakashama. *He is standing in the open door.*] vb *be open, ajar*

ZASI 17 (LH) Nzvimbo iri kumateru. n *direction downwards;* KUMUSORO

-ZAVAZA i (L) Kutaura wega pasina mumwe anombokugama kwenguva ndefu. [John akazavaza usiku hwose. *John chattered all night.*] vb *speak incessantly or at length or too much*

ZAZU 5, maz-6 (LH) cf bapu 5. n *lung*

-ZEMBERA i & t (H); -zendama t. Kutsamirana nechimwe. [Rega kuzembera pagirazi rewindo. *Don't lean against the window pane.*] vb *lean against*

ZENDA 5, maz-6 (LH) Shave rinochengeta vana vomunhu warinosvikira. n shave *(deceased spirit) whose function is to look after the family of its host*

-ZENDAMA i & t (H) cf -zembera t. [Ndamuwana akazendama nomuti. *I found him propped up against a tree.*] vb *lean against*

-ZENGURIRA i (L); -verengera i. Kuzeza kuita chinhu. [Ndiri kuzengurira kuenda kutaundi. *I am hesitating/putting off going to town.*] vb *hesitate, procrastinate; omit, shirk*

ZENGWE 5, maz-6 (LL) Gwati rokuisa marara. n *dustpan*

ZENZE 5, maz-6 (LL) Mvere zhinji dzinomera panyundwa yemhuka. n *mane*

ZERA 5, maz-6 (LL); zero 5. Vanhu vakazvarwa mumakore mamwe chete. n *age-group*

ZEVEZEVE 5 npl (LLLL) Kutaura zviri pasi pasi, zvisinganzwikwi kure. n *whisper*

-ZEYA t (L); -zheura t. Kutsenga kunoita mombe etc kana dzambozorora kufura. [Mombe dzinozeya kana dzirere. *Cattle chew the cud while lying down.*] vb *chew the cud;* **-zeyiwa** i: *passive form*

-ZEYA i & t (H); -vhiririka i; -vhiriridza t. Kuvhereretsa mudenga. [Akazeya mumhepo akabata tambo. *He revolved in the air as he held onto the rope.*] vb *spin, turn round and round*

-ZEYEREKA i (H); -zeya i & t. Kutenderera sechiri mudenga. [Mwana akadzadzarika mushure mokuzeyereka. *The child staggered after spinning round.*] vb *spin*

-ZEYERETSA t (H) Kukonzera kufunga kusina kururama nekwakanyongana. [Mbanje inozeyeretsa pfungwa. *Dagga confuses the mind.*] vb *stupefy, confuse*

ZEYO 5, maz-6 (LL) Zino rinotsenga, zino rokumatadza. n *back tooth, molar tooth for chewing*

-ZEZA i & t (L) Kutya kana kuzengurira. [Ndiri kuzeza kubuda panze murima. *I am afraid to go outside in the dark.*] vb *avoid through fear, fight shy of, hesitate, be reluctant to;* **-zezesa** i & t [Baba vangu havazezesi. *My father is not so forbidding.*] vb *be frightening, forbidding, put off, cause to tremble*

-ZHAMBA i (HL) Kuchema nezwi riri pamusoro. Kubowa. [Ndazvirova chigunwe nenyundo ndikazhamba. *I struck my thumb with a hammer and let out a shout of pain.*] vb *yell, shout or scream loudly*

-ZHANDA t (L); -zhanya t. Kupwanya nechinorema. [Tsoka yangu yakazhandwa nezibwe raikunguruka. *My foot was crushed by a large rolling stone.*] vb *crush with heavy object*

-ZHANGANDIRA i (L) Kuita kana kutaura zvisina mutsigo. Kuita mhupu. [Mukomana uyu akazhangandira pakunzwa bhambu. *This boy talked excitedly when he heard the*

zanhi

zenze

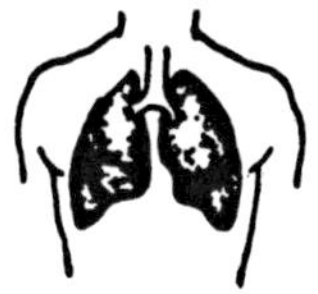

zazu

-zeya

zasi

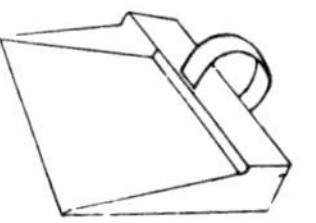

zengwe

zimai renyuchi

donganyuchi

nyuchi

Zimbabwe

zino

zhou

zhumu

bomb.] vb *behave or speak excitedly; speak in a highly emotional way;* **-zhangandidza** t [Nyaya yakadai inomuzhangandidza kwazvo. *This kind of news agitates her very much.*] vb *cause highly emotional human reaction*

ZHANJE 5, mazh-6 (LL); shuku 5. Muchero womuzhanje, unoibva muzhizha. n *loquat, fruit of* muzhanje *tree*

-ZHANYA t (L) **1.** cf -zhanda t. vb *crush with heavy object;* **2.** Kuparadza pfuma. [Akazhanya mari yangu yose. *He got rid of all my money.*] vb *squander, waste;* -CHENGETA

ZHENJE 5, mazh-6 (LL) Chitsama chouswa etc chiri kubvira muto. n *torch of grass*

-ZHINJI (HH) Chipauro chinoreva kuwanda. [mombe zhinji = *many cattle;* mvura zhinji = *much water*] adj *many, abundant, plentiful, much;* -SHOMA

-ZHINYA t (L) -zvinya t. Kuzvinda munhu kana mhuka nezijamhu etc. [Kondakita akazhinya chidhakwa nechibhakera. *The conductor struck the drunkard a heavy blow.*] vb *strike a blow (at person or animal)*

ZHIRA 9 K (LL) cf nzira 9. n *path, footpath*

ZHIZHA 5, mazh-6 (LH); maenza 6 M. Nguva yokunaya kwemvura. n *the rainy season, summer, wet season*

-ZHIZHIRA t (L) Kutsimbirira. [Rega kundizhizhira. *Don't fall on me.*] vb *fall heavily on, topple onto*

ZHONGOZHO 5, mazh-6 (LHL); dywedywe 5. Rudzi rweshiri runodya tupuka, nokuita mheremhere nokurira kwayo. Inowanzowanikwa mutuboka tworudzi rwayo ichitsvaga tupuka pasi pana mashizha. Inovaka dendere rayo nouswa notutsotso mumuti. n *Jardine's babbler*

ZHONJE 5, mazh-6 M (LL) cf zhenje 5. n *torch of grass*

ZHOU 9 K (LL) cf nzou 9. n *elephant*

ZHOWEZHA 5 npl (LHL); zhowezhowe 5; ruzha 11. Mheremhere seyepanonwiwa hwahwa. n *noise of many people talking loudly*

ZHUMBWE 5, mazh-6 (HL) Hofori; munhu ano muviri mukobvu. n *big and heavily-built person*

ZHUMI 5, mazh-6 (LH); zhuni 5. Rudzi rwedamba, rinonaka kukunda mamwe. n *klapper apple, fruit of* muzhumi *tree (edible with hard, woody shell)*

ZHUMU 5, mazh-6 (LH) Vudzi rinosiyiwa padyo nehuma (pamhanza) kana munhu agerwa kana kuveurwa. n *big tuft of hair left on shaven head*

-ZHWINYA i (H) Kuchema kunoita nguruve. [Nguruve yakazhwinya ichida chokudya. *The pig squealed for its food.*] vb *squeal (as pig does)*

ZI-I (HL) Kunyarara zvokusambonzwika kuti panei. [Vana vakati zi-i pakapinda ticha. *The children were hushed as the teacher entered.*] ideo *of being quiet*

-ZIIKANWA i (H) cf -zivikanwa i. vb *be known, well known*

ZIMAI REDZIVA 21 (LHH LHL) Kapuka komumvura. n *water scorpion*

ZIMAI RENYUCHI 21 (LHH HLL) Nyuchi inoita basa rokukandira mazai chete. n *queen bee*

ZIMBABWE 21 (LHL) Dzimba huru dzamabwe dzakavakwa navadzitateguru vedu padyo ne*Fort Victoria*, dzaiva muzinda wamadzimambo kubvira 1000—1500 A.D. Zimba (*large house*) + bwe (*stone*) = *large house of stone*

ZIMBE 5, maz-6 (LL) cf vhunze 5. n *ember*

ZIMWAYA la, pl: vana- (LLL) Munhu ane pamuromo pasingamharwi nenhunzi; anoita makuhwa. n *gossip, chatter-box*

-ZINGAIRA i (H); -zungaira i; -pata i. Kupusa kana kuita zvourema. [Chidhakwa chiya chakazingaira zvakaipa. *That drunkard was terribly confused.*] vb *act foolishly; be foolish, stupid;* -CHENJERA; **-zingaidza** t; -zungaidza t [Mibvunzo yamapurisa yakamuzingaidza akashaya mhinduro. *The questions of the police confused him and he had no answer.*] vb *confuse;* -CHENJEDZA

ZINGIZI 5, maz-6 (LHL) cf dzingidzi 5. Kapuka katema kanovaka imba yako panhungo mumba etc. n *carpenter bee*

ZINO 5, maz-6 (HH); meno 6. Nhengo yomukanwa inotsenga kana kuruma. [Zino irema; rinosekerera anorivenga. *A tooth is stupid; it smiles at its enemy.* prov 53 *i.e. Smiler is not always to be trusted.*] vb *tooth;* **zino rokutanga** n *milk tooth;* **zino rapahuma** n *front tooth, incisor t.;* **zeyo** n *molar tooth, back tooth*

ZINYEKENYEKE 21, maz-6 (LLLLL); dembwetembwe 5. Pakasungwa asi pasina kusimba. [Bhandi iro zinyekenyeke. *That belt is slack/loose.*] n *something loose and slack (e.g. tie)*

-ZIPA i (L) cf -naka i. vb *be sweet and delicious to the taste;* -VAVA; **-zipira** t [Chiwiti chazipira mwana. *The sweet was a delight to the child.*] vb *delight intensely (by the taste);* -VAVIRA

-ZIRIRIKA i (H) Kubhururuka kunoita zingizi etc. [Nyuchi iri kuziririka napamusoro pangu. *The bee is buzzing over my head.*] vb *buzz, hover, making humming noise; Related ideo:* zirririri; **-ziriridza** t [Rega kuziriridza mago anozotiruma. *Don't disturb the hornets they will sting us.*] vb *cause (insect) to fly*
ZISO 5, maz-6; meso 6; (HH) Mutezo womuviri unosaka kuti munhu kana mhuka etc zvione. [Akanditarisa namaziso matsvuku. *She glared at me with angry eyes.*] n *eye;* **ziso regumbo** n *ankle;* **ziso roruoko** n *wrist*
ZITA 5, maz-6 (HH) Chinodaidzwa munhu kana chinhu nacho. n *name*
-ZIVA i & t (H) Kuva noruzivo. [Hauzivi chakakodza nguruve. *You do not know what fattened the pig.* *prov* 1327 *i.e. Don't be over-fastidious; use every opportunity that offers.*] vb *know, recognize; be acquainted, acquainted with, aware, know how;* **-ziva nomusoro** = *know by heart;* **-zivana** ,i [Tinozivana. *We are acquainted/know one another.*] vb *be familiar, know one another;* **sokuziva kwangu** [Sokuziva kwangu achauya manheru. *As far as I know he will come this evening.*] adv *as far as I know, in my opinion;* **-zivisa** t; -taurira t; -udza t [Zivisa vamwe zvandinoda. *Tell the others what I want.*] vb *inform, make known;* **-zivika** i; -nzwika i [Kuchema kwavo kunozivika. *Her petition is understandable.*] vb *be intelligible*
-ZIVIKANWA i (H); -ziikanwa i [Anozivikanwa kwazvo munyika muno. *He is well-known in this country.* Chipfunga chirwere chinozivikanwa munyika muno. *Bilharzia is a common disease in this country.*] vb *be known, well-known, common, famous*
-ZIVIRA i & t (H) cf -jaira i. [Ndazivira kutenga muriwo pamusika. *I am used to buying vegetables at the market.*] vb *be accustomed to;* **-zividza** t; -jaidza t [Akandizividza kufumomukira basa. *He accustomed me to get up early for work.*] vb *accustom*
-ZIVIRO-, -zivo- [Aizivirouya manheru kuzotandara./Aizivira kuuya kuno manheru kuzotandara. *He usually came here in the evening for a chat.*] infix vb *be used to, accustomed to, often do*
ZIYA 5 npl (LH) cf dikita 5 npl. n *perspiration, sweat*
-ZIYA i (H) Kufa nenzara. [Ndiyamureiwo ndaziya nenzara. *Please help me; I am famished.*] vb *be very hungry, famished, starving*
-ZIYAMA i (L) Kuva gama kwemvura etc iri mumudziyo. [Chirongo chaziyama nokubvinza. *The pot is half-full through leaking.*] vb *be less than full;* BARA
ZIZI 5, maz-6 (LL) Shiri inofamba nokurira usiku. Mamwe marudzi ane nzeve dzinenge nyanga. Inowanzodya mbeva namakonzo. n *owl*
-ZO- [Wakazomuwanira kupi mwana uyu? *Where did you finally find this child?*] infix vb *eventually, finally (derived from verb -za)*
-ZODZA t (L) cf -zora t. vb *smear*
-ZONDA t (H) cf -venga t; -zvonda t. [Ini handimuzondi asi ndinomunzwira tsitsi. *I don't hate him, but feel sorry for him.*] vb *hate*
ZONDO 5, maz-6 (LL); zvondo 5; daka 5. Mafi kana kuti ruvengo. n *grudge, hatred;* RUDO
ZONDO 5, maz-6 (LH) Chinotsika pasi chemombe kana mhuka. n *lower leg of bovine, antelope etc, hoof*
ZONGORORO 5, maz-6 (LHLL) Chipuka china makumbo mazhinji, chinoonekwa muzhizha. [Zongororo kugonya haro; asi shungu rinadzo. *Although a millepede coils, it can bear hurt feelings.* *prov* 282] n *millipede, insect with numerous legs*
-ZORA t (L); -zodza t. Kupukutira mafuta etc. [Nenguva yechando tinozora miromo yedu. *In winter time we put ointment on our lips.*] vb *smear;* **-z. mafuta** [Vana vechikoro vanozora mafuta makumbo avo. *School children rub ointment on their legs.*] vb *anoint, apply oil or ointment*
ZORO 5, maz-6 (LL); dzoro 5; chijanha 7. Jana rokuita basa. n *turn, shift (on rota)*
-ZORORA i (H) Kugara pasi kana kurara mushure mokunge munhu aneta. [Ari kuzorora mumumvuri. *He is resting in the shade.*] vb *rest;* -SHANDA; **-zorodza** t [Chimbozorodzaiwo madhonza aya. *Please give these oxen a rest.*] vb *make to rest;* -SHANDISA
ZORORO 5, maz-6 (HHL) Nzvimbo yokuzororera kana nguva yokumisa basa kana chikoro. n *resting-place; holiday, leave*
ZUDA 5, maz-6 (HL) Mari isingashandiswi yeimwewo nyika. n *piece of foreign currency, foreign coin*
-ZUNGAIRA i (H) cf -zingaira i. vb *act foolishly;* -CHENJERA; **-zungaidza** t cf -zingaidza t. vb *confuse;* -CHENJEDZA
-ZUNGUNUKA i (H) Kuita sorutsanga kana mhepo ichivhuvhuta. [Zino rangu riri kuzungunuka. *My*

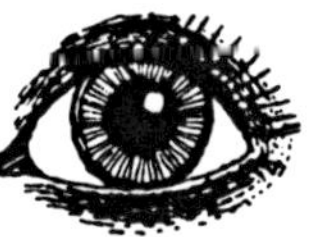
ziso

zondo

zongororo

-zorora

zizi

tooth is loose.] vb *shake from side to side, wave about; be insecurely fastened;* **-zungunutsa** t [Edza kuzungunutsa bango iri tione. *Try to shake this post free and let's see.*] vb *cause to shake (physically)*

-ZUNGURA t (L) Kubvisa marara munzungu dziri murusero. [Uya norusero ndizungure nzungu. *Bring a winnowing-basket and I will get rid of the shells.*] vb *rotate grain in winnowing-basket to remove the chaff or shells*

-ZUNGUZA t (L); -zunza t. Kuguma chinhu kuti chizungunuke. [Muzunguze amuke. *Shake him and wake him up.* Zunguza bazi kuti michero idonhe. *Shake the branch for the fruit to fall.*] vb *shake*

zunguzurwa

ZUNGUZURWA 5, maz-6 Z (HHLH) cf buruuru 5. n *tadpole*

-ZUNZA t (L) cf -zunguza t [Mukazunza muzhanje mazhanje anodonha. *If you shake the* muzhanje *tree the wild loquats fall.*] vb *shake*

ZURO 1a (LL) cf nezuro 1a. n *yesterday*

-ZURURA t (L) cf -zarura t. vb *open;* -PFIGA, -ZARIRA

zuva

ZUVA 5, maz-6 (HH) **1.** Musi. n *day;* **2.** Chakatenderera chinoonekwa mudenga masikati; chinodziya nokupenya nokupa chiedza panyika. [Zuva ravira radoka; usiku hahuriri shiri. *After sunset, it soon dawns; birds do not sing at night. prov* 1032 *i.e. What you can do now, do not put off.*] n *sun, sunlight;* **kwamazuva** adv *for days;* **mazuva ano** adv *these days*

-ZUWA i (L) Kuvhaira pamusana pezvauinazvo. [Jaya iri rine chinana chokuzuwa. *This young man has the fault of bragging.*] vb *boast;* **-zuwidza** t [Handichadi ushamwari hwake nokuti anogarozvizuwidza. *I no longer want his friendship because he is always exalting himself.*] vb *extol, make much of, brag*

The digraph *ZV* represents a sound unknown to English speakers, known as a whistling fricative.

ZVAKADII? (LHLH); zvakadini? [Zvakadii ukandishanyira mangwana? *Why don't you pay me a visit tomorrow?*] adv *how? how much?*

ZVAKANAKA (HHHL); ndizvozvo [Anobata vaenzi zvakanaka. *He treats visitors well.* Zvakanaka, ndichamboenda. *Very well, I am going now.*] inter *all right!* adv *well, very well*

ZVAKARE (LHL); pakare; -zve conj *also; again, moreover*

-ZVAMBAIRA i (H) cf -kambaira i. vb *crawl*

-ZVAMBARARA i (H) 1. Kurara nedumbu. [Akamuona akazvambarara mumumvuri parutivi penzira. *She saw him stretched out in the shade at the side of the path.*] vb *lie prone, prostrate;* **2.** Kutambarara kunoita munwiwa etc. [Munhanga unochimbidzozvambarara pana manyuwa. *A pumpkin plant, when well-manured, quickly spreads out.*] vb *spread out (creeping plant)*

-ZVAMBURA t (H) -zvinya t, -zvinda t. Kurova zvakasimba. [Ukaba ndinokuzvambura. *If you steal I shall give you a hiding.*] vb *thrash, beat severely*

-ZVARA i & t (H); -bara i & t. Kubereka mwana. [Mudzimai wake akaguma kuzvara. *His wife has passed the age of child-bearing.*] vb *give birth to, deliver*

ZVAZVIRI (LHL) Izvo chaizvo; nomutoo chaiwo. [Akandiudza zvazviri kuti haauyi. *He told me in fact that she will not come.*] adv *actually, in fact, in reality*

-ZVE (H) [Anoziva zvokurapa mombe; anozivazve zvokurima. *He knows how to treat cattle; he also knows how to farm.*] conj (used as a suffix) *also, in addition, again, besides*

ZVE (H) [Ndaona nyoka; zve yandisvipira mate. *I saw the snake; and it spat at me.*] conj *and*

-ZVIDZA t (L); -shora t; -sema t. Kuita zvokusakudza mumwe. [Hatifaniri kuzvidza vabereki vedu. *We must not despise our parents.*] vb *show contempt for, despise, sneer at;* -REMEKEDZA

-ZVIKUDZA i (H) cf -kudza t. vb *be conceited, arrogant;* -ZVIDUKUPISA

ZVIKURU (LHH) kunyanya [Vanozivana zvikuru. *They are particularly friendly.*] adv *especially, greatly, very much*

-ZVIMBA i (H) Kufutunuka kunoita panenge pachirwadza (semota). [Muromo wake wakazvimba. *His lip is swollen.*] vb *swell;* -SERERA

-ZVIMBIRA i & t (H); -zvimbirira i & t. Kukonzera kuti mudumbu mufufutirwe. [Nyimo dzazvimbira mwana. *The Bambara groundnuts have bloated the child.* Ndazvimbirwa nembambaira. *I have had too many sweet-potatoes to eat.*] vb *cause feeling of having over-eaten suggesting discomfort, bloat; be bloated, having had too much to eat*

ZVIMWE (LL); pamwe; dzimwe nguva; musi; zvichida [Zvimwe ndichauya kuzokuona neChina. *Perhaps I shall come and see you on Thursday.*] conj *perhaps, probably*

-ZVINDA i & t (L); -pura i & t; -zvambura i & t. Kurova zvakanyanya. [Ukaita misikanzwa ndinokuzvinda. *If you misbehave I shall give you a good hiding.*] vb *thrash, flog, beat severely*
ZVINO la (HH) Nguva ino. [Baba vava kuenda kubasa zvino. *Father is on the point of going to work now.*] adv *now;* **nazvino** adv *even now;* **kwazvino** [Kwazvino chimbondimirirai pano. *For the moment, just wait here for me.*] adv *for now, for the moment*
ZVINYORONYORO (LHHHH); zviuya. Kuita zvisina mhupu. [Akamisa motokari yake zvinyoronyoro pakusvika pamharararano. *He stopped his car smoothly when reaching the cross-roads.*] adv *softly, gently, smoothly*
ZVIRO KWAZVO (LL HL); chokwadi 7; idi 5. Zvisiri zvokunyepera. [Zviro kwazvo handisati ndambokuona. *Honestly, I have never seen you.*] adv *truly, indeed;* NHEMA
ZVISHOMANANA (LLLHH); zvishoma. Zvisiri zvokukurumidzira kana zvakanyanya. [Mwana apiwa zviwitsi zvishomanana naamai. *The child was given a few sweets by its mother.* Zongororo rinongokwanisa kufamba zvishomanana chete. *A millipede can only move slowly.*] adv *slowly, slightly; few, not very much*
ZVISINA NHARO (LHH HL) Pasina kana ani anopokana. [Takakundwa bhora zvisina nenharo. *We were given a good hiding (at football), without any argument.*] adv *beyond dispute, undoubtedly*
ZVISINEI (HHHL) [Zvisinei ndichauya manheru. *However, I shall come this evening.*] conj *nevertheless, nonetheless*
ZVITA la (LH) Mwedzi wegumi nemiviri; wokupedzisira mugore. n *December*
ZVITSVENE (HLH) zvakanaka. [Kana waneta, enda undorara. Zvitsvene. *If you are tired, go to bed. It's quite all right.*] inter *It is all right. It is fair enough;* (LLH) Nenzira kwayo; zvakanakawo. [Akasvika zvitsvene. *He arrived safely/without incident.*] adv *well*
ZVIUYA (LLL) cf zvinyoronyoro. adv *gently, softly*
ZVIYA! (HL); zviye! [(Gara) zviya wati unobva kwaMutare! *By the way, did you say that you come from Umtali?*] inter *by the way*
ZVIYO 8 (LH); rukweza 11. Mbeu inorimwa; inokuyiwa upfu hwokubikisa doro etc. n *finger-millet, rupoko*
ZVOKUTI (LHL); zvekuti M. [Akandiyamura zvokuti ndakafara kwazvo. *She helped me so much that I was very happy.*] conj *with the result that, so much that, so that*
-ZVOMOKA i (L) cf -svomoka i. vb *come out (e.g. from a bundle); work loose, slip out;* **-zvomora** t cf -svomora t vb *pluck out; pull out, slide out (by pulling e.g. draw)*
ZVONDO 5 & 9, mazv-6 (LL); daka 5 cf zondo 5. n *hatred, grudge;* RUDO
-ZVONGA i (HL); -zvongonyoka i. Kupinyinguka senyoka. [Nyoka yakazvonga yarohwa nomuti. *The snake writhed when struck by the stick.*] vb *writhe (as in pain); wriggle (as moving snake); squirm (as worm)*
-ZVUVA t (L) Kukweva chinhu. [Zvuvirai masanzu pamwe chete tiapise. *Draw the branches together and let's burn them.* Azvuva sanzu; azvuva namashizha aro. *He who pulls a fallen branch also drags away its leaves.* prov 410 *i.e. Be ready to hear all implications when making a decision.*] vb *drag, draw, pull;* -SUNDA
-ZVUZVURUDZA t (H) Kukweva sanzu kana tambo etc. [Bere rakauraya mbudzi rikaizvuzvurudzira mugwenzi. *The hyena killed a goat and dragged it inside the thicket.*] vb *trail, drag along; Related ideo:* zvu-u, zvuzvururu, ndendere
-ZWA i & t M (H) cf -nzwa i & t. vb *feel, hear, listen, taste etc*
ZWANA la & 5 M (HH); marimwezuro la. Zuva rakatevedzerwa nanezuro. n *the day before yesterday*
ZWI 5, mazwi 6 M (H) cf izwi 5; nzwi 5, manzwi 6 K. n *word, voice*

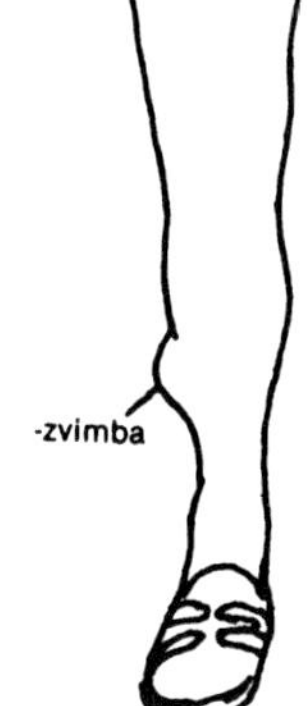

Lightning Source UK Ltd.
Milton Keynes UK
UKOW041943290413

209950UK00002B/521/A